U0703056

甘肃水利统计年鉴2016

GANSU SHUILI TONGJI NIANJIAN2016

甘肃省水利厅　编

甘肃科学技术出版社

图书在版编目（CIP）数据

甘肃水利统计年鉴·2016/ 甘肃省水利厅编．-- 兰州：甘肃科学技术出版社，2023.1
ISBN 978-7-5424-3027-4

Ⅰ．①甘… Ⅱ．①甘… Ⅲ．①水利建设 – 统计资料 – 甘肃 –2016– 年鉴 Ⅳ．① F426.9-54

中国国家版本馆 CIP 数据核字（2023）第 002680 号

甘肃水利统计年鉴 2016
甘肃省水利厅 编

责任编辑　刘　钊
封面设计　杜世忠　孙顺利

出　版　甘肃科学技术出版社
社　址　兰州市城关区曹家巷 1 号 730030
电　话　0931–2131572（编辑部）0931–8773237（发行部）

发　行　甘肃科学技术出版社
印　刷　兰州鑫泰印刷有限公司
开　本　889 毫米 ×1194 毫米　1/16
印　张　33.5　插　页 3　字　数 850 千
版　次　2023 年 2 月第 1 版
印　次　2023 年 2 月第 1 次印刷
印　数　1～300
书　号　ISBN 978–7–5424–3027–4
定　价　189.00 元

编　委　会

编写人员

主　　编： 郭海临　安　鑫

副 主 编： 冯德宝　张永明

执行编辑： 肖丽丽

编辑人员： 刘璞祖　李昌兰　周　龙　韩廷宇　高　霞　姜国军　李玉佼　张彦博　汪定盼　胡国平　牛亚芳　白宝宁　李　宁　周　斌　李　军　张　伟　赵学艳　陈　静　王喜泽　高铭阳　陶　信　胡金舜　冯郑萍　孔吉军　张学政　闫晓芳　宋海萍　吴少卿　雷　蕾　顿银彬　何娟玲　李怡平　杨进东　王柏森　丁茂兰　张天任　党文涛　马　健　朱高忠　李常亮　王嘉翔　陈　鹏　张　帆　唐颖丰　陈　璐　张蓉琪

编 者 说 明

一、《甘肃水利统计年鉴 2016》系统收录了甘肃省各市州及省属有关单位2016年水利工程设施、工程效益、资金投入等方面的统计数据，是一部全面反映2016年甘肃省水利发展情况的资料性年鉴。

二、本年鉴正文内容分为三个篇章，即：水利综合指标（按县区、流域分）、水利建设投资、主要统计指标解释。

三、单位采用国际统一法定标准计量单位和水利统计惯用单位。

四、部分数据合计项由于数字位数取舍而产生的计算误差，均未做机械调整。

五、年鉴编辑过程中得到诸多单位和同志的大力支持，在此深表谢意。限于编辑经验和水平，本年鉴难免存在缺点和错误，望各界专家、领导和广大读者提出宝贵意见和建议。

2016年主要指标完成情况说明

1. 水利全口径投资

根据水利建设投资全口径统计月报，2016年甘肃省水利建设完成投资216.29亿元，年度目标任务完成率105.5%。分年度计划：2016年中央水利投资计划完成投资92.16亿元，甘肃省内自主实施项目完成投资124.13亿元。分投资来源：中央投资84.86亿元，地方配套131.43亿元。

2. 水利固定资产投资

根据水利建设投资统计年报，2016年甘肃省水利建设完成投资168.46亿元。水利建设项目603项，本年施工598项，筹建5项。本年开工428项，续建171项。全部建成投产356项，结转下一年度实施243项。大中型4项，小型599项。新建510项，扩建15项，改建74项，迁建1项，恢复3项。黄河流域384项，长江流域74项，西北诸河流域145项。

2016年甘肃省在建项目投资总规模494.00亿元，同比减少5.33%。在建项目累计安排投资361.92亿元，累计到位资金333.66亿元，累计完成投资331.53亿元。累计新增固定资产221.69亿元。

2016年水利建设项目计划投资155.29亿元，其中中央投资66.16亿元；到位资金139.74亿元，其中中央投资65.66亿元；完成投资168.46亿元，同比增加6.09%，其中中央投资66.35亿元。本年新增固定资产88.36亿元。

3. 水利工程年供水能力及供水量

水利工程年供水能力达到148.20亿米^3，其中：蓄水工程42.64亿米^3，引水工程47.41亿米^3，取水泵站工程22.01亿米^3，机电井工程34.14亿米^3，其他供水工程1.99亿米^3。

水利工程年供水量113.74亿米^3，比2015年减少4.21亿米^3，主要变化是酒泉市减少2.93亿米^3、张掖市减少1.14亿米^3。内陆河流域71.75亿米^3，黄河流域39.62亿米^3，长江流域2.37亿米^3；农业灌溉87.37亿米^3，工业生产9.49亿米^3，城镇生活4.80亿米^3，乡村生活4.36亿米^3，生态环境7.53亿米^3，其他0.19亿米^3。甘肃省人均用水量453米^3（2016年末，常住人口2590.78万人），比上年人均减少5米^3。全国人均用水量438米^3。甘肃省农田灌溉亩均用水量487米^3，万元GDP用水量165米^3。

4. 城乡供水

已建成城乡集中式供水工程12 137处，其中：城镇自来水厂111处、农村集中式供水工程12 026处；已建成农村分散式供水工程79.19万处。

5. 灌溉面积

灌溉面积1514.74千公顷，其中：耕地1317.51千公顷，林地147.12千公顷，园地32.91千公顷，牧草地17.2千公顷。耕地灌溉面积本年新增12.32千公顷，减少1.53千公顷。实际耕地灌溉面积1174.77千公顷。

灌溉面积按工程类型分：河流引水424.97千公顷，水库514.69千公顷，塘坝5.87千公顷，提灌站 259.10 千公顷，机电井 299.61 千公顷，其他 10.50 千公顷。

6. 节水灌溉面积

节水灌溉面积新增 83.69 千公顷，减少 28.14 千公顷，累计达到 976.22 千公顷。其中：喷灌 30.87 千公顷，微灌 219.62 千公顷，低压管灌 189.59 千公顷，渠道防渗 496.79 千公顷，其他工程 39.35 千公顷。

7. 集雨补灌

集雨补灌面积新增 1.15 千公顷，减少 4.37 千公顷，年末达到 292.37 千公顷。集雨水窖新增 0.95 万眼，减少 3.63 万眼，累计达到 171.89 万眼。

8. 水土流失治理

治理水土流失面积 2011.2 千米^2，核减治理水土流失面积 390.09 千米^2，累计达到 78 642.7 千米^2。新修梯田 64.72 千公顷，核减 14.80 千公顷，累计达到 2066.19 千公顷。

9. 水电站

已建成水电站 704 座。其中：大型水电站 6 座；中型水电站 35 座；小型水电站 663 座 。新增水电站 6 座：兰州市 2 座（红古区谷丰水电站、湟惠水电站），酒泉市 2 座，临夏州 2 座。减少水电站 11 座：武威市 10 座（由于河道干枯，水电站报废），临夏州 1 座。

10. 规模以上灌区

规模以上灌区 432 处，耕地灌溉面积 1249.23 千公顷。其中：50 万亩以上灌区 4 处，30 万 ~ 50 万亩灌区 20 处，10 万 ~ 30 万亩灌区 22 处，5 万 ~ 10 万亩灌区 35 处，1 万 ~ 5 万亩灌区 161 处，0.2 万 ~ 1 万亩灌区 190 处。

规模以上灌区渠道长度 8.91 万千米（流量 0.2 米^3/ 秒及以上渠道），其中衬砌防渗渠道长度 4.34 万千米。

11. 水库、塘坝、窖池

已建成水库 383 座，库容 102.37 亿米^3。其中：大型 9 座，库容 83.23 亿米^3；中型 42 座，库容 13.19 亿米^3；小型 332 座，库容 5.95 万米^3。新增小型水库 2 座：环县米岔沟水库、皋兰县太平山水库。累计建成塘坝 0.24 万座，窖池 135.94 万座。

12. 水闸、堤防

已建成水闸 6255 座，其中：大型 4 座，中型 72 座，小型 6179 座；河湖引水闸 3545 座，水库引水闸 2617 座。

新修堤防 475.69 千米，累计达到 7434.95 千米；保护人口 926.29 万人，保护耕地 437.05 千公顷。新修达标堤防 435.95 千米，累计达到 6071.58 千米。

13. 泵站、机电井

泵站 5558 处，其中：大型 11 处，中型 118 处，小型 5429 处；河湖取水泵站 4966 处，水库取水泵站 360 处。

已建成机电井 22.27 万眼，其中：规模以上机电井 6.52 万眼，规模以下机电井 15.75 万眼。

14. 入河湖排污口

入河湖排污口 191 个，其中河流 188 个，水库 3 个。入河湖废污水排放量 28 277.42 万吨。

目录

CONTENTS

1　水利综合指标（按县区、流域分）

2 水利建设投资（按县区、流域分）

3 主要统计指标解释

1　水利综合指标（按县区、流域分）

1-1 2016 年灌溉面积

单位：千公顷

地区	灌溉面积					实际耕地灌溉面积
	小计	耕地灌溉面积	林地灌溉面积	园地灌溉面积	牧草地灌溉面积	
甘肃省	1514.74	1317.51	147.12	32.91	17.20	1174.77
兰州市	105.15	89.82	14.62	0.71		84.34
城关区	6.78	1.42	5.16	0.20		1.34
七里河区	5.02	3.07	1.95			3.05
西固区	4.87	3.13	1.34	0.40		3.11
安宁区	1.47	0.04	1.32	0.11		0.04
红古区	7.18	7.18				6.63
永登县	33.94	33.21	0.73			33.21
皋兰县	19.83	16.90	2.93			16.83
榆中县	26.06	24.87	1.19			20.13
嘉峪关市	11.30	8.23	1.78	1.29		8.23
金昌市	100.97	93.29	3.64	1.57	2.47	61.86
金川区	19.85	17.02	0.18	0.83	1.82	17.02
永昌县	81.12	76.27	3.46	0.74	0.65	44.84
金昌市直						
白银市	134.99	120.82	8.91	5.26		114.57
白银区	9.52	5.49	3.48	0.55		5.49
平川区	9.27	8.92	0.20	0.15		8.92
靖远县	49.22	47.09	2.02	0.11		47.09
会宁县	19.27	18.23	0.61	0.43		14.23
景泰县	47.71	41.09	2.60	4.02		38.84
天水市	51.42	48.14		3.28		39.61
秦州区（长江）	2.04	2.04				2.04
麦积区（长江）						
清水县	3.82	3.02		0.80		2.69
秦安县	6.77	6.77				5.42
甘谷县	10.63	10.63				6.79
武山县	10.78	10.78				10.78
张家县	2.95	2.95				1.86
秦州区（黄河）	4.09	4.09				4.09
麦积区（黄河）	10.34	7.86		2.48		5.94
武威市	231.85	207.03	21.23	1.36	2.23	184.28
凉州区	116.86	104.45	12.41			92.50
民勤县	48.88	42.49	4.47	0.64	1.28	42.49
古浪县	55.06	50.39	3.95	0.72		41.33
天祝县（黄河）	9.51	8.16	0.40		0.95	6.68

1–1 续表

地区	灌溉面积					实际耕地灌溉面积
	小计	耕地灌溉面积	林地灌溉面积	园地灌溉面积	牧草地灌溉面积	
天祝县（西北）	1.54	1.54				1.28
张掖市	357.66	290.36	62.50	1.60	3.20	262.59
甘州区	105.46	89.25	16.21			65.55
肃南县	12.99	11.28	1.23	0.04	0.44	11.28
民乐县	77.42	72.38	3.48	1.56		70.33
临泽县	73.78	38.54	32.48		2.76	38.54
高台县	43.79	37.75	6.04			37.75
山丹县	44.22	41.16	3.06			39.14
平凉市	44.47	38.36	0.73	5.38		28.01
崆峒区	11.83	11.15	0.09	0.59		8.93
泾川县	7.70	6.99	0.52	0.19		5.28
灵台县	6.56	2.79		3.77		2.00
崇信县	2.23	2.09		0.14		1.53
华亭县	3.47	3.40	0.07			1.53
庄浪县	2.94	2.89	0.05			2.67
静宁县	9.74	9.05		0.69		6.07
酒泉市	283.03	245.67	24.51	8.18	4.67	245.67
肃州区	78.19	70.49	5.34	2.36		70.49
金塔县	53.65	45.34	8.31			45.34
瓜州县	53.29	48.38	2.94	1.97		48.38
肃北县	3.47	1.22	1.59		0.66	1.22
阿克塞县	1.18	0.58	0.24		0.36	0.58
玉门市	63.65	55.92	3.69	1.05	2.99	55.92
敦煌市	29.60	23.74	2.40	2.80	0.66	23.74
庆阳市	39.47	37.18	0.16	2.13		31.06
西峰区	8.98	8.31	0.16	0.51		8.31
庆城县	2.26	2.26				2.26
环县	5.17	5.17				3.06
华池县	3.52	3.52				3.52
合水县	3.53	3.53				2.12
正宁县	2.42	2.42				1.46
宁县	5.10	3.93		1.17		3.93
镇原县	8.49	8.04		0.45		6.40
定西市	54.64	54.40	0.11		0.13	48.74
安定区	5.65	5.65				5.65
通渭县	3.49	3.38	0.11			

1-1　续表

地区	灌溉面积					实际耕地灌溉面积
	小计	耕地灌溉面积	林地灌溉面积	园地灌溉面积	牧草地灌溉面积	
陇西县	9.05	9.05				9.05
渭源县	6.35	6.35				4.07
临洮县	21.85	21.85				21.85
漳县	3.80	3.80				3.80
岷县	4.45	4.32			0.13	4.32
陇南市	33.43	24.81	6.83	1.79		18.79
武都区	8.98	4.47	4.51			3.97
成县	3.26	3.26				3.26
文县	7.14	5.33	1.81			5.33
宕昌县	1.97	1.97				1.97
康县	0.89	0.62	0.27			
西和县	1.84	1.84				0.91
礼县	4.33	2.54		1.79		1.46
徽县	2.79	2.61	0.18			1.89
两当县	2.23	2.17	0.06			
临夏回族自治州	56.05	53.60	2.10	0.35		42.50
临夏市	3.42	3.42				2.69
临夏县	12.50	12.32	0.18			10.71
康乐县	5.99	5.99				3.82
永靖县	10.85	10.55	0.30			8.94
广河县	7.91	7.02	0.89			5.90
和政县	2.60	2.60				2.50
东乡县	7.18	6.46	0.57	0.15		5.28
积石山县	5.60	5.24	0.16	0.20		2.66
甘南藏族自治州	10.31	5.80		0.01	4.50	4.52
合作市	0.97	0.33			0.64	0.33
临潭县	0.62	0.62				0.25
卓尼县	2.13	2.09			0.04	1.62
舟曲县	1.41	1.41				1.38
迭部县	1.57	1.06		0.01	0.50	0.69
玛曲县	0.32				0.32	
碌曲县	0.37				0.37	
夏河县	2.92	0.29			2.63	0.25
按流域分	1514.74	1317.51	147.12	32.91	17.20	1174.77
黄河流域	500.99	451.77	27.03	17.11	5.08	395.92
长江流域	38.45	29.32	6.83	1.80	0.50	22.90
西北诸河流域	975.30	836.42	113.26	14.00	11.62	755.95

注：耕地灌溉面积＝有效灌溉面积。

1-2 2016年灌溉面积按工程类型分

单位：千公顷

	灌溉面积	河流引水	水库	塘坝	提灌站	机电井	其他
甘肃省	1514.74	424.97	514.69	5.88	259.10	299.61	10.50
兰州市	105.15	40.56	0.76	0.34	52.72	10.76	0.01
嘉峪关市	11.30	4.61	3.67			3.02	
金昌市	100.97	5.70	61.01			34.26	
白银市	134.99	11.32	1.93	0.19	114.42	7.13	
天水市	51.42	20.74	1.82	0.21	12.13	16.52	
武威市	231.85	28.64	109.94	0.37	27.41	65.12	0.37
张掖市	357.66	163.68	135.65	1.57	7.64	49.12	
平凉市	44.47	19.40	10.36	0.07	4.57	9.77	0.30
酒泉市	283.03	47.85	159.41	0.85		74.92	
庆阳市	39.47	5.58	3.72	0.71	12.83	9.63	7.00
定西市	54.64	28.43	11.16	0.73	7.36	6.79	0.18
陇南市	33.43	13.94	2.79	0.43	3.12	11.67	1.48
临夏回族自治州	56.05	27.25	12.47	0.41	15.60	0.32	
甘南藏族自治州	10.31	7.27			1.30	0.58	1.16

注：其他灌溉面积指山泉水或截潜流。

1-3 2016 年耕地灌溉面积减少情况

单位：千公顷

地区	本年耕地灌溉面积		本年耕地灌溉面积减少				
	新增	减少	建设占地	水源不足	工程损毁	退耕	其他
甘肃省	12.32	1.53	0.77	0.29	0.26	0.10	0. 11
兰州市	0. 28	0. 21	0. 21				
城关区							
七里河区		0. 06	0. 06				
西固区	0.02						
安宁区		0. 15	0. 15				
红古区	0.04						
永登县	0.20						
皋兰县							
榆中县	0.02						
嘉峪关市	1.00						
金昌市							
金川区							
永昌县							
金昌市直							
白银市	1. 32	0. 33			0. 12	0. 10	0. 11
白银区	0. 13	0. 10				0.10	
平川区	0. 13	0. 10					0.10
靖远县	0.53						
会宁县	0. 13	0. 06			0.05		0.01
景泰县	0. 40	0. 07			0.07		
天水市	2.13						
秦州区(长江)							
麦积区(长江)							
清水县	0.07						
秦安县	0.34						
甘谷县	0.44						
武山县	0.46						
张家县							
秦州区(黄河)	0.43						
麦积区(黄河)	0.39						
武威市	1.04						
凉州区							
民勤县							
古浪县	1.04						
天祝县(黄河)							
天祝县(西北)							

1-3 续表

单位：千公顷

地区	本年耕地灌溉面积		本年耕地灌溉面积减少				
	新增	减少	建设占地	水源不足	工程损毁	退耕	其他
张掖市							
甘州区							
肃南县							
民乐县							
临泽县							
高台县							
山丹县							
平凉市	1.71						
崆峒区	0.23						
泾川县							
灵台县	0.10						
崇信县	0.24						
华亭县	0.78						
庄浪县	0.03						
静宁县	0.33						
酒泉市							
肃州区							
金塔县							
瓜州县							
肃北县							
阿克塞县							
玉门市							
敦煌市							
庆阳市	2.90	0.95	0.55	0.27	0.13		
西峰区	0.10						
庆城县	0.20						
环县	0.40						
华池县	0.21						
合水县	0.10						
正宁县	0.54						
宁县	0.13	0.95	0.55	0.27	0.13		
镇原县	1.22						
定西市	0.04						
安定区							
通渭县							
陇西县	0.04						
渭源县							

1-3　续表

单位：千公顷

地区	本年耕地灌溉面积		本年耕地灌溉面积减少				
	新增	减少	建设占地	水源不足	工程损毁	退耕	其他
临洮县							
漳县							
岷县							
陇南市	1.49						
武都区	0.50						
成县							
文县							
宕昌县							
康县							
西和县							
礼县	0.30						
徽县	0.25						
两当县	0.44						
临夏回族自治州	0.38	0.04	0.01	0.02	0.01		
临夏市							
临夏县		0.02		0.02			
康乐县							
永靖县	0.01	0.01			0.01		
广河县	0.01	0.01	0.01				
和政县							
东乡县	0.16						
积石山县	0.20						
甘南藏族自治州	0.03						
合作市							
临潭县							
卓尼县							
舟曲县	0.03						
迭部县							
玛曲县							
碌曲县							
夏河县							
按流域分	12.32	1.53	0.77	0.29	0.26	0.10	0.11
黄河流域	8.76	1.53	0.77	0.29	0.26	0.10	0.11
长江流域	1.52						
西北诸河流域	2.04						

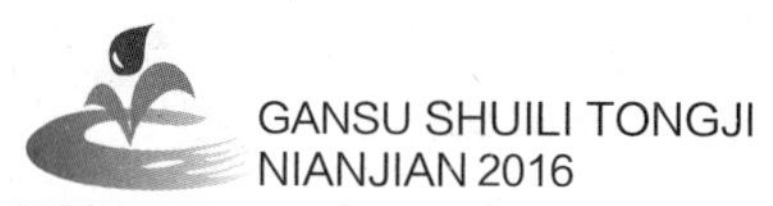

1-4 2016 年节水灌溉面积

单位：千公顷

地区	节水灌溉面积						本年	
	小计	喷灌	微灌	低压管灌	渠道防渗	其他工程	新增	减少
甘肃省	976.22	30.87	219.62	189.59			83.69	28.14
兰州市	69.15	6.69	4.84	11.06			2.08	
城关区	6.78	2.68		3.52				
七里河区	2.52			0.26				
西固区	0.73		0.14	0.57			0.71	
安宁区	0.96	0.77						
红古区	2.98	0.64	1.30	0.72				
永登县	26.82	0.48	2.11	3.05			0.87	
皋兰县	7.97		0.39	0.64			0.50	
榆中县	20.39	2.12	0.90	2.30				
嘉峪关市	5.80		3.98	1.82				
金昌市	54.30	1.13	15.32	11.24			3.13	
金川区	14.01		6.00	5.87			3.13	
永昌县	40.29	1.13	9.32	5.37				
金昌市直								
白银市	112.78	1.40	16.41	10.92			8.26	5.80
白银区	7.69		3.90	0.46			0.92	
平川区	7.38	0.93	2.06	1.07			1.34	1.33
靖远县	33.53	0.47	4.25	2.61			2.67	1.87
会宁县	18.32		0.80	5.89			2.07	1.60
景泰县	45.86		5.40	0.89			1.26	1.00
天水市	30.58	1.68	4.72	9.71			2.13	0.10
秦州区（长江）	0.28	0.02	0.01	0.15				
麦积区（长江）								
清水县	3.01	0.28	1.10	0.52			0.07	0.10
秦安县	5.21		0.35	2.63			0.34	
甘谷县	5.41	0.01	0.08	1.14			0.44	
武山县	8.24	1.26	1.20	2.31			0.46	
张家县	1.46			0.99				
秦州区（黄河）	2.73	0.10	1.01	1.01			0.43	
麦积区（黄河）	4.24	0.01	0.97	0.96			0.39	
武威市	171.91	3.03	55.70	28.89			18.94	18.17
凉州区	96.20		23.81	13.06			8.99	8.99
民勤县	45.72		20.71	5.70			3.50	3.50
古浪县	22.53		9.57	7.31			3.11	5.68
天祝县（黄河）	7.04	2.89	1.51	2.64			3.20	
天祝县（西北）	0.42	0.14	0.10	0.18			0.14	

1-4 续表

单位：千公顷

地区	节水灌溉面积						本年	
	小计	喷灌	微灌	低压管灌	渠道防渗	其他工程	新增	减少
张掖市	179.13	3.55	41.73	59.79			25.23	1.80
甘州区	63.73	0.14	11.42	21.17			2.53	
肃南县	9.21		3.14	6.06			2.45	
民乐县	29.69	0.86	2.36	8.79			8.54	
临泽县	26.01	0.07	4.93	6.65				
高台县	23.14	0.14	8.89	8.93			3.66	1.80
山丹县	27.35	2.34	10.99	8.19			8.05	
平凉市	34.56	0.44	3.83	6.94			2.32	
崆峒区	9.51	0.14	0.26	1.25			0.23	
泾川县	5.54	0.03	0.32	0.73			0.39	
灵台县	5.49		2.94	2.55			0.53	
崇信县	2.05	0.01	0.24	0.27			0.24	
华亭县	2.12	0.18		0.30			0.33	
庄浪县	0.81	0.03	0.07	0.41			0.27	
静宁县	9.04	0.05		1.43			0.33	
酒泉市	168.80	0.10	59.36	24.74			13.82	
肃州区	32.95		25.65	7.30			3.30	
金塔县	28.20	0.08	6.25	4.39			2.37	
瓜州县	45.36		5.60	5.60			2.80	
肃北县	0.68	0.02		0.06			0.25	
阿克塞县	0.34		0.11	0.23				
玉门市	39.46		11.06	7.16			5.10	
敦煌市	21.81		10.69					
庆阳市	29.01	3.01	5.75	11.05			3.65	
西峰区	6.05	1.43	0.75	1.46			0.10	
庆城县	2.15	0.14	0.99	1.02			0.71	
环县	2.78	0.15	0.13	0.65			0.36	
华池县	3.52	0.27	0.04	1.77			0.21	
合水县	2.19	0.15	1.20	0.84			0.20	
正宁县	2.28	0.35	0.49	1.44			0.30	
宁县	4.51	0.16	1.68	1.97			0.55	
镇原县	5.53	0.36	0.47	1.90			1.22	
定西市	37.85	2.59	2.32	6.40			1.01	
安定区	4.34	0.66	1.49	1.53				
通渭县	3.02	0.01	0.03	1.85				
陇西县	7.08		0.67	0.68			0.03	
渭源县	4.51	0.20	0.11	0.02			0.18	

1–4 续表

单位：千公顷

地区	节水灌溉面积						本年	
	小计	喷灌	微灌	低压管灌	渠道防渗	其他工程	新增	减少
临洮县	15.17	0.04	0.02	0.27			0.80	
漳县	1.48	1.37		0.11				
岷县	2.25	0.31		1.94				
陇南市	31.40	2.16	5.07	5.12			0.53	1.90
武都区	8.92	0.59	3.31	1.59				1.90
成县	3.20	0.24	0.05	0.11				
文县	6.85	0.12	0.01	1.11				
宕昌县	1.92		0.22					
康县	0.78	0.47	0.06	0.25				
西和县	1.81	0.11	0.26	0.49			0.53	
礼县	4.30	0.02	0.45	0.43				
徽县	1.87	0.46	0.18	0.22				
两当县	1.75	0.15	0.53	0.92				
临夏回族自治州	44.19	0.86	0.59	1.48			2.09	0.37
临夏市	2.25	0.03						
临夏县	12.05	0.05	0.42				0.38	0.02
康乐县	3.56	0.06	0.04	0.11				
永靖县	10.03	0.60		0.82			1.30	0.05
广河县	5.29							
和政县	2.56	0.12		0.55			0.20	0.30
东乡县	3.43						0.21	
积石山县	5.02		0.13					
甘南藏族自治州	6.76	4.23		0.43			0.50	
合作市	0.97	0.55		0.26				
临潭县	0.11	0.11						
卓尼县	0.64							
舟曲县	0.86							
迭部县	0.63	0.20		0.17			0.26	
玛曲县	0.32	0.32						
碌曲县	0.37	0.37						
夏河县	2.86	2.68					0.24	
按流域分	976.22	30.87	219.62	189.59			83.69	28.14
黄河流域	370.15	23.57	39.96	60.31			24.98	6.27
长江流域	33.17	2.38	5.08	5.44			0.79	1.90
西北诸河流域	572.90	4.92	174.58	123.84			57.92	19.97

1-5 2016 年集雨补灌

地区	集雨水窖（眼）				补灌面积（万亩）			
	上年达到	本年新增	本年减少	累计达到	上年达到	本年新增	本年减少	累计达到
甘肃省	1745761	9452	36311	1718902	443.39	1.72	6.56	438.55
兰州市	84177		1024	83153	16.17		0.47	15.70
嘉峪关市								
金昌市								
白银市	160974			160974	33.31			33.31
天水市	222856			222856	62.30			62.30
武威市	24825			24825	4.56			4.56
张掖市								
平凉市	272863		28319	244544	60.43		5.16	55.27
酒泉市								
庆阳市	338580	9452	416	347616	67.32	1.72		69.04
定西市	325927			325927	92.37			92.37
陇南市	116406			116406	71.36			71.36
临夏回族自治州	161440		6552	154888	28.24		0.93	27.31
甘南藏族自治州	37713			37713	7.33			7.33

1-6 2016 年水电站

单位：座

地区	水电站					
	小计	大（1）型	大（2）型	中型	小（1）型	小（2）型
甘肃省	704	1	5	35	83	580
兰州市	26			6	4	16
城关区						
七里河区						
西固区	3			3		
安宁区						
红古区	11				1	10
永登县	11			2	3	6
皋兰县	1			1		
榆中县						
嘉峪关市	1					1
金昌市	18					18
金川区						
永昌县	18					18
白银市	2		1	1		
白银区	1		1			
平川区						
靖远县	1			1		
会宁县						
景泰县						
天水市	11					11
秦州区（长江）						
麦积区（长江）	2					2
清水县	6					6
秦安县						
甘谷县						
武山县	3					3
张家川县						
秦州区（黄河）						
麦积区（黄河）						
武威市	36				7	29
凉州区	30				1	29
民勤县						
古浪县						
天祝县（黄河）	6				6	
天祝县（西北）						
张掖市	85			9	8	68

1-6 续表

单位：座

地区	水电站					
	小计	大（1）型	大（2）型	中型	小（1）型	小（2）型
甘州区	14			1	1	12
肃南县	44			8	6	30
民乐县	10					10
临泽县	10					10
高台县						
山丹县	7				1	6
平凉市	1					1
崆峒区	1					1
泾川县						
灵台县						
崇信县						
华亭县						
庄浪县						
静宁县						
酒泉市	71			1	10	60
肃州区	4					4
金塔县	2					2
瓜州县	5					5
肃北县	22			1	5	16
阿克塞县						
玉门市	28				5	23
敦煌市	10					10
庆阳市	7					7
西峰区	2					2
庆城县	1					1
环县						
华池县						
合水县						
正宁县						
宁县	3					3
镇原县	1					1
定西市	39			1	13	25
安定区						
通渭县						
陇西县						
渭源县	4				1	3
临洮县	20			1	5	14

1–6　续表

单位：座

地区	水电站					
	小计	大（1）型	大（2）型	中型	小（1）型	小（2）型
漳县	4					4
岷县	11				7	4
陇南市	183		2	5	11	165
武都区	25				5	20
成县	1					1
文县	69		2	4	6	57
宕昌县	31			1		30
康县	16					16
西和县	2					2
礼县	31					31
徽县	2					2
两当县	6					6
临夏回族自治州	67	1	1	2	7	56
临夏市	3					3
临夏县	21					21
康乐县	10			1	1	8
永靖县	7	1	1	1	2	2
广河县	6				2	4
和政县	13					13
东乡县	5					5
积石山县	2				2	
甘南藏族自治州	157		1	10	23	123
合作市	5				2	3
临潭县	7				3	4
卓尼县	17		1	1	4	11
舟曲县	70			4	9	57
迭部县	26			5	5	16
玛曲县	8					8
碌曲县	5					5
夏河县	19					19
按流域分	704	1	5	35	83	580
黄河流域	218	1	3	11	39	164
长江流域	281	0	2	14	25	240
西北诸河流域	205	0	0	10	19	176

注：除潮汐水电站以外，所有符合定义规定的水电站。

1-7 2016 年水土保持（一）

单位：千公顷

地区	水土流失综合治理面积		新增水土流失综合治理面积									新增小流域综合治理面积	封禁治理保有面积
	小计	其中：小流域综合治理面积	小计	基本农田			水土保持林	经济林	种草	封禁治理	其他		
				小计	梯田	其他							
甘肃省	7864.73	2376.16	201.12	65.23	64.72	0.40	58.33	10.48	6.62	57.05	3.41	76.48	1451.74
兰州市	408.22	123.88	4.00	3.33	3.33		0.40			0.27			55.15
城关区	10.95	4.63											0.28
七里河区	23.65	8.18	0.10				0.10						4.41
西固区	14.82	2.11											2.34
安宁区	4.55	1.66											
红古区	21.12	4.79	0.10				0.10						3.71
永登县	154.64	36.69	1.40	1.33	1.33		0.07						22.88
皋兰县	43.42	31.36	0.30				0.03			0.27			13.89
榆中县	135.07	34.46	2.10	2.00	2.00		0.10						7.64
嘉峪关市	25.20	2.82	0.10				0.06		0.04				2.93
金昌市	159.79	1.51	0.31				0.14	0.05	0.04	0.08			40.31
金川区	73.76		0.11				0.07			0.04			6.43
永昌县	86.03	1.51	0.20				0.07	0.05	0.04	0.04			33.88
白银市	645.97	286.99	13.99	7.49	6.98	0.40	2.08	0.18	0.05	4.19		5.54	47.54
白银区	22.19	8.03	0.99	0.13	0.13		0.33			0.53			6.08
平川区	30.77	4.07	1.03	0.47	0.47		0.19		0.05	0.32		0.14	2.51
靖远县	164.81	130.08	2.62	1.45	1.34		0.33			0.84		0.96	15.05
会宁县	366.06	130.77	7.39	4.96	4.96		1.01			1.42		3.42	13.94
景泰县	62.14	14.04	1.96	0.48	0.08	0.40	0.22	0.18		1.08		1.02	9.96
天水市	653.05	206.31	25.34	8.58	8.58		4.23	5.92	1.12	5.49		7.07	46.54
秦州区（长江）	63.14	8.32	1.38	0.33	0.33		0.57	0.48					9.93

1–7 续表

单位：千公顷

地区	水土流失综合治理面积		新增水土流失综合治理面积									新增小流域综合治理面积	封禁治理保有面积
	小计	其中：小流域综合治理面积	小计	基本农田			水土保持林	经济林	种草	封禁治理	其他		
				小计	梯田	其他							
麦积区（长江）	7.65	5.74											
清水县	125.54	24.12	3.95	1.33	1.33		0.23	1.80	0.04	0.55		1.01	8.66
秦安县	82.28	16.33	2.84	1.36	1.36		0.19	0.74		0.55		1.13	2.39
甘谷县	91.62	43.75	3.95	1.65	1.65		0.72	0.77	0.20	0.61		1.09	5.16
武山县	72.46	15.75	3.99	1.54	1.54		0.35	0.10		2.00		1.08	13.01
张家川县	55.76	13.41	2.90	0.85	0.85		0.57		0.88	0.60		1.07	1.90
秦州区（黄河）	50.80	20.06	3.02	0.83	0.83		0.98	0.73		0.48		0.69	4.79
麦积区（黄河）	103.80	58.83	3.31	0.69	0.69		0.62	1.30		0.70		1.00	0.70
武威市	737.36	23.88	3.00	2.66	2.66		0.34						108.52
凉州区	68.42	3.81											13.74
民勤县	195.45	0.99											28.90
古浪县	100.93	11.57	1.50	1.33	1.33		0.17						39.04
天祝县（黄河）	371.06	7.51											26.84
天祝县（西北）	1.50		1.50	1.33	1.33		0.17						
张掖市	425.78	6.07	3.00				0.50	0.37		2.13		0.03	233.48
甘州区	40.68		0.55				0.20	0.35					16.77
肃南县	127.82	2.99	0.74				0.03			0.71		0.03	111.51
民乐县	20.66	1.51	0.78				0.06	0.02		0.70			13.14
临泽县	74.43	1.07	0.30							0.30			14.88
高台县	8.08		0.42							0.42			1.00
山丹县	154.11	0.50	0.21				0.21						76.18
平凉市	651.50	192.10	26.03	9.15	9.15		10.91	0.25	0.10	5.62		5.93	36.61
崆峒区	102.28	32.12	4.12	1.73	1.73		1.74	0.10	0.10	0.45		0.04	1.98

1–7 续表

单位：千公顷

地区	水土流失综合治理面积		新增水土流失综合治理面积									新增小流域综合治理面积	封禁治理保有面积
	小计	其中：小流域综合治理面积	小计	基本农田			水土保持林	经济林	种草	封禁治理	其他		
				小计	梯田	其他							
泾川县	99.26	28.84	3.62	1.30	1.30		1.32			1.00		1.16	5.96
灵台县	118.06	34.02	3.04	0.89	0.89		0.95			1.20		1.02	13.26
崇信县	59.97	16.22	3.17	1.19	1.19		0.95	0.03		1.00		0.97	4.84
华亭县	47.41	7.07	3.34	0.25	0.25		2.65			0.44			5.47
庄浪县	89.41	31.39	4.81	1.48	1.48		2.26	0.12		0.95		1.95	3.42
静宁县	135.11	42.44	3.93	2.31	2.31		1.04			0.58		0.79	1.68
酒泉市	133.95	5.65	0.60				0.19	0.08		0.33		0.10	129.83
肃州区	18.38	0.30	0.04				0.03	0.01					18.11
金塔县	66.53	1.28	0.05				0.05						66.01
瓜州县	3.53	1.00	0.04				0.01	0.03					3.01
肃北县	29.92		0.04				0.04						29.56
阿克塞县	1.61	1.48	0.34				0.01			0.33		0.10	1.02
玉门市	7.18	0.81	0.06				0.02	0.04					6.18
敦煌市	6.80	0.78	0.03				0.03						5.94
庆阳市	1094.94	472.61	33.61	10.35	10.35		15.36	0.22	1.99	5.69		12.59	44.73
西峰区	53.77	34.68	1.00	0.33	0.33		0.28			0.39		0.10	1.15
庆城县	145.88	50.02	4.05	0.90	0.90		1.44		0.63	1.08		1.05	3.93
环县	247.58	66.69	7.01	2.82	2.82		2.98		0.57	0.64		1.22	12.18
华池县	154.90	29.89	4.00	2.51	2.51		0.59	0.01	0.36	0.53		1.09	7.90
合水县	108.26	34.96	3.56	0.43	0.43		2.57			0.56		1.78	4.81
正宁县	70.53	48.41	3.57	0.81	0.81		2.28	0.18		0.30		1.90	5.86
宁县	122.95	71.95	4.11	1.04	1.04		2.07	0.02	0.43	0.55		1.59	3.42
镇原县	191.07	136.01	6.31	1.51	1.51		3.15	0.01		1.64		3.86	5.48

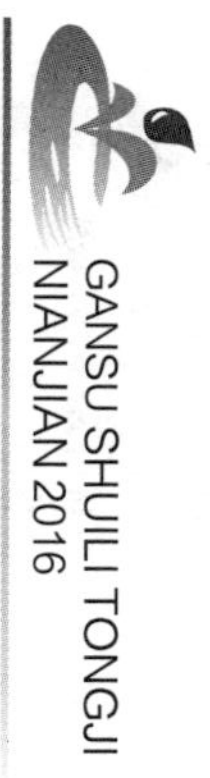

1-7 续表

单位：千公顷

地区	水土流失综合治理面积		新增水土流失综合治理面积									新增小流域综合治理面积	封禁治理保有面积
	小计	其中：小流域综合治理面积	小计	基本农田			水土保持林	经济林	种草	封禁治理	其他		
				小计	梯田	其他							
定西市	1048.84	665.60	35.05	10.45	10.45		11.97		0.37	12.26		18.43	96.52
安定区	287.63	229.61	6.00	1.64	1.64		1.96			2.40		3.52	12.23
通渭县	162.24	122.28	6.99	2.87	2.87		2.16		0.03	1.93		4.15	10.97
陇西县	137.67	114.94	6.00	1.82	1.82		1.64		0.24	2.30		4.19	13.45
渭源县	111.97	57.97	5.50	1.35	1.35		2.95			1.20		1.05	12.22
临洮县	191.07	94.46	5.50	1.97	1.97		1.57			1.96		3.48	19.00
漳县	91.79	34.14	2.99	0.40	0.40		1.22			1.37		1.05	22.34
岷县	66.47	12.20	2.07	0.40	0.40		0.47		0.10	1.10		0.99	6.31
陇南市	911.14	141.64	18.07	4.13	4.13		1.27	1.23	0.22	7.81	3.41	7.35	224.97
武都区	151.15	37.95	1.81	0.02	0.02		0.47	0.06	0.15	1.11		1.25	45.23
成县	61.49	6.86	2.80	0.72	0.72		0.18	0.20		1.13	0.57	1.20	18.88
文县	110.73	8.85	2.00	0.10	0.10		0.19	0.15		1.09	0.47	1.25	23.28
宕昌县	161.18	13.68	1.00				0.05			0.95			51.77
康县	66.56	13.56	2.00	0.02	0.02			0.35		0.83	0.80	1.20	12.26
西和县	97.25	14.32	2.51	1.06	1.06		0.15			0.73	0.57	0.66	2.59
礼县	193.54	27.73	3.34	1.33	1.33		0.04	0.37		0.86	0.74	0.59	44.14
徽县	47.51	10.13	1.00	0.47	0.47					0.27	0.26		20.11
两当县	21.73	8.56	1.61	0.41	0.41		0.19	0.10	0.07	0.84		1.20	6.71
临夏回族自治州	349.30	202.89	34.02	8.95	8.95		9.88	2.14	2.47	10.58		15.73	53.02
临夏市	5.93	2.76	1.45	0.12	0.12		0.22	0.33		0.78		1.14	1.34
临夏县	59.20	36.85	6.09	1.42	1.42		3.07	0.19	0.27	1.14		3.46	9.34
康乐县	44.59	15.55	2.86	0.89	0.89		0.61	0.01		1.35		1.09	4.60
永靖县	59.69	37.46	6.40	1.92	1.92		1.52	0.19	1.37	1.40		2.64	12.59

1-7 续表

单位：千公顷

地区	水土流失综合治理面积		新增水土流失综合治理面积									新增小流域综合治理面积	封禁治理保有面积
	小计	其中：小流域综合治理面积	小计	基本农田			水土保持林	经济林	种草	封禁治理	其他		
				小计	梯田	其他							
广河县	24.62	11.56	2.54	0.95	0.95		0.97	0.62				0.64	0.37
和政县	31.13	12.10	2.84	0.61	0.61		0.30	0.12	0.24	1.57		1.17	4.29
东乡县	80.71	55.71	7.98	1.91	1.91		2.56	0.26	0.08	3.17		3.46	12.60
积石山县	43.43	30.90	3.86	1.13	1.13		0.63	0.42	0.51	1.17		2.13	7.89
甘南藏族自治州	619.69	44.21	4.00	0.14	0.14		1.00	0.04	0.22	2.60		3.71	331.59
合作市	28.39	0.81											20.52
临潭县	51.14	2.18	1.19				0.25		0.14	0.80		1.11	31.17
卓尼县	157.26	4.22	1.40	0.02	0.02		0.43			0.95		1.29	30.26
舟曲县	35.79	29.07	0.15	0.10	0.10		0.01	0.04				0.15	24.71
迭部县	36.93	6.84	1.26	0.02	0.02		0.31		0.08	0.85		1.16	15.79
玛曲县	273.33												176.66
碌曲县	31.24												30.85
夏河县	5.61	1.09											1.63
按流域分	7864.73	2376.16	201.12	65.23	64.72	0.40	58.33	10.48	6.62	57.05	3.41	76.48	1451.74
黄河流域	5699.06	2152.13	173.25	57.99	57.48	0.40	54.94	8.23	6.24	45.85		67.69	688.11
长江流域	1054.65	191.61	20.86	4.58	4.58		2.16	1.75	0.30	8.66	3.41	8.66	275.40
西北诸河流域	1111.02	32.42	7.01	2.66	2.66		1.23	0.50	0.08	2.54		0.13	488.23

1-8 2016年水土保持（二）

地区	已治理沟道条数（条）		已建成黄土高原淤地坝（座）			当年新建淤地坝（座）			已实施小流域综合治理条数（条）	
	小计	其中：当年治理沟道条数	小计	其中：骨干坝	中型坝	小计	其中：骨干坝	中型坝	小计	其中：当年竣工条数
甘肃省	15116	448	1588	555	445	6	3	1	1832	89
兰州市	125		123	34	17				131	
城关区	6								6	
七里河区	29		4	1					14	
西固区	5								5	
安宁区	3								2	
红古区	7								7	
永登县	28		15						25	
皋兰县	30		26	8	5				30	
榆中县	17		78	25	12				42	
嘉峪关市	1								1	
金昌市	2								2	
金川区									1	
永昌县	2								1	
白银市	203	14	1	1					171	8
白银区	7								14	
平川区	16	1							9	1
靖远县	35	3	1	1					31	
会宁县	108	8							96	7
景泰县	37	2							21	
天水市	2066	32	91	20	19				223	7
秦州区（长江）	241		12		2				15	
麦积区（长江）	27								8	
清水县	211	4							36	1
秦安县	172	8	1	1					25	1
甘谷县	290	8	20	2	4				37	
武山县	74	2	17	7	8				24	1
张家川县	51	7							19	3
秦州区（黄河）	483	3	25	7	4				30	1
麦积区（黄河）	517		16	3	1				29	
武威市	48								19	
凉州区	6								3	
民勤县	2								1	
古浪县	21								8	
天祝县（黄河）	19								7	
天祝县（西北）										

1–8 续表

地区	已治理沟道条数（条）		已建成黄土高原淤地坝（座）			当年新建淤地坝（座）			已实施小流域综合治理条数（条）	
	小计	其中：当年治理沟道条数	小计	其中：骨干坝	中型坝	小计	其中：骨干坝	中型坝	小计	其中：当年竣工条数
张掖市	9								8	
甘州区										
肃南县	4								3	
民乐县	2								2	
临泽县	1								1	
高台县										
山丹县	2								2	
平凉市	359	27	127	39	43				182	11
崆峒区	30	1	16		1				24	1
泾川县	39		35	9	13				24	3
灵台县	63	10	5	2	3				19	2
崇信县	31		7	3	4				16	1
华亭县	25								18	
庄浪县	115	16	63	24	22				39	3
静宁县	56		1	1					42	1
酒泉市	10	1							10	1
肃州区	2								2	
金塔县	2								2	
瓜州县	2								2	
肃北县										
阿克塞县	1	1							1	1
玉门市	2								2	
敦煌市	1								1	
庆阳市	9703	122	850	307	259	3	2	1	251	20
西峰区	508	1	38	20	13				19	1
庆城县	478	10	125	60	14				32	3
环县	4489	71	316	96	109	2	2		43	3
华池县	1848	2	89	41	36				24	2
合水县	360	7	65	20	32				22	2
正宁县	1401	22	39	11	15				18	1
宁县	366	4	48	16	22				31	3
镇原县	253	5	130	43	18	1		1	62	5
定西市	1400	215	375	151	94	3	1		439	26
安定区	544	14	155	81	37				185	7
通渭县	286	130	56	6	1				61	4
陇西县	209	26	65	20	23	3	1		72	4

1-8 续表

地区	已治理沟道条数（条）		已建成黄土高原淤地坝（座）			当年新建淤地坝（座）			已实施小流域综合治理条数（条）	
	小计	其中：当年治理沟道条数	小计	其中：骨干坝	中型坝	小计	其中：骨干坝	中型坝	小计	其中：当年竣工条数
渭源县	82	7	61	22	20				36	2
临洮县	128	29	30	18	9				43	8
漳县	99	2	8	4	4				26	1
岷县	52	7							16	
陇南市	605	32							154	5
武都区	79	5							20	
成县	37	2							9	1
文县	43	6							9	2
宕昌县	47								10	
康县	72	3							19	
西和县	84	2							15	1
礼县	144	7							34	1
徽县	56	1							20	
两当县	43	6							18	
临夏回族自治州	577	4	21	3	13				165	9
临夏市	4								2	
临夏县	108		8		8				29	1
康乐县	78	2	3	1	1				22	
永靖县	113		7	2	2				28	5
广河县	23								13	
和政县	39	2							14	2
东乡县	124		2		1				33	1
积石山县	88		1		1				24	
甘南藏族自治州	8	1							76	2
合作市	1								3	
临潭县	1								3	
卓尼县	2	1							7	1
舟曲县									42	
迭部县	2								16	1
玛曲县										
碌曲县										
夏河县	2								5	
按流域分	15116	448	1588	555	445	6	3	1	1832	89
黄河流域	14190	415	1576	555	443	6	3	1	1564	82
长江流域	875	32	12		2				235	6
西北诸河流域	51	1							33	1

1-9 2016 年除涝面积

单位：千公顷

地区	除涝面积			
	小计	3 ~ 5 年一遇标准	5 ~ 10 年一遇标准	10 年以上一遇标准
甘肃省	13.60	4.98	1.63	6.99
兰州市	0.09	0.04	0.05	
城关区				
七里河区				
西固区				
安宁区	0.09	0.04	0.05	
红古区				
永登县				
皋兰县				
榆中县				
嘉峪关市				
金昌市				
金川区				
永昌县				
白银市	1.36	0.56	0.80	
白银区				
平川区				
靖远县	1.36	0.56	0.80	
会宁县				
景泰县				
天水市	0.81			0.81
秦州区（长江）				
麦积区（长江）				
清水县	0.70			0.70
秦安县				
甘谷县				
武山县				
张家川县	0.11			0.11
秦州区（黄河）				
麦积区（黄河）				
武威市				
凉州区				
民勤县				
古浪县				
天祝县（黄河）				
天祝县（西北）				
张掖市				

1-9 续表

单位：千公顷

地区	除涝面积			
	小计	3～5年一遇标准	5～10年一遇标准	10年以上一遇标准
甘州区				
肃南县				
民乐县				
临泽县				
高台县				
山丹县				
平凉市				
崆峒区				
泾川县				
灵台县				
崇信县				
华亭县				
庄浪县				
静宁县				
酒泉市				
肃州区				
金塔县				
瓜州县				
肃北县				
阿克塞县				
玉门市				
敦煌市				
庆阳市				
西峰区				
庆城县				
环县				
华池县				
合水县				
正宁县				
宁县				
镇原县				
定西市	3.63		0.78	2.85
安定区				
通渭县				
陇西县				
渭源县				
临洮县				
漳县	0.78		0.78	

1-9 续表

单位：千公顷

地区	除涝面积			
	小计	3～5年一遇标准	5～10年一遇标准	10年以上一遇标准
岷县	2.85			2.85
陇南市	7.71	4.38		3.33
武都区	3.33			3.33
成县	0.05	0.05		
文县				
宕昌县				
康县				
西和县				
礼县	3.66	3.66		
徽县				
两当县	0.67	0.67		
临夏回族自治州				
临夏市				
临夏县				
康乐县				
永靖县				
广河县				
和政县				
东乡县				
积石山县				
临夏州直				
甘南藏族自治州				
合作市				
临潭县				
卓尼县				
舟曲县				
迭部县				
玛曲县				
碌曲县				
夏河县				
按流域分	13.60	4.98	1.63	6.99
黄河流域	5.89	0.60	1.63	3.66
长江流域	7.71	4.38		3.33
西北诸河流域				

1-10 2016 年水库、塘坝、窖池

地区	水库数量（座）						水库库容（万米^3）						塘坝数量（座）	窖池数量（座）
	小计	大（1）型	大（2）型	中型	小（1）型	小（2）型	小计	大（1）型	大（2）型	中型	小（1）型	小（2）型		
甘肃省	383	1	8	42	172	160	1023722	570000	262280	131934	53169	6339	2428	1359369
兰州市	25			5	7	13	6365			5960	236	169	1340	164460
城关区														4013
七里河区													6	11134
西固区	3			3									1	1342
安宁区														
红古区														
永登县	14				5	9							1238	51683
皋兰县	6			1	1	4	5080			4800	111	169	72	598
榆中县	2			1	1		1285			1160	125		23	95690
嘉峪关市	12			1	3	8	7230			6400	592	238		
金昌市	3			1	2		6740			6500	240			
金川区														
永昌县	3			1	2		6740			6500	240			
白银市	17			2	9	6	5920			2368	3087	465	74	237898
白银区	6			1	1	4								3104
平川区	1					1	85					85	1	9931
靖远县	1			1			2368			2368			26	43188
会宁县	8				7	1	3157				3087	70	43	170202
景泰县	1				1		310					310	4	11473
天水市	9				4	5	2384				2190	194	15	235510
秦州区（长江）	1					1	60					60		
麦积区（长江）														
清水县	3					3	111					111		26888
秦安县	1				1		820				820		5	73708
甘谷县													10	48748
武山县	1					1	24					24		26583

1-10 续表

地区	水库数量（座）						水库库容（万米^3）						塘坝数量（座）	窖池数量（座）
	小计	大（1）型	大（2）型	中型	小（1）型	小（2）型	小计	大（1）型	大（2）型	中型	小（1）型	小（2）型		
张家川县	2				2		1097				1097			29092
秦州区（黄河）	1				1		273				273			12565
麦积区（黄河）														17926
武威市	22			5	7	10	24161			21213	2689	259	87	19799
凉州区	9			3	2	4	10362			9994	282	86		7240
民勤县	1			1			9993			9993				
古浪县	7			1	4	2	3475			1226	2216	33	73	10273
天祝县（黄河）	4				1	3	309				191	119	12	1692
天祝县（西北）	1					1	22					22	2	594
张掖市	70			11	32	27	47577			38144	8483	950	82	1396
甘州区	2			1	1		1720			1320	400		20	
肃南县	14			3	6	5	21750			19120	2404	227	18	1396
民乐县	8			3	1	4	7101			6200	735	166	8	
临泽县	18				10	8	2187				1995	192		
高台县	13			1	9	3	3363			1048	2205	110	10	
山丹县	15			3	5	7	11456			10456	745	255	26	
平凉市	35			2	22	11	18717			11570	6564	584	10	158948
崆峒区	5			1	3	1	3774			2970	776	28		21281
泾川县	1				1		186				186			7503
灵台县	6				1	5	363				106	257	2	15026
崇信县	1				1		380				380		1	2329
华亭县	5				3	2	972				929	44		749
庄浪县	4				3	1	1179				1087	92		25553
静宁县	13			1	10	2	11864			8600	3100	163	7	86507
酒泉市	81		3	3	35	40	73185		49880	12423	9383	1499	37	87
肃州区	41				9	32	2667				1577	1090	9	
金塔县	14		1	1	10	2	18562		10480	3905	4037	140		
瓜州县	12		1		7	4	21689		20000		1451	238	15	

1-10 续表

地区	水库数量（座）						水库库容（万米^3）						塘坝数量（座）	窖池数量（座）
	小计	大（1）型	大（2）型	中型	小（1）型	小（2）型	小计	大（1）型	大（2）型	中型	小（1）型	小（2）型		
肃北县													5	61
阿克塞县													7	26
玉门市	6		1	1	4		24908		19400	3878	1630			
敦煌市	8			1	5	2	5359			4640	688	31	1	
庆阳市	29		1	2	21	5	68763		54000	5869	8694	200	605	311354
西峰区	5		1	1	3		57293		54000	2680	613		70	126
庆城县	5			1	3	1	4832			3189	1616	27	2	33377
环县	6				4	2	2249				2222	27		92507
华池县	4				3	1	1219				1168	51	10	100059
合水县	4				3	1	667				572	95		7535
正宁县	2				2		961				961			39749
宁县	1				1		782				782		13	
镇原县	2				2		760				760		510	38001
定西市	21			3	11	7	7329			2160	4795	374	84	139888
安定区	7				4	3	1661				1460	201		
通渭县	4			1	2	1	1590			1200	324	67	1	58879
陇西县														4571
渭源县	2				2		1270				1270			14250
临洮县	3			1	1	1	2775			960	1741	74	72	47432
漳县	2					2	33					33	11	14756
岷县	3			1	2									
陇南市	19		2	4	4	9	54912		42100	10873	1649	291	64	31387
武都区														11821
成县	4				2	2	429				300	129	10	3164
文县	4		2	2			49800		42100	7700				
宕昌县														
康县														
西和县	7			1	1	5	1603			1035	436	132		12795

1-10 续表

地区	水库数量（座）						水库库容（万米³）						塘坝数量（座）	窖池数量（座）
	小计	大（1）型	大（2）型	中型	小（1）型	小（2）型	小计	大（1）型	大（2）型	中型	小（1）型	小（2）型		
礼县	2			1	1		3050			2138	913			
徽县	2					2	30					30	46	3143
两当县													8	464
临夏回族自治州	16	1	1	2	6	6	600133	570000	22000	6714	1272	147	30	20929
临夏市														
临夏县	1				1		591				591			
康乐县	5				1	4	266				190	76	7	1004
永靖县	3	1	1	1			596794	570000	22000	4794				6952
广河县	2					2	71					71	2	1500
和政县	4			1	3		2303			1920	383			5112
东乡县	1				1		108				108		11	2837
积石山县													10	3524
甘南藏族自治州	24		1	1	9	13	100306		94300	1740	3297	969		37713
合作市	3				3		526				526			
临潭县	1					1	20					20		14527
卓尼县	6		1			5	94784		94300			484		5435
舟曲县	4				2	2	743				623	120		16252
迭部县	6			1	3	2	3866			1740	1975	151		1499
玛曲县	1				1		173				173			
碌曲县	2					2	144					144		
夏河县	1					1	50					50		
按流域分	383	1	8	42	172	160	1023722	570000	262280	131934	53169	6339	2428	1359369
黄河流域	169	1	3	16	85	64	805558	570000	170300	34641	27727	2890	2170	1290641
长江流域	30		2	5	9	14	59581		42100	12613	4247	622	64	49138
西北诸河流域	184		3	21	78	82	158583		49880	84680	21196	2828	194	19590

注：水库统计范围为水库总库容≥ 10 万米³。
塘坝统计范围为 50 米³≤蓄水容积< 10 万米³。
窖池统计范围为 10 米³≤蓄水容积< 500 米³。

1-11 2016年规模以上灌区(一)

地区	灌区数量(处)							耕地灌溉面积(千公顷)						
	小计	50万亩以上	(30~50)万亩	(10~30)万亩	(5~10)万亩	(1~5)万亩	(0.2~1)万亩	小计	50万亩以上	(30~50)万亩	(10~30)万亩	(5~10)万亩	(1~5)万亩	(0.2~1)万亩
甘肃省	432	4	20	22	35	161	190	1249.23	201.72	430.51	266.98	121.32	169.63	59.06
兰州市	75	1		2	4	16	52	100.79	44.09		21.83	7.82	15.15	11.90
城关区	16					1	15	4.83					0.72	4.11
七里河区	3					3		4.50					4.50	
西固区	8					3	5	3.46					1.90	1.56
安宁区	2						2	0.04						0.04
红古区	3				2		1	6.42				6.19		0.23
永登县	21	1				3	17	50.50	44.09				3.10	3.31
皋兰县	7			1	1	1	4	13.32			12.05		0.68	0.59
榆中县	15			1	1	5	8	17.72			9.78	1.63	4.25	2.06
嘉峪关市	4				1	3		8.23				3.95	4.28	
金昌市	6		2	2	2			93.34		48.37	34.97	10.00		
金川区	1			1				17.02			17.02			
永昌县	5		2	1	2			76.32		48.37	17.95	10.00		
金昌市直														
白银市	55	1	2		6	20	26	135.96	51.43	45.01		14.16	15.77	9.59
白银区	5				1	4		5.49					1.31	4.18
平川区	8				1	1	6	3.98				0.55	2.00	1.43
靖远县	23		1		3	9	10	42.29		19.71		12.11	8.29	2.18
会宁县	6		1			4	1	28.47		25.30			3.05	0.12
景泰县	13	1			1	2	9	55.73	51.43			1.50	1.12	1.68
天水市	50				3	22	25	27.50				2.47	19.49	5.55
秦州区(长江)	1						1	0.40						0.40
麦积区(长江)														
清水县	10					2	8	3.16					1.47	1.69
秦安县	6					2	4	2.64					1.56	1.08

1-11 续表

地区	灌区数量（处）							耕地灌溉面积（千公顷）						
	小计	50万亩以上	（30~50）万亩	（10~30）万亩	（5~10）万亩	（1~5）万亩	（0.2~1）万亩	小计	50万亩以上	（30~50）万亩	（10~30）万亩	（5~10）万亩	（1~5）万亩	（0.2~1）万亩
甘谷县	15					2	3	10	6.21					4.52	1.69
武山县	6					1	5		6.81				2.47	4.35	
张家县	2						2		1.51					1.51	
秦州区（黄河）	2						1	1	1.19					0.86	0.33
麦积区（黄河）	8						7	1	5.58					5.22	0.36
武威市	19	1	2	4	2	9	1	196.36	37.51	45.19	93.68	1.46	16.91	1.61
凉州区	6		2	2		1	1	104.45		45.19	58.57		0.69	
民勤县	3	1				2		42.49	37.51				4.98	
古浪县	6			2	1	3		39.91			35.11	1.46	3.34	
天祝县（黄河）	3				1	2		7.97					6.36	1.61
天祝县（西北）	1					1		1.54					1.54	
张掖市	28		9	7	5	5	2	288.71		186.67	43.32	41.31	16.83	0.58
甘州区	6		3	2		1		89.25		72.91	7.80	5.87	2.67	
肃南县	5					3	2	9.63					9.05	0.58
民乐县	4		3			1		72.38		50.87	19.21		2.30	
临泽县	6		1	4	1			38.54			16.31	22.23		
高台县	5		1		4			37.75		24.54		13.21		
山丹县	2		1	1				41.16		38.35			2.81	
平凉市	29				4	15	10	29.18				12.94	11.66	4.58
崆峒区	4				1	3		8.81				5.46	3.35	
泾川县	4				1	2	1	5.23				3.64	1.37	0.22
灵台县	3					1	2	1.25					0.71	0.54
崇信县	1					1		1.34					1.34	
华亭县	4					3	1	3.40					2.07	1.33
庄浪县	3				1	2		2.86				1.93	0.93	
静宁县	10				1	3	6	6.29				1.91	1.89	2.49
酒泉市	23	1	4	6	4	6	2	245.67	68.69	89.72	67.28	11.65	7.82	0.50

1-11 续表

地区	灌区数量（处）							耕地灌溉面积（千公顷）						
	小计	50 万亩以上	（30～50）万亩	（10～30）万亩	（5～10）万亩	（1～5）万亩	（0.2～1）万亩	小计	50 万亩以上	（30～50）万亩	（10～30）万亩	（5～10）万亩	（1～5）万亩	（0.2～1）万亩
肃州区	8		1	3	2	2		70.49	32.40		26.92	8.40	2.77	
金塔县	2		1	1				45.34	36.29	9.05				
瓜州县	3		1		1	1		48.38		28.30	16.17	3.25	0.66	
肃北县	2					1	1	1.22					1.08	0.14
阿克塞县	2					1	1	0.58					0.21	0.37
玉门市	4	1		2		1		55.92		29.75	24.19		1.98	
敦煌市	2		1		1			23.74		22.62			1.12	
庆阳市	21			1		11	9	26.82			5.90		14.06	6.86
西峰区	4			1			3	8.50			5.90			2.60
庆城县	1						1	1.05						1.05
环县	3					3		5.17					5.17	
华池县	2					1	1	1.75					1.20	0.55
合水县	2					1	1	0.94					0.73	0.21
正宁县	1					1		0.73					0.73	
宁县	5					2	3	3.93					1.48	2.45
镇原县	3					3		4.75					4.75	
定西市	25		1		1	12	11	40.62		15.55		5.18	13.59	6.30
安定区	3					2	1	3.61					2.26	1.35
通渭县	6					1	5	3.63					0.25	3.38
陇西县	1				1			5.18				5.18		
渭源县	3					2	1	5.21					4.80	0.41
临洮县	3		1			2		17.54		15.55			1.99	
漳县	3					2	1	1.66					0.95	0.71
岷县	6					3	3	3.79					3.34	0.45
陇南市	24					3	21	8.19					2.77	5.42
武都区	12						12	3.97						3.97
成县	1						1	0.13						0.13

1-11 续表

地区	灌区数量（处）							耕地灌溉面积（千公顷）						
	小计	50万亩以上	（30~50）万亩	（10~30）万亩	（5~10）万亩	（1~5）万亩	（0.2~1）万亩	小计	50万亩以上	（30~50）万亩	（10~30）万亩	（5~10）万亩	（1~5）万亩	（0.2~1）万亩
文县	1						1	0.18						0.18
宕昌县	2						2	0.42						0.42
康县	2						2	0.15						0.15
西和县	4					1	3	1.24					0.67	0.57
礼县	2					2		2.10					2.10	
徽县														
两当县														
临夏回族自治州	66				3	39	24	47.86				10.39	31.30	6.17
临夏市	2				1	1		3.42				2.81	0.61	
临夏县	9				1	5	3	10.28				4.82	4.64	0.82
康乐县	7					4	3	4.37					2.98	1.39
永靖县	19					9	10	9.66					7.81	1.85
广河县	11					6	5	6.93					5.53	1.40
和政县	6					4	2	2.52					2.08	0.44
东乡县	7				1	6		6.46				2.76	3.70	
积石山县	5					4	1	4.22					3.95	0.27
甘南藏族自治州	7						7							
合作市	4						4							
临潭县														
卓尼县														
舟曲县														
迭部县	1						1							
玛曲县	1						1							
碌曲县	1						1							
夏河县														
按流域分	432	4	20	22	35	161	190	1249.23	201.72	430.51	266.98	121.32	169.63	59.06
黄河流域	329	2	3	3	22	137	162	416.30	95.52	60.56	27.73	52.96	127.38	52.16
长江流域	26					3	23	8.59					2.77	5.82
西北诸河流域	77	2	17	19	13	21	5	824.34	106.20	369.95	239.25	68.37	39.48	1.08

1-12 2016年规模以上灌区(二)

单位：千米

地区	渠道长度（按流量分）					衬砌防渗渠道长度（按流量分）				
	小计	30米³/秒及以上	5～30米³/秒	1～5米³/秒	0.2～1米³/秒	小计	30米³/秒及以上	5～30米³/秒	1～5米³/秒	0.2～1米³/秒
甘肃省	89074.60	3489.20	2842.13	12760.63	69982.64	43369.08	136.50	2428.26	10136.59	30667.73
兰州市	2201.10		8.80	760.20	1432.10	1511.04		5.70	545.64	959.70
城关区	7.50			7.50		3.60			3.60	
七里河区	44.10			10.40	33.70	44.10			10.40	33.70
西固区	49.50			3.50	46.00	26.40			3.50	22.90
安宁区										
红古区	128.70			75.10	53.60	50.90			28.80	22.10
永登县	1032.60			430.70	601.90	768.04			393.04	375.00
皋兰县	459.70			134.30	325.40	296.20			46.00	250.20
榆中县	479.00		8.80	98.70	371.50	321.80		5.70	60.30	255.80
嘉峪关市	519.50		40.70	127.70	351.10	394.00		40.70	127.70	225.60
金昌市	8667.00	1.10	224.20	1300.70	7141.00	3132.10	1.10	190.80	808.50	2131.70
金川区	1777.40		38.20	172.70	1566.50	1038.10		38.20	169.40	830.50
永昌县	6889.60	1.10	186.00	1128.00	5574.50	2094.00	1.10	152.60	639.10	1301.20
金昌市直										
白银市	2705.92		529.50	887.54	1288.88	2531.37		529.50	827.39	1174.48
白银区	222.80			35.00	187.80	127.20			21.90	105.30
平川区	118.40			56.20	62.20	118.40			56.20	62.20
靖远县	1197.49		239.50	387.41	570.58	1197.49		239.50	387.41	570.58
会宁县	778.50		178.90	131.30	468.30	736.20		178.90	120.90	436.40
景泰县	388.73		111.10	277.63		352.08		111.10	240.98	
天水市	992.98		8.50	309.75	674.73	770.48			291.15	479.33
秦州区（长江）	5.50				5.50	2.00				2.00
麦积区（长江）										
清水县	30.25			9.12	21.13	24.75			9.12	15.63
秦安县	21.50				21.50	21.50				21.50
甘谷县	305.10		8.50	132.70	163.90	207.20			130.70	76.50

1-12 续表

单位：千米

地区	渠道长度（按流量分）					衬砌防渗渠道长度（按流量分）				
	小计	30米^3/秒及以上	5～30米^3/秒	1～5米^3/秒	0.2～1米^3/秒	小计	30米^3/秒及以上	5～30米^3/秒	1～5米^3/秒	0.2～1米^3/秒
武山县	111.90			111.90		106.20			106.20	
张家县	46.70				46.70	31.10				31.10
秦州区（黄河）	24.00				24.00	22.00				22.00
麦积区（黄河）	448.03			56.03	392.00	355.73			45.13	310.60
武威市	13671.18	20.10	182.70	1469.80	11998.58	9396.88	20.10	182.70	1360.60	7833.48
凉州区	7413.68	20.10	182.70	509.30	6701.58	6097.98	20.10	182.70	424.10	5471.08
民勤县	4759.10			711.20	4047.90	2162.80			701.50	1461.30
古浪县	724.40			224.30	500.10	692.10			211.00	481.10
天祝县（黄河）	721.00			25.00	696.00	423.00			24.00	399.00
天祝县（西北）	53.00				53.00	21.00				21.00
张掖市	31521.70	3369.60	725.80	3401.80	24024.50	9714.63	16.90	641.10	2611.12	6445.51
甘州区	9022.40	16.90	250.50	1052.00	7703.00	3220.69	16.90	213.90	858.20	2131.69
肃南县	133.50			19.10	114.40	96.10			19.10	77.00
民乐县	10071.30		280.00	603.60	9187.70	2308.20		252.50	460.11	1595.59
临泽县	3483.10		97.20	527.90	2858.00	1561.90		92.50	384.71	1084.69
高台县	6705.40	3352.70	98.10	623.00	2631.60	1425.44		82.20	468.00	875.24
山丹县	2106.00			576.20	1529.80	1102.30			421.00	681.30
平凉市	1040.88			438.30	602.58	724.18			327.70	396.48
崆峒区	329.00			124.00	205.00	217.00			102.00	115.00
泾川县	159.10			119.80	39.30	107.20			70.30	36.90
灵台县	33.60				33.60	33.60				33.60
崇信县	50.00			50.00		50.00			50.00	
华亭县	66.90				66.90	42.00				42.00
庄浪县	141.50			5.10	136.40	119.50			5.10	114.40
静宁县	260.78			139.40	121.38	154.88			100.30	54.58
酒泉市	22794.39	98.40	1014.93	2861.29	18819.77	12223.64	98.40	776.90	2424.18	8924.16
肃州区	7224.00		386.70	1257.40	5579.90	3765.10		372.30	912.30	2480.50

1-12 续表

单位：千米

地区	渠道长度（按流量分）					衬砌防渗渠道长度（按流量分）				
	小计	30米³/秒及以上	5～30米³/秒	1～5米³/秒	0.2～1米³/秒	小计	30米³/秒及以上	5～30米³/秒	1～5米³/秒	0.2～1米³/秒
金塔县	5445.80	7.20	243.50	524.10	4671.00	2283.00	7.20	243.50	489.30	1543.00
瓜州县	5259.12		223.63	372.79	4662.70	1496.32			345.28	1151.04
肃北县	140.80			35.10	105.70	134.50			33.10	101.40
阿克塞县	54.50				54.50	54.50				54.50
玉门市	1351.37	91.20	124.20	383.90	752.07	1171.42	91.20	124.20	356.20	599.82
敦煌市	3318.80		36.90	288.00	2993.90	3318.80		36.90	288.00	2993.90
庆阳市	458.69			312.19	146.50	342.50			239.00	103.50
西峰区	35.40				35.40					
庆城县										
环县	47.50			47.50		55.50			55.50	
华池县	97.00			78.00	19.00	97.00			78.00	19.00
合水县	55.20			34.80	20.40	39.60			26.80	12.80
正宁县	46.80			46.80		21.80			21.80	
宁县	71.70				71.70	71.70				71.70
镇原县	105.09			105.09		56.90			56.90	
定西市	1107.78		78.50	392.48	636.80	593.07		32.36	233.85	326.86
安定区	64.10			49.30	14.80	55.70			47.90	7.80
通渭县	41.90			25.40	16.50	41.70			25.40	16.30
陇西县	343.88			134.48	209.40	127.26			39.29	87.97
渭源县	152.80			73.80	79.00	166.80			70.60	96.20
临洮县	382.80		78.50	84.00	220.30	161.79		32.36	49.66	79.77
漳县	50.40			4.60	45.80	3.20			1.00	2.20
岷县	71.90			20.90	51.00	36.62				36.62
陇南市	144.40			83.00	61.40	90.40			48.30	42.10
武都区	23.00			23.00		7.00				7.00
成县										
文县	4.40				4.40					

1-12 续表

单位：千米

地区	渠道长度（按流量分）					衬砌防渗渠道长度（按流量分）				
	小计	30米³/秒及以上	5～30米³/秒	1～5米³/秒	0.2～1米³/秒	小计	30米³/秒及以上	5～30米³/秒	1～5米³/秒	0.2～1米³/秒
宕昌县										
康县										
西和县	57.00				57.00	35.10				35.10
礼县	60.00			60.00		48.30			48.30	
徽县										
两当县										
临夏回族自治州	3249.08		28.50	415.88	2804.70	1944.79		28.50	291.46	1624.83
临夏市	128.00			7.50	120.50	52.80			7.50	45.30
临夏县	379.70		28.50	71.90	279.30	248.00		28.50	62.30	157.20
康乐县	155.50			2.40	153.10	119.20			2.40	116.80
永靖县	613.00			78.00	535.00	324.00			41.00	283.00
广河县	128.50			93.70	34.80	89.10			60.40	28.70
和政县	233.76			90.14	143.62	138.57			45.62	92.95
东乡县	545.62			72.24	473.38	370.12			72.24	297.88
积石山县	1065.00				1065.00	603.00				603.00
甘南藏族自治州										
合作市										
临潭县										
卓尼县										
舟曲县										
迭部县										
玛曲县										
碌曲县										
夏河县										
按流域分	89074.60	3489.20	2842.13	12760.63	69982.64	43369.08	136.50	2428.26	10136.59	30667.73
黄河流域	12471.93		653.80	3541.34	8276.79	8838.43		596.06	2780.19	5462.18
长江流域	149.90			83.00	66.90	92.40			48.30	44.10
西北诸河流域	76452.77	3489.20	2188.33	9136.29	61638.95	34438.25	136.50	1832.20	7308.10	25161.45

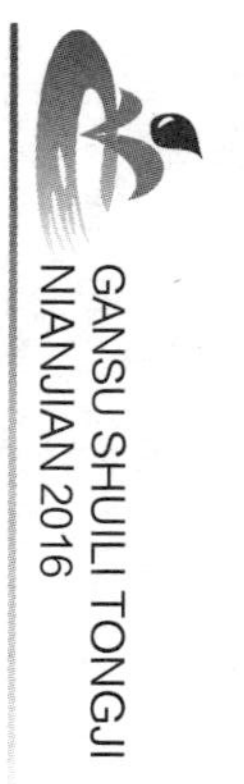

1-13 2016 年堤防

地区	堤防长度（千米）							本年新增堤防长度（千米）	达标堤防长度（千米）						本年新增达标堤防长度（千米）	堤防保护人口（万人）	堤防保护耕地面积（千公顷）
	小计	1级堤防	2级堤防	3级堤防	4级堤防	5级堤防	5级以下堤防		小计	1级堤防	2级堤防	3级堤防	4级堤防	5级堤防			
甘肃省	7434.95	100.36	278.47	79.46	838.32	5383.65	754.69	462.69	6071.58	85.93	275.89	71.36	817.86	4820.54	435.95	926.29	437.05
兰州市	268.95	74.08	16.14	11.10	4.73	110.97	51.93	34.53	195.20	59.65	15.78	11.10	4.73	103.94	20.10	60.45	3.41
城关区	23.25	23.25							23.25	23.25						10.00	
七里河区	42.64	15.40		11.10	3.90	12.24			42.64	15.40		11.10	3.90	12.24		23.00	0.10
西固区	42.61	14.43				16.78	11.40	14.43	16.78					16.78			
安宁区	21.00	21.00							21.00	21.00						19.02	0.04
红古区	2.70					2.70			2.70					2.70			
永登县	82.39				0.83	52.12	29.44		52.95				0.83	52.12		4.00	2.12
皋兰县	31.19					20.10	11.09	20.10	20.10					20.10	20.10	2.23	0.67
榆中县	23.17		16.14			7.03			15.78		15.78					2.20	0.48
嘉峪关市	62.21		35.00	27.21				13.00	62.21		35.00	27.21				20.06	5.50
金昌市	31.51	14.50	4.59	7.50	4.20	0.72			31.51	14.50	4.59	7.50	4.20	0.72		29.73	1.50
金川区	19.09	14.50	4.59						19.09	14.50	4.59					28.53	
永昌县	12.42			7.50	4.20	0.72			12.42			7.50	4.20	0.72		1.20	1.50
白银市	351.67				29.78	295.67	26.22	83.40	296.75				29.78	266.97	83.40	60.20	27.10
白银区	47.59					30.14	17.45	10.90	29.77					29.77	10.90	0.90	1.20
平川区	52.78				12.40	40.38		7.55	39.40				12.40	27.00	7.55	2.11	2.42
靖远县	174.39					166.31	8.08	63.98	151.36					151.36	63.98	33.57	20.12
会宁县	26.66				17.38	8.59	0.69	0.97	25.97				17.38	8.59	0.97	22.00	2.06
景泰县	50.25					50.25			50.25					50.25		1.62	1.30
天水市	851.76		84.25		49.53	553.92	164.06	61.39	635.80		84.25		49.53	502.02	61.39	124.24	40.62
秦州区（长江）	62.75				8.69	54.06			61.75				8.69	53.06		12.38	3.36
麦积区（长江）	1.18					1.18			1.18					1.18		0.08	
清水县	90.89				4.27	85.35	1.27	4.20	52.87				4.27	48.60	4.20	12.44	4.45
秦安县	101.22				36.57	64.65		1.82	101.22				36.57	64.65	1.82	15.32	4.82
甘谷县	92.08					78.10	13.98	7.03	78.10					78.10	7.03	28.37	8.99
武山县	91.74					65.25	26.49	9.37	65.25					65.25	9.37	16.22	7.59

1-13 续表

地区	堤防长度（千米）							本年新增堤防长度（千米）	达标堤防长度（千米）						本年新增达标堤防长度（千米）	堤防保护人口（万人）	堤防保护耕地面积（千公顷）
	小计	1级堤防	2级堤防	3级堤防	4级堤防	5级堤防	5级以下堤防		小计	1级堤防	2级堤防	3级堤防	4级堤防	5级堤防			
张家川县	92.10					85.83	6.27	7.01	81.49					81.49	7.01	8.73	1.70
秦州区（黄河）	126.47		55.59			48.42	22.46	24.56	98.78		55.59			43.19	24.56	20.21	3.34
麦积区（黄河）	193.33		28.66			71.08	93.59	7.40	95.16		28.66			66.50	7.40	10.49	6.37
武威市	388.08		0.83	0.14	144.48	234.88	7.75	19.89	368.11		0.83	0.07	132.66	234.55	19.89	89.06	47.07
凉州区	145.97		0.83		62.83	74.56	7.75	7.81	135.48		0.83		60.09	74.56	7.81	62.18	29.69
民勤县	0.66					0.66			0.66					0.66			
古浪县	106.47			0.14	48.43	57.90			97.32			0.07	39.35	57.90		17.70	11.12
天祝县（黄河）	103.82				33.22	70.60		12.08	103.49				33.22	70.27	12.08	8.36	5.59
天祝县（西北）	31.16					31.16			31.16					31.16		0.82	0.67
张掖市	684.54		18.20	11.00	82.61	375.15	197.58	17.26	388.29		16.68	2.97	82.61	286.03	17.26	50.24	41.17
甘州区	224.45		18.20	11.00		178.93	16.32		115.76		16.68	2.97		96.11		26.25	19.06
肃南县	78.62				11.20	61.13	6.29		66.03				11.20	54.83		0.67	0.70
民乐县	33.00					33.00			33.00					33.00		0.90	3.00
临泽县	157.42				24.63	50.59	82.20	9.88	75.22				24.63	50.59	9.88	4.44	6.19
高台县	132.52				29.75	21.10	81.67	7.38	50.85				29.75	21.10	7.38	4.15	7.22
山丹县	58.53				17.03	30.40	11.10		47.43				17.03	30.40		13.83	5.00
平凉市	823.35	2.64	65.51		116.91	638.29		20.44	823.35	2.64	65.51		116.91	638.29	20.44	73.66	27.01
崆峒区	144.47		65.51		42.60	36.36		3.60	144.47		65.51		42.60	36.36	3.60	7.19	3.13
泾川县	101.98					101.98			101.98					101.98		15.02	3.89
灵台县	81.01				10.98	70.03		13.53	81.01				10.98	70.03	13.53	11.73	2.80
崇信县	87.11	2.64			6.70	77.77			87.11	2.64			6.70	77.77		6.74	6.51
华亭县	92.35				33.31	59.04			92.35				33.31	59.04		12.60	3.66
庄浪县	196.83				3.97	192.86		3.31	196.83				3.97	192.86	3.31	6.59	3.85
静宁县	119.60				19.35	100.25			119.60				19.35	100.25		13.79	3.17
酒泉市	542.40	9.14	30.54	16.52	92.19	394.01		22.59	444.35	9.14	29.84	16.52	91.73	297.12	22.59	57.52	111.80
肃州区	128.87	5.80	20.96	8.30	29.04	64.77			121.77	5.80	20.96	8.30	29.04	57.67		15.25	22.56
金塔县	129.33				6.13	123.20			89.13				6.13	83.00		8.30	23.70

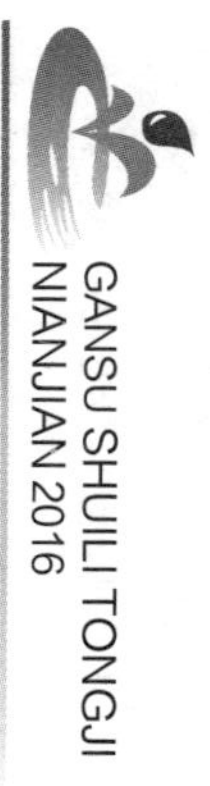

1-13 续表

地区	堤防长度（千米）							本年新增堤防长度（千米）	达标堤防长度（千米）						本年新增达标堤防长度（千米）	堤防保护人口（万人）	堤防保护耕地面积（千公顷）
	小计	1级堤防	2级堤防	3级堤防	4级堤防	5级堤防	5级以下堤防		小计	1级堤防	2级堤防	3级堤防	4级堤防	5级堤防			
瓜州县	73.80					73.80		1.73	38.42					38.42	1.73	6.02	18.71
肃北县	31.90			0.32	0.22	31.36		16.40	31.90			0.32	0.22	31.36	16.40	1.23	3.47
阿克塞县	36.07		5.77		12.00	18.30			35.97		5.67		12.00	18.30		0.90	0.41
玉门市	88.24		1.21		4.56	82.47			72.97		0.61		4.10	68.26		5.82	13.35
敦煌市	54.19	3.34	2.60	7.90	40.24	0.11		4.46	54.19	3.34	2.60	7.90	40.24	0.11	4.46	20.00	29.60
庆阳市	204.29			0.95	61.44	134.44	7.46	16.73	193.05			0.95	61.44	130.66	16.73	44.88	15.80
西峰区	8.25					8.25			8.25					8.25		1.25	1.00
庆城县	3.41				3.41				3.41				3.41			2.67	1.01
环县	36.54				14.73	21.81		9.61	36.54				14.73	21.81	9.61	20.33	1.47
华池县	23.71			0.95		15.30	7.46	0.95	16.25			0.95		15.30	0.95	8.91	4.30
合水县	25.01					25.01		1.51	25.01					25.01	1.51	2.28	1.03
正宁县	23.90					23.90			23.90					23.90		0.78	0.86
宁县	34.32				14.82	19.50			30.54				14.82	15.72		2.20	4.95
镇原县	49.15				28.48	20.67		4.66	49.15				28.48	20.67	4.66	6.46	1.18
定西市	795.13				46.42	661.51	87.20	29.23	695.30				46.42	648.88	29.23	100.59	35.54
安定区	86.90				12.89	19.54	54.47		32.43				12.89	19.54		27.20	5.84
通渭县	27.72					21.95	5.77		13.48					13.48		6.50	1.44
陇西县	93.66				33.53	60.13		6.30	93.66				33.53	60.13	6.30	16.28	9.38
渭源县	164.40					164.40		7.82	160.24					160.24	7.82	7.37	4.04
临洮县	92.18					67.67	24.51		67.67					67.67		9.34	5.72
漳县	68.20					65.75	2.45	10.37	65.75					65.75	10.37	10.30	4.13
岷县	262.07					262.07		4.74	262.07					262.07	4.74	23.60	4.99
陇南市	1374.13		17.60		122.05	1170.09	64.39	76.88	1085.88		17.60		114.27	954.01	68.07	123.86	42.62
武都区	112.21		17.60		2.45	92.16			112.21		17.60		2.45	92.16		25.05	7.07
成县	71.33				36.08	31.41	3.84	3.80	63.44				36.08	27.36	3.80	22.81	4.89
文县	139.52				29.33	110.19		5.85	136.83				29.33	107.50	5.85	4.40	1.55
宕昌县	159.63				32.78	121.99	4.86	11.69	154.77				32.78	121.99	11.69	26.34	5.04

1-13 续表

地区	堤防长度（千米）							本年新增堤防长度（千米）	达标堤防长度（千米）						本年新增达标堤防长度（千米）	堤防保护人口（万人）	堤防保护耕地面积（千公顷）
	小计	1级堤防	2级堤防	3级堤防	4级堤防	5级堤防	5级以下堤防		小计	1级堤防	2级堤防	3级堤防	4级堤防	5级堤防			
康县	123.49					123.49		1.78	123.49					123.49	1.78	6.67	3.82
西和县	247.46				21.41	226.05		14.00	130.34				13.63	116.71	14.00	8.01	3.42
礼县	343.15					287.46	55.69	25.43	187.88					187.88	25.43	20.74	9.50
徽县	102.70					102.70		4.17	102.28					102.28	4.17	5.67	5.52
两当县	74.64					74.64		10.16	74.64					74.64	1.35	4.17	1.81
临夏回族自治州	501.75		5.81	5.04	55.33	413.29	22.28	39.74	447.68		5.81	5.04	54.93	381.90	36.24	59.46	28.21
临夏市	35.19		5.81		21.96	4.43	2.99		32.20		5.81		21.96	4.43		8.61	3.87
临夏县	56.14			5.04	21.45	25.45	4.20	0.70	51.94			5.04	21.45	25.45	0.70	4.53	2.86
康乐县	96.25					93.16	3.09	14.28	93.16					93.16	14.28	8.85	2.41
永靖县	28.70				11.70	17.00		17.00	28.30				11.30	17.00	17.00	6.59	2.15
广河县	75.39					75.39			68.30					68.30		15.51	8.06
和政县	117.85					117.85		3.50	97.96					97.96		6.02	2.80
东乡县	61.40				0.22	49.18	12.00	4.26	49.40				0.22	49.18	4.26	3.97	3.03
积石山县	30.83					30.83			26.42					26.42		5.38	3.03
临夏州直																	
甘南藏族自治州	555.18				28.65	400.71	125.82	40.61	404.10				28.65	375.45	40.61	32.34	9.70
合作市	80.90					80.90		5.63	66.93					66.93	5.63	2.84	0.87
临潭县	101.20				15.29	54.66	31.25	14.32	58.66				15.29	43.37	14.32	4.20	3.53
卓尼县	133.55					53.47	80.08	6.46	53.47					53.47	6.46	8.13	0.63
舟曲县	45.42				13.36	32.06			45.42				13.36	32.06		5.38	1.24
迭部县	65.11					65.11			65.11					65.11		3.72	0.19
玛曲县	31.02					31.02			31.02					31.02		0.55	
碌曲县	24.31					23.33	0.98		23.33					23.33		1.42	0.81
夏河县	73.67					60.16	13.51	14.20	60.16					60.16	14.20	6.10	2.43
按流域分	7434.95	100.36	278.47	79.46	838.32	5383.65	754.69	462.69	6071.58	85.93	275.89	71.36	817.86	4820.54	435.95	926.29	437.05
黄河流域	4281.44	76.72	171.71	17.09	403.96	3126.99	484.97	338.15	3621.26	62.29	171.35	17.09	403.56	2966.97	320.22	542.62	188.19
长江流域	1548.59		17.60		144.10	1322.50	64.39	76.88	1259.34		17.60		136.32	1105.42	68.07	145.42	47.41
西北诸河流域	1604.92	23.64	89.16	62.37	290.26	934.16	205.33	47.66	1190.98	23.64	86.94	54.27	277.98	748.15	47.66	238.25	201.45

1-14 2016年河道治理

单位：千米

地区	有防洪任务河段长度	已治理河段长度		当年实施治理的河段长度	
		小计	其中：治理达标河段长度	小计	其中：中小河流治理长度
甘肃省	18660.24	4808.52	4148.79	306.21	147.99
兰州市	669.40	147.38	137.20		
城关区	26.40	17.15	17.15		
七里河区	85.00	20.57	20.57		
西固区	44.30	23.58	23.58		
安宁区	23.00	23.00	23.00		
红古区	2.70	2.70	2.70		
永登县	157.00	21.21	21.21		
皋兰县	181.00	21.10	21.10		
榆中县	150.00	18.07	7.89		
嘉峪关市	39.95	39.95	39.95	6.30	6.30
金昌市	231.01	43.88	35.13		
金川区	26.41	26.41	26.41		
永昌县	204.60	17.47	8.72		
白银市	938.83	218.56	146.03	34.80	4.35
白银区	127.01	14.79	14.79	1.59	1.59
平川区	56.90	25.75	17.55	7.55	1.79
靖远县	628.02	151.36	87.72	24.69	
会宁县	57.90	26.66	25.97	0.97	0.97
景泰县	69.00				
天水市	2057.66	464.99	376.96	27.40	27.40
秦州区（长江）	198.37	58.14	50.75		
麦积区（长江）	216.00	0.74	0.74		
清水县	267.24	31.34	29.58	7.90	7.90
秦安县	243.52	47.42	47.42		
甘谷县	154.60	74.61	59.65	4.00	4.00
武山县	233.00	44.13	19.41		
张家川县	264.23	56.25	41.80	15.50	15.50
秦州区（黄河）	137.00	69.70	64.58		
麦积区（黄河）	343.70	82.66	63.03		
武威市	1162.66	298.67	292.54	4.10	4.10
凉州区	300.89	99.70	99.70	4.10	4.10
民勤县	349.20	88.53	88.53		
古浪县	301.82	61.60	55.47		
天祝县（黄河）	204.00	42.09	42.09		
天祝县（西北）	6.75	6.75	6.75		
张掖市	2192.11	406.22	339.62	8.77	8.77

1-14 续表

单位：千米

地区	有防洪任务河段长度	已治理河段长度		当年实施治理的河段长度	
		小计	其中：治理达标河段长度	小计	其中：中小河流治理长度
甘州区	401.71	186.94	120.34		
肃南县	138.50	39.55	39.55		
民乐县	240.21	35.09	35.09		
临泽县	542.13	50.78	50.78	6.69	6.69
高台县	305.52	47.25	47.25	2.08	2.08
山丹县	564.04	46.61	46.61		
平凉市	1339.43	498.66	498.66	9.01	9.01
崆峒区	228.83	69.08	69.08		
泾川县	160.00	66.79	66.79		
灵台县	110.86	42.21	42.21	9.01	9.01
崇信县	73.00	49.44	49.44		
华亭县	195.26	81.41	81.41		
庄浪县	196.83	70.13	70.13		
静宁县	374.65	119.60	119.60		
酒泉市	1406.52	344.33	337.00	1.73	1.73
肃州区	119.40	65.79	61.60		
金塔县	117.30	72.00	69.70		
瓜州县	654.00	38.42	38.42	1.73	1.73
肃北县	212.00	13.55	13.55		
阿克塞县	35.97	35.97	35.97		
玉门市	172.35	88.78	88.78		
敦煌市	95.50	29.82	28.98		
庆阳市	1130.31	187.03	171.78	26.03	21.71
西峰区					
庆城县	387.40	15.36	15.36	9.66	9.66
环县	35.30	35.30	35.30	7.80	7.80
华池县	126.44	25.85	25.85	0.95	0.95
合水县	45.80	25.65	25.65	1.36	1.36
正宁县	19.20	31.09	31.09		
宁县	243.79	23.27	8.02	4.32	
镇原县	272.38	30.51	30.51	1.94	1.94
定西市	2079.19	583.93	545.48	49.97	24.08
安定区	323.00	32.43	32.43	4.91	4.91
通渭县	386.00	13.72	9.22	1.40	
陇西县	280.83	39.99	39.99	6.30	6.30
渭源县	281.80	99.60	65.65	6.00	2.50
临洮县	232.00	58.17	58.17	16.25	
漳县	280.30	77.95	77.95	10.37	10.37

1–14 续表

单位：千米

地区	有防洪任务河段长度	已治理河段长度		当年实施治理的河段长度	
		小计	其中：治理达标河段长度	小计	其中：中小河流治理长度
岷县	295.26	262.07	262.07	4.74	
陇南市	2702.14	1003.47	775.73	43.89	19.87
武都区	452.59	137.93	93.59		
成县	126.37	38.08	23.61		
文县	313.95	122.29	122.29	4.24	
宕昌县	206.11	114.78	114.78	7.50	
康县	358.01	133.68	133.68	1.78	
西和县	211.67	112.88	49.50	10.20	7.20
礼县	389.27	248.32	155.31	16.00	8.50
徽县	375.10	44.51	31.97	4.17	4.17
两当县	269.07	51.00	51.00		
临夏回族自治州	583.23	221.32	215.46	28.30	11.30
临夏市	39.93	23.56	21.90		
临夏县	46.70	22.30	22.30	0.70	0.70
康乐县	43.50	35.20	35.20	8.60	8.60
永靖县	213.26	18.83	18.83	17.00	
广河县	42.65	41.40	39.55		
和政县	72.21	35.61	35.61	2.00	2.00
东乡县	65.00	28.85	28.85		
积石山县	59.98	15.57	13.22		
临夏州直					
甘南藏族自治州	2127.80	350.13	237.25	65.91	9.37
合作市	55.56	41.68	34.82	17.51	9.37
临潭县	98.00	50.20	20.70		
卓尼县	217.30	52.70	22.00		
舟曲县	512.00	45.42			
迭部县	175.27	65.11	65.11		
玛曲县	847.67	14.50	14.10		
碌曲县	42.00	15.98	15.98		
夏河县	180.00	64.54	64.54	48.40	
按流域分	18660.24	4808.52	4148.79	306.21	147.99
黄河流域	10028.21	2544.68	2254.31	241.42	107.22
长江流域	3803.78	1172.88	892.33	43.89	19.87
西北诸河流域	4828.25	1090.96	1002.15	20.90	20.90

注：中小河流治理长度，指对流域面积在 200 ~ 3000 千米^{2}的河流，按照防洪规划已经完成治理的长度。

1-15 2016年水闸

单位：座

地区	水闸数量	按规模分					按功能位置分		按类型分（过闸流量5米³/秒及以上）			
		大（1）型	大（2）型	中型	小（1）型	小（2）型	河湖引水闸数量	水库引水闸数量	分（泄）洪闸数量	节制闸座数	排（退）水闸数量	引（进）水闸数量
甘肃省	6255		4	72	218	5961	3545	2617	177	666	85	129
兰州市	27				1	26	27					
城关区												
七里河区												
西固区												
安宁区												
红古区	5				1	4	5					
永登县	14					14	14					
皋兰县	2					2	2					
榆中县	6					6	6					
嘉峪关市	16			1	7	8	2					
金昌市	117			1	11	105		117				
金川区	22					22		22				
永昌县	95			1	11	83		95				
白银市	60				3	57	40	20	30	13	5	10
白银区												
平川区	11					11		11				
靖远县	29					29	29		19	5		4
会宁县	10				1	9	1	9	1	2	3	4
景泰县	10				2	8	10		10	6	2	2
天水市	48					48	46	2	2	1	24	14
秦州区（长江）												
麦积区（长江）												
清水县	7					7	7			1	4	2
秦安县												
甘谷县	14					14	12	2			2	12
武山县	2					2	2		2			

1–15 续表

单位：座

地区	水闸数量	按规模分					按功能位置分		按类型分（过闸流量5米³/秒及以上）			
		大（1）型	大（2）型	中型	小（1）型	小（2）型	河湖引水闸数量	水库引水闸数量	分（泄）洪闸数量	节制闸座数	排（退）水闸数量	引（进）水闸数量
张家川县												
秦州区（黄河）	7					7	7					
麦积区（黄河）	18					18	18				18	
武威市	213			2	37	174	131	82	6	67		12
凉州区	123			1	16	106	119	4				
民勤县	78				20	58		78	4	65		9
古浪县	7			1	1	5	7		2	2		3
天祝县（黄河）	5					5	5					
天祝县（西北）												
张掖市	4966		1	34	45	4886	2920	2046	114	274	23	27
甘州区	877		1	2	9	865	712	165	28	58		3
肃南县	60			3	3	54	60		5	3	4	
民乐县	1828			8	10	1810	332	1496	17	153		11
临泽县	754			13	13	728	754		41	34	4	10
高台县	733				2	731	733		9	19	13	1
山丹县	714			8	8	698	329	385	14	7	2	2
平凉市	141		1	7	11	122	140	1		24	4	1
崆峒区	36			2	2	32	36			8	4	1
泾川县	35			1	2	32	35			4		
灵台县	2			1	1		2			2		
崇信县	22			2	1	19	22			3		
华亭县	3					3	2	1				
庄浪县	6			1	2	3	6			3		
静宁县	37		1		3	33	37			4		
酒泉市	468		2	22	94	350	53	345	24	273	17	60
肃州区	187			18	6	163	24	163	12	109		24
金塔县	71		1	1	6	63	1			71		

1-15 续表

单位：座

地区	水闸数量	按规模分					按功能位置分		按类型分（过闸流量 5 米^3/ 秒及以上）			
		大（1）型	大（2）型	中型	小（1）型	小（2）型	河湖引水闸数量	水库引水闸数量	分（泄）洪闸数量	节制闸座数	排（退）水闸数量	引（进）水闸数量
瓜州县	27				5	22		27				
肃北县	24				5	19	24					
阿克塞县	1			1			1					
玉门市	76		1	2	50	23	3	73	7	28	11	30
敦煌市	82				22	60		82	5	65	6	6
庆阳市	20			2	1	17	12	3				
西峰区												
庆城县												
环县												
华池县												
合水县												
正宁县	5			2	1	2	4	1				
宁县												
镇原县	15					15	8	2				
定西市	14				1	13	14			1	9	1
安定区												
通渭县												
陇西县	3					3	3					
渭源县												
临洮县	11				1	10	11			1	9	1
漳县												
岷县												
陇南市												
武都区												
成县												
文县												
宕昌县												

1-15 续表

单位：座

地区	水闸数量	按规模分					按功能位置分		按类型分（过闸流量5米³/秒及以上）			
		大（1）型	大（2）型	中型	小（1）型	小（2）型	河湖引水闸数量	水库引水闸数量	分（泄）洪闸数量	节制闸座数	排（退）水闸数量	引（进）水闸数量
康县												
西和县												
礼县												
徽县												
两当县												
临夏回族自治州	165			3	7	155	160	1	1	13	3	4
临夏市	24				1	23	20		1	1	1	2
临夏县	30					30	30			2	2	1
康乐县	5					5	5					
永靖县	1					1	1					
广河县	21				2	19	21			2		
和政县	9			3	4	2	9			8		
东乡县	6					6	5	1				
积石山县	69					69	69					1
甘南藏族自治州												
合作市												
临潭县												
卓尼县												
舟曲县												
迭部县												
玛曲县												
碌曲县												
夏河县												
按流域分	6255		4	72	218	5961	3545	2617	177	666	85	129
黄河流域	480		1	12	24	443	444	27	33	52	45	30
长江流域												
西北诸河流域	5775		3	60	194	5518	3101	2590	144	614	40	99

注：过闸流量≥1米³/秒的水闸工程，包括建在河道、渠道、湖泊、水库的水闸。

1-16 2016 年泵站

单位：处

地区	泵站数量	按规模分					按功能位置分	
		大（1）型	大（2）型	中型	小（1）型	小（2）型	河湖取水泵站数量	水库取水泵站数量
甘肃省	5558		11	118	1157	4272	4966	360
兰州市	981			60	471	450	981	
城关区	134			2	96	36	134	
七里河区	67			8	45	14	67	
西固区	118			6	79	33	118	
安宁区	44				27	17	44	
红古区	91			4	47	40	91	
永登县	134			4	28	102	134	
皋兰县	204			18	76	110	204	
榆中县	189			18	73	98	189	
嘉峪关市	5				4	1		1
金昌市	8				3	5		8
金川区								
永昌县	8				3	5		8
白银市	1248		11	18	282	937	1221	
白银区	246			18	66	162	237	
平川区	65				17	48	47	
靖远县	532				118	414	532	
会宁县	149				43	106	149	
景泰县	256		11		38	207	256	
天水市	421			2	46	373	329	56
秦州区（长江）	32					32	32	
麦积区（长江）								
清水县	10			2	4	4	10	
秦安县	59				12	47	59	
甘谷县	201				21	180	146	55
武山县	12					12	12	
张家川县	8					8	7	1
秦州区（黄河）	34					34	34	
麦积区（黄河）	65				9	56	29	
武威市	31			6	13	12	29	1
凉州区	2				1	1		1
民勤县								
古浪县	19			6	11	2	19	
天祝县（黄河）	10				1	9	10	
天祝县（西北）								
张掖市	101			2	15	84	93	8
甘州区	29				8	21	29	

1–16 续表

单位：处

地区	泵站数量	按规模分					按功能位置分	
		大（1）型	大（2）型	中型	小（1）型	小（2）型	河湖取水泵站数量	水库取水泵站数量
肃南县	3				2	1		3
民乐县	5					5		5
临泽县	62			2	5	55	62	
高台县								
山丹县	2					2	2	
平凉市	19			4	8	7	8	9
崆峒区	9			4	4	1	2	7
泾川县	2				1	1	2	
灵台县	5				3	2	1	2
崇信县								
华亭县								
庄浪县	1					1	1	
静宁县	2					2	2	
酒泉市	9				2	7		7
肃州区								
金塔县								
瓜州县	3					3		1
肃北县								
阿克塞县	5				1	4		5
玉门市								
敦煌市	1				1			1
庆阳市	714			15	10	689	604	9
西峰区	75			7	2	66	75	
庆城县	95				1	94	95	
环县	109			8		101	106	3
华池县	89					89	89	
合水县	34				3	31	30	4
正宁县	48				4	44	46	2
宁县	124					124	124	
镇原县	140					140	39	
定西市	336				55	281	264	13
安定区	3					3		3
通渭县	19				2	17	17	2
陇西县	26					26	18	
渭源县	14				1	13	9	5
临洮县	267				51	216	213	3
漳县	3					3	3	
岷县	4				1	3	4	

1-16 续表

单位：处

地区	泵站数量	按规模分					按功能位置分	
		大（1）型	大（2）型	中型	小（1）型	小（2）型	河湖取水泵站数量	水库取水泵站数量
陇南市	338				9	329	336	2
武都区	110					110	110	
成县								
文县	62				1	61	62	
宕昌县	18				3	15	18	
康县								
西和县	88				3	85	86	2
礼县								
徽县	32				2	30	32	
两当县	28					28	28	
临夏回族自治州	1314			11	234	1069	1068	246
临夏市	28				5	23	28	
临夏县	146			4	24	118	73	73
康乐县	32					32	32	
永靖县	514			6	99	409	414	100
广河县	106				32	74	70	36
和政县	10				1	9	6	4
东乡县	412			1	46	365	379	33
积石山县	66				27	39	66	
甘南藏族自治州	33				5	28	33	
合作市	1					1	1	
临潭县								
卓尼县	15					15	15	
舟曲县	15				3	12	15	
迭部县	2				2		2	
玛曲县								
碌曲县								
夏河县								
按流域分	5558		11	118	1157	4272	4966	360
黄河流域	5027		11	110	1107	3799	4469	333
长江流域	387				14	373	385	2
西北诸河流域	144			8	36	100	112	25

注：包括建在河道、湖泊、渠道、或水库岸边的所有泵站。

1-17 2016年机电井

单位：眼

地区	机电井数量	规模以上机电井			规模以下机电井		
		小计	浅层地下水机电井	深层承压水机电井	小计	浅层地下水机电井	深层承压水机电井
甘肃省	222684	65161	64705	456	157523	157523	
兰州市	2731	1427	1427		1304	1304	
城关区	17	17	17				
七里河区	154	135	135		19	19	
西固区							
安宁区	38	38	38				
红古区	1096	6	6		1090	1090	
永登县	613	563	563		50	50	
皋兰县	91	65	65		26	26	
榆中县	722	603	603		119	119	
嘉峪关市	249	232	232		17	17	
金昌市	4686	3309	3309		1377	1377	
金川区	1712	1712	1712				
永昌县	2974	1597	1597		1377	1377	
白银市	1147	651	651		496	496	
白银区	25	3	3		22	22	
平川区	245	245	245				
靖远县	118	118	118				
会宁县	518	49	49		469	469	
景泰县	241	236	236		5	5	
天水市	29180	13758	13752	6	15422	15422	
秦州区（长江）	692	56	56		636	636	
麦积区（长江）	4	4	4				
清水县	3053	160	156	4	2893	2893	
秦安县	2293	220	220		2073	2073	
甘谷县	11858	11858	11858				
武山县	2257	212	212		2045	2045	
张家川县	3939	191	190	1	3748	3748	
秦州区（黄河）	2184	244	244		1940	1940	
麦积区（黄河）	2900	813	812	1	2087	2087	
武威市	23460	15075	14815	260	8385	8385	
凉州区	13037	4883	4883		8154	8154	
民勤县	9119	9119	8859	260			
古浪县	1009	1009	1009				
天祝县（黄河）	102	60	60		42	42	
天祝县（西北）	193	4	4		189	189	

1–17 续表

单位：眼

地区	机电井数量	规模以上机电井			规模以下机电井		
		小计	浅层地下水机电井	深层承压水机电井	小计	浅层地下水机电井	深层承压水机电井
张掖市	15238	11677	11677		3561	3561	
甘州区	3347	3326	3326		21	21	
肃南县	606	549	549		57	57	
民乐县	587	587	587				
临泽县	5193	1824	1824		3369	3369	
高台县	4652	4586	4586		66	66	
山丹县	853	805	805		48	48	
平凉市	15275	2177	2175	2	13098	13098	
崆峒区	1483	537	537		946	946	
泾川县	1612	518	516	2	1094	1094	
灵台县	481	59	59		422	422	
崇信县	609	116	116		493	493	
华亭县	793	147	147		646	646	
庄浪县	3219	75	75		3144	3144	
静宁县	7078	725	725		6353	6353	
酒泉市	13174	12994	12994		180	180	
肃州区	3040	2961	2961		79	79	
金塔县	3329	3235	3235		94	94	
瓜州县	1975	1975	1975				
肃北县	56	49	49		7	7	
阿克塞县	18	18	18				
玉门市	1632	1632	1632				
敦煌市	3124	3124	3124				
庆阳市	51880	1742	1589	153	50138	50138	
西峰区	479	252	252		227	227	
庆城县	11128	242	242		10886	10886	
环县	2702	58	58		2644	2644	
华池县	9432	65	65		9367	9367	
合水县	3716	99	99		3617	3617	
正宁县	2115	104		104	2011	2011	
宁县	1479	184	182	2	1295	1295	
镇原县	20829	738	691	47	20091	20091	
定西市	13544	731	728	3	12813	12813	
安定区	2664	169	169		2495	2495	
通渭县	1209	74	71	3	1135	1135	
陇西县	242	242	242				
渭源县	6906	22	22		6884	6884	
临洮县	188	188	188				

1–17 续表

单位：眼

地区	机电井数量	规模以上机电井			规模以下机电井		
		小计	浅层地下水机电井	深层承压水机电井	小计	浅层地下水机电井	深层承压水机电井
漳县	253	36	36		217	217	
岷县	2082				2082	2082	
陇南市	23107	1228	1223	5	21879	21879	
武都区	671	176	176		495	495	
成县	3076	215	215		2861	2861	
文县	347	14	14		333	333	
宕昌县	2182	28	28		2154	2154	
康县	10	10	10				
西和县	4897	287	282	5	4610	4610	
礼县	8818	343	343		8475	8475	
徽县	3061	126	126		2935	2935	
两当县	45	29	29		16	16	
临夏回族自治州	28698	66	66		28632	28632	
临夏市	6288	4	4		6284	6284	
临夏县	4212	19	19		4193	4193	
康乐县	7540	1	1		7539	7539	
永靖县	74	2	2		72	72	
广河县	6000	5	5		5995	5995	
和政县	835				835	835	
东乡县	2593	35	35		2558	2558	
积石山县	1156				1156	1156	
甘南藏族自治州	315	94	67	27	221	221	
合作市	62	24	24		38	38	
临潭县	10	7	7		3	3	
卓尼县	13	10	10		3	3	
舟曲县	144	12	12		132	132	
迭部县	5	5	5				
玛曲县	32	27		27	5	5	
碌曲县	5	2	2		3	3	
夏河县	44	7	7		37	37	
按流域分	222684	65161	64705	456	157523	157523	
黄河流域	142027	20629	20438	191	121398	121398	
长江流域	23952	1305	1300	5	22647	22647	
西北诸河流域	56705	43227	42967	260	13478	13478	

注：机电井指以电动机、柴油机等动力机械带动水泵抽取地下水的水井。规模以上机电井为日取水量≥ 20 米^{3}的供水机电井、井口井壁管内径≥ 200 毫米的灌溉机电井。

1-18 2016 年入河湖排污口（一）

单位：个

地区	入河湖排污口数量	按排入水域分		按污水来源分					
		河流	水库	污水处理厂排放	工业企业直排	市政直排	生活直排	畜禽规模化养殖排放	其他
甘肃省	191	188	3	37	67	19	45	1	22
兰州市	33	33		6	10		4		13
城关区	9	9			1				8
七里河区	4	4					2		2
西固区	5	5			2		1		2
安宁区	1	1		1					
红古区	8	8		2	6				
永登县	3	3		1	1				1
皋兰县	1	1					1		
榆中县	2	2		2					
嘉峪关市									
金昌市									
金川区									
永昌县									
白银市	15	15		1	10	2	2		
白银区	8	8		1	7				
平川区	1	1					1		
靖远县	3	3			2	1			
会宁县	1	1					1		
景泰县	2	2			1	1			
天水市	19	19		1	7	3	6		2
秦州区（长江）									
麦积区（长江）									
清水县	5	5		1	3	1			
秦安县	5	5			3		1		1
甘谷县	1	1					1		
武山县									
张家川县									
秦州区（黄河）	1	1							1
麦积区（黄河）	7	7			1	2	4		
武威市	9	9		8				1	
凉州区	3	3		3					
民勤县									
古浪县	2	2		2					
天祝县（黄河）	4	4		3				1	
天祝县（西北）									

1–18 续表

单位：个

地区	入河湖排污口数量	按排入水域分		按污水来源分					
		河流	水库	污水处理厂排放	工业企业直排	市政直排	生活直排	畜禽规模化养殖排放	其他
张掖市	6	6		5	1				
甘州区	1	1		1					
肃南县									
民乐县	1	1		1					
临泽县	1	1		1					
高台县	1	1		1					
山丹县	2	2		1	1				
平凉市	26	26		2	9	6	5		4
崆峒区	6	6			5	1			
泾川县	3	3			1		2		
灵台县	1	1					1		
崇信县	1	1		1					
华亭县	6	6				1	1		4
庄浪县	3	3			2		1		
静宁县	6	6		1	1	4			
酒泉市	4	4		2	1		1		
肃州区	1	1		1					
金塔县									
瓜州县									
肃北县	1	1					1		
阿克塞县									
玉门市	1	1			1				
敦煌市	1	1		1					
庆阳市	23	22	1	2	2	7	12		
西峰区	1	1		1					
庆城县	3	3					3		
环县	1	1		1					
华池县									
合水县	1	1					1		
正宁县	2	1	1				2		
宁县	3	3					3		
镇原县	12	12			2	7	3		
定西市	21	21		1	14	1	5		
安定区	5	5			3		2		
通渭县	2	2					2		
陇西县	10	10		1	9				
渭源县	2	2			1	1			

1-18 续表

单位：个

地区	入河湖排污口数量	按排入水域分		按污水来源分					
		河流	水库	污水处理厂排放	工业企业直排	市政直排	生活直排	畜禽规模化养殖排放	其他
临洮县	1	1					1		
漳县	1	1			1				
岷县									
陇南市	25	24	1	1	12		9		3
武都区	1	1							1
成县	9	9		1	8				
文县	4	3	1				2		2
宕昌县	1	1					1		
康县	1	1			1				
西和县									
礼县	1	1					1		
徽县	8	8			3		5		
两当县									
临夏回族自治州	5	4	1	5					
临夏市	1	1		1					
临夏县									
康乐县									
永靖县	3	2	1	3					
广河县	1	1		1					
和政县									
东乡县									
积石山县									
甘南藏族自治州	5	5		3	1		1		
合作市	3	3		1	1		1		
临潭县									
卓尼县									
舟曲县									
迭部县	1	1		1					
玛曲县									
碌曲县									
夏河县	1	1		1					
按流域分	191	188	3	37	67	19	45	1	22
黄河流域	150	148	2	23	53	19	35	1	19
长江流域	26	25	1	2	12		9		3
西北诸河流域	15	15		12	2		1		

注：入河湖排污口统计范围为批准（或登记）的废污水年排放量≥300吨/天或≥10万吨/年的入河湖排污口。

1-19 2016 年入河湖排污口（二）

单位：万吨

地区	入河湖废污水排放量	按排入水域分		按污水来源分					许可排放的废污水量
		河流	水库	污水处理厂排放	工业企业直排	市政直排	生活直排	其他	
甘肃省	28277.42	27959.57	317.85	18133.15	3549.15	757.52	3085.03	2752.57	11796.88
兰州市	13914.75	13914.75		10849.70	1233.10		918.95	913.00	2054.50
城关区	7643.85	7643.85		7643.85					48.00
七里河区	1384.95	1384.95					764.95	620.00	
西固区	1210.00	1210.00			923.00		54.00	233.00	1458.00
安宁区	2255.35	2255.35		2255.35					
红古区	817.60	817.60		529.50	288.10				408.30
永登县	260.00	260.00		178.00	22.00			60.00	60.00
皋兰县	100.00	100.00					100.00		
榆中县	243.00	243.00		243.00					80.20
嘉峪关市									
金昌市									
金川区									
永昌县									
白银市	1733.72	1733.72		275.00	882.34	240.40	322.98	13.00	135.98
白银区	1100.94	1100.94		275.00	825.94				
平川区	135.98	135.98					135.98		135.98
靖远县	216.80	216.80			6.40	210.40			
会宁县	260.00	260.00			40.00	20.00	187.00	13.00	
景泰县	20.00	20.00			10.00	10.00			
天水市	2463.01	2463.01		231.22	144.79	52.00	695.00	1340.00	1210.00
秦州区（长江）									
麦积区（长江）									
清水县	252.79	252.79		146.00	54.79	52.00			
秦安县	125.00	125.00			12.00		112.00	1.00	
甘谷县	85.22	85.22		85.22					
武山县									
张家川县									
秦州区（黄河）	1210.00	1210.00						1210.00	1210.00
麦积区（黄河）	790.00	790.00			78.00		583.00	129.00	
武威市	1651.34	1651.34		1651.34					
凉州区	1420.00	1420.00		1420.00					
民勤县									
古浪县	70.00	70.00		70.00					
天祝县（黄河）	161.34	161.34		161.34					
天祝县（西北）									

1-19 续表

单位：万吨

地区	入河湖废污水排放量	按排入水域分		按污水来源分					许可排放的废污水量
		河流	水库	污水处理厂排放	工业企业直排	市政直排	生活直排	其他	
张掖市	2275.75	2275.75		2275.75					2391.10
甘州区	1102.78	1102.78		1102.78					1137.10
肃南县									
民乐县	399.30	399.30		399.30					438.00
临泽县	241.12	241.12		241.12					54.00
高台县	198.55	198.55		198.55					356.00
山丹县	334.00	334.00		334.00					406.00
平凉市	1696.30	1696.30		46.00	991.00	153.20	383.30	122.80	2606.36
崆峒区	920.00	920.00			896.00	24.00			2560.00
泾川县	120.00	120.00			20.00		100.00		25.00
灵台县	70.00	70.00					70.00		
崇信县	36.00	36.00		36.00					
华亭县	292.00	292.00				49.20	120.00	122.80	21.36
庄浪县	153.30	153.30			60.00		93.30		
静宁县	105.00	105.00		10.00	15.00	80.00			
酒泉市	1088.00	1088.00		1088.00					1235.00
肃州区	710.00	710.00		710.00					735.00
金塔县									
瓜州县									
肃北县	58.00	58.00		58.00					
阿克塞县									
玉门市									
敦煌市	320.00	320.00		320.00					500.00
庆阳市	1171.66	1134.66	37.00	453.50	59.65	311.92	346.59		156.15
西峰区	410.00	410.00		410.00					
庆城县	118.26	118.26					118.26		
环县	43.50	43.50		43.50					
华池县									
合水县	38.80	38.80					38.80		
正宁县	37.00		37.00				37.00		120.00
宁县	55.00	55.00			36.15		18.85		36.15
镇原县	469.10	469.10			23.50	311.92	133.68		
定西市	355.98	355.98		254.50	37.48		64.00		12.90
安定区									
通渭县	64.00	64.00					64.00		
陇西县	168.00	168.00		145.00	23.00				

1-19 续表

单位：万吨

地区	入河湖废污水排放量	按排入水域分		按污水来源分					许可排放的废污水量
		河流	水库	污水处理厂排放	工业企业直排	市政直排	生活直排	其他	
渭源县	109.50	109.50		109.50					
临洮县	12.90	12.90			12.90				12.90
漳县	1.58	1.58			1.58				
岷县									
陇南市	906.02	905.55	0.47	33.00	199.13		310.12	363.77	737.59
武都区	345.00	345.00						345.00	547.00
成县	171.39	171.39		33.00	138.39				166.60
文县	55.57	55.10	0.47				36.80	18.77	
宕昌县	155.52	155.52					155.52		
康县	18.50	18.50			18.50				23.99
西和县									
礼县	46.40	46.40					46.40		
徽县	113.64	113.64			42.24		71.40		
两当县									
临夏回族自治州	775.74	495.36	280.38	775.74					1201.00
临夏市	316.50	316.50		316.50					547.00
临夏县									
康乐县									
永靖县	438.00	157.62	280.38	438.00					600.00
广河县	21.24	21.24		21.24					54.00
和政县									
东乡县									
积石山县									
甘南藏族自治州	245.15	245.15		199.40	1.66		44.09		56.30
合作市	191.75	191.75		146.00	1.66		44.09		
临潭县									
卓尼县									
舟曲县									
迭部县	43.80	43.80		43.80					43.80
玛曲县									
碌曲县									
夏河县	9.60	9.60		9.60					12.50
按流域分	28277.42	27959.57	317.85	18133.15	3549.15	757.52	3085.03	2752.57	11796.88
黄河流域	22473.85	22156.47	317.38	13202.60	3350.02	757.52	2774.91	2388.80	7389.39
长江流域	949.82	949.35	0.47	76.80	199.13		310.12	363.77	781.39
西北诸河流域	4853.75	4853.75		4853.75					3626.10

1-20 2016年城乡供水（一）

地区	城乡集中式供水工程处数（处）						农村分散式供水工程处数（处）	工程覆盖人口数量（万人）						农村分散式供水人口（万人）
	小计	城镇自来水厂	农村集中式供水工程					小计	城镇自来水厂	农村集中式供水工程				
			小计	城镇管网延伸工程	联村供水工程处数	单村供水工程处数				小计	城镇管网延伸工程	联村供水工程	单村供水工程	
甘肃省	12137	111	12026	235	1186	10605	791926	2432.52	573.27	1859.25	180.98	1160.74	517.53	197.24
兰州市	294	15	279	10	67	202	111362	235.45	117.11	118.34	10.21	69.83	38.30	24.82
城关区	5		5	1	1	3		1.74		1.74	0.70	0.20	0.84	
七里河区	78	1	77		7	70	3366	53.69	45.89	7.80		3.36	4.44	0.40
西固区	33	3	30	3	8	19		55.31	28.00	27.31	6.00	2.31	19.00	
安宁区	2	2						19.02	19.02					
红古区	11	5	6	3	3			16.30	9.70	6.60	2.26	4.34		
永登县	83	1	82	2	24	56	37264	34.88	4.59	30.29	1.15	21.12	8.02	16.08
皋兰县	26	1	25		12	13		18.44	3.04	15.40		13.60	1.80	
榆中县	56	2	54	1	12	41	70732	36.07	6.87	29.20	0.10	24.90	4.20	8.34
嘉峪关市	12	3	9		2	7		24.39	22.81	1.58		0.99	0.59	
金昌市	139		139	9	28	102		24.88		24.88	2.39	13.35	9.14	
金川区	14		14	4	5	5		5.29		5.29	0.95	3.35	0.99	
永昌县	125		125	5	23	97		19.59		19.59	1.44	10.00	8.15	
白银市	212	7	205	23	77	105	40482	166.32	50.41	115.91	11.78	95.70	8.43	15.58
白银区	38	2	36	2	14	20		27.86	22.96	4.90	1.30	1.95	1.65	
平川区	42	2	40	8	4	28		21.30	10.93	10.37	1.13	8.42	0.82	
靖远县	62	1	61	2	31	28	21856	41.33	7.80	33.53	2.15	28.35	3.03	8.50
会宁县	20	1	19		19		18606	51.91	3.03	48.88		48.88		7.00
景泰县	50	1	49	11	9	29	20	23.92	5.69	18.23	7.20	8.10	2.93	0.08
天水市	538	7	531	30	79	422	91292	330.50	52.57	277.93	21.10	215.79	41.04	25.74
秦州区（长江）	75		75	4	2	69	20812	13.45		13.45	0.34	8.76	4.35	11.32

1-20 续表

地区	城乡集中式供水工程处数（处）						农村分散式供水工程处数（处）	工程覆盖人口数量（万人）						农村分散式供水人口（万人）
	小计	城镇自来水厂	农村集中式供水工程					小计	城镇自来水厂	农村集中式供水工程				
			小计	城镇管网延伸工程	联村供水工程处数	单村供水工程处数				小计	城镇管网延伸工程	联村供水工程	单村供水工程	
麦积区（长江）	6		6			6		0.93		0.93			0.93	
清水县	131	2	129		11	118	7865	34.01	5.00	29.01		21.49	7.52	1.19
秦安县	32	1	31	3	13	15		51.30	5.06	46.24	1.81	42.32	2.11	
甘谷县	13	1	12	5	7		55569	59.42	9.21	50.21	3.37	46.84		2.79
武山县	60		60	4	27	29		46.18		46.18	13.21	28.53	4.44	
张家川县	50	1	49	8	2	39	64	27.66	2.85	24.81	0.50	24.10	0.21	5.30
秦州区（黄河）	97	1	96	5	6	85	6982	35.47	12.55	22.92	1.37	16.67	4.88	5.14
麦积区（黄河）	74	1	73	1	11	61		62.08	17.90	44.18	0.50	27.08	16.60	
武威市	1111	6	1105	10	67	1028	18545	174.96	43.94	131.02	9.43	102.90	18.69	14.69
凉州区	753	2	751	8	3	740	11808	85.27	31.75	53.52	9.13	42.14	2.25	11.87
民勤县	48	1	47		33	14		28.09	4.10	23.99		22.66	1.33	
古浪县	43	2	41		18	23	3099	40.08	3.89	36.19		33.84	2.35	1.40
天祝县（黄河）	140	1	139	2	6	131	1768	13.71	4.20	9.51	0.30	2.07	7.14	0.68
天祝县（西北）	127		127		7	120	1870	7.81		7.81		2.19	5.62	0.74
张掖市	511	9	502	32	268	202	4427	137.39	40.16	97.23	4.22	67.56	25.45	1.73
甘州区	222	3	219	15	145	59		51.30	16.70	34.60	0.59	26.01	8.00	
肃南县	103	1	102		42	60	902	3.34	0.60	2.74		1.70	1.04	0.52
民乐县	63	2	61	1	23	37		29.42	7.49	21.93	0.89	13.16	7.88	
临泽县	34	1	33	10	13	10	3476	13.63	2.42	11.21	0.26	6.49	4.46	1.18
高台县	39	1	38	4	25	9	1	18.22	4.95	13.27	1.93	10.30	1.04	0.01
山丹县	50	1	49	2	20	27	48	21.48	8.00	13.48	0.55	9.90	3.03	0.02
平凉市	399	6	393	33	152	208	5807	205.18	18.38	186.80	24.74	144.55	17.51	3.09
崆峒区	158		158	8	22	128		31.54		31.54	10.00	11.51	10.03	

1-20 续表

地区	城乡集中式供水工程处数（处）						农村分散式供水工程处数（处）	工程覆盖人口数量（万人）						农村分散式供水人口（万人）
	小计	城镇自来水厂	农村集中式供水工程					小计	城镇自来水厂	农村集中式供水工程				
			小计	城镇管网延伸工程	联村供水工程处数	单村供水工程处数				小计	城镇管网延伸工程	联村供水工程	单村供水工程	
泾川县	10		10	1	9			31.21		31.21	0.70	30.51		
灵台县	118	1	117		58	59		23.57	1.53	22.04		17.78	4.26	
崇信县	10	2	8	4	2	2		9.11	1.95	7.16	2.00	3.38	1.78	
华亭县	7	2	5	2	3		3957	17.39	6.90	10.49	3.00	7.49		2.16
庄浪县	9		9		9			40.59		40.59		40.59		
静宁县	87	1	86	18	49	19	1850	51.77	8.00	43.77	9.04	33.29	1.44	0.93
酒泉市	409	12	397	28	69	300	347	117.51	49.07	68.44	9.92	33.20	25.32	0.42
肃州区	178	4	174	5	24	145		47.54	24.16	23.38	1.84	15.74	5.80	
金塔县	43	1	42	1	15	26		17.18	5.30	11.88	0.15	7.47	4.26	
瓜州县	77	1	76	1	6	69		15.58	4.42	11.16	0.30	3.01	7.85	
肃北县	6	1	5		5		311	1.21	0.79	0.42		0.42		0.16
阿克塞县	4	1	3		1	2	31	0.70	0.62	0.08		0.02	0.06	0.20
玉门市	58	2	56	1	13	42	5	16.35	4.74	11.61	1.01	4.89	5.71	0.06
敦煌市	43	2	41	20	5	16		18.95	9.04	9.91	6.62	1.65	1.64	
庆阳市	2159	12	2147	19	179	1949	249411	216.72	50.55	166.17	14.85	79.23	72.09	52.82
西峰区	558	2	556	3	18	535	476	40.64	16.36	24.28	0.43	9.38	14.47	0.27
庆城县	222	2	220	4	4	212	11085	24.42	8.60	15.82	8.27	3.54	4.01	7.47
环县	66	1	65	2	16	47	93614	18.03	7.94	10.09	0.50	7.32	2.27	22.50
华池县	42	2	40		20	20	102450	7.93	3.60	4.33		2.20	2.13	5.64
合水县	98	1	97	9	23	65	3998	15.37	1.92	13.45	3.73	4.20	5.52	2.18
正宁县	387	1	386	1	2	383	3215	20.73	2.67	18.06	1.92	0.85	15.29	0.86
宁县	660	2	658		70	588	7263	48.94	5.10	43.84		18.79	25.05	4.32
镇原县	126	1	125		26	99	27310	40.66	4.36	36.30		32.95	3.35	9.58

1-20 续表

地区	城乡集中式供水工程处数（处）						农村分散式供水工程处数（处）	工程覆盖人口数量（万人）						农村分散式供水人口（万人）
	小计	城镇自来水厂	农村集中式供水工程					小计	城镇自来水厂	农村集中式供水工程				
			小计	城镇管网延伸工程	联村供水工程处数	单村供水工程处数				小计	城镇管网延伸工程	联村供水工程	单村供水工程	
定西市	262	6	256	10	47	199	216472	256.08	36.56	219.52	22.89	168.53	28.10	27.94
安定区	11		11	3	5	3	97160	33.30		33.30	9.10	15.10	9.10	4.03
通渭县	6	1	5	3	2		72507	38.50	4.20	34.30	0.70	33.60		5.53
陇西县	5	1	4	1	1	2	45710	47.97	15.92	32.05	4.27	21.36	6.42	3.96
渭源县	37	1	36		5	31		35.04	2.20	32.84		29.71	3.13	
临洮县	111	1	110	1	3	106	1075	40.26	4.78	35.48	5.69	26.81	2.98	14.06
漳县	47	1	46	1	4	41		15.97	5.60	10.37	2.13	3.14	5.10	
岷县	45	1	44	1	27	16	20	45.04	3.86	41.18	1.00	38.81	1.37	0.36
陇南市	3952	13	3939	8	96	3835	39738	254.75	38.59	216.16	5.72	42.64	167.80	23.62
武都区	664	1	663		5	658	5993	52.57	8.50	44.07		3.86	40.21	4.25
成县	322	2	320		5	315		26.84	5.00	21.84		1.21	20.63	
文县	877	3	874		5	869	3	24.41	2.77	21.64		1.00	20.64	0.12
宕昌县	371	1	370	1	7	362		32.32	4.42	27.90	2.68	23.22	2.00	
康县	363	1	362		2	360	699	15.61	2.90	12.71		1.82	10.89	4.45
西和县	393	1	392	4	11	377	2855	38.23	5.00	33.23	2.35	3.93	26.95	2.64
礼县	511	2	509		55	454	19227	44.06	5.20	38.86		4.82	34.04	6.00
徽县	350	1	349	2	5	342	10961	15.18	3.80	11.38	0.57	2.11	8.70	6.16
两当县	101	1	100	1	1	98		5.53	1.00	4.53	0.12	0.67	3.74	
临夏回族自治州	120	7	113	22	40	51	13950	204.81	33.82	170.99	42.94	116.46	11.59	2.41
临夏市	6	1	5	4		1		28.18	19.05	9.13	9.02		0.11	
临夏县	9	1	8	1	7			39.70	5.47	34.23	8.75	25.48		
康乐县	12		12		8	4	117	24.29		24.29		23.92	0.37	0.50
永靖县	11	1	10	2	5	3		17.77	1.00	16.77	1.07	15.22	0.48	

1-20 续表

地区	城乡集中式供水工程处数（处）						农村分散式供水工程处数（处）	工程覆盖人口数量（万人）						农村分散式供水人口（万人）
	小计	城镇自来水厂	农村集中式供水工程					小计	城镇自来水厂	农村集中式供水工程				
			小计	城镇管网延伸工程	联村供水工程处数	单村供水工程处数				小计	城镇管网延伸工程	联村供水工程	单村供水工程	
广河县	4	1	3	3			12677	21.70	1.80	19.90	19.90			1.40
和政县	16	1	15	5	4	6		20.31	1.65	18.66	2.00	8.01	8.65	
东乡县	57	1	56	7	12	37		27.01	1.15	25.86	2.20	21.68	1.98	
积石山县	5	1	4		4		1156	25.85	3.70	22.15		22.15		0.51
甘南藏族自治州	2019	8	2011	1	15	1995	93	83.58	19.30	64.28	0.79	10.01	53.48	4.38
合作市	342	1	341			341		13.95	5.91	8.04			8.04	
临潭县	253	1	252	1	3	248		15.57	3.40	12.17	0.79	1.70	9.68	
卓尼县	325	1	324		1	323		9.72	0.78	8.94		0.21	8.73	
舟曲县	197	1	196		8	188		10.72	2.08	8.64		6.24	2.40	
迭部县	216	1	215			215		5.05	0.89	4.16			4.16	
玛曲县	103	1	102			102	93	7.19	1.80	5.39			5.39	4.38
碌曲县	100	1	99		2	97		8.73	0.84	7.89		1.50	6.39	
夏河县	483	1	482		1	481		12.65	3.60	9.05		0.36	8.69	
按流域分	12137	111	12026	235	1186	10605	791926	2432.52	573.27	1859.25	180.98	1160.74	517.53	197.24
黄河流域	5649	67	5582	146	652	4784	709825	1682.20	379.93	1302.27	149.26	887.17	265.84	146.14
长江流域	4446	15	4431	12	106	4313	60550	284.90	41.56	243.34	6.06	57.64	179.64	34.94
西北诸河流域	2042	29	2013	77	428	1508	21551	465.42	151.78	313.64	25.66	215.93	72.05	16.16

注：农村集中式供水工程统计供水规模在20人以上，并有输配水管网的农村供水工程。

1-21 2016年城乡供水（二）

单位：万米³

地区	城乡供水工程供水量	按水源类型分			按工程类型分							按用途分					
		地表水	地下水	其他	城乡集中式供水工程						农村分散式供水工程	农业灌溉	工业生产	城镇生活	乡村生活	生态环境	其他
					小计	城镇自来水厂	农村集中式供水工程										
							小计	城镇管网延伸工程	联村供水工程	单村供水工程							
甘肃省	120922	79570	40547	805	107193	58574	48619	3991	29729	14899	13729	18353	29717	30333	39107	1175	2238
兰州市	30814	28767	1722	325	30219	27095	3124	110	2667	347	595	1936	18860	6294	2433	383	908
城关区	26	26			26		26	18	2	6				26			
七里河区	6844	6474	370		6809	6474	335		248	87	35		4125	2349	335	35	
西固区	16303	16303			16303	16246	57	45	5	7		1856	12463	1874		110	
安宁区	3057	2372	685		3057	3057						60	860	1150		80	908
红古区	361	361			361	125	236	20	216			20	60	130	116	35	
永登县	1084	441	643		849	345	504	24	339	141	235			345	739		
皋兰县	1577	1577			1577	285	1292		1281	11			1352	141	84		
榆中县	1561	1213	24	325	1236	563	673	2	576	95	325			280	1158	123	
嘉峪关市	3950		3950		3950	3900	50		29	21			2499	1116	50	285	
金昌市	903	572	331		903		903	80	405	418					903		
金川区	111	40	71		111		111	40	45	26					111		
永昌县	792	532	260		792		792	40	360	392					792		
白银市	4705	3940	285	480	4038	2865	1173	192	788	193	667	85	82	2983	1366	54	135
白银区	2036	2036			2036	1921	115	30	45	40				1921	115		
平川区	690	582	108		690	480	210	34	107	69				480	210		
靖远县	728	704	23		603	114	489	31	414	44	124	38	20	125	407	22	115
会宁县	924	383	61	480	382	277	105		105		542	46	48	249	547	33	
景泰县	328	236	93		327	74	253	96	117	40	1		13	209	86		20
天水市	7298	3930	3368		6939	2740	4199	302	3318	580	359		661	2379	4224	24	10
秦州区（长江）	335	205	130		245		245	20	221	4	91				335		

1–21 续表

单位：万米³

地区	城乡供水工程供水量	按水源类型分			按工程类型分							按用途分					
		地表水	地下水	其他	城乡集中式供水工程						农村分散式供水工程	农业灌溉	工业生产	城镇生活	乡村生活	生态环境	其他
					小计	城镇自来水厂	农村集中式供水工程										
							小计	城镇管网延伸工程	联村供水工程	单村供水工程							
麦积区（长江）	21	10	11		21		21			21					21		
清水县	625	61	564		507	170	337		251	85	118			170	455		
秦安县	989	989			989	174	815	68	705	42			22	142	815		10
甘谷县	940	940			920	499	421	46	375		20		320	190	430		
武山县	800	800			800		800	49	709	42				280	520		
张家川县	536	450	85		458	70	388	70	315	3	77			77	459		
秦州区（黄河）	1129	71	1058		1075	911	164	30	124	10	54		9	910	210		
麦积区（黄河）	1924	404	1520		1924	916	1008	19	617	372			310	610	980	24	
武威市	6138	4853	1285		6016	2180	3836	69	2693	1074	122		29	2143	3958	9	
凉州区	3390	3015	375		3320	1819	1501	60	1129	312	70			1819	1571		
民勤县	220		220		220	91	129		122	7				91	129		
古浪县	1630	1061	569		1620	149	1471		1301	170	10			149	1481		
天祝县（黄河）	560	438	122		542	122	420	9	78	334	18		29	84	438	9	
天祝县（西北）	339	339			315		315		64	251	24				339		
张掖市	8338	1372	6966		7884	4283	3601	146	2392	1062	454		2391	2438	3422		87
甘州区	3555		3555		3555	2647	908	17	410	481			1265	1382	908		
肃南县	530	376	154		504	90	414		185	229	26			90	440		
民乐县	1057	860	197		1057	463	594	16	507	71			163	245	562		87
临泽县	1170		1170		752	554	198	5	163	31	418		397	157	616		
高台县	1495		1495		1485	206	1279	89	1012	178	10		566	241	688		
山丹县	531	136	395		531	323	208	20	116	72	0			323	208		

1-21 续表

单位：万米³

地区	城乡供水工程供水量	按水源类型分			按工程类型分							按用途分					
		地表水	地下水	其他	城乡集中式供水工程						农村分散式供水工程	农业灌溉	工业生产	城镇生活	乡村生活	生态环境	其他
					小计	城镇自来水厂	农村集中式供水工程										
							小计	城镇管网延伸工程	联村供水工程	单村供水工程							
平凉市	11411	7818	3593		6663	2311	4352	190	4044	118	4748	5608	1695	670	3188	205	44
崆峒区	395	4	391		395		395	92	273	29					395		
泾川县	504		504		504		504	13	491						504		
灵台县	501	281	220		501	120	381		323	58				120	381		
崇信县	186		186		186	142	44	8	29	7				142	44		
华亭县	3307	3114	193		3287	1884	1403	37	1366		20	1590	1044	243	239	175	15
庄浪县	962	962			962		962		962						962		
静宁县	5557	3458	2098		829	165	664	41	600	23	4728	4018	651	165	664	30	29
酒泉市	5606	736	4870		5594	3835	1759	267	997	496	12			3835	1771		
肃州区	2023	551	1472		2023	1488	535	53	392	90				1488	535		
金塔县	470		470		470	210	260	3	163	93				210	260		
瓜州县	555		555		555	417	138	3	27	108				417	138		
肃北县	100		100		90	60	30		30		10			60	40		
阿克塞县	67	65	2		66	65	2		0	1	1			65	2		
玉门市	1055	120	935		1054	489	565	54	345	165	1			489	566		
敦煌市	1336		1336		1336	1106	230	154	38	38				1106	230		
庆阳市	12624	6311	6313		10096	1899	8197	1108	3411	3678	2528	5100	2363	1385	3620	5	150
西峰区	793	441	352		583	301	282	1	88	193	210			437	287		69
庆城县	2278	844	1434		1356	128	1228	377	460	391	922	904	690	138	546		
环县	919	857	62		681	180	501	136	270	95	237	210	71	193	445		
华池县	1463	732	731		1231	126	1105		379	726	232	563	640	25	235		
合水县	1233	867	366		1134	99	1035	297	359	379	99	562	385	99	187		

1-21 续表

单位：万米^3

地区	城乡供水工程供水量	按水源类型分			按工程类型分							按用途分					
		地表水	地下水	其他	城乡集中式供水工程						农村分散式供水工程	农业灌溉	工业生产	城镇生活	乡村生活	生态环境	其他
					小计	城镇自来水厂	农村集中式供水工程										
							小计	城镇管网延伸工程	联村供水工程	单村供水工程							
正宁县	1609	1017	592		1414	893	521	297	84	140	195	1104	85	164	170	4	81
宁县	2997	1493	1504		2819	87	2732		1050	1682	178	1578	162	225	1032		
镇原县	1332	60	1273		877	84	793		720	73	456	179	329	105	718	1	
定西市	11577	7615	3961		8285	2733	5552	816	3944	792	3292	5501	263	1096	4590	97	30
安定区	3040	912	2128		135		135	5	120	10	2905	2720	80		240		
通渭县	1017	807	210		987	145	842	15	827		30		15	130	865	7	
陇西县	1060	425	635		935	356	579	317	207	55	125			338	667	55	
渭源县	960	960			960	320	640		626	14				320	640		
临洮县	666	546	119		487	17	470	66	365	40	179		73	64	514	15	
漳县	2561	2306	255		2561	1709	852	387	192	273		1508	95	58	850	20	30
岷县	2273	1659	614		2220	186	2034	26	1608	400	53	1273		186	814		
陇南市	8051	5826	2225		7214	1252	5962	39	1950	3973	837		74	3057	4920		
武都区	2012	1053	959		1793	240	1553		80	1473	219			1793	219		
成县	611	611			611	170	441		5	436				170	441		
文县	558	450	108		556	82	474		18	456	2			82	476		
宕昌县	1014	1014			1014	83	931	18	912	1				83	931		
康县	691	691			511	136	375		21	354	180		36	196	459		
西和县	586	467	119		497	88	409	3	29	377	89			88	498		
礼县	1529	740	789		1409	161	1248		766	482	120		38	349	1142		
徽县	889	716	173		662	243	419	17	112	291	227			243	646		
两当县	161	84	77		161	49	112	1	8	104				53	108		

1-21 续表

单位：万米³

地区	城乡供水工程供水量	按水源类型分			按工程类型分							按用途分					
		地表水	地下水	其他	城乡集中式供水工程						农村分散式供水工程	农业灌溉	工业生产	城镇生活	乡村生活	生态环境	其他
					小计	城镇自来水厂	农村集中式供水工程										
							小计	城镇管网延伸工程	联村供水工程	单村供水工程							
临夏回族自治州	5811	5648	163		5761	2148	3613	652	2858	102	50		566	1902	2400	73	869
临夏市	1568	1568			1568	1338	230	228		3			194	936	81	40	317
临夏县	656	656			656	160	496	42	454				75	160	326	10	84
康乐县	427	427			414		414		409	5	13				419	7	
永靖县	700	696	4		700	378	322	34	275	13				378	257		65
广河县	426	367	58		391	55	336	336			35		69	71	232	2	51
和政县	1044	1044			1044	59	985	5	900	80			150	245	296	13	342
东乡县	528	427	101		528	42	487	8	477	2			39	32	458	0	
积石山县	463	463			460	117	343		343		3		40	80	332	0	10
甘南藏族自治州	3695	2182	1514		3632	1334	2298	20	233	2044	64	124	235	1033	2261	39	4
合作市	823	373	450		823	450	373			373		80	105	240	382	16	
临潭县	459	267	192		459	177	282	20	33	229				178	281		
卓尼县	364	266	98		364	53	311		12	299				53	311		
舟曲县	511	215	296		511	296	215		172	43			54	238	215		4
迭部县	301	228	73		301	73	228			228			23	48	228	2	
玛曲县	435	214	222		372	86	286			286	64	38	13	86	287	11	
碌曲县	327	303	24		327	40	287		10	277		5	16	19	287		
夏河县	476	317	159		476	159	317		6	311			24	171	271	10	
按流域分	120922	79570	40547	805	107193	58574	48619	3991	29729	14899	13729	18353	29717	30333	39107	1175	2238
黄河流域	87328	65992	20531	805	75096	42877	32220	3380	20948	7892	12231	18353	24676	17543	23722	888	2147
长江流域	9219	6483	2736		8291	1621	6671	58	2343	4269	928		151	3343	5719	2	4
西北诸河流域	24375	7095	17281		23805	14077	9729	554	6438	2737	570		4890	9448	9666	285	87

注：其他，包括集雨工程雨水、海水直接利用等其他水源类型。

1-22 2016年农村集中式供水工程

单位：处

地区	农村集中式供水工程数量	按规模分		
		千吨万人以上	Ⅳ型	Ⅴ型
甘肃省	12026	326	962	10738
兰州市	279	20	56	203
城关区	5	1	1	3
七里河区	77	2	8	67
西固区	30	3	8	19
安宁区				
红古区	6	3	3	
永登县	82	3	22	57
皋兰县	25	4	6	15
榆中县	54	4	8	42
嘉峪关市	9		2	7
金昌市	139	7	36	96
金川区	14	2	12	
永昌县	125	5	24	96
白银市	205	43	86	76
白银区	36		22	14
平川区	40	8	4	28
靖远县	61	31	28	2
会宁县	19		19	
景泰县	49	4	13	32
天水市	531	57	53	421
秦州区（长江）	75	3	2	70
麦积区（长江）	6			6
清水县	129	8	3	118
秦安县	31	13	3	15
甘谷县	12	7	5	
武山县	60	6	25	29
张家川县	49	6	2	41
秦州区（黄河）	96	7	2	87
麦积区（黄河）	73	7	11	55
武威市	1105	15	34	1056
凉州区	751	8	3	740
民勤县	47		6	41
古浪县	41	7	10	24
天祝县（黄河）	139		8	131
天祝县（西北）	127		7	120
张掖市	502	38	232	232
甘州区	219	15	138	66

1–22 续表

单位：处

地区	农村集中式供水工程数量	按规模分		
		千吨万人以上	Ⅳ型	Ⅴ型
肃南县	102		4	98
民乐县	61	5	32	24
临泽县	33	5	16	12
高台县	38	3	19	16
山丹县	49	10	23	16
平凉市	393	43	65	285
崆峒区	158	8	20	130
泾川县	10	3		7
灵台县	117	5	6	106
崇信县	8	4	2	2
华亭县	5	3	2	
庄浪县	9	9		
静宁县	86	11	35	40
酒泉市	397	8	78	311
肃州区	174	3	30	141
金塔县	42	1	17	24
瓜州县	76			76
肃北县	5		2	3
阿克塞县	3		1	2
玉门市	56	2	15	39
敦煌市	41	2	13	26
庆阳市	2147	24	167	1956
西峰区	556	3	15	538
庆城县	220	3	4	213
环县	65	3	15	47
华池县	40		14	26
合水县	97	3	13	81
正宁县	386		2	384
宁县	658	6	57	595
镇原县	125	6	47	72
定西市	256	21	33	202
安定区	11	3	5	3
通渭县	5	2	3	
陇西县	4	1	1	2
渭源县	36		5	31
临洮县	110	4		106
漳县	46	1	4	41
岷县	44	10	15	19

1–22 续表

单位：处

地区	农村集中式供水工程数量	按规模分		
		千吨万人以上	Ⅳ型	Ⅴ型
陇南市	3939	5	86	3848
武都区	663	2	3	658
成县	320		5	315
文县	874		5	869
宕昌县	370	1	7	362
康县	362		2	360
西和县	392		12	380
礼县	509		46	463
徽县	349	1	5	343
两当县	100	1	1	98
临夏回族自治州	113	44	17	52
临夏市	5	4		1
临夏县	8	8		
康乐县	12	6	2	4
永靖县	10	7	1	2
广河县	3	3		
和政县	15	5	4	6
东乡县	56	7	10	39
积石山县	4	4		
甘南藏族自治州	2011	1	17	1993
合作市	341			341
临潭县	252	1	3	248
卓尼县	324		1	323
舟曲县	196		8	188
迭部县	215			215
玛曲县	102		2	100
碌曲县	99		2	97
夏河县	482		1	481
按流域分	12026	326	962	10738
黄河流域	5582	250	492	4840
长江流域	4431	8	96	4327
西北诸河流域	2013	68	374	1571

注：1. 千吨万人以上是指供水规模≥ 1000 米^3/ 日以上，通常供水人口在 10000 人及以上。
2. Ⅳ型是指供水规模≥ 200 米^3/ 日，且< 1000 米^3/ 日，通常供水人口在 2000~10000 人。（含 2000 人，不含 10000 人）
3. Ⅴ型是指供水规模< 200 米^3/ 日，通常供水人口在 2000 人以下，20 人以上。

1-23 2016年水利工程实际供水能力

单位：万米³

地区	水利工程实际供水能力	蓄水工程	引水工程	取水泵站	配套机电井	其他供水工程	本年	
							新增	减少
甘肃省	1482015	426482	474089	220133	341428	19884	10996	3522
兰州市	149417	2731	43960	89820	12843	63		916
嘉峪关市	22751	6242	3826		12683			
金昌市	80890	53904	3286		23700			580
白银市	64002	3301	7277	46770	5261	1393	360	540
天水市	47584	2308	23296	6604	13187	2190	450	96
酒泉市	217264	72727	67869		76668			
张掖市	283641	71443	139063	1693	71442		538	
武威市	232231	84410	51101	3529	93176	15		
定西市	56553	3254	36461	6095	5662	5081	1353	
陇南市	21192	961	8787	1413	7447	2584		81
平凉市	36530	11044	12301	3516	8803	866	710	488
庆阳市	25565	4751	2844	5805	7232	4933	5810	
临夏回族自治州	41427	9730	24838	6330	492	37	220	821
甘南藏族自治州	10933	124	5620	347	2120	2722	41	
省直属	192036	99553	43561	48211	711		1514	
省景电管理局	47500			47500			1514	
省引大管理局	40748		40748					
省疏勒河管理局	99168	99168						
省农垦公司	1823	10	1813					
省监狱管理局	1322		200	711	711			
中牧山丹马场	1475	375	800					

1-24 2016年水利工程供水量（按供水方向分）

单位：万米³

地区	水利工程供水量	按供水方向分					
		农业灌溉	工业生产	城镇生活	乡村生活	生态环境	其他
甘肃省	1137372	873689	94941	48022	43556	75272	1893
兰州市	115362	58173	32167	18173	2450	4400	
城关区	15564	2647	3626	9151		140	
七里河区	9014	1238	4367	2349	734	326	
西固区	16041	1616	12483	1842		100	
安宁区	5459	1242	1121	2966		130	
红古区	12093	7818	3899	135	116	125	
永登县	35854	26068	4611	1035	669	3471	
皋兰县	10431	8854	1352	141	84		
榆中县	10906	8690	707	555	847	108	
嘉峪关市	18304	5504	7581	1256	50	3912	
金昌市	67808	55790	5378	1681	903	4055	
金川区	21198	11781	4893	1681	111	2731	
永昌县	46610	44009	485		792	1324	
白银市	91029	77781	6987	3534	1603	891	233
白银区	10379	4365	3578	1921	115	400	
平川区	10666	7486	2046	811	55	268	
靖远县	30707	28926	955	138	377	79	233
会宁县	7985	7232	49	254	406	44	
景泰县	31292	29772	360	411	649	100	
天水市	34417	25471	2518	1823	4479	126	
秦州区（长江）	1412	740	186	60	421	5	
麦积区（长江）	21				21		
清水县	1979	1274	63	170	455	18	
秦安县	3604	2615	22	142	815	10	
甘谷县	6468	5484	320	190	430	44	
武山县	6626	5700	126	280	520		
张家川县	2104	1460	79	81	469	15	
秦州区（黄河）	4886	3400	1131	90	254	12	
麦积区（黄河）	7317	4798	591	810	1095	23	
武威市	164352	122604	13036	2290	6538	19884	
凉州区	97624	73500	9948	1819	3377	8980	
民勤县	31189	19894	590	200	903	9602	
古浪县	23799	20910	466	149	1481	793	
天祝县（黄河）	10935	7862	1992	122	459	500	
天祝县（西北）	805	438	40		318	9	
张掖市	225446	207342	3886	2438	3672	8018	90
甘州区	75935	69313	1265	1382	908	3067	

1-24 续表

单位：万米³

地区	水利工程供水量	按供水方向分					
		农业灌溉	工业生产	城镇生活	乡村生活	生态环境	其他
肃南县	9972	7769	729	90	440	944	
民乐县	37466	35103	650	245	812	656	
临泽县	44919	42791	397	157	616	868	90
高台县	42204	38501	566	241	688	2208	
山丹县	14950	13865	279	323	208	275	
平凉市	27844	17371	2998	3552	3433	392	98
崆峒区	9680	5600	890	2174	916	100	
泾川县	3173	2494	88	328	227	36	
灵台县	1945	1306	47	120	381	8	83
崇信县	1196	808	202	142	44		
华亭县	3307	1590	1044	243	239	175	15
庄浪县	2986	1555	76	350	962	43	
静宁县	5557	4018	651	194	664	30	
酒泉市	252543	204553	9950	3835	1771	32434	
肃州区	71226	63457	1855	1488	535	3891	
金塔县	49630	45759	1058	210	260	2343	
瓜州县	45600	23312	1235	417	138	20498	
肃北县	3887	2679	326	60	40	782	
阿克塞县	2000	876	750	65	2	307	
玉门市	47970	42678	4097	489	566	140	
敦煌市	32230	25792	629	1106	230	4474	
庆阳市	25565	14014	4224	1733	4147	306	1142
西峰区	5990	3711	840	690	342	96	312
庆城县	3051	1497	788	154	550	44	18
环县	2990	1624	597	181	530	32	26
华池县	1680	563	640	96	235	18	128
合水县	2195	1230	488	106	187	10	174
正宁县	1592	1104	85	164	170	4	64
宁县	4503	2482	406	225	1032	63	295
镇原县	3564	1803	380	117	1100	39	125
定西市	46109	36474	2771	1531	4571	582	180
安定区	3040	2745	65		230		
通渭县	2461	1250	187	145	872	7	
陇西县	6510	4750	520	350	710	180	
渭源县	2244	664	400	320	560	300	
临洮县	26670	24268	1416	310	606	70	
漳县	2911	1524	183	220	779	25	180
岷县	2273	1273		186	814		

1-24 续表

单位：万米³

地区	水利工程供水量	按供水方向分					
		农业灌溉	工业生产	城镇生活	乡村生活	生态环境	其他
陇南市	20008	11147	879	3181	4759	20	22
武都区	4670	2520	78	2048	3	6	15
成县	2605	1796	198	160	451		
文县	4293	3689	43	82	476	3	
宕昌县	1634	841	23		764	6	
康县	809	118	36	196	459		
西和县	1131	227	128	160	604	5	7
礼县	2435	906	38	239	1252		
徽县	1981	787	306	243	646		
两当县	449	262	30	53	104		
临夏回族自治州	41427	34383	2281	1979	2511	159	114
临夏市	4476	2848	546	936	106	40	
临夏县	9286	8584	205	160	326	10	
康乐县	2000	1317	262	74	340	7	
永靖县	9269	8029	460	378	253	85	65
广河县	4267	3830	127	71	237	2	
和政县	4347	3123	543	245	424	13	
东乡县	4962	4337	96	35	494	1	
积石山县	2820	2315	42	80	332	1	49
甘南藏族自治州	7160	3082	285	1017	2669	94	13
合作市	1238	377	105	270	456	30	
临潭县	935	350	10	126	448	1	
卓尼县	918	497	45	53	311	12	
舟曲县	1266	755	54	238	215		4
迭部县	985	685	23	48	228	2	
玛曲县	539	40	17	92	375	15	
碌曲县	429	5	16	19	365	24	
夏河县	849	373	15	171	271	10	9
按流域分	1137372	873689	94941	48022	43556	75272	1893
黄河流域	396162	272431	55960	33116	25437	7441	1777
长江流域	23692	13327	1142	3527	5644	27	26
西北诸河流域	717518	587931	37839	11379	12475	67804	90

注：农业灌溉供水指水利工程为农田、林地、果园、牧草灌溉的实际毛供水量；工业生产供水指水利工程为城市及县以下乡镇工业的供水；城镇生活供水指水利工程对城镇居民生活供水，包括餐饮、服务以及市政环卫等公共服务供水；生活供水主要统计原水量。乡村生活供水除乡村居民生活用水外，还包括牲畜用水；生态环境供水指通过水利工程设施向城镇、乡村生态脆弱地区或恶化地区以及其他地区补水，以维持、控制、恢复、改善原有的生态环境状态。

1-25 2016 年水利工程供水量（按工程类型分）

单位：万米³

地区	水利工程供水量	按工程类型分					
		水库工程	塘坝和窖池工程	河湖引水闸工程	河湖取水泵站工程	机电井	其他
甘肃省	1137372	342274	7477	320323	176618	261835	28846
兰州市	115362	1096	798	41989	61163	10185	132
城关区	15564				15564		
七里河区	9014		35		7753	1225	
西固区	16041				16041		
安宁区	5459				4773	685	
红古区	12093			9229	2864		
永登县	35854	312	362	29451	864	4865	
皋兰县	10431	700	154	2069	7330	178	
榆中县	10906	84	247	1239	5973	3232	132
嘉峪关市	18304	5412		4010		8882	
金昌市	67808	44624				23184	
金川区	21198	13214				7984	
永昌县	46610	31410				15200	
白银市	91029	3244	587	7982	73799	5110	306
白银区	10379	3000			7379		
平川区	10666	80	20		7621	2944	
靖远县	30707	34	51	5834	24013	569	206
会宁县	7985	0	480	688	6755	61	
景泰县	31292	130	36	1460	28030	1536	100
天水市	34417	1412	637	13766	4804	12017	1781
秦州区（长江）	1412	14			342	970	86
麦积区（长江）	21					5	17
清水县	1979	120	94	552	179	948	87
秦安县	3604	40	240		1008	1976	340
甘谷县	6468		215	3861	698	1664	30
武山县	6626	20	62	5335	247	618	344
张家川县	2104	1156	9		302	627	10
秦州区（黄河）	4886	62	17	1021	843	2510	433
麦积区（黄河）	7317			2997	1185	2700	435
武威市	164352	67127	80	32420	10799	53926	
凉州区	97624	40035		22794		34795	
民勤县	31189	19712				11477	
古浪县	23799	7180		305	10775	5539	
天祝县（黄河）	10935	200	69	8564	24	2078	
天祝县（西北）	805		11	757		37	

1-25 续表

单位：万米^3

地区	水利工程供水量	按工程类型分					
		水库工程	塘坝和窖池工程	河湖引水闸工程	河湖取水泵站工程	机电井	其他
张掖市	225446	72458	821	100621	1070	50367	109
甘州区	75935	4058	754	51292	246	19476	109
肃南县	9972	70	30	4215		5657	
民乐县	37466	26901	37	6582	41	3905	
临泽县	44919	18982		20538	783	4616	
高台县	42204	13575		17170		11459	
山丹县	14950	8872		824		5254	
平凉市	27844	9045	2217	7517	1632	7355	78
崆峒区	9680	4820	30	2180	210	2440	
泾川县	3173		30	1816	245	1082	
灵台县	1945	113	5	690	298	839	
崇信县	1196	327	200	214		455	
华亭县	3307	1624	1156	206		320	
庄浪县	2986	1126	206	1540	21	44	49
静宁县	5557	1034	590	871	858	2175	29
酒泉市	252543	122205	30	62249		68059	
肃州区	71226	4100		47326		19800	
金塔县	49630	28594		5973		15063	
瓜州县	45600	34526	10			11064	
肃北县	3887			3562		325	
阿克塞县	2000		10	1944		46	
玉门市	47970	30095		3444		14431	
敦煌市	32230	24890	10			7330	
庆阳市	25565	3148	827	507	5805	7232	8046
西峰区	5990	1245	3		821	600	3322
庆城县	3051	5	290		1196	969	591
环县	2990	219	199		921	560	1092
华池县	1680	19	103		616	725	217
合水县	2195	429	27		553	374	812
正宁县	1592	876	24	30	70	592	
宁县	4503	257	1		1235	1504	1506
镇原县	3564	98	180	477	393	1908	507
定西市	46109	1860	1081	24425	7208	6587	4948
安定区	3040	135				1280	1625
通渭县	2461	60	620		360	470	951
陇西县	6510		90	2860	260	1425	1875

1-25 续表

单位：万米³

地区	水利工程供水量	按工程类型分					
		水库工程	塘坝和窖池工程	河湖引水闸工程	河湖取水泵站工程	机电井	其他
渭源县	2244	1440	220		406	16	162
临洮县	26670	36	141	21565	3896	1032	
漳县	2911	32	10		270	2264	335
岷县	2273	157			2016	100	
陇南市	20008	944	125		2971	6975	8992
武都区	4670		15		238	2060	2357
成县	2605	110	17			1804	674
文县	4293	110			100	464	3620
宕昌县	1634				1533	101	
康县	809					130	679
西和县	1131	162	30		201	738	
礼县	2435	532				832	1071
徽县	1981	30	23		599	746	583
两当县	449		40		301	99	9
临夏回族自治州	41427	9649	81	24838	6330	492	37
临夏市	4476			4173	195	107	
临夏县	9286	150		8793	333	10	
康乐县	2000	394	1	1308	269	28	
永靖县	9269	6215	11	2092	909	35	8
广河县	4267	89	17	2816	1207	126	14
和政县	4347	2650	21	1371	280	9	15
东乡县	4962	152	1	2143	2507	159	
积石山县	2820		29	2141	630	18	
甘南藏族自治州	7160	49	194		1038	1462	4417
合作市	1238				10	510	718
临潭县	935		67			182	686
卓尼县	918		91		220	98	509
舟曲县	1266		33		755	296	182
迭部县	985		3		53	72	857
玛曲县	539	40				207	292
碌曲县	429					47	382
夏河县	849	9				50	790
按流域分	1137372	342274	7477	320323	176618	261835	28846
黄河流域	396162	29689	6454	129587	160652	51176	18603
长江流域	23692	958	161		4121	8318	10134
西北诸河流域	717518	311626	862	190736	11845	202340	109

1-26 2016 年主要社会经济指标

地区	年末耕地面积（万亩）			年末常住人口（万人）	农村人口（万人）	地区生产总值（万元）
	小计	水田	旱地			
甘肃省	5336.59	11.25	5325.34	2609.95	2073.27	7200.37
兰州市	304.84	0.10	304.74	370.55	124.33	22642318
兰州新区	30.52		30.52	14.28	14.24	
城关区	1.64		1.64	130.52	4.20	8536505
七里河区	15.14		15.14	57.01	8.88	4146133
西固区	5.45		5.45	36.79	7.52	3270028
安宁区	0.06		0.06	28.25		1611734
红古区	8.01		8.01	14.09	5.59	1258089
永登县	112.17		112.17	34.52	34.52	985484
皋兰县	29.32		29.32	10.76	11.54	467591
榆中县	102.55	0.10	102.45	44.33	37.83	913513
嘉峪关市	4.46		4.46	24.59	2.15	1534088
金昌市	106.44		106.44	46.98	23.96	2078152
金川区	21.43		21.43	23.37	4.87	1419351
永昌县	85.01		85.01	23.61	19.09	658801
白银市	464.96	4.92	460.05	171.64	134.00	4422085
白银区	13.34	0.04	13.30	30.01	7.13	1879304
平川区	26.93		26.93	19.53	10.06	709689
靖远县	120.05	4.56	115.48	45.88	45.71	701927
会宁县	226.06		226.06	53.84	52.43	614214
景泰县	78.59	0.32	78.27	22.38	18.67	514919
天水市	567.92	0.00	567.92	332.30	306.33	5905136
秦州区	91.26		91.26	65.78	46.06	1835888
麦积区	71.44		71.44	56.53	45.26	1637392
清水县	93.03		93.03	27.41	30.28	414544
秦安县	104.81		104.81	52.48	55.11	547755
甘谷县	87.44		87.44	56.91	55.62	644332
武山县	63.75	0.00	63.74	43.87	42.70	566112
张家川县	56.19		56.19	29.32	31.31	273632
武威市	381.55		381.55	181.98	147.91	4617272
凉州区	146.68		146.68	101.32	73.65	2869897
民勤县	88.84		88.84	24.13	22.91	777518
古浪县	112.93		112.93	38.87	35.05	470167
天祝县	33.10		33.10	17.66	16.31	499689

1-26 续表

地区	年末耕地面积（万亩）			年末常住人口（万人）	农村人口（万人）	地区生产总值（万元）
	小计	水田	旱地			
张掖市	412.56	0.08	412.48	122.42	100.59	3999436
军马场	46.06		46.06			
甘州区	95.35	0.06	95.29	51.58	35.08	1687684
肃南县	13.63		13.63	3.46	2.64	286759
民乐县	96.16		96.16	22.41	22.32	500662
临泽县	41.65	0.02	41.63	13.64	12.13	501420
高台县	54.19		54.19	14.51	13.07	543411
山丹县	65.53		65.53	16.82	15.35	477620
平凉市	555.26		555.26	210.31	194.55	3672960
崆峒区	94.36		94.36	47.77	33.08	1310696
泾川县	68.00		68.00	28.52	32.26	511008
灵台县	76.68		76.68	18.33	21.18	314439
崇信县	36.06		36.06	10.35	8.19	248076
华亭县	41.42		41.42	19.64	13.64	433398
庄浪县	91.65		91.65	38.32	41.52	384199
静宁县	147.09		147.09	42.48	44.67	493968
平凉工业园区				4.90		
酒泉市	241.80		241.80	111.94	64.25	5779341
肃州区	62.45		62.45	44.11	22.00	1687131
金塔县	42.19		42.19	14.85	11.00	759072
瓜州县	58.10		58.10	14.90	10.60	753809
肃北县	1.20		1.20	1.53	0.60	188212
阿克塞县	0.55		0.55	1.05	0.30	153132
玉门市	53.15		53.15	16.56	9.76	1190244
敦煌市	24.16		24.16	18.94	10.00	1063935
庆阳市	681.29	0.40	680.89	224.19	230.06	5978324
西峰区	57.87		57.87	37.19	26.60	1718890
庆城县	80.75		80.75	26.67	23.64	811805
环县	140.29		140.29	30.99	32.83	749458
华池县	51.48	0.04	51.44	13.13	11.51	724452
合水县	35.41	0.36	35.05	15.10	15.49	468413
正宁县	42.94		42.94	18.27	21.42	282217
宁县	96.27		96.27	40.76	51.24	645167
镇原县	176.28		176.28	42.08	47.33	574553
定西市	770.17		770.17	278.98	264.45	3310768
安定区	171.76		171.76	42.74	37.51	761212
通渭县	183.28		183.28	40.51	39.78	384749

1-26 续表

地区	年末耕地面积（万亩）			年末常住人口（万人）	农村人口（万人）	地区生产总值（万元）
	小计	水田	旱地			
陇西县	117.53		117.53	46.00	43.33	630681
渭源县	80.07		80.07	32.88	32.63	306110
临洮县	106.28		106.28	51.48	49.34	640630
漳县	46.77		46.77	19.67	19.24	224082
岷县	64.49		64.49	45.70	42.61	363292
陇南市	426.97	4.21	422.76	260.41	248.06	3398884
武都区	68.85	1.71	67.14	56.68	51.68	1037419
成县	40.57		40.57	24.41	21.97	544892
文县	30.75	1.47	29.28	22.11	21.86	258403
宕昌县	42.80	0.79	42.01	27.77	27.14	234313
康县	31.15	0.05	31.10	17.92	17.08	206850
西和县	59.69		59.69	39.86	39.40	300939
礼县	103.13		103.13	46.85	46.64	331045
徽县	38.09	0.19	37.90	20.24	18.63	455340
两当县	11.94		11.94	4.57	3.65	74646
临夏州	215.76		215.76	202.64	175.77	2301067
临夏市	3.45		3.45	28.34	9.16	662802
临夏县	36.94		36.94	33.90	34.77	359301
康乐县	32.65		32.65	24.25	25.12	209343
永靖县	35.56		35.56	18.47	16.25	367907
广河县	19.29		19.29	24.02	21.54	212182
和政县	23.54		23.54	19.23	16.15	164057
东乡县	36.78		36.78	30.02	28.92	173012
积石山县	27.55		27.55	24.41	23.87	151352
甘南州	100.19	0.07	100.12	71.02	56.86	1359521
合作市	14.77		14.77	9.39	3.47	367296
临潭县	26.52		26.52	13.99	13.64	181303
卓尼县	16.45	0.07	16.38	10.46	9.09	150487
舟曲县	14.06		14.06	13.35	12.34	147475
迭部县	7.69		7.69	5.36	4.12	113436
玛曲县				5.75	4.30	147459
碌曲县	4.16		4.16	3.77	2.90	97977
夏河县	16.54		16.54	8.95	6.99	156657
农垦公司	100.93		100.93			
监管局	1.48	1.48				

1-27 2016 年主要农作物指标

地区	农作物播种面积（万亩）	粮食		棉花（皮棉）		油料	
		播种面积（万亩）	产量（吨）	播种面积（万亩）	产量（吨）	播种面积（万亩）	产量（吨）
甘肃省	6380.76	4220.91	11785366	19.87	19892	497.96	760140
兰州市	358.85	178.72	450749			17.23	20117
兰州新区	30.77	14.71	44612			2.72	2437
城关区	3.05	0.20	477				
七里河区	16.98	2.69	11736			0.06	58
西固区	8.88	0.92	4197			0.07	101
安宁区	0.15						
红古区	13.38	2.25	13833			0.16	337
永登县	118.60	73.77	172319			7.70	8137
皋兰县	32.49	12.34	42665			2.16	3970
榆中县	134.56	71.86	160910			4.37	5077
嘉峪关市	7.06	1.73	12759			0.06	149
金昌市	119.13	78.81	393234			9.88	24923
金川区	23.63	11.47	66826			1.59	7009
永昌县	95.49	67.34	326408			8.29	17914
白银市	463.73	363.60	795713	0.06	56	27.67	27434
白银区	11.84	7.79	21629			0.69	1109
平川区	25.77	20.02	35544	0.06	56	1.70	2032
靖远县	123.72	76.06	187720			5.19	5037
会宁县	237.73	210.89	380935			12.47	4491
景泰县	64.67	48.83	169886			7.63	14765
天水市	695.92	469.16	1121901			75.17	87076
秦州区	110.33	74.17	195499			18.69	22340
麦积区	83.45	63.02	160481			7.88	10985
清水县	102.21	66.27	155430			12.65	19689
秦安县	114.96	83.77	197314			10.71	9979
甘谷县	110.08	72.21	172301			11.37	10704
武山县	112.40	62.73	130766			6.91	8039
张家川县	62.49	46.97	110110			6.97	5340
武威市	380.18	196.92	1066003	1.06	1330	46.57	133677
凉州区	167.41	104.87	678011			11.42	20725
民勤县	86.57	19.83	126376	1.06	1330	24.16	92485
古浪县	90.47	56.51	210731			8.86	17229
天祝县	35.73	15.71	50885			2.12	3239
张掖市	430.00	285.95	1387917	0.24	334	37.86	56646
军马场	46.06	24.78	76860			21.28	19152

1–27 续表

地区	农作物播种面积（万亩）	粮食		棉花（皮棉）		油料	
		播种面积（万亩）	产量（吨）	播种面积（万亩）	产量（吨）	播种面积（万亩）	产量（吨）
甘州区	100.50	78.37	451800			1.17	3435
肃南县	15.46	7.43	26891			0.10	155
民乐县	97.03	64.73	287708			4.13	8217
临泽县	43.62	30.26	154300	0.10	150	0.22	738
高台县	58.94	35.81	186245	0.14	184	1.04	3629
山丹县	68.39	44.57	204112			9.92	21321
平凉市	686.82	507.04	1109111			59.12	78278
崆峒区	122.28	85.72	207179			9.08	12238
泾川县	94.73	69.26	159032			7.29	6247
灵台县	105.80	72.05	180406			16.01	29621
崇信县	44.15	26.34	55604			8.32	8094
华亭县	53.49	34.02	98604			1.27	1933
庄浪县	124.41	102.86	196076			7.00	7806
静宁县	141.96	116.81	212210			10.16	12339
平凉工业园区							
酒泉市	264.82	58.04	337924	12.24	13617	11.10	25811
肃州区	72.24	26.49	156644			1.05	2223
金塔县	46.35	12.40	78270	0.24	350	1.37	2652
瓜州县	60.82	6.33	29671	7.47	7821	5.05	12892
肃北县	1.33	0.78	4529			0.18	380
阿克塞县	0.80	0.21	1283				
玉门市	57.55	8.39	46621	0.30	270	1.01	1482
敦煌市	25.73	3.45	20906	4.22	5176	2.44	6182
庆阳市	996.91	698.43	1567391			105.34	138213
西峰区	84.57	48.45	125613			9.11	16220
庆城县	142.21	84.67	143757			13.24	12024
环县	208.69	185.57	368129			14.12	10915
华池县	86.39	68.90	136582			5.79	5873
合水县	65.36	34.70	95692			9.46	11962
正宁县	54.65	27.49	90026			9.93	16306
宁县	155.69	100.86	246711			23.41	33684
镇原县	199.34	147.80	360880			20.28	31229
定西市	863.56	630.84	1432074			22.03	27634
安定区	179.64	161.82	378623			1.51	1980
通渭县	189.53	161.32	372204			12.81	16084
陇西县	172.79	120.80	201553			4.10	2767

1-27 续表

地区	农作物播种面积（万亩）	粮食		棉花（皮棉）		油料	
		播种面积（万亩）	产量（吨）	播种面积（万亩）	产量（吨）	播种面积（万亩）	产量（吨）
渭源县	80.87	46.74	138513			0.28	445
临洮县	129.47	87.89	213406			1.75	3214
漳县	46.77	27.14	60966			0.63	2112
岷县	64.49	25.14	66811			0.95	1031
陇南市	647.72	470.15	1063475	0.02	13	34.80	38092
武都区	122.86	82.30	173776	0.02	13	2.68	3050
成县	65.95	49.36	142454			6.49	8404
文县	55.94	39.13	71326			3.41	3486
宕昌县	51.17	28.83	88208			2.22	2553
康县	54.06	45.68	74359			1.14	1221
西和县	86.84	68.19	173901			4.69	5369
礼县	104.74	87.83	141663			6.63	6040
徽县	80.46	54.83	160344			7.00	7463
两当县	25.68	14.00	37445			0.54	507
临夏州	254.65	196.62	808986			22.71	57862
临夏市	4.92	3.30	22569			0.03	128
临夏县	51.17	37.54	174896			2.95	6491
康乐县	34.48	26.33	119209			3.05	8899
永靖县	37.34	27.26	128713			1.68	4037
广河县	23.19	19.23	110387			0.63	1653
和政县	28.31	17.20	65644			8.29	19987
东乡县	38.43	37.35	84978			0.07	423
积石山县	36.81	28.42	102589			6.00	16245
甘南州	113.22	53.20	88086			17.68	21090
合作市	12.40	7.48	10681			2.68	2641
临潭县	26.52	7.46	13857			5.86	6502
卓尼县	16.01	4.34	7296			2.13	2339
舟曲县	32.69	19.71	31932			2.81	4921
迭部县	8.40	6.04	11346			0.66	803
玛曲县							
碌曲县	4.03	2.38	3144			0.66	350
夏河县	13.16	5.79	9829			2.88	3534
农垦公司	96.99	30.76	146147	6.25	4542	10.69	23101
监管局	1.20	0.93	3897			0.05	37

2 水利建设投资（按县区、流域分）

2-1 2016 年水利建设项目基本情况（按市县分）

项目	隶属关系	项目规模	项目类型	所属流域	建设性质	建设阶段	开工时间	全部建成投资时间	是否有贫困村收益
甘肃省									
兰州市									
兰州市直									
黄河甘肃段兰州市防洪治理工程	地区（市）属	小型	大江大湖治理	黄河流域	新建	本年正式施工	2015-10		否
兰州市农田水利设施维修养护 2016	地区（市）属	小型	小型农田水利建设	黄河流域	新建	本年正式施工	2016-05	2016-11	否
兰州市大砂沟泵站更新改造工程	县（区、市）属	小型	泵站工程	黄河流域	改建	本年正式施工	2014-04		否
兰州市水源地建设工程	地区（市）属	大中型	引水（调水）工程	黄河流域	新建	本年正式施工	2015-08		否
七里河区									
七里河区西津泵站更新改造工程	县（区、市）属	小型	泵站工程	黄河流域	改建	本年正式施工	2016-11	2017-05	否
西固区									
西固区高效节水灌溉项目 2016	县（区、市）属	小型	小型农田水利建设	黄河流域	新建	本年正式施工	2016-05	2016-11	否
兰州市工农坪泵站更新改造工程	县（区、市）属	小型	泵站工程	黄河流域	新建	本年正式施工	2016-09		否
红古区									
湟水兰州市红古段防洪治理工程	县（区、市）属	小型	重要支流治理	黄河流域	新建	本年正式施工	2016-10	2017-10	否
永登县									
永登农田水利设施维修养护 2016	县（区、市）属	小型	小型农田水利建设	黄河流域	新建	本年正式施工	2016-06	2016-11	否
永登县高效节水灌溉 2016	县（区、市）属	小型	小型农田水利建设	黄河流域	新建	本年正式施工	2016-05	2016-11	否
永登县农村饮水安全巩固提升 2016	县（区、市）属	小型	农村饮水安全巩固提升工程建设	黄河流域	新建	本年正式施工	2016-04	2016-07	是
永登县抗旱应急引调提水 2016	县（区、市）属	小型	抗旱工程	黄河流域	新建	本年正式施工	2016-05	2016-11	是
皋兰县									
皋兰县蔡家河东湾沟上游段－文山段堤防	县（区、市）属	小型	中小河流治理	黄河流域	新建	本年正式施工	2014-08	2015-05	否
皋兰县西岔中型灌区农业综合开发 2015	县（区、市）属	小型	节水灌溉工程	黄河流域	改建	本年正式施工	2016-03	2017-07	是
皋兰县高效节水灌溉 2016	县（区、市）属	小型	小型农田水利建设	黄河流域	新建	本年正式施工	2016-07	2016-11	是
皋兰县农田水利设施维修养护 2016	县（区、市）属	小型	小型农田水利建设	黄河流域	新建	本年正式施工	2016-05	2016-10	是
皋兰县农村饮水安全巩固提升 2016	县（区、市）属	小型	农村饮水安全巩固提升工程建设	黄河流域	新建	本年正式施工	2016-05	2016-10	是

2-1 续表

项目	隶属关系	项目规模	项目类型	所属流域	建设性质	建设阶段	开工时间	全部建成投资时间	是否有贫困村收益
榆中县									
榆中县农田水利设施维修养 2016	县（区、市）属	小型	小型农田水利建设	黄河流域	改建	本年正式施工	2016-06	2016-11	否
兰州市榆中三电泵站更新改造工程	县（区、市）属	小型	泵站工程	黄河流域	改建	本年正式施工	2016-9	2017-4	否
引洮供水一期榆中县配套工程	县（区、市）属	小型	引水（调水）工程	黄河流域	新建	本年正式施工	2016-1		是
榆中县农村饮水安全巩固提升 2016	县（区、市）属	小型	农村饮水安全巩固提升工程建设	黄河流域	新建	本年正式施工	2016-05	2016-11	是
榆中县抗旱应急引调提水 2016	县（区、市）属	小型	抗旱工程	黄河流域	新建	本年正式施工	2016-05	2016-11	否
嘉峪关市									
嘉峪关市中央财政高效节水项目 2015（五）	地区（市）属	小型	小型农田水利建设	西北诸河流域	新建	本年正式施工	2015-05-01	2016-5-30	否
嘉峪关市 2016 年小型农田水利设施春修工程	地区（市）属	小型	小型农田水利建设	西北诸河流域	新建	本年正式施工	2016-03	2016-06	否
嘉峪关市高效节水灌溉项目 2015（六）	地区（市）属	小型	小型农田水利建设	西北诸河流域	新建	本年正式施工	2015-05-01	2016-05-30	否
金昌市									
金昌市直									
金昌市城市应急备用水源项目	地区（市）属	小型	其他供水工程	西北诸河流域	新建	本年正式施工	2016-10		否
金昌市龙首山前山区雨洪资源利用项目	地区（市）属	小型	雨水集用	西北诸河流域	新建	本年正式施工	2016-03	2016-05	否
金川区									
金川区 2015 新增农田水利设施建设 2016	县（区、市）属	小型	小型农田水利建设	西北诸河流域	改建	本年正式施工	2016-03	2016-11	否
金川区小型农田水利重点县 2016	县（区、市）属	小型	小型农田水利建设	西北诸河流域	改建	本年正式施工	2016-03	2016-11	否
金昌市十里花海景区建设项目	县（区、市）属	小型	其他环境水利项目	西北诸河流域	新建	本年正式施工	2016-03	2016-08	否
永昌县									
永昌县金川河工农渠首泄洪闸	县（区、市）属	小型	大中型病险水闸除险加固	西北诸河流域	改建	本年正式施工	2015-11		否
西河灌区续建配套节水改造	县（区、市）属	小型	灌区建设工程	西北诸河流域	改建	本年正式施工	2016-07		否
永昌县小型农田水利重点县 2016	县（区、市）属	小型	小型农田水利建设	西北诸河流域	新建	本年正式施工	2016-01		否
永昌县 2015 新增农田水利设施建设 2016	县（区、市）属	小型	小型农田水利建设	西北诸河流域	新建	本年正式施工	2016-01		否
永昌县农田水利设施维修养护 2016	县（区、市）属	小型	小型农田水利建设	西北诸河流域	新建	本年正式施工	2016-05	2016-12	否
永昌县高效节水灌溉 2016	县（区、市）属	小型	小型农田水利建设	西北诸河流域	新建	本年正式施工	2016-01		否

2-1 续表

项目	隶属关系	项目规模	项目类型	所属流域	建设性质	建设阶段	开工时间	全部建成投资时间	是否有贫困村收益
永昌县农村饮水安全巩固提升 2016	县（区、市）属	小型	农村饮水安全巩固提升工程建设	西北诸河流域	改建	本年正式施工	2016-04	2016-09	否
永昌县头坝二号水电站增效扩容改造	县（区、市）属	小型	水电增效扩容	西北诸河流域	改建	本年正式施工	2016-11		否
金昌市永昌县金川工农干渠围栏保护工程	县（区、市）属	小型	其他水利项目	西北诸河流域	新建	本年正式施工	2016-01	2016-05	否
白银市									
兴电灌区齐家大岘隧洞除险加固工程	地区（市）属	小型	灌区建设工程	黄河流域	改建	本年正式施工	2013-8	2016-9	是
白银市农田水利设施维修养护 2016	地区（市）属	小型	小型农田水利建设	黄河流域	新建	本年正式施工	2016-04	2016-11	是
白银市直									
黄河干流白银市防洪治理工程	地区（市）属	小型	大江大湖治理	黄河流域	新建	本年正式施工	2015-8		是
白银市兴电灌区渠道维修工程	地区（市）属	小型	灌区建设工程	黄河流域	改建	本年正式施工	2016-12		是
白银市靖会泵站更新改造工程	地区（市）属	小型	泵站工程	黄河流域	改建	本年正式施工	2013-01		是
白银市兴电泵站更新改造工程	地区（市）属	小型	泵站工程	黄河流域	改建	本年正式施工	2013-03		是
白银区									
白银区东大沟民勤村至城区段治理	县（区、市）属	小型	中小河流治理	黄河流域	新建	本年正式施工	2015-07	2016-11	否
白银区工农渠灌区农业综合开发	县（区、市）属	小型	节水灌溉工程	黄河流域	新建	本年正式施工	2016-01	2016-12	否
白银区五小水利工程 2016	县（区、市）属	小型	小型农田水利建设	黄河流域	新建	本年正式施工	2016-9		否
白银区农田水利设施维修养护 2016	县（区、市）属	小型	小型农田水利建设	黄河流域	新建	本年正式施工	2016-8	2016-12	否
白银区农村饮水安全巩固提升 2016	县（区、市）属	小型	农村饮水安全巩固提升工程建设	黄河流域	新建	本年正式施工	2016-5	2016-9	否
平川区									
平川区旱坪川灌区农业综合开发	县（区、市）属	小型	节水灌溉工程	黄河流域	改建	本年正式施工	2016-11		否
平川区五小水利工程 2016	县（区、市）属	小型	小型农田水利建设	黄河流域	新建	本年正式施工	2016-05	2016-10	否
平川区农村饮水安全巩固提升 2016	县（区、市）属	小型	农村饮水安全巩固提升工程建设	黄河流域	新建	本年正式施工	2016-05	2016-09	否
靖远县									
靖远县靖乐渠灌区农业综合开发	县（区、市）属	小型	节水灌溉工程	黄河流域	新建	本年正式施工	2016-11-25		是
靖远县小型农田水利设施补助 2016	县（区、市）属	小型	小型农田水利建设	黄河流域	新建	本年正式施工	2016-10	2016-12	是

2–1 续表

项目	隶属关系	项目规模	项目类型	所属流域	建设性质	建设阶段	开工时间	全部建成投资时间	是否有贫困村收益
靖远县高效节水灌溉 2016	县（区、市）属	小型	小型农田水利建设	黄河流域	新建	本年正式施工	2016–06	2016–12	是
靖远县农田水利设施维修养护 2016	县（区、市）属	小型	小型农田水利建设	黄河流域	改建	本年正式施工	2016–05	2016–11	是
白银市中堡泵站更新改造工程	县（区、市）属	小型	泵站工程	黄河流域	改建	本年正式施工	2016–04	2016–12	是
白银市刘川泵站更新改造工程	县（区、市）属	小型	泵站工程	黄河流域	改建	本年正式施工	2013–01		是
靖远县农村饮水安全巩固提升 2016	县（区、市）属	小型	农村饮水安全巩固提升工程建设	黄河流域	改建	本年正式施工	2016–04	2016–10	是
靖远县抗旱应急引调提水项目	县（区、市）属	小型	抗旱工程	黄河流域	新建	本年正式施工	2016–04	2016–11	是
会宁县									
会宁县焦家河焦河村防洪工程	县（区、市）属	小型	堤防工程	黄河流域	新建	本年正式施工	2016–5	2016–10	否
会宁县苦水河河畔羊肉市场段综合治理工程	县（区、市）属	小型	堤防工程	黄河流域	新建	本年正式施工	2016–09		是
会宁县祖厉河城区段综合治理二期工程（续建）	县（区、市）属	小型	中小河流治理	黄河流域	新建	本年正式施工	2015–03	2016–12	是
会宁县农田水利设施维修养护 2016	县（区、市）属	小型	小型农田水利建设	黄河流域	新建	本年正式施工	2016–07	2016–08	是
会宁县高效节水灌溉 2016	县（区、市）属	小型	小型农田水利建设	黄河流域	新建	本年正式施工	2016–05	2016–12	否
引洮一期工程会宁北部供水工程	县（区、市）属	小型	引水（调水）工程	黄河流域	新建	本年正式施工	2013–09		是
会宁县农村饮水安全巩固提升 2016	县（区、市）属	小型	农村饮水安全巩固提升工程建设	黄河流域	新建	本年正式施工	2016–04	2016–09	是
会宁县抗旱应急引调提水项目	县（区、市）属	小型	抗旱工程	黄河流域	新建	本年正式施工	2016–04	2016–07	是
会宁县电子桥、康家河桥桥梁工程	县（区、市）属	小型	其他水利项目	黄河流域	新建	本年正式施工	2016–08	2016–12	否
景泰县									
景泰县高效节水灌溉 2016	县（区、市）属	小型	小型农田水利建设	黄河流域	新建	本年正式施工	2016–08	2016–12	是
景泰县小型农田水利设施补助 2016	县（区、市）属	小型	小型农田水利建设	黄河流域	新建	本年正式施工	2016–10		否
景泰县农田水利设施维修养护 2016	县（区、市）属	小型	小型农田水利建设	黄河流域	新建	本年正式施工	2016–07	2016–11	是
景泰县中泉泵站更新改造工程	县（区、市）属	小型	泵站工程	黄河流域	改建	本年正式施工	2013–01	2016–12	是
景泰县草窝滩镇排水工程	县（区、市）属	小型	其他灌溉除涝项目	黄河流域	新建	本年正式施工	2016–7		是
景泰县农村饮水安全巩固提升 2016	县（区、市）属	小型	农村饮水安全巩固提升工程建设	黄河流域	新建	本年正式施工	2016–05	2016–11	是
景泰县抗旱应急引调提水项目	县（区、市）属	小型	抗旱工程	黄河流域	新建	本年正式施工	2016–04	2016–09	是

2–1 续表

项目	隶属关系	项目规模	项目类型	所属流域	建设性质	建设阶段	开工时间	全部建成投资时间	是否有贫困村收益
天水市									
天水市直									
天水市藉口水厂至西十里供水管道工程	地区（市）属	小型	城镇供水管线建设	黄河流域	新建	本年正式施工	2016–01		否
秦州区									
天水市藉河生态综合治理一期续建工程	县（区、市）属	小型	堤防工程	黄河流域	新建	本年正式施工	2015.3	2016.10	否
秦州区天水镇易地搬迁堤防工程	县（区、市）属	小型	堤防工程	长江流域	新建	本年正式施工	2016.04	2016.10	否
秦州区易地搬迁项目高效节水灌溉工程	县（区、市）属	小型	节水灌溉工程	黄河流域	新建	本年正式施工	2016.04	2016.10	否
秦州区五小水利工程 2016	县（区、市）属	小型	小型农田水利建设	黄河流域	新建	本年正式施工	2016.03	2016.10	否
秦州区关峡水库	县（区、市）属	小型	水库工程	长江流域	新建	本年正式施工	2016.03	2018.05	否
秦州区太京镇农田水利建设项目	县（区、市）属	小型	其他灌溉除涝项目	黄河流域	新建	本年正式施工	2016.04	2016.10	否
秦州区农村饮水安全巩固提升工程 2016	县（区、市）属	小型	农村饮水安全巩固提升工程建设	黄河流域	新建	本年正式施工	2016.02	2016.10	否
秦州区抗旱应急引调提水 2016	县（区、市）属	小型	抗旱工程	长江流域	新建	本年正式施工	2016.03	2016.09	否
麦积区									
麦积区高效节水灌溉 2016	县（区、市）属	小型	小型农田水利建设	黄河流域	新建	本年正式施工	201603	201609	是
麦积区小型农田水利设施补助 2016	县（区、市）属	小型	小型农田水利建设	黄河流域	新建	本年正式施工	201608		是
麦积区农村安全饮水巩固提升工程 2016	县（区、市）属	小型	农村饮水安全巩固提升工程建设	黄河流域	新建	本年正式施工	201603	201609	是
清水县									
清水县后川河杜川至王店段堤防工程	县（区、市）属	小型	中小河流治理	黄河流域	新建	本年正式施工	2013–05	2016–10	是
清水县小型农田水利设施补助 2016	县（区、市）属	小型	小型农田水利建设	黄河流域	新建	本年正式施工	2016 年 11 月	2016 年 12 月	是
清水县农村饮水安全巩固提升工程 2016	县（区、市）属	小型	农村饮水安全巩固提升工程建设	黄河流域	新建	本年正式施工	2015 年 12 月	2016 年 9 月	是
清水县抗旱应急引调提水项目 2016	县（区、市）属	小型	抗旱工程	黄河流域	新建	本年正式施工	2016 年 5 月	2016 年 12 月	是
清水县城区自来水管网扩建工程	县（区、市）属	小型	城镇供水管线建设	黄河流域	新建	本年正式施工	2015–09	2016–11	否
清水县城区供水工程	县（区、市）属	小型	城镇供水管线建设	黄河流域	新建	本年正式施工	2016–06		否
清水县城区自来水管网扩建工程	县（区、市）属	小型	城镇供水管线建设	黄河流域	扩建	本年正式施工	2015–08		否

2-1 续表

项目	隶属关系	项目规模	项目类型	所属流域	建设性质	建设阶段	开工时间	全部建成投资时间	是否有贫困村收益
秦安县									
秦安县南小河王尹马河至凤山堤防	县（区、市）属	小型	中小河流治理	黄河流域	新建	本年正式施工	2014-03	2016-12	否
秦安县五小水利工程 2016	县（区、市）属	小型	小型农田水利建设	黄河流域	新建	本年正式施工	2016-07		否
秦安县西小河小湾河水库	县（区、市）属	小型	水库工程	黄河流域	新建	本年正式施工	2013-05		否
秦安县农村饮水安全巩固提升 2016	县（区、市）属	小型	农村饮水安全巩固提升工程建设	黄河流域	新建	本年正式施工	2016-3-18	2016-12-30	是
秦安县抗旱应急引调提水 2016	县（区、市）属	小型	抗旱工程	黄河流域	新建	本年正式施工	2016-4	2016-8	否
甘谷县									
甘谷县清溪河礼辛乡寨子至尉坪堤防工程	县（区、市）属	小型	中小河流治理	黄河流域	新建	本年正式施工	2014-06	2015-11	是
甘谷县五小水利工程 2016	县（区、市）属	小型	小型农田水利建设	黄河流域	新建	本年正式施工	2016.06.10	2016.11.05	否
甘谷县农田水利设施维修养护 2016	县（区、市）属	小型	小型农田水利建设	黄河流域	新建	本年正式施工	2016.06.10	2016.11.06	否
甘谷县大石乡农田水利建设项目	县（区、市）属	小型	其他灌溉除涝项目	黄河流域	新建	本年正式施工	2016.06	2016.11	否
甘谷县农村饮水安全巩固提升工程 2016	县（区、市）属	小型	农村饮水安全巩固提升工程建设	黄河流域	新建	本年正式施工	2016.04.15	2016.12.30	是
甘谷县城区供水水源水深度处理工程	县（区、市）属	小型	其他水务能力建设	黄河流域	新建	本年正式施工	2016.06	2016.11	否
武山县									
武山县车家川至山丹河口段治理	县（区、市）属	小型	重要支流治理	黄河流域	新建	本年正式施工	2015-06	2016-02	是
武山县五小水利工程 2016	县（区、市）属	小型	小型农田水利建设	黄河流域	新建	本年正式施工	2016-6	2016-12	是
武山县小型农田水利设施补助 2016	县（区、市）属	小型	小型农田水利建设	黄河流域	新建	本年正式施工	2016-11		是
武山县抗旱应急引调提水 2016	县（区、市）属	小型	抗旱工程	黄河流域	新建	本年正式施工	2016-4	2016-8	是
张家川县									
张家川县农田水利设施维修养护 2016	县（区、市）属	小型	小型农田水利建设	黄河流域	新建	本年正式施工	2016-6	2016-8	否
张家川县富川水库（抗旱规划内）	县（区、市）属	小型	水库工程	黄河流域	新建	本年正式施工	2012-10	2017-10	是
张家川县农村饮水安全巩固提升 2016	县（区、市）属	小型	农村饮水安全巩固提升工程建设	黄河流域	新建	本年正式施工	2016-4	2016-6	是
武威市									
武威市直									
武威市 2016 年农田水利设施维修养护资金	县（区、市）属	小型	小型农田水利建设	西北诸河流域	新建	本年正式施工	2016-08	2016-12	否

2-1 续表

项目	隶属关系	项目规模	项目类型	所属流域	建设性质	建设阶段	开工时间	全部建成投资时间	是否有贫困村收益
凉州区									
石羊河凉州区松涛寺至红水河入河口防洪	县（区、市）属	小型	重要支流治理	西北诸河流域	改建	本年正式施工	2015-10	2016-05	否
凉州区杂木河灌区续建配套节水改造	县（区、市）属	小型	灌区建设工程	西北诸河流域	改建	本年正式施工	2016-09	2016-12	否
凉州区小型农田水利重点县 2016	县（区、市）属	小型	小型农田水利建设	西北诸河流域	新建	本年正式施工	2016-01	2016-12	否
凉州区高效节水灌溉 2016	县（区、市）属	小型	小型农田水利建设	西北诸河流域	新建	本年正式施工	2016-03	2016-10	否
凉州区农田水利设施维修养护 2016	县（区、市）属	小型	小型农田水利建设	西北诸河流域	改建	本年正式施工	2016-05	2016-12	否
凉州区农村饮水安全巩固提升 2016	县（区、市）属	小型	农村饮水安全巩固提升工程建设	西北诸河流域	改建	本年正式施工	2016-03	2016-12	否
凉州区抗旱应急引调提水项目	县（区、市）属	小型	抗旱工程	西北诸河流域	扩建	本年正式施工	2016-03	2016-12	否
民勤县									
民勤县高效节水灌溉 2016	县（区、市）属	小型	小型农田水利建设	西北诸河流域	新建	本年正式施工	2016-03	2016-12	否
民勤县农田水利设施维修养护 2016	县（区、市）属	小型	小型农田水利建设	西北诸河流域	新建	本年正式施工	2016-03	2016-12	否
民勤县 2015 新增农田水利设施建设 2016	县（区、市）属	小型	小型农田水利建设	西北诸河流域	新建	本年正式施工	2016-03	2016-12	否
民勤县小型农田水利重点县 2016	县（区、市）属	小型	小型农田水利建设	西北诸河流域	新建	本年正式施工	2016-03	2016-12	否
民勤县小型农田水利设施建设补助 2016	县（区、市）属	小型	小型农田水利建设	西北诸河流域	新建	本年正式施工	2016-09	2016-12	否
民勤县红崖水库加高扩建工程	县（区、市）属	大中型	水库工程	西北诸河流域	扩建	本年正式施工	2016-04		否
民勤县农村饮水安全巩固提升项目 2016	县（区、市）属	小型	农村饮水安全巩固提升工程建设	西北诸河流域	新建	本年正式施工	2016-05	2016-12	否
民勤县抗旱应急水源工程	县（区、市）属	小型	抗旱工程	西北诸河流域	新建	本年正式施工	2016-03	2016-12	否
古浪县									
古浪县黄花滩项目	县（区、市）属	小型	灌区建设工程	西北诸河流域	新建	本年正式施工	2016-01		否
2016 古浪县小型农田水利设施补助资金（二）	县（区、市）属	小型	小型农田水利建设	西北诸河流域	新建	本年正式施工	2016-09	2016-12	否
古浪县高效节水灌溉 2016	县（区、市）属	小型	小型农田水利建设	西北诸河流域	新建	本年正式施工	2016-01	2016-10	否
古浪县小型农田水利重点县 2016	县（区、市）属	小型	小型农田水利建设	西北诸河流域	新建	本年正式施工	2016-03	2016-10	否
古浪县 2015 新增农田水利设施建设 2016	县（区、市）属	小型	小型农田水利建设	西北诸河流域	新建	本年正式施工	2016-06	2016-10	否
古浪县农田水利设施维修养护 2016	县（区、市）属	小型	小型农田水利建设	西北诸河流域	扩建	本年正式施工	2016-08	2016-10	否

2-1 续表

项目	隶属关系	项目规模	项目类型	所属流域	建设性质	建设阶段	开工时间	全部建成投资时间	是否有贫困村收益
古浪县农村饮水安全巩固提升 2016	县（区、市）属	小型	农村饮水安全巩固提升工程建设	西北诸河流域	扩建	本年正式施工	2016-04	2016-10	是
古浪县抗旱应急引调提水项目	县（区、市）属	小型	抗旱工程	西北诸河流域	新建	本年正式施工	2016-06	2016-11	是
天祝县									
天祝县大通河防洪工程	县（区、市）属	小型	堤防工程	黄河流域	新建	本年正式施工	2016-05	2016-11	是
天祝县高效节水灌溉 2016	县（区、市）属	小型	小型农田水利建设	西北诸河流域	新建	本年正式施工	2016-05	2016-10	是
天祝县小型农田水利重点县 2016	县（区、市）属	小型	小型农田水利建设	西北诸河流域	新建	本年正式施工	2016-05	2016-10	是
天祝县 2016 年农田水利设施维修养护资金	县（区、市）属	小型	小型农田水利建设	西北诸河流域	新建	本年正式施工	2016-07	2016-09	是
天祝县小型农田水利设施补助 2016	县（区、市）属	小型	小型农田水利建设	黄河流域	新建	本年正式施工	2016-06	2016-10	是
天祝县石门河调蓄引水工程	县（区、市）属	小型	水库工程	黄河流域	新建	本年正式施工	2012-08		是
天祝县二道墩水库	县（区、市）属	小型	水库工程	黄河流域	新建	本年正式施工	2014-12	2016-10	是
天祝县南阳山片下山入川供水工程	县（区、市）属	小型	引水（调水）工程	西北诸河流域	新建	本年正式施工	2013-6		是
天祝县抗旱应急引调提水项目	县（区、市）属	小型	抗旱工程	黄河流域	新建	本年正式施工	2016-06	2016-10	是
张掖市									
张掖市直									
张掖市年农田水利设施维修养护 2016	地区（市）属	小型	小型农田水利建设	西北诸河流域	新建	本年正式施工	2016.04	2016.10	否
甘州区									
甘州区大满灌区续建配套节水改造	县（区、市）属	小型	灌区建设工程	西北诸河流域	改建	本年正式施工	2016.07		否
甘州区西浚灌区续建配套节水改造	县（区、市）属	小型	灌区建设工程	西北诸河流域	改建	本年正式施工	2016.07		否
甘州区高效节水灌溉 2016	县（区、市）属	小型	小型农田水利建设	西北诸河流域	新建	本年正式施工	2016-06	2016-12	否
甘州区农田水利设施维修养护 2016	县（区、市）属	小型	小型农田水利建设	西北诸河流域	新建	本年正式施工	2016.07		否
甘州区小型农田水利重点县 2016	县（区、市）属	小型	小型农田水利建设	西北诸河流域	新建	本年正式施工	2016.06		否
甘州区农村饮水安全巩固提升 2016	县（区、市）属	小型	农村饮水安全巩固提升工程建设	西北诸河流域	新建	本年正式施工	2016.06		否
肃南县									
肃南县隆畅河治理工程补充项目	县（区、市）属	小型	中小河流治理	西北诸河流域	新建	本年正式施工	2016.08	2016.10	否

2-1 续表

项目	隶属关系	项目规模	项目类型	所属流域	建设性质	建设阶段	开工时间	全部建成投资时间	是否有贫困村收益
肃南县农田水利设施维修养护 2016	县（区、市）属	小型	小型农田水利建设	西北诸河流域	新建	本年正式施工	2016.06	2016.07	否
肃南县高效节水灌溉 2016	县（区、市）属	小型	小型农田水利建设	西北诸河流域	新建	本年正式施工	2016.05	2016.10	否
民乐县									
民乐县小型农田水利重点县 2016	县（区、市）属	小型	小型农田水利建设	西北诸河流域	新建	本年正式施工	2016–4	2016–12	否
民乐县农田水利设施维修养护 2016	县（区、市）属	小型	小型农田水利建设	西北诸河流域	新建	本年正式施工	2016–6	2016–10	否
民乐县 2015 年新增农田水利设施建设 2016	县（区、市）属	小型	小型农田水利建设	西北诸河流域	新建	本年正式施工	2016–7	2016–12	否
民乐县山城河水库	县（区、市）属	小型	水库工程	西北诸河流域	新建	本年正式施工	2016–7		否
民乐县农村饮水安全巩固提升 2016	县（区、市）属	小型	农村饮水安全巩固提升工程建设	西北诸河流域	新建	本年正式施工	2016–3	2016–8	否
临泽县									
临泽县小东沟河新柳 – 西街农田防护	县（区、市）属	小型	中小河流治理	西北诸河流域	新建	本年正式施工	2014–03		否
临泽县梨园河灌区续建配套节水改造	县（区、市）属	小型	灌区建设工程	西北诸河流域	新建	本年正式施工	2016–8		否
临泽县农田水利设施维修养护 2016	县（区、市）属	小型	小型农田水利建设	西北诸河流域	改建	本年正式施工	2016–07	2016–08	否
临泽县红山湾水库工程	县（区、市）属	小型	水库工程	西北诸河流域	新建	本年正式施工	2014–12		否
高台县									
高台县小海子水库除险加固	县（区、市）属	小型	大中型病险水库除险加固	西北诸河流域	改建	本年正式施工	2016–8–30		否
高台县罗城灌区农业综合开发	县（区、市）属	小型	节水灌溉工程	西北诸河流域	改建	本年正式施工	2016–10–12		否
高台县高效节水灌溉 2016	地区（市）属	小型	小型农田水利建设	西北诸河流域	新建	本年正式施工	2016–5–28	2016–12–3	否
高台县小型农田水利重点县 2016 年	县（区、市）属	小型	小型农田水利建设	西北诸河流域	新建	本年正式施工	2016–3–8	2016–12–1	否
高台 2015 年新增农田水利设施建设 2016	县（区、市）属	小型	小型农田水利建设	西北诸河流域	新建	本年正式施工	2016–3–22	2016–11–30	否
高台县小型农田水利设施补助 2016	县（区、市）属	小型	小型农田水利建设	西北诸河流域	新建	本年正式施工	2016–9–20	2016–12–10	否
高台县农田水利设施维修养护 2016	县（区、市）属	小型	小型农田水利建设	西北诸河流域	改建	本年正式施工	2016–5–12	2016–11–17	否
山丹县									
山丹县马营河大马营段河道治理工程	县（区、市）属	小型	中小河流治理	西北诸河流域	新建	本年正式施工	2014.09	2014.11	否
山丹县马营河灌区续建配套节水改造	县（区、市）属	小型	灌区建设工程	西北诸河流域	改建	本年正式施工	2016.05		否
山丹县农田水利设施维修养护 2016	县（区、市）属	小型	小型农田水利建设	西北诸河流域	新建	本年正式施工	2016.03.01	2016.08.06	否

2-1 续表

项目	隶属关系	项目规模	项目类型	所属流域	建设性质	建设阶段	开工时间	全部建成投资时间	是否有贫困村收益
山丹县小型农田水利重点县 2016	县（区、市）属	小型	小型农田水利建设	西北诸河流域	新建	本年正式施工	2016.04.01		否
山丹县小型农田水利设施补助 2016	县（区、市）属	小型	小型农田水利建设	西北诸河流域	新建	本年正式施工	2016.04.01		否
山丹县高效节水灌溉 2016	县（区、市）属	小型	小型农田水利建设	西北诸河流域	新建	本年正式施工	2016.05.01		否
山丹县 2015 年新增农田水利设施建设 2016	县（区、市）属	小型	小型农田水利建设	西北诸河流域	新建	本年正式施工	2016.04.05		否
山丹马场高效节水灌溉 2016	其他	小型	小型农田水利建设	西北诸河流域	新建	本年正式施工	2016-12-10		否
山丹马场小型农田水利重点县 2016	其他	小型	小型农田水利建设	西北诸河流域	新建	本年正式施工	2016-10		否
山丹县白石崖水库（抗旱规划内）	县（区、市）属	小型	水库工程	西北诸河流域	新建	本年正式施工	2015-10		否
山丹县抗旱应急引调提水项目	县（区、市）属	小型	抗旱工程	西北诸河流域	新建	本年正式施工	2016.04.01	2016.10.30	否
平凉市									
平凉市直									
平凉市泾河吴老沟至平镇桥河堤治理	地区（市）属	小型	重要支流治理	黄河流域	新建	本年正式施工	2014-08		否
平凉市农田水利设施维修养护 2016	地区（市）属	小型	小型农田水利建设	黄河流域	新建	本年正式施工	2016-07	2016-12	否
崇信县国家农业综合开发水土保持项目 2016	县（区、市）属	小型	水土流失治理	黄河流域	新建	本年正式施工	2016.03	2016.11	是
灵台县病险淤地坝除险加固工程 2016	县（区、市）属	小型	水土流失治理	黄河流域	改建	本年正式施工	2016.9.9		是
庄浪县病险淤地坝除险加固工程 2016	县（区、市）属	小型	水土流失治理	黄河流域	改建	本年正式施工	2016.09.28		否
平凉市崆峒水库至大岔河段河道生态综合治理	地区（市）属	小型	其他环境水利项目	黄河流域	新建	本年正式施工	2016-04		否
崆峒区									
泾河崆峒区马莲沟至南阳涧河段防洪工程	县（区、市）属	小型	重要支流治理	黄河流域	新建	本年正式施工	2015-08		否
崆峒区五小水利工程 2016	县（区、市）属	小型	小型农田水利建设	黄河流域	新建	本年正式施工	2016-04	2016-10	否
崆峒区北杨涧水库（抗旱规划内）	县（区、市）属	小型	水库工程	黄河流域	新建	本年正式施工	2016-01		是
平凉市白庙泵站更新改造工程	县（区、市）属	小型	泵站工程	黄河流域	新建	本年正式施工	2016-08		否
崆峒区农村饮水安全项目巩固提升 2016	县（区、市）属	小型	农村饮水安全巩固提升工程建设	黄河流域	新建	本年正式施工	2016-04	2016-10	是
泾川县									
泾河泾川县罗汉洞至洪河口段河堤治理	县（区、市）属	小型	重要支流治理	黄河流域	新建	本年正式施工	2012-10		否

2-1 续表

项目	隶属关系	项目规模	项目类型	所属流域	建设性质	建设阶段	开工时间	全部建成投资时间	是否有贫困村收益
泾川县汭河十里沟至枣林段河堤治理工程	县（区、市）属	小型	中小河流治理	黄河流域	新建	本年正式施工	2014-03		否
泾川县黑河荒场至茜家沟河堤治理工程	县（区、市）属	小型	中小河流治理	黄河流域	新建	本年正式施工	2014 - 04		否
泾川县洪河河堤治理工程	县（区、市）属	小型	中小河流治理	黄河流域	新建	本年正式施工	2014-04		否
泾川县五小水利工程 2016	地区（市）属	小型	小型农田水利建设	黄河流域	新建	本年正式施工	2016-05		是
泾川县农田水利设施维修养护 2016	县（区、市）属	小型	小型农田水利建设	黄河流域	新建	本年正式施工	2016-06	2016-11	否
泾川县朱家涧水库（抗旱规划内）	县（区、市）属	小型	水库工程	黄河流域	新建	本年正式施工	2015-08		否
泾川县农村饮水安全巩固提升 2016	县（区、市）属	小型	农村饮水安全巩固提升工程建设	黄河流域	新建	本年正式施工	2016-03	2016-10	是
泾川县抗旱应急水源引调提水项目	县（区、市）属	小型	抗旱工程	黄河流域	新建	本年正式施工	2016-04		否
泾川县病险淤地坝除险加固工程 2016	县（区、市）属	小型	水土流失治理	黄河流域	改建	本年正式施工	2016.9.9		是
灵台县									
灵台县达溪河县城至安家庄段河堤治理	县（区、市）属	小型	中小河流治理	黄河流域	新建	本年正式施工	2014-05	2016-06	否
灵台县达溪河县城至百里段河堤治理	县（区、市）属	小型	中小河流治理	黄河流域	新建	本年正式施工	2013-06	2016-11	否
灵台县黑河东门至景家庄段河堤治理	县（区、市）属	小型	中小河流治理	黄河流域	新建	本年正式施工	2014-03		是
灵台县中央财政小型农田水利工程 2015	县（区、市）属	小型	小型农田水利建设	黄河流域	新建	本年正式施工	2015-10	2016-10	否
灵台县五小水利工程 2016	县（区、市）属	小型	小型农田水利建设	黄河流域	新建	本年正式施工	2016-08		否
灵台县中央财政小农水重点县 2014（四）	县（区、市）属	小型	小型农田水利建设	黄河流域	新建	本年正式施工	2014-09	2016-11	否
灵台县新集水库工程	县（区、市）属	小型	水库工程	黄河流域	新建	本年正式施工	2016-11		是
灵台县农村饮水安全巩固提升 2016	县（区、市）属	小型	农村饮水安全巩固提升工程建设	黄河流域	新建	本年正式施工	2016-03	2016-11	是
崇信县									
崇信县汭河（九功渠首至野雀沟）河堤治理	县（区、市）属	小型	中小河流治理	黄河流域	新建	本年正式施工	2014-03		否
崇信县黑河河堤治理工程	县（区、市）属	小型	中小河流治理	黄河流域	新建	本年正式施工	2014-04		否
崇信县五小水利工程 2016	县（区、市）属	小型	小型农田水利建设	黄河流域	新建	本年正式施工	2016-06	2016-11	否
崇信县关河水库（抗旱规划内）	县（区、市）属	小型	水库工程	黄河流域	新建	本年正式施工	2015-11		否
崇信县农村饮水安全巩固提升 2016	县（区、市）属	小型	农村饮水安全巩固提升工程建设	黄河流域	新建	本年正式施工	2016-03	2016-05	否

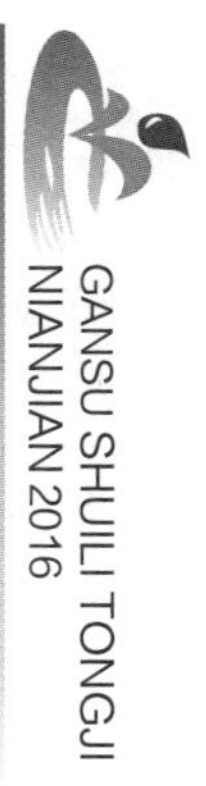

2-1 续表

项目	隶属关系	项目规模	项目类型	所属流域	建设性质	建设阶段	开工时间	全部建成投资时间	是否有贫困村收益
崇信县抗旱应急引调提水项目	县（区、市）属	小型	抗旱工程	黄河流域	新建	本年正式施工	2016-04	2016-09	否
华亭县									
华亭县五小水利工程 2016	县（区、市）属	小型	小型农田水利建设	黄河流域	新建	本年正式施工	2016-06	2016-11	否
华亭县 2015 年新增农田水利设施建设 2016	县（区、市）属	小型	小型农田水利建设	黄河流域	新建	本年正式施工	2016-02	2016-09	否
华亭县农村饮水安全巩固提升 2016	县（区、市）属	小型	农村饮水安全巩固提升工程建设	黄河流域	新建	本年正式施工	2016-03	2016-08	是
庄浪县									
庄浪县韩店镇王崖段河堤治理工程	县（区、市）属	小型	中小河流治理	黄河流域	新建	本年正式施工	2016-03	2016-09	否
庄浪县北洛河良邑郭魏至石家窑防洪	县（区、市）属	小型	中小河流治理	黄河流域	新建	本年正式施工	2014-03		否
庄浪县红土坡至刘家湾段河堤工程	县（区、市）属	小型	中小河流治理	黄河流域	新建	本年正式施工	2012-04		否
庄浪县水洛河灌区节水配套改造项目	县（区、市）属	小型	节水灌溉工程	黄河流域	新建	本年正式施工	2016-09		是
庄浪县五小水利工程 2016	县（区、市）属	小型	小型农田水利建设	黄河流域	新建	本年正式施工	2016-04	2016-09	是
庄浪县小型农田水利设施补助 2016	县（区、市）属	小型	小型农田水利建设	黄河流域	新建	本年正式施工	2016-11		否
庄浪县花崖河水库（抗旱规划内）	县（区、市）属	小型	水库工程	黄河流域	新建	本年正式施工	2015-09		否
庄浪县农村饮水安全巩固提升 2016	县（区、市）属	小型	农村饮水安全巩固提升工程建设	黄河流域	新建	本年正式施工	2016-03	2016-10	是
庄浪县抗旱应急引调提水项目	县（区、市）属	小型	抗旱工程	黄河流域	新建	本年正式施工	2016-04	2016-07	否
庄浪县南坪水厂改扩建及管网工程	县（区、市）属	小型	自来水厂建设	黄河流域	新建	本年正式施工	2016-07	2016-12	否
静宁县									
葫芦河静宁县狗娃河口至胡家河段河堤治理过程	县（区、市）属	小型	重要支流治理	黄河流域	新建	本年正式施工	2015-07		否
静宁县东峡灌区农业综合开发	县（区、市）属	小型	节水灌溉工程	黄河流域	新建	本年正式施工	2016-03		否
静宁县五小水利工程 2016	县（区、市）属	小型	小型农田水利建设	黄河流域	新建	本年正式施工	2016-05	2016-10	是
静宁县农村饮水安全巩固提升 2016	县（区、市）属	小型	农村饮水安全巩固提升工程建设	黄河流域	新建	本年正式施工	2016-04	2016-10	是
静宁县抗旱应急引调提水项目	县（区、市）属	小型	抗旱工程	黄河流域	新建	本年正式施工	2016-04	2016-10	否
静宁县坡耕地水土流失治理 2016	县（区、市）属	小型	水土流失治理	黄河流域	新建	本年正式施工	2016.9.17		是

2-1 续表

项目	隶属关系	项目规模	项目类型	所属流域	建设性质	建设阶段	开工时间	全部建成投资时间	是否有贫困村收益
酒泉市									
酒泉市直									
敦煌水资源规划项目（酒泉市）2016	县（区、市）属	小型	流域生态综合治理	西北诸河流域	新建	本年正式施工	2016-06		否
敦煌水资源规划项目（河道归束）2015	县（区、市）属	小型	流域生态综合治理	西北诸河流域	新建	本年正式施工	2015-03	2016-05	否
肃州区									
肃州区丰乐河堤防及河道治理工程	县（区、市）属	小型	中小河流治理	西北诸河流域	新建	本年正式施工	2015-4	2016-10	否
肃州区清水河堤防及河道治理工程	县（区、市）属	小型	中小河流治理	西北诸河流域	新建	本年正式施工	2016-4	2016-10	否
肃州区红山河青稞地排沙闸	县（区、市）属	小型	大中型病险水闸除险加固	西北诸河流域	新建	本年正式施工	2016-10	2016-12	否
肃州区马营河渠首闸	县（区、市）属	小型	大中型病险水闸除险加固	西北诸河流域	新建	本年正式施工	2016-10	2016-12	否
肃州区红山河马鬃门排砂闸除险加固工程	县（区、市）属	小型	大中型病险水闸除险加固	西北诸河流域	改建	本年正式施工	2015-09	2016-10	否
肃州区高效节水灌溉 2016	县（区、市）属	小型	小型农田水利建设	西北诸河流域	新建	本年正式施工	2016-05	2016-11	否
肃州区农田水利设施维修养护 2016	县（区、市）属	小型	小型农田水利建设	西北诸河流域	新建	本年正式施工	2016-09	2016-11	否
肃州区小型农田水利建设（五）	县（区、市）属	小型	小型农田水利建设	西北诸河流域	新建	本年正式施工	2015-04	2016-06	否
肃州区小型农田水利重点县 2016	县（区、市）属	小型	小型农田水利建设	西北诸河流域	新建	本年正式施工	2016-04	2016-11	否
肃州区高效节水灌溉项目（六）	县（区、市）属	小型	小型农田水利建设	西北诸河流域	新建	本年正式施工	2015-06	2016-06	否
肃州区规模化节水增效示范（2013-2016）	县（区、市）属	小型	小型农田水利建设	西北诸河流域	新建	本年正式施工	2015-10	2016-06	否
金塔县									
黑河酒泉市金塔县五爱至友好段河道治理工程	县（区、市）属	小型	重要支流治理	西北诸河流域	新建	本年正式施工	2015-11	2016-08	否
黑河金塔县常丰至中丰村段防洪治理工程	县（区、市）属	小型	重要支流治理	西北诸河流域	新建	本年正式施工	2015-11	2016-08	否
金塔县小型农田水利重点县 2016	县（区、市）属	小型	小型农田水利建设	西北诸河流域	新建	本年正式施工	2016-03	2016-11	否
金塔县农田水利设施维修养护 2016	县（区、市）属	小型	小型农田水利建设	西北诸河流域	新建	本年正式施工	2016-06	2016-12	否
金塔县 2015 新增农田水利设施建设 2016	县（区、市）属	小型	小型农田水利建设	西北诸河流域	新建	本年正式施工	2016-03	2016-12	否
金塔县高效节水灌溉 2016	县（区、市）属	小型	小型农田水利建设	西北诸河流域	新建	本年正式施工	2016-03	2016-12	否
金塔县解放村水电站增效扩容改造	县（区、市）属	小型	水电增效扩容	西北诸河流域	新建	本年正式施工	2016-11		否
瓜州县									

2-1 续表

项目	隶属关系	项目规模	项目类型	所属流域	建设性质	建设阶段	开工时间	全部建成投资时间	是否有贫困村收益
瓜州县榆林河蘑菇台子段河道治理	县（区、市）属	小型	堤防工程	西北诸河流域	新建	本年正式施工	2016-08	2016-11	否
瓜州县农田水利设施维修养护 2016	县（区、市）属	小型	小型农田水利建设	西北诸河流域	新建	本年正式施工	2016-05	2016-11	否
瓜州县高效节水灌溉 2016	县（区、市）属	小型	小型农田水利建设	西北诸河流域	新建	本年正式施工	2016-09	2016-12	否
瓜州县小型农田水利建设（五）	县（区、市）属	小型	小型农田水利建设	西北诸河流域	新建	本年正式施工	2015-05	2016-06	否
瓜州县农村饮水安全巩固提升 2016	县（区、市）属	小型	农村饮水安全巩固提升工程建设	西北诸河流域	新建	本年正式施工	2016-04	2016-09	否
肃北县									
肃北县小型农田水利设施补助 2016	县（区、市）属	小型	小型农田水利建设	西北诸河流域	新建	本年正式施工	2016-11		否
肃北县马鬃山镇供水工程	县（区、市）属	小型	引水（调水）工程	西北诸河流域	新建	本年正式施工	2015-03		否
肃北县拉排一级水电站增效扩容改造	县（区、市）属	小型	水电增效扩容	西北诸河流域	扩建	本年正式施工	2016-10		否
肃北县拉排一级水电站河流生态修复	县（区、市）属	小型	水电增效扩容	西北诸河流域	恢复	本年正式施工	2016-10		否
玉门市									
玉门市小型农田水利重点县 2016	县（区、市）属	小型	小型农田水利建设	西北诸河流域	新建	本年正式施工	2016-03	2016-11	否
玉门市高效节水灌溉 2016	县（区、市）属	小型	小型农田水利建设	西北诸河流域	新建	本年正式施工	2016-04		否
玉门市 2015 新增农田水利设施建设 2016	县（区、市）属	小型	小型农田水利建设	西北诸河流域	新建	本年正式施工	2016-03		否
玉门市农田水利设施维修养护 2016	县（区、市）属	小型	小型农田水利建设	西北诸河流域	新建	本年正式施工	2016-06	2016-10	否
酒泉循环经济产业园水源（大红泉水库）	县（区、市）属	小型	水库工程	西北诸河流域	新建	本年正式施工	2013-09	2016-06	否
玉门市农村饮水安全巩固提升 2016	县（区、市）属	小型	农村饮水安全巩固提升工程建设	西北诸河流域	新建	本年正式施工	2016-05	2016-09	否
敦煌市									
敦煌市党河灌区西干渠改建工程	县（区、市）属	小型	灌区建设工程	西北诸河流域	改建	本年正式施工	2016-12		否
敦煌市小型农田水利 2015 维修养护资金	县（区、市）属	小型	小型农田水利建设	西北诸河流域	新建	本年正式施工	2015-10	2016-06	否
敦煌市 2015 抗旱引调提水项目	县（区、市）属	小型	小型农田水利建设	西北诸河流域	新建	本年正式施工	2015-08	2016-06	否
敦煌市规模化节水增效示范（2013-2016）	县（区、市）属	小型	小型农田水利建设	西北诸河流域	新建	本年正式施工	2015-09	2016-05	否
敦煌市农田水利设施维修养护 2016	县（区、市）属	小型	小型农田水利建设	西北诸河流域	新建	本年正式施工	2016-06	2016-10	否
敦煌县抗旱应急引调提水项目	县（区、市）属	小型	抗旱工程	西北诸河流域	新建	本年正式施工	2016-05	2016-10	否
敦煌市南湖店水电站增效扩容改造	县（区、市）属	小型	水电增效扩容	西北诸河流域	扩建	本年正式施工	2016-10		否

2-1 续表

项目	隶属关系	项目规模	项目类型	所属流域	建设性质	建设阶段	开工时间	全部建成投资时间	是否有贫困村收益
敦煌市党河水电站增效扩容改造	县（区、市）属	小型	水电增效扩容	西北诸河流域	扩建	本年正式施工	2016-10		否
敦煌水资源规划项目（敦煌市）2016	县（区、市）属	小型	流域生态综合治理	西北诸河流域	新建	本年正式施工	2016-10		否
敦煌水资源规划项目（党河灌区）2015	县（区、市）属	小型	流域生态综合治理	西北诸河流域	改建	本年正式施工	2015-09	2016-10	否
庆阳市									
庆阳市直									
庆阳市莲花寺水库及供水工程	地区（市）属	小型	水库工程	黄河流域	新建	本年正式施工	2016-03		否
庆阳市巴家咀水库新增调蓄工程（五台山水库）	地区（市）属	小型	水库工程	黄河流域	新建	本年正式施工	2016-03		否
庆阳市小盘河水库及供水工程	地区（市）属	小型	水库工程	黄河流域	新建	本年正式施工	2016-03		否
盐环定扬黄续建工程调概算	地区（市）属	小型	引水（调水）工程	黄河流域	新建	本年正式施工	2015-08		是
西峰区									
西峰区砚瓦川贺家塬沟护岸工程	县（区、市）属	小型	中小河流治理	黄河流域	新建	本年正式施工	2014-03	2016-09	否
西峰区农村饮水安全巩固提升 2016	县（区、市）属	小型	农村饮水安全巩固提升工程建设	黄河流域	新建	本年正式施工	2016-05	2016-10	否
西峰区 2016 年市级财政安排农村饮水项目	县（区、市）属	小型	农村饮水安全巩固提升工程建设	黄河流域	新建	本年正式施工	2016-08	2016-11	否
西峰区病险淤地坝除险加固工程 2016	县（区、市）属	小型	水土流失治理	黄河流域	改建	本年正式施工	2016.09.29		是
庆阳市新城南区湖库水系连通工程	县（区、市）属	小型	河湖连通工程	黄河流域	新建	本年正式施工	2016-05	2016-10	否
西峰区小盘河水库征地拆迁补偿安置工作	县（区、市）属	小型	移民项目	黄河流域	迁建	本年正式施工	2015-08	2016-10	否
庆城县									
庆城县 2016 年蔡家庙沟护岸工程	县（区、市）属	小型	堤防工程	黄河流域	新建	本年正式施工	2016-09	2016-10	否
庆城县“五小水利”工程 2016	县（区、市）属	小型	小型农田水利建设	黄河流域	新建	本年正式施工	2016-07	2016-10	是
庆城县纸坊沟水库（抗旱规划内）	县（区、市）属	小型	水库工程	黄河流域	新建	本年正式施工	2015-07		否
庆城县农村饮水安全巩固提升 2016	县（区、市）属	小型	农村饮水安全巩固提升工程建设	黄河流域	新建	本年正式施工	2016-04	2016-09	是
庆城县 2016 年市级财政安排农村饮水项目	县（区、市）属	小型	农村饮水安全巩固提升工程建设	黄河流域	新建	本年正式施工	2016-08	2016-09	是
庆城县抗旱应急引调提水项目	县（区、市）属	小型	抗旱工程	黄河流域	新建	本年正式施工	2016-04	2016-11	是

2-1 续表

项目	隶属关系	项目规模	项目类型	所属流域	建设性质	建设阶段	开工时间	全部建成投资时间	是否有贫困村收益
庆城县国家农业综合开发水土保持项目 2016	县（区、市）属	小型	水土流失治理	黄河流域	新建	本年正式施工	2016.03	2016.11	是
庆城县病险淤地坝除险加固工程 2016	县（区、市）属	小型	水土流失治理	黄河流域	改建	本年正式施工	2016.8.24		是
环　县									
环县马莲河韩洼子至陈沟桥段防洪	县（区、市）属	小型	重要支流治理	黄河流域	新建	本年正式施工	2015–10		是
环县“五小水利”工程 2016	县（区、市）属	小型	小型农田水利建设	黄河流域	新建	本年正式施工	2016–06	2016–12	是
环县米岔沟水库（抗旱规划）	县（区、市）属	小型	水库工程	黄河流域	新建	本年正式施工	2016–05	2016–10	是
环县农村饮水安全巩固提升 2016	县（区、市）属	小型	农村饮水安全巩固提升工程建设	黄河流域	新建	本年正式施工	2016–06	2016–12	是
环县 2016 年市级财政安排农村饮水项目	县（区、市）属	小型	农村饮水安全巩固提升工程建设	黄河流域	新建	本年正式施工	2016–07	2016–12	是
环县抗旱应急引调提水项目	县（区、市）属	小型	抗旱工程	黄河流域	新建	本年正式施工	2016–03	2016–11	是
环县病险淤地坝除险加固工程 2016	地区（市）属	小型	水土流失治理	黄河流域	改建	本年正式施工	2016.9.22		是
环县坡耕地水土流失治理 2016	县（区、市）属	小型	水土流失治理	黄河流域	新建	本年正式施工	2016.4.26		是
华池县									
华池县葫芦河引水枢纽上游护岸工程	县（区、市）属	小型	堤防工程	黄河流域	新建	本年正式施工	2016–05	2016–08	否
华池县"五小水利”工程 2016	县（区、市）属	小型	小型农田水利建设	黄河流域	新建	本年正式施工	2016–06	2016–10	是
华池县农村饮水安全巩固提升 2016	县（区、市）属	小型	农村饮水安全巩固提升工程建设	黄河流域	新建	本年正式施工	2016–03	2016–10	是
华池县 2016 年市级财政安排农村饮水项目	县（区、市）属	小型	农村饮水安全巩固提升工程建设	黄河流域	新建	本年正式施工	2016–04	2016–09	是
华池县抗旱应急引调提水项目	县（区、市）属	小型	抗旱工程	黄河流域	新建	本年正式施工	2016–03	2016–06	否
华池县刘坪村美丽村庄河道治理及供水工程	县（区、市）属	小型	其他供水工程	黄河流域	新建	本年正式施工	2016–06	2016–11	否
华池县城区污水分户收集工程	县（区、市）属	小型	污水处理工程建设	黄河流域	新建	本年正式施工	2016–08	2016–11	否
华池县县城污水支管道工程	县（区、市）属	小型	污水处理工程建设	黄河流域	新建	本年正式施工	2016–08	2016–11	否
华池县国家农业综合开发水土保持项目 2016	县（区、市）属	小型	水土流失治理	黄河流域	新建	本年正式施工	2016.03	2016.11	是

2-1 续表

项目	隶属关系	项目规模	项目类型	所属流域	建设性质	建设阶段	开工时间	全部建成投资时间	是否有贫困村收益
华池县病险淤地坝除险加固工程 2016	县（区、市）属	小型	水土流失治理	黄河流域	改建	本年正式施工	2016.11.8		是
合水县									
合水县葫芦河、苗村河太白段河道整治工程	县（区、市）属	小型	堤防工程	黄河流域	新建	本年正式施工	2016-05	2016-11	否
合水县农田水利设施维修养护 2016	县（区、市）属	小型	小型农田水利建设	黄河流域	新建	本年正式施工	2016-08	2016-10	否
合水县 2016 年市级财政安排农村饮水项目	县（区、市）属	小型	农村饮水安全巩固提升工程建设	黄河流域	新建	本年正式施工	2016-05	2016-10	是
合水县农村饮水安全巩固提升 2016	县（区、市）属	小型	农村饮水安全巩固提升工程建设	黄河流域	改建	本年正式施工	2016-05	2016-10	是
合水县国家水土保持重点建设工程 2016 年	县（区、市）属	小型	水土流失治理	黄河流域	新建	本年正式施工	2016.05	2017.05	是
合水县病险淤地坝除险加固工程 2016	县（区、市）属	小型	水土流失治理	黄河流域	改建	本年正式施工	2016.9.22		是
正宁县									
正宁县四郎河房河治理工程	县（区、市）属	小型	中小河流治理	黄河流域	新建	本年正式施工	2014-05-06	2016-11-29	是
正宁县四郎河樊湾子治理工程	县（区、市）属	小型	中小河流治理	黄河流域	新建	本年正式施工	2014-05-06	2016-11-29	是
正宁县五小水利工程 2016	县（区、市）属	小型	小型农田水利建设	黄河流域	新建	本年正式施工	2016-06	2016-09	是
正宁县小型农田水利设施补助 2016	县（区、市）属	小型	小型农田水利建设	黄河流域	新建	本年正式施工	2016-11		是
正宁县农村饮水安全巩固提升 2016	县（区、市）属	小型	农村饮水安全巩固提升工程建设	黄河流域	新建	本年正式施工	2016-03	2016-06	是
正宁县 2016 年市级财政安排农村饮水项目	县（区、市）属	小型	农村饮水安全巩固提升工程建设	黄河流域	新建	本年正式施工	2016-07	2016-09	是
正宁县国家水土保持重点建设工程 2016 年	县（区、市）属	小型	水土流失治理	黄河流域	新建	本年正式施工	2016.03	2017.03	是
正宁县病险淤地坝除险加固工程 2016	县（区、市）属	小型	水土流失治理	黄河流域	改建	本年正式施工	2016.9.26		是
宁　县									
宁县新宁镇高山堡村护岸工程	县（区、市）属	小型	堤防工程	黄河流域	新建	本年正式施工	2015-07	2016-04	是
蒲河宁县庄里至叶王川段防洪治理工程	县（区、市）属	小型	重要支流治理	黄河流域	新建	本年正式施工	2015-07		是
宁县海升公司果业基地滴灌工程	县（区、市）属	小型	节水灌溉工程	黄河流域	新建	本年正式施工	2016-03		否
宁县五小水利工程 2016	县（区、市）属	小型	小型农田水利建设	黄河流域	新建	本年正式施工	2016-07	2016-11	否

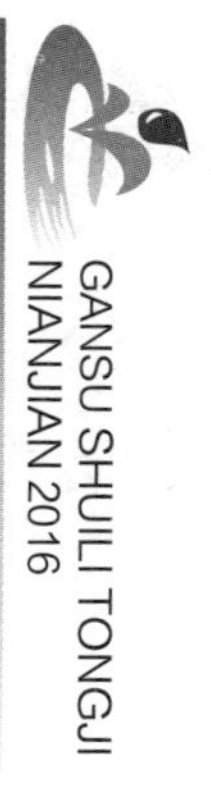

2-1 续表

项目	隶属关系	项目规模	项目类型	所属流域	建设性质	建设阶段	开工时间	全部建成投资时间	是否有贫困村收益
宁县农村饮水安全巩固提升 2016	县（区、市）属	小型	农村饮水安全巩固提升工程建设	黄河流域	新建	本年正式施工	2016-06	2016-10	是
宁县 2016 年市级财政安排农村饮水项目	县（区、市）属	小型	农村饮水安全巩固提升工程建设	黄河流域	新建	本年正式施工	2016-08	2016-10	是
宁县国家水土保持重点建设工程 2016 年	县（区、市）属	小型	水土流失治理	黄河流域	新建	本年正式施工	2016.03	2017.03	是
宁县病险淤地坝除险加固工程 2016	县（区、市）属	小型	水土流失治理	黄河流域	改建	本年正式施工	2016.9.26		是
镇原县									
镇原县洪河南川芦李护岸工程	县（区、市）属	小型	堤防工程	黄河流域	新建	本年正式施工	2016-06	2016-09	否
镇原县城东区排洪工程	县（区、市）属	小型	城市防洪工程	黄河流域	新建	本年正式施工	2016-07	2016-10	否
镇原县 2015 年新增农田水利设施建设 2016	县（区、市）属	小型	小型农田水利建设	黄河流域	新建	本年正式施工	2016-03	2016-06	是
镇原县五小水利工程 2016	县（区、市）属	小型	小型农田水利建设	黄河流域	新建	本年正式施工	2016-06	2016-09	否
镇原县 2016 年市级财政安排农村饮水项目	县（区、市）属	小型	农村饮水安全巩固提升工程建设	黄河流域	新建	本年正式施工	2016-08	2016-09	是
镇原县农村饮水安全巩固提升 2016	县（区、市）属	小型	农村饮水安全巩固提升工程建设	黄河流域	新建	本年正式施工	2016-03	2016-09	是
镇原县抗旱应急引调提水项目	县（区、市）属	小型	抗旱工程	黄河流域	新建	本年正式施工	2016-03	2016-06	是
镇原县国家水土保持重点建设工程 2016 年	县（区、市）属	小型	水土流失治理	黄河流域	新建	本年正式施工	2016.03	2017.05	是
镇原县坡耕地水土流失治理 2016	县（区、市）属	小型	水土流失治理	黄河流域	新建	本年正式施工	2016.4.10		是
镇原县国家水土保持重点建设 2016 第二批	县（区、市）属	小型	水土流失治理	黄河流域	新建	本年正式施工	2016.05	2017.05	是
镇原县病险淤地坝除险加固工程 2016	县（区、市）属	小型	水土流失治理	黄河流域	改建	本年正式施工	2016.10.09		是
定西市									
安定区									
安定区农村饮水安全巩固提升 2016	县（区、市）属	小型	农村饮水安全巩固提升工程建设	黄河流域	新建	本年正式施工	2016.05	2016.11	是
通渭县									
通渭县小型农田水利设施补助 2016	县（区、市）属	小型	小型农田水利建设	黄河流域	新建	本年正式施工	201609	201611	是
通渭县农田水利设施维修养护 2016	县（区、市）属	小型	小型农田水利建设	黄河流域	新建	本年正式施工	201607	201607	是

2–1 续表

项目	隶属关系	项目规模	项目类型	所属流域	建设性质	建设阶段	开工时间	全部建成投资时间	是否有贫困村收益
通渭县农村饮水安全巩固提升 2016	县（区、市）属	小型	农村饮水安全巩固提升工程建设	黄河流域	新建	本年正式施工	201604	201610	是
通渭县抗旱应急引调提水项目	县（区、市）属	小型	抗旱工程	黄河流域	新建	本年正式施工	201603	201611	是
陇西县									
陇西县五小水利工程 2016	县（区、市）属	小型	小型农田水利建设	黄河流域	扩建	本年正式施工	2016.06	2016.10	是
陇西县农村饮水安全巩固提升 2016	县（区、市）属	小型	农村饮水安全巩固提升工程建设	黄河流域	新建	本年正式施工	2016.07	2016.11	是
陇西县抗旱应急引调提水项目	县（区、市）属	小型	抗旱工程	黄河流域	新建	本年正式施工	2016.06	2016.10	是
渭源县									
渭源县农田水利设施维修养护 2016	县（区、市）属	小型	小型农田水利建设	黄河流域	新建	本年正式施工	2016–8–6	2016–11–14	否
渭源县农村饮水安全巩固提升 2016	县（区、市）属	小型	农村饮水安全巩固提升工程建设	黄河流域	新建	本年正式施工	2016–4–30	2016–10–20	是
临洮县									
临洮县五小水利工程 2016	县（区、市）属	小型	小型农田水利建设	黄河流域	新建	本年正式施工	2016–5–26	2016–10–31	否
临洮县村饮水安全巩固提升 2016	县（区、市）属	小型	农村饮水安全巩固提升工程建设	黄河流域	新建	本年正式施工	2016–1	2016–12–	是
临洮县抗旱应急引调提水项目	县（区、市）属	小型	抗旱工程	黄河流域	新建	本年正式施工	2016–4–5	2016–10–31	否
漳县									
漳县龙川河草川坪至魏下段堤防工程	县（区、市）属	小型	中小河流治理	黄河流域	新建	本年正式施工	2013–03		是
岷县									
洮河岷县齐家庄至石头咀段堤防工程	县（区、市）属	小型	重要支流治理	黄河流域	新建	本年正式施工	2015–03		否
陇南市									
武都区									
武都区北峪河治理工程	县（区、市）属	小型	中小河流治理	长江流域	新建	本年正式施工	2016–04	2016–11	否
武都区小型农田水利重点县 2016	县（区、市）属	小型	小型农田水利建设	长江流域	新建	本年正式施工	2016–08	2016–11	是
武都区农田水利设施维修养护 2016	县（区、市）属	小型	小型农田水利建设	长江流域	新建	本年正式施工	2016–03	2016–12	是
武都区农村饮水安全巩固提升 2016	县（区、市）属	小型	农村饮水安全巩固提升工程建设	长江流域	新建	本年正式施工	2016–05	2016–09	是
武都区水土保持重点工程 2016	县（区、市）属	小型	水土流失治理	长江流域	新建	本年正式施工	2016–7–15		是

2-1 续表

项目	隶属关系	项目规模	项目类型	所属流域	建设性质	建设阶段	开工时间	全部建成投资时间	是否有贫困村收益
宕昌县									
宕昌县理川河流域治理工程	县（区、市）属	小型	中小河流治理	长江流域	新建	筹建			是
宕昌县良恭河韩院段河堤工程	县（区、市）属	小型	中小河流治理	长江流域	新建	本年正式施工	2016-06	2016-07	是
宕昌县 2015 年新增农田水利设施建设 2016	县（区、市）属	小型	小型农田水利建设	长江流域	新建	本年正式施工	2016-06	2016-09	是
宕昌县农田水利设施维修养护 2016	县（区、市）属	小型	小型农田水利建设	长江流域	新建	本年正式施工	2016-06	2016-10	是
宕昌县高效节水灌溉 2016	县（区、市）属	小型	小型农田水利建设	长江流域	新建	本年正式施工	2016-06	2016-10	是
宕昌县农村饮水安全巩固提升 2016	县（区、市）属	小型	农村饮水安全巩固提升工程建设	长江流域	新建	本年正式施工	2016-03	2016-09	是
成　县									
成县严河堤防工程	县（区、市）属	小型	中小河流治理	长江流域	新建	本年正式施工	2016-07	2016-09	是
成县农田水利设施维修养护 2016	县（区、市）属	小型	小型农田水利建设	长江流域	新建	本年正式施工	2016-06	2016-10	是
成县农村饮水安全巩固提升 2016	县（区、市）属	小型	农村饮水安全巩固提升工程建设	长江流域	新建	本年正式施工	2016-06	2016-10	是
成县水土保持重点工程 2016	县（区、市）属	小型	水土流失治理	长江流域	新建	本年正式施工	2016-7-16		是
康　县									
康县阳坝河阳坝镇段治理工程	县（区、市）属	小型	中小河流治理	长江流域	新建	本年正式施工	2016-04	2016-07	是
康县五小水利工程 2016	县（区、市）属	小型	小型农田水利建设	长江流域	新建	本年正式施工	2016-11		是
康县农田水利设施维修养护 2016	县（区、市）属	小型	小型农田水利建设	长江流域	新建	本年正式施工	2016-11		是
康县农村饮水安全巩固提升 2016	县（区、市）属	小型	农村饮水安全巩固提升工程建设	长江流域	新建	本年正式施工	2016-08	2016-12	是
文　县									
白龙江文县石坊乡东峪口至大渡坝河道	县（区、市）属	小型	重要支流治理	长江流域	新建	本年正式施工	2015-06	2016-12	否
文县尚德镇水家坝至周家坝河道治理	县（区、市）属	小型	重要支流治理	长江流域	新建	本年正式施工	2015-06	2016-12	否
文县中路河中寨至白水江口段治理	县（区、市）属	小型	中小河流治理	长江流域	新建	本年正式施工	2014-07	2016-09	否
文县小型农田水利重点县 2016	县（区、市）属	小型	小型农田水利建设	长江流域	新建	本年正式施工	2016-05	2016-10	否
文县农田水利设施维修养护 2016	县（区、市）属	小型	小型农田水利建设	长江流域	新建	本年正式施工	2016-05	2016-10	否
文县高效节水灌溉 2016	县（区、市）属	小型	小型农田水利建设	长江流域	新建	本年正式施工	2016-06	2016-11	是

2-1 续表

项目	隶属关系	项目规模	项目类型	所属流域	建设性质	建设阶段	开工时间	全部建成投资时间	是否有贫困村收益
文县农村饮水安全巩固提升 2016	县（区、市）属	小型	农村饮水安全巩固提升工程建设	长江流域	新建	本年正式施工	2016-05	2016-10	是
文县哈南水电站增效扩容改造	县（区、市）属	小型	水电增效扩容	长江流域	扩建	筹建			否
文县哈南水电站河流生态修复	县（区、市）属	小型	水电增效扩容	长江流域	恢复	筹建			否
文县水土保持重点工程 2016	县（区、市）属	小型	水土流失治理	长江流域	新建	本年正式施工	2016-8-5		是
西和县									
西和县西汉水郭家坝至昌河坝段防洪	县（区、市）属	小型	重要支流治理	长江流域	新建	本年正式施工	2016-08		是
西和县太石河治理工程	县（区、市）属	小型	中小河流治理	长江流域	新建	本年正式施工	2015-03		是
西和县 2015 新增农田水利设施建设 2016	县（区、市）属	小型	小型农田水利建设	长江流域	新建	本年正式施工	2016-05	2016-11	是
西和县农田水利设施维修养护 2016	县（区、市）属	小型	小型农田水利建设	长江流域	新建	本年正式施工	2016-06	2016-10	否
西和县高效节水灌溉 2016	县（区、市）属	小型	小型农田水利建设	长江流域	新建	本年正式施工	'2016-05	2016-12	是
西和县农村饮水安全巩固提升 2016	县（区、市）属	小型	农村饮水安全巩固提升工程建设	长江流域	新建	本年正式施工	2016-06	2016-11	是
西和县抗旱应急水源工程 2016	县（区、市）属	小型	抗旱工程	长江流域	新建	本年正式施工	2016-07	2016-11	是
西和县坡耕地水土流失治理 2016	县（区、市）属	小型	水土流失治理	长江流域	新建	本年正式施工	2016.9.11		是
礼　县									
礼县西汉水罗家堡至盐官镇段防洪	县（区、市）属	小型	重要支流治理	长江流域	新建	本年正式施工	2015-11	2016-09	否
礼县清水江张堡至教面堤防工程	县（区、市）属	小型	中小河流治理	长江流域	新建	本年正式施工	2015-07	2015-12	是
礼县小型农田水利设施补助 2016	县（区、市）属	小型	小型农田水利建设	长江流域	新建	本年正式施工	2016-09	2016-12	否
礼县农田水利设施维修养护 2016	县（区、市）属	小型	小型农田水利建设	长江流域	恢复	本年正式施工	2016-12	2016-12	是
礼县农村饮水安全巩固提升 2016	县（区、市）属	小型	农村饮水安全巩固提升工程建设	长江流域	新建	本年正式施工	2016-07	2016-12	是
礼县抗旱应急引调提水项目	县（区、市）属	小型	抗旱工程	长江流域	新建	本年正式施工	2016-07	2016-12	是
礼县大滩水电站增效扩容改造工程	县（区、市）属	小型	水电增效扩容	长江流域	新建	本年正式施工	2016-11		否
礼县红崖二级水电站增效扩容改造工程	县（区、市）属	小型	水电增效扩容	长江流域	新建	本年正式施工	2016-11		否
礼县大滩水电站河流生态修复工程	县（区、市）属	小型	水电增效扩容	长江流域	新建	本年正式施工	2016-11		否
礼县红崖二级水电站河流生态修复工程	县（区、市）属	小型	水电增效扩容	长江流域	新建	本年正式施工	2016-10		否
两当县									

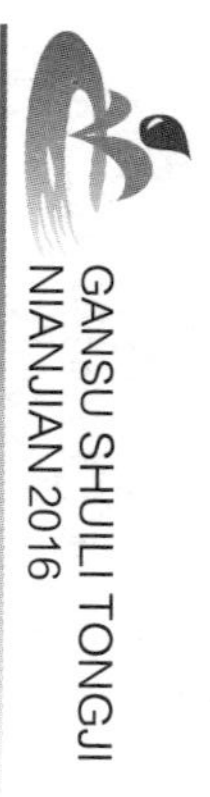

2-1 续表

项目	隶属关系	项目规模	项目类型	所属流域	建设性质	建设阶段	开工时间	全部建成投资时间	是否有贫困村收益
两当县红崖河蚂蚱河段综合治理工程	县（区、市）属	小型	中小河流治理	长江流域	新建	本年正式施工	2014-08	2016-10	是
两当县红崖河权坪河段综合治理工程	县（区、市）属	小型	中小河流治理	长江流域	新建	本年正式施工	2014-08	2016-11	是
两当县高效节水灌溉 2016	县（区、市）属	小型	小型农田水利建设	长江流域	新建	本年正式施工	2016-04	2016-11	是
两当县小型农田水利重点县 2016	县（区、市）属	小型	小型农田水利建设	长江流域	新建	本年正式施工	2016-04	2016-11	是
两当县农田水利设施维修养护 2016	县（区、市）属	小型	小型农田水利建设	长江流域	新建	本年正式施工	2016-05	2016-10	否
两当县水土保持重点工程 2016	县（区、市）属	小型	水土流失治理	长江流域	新建	本年正式施工	2016-8-5		是
徽　县									
徽县永宁河高桥乡河道治理工程	县（区、市）属	小型	中小河流治理	长江流域	新建	本年正式施工	2016-03	2016-04	是
徽县小型农田水利重点县 2016	县（区、市）属	小型	小型农田水利建设	长江流域	新建	本年正式施工	2016-03	2016-10	否
徽县 2015 新增农田水利设施建设 2016	县（区、市）属	小型	小型农田水利建设	长江流域	新建	本年正式施工	2016-03	2016-10	否
徽县农田水利设施维修养护 2016	县（区、市）属	小型	小型农田水利建设	长江流域	新建	本年正式施工	2016-03	2016-10	否
徽县农村饮水安全巩固提升 2016	县（区、市）属	小型	农村饮水安全巩固提升工程建设	长江流域	新建	本年正式施工	2016-03	2016-12	是
临夏回族自治州									
临夏市									
大夏河干流临夏市单子庄至新大桥段	县（区、市）属	小型	重要支流治理	黄河流域	新建	本年正式施工	2015-10	2016-10	否
大夏河干流临夏市祁牟段堤防工程	县（区、市）属	小型	重要支流治理	黄河流域	新建	本年正式施工	2014-07		否
临夏市大夏河风情线综合治理工程	县（区、市）属	小型	其他水利项目	黄河流域	新建	本年正式施工	2015-10		否
临夏县									
大夏河干流临夏县祁牟至刘家峡水库防洪	县（区、市）属	小型	重要支流治理	黄河流域	新建	本年正式施工	2014-11		否
临夏县大夏河干流双城至马九川段治理	县（区、市）属	小型	重要支流治理	黄河流域	新建	本年正式施工	2013-03	2016-08	否
临夏县老鸦关河双城至上阴洼段防洪工程	县（区、市）属	小型	中小河流治理	黄河流域	新建	本年正式施工	2013-04		否
临夏县北塬灌区农业综合开发项目	县（区、市）属	小型	节水灌溉工程	黄河流域	新建	本年正式施工	2015-07-01	2016-11	否
临夏县 1 万 ~ 5 万亩灌区改造 2016	县（区、市）属	小型	小型农田水利建设	黄河流域	改建	本年正式施工	2016-07	2016-11	是
临夏县农田水利设施维修养护 2016	县（区、市）属	小型	小型农田水利建设	黄河流域	改建	本年正式施工	2016-08	2016-10	是
临夏县 2015 年抗旱引调提水项目	县（区、市）属	小型	抗旱工程	黄河流域	新建	本年正式施工	2015-08	2016-09	否

2-1 续表

项目	隶属关系	项目规模	项目类型	所属流域	建设性质	建设阶段	开工时间	全部建成投资时间	是否有贫困村收益
康乐县									
康乐县1万~5万亩灌区改造2016	县（区、市）属	小型	小型农田水利建设	黄河流域	新建	本年正式施工	2016-08-15	2016-11-20	是
康乐县小型农田水利2015维修养护资金	县（区、市）属	小型	小型农田水利建设	黄河流域	改建	本年正式施工	2015-10	2016-04	否
康乐县鸣鹿水库（抗旱规划）	县（区、市）属	小型	水库工程	黄河流域	新建	本年正式施工	2016-08-16		是
康乐县农村饮水安全巩固提升2016	县（区、市）属	小型	农村饮水安全巩固提升工程建设	黄河流域	新建	本年正式施工	2016-03-01	2016-12-20	是
永靖县									
永靖县湟水干流白川至二房段河堤工程	县（区、市）属	小型	重要支流治理	黄河流域	新建	本年正式施工	2015-10	2016-10	否
永靖县小型农田水利2015年维修养护项目	县（区、市）属	小型	小型农田水利建设	黄河流域	新建	本年正式施工	2015-10	2016-04	否
永靖县1万~5万亩灌区改造2016	县（区、市）属	小型	小型农田水利建设	黄河流域	改建	本年正式施工	2016-07		是
永靖县2015年抗旱引调水提水工程	县（区、市）属	小型	抗旱工程	黄河流域	新建	本年正式施工	2015-10	2016-05	否
永靖县刘盐八地质灾害灌区节水改造工程	县（区、市）属	小型	其他水利项目	黄河流域	新建	本年正式施工	2015-06		否
广河县									
广河县小型农田水利设施补助2016	县（区、市）属	小型	小型农田水利建设	黄河流域	新建	本年正式施工	2016-08-30		是
广河县2015年中央财政小型农田水利	县（区、市）属	小型	小型农田水利建设	黄河流域	新建	本年正式施工	2015-10	2016-09	否
广河县五小水利工程2016	县（区、市）属	小型	小型农田水利建设	黄河流域	新建	本年正式施工	2016-06-20		是
广河县农村饮水安全巩固提升2016	县（区、市）属	小型	农村饮水安全巩固提升工程建设	黄河流域	新建	本年正式施工	2016-03-05	2016-09	是
广河县抗旱应急引调提水项目	地区（市）属	小型	抗旱工程	黄河流域	新建	本年正式施工	2016-03-10	2016-09	是
广河县2015齐家镇抗旱应急水源配套	县（区、市）属	小型	抗旱工程	黄河流域	新建	本年正式施工	2015-09-15	2016-06	否
广河县2015三甲集镇抗旱应急水源配套	县（区、市）属	小型	抗旱工程	黄河流域	新建	本年正式施工	2015-09-15	2016-06	否
和政县									
和政县五小水利工程2016	县（区、市）属	小型	小型农田水利建设	黄河流域	新建	本年正式施工	2016-06-20		是
和政县农村饮水安全巩固提升2016	县（区、市）属	小型	农村饮水安全巩固提升工程建设	黄河流域	新建	本年正式施工	2016-04-01	2016-10-30	是
和政县抗旱应急引调提水项目	县（区、市）属	小型	抗旱工程	黄河流域	新建	本年正式施工	2016-04-10	2016-09-05	是
和政县闫蔡坪水电站增效扩容改造	县（区、市）属	小型	水电增效扩容	黄河流域	扩建	本年正式施工	2016-09		否

2-1 续表

项目	隶属关系	项目规模	项目类型	所属流域	建设性质	建设阶段	开工时间	全部建成投资时间	是否有贫困村收益
东乡族县									
大夏河东乡县折桥至刘家峡水库堤防	县（区、市）属	小型	重要支流治理	黄河流域	新建	本年正式施工	2014-09		否
东乡县巴谢河赵家至那勒寺段堤防	县（区、市）属	小型	中小河流治理	黄河流域	新建	本年正式施工	2014-03		否
东乡县巴谢河五家至赵家段堤防	县（区、市）属	小型	中小河流治理	黄河流域	新建	本年正式施工	2014-03	2016-08	否
东乡族县五小水利工程 2016	县（区、市）属	小型	小型农田水利建设	黄河流域	改建	本年正式施工	2016-06	2016-11	是
东乡县中央财政五小水利项目 2015	县（区、市）属	小型	小型农田水利建设	黄河流域	改建	本年正式施工	2015-07	2016-10	否
东乡县抗旱应急引调提水项目	县（区、市）属	小型	抗旱工程	黄河流域	新建	本年正式施工	2016-03	2016-08	是
东乡县 2014 年抗旱引调提水项目	县（区、市）属	小型	抗旱工程	黄河流域	新建	本年正式施工	2014-12	2016-05	否
东乡县 2015 年抗旱引调提水项目	县（区、市）属	小型	抗旱工程	黄河流域	新建	本年正式施工	2015-10	2016-08	否
东乡县老虎嘴电站	县（区、市）属	小型	水电增效扩容	黄河流域	扩建	本年正式施工	2014-12		否
积石山县									
积石山县中央财政五小水利 2015	县（区、市）属	小型	小型农田水利建设	黄河流域	改建	本年正式施工	2015-03	2016-03	否
积石山引水工程	县（区、市）属	小型	引水（调水）工程	黄河流域	新建	本年正式施工	2012-09		否
积石山县农村饮水安全巩固提升 2016	县（区、市）属	小型	农村饮水安全巩固提升工程建设	黄河流域	改建	本年正式施工	2016-04	2016-12	是
积石山县抗旱应急引调提水项目	县（区、市）属	小型	抗旱工程	黄河流域	新建	本年正式施工	2016-03	2016-11	是
积石山县 2015 年抗旱应急水源配套工程	县（区、市）属	小型	抗旱工程	黄河流域	新建	本年正式施工	2015-09	2016-06	否
积石山县县城区供水水源改扩建工程	县（区、市）属	小型	其他供水工程	黄河流域	改建	本年正式施工	2014-04		否
临夏州直									
黄河甘肃段临夏州防洪治理工程	省（区、市）属	小型	大江大湖治理	黄河流域	新建	本年正式施工	2015-10		否
临夏州引黄济临供水工程	地区（市）属	小型	引水（调水）工程	黄河流域	新建	本年正式施工	2015-07-15		否
甘南藏族自治州									
合作市									
合作市那吾乡精准扶贫暨生态小康村防洪工程	县（区、市）属	小型	堤防工程	黄河流域	新建	本年正式施工	2016-06-10	2016-11-10	否
洮河合作市段防洪工程	县（区、市）属	小型	重要支流治理	黄河流域	新建	本年正式施工	2015-07-20		否

2-1 续表

项目	隶属关系	项目规模	项目类型	所属流域	建设性质	建设阶段	开工时间	全部建成投资时间	是否有贫困村收益
合作市格河多合儿防洪工程	县（区、市）属	小型	中小河流治理	黄河流域	新建	本年正式施工	2014-04-09		否
合作市德吾录河卡加防洪工程	县（区、市）属	小型	中小河流治理	黄河流域	新建	本年正式施工	2014-04-15		否
甘南州引洮（博）济合供水工程	地区（市）属	小型	引水（调水）工程	黄河流域	新建	本年正式施工	2014-07		否
合作市峡村电站	县（区、市）属	小型	水电增效扩容	黄河流域	扩建	本年正式施工	2014-08-30	2016-05-26	否
临潭县									
洮河干流临潭县洮滨防洪堤工程	县（区、市）属	小型	重要支流治理	黄河流域	新建	本年正式施工	2013-09		否
临潭县羊沙河下河段治理工程	县（区、市）属	小型	中小河流治理	黄河流域	新建	本年正式施工	2014-05		否
临潭县斜藏沟治理工程	县（区、市）属	小型	中小河流治理	黄河流域	新建	本年正式施工	2013-03		否
甘南州引洮入潭工程	县（区、市）属	小型	引水（调水）工程	黄河流域	新建	本年正式施工	2013-8-15	2016-10-5	否
卓尼县									
卓尼县车巴河流域防洪治理项目	县（区、市）属	小型	堤防工程	黄河流域	新建	本年正式施工	2015-07		否
洮河卓尼县麻路 1 段至牙当段	县（区、市）属	小型	重要支流治理	黄河流域	新建	筹建			否
卓尼县洮河干流城区段堤防工程	县（区、市）属	小型	重要支流治理	黄河流域	新建	本年正式施工	2013-05		否
卓尼县羊沙河恰盖防洪工程	县（区、市）属	小型	中小河流治理	黄河流域	新建	本年正式施工	2014-05-15		否
卓尼县石窖沟藏巴哇防洪工程	县（区、市）属	小型	中小河流治理	黄河流域	新建	本年正式施工	2015-06-28	2016-12	否
卓尼县小型农田水利 2015 维修养护	县（区、市）属	小型	小型农田水利建设	黄河流域	新建	本年正式施工	2015-09-10	2016-06	否
舟曲县									
舟曲县拱坝河堤防工程	县（区、市）属	小型	中小河流治理	长江流域	新建	本年正式施工	2014-05		是
舟曲县五小水利工程 2016	县（区、市）属	小型	小型农田水利建设	长江流域	扩建	本年正式施工	2016-06		是
迭部县									
迭部县卡坝乡尼吉巴防洪工程	县（区、市）属	小型	堤防工程	长江流域	新建	本年正式施工	2015-04-10		是
迭部县阿夏流域治理工程	县（区、市）属	小型	中小河流治理	长江流域	新建	本年正式施工	2013-07-10		是
2016 迭部县小型农田水利设施补助资金（二）	县（区、市）属	小型	小型农田水利建设	长江流域	新建	本年正式施工	2016-9-20	2016-11-25	是
迭部县阿夏那盖水电站	其他	小型	水力发电工程建设	长江流域	新建	本年正式施工	2013-5-11	2016-10-10	否

项目	隶属关系	项目规模	项目类型	所属流域	建设性质	建设阶段	开工时间	全部建成投资时间	是否有贫困村收益
玛曲县									
黄河甘肃段甘南州防洪治理工程	县（区、市）属	小型	大江大湖治理	黄河流域	新建	本年正式施工	2015-10-20		否
玛曲县县城引水工程	省（区、市）属	小型	引水（调水）工程	黄河流域	新建	本年正式施工	2016-5-8		否
夏河县									
夏河县垂子合大桥至阿一山大桥段治理	县（区、市）属	小型	重要支流治理	黄河流域	新建	本年正式施工	2015-04		是
大夏河夏河县王格尔塘至曲奥段治理工程	县（区、市）属	小型	重要支流治理	黄河流域	新建	本年正式施工	2015-09		是
夏河县 2015 牧区节水灌溉项目	县（区、市）属	小型	节水灌溉工程	黄河流域	新建	本年正式施工	2015-08-30	2016-08-30	是
夏河县安顺水电站	县（区、市）属	小型	水力发电工程建设	黄河流域	新建	本年正式施工	2012-03		是
夏河县白土坡水电站	县（区、市）属	小型	水电增效扩容	黄河流域	新建	本年正式施工	2014-05	2016-05	是
夏河县甫黄二级小水电代燃料项目	县（区、市）属	小型	小水电代燃料	黄河流域	新建	本年正式施工	2013-04	2016-08	是
甘肃省直属									
省农垦									
省农垦黄羊河农场小型农田水利（五）	省（区、市）属	小型	小型农田水利建设	西北诸河流域	新建	本年正式施工	2015-09	2016-03	否
省农垦黄花农场高效节水灌溉项目（六）	省（区、市）属	小型	小型农田水利建设	西北诸河流域	新建	本年正式施工	2015-04	2016-03	否
省农垦张掖农场小型农田水利建设（五）	省（区、市）属	小型	小型农田水利建设	西北诸河流域	新建	本年正式施工	2015-07	2016-03	否
省农垦小型农田水利 2015 维修养护	省（区、市）属	小型	小型农田水利建设	西北诸河流域	新建	本年正式施工	2015-01	2016-03	否
省农垦饮马农场中央财政小农水 2015	省（区、市）属	小型	小型农田水利建设	西北诸河流域	新建	本年正式施工	2015-12	2016-03	否
省农垦八一农场水利设施维修养护 2016	县（区、市）属	小型	小型农田水利建设	西北诸河流域	新建	本年正式施工	2016-10	2016-11	否
省农垦山丹农场小型农田水利重点县 2016	县（区、市）属	小型	小型农田水利建设	西北诸河流域	新建	本年正式施工	2016-08		否
省农垦小型农田水利补助 2016	其他	小型	小型农田水利建设	西北诸河流域	新建	本年正式施工	2016-06	2016-11	否
省景电管理局									
省景电一期灌区续建配套节水改造	省（区、市）属	小型	灌区建设工程	黄河流域	改建	本年正式施工	2016-07-01	2016-12-30	否
石羊河流域重点治理（省景电）2013	省（区、市）属	小型	节水灌溉工程	黄河流域	改建	本年正式施工	2013-12		否
景泰县中央财政景电农场节水灌溉 2013	省（区、市）属	小型	小型农田水利建设	黄河流域	改建	本年正式施工	2013-12		否

2-1 续表

项目	隶属关系	项目规模	项目类型	所属流域	建设性质	建设阶段	开工时间	全部建成投资时间	是否有贫困村收益
省景电农田水利设施维修养护 2016	省（区、市）属	小型	小型农田水利建设	黄河流域	改建	本年正式施工	2016-06-30	2016-12-31	否
甘肃省景电泵站更新改造	省（区、市）属	小型	泵站工程	黄河流域	改建	本年正式施工	2012-02-08		否
省引大管理局									
兰州新区供水项目引大渠道除险加固	省（区、市）属	小型	引水（调水）工程	黄河流域	改建	本年正式施工	2013-09	2016-09	否
省疏勒河管理局									
甘肃疏勒河灌区三道沟河道治理	省（区、市）属	小型	中小河流治理	西北诸河流域	新建	本年正式施工	2014-09	2016-05	否
甘肃双塔水库除险加固	省（区、市）属	小型	大中型病险水库除险加固	西北诸河流域	改建	本年正式施工	2015-12	2016-12	否
玉门市花海灌区农业综合开发	省（区、市）属	小型	节水灌溉工程	西北诸河流域	改建	本年正式施工	2016-03	2016-11	否
省疏管局农田水利设施维修养护 2016	省（区、市）属	小型	小型农田水利建设	西北诸河流域	新建	本年正式施工	2016-09	2016-12	否
敦煌水资源合理与生态保护（疏勒河）2016	省（区、市）属	小型	流域生态综合治理	西北诸河流域	改建	本年正式施工	2016-06		否
敦煌水资源利用与生态保护（疏勒河）2015	省（区、市）属	小型	流域生态综合治理	西北诸河流域	改建	本年正式施工	2015-07-10	2016-05	否
省引洮管理局									
甘肃省引洮供水一期工程	省（区、市）属	大中型	引水（调水）工程	黄河流域	新建	本年正式施工	2006-11		是
省水保局									
泾川县国家农业综合开发水土保持项目 2016	地区（市）属	小型	水土流失治理	黄河流域	新建	本年正式施工	2016.03	2016.11	是
漳县国家农业综合开发水土保持项目 2016	地区（市）属	小型	水土流失治理	黄河流域	新建	本年正式施工	2016.03	2016.11	是
临潭县水土保持重点工程 2016	县（区、市）属	小型	水土流失治理	黄河流域	新建	本年正式施工	2016-9-15		是
甘谷县国家农业综合开发水土保持项目 2016	县（区、市）属	小型	水土流失治理	黄河流域	新建	本年正式施工	2016.03	2016.11	是
武山县国家农业综合开发水土保持项目 2016	县（区、市）属	小型	水土流失治理	黄河流域	新建	本年正式施工	2016.03	2016.11	是
秦安县国家农业综合开发水土保持项目 2016	县（区、市）属	小型	水土流失治理	黄河流域	新建	本年正式施工	2016.03	2016.11	是
灵台县国家农业综合开发水土保持项目 2016	县（区、市）属	小型	水土流失治理	黄河流域	新建	本年正式施工	2016.03	2016.11	是

2-1 续表

项目	隶属关系	项目规模	项目类型	所属流域	建设性质	建设阶段	开工时间	全部建成投资时间	是否有贫困村收益
庄浪县国家水土保持重点建设工程 2016 年	县（区、市）属	小型	水土流失治理	黄河流域	新建	本年正式施工	2016.03	2017.03	是
张家川县国家农业综合开发水土保持项目 2016	县（区、市）属	小型	水土流失治理	黄河流域	新建	本年正式施工	2016.03	2016.11	是
礼县坡耕地水土流失治理 2016	县（区、市）属	小型	水土流失治理	长江流域	新建	本年正式施工	2016.4.21		是
广河县坡耕地水土流失治理 2016	县（区、市）属	小型	水土流失治理	黄河流域	新建	本年正式施工	2016.9.5		是
甘肃省国家水土保持重点工程（2015）	县（区、市）属	小型	水土流失治理	黄河流域	新建	本年正式施工	2015–09	2016—05	是
甘肃省农业综合开发水土保持项目（2015）	县（区、市）属	小型	水土流失治理	黄河流域	新建	本年正式施工	2015–09	2016–05	是
甘肃省坡耕地水土流失重点治理2015(黄河)	县（区、市）属	小型	水土流失治理	黄河流域	新建	本年正式施工	2015–09	2016–05	是
渭源县国家农业综合开发水土保持项目 2016	县（区、市）属	小型	水土流失治理	黄河流域	新建	本年正式施工	2016.03	2016.11	是
陇西县国家水土保持重点建设工程 2016 年	县（区、市）属	小型	水土流失治理	黄河流域	新建	本年正式施工	2016.03	2017.03	是
甘肃省坡耕地水土流失重点治理2015(长江)	县（区、市）属	小型	水土流失治理	长江流域	新建	本年正式施工	2015–09	2016–05	是
甘肃省水土流失重点治理工程 2015（黄河）	县（区、市）属	小型	水土流失治理	黄河流域	新建	本年正式施工	2015–09	2016–05	是
甘肃省水土流失重点治理工程 2015（长江）	县（区、市）属	小型	水土流失治理	长江流域	新建	本年正式施工	2015–09	2016–06	是
甘肃省水土流失重点治理工程 2015（内陆）	县（区、市）属	小型	水土流失治理	西北诸河流域	新建	本年正式施工	2015–09	2016–05	是
东乡县坡耕地水土流失治理 2016	县（区、市）属	小型	水土流失治理	黄河流域	新建	本年正式施工	2016–10–17		是
景泰县水土保持重点工程 2016	县（区、市）属	小型	水土流失治理	黄河流域	新建	本年正式施工	2016–10–3		是
岷县水土保持重点工程 2016	县（区、市）属	小型	水土流失治理	黄河流域	新建	本年正式施工	2016–10–5		是
康乐县国家农业综合开发水土保持项目 2016	县（区、市）属	小型	水土流失治理	黄河流域	新建	本年正式施工	2016.03	2016.11	否
临洮县坡耕地水土流失治理 2016	县（区、市）属	小型	水土流失治理	黄河流域	新建	本年正式施工	2016.3.25		是
会宁县国家水土保持重点建设工程 2016 年	县（区、市）属	小型	水土流失治理	黄河流域	新建	本年正式施工	2016.03	2017.03	是
通渭县国家水土保持重点建设工程 2016 年	县（区、市）属	小型	水土流失治理	黄河流域	新建	本年正式施工	2016.03	2017.03	是
永靖县国家水土保持重点建设工程 2016 年	县（区、市）属	小型	水土流失治理	黄河流域	新建	本年正式施工	2016.05	2017.05	是
陇西县国家水土保持重点建设 2016 第二批	县（区、市）属	小型	水土流失治理	黄河流域	新建	本年正式施工	2016.05		是
临洮县国家水土保持重点建设 2016 第二批	县（区、市）属	小型	水土流失治理	黄河流域	新建	本年正式施工	2016.05		是
积石山县国家水土保持重点建设工程 2016 年	县（区、市）属	小型	水土流失治理	黄河流域	新建	本年正式施工	2016.03	2017.05	是

2-1 续表

项目	隶属关系	项目规模	项目类型	所属流域	建设性质	建设阶段	开工时间	全部建成投资时间	是否有贫困村收益
临夏市水土保持重点工程 2016	县（区、市）属	小型	水土流失治理	黄河流域	新建	本年正式施工	2016-9-20		是
东乡县国家水土保持重点建设 2016 第二批	县（区、市）属	小型	水土流失治理	黄河流域	新建	本年正式施工	2016.05	2017.05	是
麦积区水土保持重点工程 2016	县（区、市）属	小型	水土流失治理	黄河流域	新建	本年正式施工	2016-10-12		是
临夏县坡耕地水土流失治理 2016	县（区、市）属	小型	水土流失治理	黄河流域	新建	本年正式施工	2016.9.9		是
陇西县坡耕地水土流失治理 2016	县（区、市）属	小型	水土流失治理	黄河流域	新建	本年正式施工	2016.11.2		是
秦州区坡耕地水土流失治理 2016	县（区、市）属	小型	水土流失治理	黄河流域	新建	本年正式施工	2016.9.12		是
安定区坡耕地水土流失治理 2016	县（区、市）属	小型	水土流失治理	黄河流域	新建	本年正式施工	2016.11.1		是
通渭县坡耕地水土流失治理 2016	县（区、市）属	小型	水土流失治理	黄河流域	新建	本年正式施工	2016.4.15		是
靖远县水土保持重点工程 2016	县（区、市）属	小型	水土流失治理	黄河流域	新建	本年正式施工	2016-9-16		是
康县水土保持重点工程 2016	县（区、市）属	小型	水土流失治理	长江流域	新建	本年正式施工	2016-8-11		是
卓尼县水土保持重点工程 2016	县（区、市）属	小型	水土流失治理	黄河流域	新建	本年正式施工	2016-9-15		是
迭部县水土保持重点工程 2016	县（区、市）属	小型	水土流失治理	长江流域	新建	本年正式施工	2016-9-10		是
清水县国家农业综合开发水土保持项目 2016 年	县（区、市）属	小型	水土流失治理	黄河流域	新建	本年正式施工	2016.03	2016.11	是
和政县国家农业综合开发水土保持项目 2016	县（区、市）属	小型	水土流失治理	黄河流域	新建	本年正式施工	2016.03	2016.11	是
临洮县国家水土保持重点建设工程 2016 年	县（区、市）属	小型	水土流失治理	黄河流域	新建	本年正式施工	2016.03	2017.03	是
安定区国家水土保持重点建设工程 2016 年	县（区、市）属	小型	水土流失治理	黄河流域	新建	本年正式施工	2016.05	2017.05	是
东乡县国家水土保持重点建设工程 2016 年	县（区、市）属	小型	水土流失治理	黄河流域	新建	本年正式施工	2016.05	2017.05	是
临夏县国家水土保持重点建设工程 2016 年	县（区、市）属	小型	水土流失治理	黄河流域	新建	本年正式施工	2016.03	2017.05	是
会宁县国家水土保持重点建设 2016 第二批	县（区、市）属	小型	水土流失治理	黄河流域	新建	本年正式施工	2016.05	2017.05	是
安定区国家水土保持重点建设 2016 第二批	县（区、市）属	小型	水土流失治理	黄河流域	新建	本年正式施工	2016.05		是
通渭县国家水土保持重点建设 2016 第二批	县（区、市）属	小型	水土流失治理	黄河流域	新建	本年正式施工	2016.05	2017.06	是
永靖县国家水土保持重点建设 2016 第二批	县（区、市）属	小型	水土流失治理	黄河流域	新建	本年正式施工	2016.05	2017.05	是
临夏县国家水土保持重点建设 2016 第二批	县（区、市）属	小型	水土流失治理	黄河流域	新建	本年正式施工	2016.05	2017.05	是
陇西县病险淤地坝除险加固工程 2016	县（区、市）属	小型	水土流失治理	黄河流域	改建	本年正式施工	2016.8.19		是
通渭县病险淤地坝除险加固工程 2016	县（区、市）属	小型	水土流失治理	黄河流域	改建	本年正式施工	2016.8.15		是

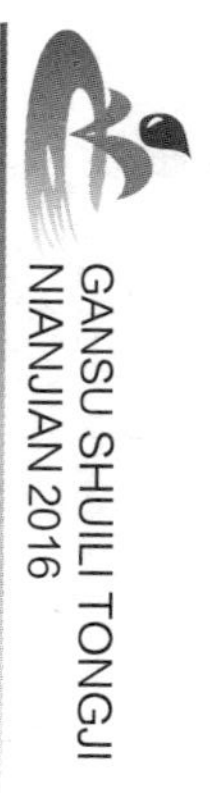

2-1 续表

项目	隶属关系	项目规模	项目类型	所属流域	建设性质	建设阶段	开工时间	全部建成投资时间	是否有贫困村收益
漳县病险淤地坝除险加固工程 2016	县（区、市）属	小型	水土流失治理	黄河流域	改建	本年正式施工	2016.9.28		是
安定区病险淤地坝除险加固工程 2016	县（区、市）属	小型	水土流失治理	黄河流域	改建	本年正式施工	2016.10.12		是
渭源县病险淤地坝除险加固工程 2016	县（区、市）属	小型	水土流失治理	黄河流域	改建	本年正式施工	2016.7.29		是
榆中县病险淤地坝除险加固工程 2016	县（区、市）属	小型	水土流失治理	黄河流域	改建	本年正式施工	2016.8.25		是
秦州区病险淤地坝除险加固工程 2016	县（区、市）属	小型	水土流失治理	黄河流域	改建	本年正式施工	2016.10.27		是
临洮县病险淤地坝除险加固工程 2016	县（区、市）属	小型	水土流失治理	黄河流域	改建	本年正式施工	2016.8.15		是
省直属其他									
甘肃省山洪灾害防治 2016（内陆）	县（区、市）属	小型	山洪灾害防治工程	西北诸河流域	新建	本年正式施工	2016–03	2016–10	是
甘肃省山洪灾害防治 2016（长江）	县（区、市）属	小型	山洪灾害防治工程	长江流域	新建	本年正式施工	2016–03	2016–10	是
甘肃省山洪灾害防治 2016（黄河）	县（区、市）属	小型	山洪灾害防治工程	黄河流域	新建	本年正式施工	2016–03	2016–10	是
兰州新区 2 号 3 号石门沟水库	地区（市）属	小型	水库工程	黄河流域	新建	本年正式施工	2015–03		否
甘肃引洮供水二期工程	省（区、市）属	大中型	引水（调水）工程	黄河流域	新建	本年正式施工	2015–08–06		是
天水市城区引洮供水工程	省（区、市）属	小型	引水（调水）工程	黄河流域	新建	本年正式施工	2014–08		是
靖远寺儿坪供水项目	县（区、市）属	小型	其他供水工程	黄河流域	扩建	本年正式施工	2015–10		否
武威市城乡融合黄羊土门组团供水（陆港）	地区（市）属	小型	自来水厂建设	黄河流域	新建	筹建	2015–12		否
天水市城区供水高桥头引水枢纽工程	地区（市）属	小型	城镇供水管线建设	黄河流域	新建	本年正式施工	2015–09		否
临洮县污水处理厂配套管网工程	县（区、市）属	小型	污水处理工程建设	黄河流域	新建	本年正式施工	2014–05		否
民勤红沙岗污水处理厂及中水回用贮水池	县（区、市）属	小型	污水处理工程建设	西北诸河流域	新建	本年正式施工	2015–07–01		否
山丹县城区生活污水处理工程	县（区、市）属	小型	污水处理工程建设	黄河流域	新建	本年正式施工	2011–04		否
甘肃水资源监控能力建设二期 2016	省（区、市）属	小型	水文设施及能力建设	黄河流域	新建	本年正式施工	2016–09		否
甘肃省大中型水库移民后期扶持（长江）	县（区、市）属	小型	移民项目	长江流域	新建	本年正式施工	2016 – 01	2016 – 12	是
甘肃省大中型水库移民后期扶持（黄河）	县（区、市）属	小型	移民项目	黄河流域	新建	本年正式施工	2016 – 01	2016 – 12	是
甘肃省大中型水库移民后期扶持（内陆）	县（区、市）属	小型	移民项目	西北诸河流域	新建	本年正式施工	2016 – 01	2016 – 12	是
兰州新区农林水务局									
兰州新区高效节水灌溉 2016	县（区、市）属	小型	小型农田水利建设	黄河流域	新建	本年正式施工	2016–08		是
省水文局									
甘肃省中小河流水文监测系统建设项目	省（区、市）属	小型	水文设施及能力建设	黄河流域	新建	本年正式施工	2012–03		否

2-2 2016 年水利建设项目计划总投资

单位：万元

项目	项目计划总投资	按资金来源分					累计完成投资	累计新增固定资产	本年新增固定资产
		中央政府投资	地方政府投资	企业和私人投资	银行贷款	其他投资			
甘肃省	4940058	2032928	1446653	57414	1192126	210937	3315308	2216946	883645
防洪项目	570289	420949	94973		41347	13019	397371	373872	160752
堤防工程	41229	2202	9704		26477	2846	37963	37855	34321
会宁县焦家河焦河村防洪工程	500		500				500	450	450
会宁县苦水河河畔羊肉市场段综合治理工程	2042				2042		408	350	350
天水市藉河生态综合治理一期续建工程	24000				24000		24000	24000	24000
秦州区天水镇易地搬迁堤防工程	1415		1415				1415	1415	1415
天祝县大通河防洪工程	3446	600				2846	3446	3446	3446
瓜州县榆林河蘑菇台子段河道治理	500		500				500	500	500
庆城县 2016 年蔡家庙沟护岸工程	140		140				140	140	140
华池县葫芦河引水枢纽上游护岸工程	435				435		435	435	435
合水县葫芦河、苗村河太白段河道整治工程	1078		1078				1078	1078	1078
宁县新宁镇高山堡村护岸工程	360		360				360	360	60
镇原县洪河南川芦李护岸工程	411		411				411	411	411
合作市那吾乡精准扶贫暨生态小康村防洪工程	1048		1048				670	670	670
卓尼县车巴河流域防洪治理项目	3852		3852				3600	3600	1366
迭部县卡坝乡尼吉巴防洪工程	2002	1602	400				1000	1000	
大江大湖治理	326055	276536	49519				197981	192781	68851
黄河甘肃段兰州市防洪治理工程	167900	167900					103600	103600	
黄河干流白银市防洪治理工程	95513	65000	30513				52000	46800	36000
黄河甘肃段临夏州防洪治理工程	40641	27636	13005				21830	21830	16300
黄河甘肃段甘南州防洪治理工程	22000	16000	6000				20551	20551	16551
重要支流治理	72003	43527	19985			8491	51563	47776	14441
湟水兰州市红古段防洪治理工程	6000	3600	2400				4800	4800	
武山县车家川至山丹河口段治理	2966	1780				1186	2966	2966	2046
石羊河凉州区松涛寺至红水河入河口防洪	2133	1280	853				2133	2133	384
平凉市泾河吴老沟至平镇桥河堤治理	2264	1361	903				1276	1276	772
泾河崆峒区马莲沟至南阳涧河段防洪工程	2770	1662	1108				1662		
泾河泾川县罗汉洞至洪河口段河堤治理	2717	1630	1087				1963	1963	
葫芦河静宁县狗娃河口至胡家河段河堤治理过程	2841	1705	1136				1705	1705	
黑河金塔县常丰至中丰村段防洪治理工程	1230	738	492				738	738	

2–2 续表

单位：万元

项　目	项目计划总投资	按资金来源分					累计完成投资	累计新增固定资产	本年新增固定资产
		中央政府投资	地方政府投资	企业和私人投资	银行贷款	其他投资			
黑河酒泉市金塔县五爱至友好段河道治理工程	2775	1665	1110				1665	1665	125
环县马莲河韩洼子至陈沟桥段防洪	2799	1679	1120				2072	2072	2072
蒲河宁县庄里至叶王川段防洪治理工程	2496	1590	906				1590	1590	
洮河岷县齐家庄至石头咀段堤防工程	3960	2103				1857	2400	1072	900
白龙江文县石坊乡东峪口至大渡坝河道	1755	1053	702				1755	1755	702
文县尚德镇水家坝至周家坝河道治理	2900	1740				1160	2900	2900	1160
西和县西汉水郭家坝至昌河坝段防洪	1281	797	484				797		
礼县西汉水罗家堡至盐官镇段防洪	2293	1377	916				2293	2293	2293
大夏河干流临夏市祁牟段堤防工程	823	494	329				594	594	6
大夏河干流临夏市单子庄至新大桥段	2898	1739				1159	2898	2898	1109
临夏县大夏河干流双城至马九川段治理	2320	1678				642	2320	2320	464
大夏河干流临夏县祁牟至刘家峡水库防洪	872	548	324				734	734	
永靖县湟水干流白川至二房段河堤工程	2628	1726	902				1726	1726	
大夏河东乡县折桥至刘家峡水库堤防	1937	1162	388			387	1200	1200	38
洮河合作市段防洪工程	3950	2370	1580				2037	2037	
洮河干流临潭县洮滨防洪堤工程	2001	1200	801				1400	1400	
洮河卓尼县麻路1段至牙当段	2019	1211	808						
卓尼县洮河干流城区段堤防工程	2384	1430	954				1730	1730	
夏河县垂子合大桥至阿一山大桥段治理	1741	1059	682				1059	1059	
大夏河夏河县王格尔塘至曲奥段治理工程	5250	3150				2100	3150	3150	2370
中小河流治理	95312	73668	10158		10804	682	86364	83848	32550
皋兰县蔡家河东湾沟上游段－文山段堤防	1858	1858					1486	1486	1086
白银区东大沟民勤村至城区段治理	691	691					691	621	621
会宁县祖厉河城区段综合治理二期工程（续建）	10804				10804		10804	10000	10000
清水县后川河杜川至王店段堤防工程	2500	2000	400			100	2400	2400	325
秦安县南小河王尹马河至凤山堤防	273	273					273	273	273
甘谷县清溪河礼辛乡寨子至慰坪堤防工程	3018	3018					3018	3018	508
肃南县隆畅河治理工程补充项目	1275	1020	255				745	745	745
临泽县小东沟河新柳－西街农田防护	1798	1438				360	1798	1660	900
山丹县马营河大马营段河道治理工程	2764	2764					2211	2211	
泾川县黑河荒场至茜家沟河堤治理工程	1730	1384	346				1384	1384	384
泾川县汭河十里沟至枣林段河堤治理工程	2962	2962					2370	2370	570

2–2 续表

单位：万元

项目	项目计划总投资	按资金来源分					累计完成投资	累计新增固定资产	本年新增固定资产
		中央政府投资	地方政府投资	企业和私人投资	银行贷款	其他投资			
泾川县洪河河堤治理工程	1350	1350					1080	1080	280
灵台县达溪河县城至安家庄段河堤治理	2719	2175	544				2175	2175	1175
灵台县达溪河县城至百里段河堤治理	2613	2090	523				2508	2508	340
灵台县黑河东门至景家庄段河堤治理	2432	1946	486				1946	1946	446
崇信县黑河河堤治理工程	2451	1961	490				1961	1961	561
崇信县汭河（九功渠首至野雀沟）河堤治理	2972	2378	594				2378	2378	578
庄浪县韩店镇王崖段河堤治理工程	460		460				460	460	460
庄浪县红土坡至刘家湾段河堤工程	2490	1500	990				2270	2270	490
庄浪县北洛河良邑郭魏至石家窑防洪	2302	2302					1842	1842	542
肃州区丰乐河堤防及河道治理工程	2553	2042	511				2553	2553	642
肃州区清水河堤防及河道治理工程	1232	986	246				1232	1232	286
西峰区砚瓦川贺家塬沟护岸工程	240	240					240		
正宁县四郎河樊湾子治理工程	2650	2120	530				2650	2650	
正宁县四郎河房河治理工程	2270	1816	454				2270	2270	
漳县龙川河草川坪至魏下段堤防工程	2221	2221					2016	2016	816
武都区北峪河治理工程	979	979					979	979	979
宕昌县理川河流域治理工程	500	500							
宕昌县良恭河韩院段河堤工程	296	296					296	296	296
成县严河堤防工程	990	990					990	990	990
康县阳坝河阳坝镇段治理工程	519	519					519	519	519
文县中路河中寨至白水江口段治理	1578	1578					1578	1578	1578
西和县太石河治理工程	1264	1264					1264		
礼县清水江张堡至教面堤防工程	1047	1047					1047	1047	1047
两当县红崖河蚂蚱河段综合治理工程	1252	1252					1252	1252	352
两当县红崖河权坪河段综合治理工程	790	790					790	790	490
徽县永宁河高桥乡河道治理工程	1087	1087					1087	1087	1087
临夏县老鸦关河双城至上阴洼段防洪工程	2487	1990	497				2487	2487	497
东乡县巴谢河五家至赵家段堤防	2714	2171	434			109	2714	2714	352
东乡县巴谢河赵家至那勒寺段堤防	2814	2251	450			113	2814	2814	514
合作市格河多合儿防洪工程	1115	892	223				1070	1070	141
合作市德吾录河卡加防洪工程	960	768	192				768	768	268
临潭县斜藏沟治理工程	2717	2173	544				2608	2608	354
临潭县羊沙河下河段治理工程	1347	1347					1078	1078	578

2–2 续表

单位：万元

项　目	项目计划总投资	按资金来源分					累计完成投资	累计新增固定资产	本年新增固定资产
		中央政府投资	地方政府投资	企业和私人投资	银行贷款	其他投资			
卓尼县石窖沟藏巴哇防洪工程	850	850					680	680	480
卓尼县羊沙河恰盖防洪工程	1480	1480					1206	1206	
舟曲县拱坝河堤防工程	2959	2959					2367	2367	
迭部县阿夏流域治理工程	2105	1684	421				1684	1684	
甘肃疏勒河灌区三道沟河道治理	2834	2267	567				2325	2325	
城市防洪工程	508		141		367		508	508	508
镇原县城东区排洪工程	508		141		367		508	508	508
大中型病险水库除险加固	19003	12562	1741		3700	1000	8847	7127	7127
高台县小海子水库除险加固	3300		600		1700	1000	600	600	600
甘肃双塔水库除险加固	15703	12562	1141		2000		8247	6527	6527
大中型病险水闸除险加固	6012	4809	1203				3977	3977	2954
永昌县金川河工农渠首泄洪闸	1339	1071	268				1286	1286	1286
肃州区红山河青稞地排沙闸	985	788	197				788	788	788
肃州区马营河渠首闸	2563	2050	513				778	778	778
肃州区红山河马鬃门排砂闸除险加固工程	1125	900	225				1125	1125	102
山洪灾害防治工程	10168	7645	2523				10168		
甘肃省山洪灾害防治 2016（长江）	663	660	3				663		
甘肃省山洪灾害防治 2016（内陆）	2315	1595	720				2315		
甘肃省山洪灾害防治 2016（黄河）	7190	5390	1800				7190		
灌溉除涝项目	1204606	553629	210844	2926	337358	99849	769541	593000	303281
灌区建设工程	78479	45032	18736		10709	4002	71719	68156	49117
西河灌区续建配套节水改造	10366	8293	2073				9848	9848	9848
兴电灌区齐家大岘隧洞除险加固工程	9616		9616				8000	7200	1000
白银市兴电灌区渠道维修工程	1000		1000						
凉州区杂木河灌区续建配套节水改造	4114	3291	823				4114	4114	4114
古浪县黄花滩项目	11471	762			10709		10772	10772	10772
甘州区西浚灌区续建配套节水改造	3826	3061	765				3461	3461	3461
甘州区大满灌区续建配套节水改造	7174	5739	1435				6539	6539	6539
临泽县梨园河灌区续建配套节水改造	7918	6334	1584				7363	6600	6600
山丹县马营河灌区续建配套节水改造	19512	15510				4002	18978	17080	4241
敦煌市党河灌区西干渠改建工程	930		930				102		
省景电一期灌区续建配套节水改造	2552	2042	510				2542	2542	2542
节水灌溉工程	38820	17416	9456			11948	28038	27998	12032
皋兰县西岔中型灌区农业综合开发 2015	1500	1000	500				1030	1030	1030

2-2 续表

单位：万元

项 目	项目计划总投资	按资金来源分					累计完成投资	累计新增固定资产	本年新增固定资产
		中央政府投资	地方政府投资	企业和私人投资	银行贷款	其他投资			
白银区工农渠灌区农业综合开发	350	350					350	320	320
平川区旱坪川灌区农业综合开发	1400	1000	400						
靖远县靖乐渠灌区农业综合开发	1400	1000	320			80	60	50	50
秦州区易地搬迁项目高效节水灌溉工程	3486		3486				3486	3486	3486
高台县罗城灌区农业综合开发	1400	1000	400				330	330	330
庄浪县水洛河灌区节水配套改造项目	1400	1000	400				350	350	350
静宁县东峡灌区农业综合开发	1400	1000	400				1190	1190	1190
宁县海升公司果业基地滴灌工程	3398					3398	3398	3398	3398
临夏县北塬灌区农业综合开发项目	1490	1000	400			90	1490	1490	268
夏河县 2015 牧区节水灌溉项目	375	300				75	375	375	
石羊河流域重点治理（省景电）2013	19821	8766	2830			8225	14819	14819	940
玉门市花海灌区农业综合开发	1400	1000	320			80	1160	1160	670
小型农田水利建设	226933	146648	65131	2926		12228	220779	212984	185133
兰州市农田水利设施维修养护 2016	500	500					500	500	500
西固区高效节水灌溉项目 2016	1058	500	420			138	1058	1058	1058
永登农田水利设施维修养护 2016	100	100					100	100	100
永登县高效节水灌溉 2016	832	400	432				832	832	832
皋兰县农田水利设施维修养护 2016	100	100					100	100	100
皋兰县高效节水灌溉 2016	799	400	399				750	750	750
榆中县农田水利设施维修养 2016	1000	1000					1000	1000	1000
嘉峪关市中央财政高效节水项目 2015（五）	2327	1400	927				2480	2480	380
嘉峪关市 2016 年小型农田水利设施春修工程	100		100				100	100	100
嘉峪关市高效节水灌溉项目 2015（六）	1792	1000	792				1718	1718	118
金川区 2015 新增农田水利设施建设 2016	1709	1000	659			50	1709	1709	1709
金川区小型农田水利重点县 2016	2832	1700	1080	52			2832	2832	2832
永昌县农田水利设施维修养护 2016	1004	1000	4				1004	1004	1004
永昌县小型农田水利重点县 2016	1826	1000	731			94	1654	1654	1654
永昌县 2015 新增农田水利设施建设 2016	1873	1000	621			253	1753	1753	1753
永昌县高效节水灌溉 2016	6683	4000	2266			418	6418	6418	6418
白银市农田水利设施维修养护 2016	500	500					500	450	450
白银区农田水利设施维修养护 2016	600	600					600	540	540
白银区五小水利工程 2016	1500	1000	500				1200	960	960

2-2 续表

单位：万元

项　目	项目计划总投资	按资金来源分					累计完成投资	累计新增固定资产	本年新增固定资产
		中央政府投资	地方政府投资	企业和私人投资	银行贷款	其他投资			
平川区五小水利工程 2016	1500	1000	500				1500	1350	1350
靖远县高效节水灌溉 2016	3900	2600	1300				3900	3510	3510
靖远县小型农田水利设施补助 2016	1000	1000					1000	900	900
靖远县农田水利设施维修养护 2016	1000	1000					1000	900	900
会宁县高效节水灌溉 2016	2250	1500	750				2250	2025	2025
会宁县农田水利设施维修养护 2016	100	100					100	93	93
景泰县高效节水灌溉 2016	2400	1600	800				2400	2160	2160
景泰县农田水利设施维修养护 2016	100	100					100	90	90
景泰县小型农田水利设施补助 2016	500	500					330	330	330
秦州区五小水利工程 2016	1500	1000	500				1500	1500	1500
麦积区高效节水灌溉 2016	1962	1300	662				1962	1962	1962
麦积区小型农田水利设施补助 2016	1074	800	274				720	720	720
清水县小型农田水利设施补助 2016	1000	1000					1000	872	872
秦安县五小水利工程 2016	1500	1000	500				1354	1354	1354
甘谷县五小水利工程 2016	1500	1000	500				1500	1500	1500
甘谷县农田水利设施维修养护 2016	100	100					100	100	100
武山县五小水利工程 2016	1500	1000	500				1500	1500	1500
武山县小型农田水利设施补助 2016	500	500					469	469	469
张家川县农田水利设施维修养护 2016	100	100					100	100	100
武威市 2016 年农田水利设施维修养护资金	100	100					100	100	100
凉州区高效节水灌溉 2016	9000	6000	3000				9000	9000	9000
凉州区小型农田水利重点县 2016	3000	2000	1000				3000	3000	3000
凉州区农田水利设施维修养护 2016	600	600					600	600	600
民勤县 2015 新增农田水利设施建设 2016	1500	1500					1500	1500	1500
民勤县高效节水灌溉 2016	1500	1000	500				1500	1500	1500
民勤县小型农田水利设施建设补助 2016	1000	1000					1000	1000	1000
民勤县小型农田水利重点县 2016	1500	1000	500				1500	1500	1500
民勤县农田水利设施维修养护 2016	600	600					600	600	600
古浪县小型农田水利重点县 2016	1500	1000	500				1500	1500	1500
古浪县 2015 新增农田水利设施建设 2016	1500	1000	500				1500	1500	1500
古浪县高效节水灌溉 2016	1500	1000	500				1500	1500	1500
2016 古浪县小型农田水利设施补助资金（二）	1000	1000					1000	1000	1000

2-2 续表

单位：万元

项　目	项目计划总投资	按资金来源分					累计完成投资	累计新增固定资产	本年新增固定资产
		中央政府投资	地方政府投资	企业和私人投资	银行贷款	其他投资			
古浪县农田水利设施维修养护 2016	200	200					200	200	200
天祝县 2016 年农田水利设施维修养护资金	100	100					100	100	100
天祝县小型农田水利重点县 2016	1080	700	300			80	1080	1080	1080
天祝县高效节水灌溉 2016	2653	1700	850			103	2653	2653	2653
天祝县小型农田水利设施补助 2016	1046	1000				46	1046	1046	1046
张掖市年农田水利设施维修养护 2016	100	100					100		
甘州区小型农田水利重点县 2016	1695	1000	500			195	1695	1695	1695
甘州区高效节水灌溉 2016	3262	1400	1400			462	3262	3262	3262
甘州区农田水利设施维修养护 2016	1000	1000					1000	1000	1000
肃南县农田水利设施维修养护 2016	318		318				318	286	286
肃南县高效节水灌溉 2016	1777	1000	510			267	1777	1700	1700
民乐县小型农田水利重点县 2016	1826	1000	500			326	1826	1826	1826
民乐县 2015 年新增农田水利设施建设 2016	1030	600	300			130	1030	1030	1030
民乐县农田水利设施维修养护 2016	600	600					600		
临泽县农田水利设施维修养护 2016	100	100					100	90	90
高台县高效节水灌溉 2016	1725	1000	500			225	1725	1725	1725
高台 2015 年新增农田水利设施建设 2016	1754	1000	500			254	1754	1754	1754
高台县小型农田水利重点县 2016 年	1967	1000	500			467	1967	1967	1967
高台县小型农田水利设施补助 2016	1134	1000				134	1070	1070	1070
高台县农田水利设施维修养护 2016	781	600	150			31	781	781	781
山丹县农田水利设施维修养护 2016	100	100					100		
山丹县小型农田水利设施补助 2016	1356	1000		356			1000	950	950
山丹县 2015 年新增农田水利设施建设 2016	2105	1000	900			205	1894	1789	1789
山丹县高效节水灌溉 2016	2131	1200	800			131	1939	1693	1693
山丹县小型农田水利重点县 2016	2897	1700	1100			97	2722	2622	2622
山丹马场小型农田水利重点县 2016	1382	800	400	182			1104	1006	1006
山丹马场高效节水灌溉 2016	1570	400	300	870			805	740	740
平凉市农田水利设施维修养护 2016	100	100					100	100	100
崆峒区五小水利工程 2016	1500	1000	500				1500	1500	1500
泾川县五小水利工程 2016	1500	1000	500				1460	1460	1460
泾川县农田水利设施维修养护 2016	100	100					100		
灵台县中央财政小型农田水利工程 2015	1500	1000	500				1500	1500	150

2-2 续表

单位：万元

项目	项目计划总投资	按资金来源分					累计完成投资	累计新增固定资产	本年新增固定资产
		中央政府投资	地方政府投资	企业和私人投资	银行贷款	其他投资			
灵台县五小水利工程 2016	1500	1000	500				1280	1280	1280
灵台县中央财政小农水重点县 2014（四）	2725	1500	1200			25	2725	2725	400
崇信县五小水利工程 2016	1500	1000	500				1500	1500	1500
华亭县五小水利工程 2016	1500	1000	500				1500	1500	1500
华亭县 2015 年新增农田水利设施建设 2016	1500	1000	500				1500	1500	1500
庄浪县小型农田水利设施补助 2016	800	800					656	656	656
庄浪县五小水利工程 2016	1500	1000	500				1500	1500	1500
静宁县五小水利工程 2016	1500	1000	500				1500	1500	1500
肃州区高效节水灌溉 2016	10554	5000	2972			2582	10554	10554	10554
肃州区小型农田水利建设（五）	2661	1400	929			332	2661	2661	83
肃州区农田水利设施维修养护 2016	202	200	2				202	202	202
肃州区小型农田水利重点县 2016	3897	2000	1140	397		360	3897	3897	3897
肃州区规模化节水增效示范（2013-2016）	5462	4693	769				5872	5872	442
肃州区高效节水灌溉项目（六）	2051	1000	911			140	2051	2051	107
金塔县小型农田水利重点县 2016	1500	1000	500				1500	1500	1500
金塔县农田水利设施维修养护 2016	1000	1000					1000	1000	1000
金塔县 2015 新增农田水利设施建设 2016	1500	1000	500				1500	1500	1500
金塔县高效节水灌溉 2016	1500	1000	500				1500	1500	1500
瓜州县农田水利设施维修养护 2016	200	200					200	200	200
瓜州县小型农田水利建设（五）	2643	1400	1243				2643	2643	243
瓜州县高效节水灌溉 2016	2520	1500	1020				2520	2520	2520
肃北县小型农田水利设施补助 2016	600	600					600	600	600
玉门市 2015 新增农田水利设施建设 2016	1813	1000	500			313	1769	1769	1769
玉门市高效节水灌溉 2016	2283	1400	700			183	2172	2172	2172
玉门市小型农田水利重点县 2016	4019	2700	1300			19	4019	4019	4019
玉门市农田水利设施维修养护 2016	200	200					200	200	200
敦煌市农田水利设施维修养护 2016	108	100	8				108		
敦煌市 2015 抗旱引调提水项目	1975	1343	632				1975		
敦煌市小型农田水利 2015 维修养护资金	343	300	43				343		
敦煌市规模化节水增效示范（2013-2016）	1516	1212	304				1516		
庆城县“五小水利”工程 2016	2459	1500	959				2459	2459	2459

2-2 续表

单位：万元

项　目	项目计划总投资	按资金来源分					累计完成投资	累计新增固定资产	本年新增固定资产
		中央政府投资	地方政府投资	企业和私人投资	银行贷款	其他投资			
环县“五小水利”工程2016	756	500	256				756	756	756
华池县“五小水利”工程2016	764	500	250			14	764	764	764
合水县农田水利设施维修养护2016	121	100	21				121	121	121
正宁县小型农田水利设施补助2016	1191	1000	191				1096	1096	1096
正宁县五小水利工程2016	1579	1000	579				1579	1579	1579
宁县五小水利工程2016	1524	1000	524				1524	1524	1524
镇原县五小水利工程2016	605	400	205				605	605	605
镇原县2015年新增农田水利设施建设2016	1558	1000	558				1558	1558	1558
通渭县农田水利设施维修养护2016	100	100					100	100	100
通渭县小型农田水利设施补助2016	500	500					420	420	420
陇西县五小水利工程2016	1521	1000	500			21	1521	1521	1521
渭源县农田水利设施维修养护2016	100	100					100	100	100
临洮县五小水利工程2016	2032	1300	650			82	2032	2032	2032
武都区农田水利设施维修养护2016	300	300					300	300	300
武都区小型农田水利重点县2016	2846	1400	600			846	2846	2846	2846
宕昌县农田水利设施维修养护2016	100	100					100	100	100
宕昌县2015年新增农田水利设施建设2016	500	300	200				500	500	500
宕昌县高效节水灌溉2016	400	400					400	400	400
成县农田水利设施维修养护2016	100	100					100	100	100
康县五小水利工程2016	900	600	300				540	540	540
康县农田水利设施维修养护2016	100	100					60	60	60
文县小型农田水利重点县2016	825	300	200			325	825	825	825
文县农田水利设施维修养护2016	100	100					100	100	100
文县高效节水灌溉2016	714	400	200			114	714	714	714
西和县高效节水灌溉2016	600	400	200				600	600	600
西和县2015新增农田水利设施建设2016	500	300	200				500	500	500
西和县农田水利设施维修养护2016	100	100					100	100	100
礼县小型农田水利设施补助2016	500	500					500	500	500
礼县农田水利设施维修养护2016	100	100					100	100	100
两当县高效节水灌溉2016	773	400	200			173	773	773	773
两当县小型农田水利重点县2016	724	300	200			224	724	724	724
两当县农田水利设施维修养护2016	100	100					100	100	100
徽县2015新增农田水利设施建设2016	789	400	389				789	789	789

2–2 续表

单位：万元

项　目	项目计划总投资	按资金来源分					累计完成投资	累计新增固定资产	本年新增固定资产
		中央政府投资	地方政府投资	企业和私人投资	银行贷款	其他投资			
徽县小型农田水利重点县 2016	590	300	290				590	590	590
徽县农田水利设施维修养护 2016	100	100					100	100	100
临夏县农田水利设施维修养护 2016	100	100					100	100	100
临夏县 1 万 ~ 5 万亩灌区改造 2016	607	400	200			7	607	607	607
康乐县 1 万 ~ 5 万亩灌区改造 2016	601	400	201				601	601	601
康乐县小型农田水利 2015 维修养护资金	200	200					200	200	38
永靖县小型农田水利 2015 年维修养护项目	206	200				6	206	197	
永靖县 1 万 ~ 5 万亩灌区改造 2016	615	400	210			5	566	566	440
广河县小型农田水利设施补助 2016	558	500	58				500	500	500
广河县五小水利工程 2016	1512	1000	512				1470	1470	1470
广河县 2015 年中央财政小型农田水利	1501	1000	500			1	1501	1501	131
和政县五小水利工程 2016	1509	1000	500			9	1434	1434	1434
东乡县中央财政五小水利项目 2015	1674	1000	585			89	1674	1674	374
东乡族县五小水利工程 2016	769	500	269				769	769	769
积石山县中央财政五小水利 2015	1576	1000	500			76	1576	1576	76
卓尼县小型农田水利 2015 维修养护	100	100					100	100	
舟曲县五小水利工程 2016	750	500	250				715	715	715
2016 迭部县小型农田水利设施补助资金（二）	500	500					500	500	500
省农垦小型农田水利 2015 维修养护	300	300					300	300	
省农垦黄羊河农场小型农田水利（五）	1246	500	200	546			1162	1162	36
省农垦饮马农场中央财政小农水 2015	772	400	205	167			772	641	
省农垦黄花农场高效节水灌溉项目(六)	1056	500	200	356			900	900	900
省农垦张掖农场小型农田水利建设(五)	1283	500	200			583	916	909	909
省农垦山丹农场小型农田水利重点县 2016	1279	500	200			579	1023	1023	1023
省农垦八一农场水利设施维修养护 2016	100	100					100	100	100
省农垦小型农田水利补助 2016	1326	800	400			126	1326	1102	1102
景泰县中央财政景电农场节水灌溉 2013	1887	700	300			887	1300	1300	
省景电农田水利设施维修养护 2016	100	100					100	100	100
省疏管局农田水利设施维修养护 2016	100	100					100		
兰州新区高效节水灌溉 2016	1750	1000	750				1600	1600	1600
水库工程	576427	122210	79268		326649	48300	326301	166600	36204
秦州区关峡水库	7274	4500	2774				2400	2400	2400

2-2 续表

单位：万元

项目	项目计划总投资	按资金来源分					累计完成投资	累计新增固定资产	本年新增固定资产
		中央政府投资	地方政府投资	企业和私人投资	银行贷款	其他投资			
秦安县西小河小湾河水库	8378	5200	1615		1563		4560	4560	2945
张家川县富川水库（抗旱规划内）	12541	5684	6857				6400	6400	
民勤县红崖水库加高扩建工程	45663	27390	18273				25000		
天祝县二道墩水库	8666	6927	1739				8666	8666	2316
天祝县石门河调蓄引水工程	25050	15000	10050				25030	25030	80
民乐县山城河水库	13545	7916			5629		4120		
临泽县红山湾水库工程	55230		19230		36000		55230	52000	13800
山丹县白石崖水库（抗旱规划内）	14112	5685	2000			6427	3010		
崆峒区北杨涧水库（抗旱规划内）	9881	5685			4196		7234	7234	1549
泾川县朱家涧水库（抗旱规划内）	12095	8226				3869	8226	8226	
灵台县新集水库工程	114522				114522		8500	8500	7390
崇信县关河水库（抗旱规划内）	7668	6591	1077				6591	6591	
庄浪县花崖河水库（抗旱规划内）	9057	5685				3372	7035	7035	2200
酒泉循环经济产业园水源（大红泉水库）	17845				17845		17845	17845	1195
庆阳市巴家咀水库新增调蓄工程（五台山水库）	19176				13000	6176	9144		
庆阳市莲花寺水库及供水工程	29658				21000	8658	19654		
庆阳市小盘河水库及供水工程	96188				80000	16188	49757		
庆城县纸坊沟水库（抗旱规划内）	6825	5685	1140				6650	5670	780
环县米岔沟水库（抗旱规划）	1549	1036	513				1549	1549	1549
康乐县鸣鹿水库（抗旱规划）	14610	11000				3610	4800	4800	
兰州新区2号3号石门沟水库	46894		14000		32894		44900	94	
泵站工程	280184	220723	36100			23361	119939	114548	18081
兰州市大砂沟泵站更新改造工程	5850	4400	1450				5850	5850	1421
七里河区西津泵站更新改造工程	17848	11134	6714				5350	5350	990
兰州市工农坪泵站更新改造工程	5354	4283	1071				5193	5193	1568
兰州市榆中三电泵站更新改造工程	25562	20450	5112				20356	20356	950
白银市兴电泵站更新改造工程	34291	27433	6858				12800	10971	2169
白银市靖会泵站更新改造工程	45497	36398	9099				12800	11520	1620
白银市刘川泵站更新改造工程	11455	9164	2291				8580	7452	1200
白银市中堡泵站更新改造工程	2046	1637	409				1637	1473	1473
景泰县中泉泵站更新改造工程	9796	7837	1959				5840	5256	353
平凉市白庙泵站更新改造工程	5681	4545	1136				1340	1340	340
甘肃省景电泵站更新改造	116803	93442				23361	40193	39787	5997
其他灌溉除涝项目	3764	1600	2154			10	2764	2714	2714

2-2 续表

单位：万元

项　目	项目计划总投资	按资金来源分					累计完成投资	累计新增固定资产	本年新增固定资产
		中央政府投资	地方政府投资	企业和私人投资	银行贷款	其他投资			
景泰县草窝滩镇排水工程	1500		1500				500	450	450
秦州区太京镇农田水利建设项目	1134	800	334				1134	1134	1134
甘谷县大石乡农田水利建设项目	1130	800	320			10	1130	1130	1130
供水项目	2714930	824531	1050818	23300	766117	50164	1778144	990313	248880
引水（调水）工程	2522621	772032	978678	23300	703693	44918	1597023	811275	78471
兰州市水源地建设工程	596712		180000		416712		480000	480000	
引洮供水一期榆中县配套工程	82678		29900	1800	31500	19478	48617	48517	
引洮一期工程会宁北部供水工程	87556	52000	35556				76000	73000	15000
天祝县南阳山片下山入川供水工程	41450	20000	21450				41450	41450	500
肃北县马鬃山镇供水工程	97004	30000	11952	21500	19266	14286	25000	25000	8000
盐环定扬黄续建工程调概算	4611		3500		1111		3000	3000	1000
积石山引水工程	43000	19300	15000		5000	3700	37110	37110	6110
临夏州引黄济临供水工程	71454	34000	20000		10000	7454	48809	48809	33108
甘南州引洮（博）济合供水工程	63970	22700	32316		8954		30169	30169	12753
甘南州引洮入潭工程	18358	7400	10958				18400	18400	2000
玛曲县县城引水工程	7996	6432	1564				4100	4100	
兰州新区供水项目引大渠道除险加固	27480		5480		22000		23822		
甘肃省引洮供水一期工程	501602	258200	243402				495638	1720	
甘肃引洮供水二期工程	730600	322000	307600		101000		188108		
天水市城区引洮供水工程	148150		60000		88150		76800		
农村饮水安全巩固提升工程建设	140403	20000	68794		48364	3246	140301	139671	139670
永登县农村饮水安全巩固提升 2016	762	116	269		377		762	762	762
皋兰县农村饮水安全巩固提升 2016	1159	177	409		573		1159	1159	1159
榆中县农村饮水安全巩固提升 2016	714	109	605				714	714	714
永昌县农村饮水安全巩固提升 2016	445	50	232		163		342	342	342
白银区农村饮水安全巩固提升 2016	160	30	57		73		160	144	144
平川区农村饮水安全巩固提升 2016	200	40	71		89		200	180	180
靖远县农村饮水安全巩固提升 2016	3574	593	1061		1920		3574	3216	3216
会宁县农村饮水安全巩固提升 2016	1759	221	820		718		1759	1582	1582
景泰县农村饮水安全巩固提升 2016	511	78	380		53		511	453	453
秦州区农村饮水安全巩固提升工程 2016	369	57	312				369	369	369
麦积区农村安全饮水巩固提升工程 2016	1243	190	1053				1243	1243	1243
清水县农村饮水安全巩固提升工程 2016	1138	174	964				1138	1138	1138
秦安县农村饮水安全巩固提升 2016	610	91	519				610	610	610

2-2 续表

单位：万元

项　目	项目计划总投资	按资金来源分					累计完成投资	累计新增固定资产	本年新增固定资产
		中央政府投资	地方政府投资	企业和私人投资	银行贷款	其他投资			
甘谷县农村饮水安全巩固提升工程2016	5604	901	789		3914		5604	5604	5604
张家川县农村饮水安全巩固提升2016	651	57	561			33	651	651	651
凉州区农村饮水安全巩固提升2016	992	160	832				992	992	992
民勤县农村饮水安全巩固提升项目2016	1747	267	616		864		1747	1747	1747
古浪县农村饮水安全巩固提升2016	1640	250	1189		201		1640	1640	1640
甘州区农村饮水安全巩固提升2016	735	112	259		364		735	735	735
民乐县农村饮水安全巩固提升2016	257	39	91		127		257	257	257
崆峒区农村饮水安全项目巩固提升2016	905	138	319		448		905	905	905
泾川县农村饮水安全巩固提升2016	1210	185	1025				1210	1210	1210
灵台县农村饮水安全巩固提升2016	1013	155	757		101		1013	1013	1013
崇信县农村饮水安全巩固提升2016	168	40	59		69		168	168	168
华亭县农村饮水安全巩固提升2016	1644	251	580		813		1644	1644	1644
庄浪县农村饮水安全巩固提升2016	1688	258	596		834		1688	1688	1688
静宁县农村饮水安全巩固提升2016	2622	400	1607		615		2622	2622	2621
瓜州县农村饮水安全巩固提升2016	133	44	47		42		133	133	133
玉门市农村饮水安全巩固提升2016	668	90	317		261		668	668	668
西峰区农村饮水安全巩固提升2016	208	50	73		85		208	208	208
西峰区2016年市级财政安排农村饮水项目	636		636				636	636	636
庆城县2016年市级财政安排农村饮水项目	868		868				868	868	868
庆城县农村饮水安全巩固提升2016	4189	640	1478		2071		4189	4189	4189
环县农村饮水安全巩固提升2016	32678	5025	11387		16266		32678	32678	32678
环县2016年市级财政安排农村饮水项目	3481		3481				3481	3481	3481
华池县农村饮水安全巩固提升2016	3832	585	1352		1895		3832	3832	3832
华池县2016年市级财政安排农村饮水项目	1583		1505			78	1583	1583	1583
合水县2016年市级财政安排农村饮水项目	559		559				559	559	559
合水县农村饮水安全巩固提升2016	2279	286	1993				2279	2279	2279
正宁县2016年市级财政安排农村饮水项目	457		457				457	457	457
正宁县农村饮水安全巩固提升2016	1464	213	491		760		1464	1464	1464
宁县农村饮水安全巩固提升2016	1181	180	900		101		1181	1181	1181
宁县2016年市级财政安排农村饮水项目	839		839				839	839	839
镇原县农村饮水安全巩固提升2016	1818	244	784		790		1818	1818	1818

2-2 续表

单位：万元

项　目	项目计划总投资	按资金来源分					累计完成投资	累计新增固定资产	本年新增固定资产
		中央政府投资	地方政府投资	企业和私人投资	银行贷款	其他投资			
镇原县2016年市级财政安排农村饮水项目	874		874				874	874	874
安定区农村饮水安全巩固提升2016	6085	929	5156				6085	6085	6085
通渭县农村饮水安全巩固提升2016	1341	205	473		663		1341	1341	1341
陇西县农村饮水安全巩固提升2016	1196	84	1112				1196	1196	1196
渭源县农村饮水安全巩固提升2016	1124	163				961	1124	1124	1124
临洮县村饮水安全巩固提升2016	10716	1744	4027		4945		10716	10716	10716
武都区农村饮水安全巩固提升2016	4396	671	1551			2174	4396	4396	4396
宕昌县农村饮水安全巩固提升2016	3202	489	2713				3202	3202	3202
成县农村饮水安全巩固提升2016	1621	248	571		802		1621	1621	1621
康县农村饮水安全巩固提升2016	2137	326	1454		357		2137	2137	2137
文县农村饮水安全巩固提升2016	2323	355	820		1148		2323	2323	2323
西和县农村饮水安全巩固提升2016	2333	356	1977				2333	2333	2333
礼县农村饮水安全巩固提升2016	3072	469	1626		977		3072	3072	3072
徽县农村饮水安全巩固提升2016	1821	278			1543		1821	1821	1821
康乐县农村饮水安全巩固提升2016	2652	405	1436		811		2652	2652	2652
广河县农村饮水安全巩固提升2016	655	76	334		245		655	655	655
和政县农村饮水安全巩固提升2016	1252	191	442		619		1252	1252	1252
积石山县农村饮水安全巩固提升2016	3210	515	1029		1666		3210	3210	3210
抗旱工程	32839	31299	921			619	32792	32339	28310
永登县抗旱应急引调提水2016	302	302					302	302	302
榆中县抗旱应急引调提水2016	619	619					619	619	619
靖远县抗旱应急引调提水项目	1470	1470					1470	1323	1323
会宁县抗旱应急引调提水项目	1017	1017					1017	916	916
景泰县抗旱应急引调提水项目	703	703					703	632	632
秦州区抗旱应急引调提水2016	717	717					717	717	717
清水县抗旱应急引调提水项目2016	904	904					904	854	854
秦安县抗旱应急引调提水2016	890	890					890	890	890
武山县抗旱应急引调提水2016	686	686					686	686	686
凉州区抗旱应急引调提水项目	775	775					775	775	775
民勤县抗旱应急水源工程	1304	1304					1304	1304	1304
古浪县抗旱应急引调提水项目	1739	1739					1739	1739	1739
天祝县抗旱应急引调提水项目	593	559				34	593	593	593
山丹县抗旱应急引调提水项目	832	650	182				832	748	748
泾川县抗旱应急水源引调提水项目	519	519					472	472	472

2-2 续表

单位：万元

项　目	项目计划总投资	按资金来源分					累计完成投资	累计新增固定资产	本年新增固定资产
		中央政府投资	地方政府投资	企业和私人投资	银行贷款	其他投资			
崇信县抗旱应急引调提水项目	1126	1126					1126	1126	1126
庄浪县抗旱应急引调提水项目	347	347					347	347	347
静宁县抗旱应急引调提水项目	1287	1287					1287	1287	1287
敦煌县抗旱应急引调提水项目	495	344	151				495	495	495
庆城县抗旱应急引调提水项目	460	383	77				460	460	460
环县抗旱应急引调提水项目	1350	1265	85				1350	1350	1350
华池县抗旱应急引调提水项目	1674	1527				147	1674	1674	1674
镇原县抗旱应急引调提水项目	958	824	134				958	958	958
通渭县抗旱应急引调提水项目	790	790					790	790	790
陇西县抗旱应急引调提水项目	791	791					791	791	791
临洮县抗旱应急引调提水项目	1140	1140					1140	1140	1140
西和县抗旱应急水源工程 2016	598	598					598	598	598
礼县抗旱应急引调提水项目	916	916					916	916	916
临夏县 2015 年抗旱引调提水项目	253	253					253	253	36
永靖县 2015 年抗旱引调水提水工程	376	328				48	376	376	168
广河县抗旱应急引调提水项目	837	706	131				837	837	837
广河县 2015 齐家镇抗旱应急水源配套	512	416				96	512	512	112
广河县 2015 三甲集镇抗旱应急水源配套	505	425				80	505	505	105
和政县抗旱应急引调提水项目	764	687	77				764	764	764
东乡县 2015 年抗旱引调提水项目	920	892				28	920	920	137
东乡县抗旱应急引调提水项目	869	800	69				869	869	869
东乡县 2014 年抗旱引调提水项目	861	835				26	861	861	26
积石山县 2015 年抗旱应急水源配套工程	1409	1250				159	1409	1409	224
积石山县抗旱应急引调提水项目	530	515	15				530	530	530
其他供水工程	19066	1200	2425		14060	1382	8028	7028	2428
金昌市城市应急备用水源项目	9560				9560		1000		
华池县刘坪村美丽村庄河道治理及供水工程	1000		1000				1000	1000	1000
积石山县县城区供水水源改扩建工程	7082	1200			4500	1382	4600	4600	
靖远寺儿坪供水项目	1425		1425				1428	1428	1428
水务项目	88861	6574	10932		43743	27613	49323	24197	22178
自来水厂建设	27938		4000		14700	9238	15800	1500	1500
庄浪县南坪水厂改扩建及管网工程	1500				1500		1500	1500	1500
武威市城乡融合黄羊土门组团供水（陆港）	26438		4000		13200	9238	14300		

2-2 续表

单位：万元

项　目	项目计划总投资	按资金来源分					累计完成投资	累计新增固定资产	本年新增固定资产
		中央政府投资	地方政府投资	企业和私人投资	银行贷款	其他投资			
城镇供水管线建设	34804	700	3200		25857	5047	16959	15075	13056
天水市藉口水厂至西十里供水管道工程	17929				17929		9100	9100	9100
清水县城区供水工程	12041		2000		5000	5041	3900	2856	2856
清水县城区自来水管网扩建工程	1707	350	400		950	7	1700	1700	1100
天水市城区供水高桥头引水枢纽工程	1419		400		1019		1419	1419	
清水县城区自来水管网扩建工程	1709	350	400		959		840		
污水处理工程建设	24496	5874	2109		3186	13327	14942	6000	6000
华池县城区污水分户收集工程	386		386				386		
华池县县城污水支管道工程	606		606				606		
临洮县污水处理厂配套管网工程	927	510	417				400		
民勤红沙岗污水处理厂及中水回用贮水池	16577	750			2500	13327	7550		
山丹县城区生活污水处理工程	6000	4614	700		686		6000	6000	6000
其他水务能力建设	1622		1622				1622	1622	1622
甘谷县城区供水水源水深度处理工程	1622		1622				1622	1622	1622
非常规水资源利用项目	160		160				160	160	160
雨水集用	160		160				160	160	160
金昌市龙首山前山区雨洪资源利用项目	160		160				160	160	160
水电开发利用	43198	9332	884	31187	1794		36565	35990	3221
水力发电工程建设	27471	2603		24868			26520	26520	
迭部县阿夏那盖水电站	7471	1163		6308			7471	7471	
夏河县安顺水电站	20000	1440		18560			19049	19049	
水电增效扩容	12227	5749	884	4549	1044		6545	5970	3047
永昌县头坝二号水电站增效扩容改造	635	285		350			635	635	635
金塔县解放村水电站增效扩容改造	149	149					149	149	149
肃北县拉排一级水电站增效扩容改造	2032	988			1044		424	424	424
肃北县拉排一级水电站河流生态修复	111	60		51			27	27	27
敦煌市南湖店水电站增效扩容改造	816	377		439			172		
敦煌市党河水电站增效扩容改造	1831	884		947			403		
文县哈南水电站增效扩容改造	46	46							
文县哈南水电站河流生态修复	15	15							
礼县大滩水电站增效扩容改造工程	93	93					19	19	19
礼县红崖二级水电站河流生态修复工程	16	16					3	3	3
礼县红崖二级水电站增效扩容改造工程	103	103					20	20	20
礼县大滩水电站河流生态修复工程	14	14					3	3	3

2-2 续表

单位：万元

项 目	项目计划总投资	按资金来源分					累计完成投资	累计新增固定资产	本年新增固定资产
		中央政府投资	地方政府投资	企业和私人投资	银行贷款	其他投资			
和政县闫蔡坪水电站增效扩容改造	465	208		257			80	80	80
东乡县老虎嘴电站	1651	743		908			853	853	
合作市峡村电站	2677	1170	585	922			2857	2857	1687
夏河县白土坡水电站	1572	598	299	675			900	900	
小水电代燃料	3500	980		1770	750		3500	3500	174
夏河县甫黄二级小水电代燃料项目	3500	980		1770	750		3500	3500	174
水保及生态保护	183181	138075	23893		920	20293	164883	123582	76857
水土流失治理	94708	70471	3944			20293	91650	91650	49288
漳县国家农业综合开发水土保持项目2016	397	285	105			7	397	397	394
泾川县国家农业综合开发水土保持项目2016	394	285	105			4	394	394	394
环县病险淤地坝除险加固工程2016	340	272	68				301	301	
礼县坡耕地水土流失治理2016	1250	1000				250	1250	1250	1250
广河县坡耕地水土流失治理2016	1250	1000				250	1250	1250	1250
甘肃省国家水土保持重点工程（2015）	15769	11038				4731	15769	15769	1709
甘肃省农业综合开发水土保持项目（2015）	5944	4000	1600			344	5944	5944	899
甘肃省坡耕地水土流失重点治理2015（黄河）	15000	12000				3000	15000	15000	1331
渭源县国家农业综合开发水土保持项目2016	395	285	105			5	395	395	395
陇西县国家水土保持重点建设工程2016年	1286	900				386	1286	1286	1286
甘肃省坡耕地水土流失重点治理2015（长江）	5000	4000				1000	5000	5000	545
甘肃省水土流失重点治理工程2015（黄河）	2568	2054				514	2568	2568	549
甘肃省水土流失重点治理工程2015（长江）	625	500				125	625	625	100
甘肃省水土流失重点治理工程2015（内陆）	250	200				50	250	250	47
东乡县坡耕地水土流失治理2016	1250	1000				250	1250	1250	1250
景泰县水土保持重点工程2016	600	420	18			162	402	402	402
临洮县坡耕地水土流失治理2016	1250	1000				250	1189	1189	1189
会宁县国家水土保持重点建设工程2016年	1286	900				386	1286	1286	1286
西和县坡耕地水土流失治理2016	1250	1000				250	1160	1160	1160
岷县水土保持重点工程2016	607	425	18			164	476	476	476
两当县水土保持重点工程2016	600	420	18			162	600	600	600

2-2 续表

单位：万元

项　目	项目计划总投资	按资金来源分					累计完成投资	累计新增固定资产	本年新增固定资产
		中央政府投资	地方政府投资	企业和私人投资	银行贷款	其他投资			
临潭县水土保持重点工程 2016	600	420	18			162	546	546	546
甘谷县国家农业综合开发水土保持项目 2016	397	285	105			7	397	397	397
武山县国家农业综合开发水土保持项目 2016	397	285	105			7	397	397	397
秦安县国家农业综合开发水土保持项目 2016	396	285	105			6	396	396	396
崇信县国家农业综合开发水土保持项目 2016	403	290	107			6	403	403	403
灵台县国家农业综合开发水土保持项目 2016	395	285	105			5	395	395	395
庄浪县国家水土保持重点建设工程 2016 年	786	550				236	786	786	786
张家川县国家农业综合开发水土保持项目 2016	397	285	105			7	397	397	397
靖远县水土保持重点工程 2016	600	420	18			162	480	480	480
武都区水土保持重点工程 2016	600	420	18			162	600	600	600
成县水土保持重点工程 2016	600	420	18			162	600	600	600
文县水土保持重点工程 2016	600	420	18			162	600	600	600
康县水土保持重点工程 2016	600	420	18			162	600	600	600
卓尼县水土保持重点工程 2016	600	420	18			162	553	553	553
迭部县水土保持重点工程 2016	600	420	18			162	545	545	545
清水县国家农业综合开发水土保持项目 2016 年	404	290	107			7	404	404	404
和政县国家农业综合开发水土保持项目 2016	396	285	105			6	396	396	396
临洮县国家水土保持重点建设工程 2016 年	1286	900				386	1286	1286	1286
宁县国家水土保持重点建设工程 2016 年	786	550				236	786	786	786
正宁县国家水土保持重点建设工程 2016 年	786	550				236	786	786	786
安定区国家水土保持重点建设工程 2016 年	1286	900				386	1286	1286	1286
东乡县国家水土保持重点建设工程 2016 年	786	550				236	786	786	786
临夏县国家水土保持重点建设工程 2016 年	929	650				279	929	929	929
镇原县国家水土保持重点建设 2016 第二批	357	250	10			97	357	357	357
会宁县国家水土保持重点建设 2016 第二批	357	250	10			97	357	357	357
安定区国家水土保持重点建设 2016 第二批	286	200	8			78			
通渭县国家水土保持重点建设 2016 第二批	429	300	12			117	84	84	84

2-2 续表

单位：万元

项　目	项目计划总投资	按资金来源分					累计完成投资	累计新增固定资产	本年新增固定资产
		中央政府投资	地方政府投资	企业和私人投资	银行贷款	其他投资			
永靖县国家水土保持重点建设2016第二批	357	250	10			97	357	357	357
临夏县国家水土保持重点建设2016第二批	357	250	10			97	357	357	357
东乡县国家水土保持重点建设2016第二批	357	250	10			97	357	357	357
华池县国家农业综合开发水土保持项目2016	399	285	105			9	399	399	399
临夏市水土保持重点工程2016	589	400	18			171	571	571	571
积石山县国家水土保持重点建设工程2016年	929	650				279	929	929	929
临洮县国家水土保持重点建设2016第二批	419	293	12			114			
陇西县国家水土保持重点建设2016第二批	286	200	8			78	281	281	281
永靖县国家水土保持重点建设工程2016年	796	557				239	796	796	796
镇原县国家水土保持重点建设工程2016年	1000	700				300	1000	1000	1000
通渭县国家水土保持重点建设工程2016年	1286	900				386	1286	1286	1286
合水县国家水土保持重点建设工程2016年	786	550				236	786	786	786
康乐县国家农业综合开发水土保持项目2016	399	285	105			9	399	399	399
庆城县国家农业综合开发水土保持项目2016	392	285	105			2	392	392	392
秦州区坡耕地水土流失治理2016	1250	1000				250	1250	1250	1250
安定区坡耕地水土流失治理2016	1250	1000				250	782	782	782
通渭县坡耕地水土流失治理2016	1250	1000				250	1250	1250	1250
镇原县坡耕地水土流失治理2016	1250	1000				250	1250	1250	1250
静宁县坡耕地水土流失治理2016	1250	1000				250	1250	1250	1250
环县坡耕地水土流失治理2016	1250	1000				250	1250	1250	1250
麦积区水土保持重点工程2016	600	420	18			162	421	421	421
临夏县坡耕地水土流失治理2016	1250	1000				250	1250	1250	1250
陇西县坡耕地水土流失治理2016	1250	1000				250	1015	1015	1015
渭源县病险淤地坝除险加固工程2016	100	80	20				91	91	
通渭县病险淤地坝除险加固工程2016	140	112	28				114	114	
庆城县病险淤地坝除险加固工程2016	115	92	23				94	94	
华池县病险淤地坝除险加固工程2016	100	80	20				93	93	
正宁县病险淤地坝除险加固工程2016	110	88	22				100	100	
临洮县病险淤地坝除险加固工程2016	110	88	22				93	93	
灵台县病险淤地坝除险加固工程2016	85	68	17				85	85	
合水县病险淤地坝除险加固工程2016	100	80	20				100	100	
庄浪县病险淤地坝除险加固工程2016	90	72	18				90	90	

2–2 续表

单位：万元

项　目	项目计划总投资	按资金来源分					累计完成投资	累计新增固定资产	本年新增固定资产
		中央政府投资	地方政府投资	企业和私人投资	银行贷款	其他投资			
镇原县病险淤地坝除险加固工程 2016	170	136	34				170	170	
宁县病险淤地坝除险加固工程 2016	105	84	21				88	88	
榆中县病险淤地坝除险加固工程 2016	115	92	23				110	110	
秦州区病险淤地坝除险加固工程 2016	105	84	21				64	64	
漳县病险淤地坝除险加固工程 2016	115	92	23				115	115	
陇西县病险淤地坝除险加固工程 2016	120	96	24				98	98	
泾川县病险淤地坝除险加固工程 2016	90	72	18				90	90	
西峰区病险淤地坝除险加固工程 2016	180	144	36				120	120	
安定区病险淤地坝除险加固工程 2016	440	352	88				367	367	
流域生态综合治理	82436	64999	17437				67446	26145	21781
敦煌水资源规划项目（河道归束）2015	4747	2848	1899				4747	4747	383
敦煌水资源规划项目（酒泉市）2016	14002	11201	2801				9569	3036	3036
敦煌水资源规划项目（敦煌市）2016	8100	6480	1620				5200		
敦煌水资源规划项目（党河灌区）2015	8678	6943	1735				8678	1846	1846
敦煌水资源合理与生态保护（疏勒河）2016	21648	17318	4330				16516	16516	16516
敦煌水资源利用与生态保护（疏勒河）2015	25261	20209	5052				22737		
河湖连通工程	3525	2605			920		3525	3525	3525
庆阳市新城南区湖库水系连通工程	3525	2605			920		3525	3525	3525
其他环境水利项目	2512		2512				2262	2262	2262
金昌市十里花海景区建设项目	1512		1512				1512	1512	1512
平凉市崆峒水库至大岔河段河道生态综合治理	1000		1000				750	750	750
机构能力建设专项	34568	26704	7864				27923		
水文设施及能力建设	34568	26704	7864				27923		
甘肃水资源监控能力建设二期 2016	2872	2173	699				373		
甘肃省中小河流水文监测系统建设项目	31696	24531	7165				27550		
移民项目	61521	30999	30522				61521	46001	46001
西峰区小盘河水库征地拆迁补偿安置工作	1779		1779				1779		
甘肃省大中型水库移民后期扶持(内陆)	8278	4390	3888				8278	6374	6374
甘肃省大中型水库移民后期扶持(长江)	4328	2749	1579				4328	3333	3333
甘肃省大中型水库移民后期扶持(黄河)	47136	23860	23276				47136	36294	36294
其他水利项目	38746	22135	15764		847		29878	29831	22316
金昌市永昌县金川工农干渠围栏保护工程	131		131				131	131	131
会宁县电子桥、康家河桥桥梁工程	847				847		847	800	800
临夏市大夏河风情线综合治理工程	15633		15633				9900	9900	9100
永靖县刘盐八地质灾害灌区节水改造工程	22135	22135					19000	19000	12285

2-3 2016 年水利建设项目累计安排投资

单位：万元

项　目	累计安排投资	中央政府投资					地方政府投资				企业和私人投资	国内贷款		债券	其他投资
		小计	预算内拨款	中央财政水利专项资金	土地出让收益	其他资金	小计	省级政府投资	地市级政府投资	县级政府投资		小计	其中：国家专项建设基金		
甘肃省	3619181	1561870	1121998	437075	835	1962	983560	705461	182523	95575	48373	928258	31911	12000	85120
防洪项目	454065	293128	221067	72061			75364	25228	23127	27009		69347			16226
堤防工程	39849						10526	7981		2545		26477			2846
会宁县焦家河焦河村防洪工程	500						500	500							
会宁县苦水河河畔羊肉市场段综合治理工程	2042											2042			
天水市藉河生态综合治理一期续建工程	24000											24000			
秦州区天水镇易地搬迁堤防工程	1415						1415			1415					
天祝县大通河防洪工程	3446						600	600							2846
瓜州县榆林河蘑菇台子段河道治理	500						500	500							
庆城县 2016 年蔡家庙沟护岸工程	140						140	140							
华池县葫芦河引水枢纽上游护岸工程	435											435			
合水县葫芦河、苗村河太白段河道整治工程	1078						1078			1078					
宁县新宁镇高山堡村护岸工程	360						360	360							
镇原县洪河南川芦李护岸工程	411						411	411							
合作市那吾乡精准扶贫暨生态小康村防洪工程	670						670	670							
卓尼县车巴河流域防洪治理项目	3852						3852	3800		52					
迭部县卡坝乡尼吉巴防洪工程	1000						1000	1000							
大江大湖治理	230000	170000	170000				32000		20000	12000		28000			
黄河甘肃段兰州市防洪治理工程	112000	84000	84000									28000			
黄河干流白银市防洪治理工程	72000	52000	52000				20000		20000						
黄河甘肃段临夏州防洪治理工程	24000	18000	18000				6000			6000					
黄河甘肃段甘南州防洪治理工程	22000	16000	16000				6000			6000					
重要支流治理	69121	42758	42758				17875	5905	3127	8843					8488
湟水兰州市红古段防洪治理工程	6000	3600	3600				2400		1308	1092					
武山县车家川至山丹河口段治理	2966	1780	1780												1186
石羊河凉州区松涛寺至红水河入河口防洪	2133	1280	1280				853	853							

2-3 续表

单位：万元

项 目	累计安排投资	中央政府投资					地方政府投资				企业和私人投资	国内贷款		债券	其他投资
		小计	预算内拨款	中央财政水利专项资金	土地出让收益	其他资金	小计	省级政府投资	地市级政府投资	县级政府投资		小计	其中：国家专项建设基金		
平凉市泾河吴老沟至平镇桥河堤治理	2264	1361	1361				903		903						
泾河崆峒区马莲沟至南阳洞河段防洪工程	2770	1662	1662												1108
泾河泾川县罗汉洞至洪河口段河堤治理	1963	1630	1630				333	333							
葫芦河静宁县狗娃河口至胡家河段河堤治理过程	2841	1705	1705												1136
黑河金塔县常丰至中丰村段防洪治理工程	1230	738	738				492			492					
黑河酒泉市金塔县五爱至友好段河道治理工程	2775	1665	1665				1110			1110					
环县马莲河韩洼子至陈沟桥段防洪	2072	1243	1243				829			829					
蒲河宁县庄里至叶王川段防洪治理工程	2496	1590	1590				906	906							
洮河岷县齐家庄至石头咀段堤防工程	3504	2103	2103				1401			1401					
白龙江文县石坊乡东峪口至大渡坝河道	1755	1053	1053				702	702							
文县尚德镇水家坝至周家坝河道治理	2900	1740	1740												1160
西和县西汉水郭家坝至昌河坝段防洪	1281	797	797				484			484					
礼县西汉水罗家堡至盐官镇段防洪	2293	1377	1377				916		916						
大夏河干流临夏市祁牟段堤防工程	823	494	494				329			329					
大夏河干流临夏市单子庄至新大桥段	2898	1739	1739												1159
临夏县大夏河干流双城至马九川段治理	2320	1678	1678												642
大夏河干流临夏县祁牟至刘家峡水库防洪	872	548	548				324			324					
永靖县湟水干流白川至二房段河堤工程	2628	1726	1726												902
大夏河东乡县折桥至刘家峡水库堤防	1549	1162	1162												387
洮河合作市段防洪工程	3393	2037	2037				1356	1356							
洮河干流临潭县洮滨防洪堤工程	2001	1200	1200				801	801							
洮河卓尼县麻路1段至牙当段	2019	1211	1211												808
卓尼县洮河干流城区段堤防工程	2384	1430	1430				954	954							
夏河县垂子合大桥至阿一山大桥段治理	1741	1059	1059				682			682					

2-3 续表

单位：万元

项目	累计安排投资	中央政府投资					地方政府投资				企业和私人投资	国内贷款		债券	其他投资
		小计	预算内拨款	中央财政水利专项资金	土地出让收益	其他资金	小计	省级政府投资	地市级政府投资	县级政府投资		小计	其中：国家专项建设基金		
大夏河夏河县王格尔塘至曲奥段治理工程	5250	3150	3150				2100			2100					
中小河流治理	87426	67916	3500	64416			4814	2219		2595		10804			3892
皋兰县蔡家河东湾沟上游段－文山段堤防	1486	1486		1486											
白银区东大沟民勤村至城区段治理	691	691		691											
会宁县祖厉河城区段综合治理二期工程（续建）	10804											10804			
清水县后川河杜川至王店段堤防工程	2400	2000	2000				400	400							
秦安县南小河王尹马河至凤山堤防	273	273		273											
甘谷县清溪河礼辛乡寨子至慰坪堤防工程	3018	3018		3018											
肃南县隆畅河治理工程补充项目	745	500		500			245			245					
临泽县小东沟河新柳－西街农田防护	1798	1438		1438											360
山丹县马营河大马营段河道治理工程	2211	2211		2211											
泾川县黑河荒场至茜家沟河堤治理工程	1384	1384		1384											
泾川县汭河十里沟至枣林段河堤治理工程	2370	2370		2370											
泾川县洪河河堤治理工程	1080	1080		1080											
灵台县达溪河县城至安家庄段河堤治理	2175	2175		2175											
灵台县达溪河县城至百里段河堤治理	2586	2168		2168			418	418							
灵台县黑河东门至景家庄段河堤治理	1946	1946		1946											
崇信县黑河河堤治理工程	1961	1961		1961											
崇信县汭河（九功渠首至野雀沟）河堤治理	2378	2378		2378											
庄浪县韩店镇王崖段河堤治理工程	460						460			460					
庄浪县红土坡至刘家湾段河堤工程	2490	1500	1500				990	280		710					
庄浪县北洛河良邑郭魏至石家窑防洪	1842	1842		1842											
肃州区丰乐河堤防及河道治理工程	2553	2042		2042			511			511					
肃州区清水河堤防及河道治理工程	1232	986		986			246			246					

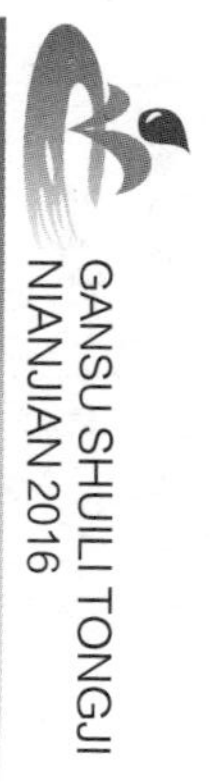

2–3 续表

单位：万元

项　目	累计安排投资	中央政府投资					地方政府投资				企业和私人投资	国内贷款		债券	其他投资
		小计	预算内拨款	中央财政水利专项资金	土地出让收益	其他资金	小计	省级政府投资	地市级政府投资	县级政府投资		小计	其中：国家专项建设基金		
西峰区砚瓦川贺家塬沟护岸工程	240	240		240											
正宁县四郎河樊湾子治理工程	2650	1200		1200											1450
正宁县四郎河房河治理工程	2270	977		977											1293
漳县龙川河草川坪至魏下段堤防工程	2221	2221		2221											
武都区北峪河治理工程	979	979		979											
宕昌县理川河流域治理工程	500	500		500											
宕昌县良恭河韩院段河堤工程	296	296		296											
成县严河堤防工程	990	990		990											
康县阳坝河阳坝镇段治理工程	519	519		519											
文县中路河中寨至白水江口段治理	1578	1578		1578											
西和县太石河治理工程	1264	1264		1264											
礼县清水江张堡至教面堤防工程	1047	1047		1047											
两当县红崖河蚂蚱河段综合治理工程	1252	1252		1252											
两当县红崖河权坪河段综合治理工程	790	790		790											
徽县永宁河高桥乡河道治理工程	1087	1087		1087											
临夏县老鸦关河双城至上阴洼段防洪工程	2487	1990		1990			497	74		423					
东乡县巴谢河五家至赵家段堤防	2714	2171		2171			434	434							109
东乡县巴谢河赵家至那勒寺段堤防	2364	2251		2251											113
合作市格河多合儿防洪工程	1070	892		892			178	178							
合作市德吾录河卡加防洪工程	768	768		768											
临潭县斜藏沟治理工程	2608	2173		2173			435	435							
临潭县羊沙河下河段治理工程	1078	1078		1078											
卓尼县石窑沟藏巴哇防洪工程	680	680		680											
卓尼县羊沙河恰盖防洪工程	1206	1206		1206											

2-3 续表

单位：万元

项　目	累计安排投资	中央政府投资					地方政府投资				企业和私人投资	国内贷款		债券	其他投资
		小计	预算内拨款	中央财政水利专项资金	土地出让收益	其他资金	小计	省级政府投资	地市级政府投资	县级政府投资		小计	其中：国家专项建设基金		
舟曲县拱坝河堤防工程	2367	2367		2367											
迭部县阿夏流域治理工程	1684	1684		1684											
甘肃疏勒河灌区三道沟河道治理	2834	2267		2267											567
城市防洪工程	508						141			141		367			
镇原县城东区排洪工程	508						141			141		367			
大中型病险水库除险加固	11300						6600	6600				3700			1000
高台县小海子水库除险加固	3300						600	600				1700			1000
甘肃双塔水库除险加固	8000						6000	6000				2000			
大中型病险水闸除险加固	5694	4809	4809				885			885					
永昌县金川河工农渠首泄洪闸	1339	1071	1071				268			268					
肃州区红山河青稞地排沙闸	985	788	788				197			197					
肃州区马营河渠首闸	2245	2050	2050				195			195					
肃州区红山河马鬃门排砂闸除险加固工程	1125	900	900				225			225					
山洪灾害防治工程	10168	7645		7645			2523	2523							
甘肃省山洪灾害防治2016（长江）	663	660		660			3	3							
甘肃省山洪灾害防治2016（内陆）	2315	1595		1595			720	720							
甘肃省山洪灾害防治2016（黄河）	7190	5390		5390			1800	1800							
灌溉除涝项目	825277	419287	184107	234418		762	167087	121593	21190	24304	6324	194204	12500	2500	35875
灌区建设工程	76433	45032	44270			762	17270	10590		6680		10709			3422
西河灌区续建配套节水改造	10366	8293	8293				2073			2073					
兴电灌区齐家大岘隧洞除险加固工程	8000						8000	8000							
白银市兴电灌区渠道维修工程	1000						1000	1000							
凉州区杂木河灌区续建配套节水改造	4114	3291	3291				823			823					
古浪县黄花滩项目	11471	762				762						10709			

2-3 续表

单位：万元

项　目	累计安排投资	中央政府投资					地方政府投资				企业和私人投资	国内贷款		债券	其他投资
		小计	预算内拨款	中央财政水利专项资金	土地出让收益	其他资金	小计	省级政府投资	地市级政府投资	县级政府投资		小计	其中：国家专项建设基金		
甘州区西浚灌区续建配套节水改造	3826	3061	3061				765			765					
甘州区大满灌区续建配套节水改造	7174	5739	5739				1435			1435					
临泽县梨园河灌区续建配套节水改造	7918	6334	6334				1584			1584					
山丹县马营河灌区续建配套节水改造	19512	15510	15510				580	580							3422
敦煌市党河灌区西干渠改建工程	500						500	500							
省景电一期灌区续建配套节水改造	2552	2042	2042				510	510							
节水灌溉工程	36260	15916	9066	6850			16781	10055	6646	80	3398				165
皋兰县西岔中型灌区农业综合开发 2015	1080	1000		1000			80		80						
白银区工农渠灌区农业综合开发	350	350		350											
平川区旱坪川灌区农业综合开发	330	250		250			80	80							
靖远县靖乐渠灌区农业综合开发	330	250		250			80	80							
秦州区易地搬迁项目高效节水灌溉工程	3486						3486		3486						
高台县罗城灌区农业综合开发	1400	1000		1000			400	320		80					
庄浪县水洛河灌区节水配套改造项目	1400	1000		1000			400	400							
静宁县东峡灌区农业综合开发	1400	1000		1000			400	400							
宁县海升公司果业基地滴灌工程	3398										3398				
临夏县北塬灌区农业综合开发项目	1490	1000		1000			400	400							90
夏河县 2015 牧区节水灌溉项目	375	300	300												75
石羊河流域重点治理（省景电）2013	19821	8766	8766				11055	8055	3000						
玉门市花海灌区农业综合开发	1400	1000		1000			400	320	80						
小型农田水利建设	226087	146148		146148			65409	55500	1080	8829	2926				11603
兰州市农田水利设施维修养护 2016	500	500		500											
西固区高效节水灌溉项目 2016	1058	500		500			558	250	70	238					
永登农田水利设施维修养护 2016	100	100		100											
永登县高效节水灌溉 2016	832	400		400			270	270							162

2–3 续表

单位：万元

项　目	累计安排投资	中央政府投资					地方政府投资				企业和私人投资	国内贷款		债券	其他投资
		小计	预算内拨款	中央财政水利专项资金	土地出让收益	其他资金	小计	省级政府投资	地市级政府投资	县级政府投资		小计	其中：国家专项建设基金		
皋兰县农田水利设施维修养护 2016	100	100		100											
皋兰县高效节水灌溉 2016	799	400		400			399	200	60	139					
榆中县农田水利设施维修养 2016	1000	1000		1000											
嘉峪关市中央财政高效节水项目 2015（五）	2100	1400		1400			700	600	100						
嘉峪关市 2016 年小型农田水利设施春修工程	100						100		100						
嘉峪关市高效节水灌溉项目 2015（六）	1600	1000		1000			600	500	100						
金川区 2015 新增农田水利设施建设 2016	1709	1000		1000			659	500		159					50
金川区小型农田水利重点县 2016	2832	1700		1700			1080	800		280	52				
永昌县农田水利设施维修养护 2016	1004	1000		1000			4			4					
永昌县小型农田水利重点县 2016	1832	1000		1000			737	500		237					94
永昌县 2015 新增农田水利设施建设 2016	1873	1000		1000			621	500		121					253
永昌县高效节水灌溉 2016	6683	4000		4000			2266	2000		266					418
白银市农田水利设施维修养护 2016	500	500		500											
白银区农田水利设施维修养护 2016	600	600		600											
白银区五小水利工程 2016	1500	1000		1000			500	500							
平川区五小水利工程 2016	1500	1000		1000			500	500							
靖远县高效节水灌溉 2016	3900	2600		2600			1300	1300							
靖远县小型农田水利设施补助 2016	1000	1000		1000											
靖远县农田水利设施维修养护 2016	1000	1000		1000											
会宁县高效节水灌溉 2016	2250	1500		1500			750	750							
会宁县农田水利设施维修养护 2016	100	100		100											
景泰县高效节水灌溉 2016	2400	1600		1600			800	800							
景泰县农田水利设施维修养护 2016	100	100		100											
景泰县小型农田水利设施补助 2016	500	500		500											

2-3 续表

单位：万元

项　目	累计安排投资	中央政府投资					地方政府投资				企业和私人投资	国内贷款		债券	其他投资
		小计	预算内拨款	中央财政水利专项资金	土地出让收益	其他资金	小计	省级政府投资	地市级政府投资	县级政府投资		小计	其中：国家专项建设基金		
秦州区五小水利工程 2016	1500	1000		1000			500	500							
麦积区高效节水灌溉 2016	1962	1300		1300			662	650		12					
麦积区小型农田水利设施补助 2016	1074	800		800			274			274					
清水县小型农田水利设施补助 2016	1000	1000		1000											
秦安县五小水利工程 2016	1500	1000		1000			500	500							
甘谷县五小水利工程 2016	1500	1000		1000			500	500							
甘谷县农田水利设施维修养护 2016	100	100		100											
武山县五小水利工程 2016	1500	1000		1000			500	500							
武山县小型农田水利设施补助 2016	500	500		500											
张家川县农田水利设施维修养护 2016	100	100		100											
武威市 2016 年农田水利设施维修养护资金	100	100		100											
凉州区高效节水灌溉 2016	9000	6000		6000			3000	3000							
凉州区小型农田水利重点县 2016	3000	2000		2000			1000	1000							
凉州区农田水利设施维修养护 2016	600	600		600											
民勤县 2015 新增农田水利设施建设 2016	1500	1000		1000			500	500							
民勤县高效节水灌溉 2016	1500	1000		1000			500	500							
民勤县小型农田水利设施建设补助 2016	1000	1000		1000											
民勤县小型农田水利重点县 2016	1500	1000		1000			500	500							
民勤县农田水利设施维修养护 2016	600	600		600											
古浪县小型农田水利重点县 2016	1500	1000		1000			500	500							
古浪县 2015 新增农田水利设施建设 2016	1500	1000		1000			500	500							
古浪县高效节水灌溉 2016	1500	1000		1000			500	500							
2016 古浪县小型农田水利设施补助资金（二）	1000	1000		1000											
古浪县农田水利设施维修养护 2016	200	200		200											

2-3 续表

单位：万元

项目	累计安排投资	中央政府投资					地方政府投资				企业和私人投资	国内贷款		债券	其他投资
		小计	预算内拨款	中央财政水利专项资金	土地出让收益	其他资金	小计	省级政府投资	地市级政府投资	县级政府投资		小计	其中：国家专项建设基金		
天祝县 2016 年农田水利设施维修养护资金	100	100		100											
天祝县小型农田水利重点县 2016	1080	700		700			300	300							80
天祝县高效节水灌溉 2016	2653	1700		1700			850	850							103
天祝县小型农田水利设施补助 2016	1046	1000		1000											46
张掖市年农田水利设施维修养护 2016	100	100		100											
甘州区小型农田水利重点县 2016	1695	1000		1000			500	500							195
甘州区高效节水灌溉 2016	3262	1400		1400			1400	700		700					462
甘州区农田水利设施维修养护 2016	1000	1000		1000											
肃南县农田水利设施维修养护 2016	318						318	275		43					
肃南县高效节水灌溉 2016	1777	1000		1000			510	500		10					267
民乐县小型农田水利重点县 2016	1826	1000		1000			500	500							326
民乐县 2015 年新增农田水利设施建设 2016	1030	600		600			300	300							130
民乐县农田水利设施维修养护 2016	600	600		600											
临泽县农田水利设施维修养护 2016	100	100		100											
高台县高效节水灌溉 2016	1725	1000		1000			500	500							225
高台 2015 年新增农田水利设施建设 2016	1754	1000		1000			500	500							254
高台县小型农田水利重点县 2016 年	1967	1000		1000			500	500							467
高台县小型农田水利设施补助 2016	1134	1000		1000											134
高台县农田水利设施维修养护 2016	781	600		600			150			150					31
山丹县农田水利设施维修养护 2016	100	100		100											
山丹县小型农田水利设施补助 2016	1356	1000		1000							356				
山丹县 2015 年新增农田水利设施建设 2016	2105	1000		1000			900	500		400					205
山丹县高效节水灌溉 2016	2131	1200		1200			800	600		200					131
山丹县小型农田水利重点县 2016	2897	1700		1700			1100	900		200					97

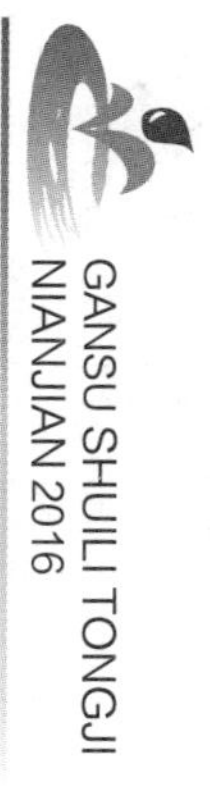

单位：万元

项　目	累计安排投资	中央政府投资					地方政府投资				企业和私人投资	国内贷款		债券	其他投资
		小计	预算内拨款	中央财政水利专项资金	土地出让收益	其他资金	小计	省级政府投资	地市级政府投资	县级政府投资		小计	其中：国家专项建设基金		
山丹马场小型农田水利重点县 2016	1382	800		800			400	400			182				
山丹马场高效节水灌溉 2016	1570	400		400			300	300			870				
平凉市农田水利设施维修养护 2016	100	100		100											
崆峒区五小水利工程 2016	1500	1000		1000			500	500							
泾川县五小水利工程 2016	1500	1000		1000			500	500							
泾川县农田水利设施维修养护 2016	100	100		100											
灵台县中央财政小型农田水利工程 2015	1500	1000		1000			500	500							
灵台县五小水利工程 2016	1500	1000		1000			500	500							
灵台县中央财政小农水重点县 2014（四）	2725	1500		1500			1200	800		400					25
崇信县五小水利工程 2016	1500	1000		1000			500	500							
华亭县五小水利工程 2016	1500	1000		1000			500	500							
华亭县 2015 年新增农田水利设施建设 2016	1500	1000		1000			500	500							
庄浪县小型农田水利设施补助 2016	800	800		800											
庄浪县五小水利工程 2016	1500	1000		1000			500	500							
静宁县五小水利工程 2016	1500	1000		1000			500	500							
肃州区高效节水灌溉 2016	10554	5000		5000			2972	2500		472					2582
肃州区小型农田水利建设（五）	2661	1400		1400			929	600		329					332
肃州区农田水利设施维修养护 2016	202	200		200			2			2					
肃州区小型农田水利重点县 2016	3897	2000		2000			1140	1000		140	397				360
肃州区规模化节水增效示范（2013–2016）	5872	4693		4693			769			769					410
肃州区高效节水灌溉项目（六）	2051	1000		1000			911	500		411					140
金塔县小型农田水利重点县 2016	1500	1000		1000			500	500							
金塔县农田水利设施维修养护 2016	1000	1000		1000											
金塔县 2015 新增农田水利设施建设 2016	1500	1000		1000			500	500							

2-3 续表

单位：万元

项　目	累计安排投资	中央政府投资					地方政府投资				企业和私人投资	国内贷款		债券	其他投资
		小计	预算内拨款	中央财政水利专项资金	土地出让收益	其他资金	小计	省级政府投资	地市级政府投资	县级政府投资		小计	其中：国家专项建设基金		
金塔县高效节水灌溉 2016	1500	1000		1000			500	500							
瓜州县农田水利设施维修养护 2016	200	200		200											
瓜州县小型农田水利建设（五）	2643	1400		1400			1243	600		643					
瓜州县高效节水灌溉 2016	2520	1500		1500			1020	750		270					
肃北县小型农田水利设施补助 2016	600	600		600											
玉门市 2015 新增农田水利设施建设 2016	1813	1000		1000			500	500							313
玉门市高效节水灌溉 2016	2283	1400		1400			700	700							183
玉门市小型农田水利重点县 2016	4019	2700		2700			1300	1300							19
玉门市农田水利设施维修养护 2016	200	200		200											
敦煌市农田水利设施维修养护 2016	108	100		100			8			8					
敦煌市 2015 抗旱引调提水项目	1975	1343		1343			632			632					
敦煌市小型农田水利 2015 维修养护资金	343	300		300			43			43					
敦煌市规模化节水增效示范（2013–2016）	1516	1212		1212			304			304					
庆城县“五小水利”工程 2016	2459	1500		1500			959	750		209					
环县“五小水利”工程 2016	756	500		500			256	250		6					
华池县＂五小水利”工程 2016	764	500		500			250	250							14
合水县农田水利设施维修养护 2016	121	100		100			21			21					
正宁县小型农田水利设施补助 2016	1191	1000		1000			191			191					
正宁县五小水利工程 2016	1579	1000		1000			579	500		79					
宁县五小水利工程 2016	1524	1000		1000			524	500		24					
镇原县五小水利工程 2016	605	400		400			205	200		5					
镇原县 2015 年新增农田水利设施建设 2016	1558	1000		1000			558	500		58					
通渭县农田水利设施维修养护 2016	100	100		100											
通渭县小型农田水利设施补助 2016	500	500		500											

单位：万元

项　目	累计安排投资	中央政府投资					地方政府投资				企业和私人投资	国内贷款		债券	其他投资
		小计	预算内拨款	中央财政水利专项资金	土地出让收益	其他资金	小计	省级政府投资	地市级政府投资	县级政府投资		小计	其中：国家专项建设基金		
陇西县五小水利工程 2016	1521	1000		1000			500	500							21
渭源县农田水利设施维修养护 2016	100	100		100											
临洮县五小水利工程 2016	2032	1300		1300			650	650							82
武都区农田水利设施维修养护 2016	300	300		300											
武都区小型农田水利重点县 2016	2846	1400		1400			600	600							846
宕昌县农田水利设施维修养护 2016	100	100		100											
宕昌县 2015 年新增农田水利设施建设 2016	500	300		300			200	200							
宕昌县高效节水灌溉 2016	400	400		400											
成县农田水利设施维修养护 2016	100	100		100											
康县五小水利工程 2016	900	600		600			300	300							
康县农田水利设施维修养护 2016	100	100		100											
文县小型农田水利重点县 2016	825	300		300			200	200							325
文县农田水利设施维修养护 2016	100	100		100											
文县高效节水灌溉 2016	714	400		400			200	200							114
西和县高效节水灌溉 2016	600	400		400			200	200							
西和县 2015 新增农田水利设施建设 2016	500	300		300			200	200							
西和县农田水利设施维修养护 2016	100	100		100											
礼县小型农田水利设施补助 2016	500	500		500											
礼县农田水利设施维修养护 2016	100	100		100											
两当县高效节水灌溉 2016	773	400		400			200	200							173
两当县小型农田水利重点县 2016	724	300		300			200	200							224
两当县农田水利设施维修养护 2016	100	100		100											
徽　县 2015 新增农田水利设施建设 2016	789	400		400			389	200		189					
徽　县小型农田水利重点县 2016	590	300		300			290	200		90					
徽　县农田水利设施维修养护 2016	100	100		100											

2-3 续表

单位：万元

项目	累计安排投资	中央政府投资					地方政府投资				企业和私人投资	国内贷款		债券	其他投资
		小计	预算内拨款	中央财政水利专项资金	土地出让收益	其他资金	小计	省级政府投资	地市级政府投资	县级政府投资		小计	其中：国家专项建设基金		
临夏县农田水利设施维修养护 2016	100	100		100											
临夏县 1 万 ~ 5 万亩灌区改造 2016	607	400		400			200	200							7
康乐县 1 万 ~ 5 万亩灌区改造 2016	601	400		400			201	200		1					
康乐县小型农田水利 2015 维修养护资金	200	200		200											
永靖县小型农田水利 2015 年维修养护项目	206	200		200											6
永靖县 1 万 ~ 5 万亩灌区改造 2016	615	400		400			210	200		10					5
广河县小型农田水利设施补助 2016	558	500		500			58			58					
广河县五小水利工程 2016	1512	1000		1000			512	500		12					
广河县 2015 年中央财政小型农田水利	1501	1000		1000			500	500							1
和政县五小水利工程 2016	1509	1000		1000			500	500							9
东乡县中央财政五小水利项目 2015	1674	1000		1000			500	500							174
东乡族县五小水利工程 2016	769	500		500			269	250		19					
积石山县中央财政五小水利 2015	1576	1000		1000			500	500							76
卓尼县小型农田水利 2015 维修养护	100	100		100											
舟曲县五小水利工程 2016	750	500		500			250	250							
2016 迭部县小型农田水利设施补助资金（二）	500	500		500											
省农垦小型农田水利 2015 维修养护	300	300		300											
省农垦黄羊河农场小型农田水利（五）	1246	500		500			200	200			546				
省农垦饮马农场中央财政小农水 2015	772	400		400			205	205			167				
省农垦黄花农场高效节水灌溉项目（六）	1056	500		500			200	200			356				
省农垦张掖农场小型农田水利建设（五）	1283	500		500			200	200							583
省农垦山丹农场小型农田水利重点县 2016	1023	500		500			200	200							323
省农垦八一农场水利设施维修养护 2016	100	100		100											
省农垦小型农田水利补助 2016	1326	800		800			400	400							126
景泰县中央财政景电农场节水灌溉 2013	1300	700		700			600	300	300						

单位：万元

项　目	累计安排投资	中央政府投资					地方政府投资				企业和私人投资	国内贷款		债券	其他投资
		小计	预算内拨款	中央财政水利专项资金	土地出让收益	其他资金	小计	省级政府投资	地市级政府投资	县级政府投资		小计	其中：国家专项建设基金		
省景电农田水利设施维修养护 2016	100	100		100											
省疏管局农田水利设施维修养护 2016	100	100		100											
兰州新区高效节水灌溉 2016	1750	1000		1000			750	400	350						
水库工程	350321	104820	25000	79820			39810	35857	1000	2953		183495	12500	2500	19696
秦州区关峡水库	5800	4500		4500			1300			1300					
秦安县西小河小湾河水库	5200	5200		5200											
张家川县富川水库（抗旱规划内）	12541	5684		5684			6857	6857							
民勤县红崖水库加高扩建工程	25000	15000	15000				10000	9000	1000						
天祝县二道墩水库	8666	6927		6927											1739
天祝县石门河调蓄引水工程	25030	10000	10000				1000	1000						2500	11530
民乐县山城河水库	7916	7916		7916											
临泽县红山湾水库工程	39000						3000	3000				36000	6000		
山丹县白石崖水库（抗旱规划内）	14112	5685		5685			2000	2000							6427
崆峒区北杨涧水库（抗旱规划内）	9885	5685		5685								4200			
泾川县朱家涧水库（抗旱规划内）	8226	8226		8226											
灵台县新集水库工程	23600											23600			
崇信县关河水库（抗旱规划内）	6591	6591		6591											
庄浪县花崖河水库（抗旱规划内）	7035	5685		5685								1350			
酒泉循环经济产业园水源（大红泉水库）	17845											17845			
庆阳市巴家咀水库新增调蓄工程（五台山水库）	10000											10000			
庆阳市莲花寺水库及供水工程	20000											20000			
庆阳市小盘河水库及供水工程	50000											50000			
庆城县纸坊沟水库（抗旱规划内）	6825	5685		5685			1140			1140					
环县米岔沟水库（抗旱规划）	1549	1036		1036			513			513					

2–3 续表

单位：万元

项目	累计安排投资	中央政府投资					地方政府投资				企业和私人投资	国内贷款		债券	其他投资
		小计	预算内拨款	中央财政水利专项资金	土地出让收益	其他资金	小计	省级政府投资	地市级政府投资	县级政府投资		小计	其中：国家专项建设基金		
康乐县鸣鹿水库（抗旱规划）	11000	11000		11000											
兰州新区2号3号石门沟水库	34500						14000	14000				20500	6500		
泵站工程	132913	105771	105771				26163	8015	12464	5684					979
兰州市大砂沟泵站更新改造工程	5850	4400	4400				1450		1450						
七里河区西津泵站更新改造工程	5788	4350	4350				1438		719	719					
兰州市工农坪泵站更新改造工程	5354	4283	4283				1071		535	536					
兰州市榆中三电泵站更新改造工程	20939	16750	16750				3210		3110	100					979
白银市兴电泵站更新改造工程	16000	12800	12800				3200		3200						
白银市靖会泵站更新改造工程	16000	12800	12800				3200		3200						
白银市刘川泵站更新改造工程	10625	8500	8500				2125			2125					
白银市中堡泵站更新改造工程	2046	1637	1637				409			409					
景泰县中泉泵站更新改造工程	7300	5840	5840				1460			1460					
平凉市白庙泵站更新改造工程	1675	1340	1340				335			335					
甘肃省景电泵站更新改造	41336	33071	33071				8265	8015	250						
其他灌溉除涝项目	3264	1600		1600			1654	1576		78					10
景泰县草窝滩镇排水工程	1000						1000	1000							
秦州区太京镇农田水利建设项目	1134	800		800			334	256		78					
甘谷县大石乡农田水利建设项目	1130	800		800			320	320							10
供水项目	1875234	622531	590032	30464	835	1200	657537	502960	134410	20167	13000	560703	1211	9500	11964
引水（调水）工程	1691864	570032	570032				585719	445598	127169	12952	13000	505563	1048	9500	8050
兰州市水源地建设工程	480000						109350		109350			370650			
引洮供水一期榆中县配套工程	73500						15700	10700	1000	4000		57800			
引洮一期工程会宁北部供水工程	83056	52000	52000				31056	24000	7056						
天祝县南阳山片下山入川供水工程	41450	20000	20000				11600	11600						2500	7350
肃北县马鬃山镇供水工程	25000						6952			6952	13000	5048	1048		

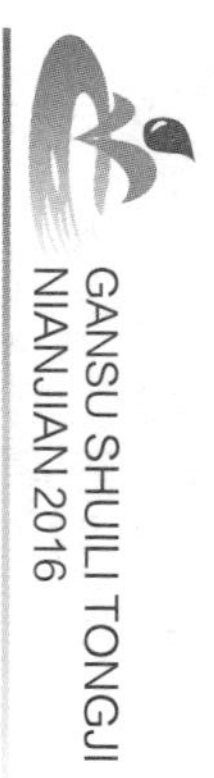

2-3 续表

单位：万元

项　目	累计安排投资	中央政府投资					地方政府投资				企业和私人投资	国内贷款		债券	其他投资
		小计	预算内拨款	中央财政水利专项资金	土地出让收益	其他资金	小计	省级政府投资	地市级政府投资	县级政府投资		小计	其中：国家专项建设基金		
盐环定扬黄续建工程调概算	4611						3500	3000	500			1111			
积石山引水工程	43000	19300	19300				15000	15000				5000		3000	700
临夏州引黄济临供水工程	55863	34000	34000				17863	14000	3863					4000	
甘南州引洮（博）济合供水工程	63970	22700	22700				32316	32316				8954			
甘南州引洮入潭工程	18400	7400	7400				11000	9000		2000					
玛曲县县城引水工程	6432	6432	6432												
兰州新区供水项目引大渠道除险加固	27480						5480	5480				22000			
甘肃省引洮供水一期工程	502102	258200	258200				243902	238502	5400						
甘肃引洮供水二期工程	200000	150000	150000				50000	50000							
天水市城区引洮供水工程	67000						32000	32000				35000			
农村饮水安全巩固提升工程建设	140403	20000	20000				67441	55934	7164	4343		50640	163		2323
永登县农村饮水安全巩固提升 2016	762	116	116				269	269				377			
皋兰县农村饮水安全巩固提升 2016	1159	177	177				409	409				573			
榆中县农村饮水安全巩固提升 2016	714	109	109				605	605							
永昌县农村饮水安全巩固提升 2016	445	50	50				232	116		116		163	163		
白银区农村饮水安全巩固提升 2016	160	30	30				57	57				73			
平川区农村饮水安全巩固提升 2016	200	40	40				71	71				89			
靖远县农村饮水安全巩固提升 2016	3574	593	593				1061	1061				1920			
会宁县农村饮水安全巩固提升 2016	1759	221	221				820	820				718			
景泰县农村饮水安全巩固提升 2016	511	78	78				380	380				53			
秦州区农村饮水安全巩固提升工程 2016	369	57	57				312	312							
麦积区农村安全饮水巩固提升工程 2016	1243	190	190				1053	1053							
清水县农村饮水安全巩固提升工程 2016	1138	174	174				964	964							
秦安县农村饮水安全巩固提升 2016	610	91	91				519	519							
甘谷县农村饮水安全巩固提升工程 2016	5604	901	901				4703	4703							

2–3 续表

单位：万元

项目	累计安排投资	中央政府投资					地方政府投资				企业和私人投资	国内贷款		债券	其他投资
		小计	预算内拨款	中央财政水利专项资金	土地出让收益	其他资金	小计	省级政府投资	地市级政府投资	县级政府投资		小计	其中：国家专项建设基金		
张家川县农村饮水安全巩固提升 2016	651	57	57				594	594							
凉州区农村饮水安全巩固提升 2016	992	160	160				439	350		89		393			
民勤县农村饮水安全巩固提升项目 2016	1747	267	267				616	616				864			
古浪县农村饮水安全巩固提升 2016	1640	250	250				1189	1189				201			
甘州区农村饮水安全巩固提升 2016	735	112	112				259	259				364			
民乐县农村饮水安全巩固提升 2016	257	39	39				91	91				127			
崆峒区农村饮水安全项目巩固提升 2016	905	138	138				319	319				448			
泾川县农村饮水安全巩固提升 2016	1210	185	185				427	427				598			
灵台县农村饮水安全巩固提升 2016	1013	155	155				757	757				101			
崇信县农村饮水安全巩固提升 2016	168	40	40				59	59				69			
华亭县农村饮水安全巩固提升 2016	1644	251	251				580	580				813			
庄浪县农村饮水安全巩固提升 2016	1688	258	258				596	596				834			
静宁县农村饮水安全巩固提升 2016	2622	400	400				1607	1607				615			
瓜州县农村饮水安全巩固提升 2016	133	44	44				47	47				42			
玉门市农村饮水安全巩固提升 2016	668	90	90				317	192		125		261			
西峰区农村饮水安全巩固提升 2016	208	50	50				73	73				85			
西峰区 2016 年市级财政安排农村饮水项目	636						636		486	150					
庆城县 2016 年市级财政安排农村饮水项目	868						868		675	193					
庆城县农村饮水安全巩固提升 2016	4189	640	640				1478	1478				2071			
环县农村饮水安全巩固提升 2016	32678	5025	5025				11387	11387				16266			
环县 2016 年市级财政安排农村饮水项目	3481						3481		3481						
华池县农村饮水安全巩固提升 2016	3832	585	585				1352	1352				1895			
华池县 2016 年市级财政安排农村饮水项目	1583						1505		765	740					78
合水县 2016 年市级财政安排农村饮水项目	559						559			559					
合水县农村饮水安全巩固提升 2016	2279	286	286				1067	660		407		926			

2-3 续表

单位：万元

项　目	累计安排投资	中央政府投资					地方政府投资				企业和私人投资	国内贷款		债券	其他投资
		小计	预算内拨款	中央财政水利专项资金	土地出让收益	其他资金	小计	省级政府投资	地市级政府投资	县级政府投资		小计	其中：国家专项建设基金		
正宁县 2016 年市级财政安排农村饮水项目	457						457		405	52					
正宁县农村饮水安全巩固提升 2016	1464	213	213				491	491				689			71
宁县农村饮水安全巩固提升 2016	1181	180	180				900	900				101			
宁县 2016 年市级财政安排农村饮水项目	839						839		839						
镇原县农村饮水安全巩固提升 2016	1818	244	244				784	784				790			
镇原县 2016 年市级财政安排农村饮水项目	874						874		513	361					
安定区农村饮水安全巩固提升 2016	6085	929	929				2147	2147				3009			
通渭县农村饮水安全巩固提升 2016	1341	205	205				473	473				663			
陇西县农村饮水安全巩固提升 2016	1196	84	84				840	840				272			
渭源县农村饮水安全巩固提升 2016	1124	163	163				860	860				101			
临洮县村饮水安全巩固提升 2016	10716	1744	1744				4027	4027				4945			
武都区农村饮水安全巩固提升 2016	4396	671	671				1551			1551					2174
宕昌县农村饮水安全巩固提升 2016	3202	489	489				1663	1663				1050			
成县农村饮水安全巩固提升 2016	1621	248	248				571	571				802			
康县农村饮水安全巩固提升 2016	2137	326	326				1454	1454				357			
文县农村饮水安全巩固提升 2016	2323	355	355				820	820				1148			
西和县农村饮水安全巩固提升 2016	2333	356	356				1423	1423				554			
礼县农村饮水安全巩固提升 2016	3072	469	469				1626	1626				977			
徽县农村饮水安全巩固提升 2016	1821	278	278				642	642				901			
康乐县农村饮水安全巩固提升 2016	2652	405	405				1436	1436				811			
广河县农村饮水安全巩固提升 2016	655	76	76				334	334				245			
和政县农村饮水安全巩固提升 2016	1252	191	191				442	442				619			
积石山县农村饮水安全巩固提升 2016	3210	515	515				1029	1029				1666			
抗旱工程	32839	31299		30464	835		950		77	873					590
永登县抗旱应急引调提水 2016	302	302		302											

2-3 续表

单位：万元

项　目	累计安排投资	中央政府投资					地方政府投资				企业和私人投资	国内贷款		债券	其他投资
		小计	预算内拨款	中央财政水利专项资金	土地出让收益	其他资金	小计	省级政府投资	地市级政府投资	县级政府投资		小计	其中：国家专项建设基金		
榆中县抗旱应急引调提水 2016	619	619		619											
靖远县抗旱应急引调提水项目	1470	1470		1470											
会宁县抗旱应急引调提水项目	1017	1017		1017											
景泰县抗旱应急引调提水项目	703	703		703											
秦州区抗旱应急引调提水 2016	717	717		717											
清水县抗旱应急引调提水项目 2016	904	904		904											
秦安县抗旱应急引调提水 2016	890	890		890											
武山县抗旱应急引调提水 2016	686	686		686											
凉州区抗旱应急引调提水项目	775	775		775											
民勤县抗旱应急水源工程	1304	1304		1304											
古浪县抗旱应急引调提水项目	1739	1739		1739											
天祝县抗旱应急引调提水项目	593	559		559											34
山丹县抗旱应急引调提水项目	832	650		650			182			182					
泾川县抗旱应急水源引调提水项目	519	519		519											
崇信县抗旱应急引调提水项目	1126	1126		1126											
庄浪县抗旱应急引调提水项目	347	347		347											
静宁县抗旱应急引调提水项目	1287	1287		1287											
敦煌县抗旱应急引调提水项目	495	344		344			151			151					
庆城县抗旱应急引调提水项目	460	383		383			77			77					
环县抗旱应急引调提水项目	1350	1265		1265			85			85					
华池县抗旱应急引调提水项目	1674	1527		1527											147
镇原县抗旱应急引调提水项目	958	824		824			134			134					
通渭县抗旱应急引调提水项目	790	790		790											
陇西县抗旱应急引调提水项目	791	791		791											
临洮县抗旱应急引调提水项目	1140	1140		1140											

2-3 续表

单位：万元

项　目	累计安排投资	中央政府投资					地方政府投资				企业和私人投资	国内贷款		债券	其他投资
		小计	预算内拨款	中央财政水利专项资金	土地出让收益	其他资金	小计	省级政府投资	地市级政府投资	县级政府投资		小计	其中：国家专项建设基金		
西和县抗旱应急水源工程 2016	598	598		598											
礼县抗旱应急引调提水项目	916	916		916											
临夏县 2015 年抗旱引调提水项目	253	253		253											
永靖县 2015 年抗旱引调水提水工程	376	328		328											48
广河县抗旱应急引调提水项目	837	706		706			131			131					
广河县 2015 齐家镇抗旱应急水源配套	512	416		416											96
广河县 2015 三甲集镇抗旱应急水源配套	505	425		425											80
和政县抗旱应急引调提水项目	764	687		687			77		77						
东乡县 2015 年抗旱引调提水项目	920	892		892			28			28					
东乡县抗旱应急引调提水项目	869	800		800			69			69					
东乡县 2014 年抗旱引调提水项目	861	835			835										26
积石山县 2015 年抗旱应急水源配套工程	1409	1250		1250											159
积石山县抗旱应急引调提水项目	530	515		515			15			15					
其他供水工程	10128	1200				1200	3428	1428		2000		4500			1000
金昌市城市应急备用水源项目	1000														1000
华池县刘坪村美丽村庄河道治理及供水工程	1000						1000			1000					
积石山县县城区供水水源改扩建工程	6700	1200				1200	1000			1000		4500			
靖远寺儿坪供水项目	1428						1428	1428							
水务项目	121577	6574	5564	1010			11791	7200		4591		102462	18200		750
自来水厂建设	76700						4000	4000				72700	13200		
庄浪县南坪水厂改扩建及管网工程	1500											1500			
武威市城乡融合黄羊土门组团供水（陆港）	75200						4000	4000				71200	13200		
城镇供水管线建设	20321	700	700				4159	3200		959		15462	5000		
天水市藉口水厂至西十里供水管道工程	9100											9100			

2-3 续表

单位：万元

项目	累计安排投资	中央政府投资					地方政府投资				企业和私人投资	国内贷款		债券	其他投资
		小计	预算内拨款	中央财政水利专项资金	土地出让收益	其他资金	小计	省级政府投资	地市级政府投资	县级政府投资		小计	其中：国家专项建设基金		
清水县城区供水工程	7000						2000	2000				5000	5000		
清水县城区自来水管网扩建工程	1700	350	350				400	400				950			
天水市城区供水高桥头引水枢纽工程	812						400	400				412			
清水县城区自来水管网扩建工程	1709	350	350				1359	400		959					
污水处理工程建设	22933	5874	4864	1010			2009			2009		14300			750
华池县城区污水分户收集工程	386						386			386					
华池县县城污水支管道工程	606						606			606					
临洮县污水处理厂配套管网工程	827	510	510				317			317					
民勤红沙岗污水处理厂及中水回用贮水池	15800	750		750								14300			750
山丹县城区生活污水处理工程	5314	4614	4354	260			700			700					
其他水务能力建设	1622						1622			1622					
甘谷县城区供水水源水深度处理工程	1622						1622			1622					
非常规水资源利用项目	160						160		160						
雨水集用	160						160		160						
金昌市龙首山前山区雨洪资源利用项目	160						160		160						
水电开发利用	37620	7876	3583	4293							29049	695			
水力发电工程建设	26520	2603	2603								23917				
迭部县阿夏那盖水电站	7471	1163	1163								6308				
夏河县安顺水电站	19049	1440	1440								17609				
水电增效扩容	7600	4293		4293							3307				
永昌县头坝二号水电站增效扩容改造	635	285		285							350				
金塔县解放村水电站增效扩容改造	149	149		149											
肃北县拉排一级水电站增效扩容改造	424	424		424											
肃北县拉排一级水电站河流生态修复	27	27		27											
敦煌市南湖店水电站增效扩容改造	172	172		172											

2-3 续表

单位：万元

项　目	累计安排投资	中央政府投资					地方政府投资				企业和私人投资	国内贷款		债券	其他投资
		小计	预算内拨款	中央财政水利专项资金	土地出让收益	其他资金	小计	省级政府投资	地市级政府投资	县级政府投资		小计	其中：国家专项建设基金		
敦煌市党河水电站增效扩容改造	403	403		403											
文县哈南水电站增效扩容改造	46	46		46											
文县哈南水电站河流生态修复	15	15		15											
礼县大滩水电站增效扩容改造工程	93	93		93											
礼县红崖二级水电站河流生态修复工程	16	16		16											
礼县红崖二级水电站增效扩容改造工程	103	103		103											
礼县大滩水电站河流生态修复工程	14	14		14											
和政县闫蔡坪水电站增效扩容改造	95	95		95											
东乡县老虎嘴电站	1651	743		743							908				
合作市峡村电站	2857	1170		1170							1687				
夏河县白土坡水电站	900	538		538							362				
小水电代燃料	3500	980	980								1825	695			
夏河县甫黄二级小水电代燃料项目	3500	980	980								1825	695			
水保及生态保护	178646	134436	93114	41322			23904	12573	1727	9604					20306
水土流失治理	94720	70471	31754	38717			3943	3213		730					20306
漳县国家农业综合开发水土保持项目 2016	397	285		285			105	105							7
泾川县国家农业综合开发水土保持项目 2016	394	285		285			105	82		23					4
环县病险淤地坝除险加固工程 2016	340	272		272			68			68					
礼县坡耕地水土流失治理 2016	1250	1000	1000												250
广河县坡耕地水土流失治理 2016	1250	1000	1000												250
甘肃省国家水土保持重点工程（2015）	15769	11038		11038											4731
甘肃省农业综合开发水土保持项目（2015）	5944	4000		4000			1600	1508		92					344
甘肃省坡耕地水土流失重点治理 2015（黄河）	15000	12000	12000												3000

2-3 续表

单位：万元

项　目	累计安排投资	中央政府投资					地方政府投资				企业和私人投资	国内贷款		债券	其他投资
		小计	预算内拨款	中央财政水利专项资金	土地出让收益	其他资金	小计	省级政府投资	地市级政府投资	县级政府投资		小计	其中：国家专项建设基金		
渭源县国家农业综合开发水土保持项目 2016	395	285		285			105	105							5
陇西县国家水土保持重点建设工程 2016 年	1286	900		900											386
甘肃省坡耕地水土流失重点治理 2015（长江）	5000	4000	4000												1000
甘肃省水土流失重点治理工程 2015（黄河）	2568	2054	2054												514
甘肃省水土流失重点治理工程 2015（长江）	625	500	500												125
甘肃省水土流失重点治理工程 2015（内陆）	250	200	200												50
东乡县坡耕地水土流失治理 2016	1250	1000	1000												250
景泰县水土保持重点工程 2016	600	420		420			18	18							162
临洮县坡耕地水土流失治理 2016	1250	1000	1000												250
会宁县国家水土保持重点建设工程 2016 年	1286	900		900											386
西和县坡耕地水土流失治理 2016	1250	1000	1000												250
岷县水土保持重点工程 2016	607	425		425			18	18							164
两当县水土保持重点工程 2016	600	420		420			18	18							162
临潭县水土保持重点工程 2016	630	420		420			18	18							192
甘谷县国家农业综合开发水土保持项目 2016	397	285		285			105	105							7
武山县国家农业综合开发水土保持项目 2016	397	285		285			105	105							7
秦安县国家农业综合开发水土保持项目 2016	396	285		285			105	105							6
崇信县国家农业综合开发水土保持项目 2016	403	290		290			107	84		23					6
灵台县国家农业综合开发水土保持项目 2016	395	285		285			105	82		23					5
庄浪县国家水土保持重点建设工程 2016 年	786	550		550											236
张家川县国家农业综合开发水土保持项目 2016	397	285		285			105	105							7
靖远县水土保持重点工程 2016	600	420		420			18	18							162

2-3 续表

单位：万元

项目	累计安排投资	中央政府投资					地方政府投资				企业和私人投资	国内贷款		债券	其他投资
		小计	预算内拨款	中央财政水利专项资金	土地出让收益	其他资金	小计	省级政府投资	地市级政府投资	县级政府投资		小计	其中：国家专项建设基金		
武都区水土保持重点工程 2016	600	420		420			18	18							162
成县水土保持重点工程 2016	600	420		420			18	18							162
文县水土保持重点工程 2016	600	420		420			18	18							162
康县水土保持重点工程 2016	600	420		420			18	18							162
卓尼县水土保持重点工程 2016	600	420		420			18	18							162
迭部县水土保持重点工程 2016	600	420		420			18	18							162
清水县国家农业综合开发水土保持项目 2016 年	404	290		290			107	107							7
和政县国家农业综合开发水土保持项目 2016	396	285		285			105	105							6
临洮县国家水土保持重点建设工程 2016 年	1286	900		900											386
宁县国家水土保持重点建设工程 2016 年	786	550		550											236
正宁县国家水土保持重点建设工程 2016 年	786	550		550											236
安定区国家水土保持重点建设工程 2016 年	1286	900		900											386
东乡县国家水土保持重点建设工程 2016 年	786	550		550											236
临夏县国家水土保持重点建设工程 2016 年	929	650		650											279
镇原县国家水土保持重点建设 2016 第二批	357	250		250			10	10							97
会宁县国家水土保持重点建设 2016 第二批	357	250		250			10	10							97
安定区国家水土保持重点建设 2016 第二批	286	200		200			8	8							78
通渭县国家水土保持重点建设 2016 第二批	429	300		300			12	12							117
永靖县国家水土保持重点建设 2016 第二批	357	250		250			10	10							97
临夏县国家水土保持重点建设 2016 第二批	357	250		250			10	10							97
东乡县国家水土保持重点建设 2016 第二批	357	250		250			10	10							97
华池县国家农业综合开发水土保持项目 2016	399	285		285			105	105							9

2-3 续表

单位：万元

项　目	累计安排投资	中央政府投资					地方政府投资				企业和私人投资	国内贷款		债券	其他投资
		小计	预算内拨款	中央财政水利专项资金	土地出让收益	其他资金	小计	省级政府投资	地市级政府投资	县级政府投资		小计	其中：国家专项建设基金		
临夏市水土保持重点工程 2016	571	400		400			17	17							154
积石山县国家水土保持重点建设工程 2016 年	929	650		650											279
临洮县国家水土保持重点建设 2016 第二批	419	293		293			12	12							114
陇西县国家水土保持重点建设 2016 第二批	286	200		200			8	8							78
永靖县国家水土保持重点建设工程 2016 年	796	557		557											239
镇原县国家水土保持重点建设工程 2016 年	1000	700		700											300
通渭县国家水土保持重点建设工程 2016 年	1286	900		900											386
合水县国家水土保持重点建设工程 2016 年	786	550		550											236
康乐县国家农业综合开发水土保持项目 2016	399	285		285			105	105							9
庆城县国家农业综合开发水土保持项目 2016	392	285		285			105	82		23					2
秦州区坡耕地水土流失治理 2016	1250	1000	1000												250
安定区坡耕地水土流失治理 2016	1250	1000	1000												250
通渭县坡耕地水土流失治理 2016	1250	1000	1000												250
镇原县坡耕地水土流失治理 2016	1250	1000	1000												250
静宁县坡耕地水土流失治理 2016	1250	1000	1000												250
环县坡耕地水土流失治理 2016	1250	1000	1000												250
麦积区水土保持重点工程 2016	600	420		420			18	18							162
临夏县坡耕地水土流失治理 2016	1250	1000	1000												250
陇西县坡耕地水土流失治理 2016	1250	1000	1000												250
渭源县病险淤地坝除险加固工程 2016	100	80		80			20			20					
通渭县病险淤地坝除险加固工程 2016	140	112		112			28			28					
庆城县病险淤地坝除险加固工程 2016	115	92		92			23			23					
华池县病险淤地坝除险加固工程 2016	100	80		80			20			20					
正宁县病险淤地坝除险加固工程 2016	110	88		88			22			22					

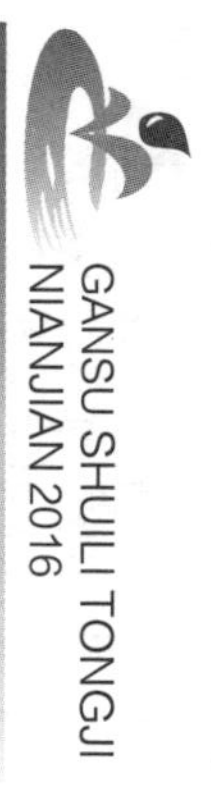

2–3 续表

单位：万元

项　目	累计安排投资	中央政府投资					地方政府投资				企业和私人投资	国内贷款		债券	其他投资
		小计	预算内拨款	中央财政水利专项资金	土地出让收益	其他资金	小计	省级政府投资	地市级政府投资	县级政府投资		小计	其中：国家专项建设基金		
临洮县病险淤地坝除险加固工程 2016	110	88		88			22			22					
灵台县病险淤地坝除险加固工程 2016	85	68		68			17			17					
合水县病险淤地坝除险加固工程 2016	100	80		80			20			20					
庄浪县病险淤地坝除险加固工程 2016	90	72		72			18			18					
镇原县病险淤地坝除险加固工程 2016	170	136		136			34			34					
宁县病险淤地坝除险加固工程 2016	105	84		84			21			21					
榆中县病险淤地坝除险加固工程 2016	115	92		92			23			23					
秦州区病险淤地坝除险加固工程 2016	105	84		84			21			21					
漳县病险淤地坝除险加固工程 2016	115	92		92			23			23					
陇西县病险淤地坝除险加固工程 2016	120	96		96			24			24					
泾川县病险淤地坝除险加固工程 2016	90	72		72			18			18					
西峰区病险淤地坝除险加固工程 2016	180	144		144			36			36					
安定区病险淤地坝除险加固工程 2016	440	352		352			88			88					
流域生态综合治理	77889	61360	61360				16529	9360	727	6442					
敦煌水资源规划项目（河道归束）2015	4747	2848	2848				1899	1172	727						
敦煌水资源规划项目（酒泉市）2016	10294	8234	8234				2060	823		1237					
敦煌水资源规划项目（敦煌市）2016	8100	6480	6480				1620	648		972					
敦煌水资源规划项目（党河灌区）2015	8678	6943	6943				1735			1735					
敦煌水资源合理与生态保护（疏勒河）2016	20809	16646	16646				4163	1665		2498					
敦煌水资源利用与生态保护（疏勒河）2015	25261	20209	20209				5052	5052							
河湖连通工程	3525	2605		2605			920			920					
庆阳市新城南区湖库水系连通工程	3525	2605		2605			920			920					
其他环境水利项目	2512						2512		1000	1512					

2-3 续表

单位：万元

项　目	累计安排投资	中央政府投资					地方政府投资				企业和私人投资	国内贷款		债券	其他投资
		小计	预算内拨款	中央财政水利专项资金	土地出让收益	其他资金	小计	省级政府投资	地市级政府投资	县级政府投资		小计	其中：国家专项建设基金		
金昌市十里花海景区建设项目	1512						1512			1512					
平凉市崆峒水库至大岔河段河道生态综合治理	1000						1000		1000						
机构能力建设专项	32069	24904	24531	373			7165	7165							
水文设施及能力建设	32069	24904	24531	373			7165	7165							
甘肃水资源监控能力建设二期 2016	373	373		373											
甘肃省中小河流水文监测系统建设项目	31696	24531	24531				7165	7165							
移民项目	61521	30999		30999			30522	28743	1779						
西峰区小盘河水库征地拆迁补偿安置工作	1779						1779		1779						
甘肃省大中型水库移民后期扶持（内陆）	8278	4390		4390			3888	3888							
甘肃省大中型水库移民后期扶持（长江）	4328	2749		2749			1579	1579							
甘肃省大中型水库移民后期扶持（黄河）	47136	23860		23860			23276	23276							
其他水利项目	33013	22135		22135			10031		131	9900		847			
金昌市永昌县金川工农干渠围栏保护工程	131						131		131						
会宁县电子桥、康家河桥桥梁工程	847											847			
临夏市大夏河风情线综合治理工程	9900						9900			9900					
永靖县刘盐八地质灾害灌区节水改造工程	22135	22135		22135											

2-4 2016 年水利建设项目累计到位资金

单位：万元

项目	累计到位投资	中央政府投资					地方政府投资				企业和私人投资	国内贷款		债券	其他投资
		小计	预算内拨款	中央财政水利专项资金	土地出让收益	其他资金	小计	省级政府投资	地市级政府投资	县级政府投资		小计	其中：国家专项建设基金		
甘肃省	3336627	1555484	1117512	435175	835	1962	814435	616043	146164	52228	47280	835593	71911	12000	71835
防洪项目	397083	289856	218295	71561			29994	19461	2224	8309		66014			11220
堤防工程	37693						10004	7511		2493		24843			2846
会宁县焦家河焦河村防洪工程	500						500	500							
会宁县苦水河河畔羊肉市场段综合治理工程	408											408			
天水市藉河生态综合治理一期续建工程	24000											24000			
秦州区天水镇易地搬迁堤防工程	1415						1415			1415					
天祝县大通河防洪工程	3446						600	600							2846
瓜州县榆林河蘑菇台子段河道治理	500						500	500							
庆城县 2016 年蔡家庙沟护岸工程	140						140	140							
华池县葫芦河引水枢纽上游护岸工程	435											435			
合水县葫芦河、苗村河太白段河道整治工程	1078						1078			1078					
宁县新宁镇高山堡村护岸工程	360						360	360							
镇原县洪河南川芦李护岸工程	411						411	411							
合作市那吾乡精准扶贫暨生态小康村防洪工程	200						200	200							
卓尼县车巴河流域防洪治理项目	3800						3800	3800							
迭部县卡坝乡尼吉巴防洪工程	1000						1000	1000							
大江大湖治理	198400	170000	170000				400			400		28000			
黄河甘肃段兰州市防洪治理工程	112000	84000	84000									28000			
黄河干流白银市防洪治理工程	52000	52000	52000												
黄河甘肃段临夏州防洪治理工程	18400	18000	18000				400			400					
黄河甘肃段甘南州防洪治理工程	16000	16000	16000												
重要支流治理	54879	42758	42758				7072	2388	2224	2460					5049
湟水兰州市红古段防洪治理工程	6000	3600	3600				2400		1308	1092					

2-4 续表

单位：万元

项目	累计到位投资	中央政府投资					地方政府投资				企业和私人投资	国内贷款		债券	其他投资
		小计	预算内拨款	中央财政水利专项资金	土地出让收益	其他资金	小计	省级政府投资	地市级政府投资	县级政府投资		小计	其中：国家专项建设基金		
武山县车家川至山丹河口段治理	2966	1780	1780												1186
石羊河凉州区松涛寺至红水河入河口防洪	2133	1280	1280				853	853							
平凉市泾河吴老沟至平镇桥河堤治理	1361	1361	1361												
泾河崆峒区马莲沟至南阳涧河段防洪工程	1662	1662	1662												
泾河泾川县罗汉洞至洪河口段河堤治理	1963	1630	1630				333	333							
葫芦河静宁县狗娃河口至胡家河段河堤治理过程	1705	1705	1705												
黑河金塔县常丰至中丰村段防洪治理工程	775	738	738				37			37					
黑河酒泉市金塔县五爱至友好段河道治理工程	1742	1665	1665				77			77					
环县马莲河韩洼子至陈沟桥段防洪	2072	1243	1243				829			829					
蒲河宁县庄里至叶王川段防洪治理工程	1590	1590	1590												
洮河岷县齐家庄至石头咀段堤防工程	2103	2103	2103												
白龙江文县石坊乡东峪口至大渡坝河道	1755	1053	1053				702	702							
文县尚德镇水家坝至周家坝河道治理	2900	1740	1740												1160
西和县西汉水郭家坝至昌河坝段防洪	797	797	797												
礼县西汉水罗家堡至盐官镇段防洪	2293	1377	1377				916		916						
大夏河干流临夏市祁牟段堤防工程	594	494	494				100			100					
大夏河干流临夏市单子庄至新大桥段	2898	1739	1739												1159
临夏县大夏河干流双城至马九川段治理	2320	1678	1678												642
大夏河干流临夏县祁牟至刘家峡水库防洪	872	548	548				324			324					
永靖县湟水干流白川至二房段河堤工程	2628	1726	1726												902
大夏河东乡县折桥至刘家峡水库堤防	1162	1162	1162												
洮河合作市段防洪工程	2037	2037	2037												
洮河干流临潭县洮滨防洪堤工程	1400	1200	1200				200	200							
洮河卓尼县麻路 1 段至牙当段	1211	1211	1211												
卓尼县洮河干流城区段堤防工程	1730	1430	1430				300	300							

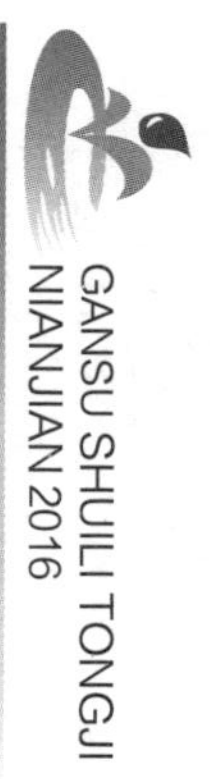

2-4 续表

单位：万元

项目	累计到位投资	中央政府投资					地方政府投资				企业和私人投资	国内贷款		债券	其他投资
		小计	预算内拨款	中央财政水利专项资金	土地出让收益	其他资金	小计	省级政府投资	地市级政府投资	县级政府投资		小计	其中：国家专项建设基金		
夏河县垂子合大桥至阿一山大桥段治理	1059	1059	1059												
大夏河夏河县王格尔塘至曲奥段治理工程	3150	3150	3150												
中小河流治理	84359	65916	2000	63916			4314	1939		2375		10804			3325
皋兰县蔡家河东湾沟上游段——文山段堤防	1486	1486		1486											
白银区东大沟民勤村至城区段治理	691	691		691											
会宁县祖厉河城区段综合治理二期工程（续建）	10804											10804			
清水县后川河杜川至王店段堤防工程	2400	2000	2000				400	400							
秦安县南小河王尹马河至凤山堤防	273	273		273											
甘谷县清溪河礼辛乡寨子至慰坪堤防工程	3018	3018		3018											
肃南县隆畅河治理工程补充项目	745	500		500			245			245					
临泽县小东沟河新柳－西街农田防护	1798	1438		1438											360
山丹县马营河大马营段河道治理工程	2211	2211		2211											
泾川县黑河荒场至茜家沟河堤治理工程	1384	1384		1384											
泾川县汭河十里沟至枣林段河堤治理工程	2370	2370		2370											
泾川县洪河河堤治理工程	1080	1080		1080											
灵台县达溪河县城至安家庄段河堤治理	2175	2175		2175											
灵台县达溪河县城至百里段河堤治理	2586	2168		2168			418	418							
灵台县黑河东门至景家庄段河堤治理	1946	1946		1946											
崇信县黑河河堤治理工程	1961	1961		1961											
崇信县汭河（九功渠首至野雀沟）河堤治理	2378	2378		2378											
庄浪县韩店镇王崖段河堤治理工程	460						460			460					
庄浪县红土坡至刘家湾段河堤工程	490						490			490					
庄浪县北洛河良邑郭魏至石家窑防洪	1842	1842		1842											
肃州区丰乐河堤防及河道治理工程	2553	2042		2042			511			511					
肃州区清水河堤防及河道治理工程	1232	986		986			246			246					

2-4 续表

单位：万元

项目	累计到位投资	中央政府投资					地方政府投资				企业和私人投资	国内贷款		债券	其他投资
		小计	预算内拨款	中央财政水利专项资金	土地出让收益	其他资金	小计	省级政府投资	地市级政府投资	县级政府投资		小计	其中：国家专项建设基金		
西峰区砚瓦川贺家塬沟护岸工程	240	240		240											
正宁县四郎河樊湾子治理工程	2650	1200		1200											1450
正宁县四郎河房河治理工程	2270	977		977											1293
漳县龙川河草川坪至魏下段堤防工程	2221	2221		2221											
武都区北峪河治理工程	979	979		979											
宕昌县理川河流域治理工程															
宕昌县良恭河韩院段河堤工程	296	296		296											
成县严河堤防工程	990	990		990											
康县阳坝河阳坝镇段治理工程	519	519		519											
文县中路河中寨至白水江口段治理	1578	1578		1578											
西和县太石河治理工程	1264	1264		1264											
礼县清水江张堡至教面堤防工程	1047	1047		1047											
两当县红崖河蚂蚱河段综合治理工程	1252	1252		1252											
两当县红崖河权坪河段综合治理工程	790	790		790											
徽县永宁河高桥乡河道治理工程	1087	1087		1087											
临夏县老鸦关河双城至上阴洼段防洪工程	2487	1990		1990			497	74		423					
东乡县巴谢河五家至赵家段堤防	2714	2171		2171			434	434							109
东乡县巴谢河赵家至那勒寺段堤防	2364	2251		2251											113
合作市格河多合儿防洪工程	1070	892		892			178	178							
合作市德吾录河卡加防洪工程	768	768		768											
临潭县斜藏沟治理工程	2608	2173		2173			435	435							
临潭县羊沙河下河段治理工程	1078	1078		1078											
卓尼县石窖沟藏巴哇防洪工程	680	680		680											
卓尼县羊沙河恰盖防洪工程	1206	1206		1206											
舟曲县拱坝河堤防工程	2367	2367		2367											

2-4 续表

单位：万元

项目	累计到位投资	中央政府投资					地方政府投资				企业和私人投资	国内贷款		债券	其他投资
		小计	预算内拨款	中央财政水利专项资金	土地出让收益	其他资金	小计	省级政府投资	地市级政府投资	县级政府投资		小计	其中：国家专项建设基金		
迭部县阿夏流域治理工程	1684	1684		1684											
甘肃疏勒河灌区三道沟河道治理	2267	2267		2267											
城市防洪工程	508						141			141		367			
镇原县城东区排洪工程	508						141			141		367			
大中型病险水库除险加固	7100						5100	5100				2000			
高台县小海子水库除险加固	600						600	600							
甘肃双塔水库除险加固	6500						4500	4500				2000			
大中型病险水闸除险加固	3977	3537	3537				440			440					
永昌县金川河工农渠首泄洪闸	1286	1071	1071				215			215					
肃州区红山河青稞地排沙闸	788	788	788												
肃州区马营河渠首闸	778	778	778												
肃州区红山河马鬃门排砂闸除险加固工程	1125	900	900				225			225					
山洪灾害防治工程	10168	7645		7645			2523	2523							
甘肃省山洪灾害防治 2016（长江）	663	660		660			3	3							
甘肃省山洪灾害防治 2016（内陆）	2315	1595		1595			720	720							
甘肃省山洪灾害防治 2016（黄河）	7190	5390		5390			1800	1800							
灌溉除涝项目	787609	417887	184107	233018		762	141563	112903	14540	14120	5231	191553	12500	2500	28875
灌区建设工程	73705	45032	44270			762	14542	10580		3962		10709			3422
西河灌区续建配套节水改造	9848	8293	8293				1555			1555					
兴电灌区齐家大岘隧洞除险加固工程	8000						8000	8000							
白银市兴电灌区渠道维修工程	1000						1000	1000							
凉州区杂木河灌区续建配套节水改造	4114	3291	3291				823			823					
古浪县黄花滩项目	11471	762				762						10709			
甘州区西浚灌区续建配套节水改造	3061	3061	3061												
甘州区大满灌区续建配套节水改造	5739	5739	5739												
临泽县梨园河灌区续建配套节水改造	7918	6334	6334				1584			1584					

2-4 续表

单位：万元

项　目	累计到位投资	中央政府投资					地方政府投资				企业和私人投资	国内贷款		债券	其他投资
		小计	预算内拨款	中央财政水利专项资金	土地出让收益	其他资金	小计	省级政府投资	地市级政府投资	县级政府投资		小计	其中：国家专项建设基金		
山丹县马营河灌区续建配套节水改造	19512	15510	15510				580	580							3422
敦煌市党河灌区西干渠改建工程	500						500	500							
省景电一期灌区续建配套节水改造	2542	2042	2042				500	500							
节水灌溉工程	30139	14516	9066	5450			12060	5414	6646		3398				165
皋兰县西岔中型灌区农业综合开发 2015	1080	1000		1000			80		80						
白银区工农渠灌区农业综合开发	350	350		350											
平川区旱坪川灌区农业综合开发	330	250		250			80	80							
靖远县靖乐渠灌区农业综合开发	330	250		250			80	80							
秦州区易地搬迁项目高效节水灌溉工程	3486						3486		3486						
高台县罗城灌区农业综合开发	330	250		250			80	80							
庄浪县水洛河灌区节水配套改造项目	350	350		350											
静宁县东峡灌区农业综合开发	1400	1000		1000			400	400							
宁县海升公司果业基地滴灌工程	3398										3398				
临夏县北塬灌区农业综合开发项目	1490	1000		1000			400	400							90
夏河县 2015 牧区节水灌溉项目	375	300	300												75
石羊河流域重点治理（省景电）2013	15820	8766	8766				7054	4054	3000						
玉门市花海灌区农业综合开发	1400	1000		1000			400	320	80						
小型农田水利建设	221586	146148		146148			62072	55295	930	5847	1833				11533
兰州市农田水利设施维修养护 2016	500	500		500											
西固区高效节水灌溉项目 2016	920	500		500			420	250	70	100					
永登农田水利设施维修养护 2016	100	100		100											
永登县高效节水灌溉 2016	832	400		400			270	270							162
皋兰县农田水利设施维修养护 2016	100	100		100											
皋兰县高效节水灌溉 2016	660	400		400			260	200	60						
榆中县农田水利设施维修养 2016	1000	1000		1000											
嘉峪关市中央财政高效节水项目 2015（五）	2100	1400		1400			700	600	100						

2-4 续表

单位：万元

项目	累计到位投资	中央政府投资					地方政府投资				企业和私人投资	国内贷款		债券	其他投资
		小计	预算内拨款	中央财政水利专项资金	土地出让收益	其他资金	小计	省级政府投资	地市级政府投资	县级政府投资		小计	其中：国家专项建设基金		
嘉峪关市2016年小型农田水利设施春修工程	100						100		100						
嘉峪关市高效节水灌溉项目2015（六）	1600	1000		1000			600	500	100						
金川区2015新增农田水利设施建设2016	1709	1000		1000			659	500		159					50
金川区小型农田水利重点县2016	2832	1700		1700			1080	800		280	52				
永昌县农田水利设施维修养护2016	1004	1000		1000			4			4					
永昌县小型农田水利重点县2016	1654	1000		1000			560	500		60					94
永昌县2015新增农田水利设施建设2016	1753	1000		1000			500	500							253
永昌县高效节水灌溉2016	6418	4000		4000			2000	2000							418
白银市农田水利设施维修养护2016	500	500		500											
白银区农田水利设施维修养护2016	600	600		600											
白银区五小水利工程2016	1500	1000		1000			500	500							
平川区五小水利工程2016	1500	1000		1000			500	500							
靖远县高效节水灌溉2016	3900	2600		2600			1300	1300							
靖远县小型农田水利设施补助2016	1000	1000		1000											
靖远县农田水利设施维修养护2016	1000	1000		1000											
会宁县高效节水灌溉2016	2250	1500		1500			750	750							
会宁县农田水利设施维修养护2016	100	100		100											
景泰县高效节水灌溉2016	2400	1600		1600			800	800							
景泰县农田水利设施维修养护2016	100	100		100											
景泰县小型农田水利设施补助2016	500	500		500											
秦州区五小水利工程2016	1500	1000		1000			500	500							
麦积区高效节水灌溉2016	1962	1300		1300			662	650		12					
麦积区小型农田水利设施补助2016	1074	800		800			274			274					
清水县小型农田水利设施补助2016	1000	1000		1000											
秦安县五小水利工程2016	1500	1000		1000			500	500							
甘谷县五小水利工程2016	1500	1000		1000			500	500							

2-4 续表

单位：万元

项目	累计到位投资	中央政府投资					地方政府投资				企业和私人投资	国内贷款		债券	其他投资
		小计	预算内拨款	中央财政水利专项资金	土地出让收益	其他资金	小计	省级政府投资	地市级政府投资	县级政府投资		小计	其中：国家专项建设基金		
甘谷县农田水利设施维修养护 2016	100	100		100											
武山县五小水利工程 2016	1500	1000		1000			500	500							
武山县小型农田水利设施补助 2016	500	500		500											
张家川县农田水利设施维修养护 2016	100	100		100											
武威市 2016 年农田水利设施维修养护资金	100	100		100											
凉州区高效节水灌溉 2016	9000	6000		6000			3000	3000							
凉州区小型农田水利重点县 2016	3000	2000		2000			1000	1000							
凉州区农田水利设施维修养护 2016	600	600		600											
民勤县 2015 新增农田水利设施建设 2016	1500	1000		1000			500	500							
民勤县高效节水灌溉 2016	1500	1000		1000			500	500							
民勤县小型农田水利设施建设补助 2016	1000	1000		1000											
民勤县小型农田水利重点县 2016	1500	1000		1000			500	500							
民勤县农田水利设施维修养护 2016	600	600		600											
古浪县小型农田水利重点县 2016	1500	1000		1000			500	500							
古浪县 2015 新增农田水利设施建设 2016	1500	1000		1000			500	500							
古浪县高效节水灌溉 2016	1500	1000		1000			500	500							
2016 古浪县小型农田水利设施补助资金（二）	1000	1000		1000											
古浪县农田水利设施维修养护 2016	200	200		200											
天祝县 2016 年农田水利设施维修养护资金	100	100		100											
天祝县小型农田水利重点县 2016	1080	700		700			300	300							80
天祝县高效节水灌溉 2016	2653	1700		1700			850	850							103
天祝县小型农田水利设施补助 2016	1046	1000		1000											46
张掖市年农田水利设施维修养护 2016	100	100		100											
甘州区小型农田水利重点县 2016	1695	1000		1000			500	500							195
甘州区高效节水灌溉 2016	2562	1400		1400			700	700							462
甘州区农田水利设施维修养护 2016	1000	1000		1000											

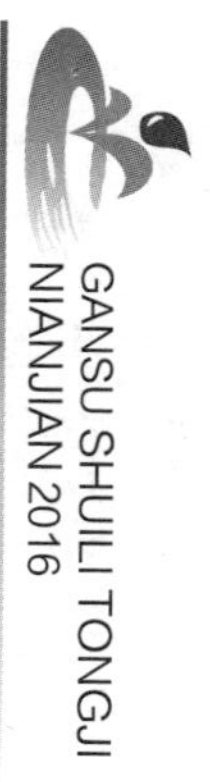

2–4 续表

单位：万元

项　目	累计到位投资	中央政府投资					地方政府投资				企业和私人投资	国内贷款		债券	其他投资
		小计	预算内拨款	中央财政水利专项资金	土地出让收益	其他资金	小计	省级政府投资	地市级政府投资	县级政府投资		小计	其中：国家专项建设基金		
肃南县农田水利设施维修养护 2016	318						318	275		43					
肃南县高效节水灌溉 2016	1777	1000		1000			510	500		10					267
民乐县小型农田水利重点县 2016	1826	1000		1000			500	500							326
民乐县 2015 年新增农田水利设施建设 2016	1030	600		600			300	300							130
民乐县农田水利设施维修养护 2016	600	600		600											
临泽县农田水利设施维修养护 2016	100	100		100											
高台县高效节水灌溉 2016	1725	1000		1000			500	500							225
高台 2015 年新增农田水利设施建设 2016	1754	1000		1000			500	500							254
高台县小型农田水利重点县 2016 年	1967	1000		1000			500	500							467
高台县小型农田水利设施补助 2016	1070	1000		1000											70
高台县农田水利设施维修养护 2016	781	600		600											181
山丹县农田水利设施维修养护 2016	100	100		100											
山丹县小型农田水利设施补助 2016	1000	1000		1000											
山丹县 2015 年新增农田水利设施建设 2016	1894	1000		1000			689	500		189					205
山丹县高效节水灌溉 2016	1939	1200		1200			608	600		8					131
山丹县小型农田水利重点县 2016	2722	1700		1700			925	900		25					97
山丹马场小型农田水利重点县 2016	1255	800		800			400	400			55				
山丹马场高效节水灌溉 2016	960	400		400			300	300			260				
平凉市农田水利设施维修养护 2016	100	100		100											
崆峒区五小水利工程 2016	1500	1000		1000			500	500							
泾川县五小水利工程 2016	1500	1000		1000			500	500							
泾川县农田水利设施维修养护 2016	100	100		100											
灵台县中央财政小型农田水利工程 2015	1500	1000		1000			500	500							
灵台县五小水利工程 2016	1500	1000		1000			500	500							
灵台县中央财政小农水重点县 2014（四）	2725	1500		1500			1200	800		400					25
崇信县五小水利工程 2016	1500	1000		1000			500	500							

2-4 续表

单位：万元

项　目	累计到位投资	中央政府投资					地方政府投资				企业和私人投资	国内贷款		债券	其他投资
		小计	预算内拨款	中央财政水利专项资金	土地出让收益	其他资金	小计	省级政府投资	地市级政府投资	县级政府投资		小计	其中：国家专项建设基金		
华亭县五小水利工程 2016	1500	1000		1000			500	500							
华亭县 2015 年新增农田水利设施建设 2016	1500	1000		1000			500	500							
庄浪县小型农田水利设施补助 2016	800	800		800											
庄浪县五小水利工程 2016	1500	1000		1000			500	500							
静宁县五小水利工程 2016	1500	1000		1000			500	500							
肃州区高效节水灌溉 2016	10554	5000		5000			2972	2500		472					2582
肃州区小型农田水利建设（五）	2661	1400		1400			929	600		329					332
肃州区农田水利设施维修养护 2016	202	200		200			2			2					
肃州区小型农田水利重点县 2016	3897	2000		2000			1140	1000		140	397				360
肃州区规模化节水增效示范（2013–2016）	5872	4693		4693			769			769					410
肃州区高效节水灌溉项目（六）	2051	1000		1000			911	500		411					140
金塔县小型农田水利重点县 2016	1500	1000		1000			500	500							
金塔县农田水利设施维修养护 2016	1000	1000		1000											
金塔县 2015 新增农田水利设施建设 2016	1500	1000		1000			500	500							
金塔县高效节水灌溉 2016	1500	1000		1000			500	500							
瓜州县农田水利设施维修养护 2016	200	200		200											
瓜州县小型农田水利建设（五）	2643	1400		1400			1243	600		643					
瓜州县高效节水灌溉 2016	2520	1500		1500			1020	750		270					
肃北县小型农田水利设施补助 2016	600	600		600											
玉门市 2015 新增农田水利设施建设 2016	1769	1000		1000			500	500							269
玉门市高效节水灌溉 2016	2172	1400		1400			700	700							72
玉门市小型农田水利重点县 2016	4019	2700		2700			1300	1300							19
玉门市农田水利设施维修养护 2016	200	200		200											
敦煌市农田水利设施维修养护 2016	100	100		100											
敦煌市 2015 抗旱引调提水项目	1343	1343		1343											
敦煌市小型农田水利 2015 维修养护资金	300	300		300											

2-4 续表

单位：万元

项　目	累计到位投资	中央政府投资					地方政府投资				企业和私人投资	国内贷款		债券	其他投资
		小计	预算内拨款	中央财政水利专项资金	土地出让收益	其他资金	小计	省级政府投资	地市级政府投资	县级政府投资		小计	其中：国家专项建设基金		
敦煌市规模化节水增效示范（2013-2016）	1516	1212		1212			304			304					
庆城县“五小水利”工程 2016	2459	1500		1500			959	750		209					
环县“五小水利”工程 2016	756	500		500			256	250		6					
华池县 " 五小水利”工程 2016	764	500		500			250	250							14
合水县农田水利设施维修养护 2016	121	100		100			21			21					
正宁县小型农田水利设施补助 2016	1191	1000		1000			191			191					
正宁县五小水利工程 2016	1579	1000		1000			579	500		79					
宁县五小水利工程 2016	1524	1000		1000			524	500		24					
镇原县五小水利工程 2016	605	400		400			205	200		5					
镇原县 2015 年新增农田水利设施建设 2016	1558	1000		1000			558	500		58					
通渭县农田水利设施维修养护 2016	100	100		100											
通渭县小型农田水利设施补助 2016	500	500		500											
陇西县五小水利工程 2016	1521	1000		1000			500	500							21
渭源县农田水利设施维修养护 2016	100	100		100											
临洮县五小水利工程 2016	2032	1300		1300			650	650							82
武都区农田水利设施维修养护 2016	300	300		300											
武都区小型农田水利重点县 2016	2846	1400		1400			600	600							846
宕昌县农田水利设施维修养护 2016	100	100		100											
宕昌县 2015 年新增农田水利设施建设 2016	500	300		300			200	200							
宕昌县高效节水灌溉 2016	400	400		400											
成县农田水利设施维修养护 2016	100	100		100											
康县五小水利工程 2016	900	600		600			300	300							
康县农田水利设施维修养护 2016	100	100		100											
文县小型农田水利重点县 2016	825	300		300			200	200							325
文县农田水利设施维修养护 2016	100	100		100											
文县高效节水灌溉 2016	714	400		400			200	200							114

2-4 续表

单位：万元

项目	累计到位投资	中央政府投资					地方政府投资				企业和私人投资	国内贷款		债券	其他投资
		小计	预算内拨款	中央财政水利专项资金	土地出让收益	其他资金	小计	省级政府投资	地市级政府投资	县级政府投资		小计	其中：国家专项建设基金		
西和县高效节水灌溉 2016	600	400		400			200	200							
西和县 2015 新增农田水利设施建设 2016	500	300		300			200	200							
西和县农田水利设施维修养护 2016	100	100		100											
礼县小型农田水利设施补助 2016	500	500		500											
礼县农田水利设施维修养护 2016	100	100		100											
两当县高效节水灌溉 2016	773	400		400			200	200							173
两当县小型农田水利重点县 2016	724	300		300			200	200							224
两当县农田水利设施维修养护 2016	100	100		100											
徽县 2015 新增农田水利设施建设 2016	789	400		400			389	200		189					
徽县小型农田水利重点县 2016	590	300		300			290	200		90					
徽县农田水利设施维修养护 2016	100	100		100											
临夏县农田水利设施维修养护 2016	100	100		100											
临夏县 1 万 ~ 5 万亩灌区改造 2016	607	400		400			200	200							7
康乐县 1 万 ~ 5 万亩灌区改造 2016	601	400		400			201	200		1					
康乐县小型农田水利 2015 维修养护资金	200	200		200											
永靖县小型农田水利 2015 年维修养护项目	206	200		200											6
永靖县 1 万 ~ 5 万亩灌区改造 2016	615	400		400			210	200		10					5
广河县小型农田水利设施补助 2016	558	500		500			58			58					
广河县五小水利工程 2016	1500	1000		1000			500	500							
广河县 2015 年中央财政小型农田水利	1501	1000		1000			500	500							1
和政县五小水利工程 2016	1509	1000		1000			500	500							9
东乡县中央财政五小水利项目 2015	1674	1000		1000			500	500							174
东乡族县五小水利工程 2016	750	500		500			250	250							
积石山县中央财政五小水利 2015	1576	1000		1000			500	500							76
卓尼县小型农田水利 2015 维修养护	100	100		100											
舟曲县五小水利工程 2016	750	500		500			250	250							

2-4 续表

单位：万元

项目	累计到位投资	中央政府投资					地方政府投资				企业和私人投资	国内贷款		债券	其他投资
		小计	预算内拨款	中央财政水利专项资金	土地出让收益	其他资金	小计	省级政府投资	地市级政府投资	县级政府投资		小计	其中：国家专项建设基金		
2016 迭部县小型农田水利设施补助资金（二）	500	500		500											
省农垦小型农田水利 2015 维修养护	300	300		300											
省农垦黄羊河农场小型农田水利（五）	1246	500		500			200	200			546				
省农垦饮马农场中央财政小农水 2015	567	400		400							167				
省农垦黄花农场高效节水灌溉项目（六）	1056	500		500			200	200			356				
省农垦张掖农场小型农田水利建设（五）	1283	500		500			200	200							583
省农垦山丹农场小型农田水利重点县 2016	1023	500		500			200	200							323
省农垦八一农场水利设施维修养护 2016	100	100		100											
省农垦小型农田水利补助 2016	1326	800		800			400	400							126
景泰县中央财政景电农场节水灌溉 2013	1300	700		700			600	300	300						
省景电农田水利设施维修养护 2016	100	100		100											
省疏管局农田水利设施维修养护 2016	100	100		100											
兰州新区高效节水灌溉 2016	1600	1000		1000			600	400	200						
水库工程	338958	104820	25000	79820			37525	33572	1000	2953		180844	12500	2500	13269
秦州区关峡水库	5800	4500		4500			1300			1300					
秦安县西小河小湾河水库	5200	5200		5200											
张家川县富川水库（抗旱规划内）	10256	5684		5684			4572	4572							
民勤县红崖水库加高扩建工程	25000	15000	15000				10000	9000	1000						
天祝县二道墩水库	8666	6927		6927											1739
天祝县石门河调蓄引水工程	25030	10000	10000				1000	1000						2500	11530
民乐县山城河水库	7916	7916		7916											
临泽县红山湾水库工程	39000						3000	3000				36000	6000		
山丹县白石崖水库（抗旱规划内）	7685	5685		5685			2000	2000							
崆峒区北杨涧水库（抗旱规划内）	7234	5685		5685								1549			
泾川县朱家涧水库（抗旱规划内）	8226	8226		8226											
灵台县新集水库工程	23600											23600			

2–4 续表

单位：万元

项目	累计到位投资	中央政府投资					地方政府投资				企业和私人投资	国内贷款		债券	其他投资
		小计	预算内拨款	中央财政水利专项资金	土地出让收益	其他资金	小计	省级政府投资	地市级政府投资	县级政府投资		小计	其中：国家专项建设基金		
崇信县关河水库（抗旱规划内）	6591	6591		6591											
庄浪县花崖河水库（抗旱规划内）	7035	5685		5685								1350			
酒泉循环经济产业园水源（大红泉水库）	17845											17845			
庆阳市巴家咀水库新增调蓄工程（五台山水库）	10000											10000			
庆阳市莲花寺水库及供水工程	20000											20000			
庆阳市小盘河水库及供水工程	50000											50000			
庆城县纸坊沟水库（抗旱规划内）	6825	5685		5685			1140			1140					
环县米岔沟水库（抗旱规划）	1549	1036		1036			513			513					
康乐县鸣鹿水库（抗旱规划）	11000	11000		11000											
兰州新区2号3号石门沟水库	34500						14000	14000				20500	6500		
泵站工程	119957	105771	105771				13710	6466	5964	1280					476
兰州市大砂沟泵站更新改造工程	5850	4400	4400				1450		1450						
七里河区西津泵站更新改造工程	5538	4350	4350				1188		619	569					
兰州市工农坪泵站更新改造工程	5354	4283	4283				1071		535	536					
兰州市榆中三电泵站更新改造工程	20386	16750	16750				3160		3110	50					476
白银市兴电泵站更新改造工程	12800	12800	12800												
白银市靖会泵站更新改造工程	12800	12800	12800												
白银市刘川泵站更新改造工程	8500	8500	8500												
白银市中堡泵站更新改造工程	1637	1637	1637												
景泰县中泉泵站更新改造工程	5840	5840	5840												
平凉市白庙泵站更新改造工程	1465	1340	1340				125			125					
甘肃省景电泵站更新改造	39787	33071	33071				6716	6466	250						
其他灌溉除涝项目	3264	1600		1600			1654	1576		78					10
景泰县草窝滩镇排水工程	1000						1000	1000							
秦州区太京镇农田水利建设项目	1134	800		800			334	256		78					
甘谷县大石乡农田水利建设项目	1130	800		800			320	320							10

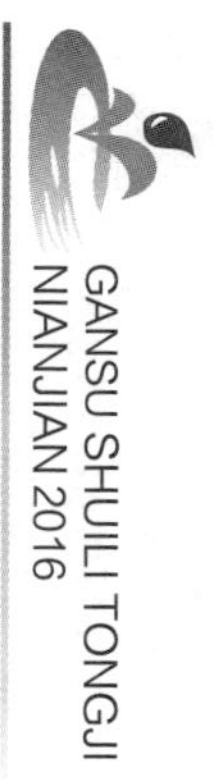

2-4 续表

单位：万元

项　目	累计到位投资	中央政府投资					地方政府投资				企业和私人投资	国内贷款		债券	其他投资
		小计	预算内拨款	中央财政水利专项资金	土地出让收益	其他资金	小计	省级政府投资	地市级政府投资	县级政府投资		小计	其中：国家专项建设基金		
供水项目	1776325	622531	590032	30464	835	1200	577596	436144	125854	15598	13000	541735	41211	9500	11964
引水（调水）工程	1596877	570032	570032				506347	378782	118613	8952	13000	489948	41048	9500	8050
兰州市水源地建设工程	445750						109350		109350			336400			
引洮供水一期榆中县配套工程	62200						10700	10700				51500			
引洮一期工程会宁北部供水工程	76000	52000	52000				24000	24000							
天祝县南阳山片下山入川供水工程	41450	20000	20000				11600	11600						2500	7350
肃北县马鬃山镇供水工程	25000						6952			6952	13000	5048	1048		
盐环定扬黄续建工程调概算	3000						3000	3000							
积石山引水工程	43000	19300	19300				15000	15000				5000		3000	700
临夏州引黄济临供水工程	55863	34000	34000				17863	14000	3863					4000	
甘南州引洮（博）济合供水工程	38200	22700	22700				15500	15500							
甘南州引洮入潭工程	18400	7400	7400				11000	9000		2000					
玛曲县县城引水工程	6432	6432	6432												
兰州新区供水项目引大渠道除险加固	27480						5480	5480				22000			
甘肃省引洮供水一期工程	502102	258200	258200				243902	238502	5400						
甘肃引洮供水二期工程	200000	150000	150000									50000	40000		
天水市城区引洮供水工程	52000						32000	32000				20000			
农村饮水安全巩固提升工程建设	140301	20000	20000				67338	55934	7164	4240		50640	163		2323
永登县农村饮水安全巩固提升 2016	762	116	116				269	269				377			
皋兰县农村饮水安全巩固提升 2016	1159	177	177				409	409				573			
榆中县农村饮水安全巩固提升 2016	714	109	109				605	605							
永昌县农村饮水安全巩固提升 2016	342	50	50				130	116		14		163	163		
白银区农村饮水安全巩固提升 2016	160	30	30				57	57				73			
平川区农村饮水安全巩固提升 2016	200	40	40				71	71				89			
靖远县农村饮水安全巩固提升 2016	3574	593	593				1061	1061				1920			
会宁县农村饮水安全巩固提升 2016	1759	221	221				820	820				718			

2-4 续表

单位：万元

项目	累计到位投资	中央政府投资					地方政府投资				企业和私人投资	国内贷款		债券	其他投资
		小计	预算内拨款	中央财政水利专项资金	土地出让收益	其他资金	小计	省级政府投资	地市级政府投资	县级政府投资		小计	其中：国家专项建设基金		
景泰县农村饮水安全巩固提升 2016	511	78	78				380	380				53			
秦州区农村饮水安全巩固提升工程 2016	369	57	57				312	312							
麦积区农村安全饮水巩固提升工程 2016	1243	190	190				1053	1053							
清水县农村饮水安全巩固提升工程 2016	1138	174	174				964	964							
秦安县农村饮水安全巩固提升 2016	610	91	91				519	519							
甘谷县农村饮水安全巩固提升工程 2016	5604	901	901				4703	4703							
张家川县农村饮水安全巩固提升 2016	651	57	57				594	594							
凉州区农村饮水安全巩固提升 2016	992	160	160				439	350		89		393			
民勤县农村饮水安全巩固提升项目 2016	1747	267	267				616	616				864			
古浪县农村饮水安全巩固提升 2016	1640	250	250				1189	1189				201			
甘州区农村饮水安全巩固提升 2016	735	112	112				259	259				364			
民乐县农村饮水安全巩固提升 2016	257	39	39				91	91				127			
崆峒区农村饮水安全项目巩固提升 2016	905	138	138				319	319				448			
泾川县农村饮水安全巩固提升 2016	1210	185	185				427	427				598			
灵台县农村饮水安全巩固提升 2016	1013	155	155				757	757				101			
崇信县农村饮水安全巩固提升 2016	168	40	40				59	59				69			
华亭县农村饮水安全巩固提升 2016	1644	251	251				580	580				813			
庄浪县农村饮水安全巩固提升 2016	1688	258	258				596	596				834			
静宁县农村饮水安全巩固提升 2016	2622	400	400				1607	1607				615			
瓜州县农村饮水安全巩固提升 2016	133	44	44				47	47				42			
玉门市农村饮水安全巩固提升 2016	668	90	90				317	192		125		261			
西峰区农村饮水安全巩固提升 2016	208	50	50				73	73				85			
西峰区 2016 年市级财政安排农村饮水项目	636						636		486	150					
庆城县 2016 年市级财政安排农村饮水项目	868						868		675	193					
庆城县农村饮水安全巩固提升 2016	4189	640	640				1478	1478				2071			
环县农村饮水安全巩固提升 2016	32678	5025	5025				11387	11387				16266			

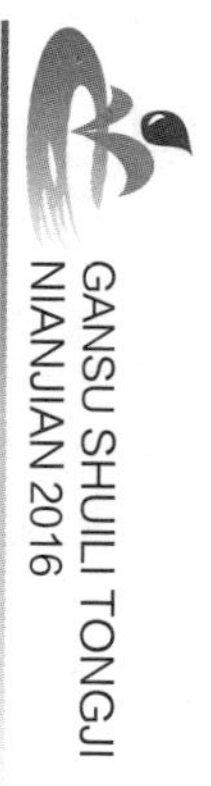

2-4 续表

单位：万元

项　目	累计到位投资	中央政府投资					地方政府投资				企业和私人投资	国内贷款		债券	其他投资
		小计	预算内拨款	中央财政水利专项资金	土地出让收益	其他资金	小计	省级政府投资	地市级政府投资	县级政府投资		小计	其中：国家专项建设基金		
环县2016年市级财政安排农村饮水项目	3481						3481		3481						
华池县农村饮水安全巩固提升2016	3832	585	585				1352	1352				1895			
华池县2016年市级财政安排农村饮水项目	1583						1505		765	740					78
合水县2016年市级财政安排农村饮水项目	559						559			559					
合水县农村饮水安全巩固提升2016	2279	286	286				1067	660		407		926			
正宁县2016年市级财政安排农村饮水项目	457						457		405	52					
正宁县农村饮水安全巩固提升2016	1464	213	213				491	491				689			71
宁县农村饮水安全巩固提升2016	1181	180	180				900	900				101			
宁县2016年市级财政安排农村饮水项目	839						839		839						
镇原县农村饮水安全巩固提升2016	1818	244	244				784	784				790			
镇原县2016年市级财政安排农村饮水项目	874						874		513	361					
安定区农村饮水安全巩固提升2016	6085	929	929				2147	2147				3009			
通渭县农村饮水安全巩固提升2016	1341	205	205				473	473				663			
陇西县农村饮水安全巩固提升2016	1196	84	84				840	840				272			
渭源县农村饮水安全巩固提升2016	1124	163	163				860	860				101			
临洮县村饮水安全巩固提升2016	10716	1744	1744				4027	4027				4945			
武都区农村饮水安全巩固提升2016	4396	671	671				1551			1551					2174
宕昌县农村饮水安全巩固提升2016	3202	489	489				1663	1663				1050			
成县农村饮水安全巩固提升2016	1621	248	248				571	571				802			
康县农村饮水安全巩固提升2016	2137	326	326				1454	1454				357			
文县农村饮水安全巩固提升2016	2323	355	355				820	820				1148			
西和县农村饮水安全巩固提升2016	2333	356	356				1423	1423				554			
礼县农村饮水安全巩固提升2016	3072	469	469				1626	1626				977			
徽县农村饮水安全巩固提升2016	1821	278	278				642	642				901			
康乐县农村饮水安全巩固提升2016	2652	405	405				1436	1436				811			
广河县农村饮水安全巩固提升2016	655	76	76				334	334				245			

2–4 续表

单位：万元

项目	累计到位投资	中央政府投资					地方政府投资				企业和私人投资	国内贷款		债券	其他投资
		小计	预算内拨款	中央财政水利专项资金	土地出让收益	其他资金	小计	省级政府投资	地市级政府投资	县级政府投资		小计	其中：国家专项建设基金		
和政县农村饮水安全巩固提升 2016	1252	191	191				442	442				619			
积石山县农村饮水安全巩固提升 2016	3210	515	515				1029	1029				1666			
抗旱工程	32576	31299		30464	835		686		77	610					590
永登县抗旱应急引调提水 2016	302	302		302											
榆中县抗旱应急引调提水 2016	619	619		619											
靖远县抗旱应急引调提水项目	1470	1470		1470											
会宁县抗旱应急引调提水项目	1017	1017		1017											
景泰县抗旱应急引调提水项目	703	703		703											
秦州区抗旱应急引调提水 2016	717	717		717											
清水县抗旱应急引调提水项目 2016	904	904		904											
秦安县抗旱应急引调提水 2016	890	890		890											
武山县抗旱应急引调提水 2016	686	686		686											
凉州区抗旱应急引调提水项目	775	775		775											
民勤县抗旱应急水源工程	1304	1304		1304											
古浪县抗旱应急引调提水项目	1739	1739		1739											
天祝县抗旱应急引调提水项目	593	559		559											34
山丹县抗旱应急引调提水项目	832	650		650			182			182					
泾川县抗旱应急水源引调提水项目	519	519		519											
崇信县抗旱应急引调提水项目	1126	1126		1126											
庄浪县抗旱应急引调提水项目	347	347		347											
静宁县抗旱应急引调提水项目	1287	1287		1287											
敦煌县抗旱应急引调提水项目	344	344		344											
庆城县抗旱应急引调提水项目	460	383		383			77			77					
环县抗旱应急引调提水项目	1350	1265		1265			85			85					
华池县抗旱应急引调提水项目	1674	1527		1527											147
镇原县抗旱应急引调提水项目	958	824		824			134			134					

2-4 续表

单位：万元

项　目	累计到位投资	中央政府投资					地方政府投资				企业和私人投资	国内贷款		债券	其他投资
		小计	预算内拨款	中央财政水利专项资金	土地出让收益	其他资金	小计	省级政府投资	地市级政府投资	县级政府投资		小计	其中：国家专项建设基金		
通渭县抗旱应急引调提水项目	790	790		790											
陇西县抗旱应急引调提水项目	791	791		791											
临洮县抗旱应急引调提水项目	1140	1140		1140											
西和县抗旱应急水源工程 2016	598	598		598											
礼县抗旱应急引调提水项目	916	916		916											
临夏县 2015 年抗旱引调提水项目	253	253		253											
永靖县 2015 年抗旱引调水提水工程	376	328		328											48
广河县抗旱应急引调提水项目	837	706		706			131			131					
广河县 2015 齐家镇抗旱应急水源配套	512	416		416											96
广河县 2015 三甲集镇抗旱应急水源配套	505	425		425											80
和政县抗旱应急引调提水项目	764	687		687			77		77						
东乡县 2015 年抗旱引调提水项目	892	892		892											
东乡县抗旱应急引调提水项目	800	800		800											
东乡县 2014 年抗旱引调提水项目	861	835			835										26
积石山县 2015 年抗旱应急水源配套工程	1409	1250		1250											159
积石山县抗旱应急引调提水项目	515	515		515											
其他供水工程	6571	1200				1200	3224	1428		1796		1147			1000
金昌市城市应急备用水源项目	1000														1000
华池县刘坪村美丽村庄河道治理及供水工程	1000						1000			1000					
积石山县县城区供水水源改扩建工程	3143	1200				1200	796			796		1147			
靖远寺儿坪供水项目	1428						1428	1428							
水务项目	50785	6220	5210	1010			9815	7200		2615		34750	18200		
自来水厂建设	18700						4000	4000				14700	13200		
庄浪县南坪水厂改扩建及管网工程	1500											1500			
武威市城乡融合黄羊土门组团供水（陆港）	17200						4000	4000				13200	13200		
城镇供水管线建设	18950	700	700				3200	3200				15050	5000		

2-4 续表

单位：万元

项目	累计到位投资	中央政府投资					地方政府投资				企业和私人投资	国内贷款		债券	其他投资
		小计	预算内拨款	中央财政水利专项资金	土地出让收益	其他资金	小计	省级政府投资	地市级政府投资	县级政府投资		小计	其中：国家专项建设基金		
天水市藉口水厂至西十里供水管道工程	9100											9100			
清水县城区供水工程	7000						2000	2000				5000	5000		
清水县城区自来水管网扩建工程	1700	350	350				400	400				950			
天水市城区供水高桥头引水枢纽工程	400						400	400							
清水县城区自来水管网扩建工程	750	350	350				400	400							
污水处理工程建设	11512	5520	4510	1010			992			992		5000			
华池县城区污水分户收集工程	386						386			386					
华池县县城污水支管道工程	606						606			606					
临洮县污水处理厂配套管网工程	510	510	510												
民勤红沙岗污水处理厂及中水回用贮水池	5750	750		750								5000			
山丹县城区生活污水处理工程	4260	4260	4000	260											
其他水务能力建设	1622						1622			1622					
甘谷县城区供水水源水深度处理工程	1622						1622			1622					
非常规水资源利用项目	160						160		160						
雨水集用	160						160		160						
金昌市龙首山前山区雨洪资源利用项目	160						160		160						
水电开发利用	37620	7876	3583	4293							29049	695			
水力发电工程建设	26520	2603	2603								23917				
迭部县阿夏那盖水电站	7471	1163	1163								6308				
夏河县安顺水电站	19049	1440	1440								17609				
水电增效扩容	7600	4293		4293							3307				
永昌县头坝二号水电站增效扩容改造	635	285		285							350				
金塔县解放村水电站增效扩容改造	149	149		149											
肃北县拉排一级水电站增效扩容改造	424	424		424											
肃北县拉排一级水电站河流生态修复	27	27		27											
敦煌市南湖店水电站增效扩容改造	172	172		172											

2-4 续表

单位：万元

项目	累计到位投资	中央政府投资					地方政府投资				企业和私人投资	国内贷款		债券	其他投资
		小计	预算内拨款	中央财政水利专项资金	土地出让收益	其他资金	小计	省级政府投资	地市级政府投资	县级政府投资		小计	其中：国家专项建设基金		
敦煌市党河水电站增效扩容改造	403	403		403											
文县哈南水电站增效扩容改造	46	46		46											
文县哈南水电站河流生态修复	15	15		15											
礼县大滩水电站增效扩容改造工程	93	93		93											
礼县红崖二级水电站河流生态修复工程	16	16		16											
礼县红崖二级水电站增效扩容改造工程	103	103		103											
礼县大滩水电站河流生态修复工程	14	14		14											
和政县闫蔡坪水电站增效扩容改造	95	95		95											
东乡县老虎嘴电站	1651	743		743							908				
合作市峡村电站	2857	1170		1170							1687				
夏河县白土坡水电站	900	538		538							362				
小水电代燃料	3500	980	980								1825	695			
夏河县甫黄二级小水电代燃料项目	3500	980	980								1825	695			
水保及生态保护	169688	133076	91754	41322			16837	8573	1477	6787					19776
水土流失治理	94074	70471	31754	38717			3828	3213		615					19776
漳县国家农业综合开发水土保持项目 2016	397	285		285			105	105							7
泾川县国家农业综合开发水土保持项目 2016	394	285		285			105	82		23					4
环县病险淤地坝除险加固工程 2016	340	272		272			68			68					
礼县坡耕地水土流失治理 2016	1250	1000	1000												250
广河县坡耕地水土流失治理 2016	1250	1000	1000												250
甘肃省国家水土保持重点工程（2015）	15769	11038		11038											4731
甘肃省农业综合开发水土保持项目（2015）	5944	4000		4000			1600	1508		92					344
甘肃省坡耕地水土流失重点治理 2015（黄河）	15000	12000	12000												3000
渭源县国家农业综合开发水土保持项目 2016	395	285		285			105	105							5
陇西县国家水土保持重点建设工程 2016 年	1286	900		900											386
甘肃省坡耕地水土流失重点治理 2015（长江）	5000	4000	4000												1000

2-4 续表

单位：万元

项　目	累计到位投资	中央政府投资					地方政府投资				企业和私人投资	国内贷款		债券	其他投资
		小计	预算内拨款	中央财政水利专项资金	土地出让收益	其他资金	小计	省级政府投资	地市级政府投资	县级政府投资		小计	其中：国家专项建设基金		
甘肃省水土流失重点治理工程 2015（黄河）	2568	2054	2054												514
甘肃省水土流失重点治理工程 2015（长江）	625	500	500												125
甘肃省水土流失重点治理工程 2015（内陆）	250	200	200												50
东乡县坡耕地水土流失治理 2016	1250	1000	1000												250
景泰县水土保持重点工程 2016	600	420		420			18	18							162
临洮县坡耕地水土流失治理 2016	1238	1000	1000												238
会宁县国家水土保持重点建设工程 2016 年	1286	900		900											386
西和县坡耕地水土流失治理 2016	1160	1000	1000												160
岷县水土保持重点工程 2016	575	425		425			18	18							132
两当县水土保持重点工程 2016	600	420		420			18	18							162
临潭县水土保持重点工程 2016	560	420		420			18	18							122
甘谷县国家农业综合开发水土保持项目 2016	397	285		285			105	105							7
武山县国家农业综合开发水土保持项目 2016	397	285		285			105	105							7
秦安县国家农业综合开发水土保持项目 2016	396	285		285			105	105							6
崇信县国家农业综合开发水土保持项目 2016	403	290		290			107	84		23					6
灵台县国家农业综合开发水土保持项目 2016	395	285		285			105	82		23					5
庄浪县国家水土保持重点建设工程 2016 年	786	550		550											236
张家川县国家农业综合开发水土保持项目 2016	397	285		285			105	105							7
靖远县水土保持重点工程 2016	582	420		420			18	18							144
武都区水土保持重点工程 2016	600	420		420			18	18							162
成县水土保持重点工程 2016	600	420		420			18	18							162
文县水土保持重点工程 2016	600	420		420			18	18							162
康县水土保持重点工程 2016	600	420		420			18	18							162
卓尼县水土保持重点工程 2016	588	420		420			18	18							150
迭部县水土保持重点工程 2016	575	420		420			18	18							137
清水县国家农业综合开发水土保持项目 2016 年	404	290		290			107	107							7

2-4 续表

单位：万元

项　目	累计到位投资	中央政府投资					地方政府投资				企业和私人投资	国内贷款		债券	其他投资
		小计	预算内拨款	中央财政水利专项资金	土地出让收益	其他资金	小计	省级政府投资	地市级政府投资	县级政府投资		小计	其中：国家专项建设基金		
和政县国家农业综合开发水土保持项目 2016	396	285		285			105	105							6
临洮县国家水土保持重点建设工程 2016 年	1286	900		900											386
宁县国家水土保持重点建设工程 2016 年	786	550		550											236
正宁县国家水土保持重点建设工程 2016 年	786	550		550											236
安定区国家水土保持重点建设工程 2016 年	1286	900		900											386
东乡县国家水土保持重点建设工程 2016 年	786	550		550											236
临夏县国家水土保持重点建设工程 2016 年	929	650		650											279
镇原县国家水土保持重点建设 2016 第二批	357	250		250			10	10							97
会宁县国家水土保持重点建设 2016 第二批	357	250		250			10	10							97
安定区国家水土保持重点建设 2016 第二批	286	200		200			8	8							78
通渭县国家水土保持重点建设 2016 第二批	429	300		300			12	12							117
永靖县国家水土保持重点建设 2016 第二批	357	250		250			10	10							97
临夏县国家水土保持重点建设 2016 第二批	357	250		250			10	10							97
东乡县国家水土保持重点建设 2016 第二批	357	250		250			10	10							97
华池县国家农业综合开发水土保持项目 2016	399	285		285			105	105							9
临夏市水土保持重点工程 2016	571	400		400			17	17							154
积石山县国家水土保持重点建设工程 2016 年	929	650		650											279
临洮县国家水土保持重点建设 2016 第二批	419	293		293			12	12							114
陇西县国家水土保持重点建设 2016 第二批	286	200		200			8	8							78
永靖县国家水土保持重点建设工程 2016 年	796	557		557											239
镇原县国家水土保持重点建设工程 2016 年	1000	700		700											300
通渭县国家水土保持重点建设工程 2016 年	1286	900		900											386
合水县国家水土保持重点建设工程 2016 年	786	550		550											236
康乐县国家农业综合开发水土保持项目 2016	399	285		285			105	105							9
庆城县国家农业综合开发水土保持项目 2016	392	285		285			105	82		23					2

2-4 续表

单位：万元

项　目	累计到位投资	中央政府投资					地方政府投资				企业和私人投资	国内贷款		债券	其他投资
		小计	预算内拨款	中央财政水利专项资金	土地出让收益	其他资金	小计	省级政府投资	地市级政府投资	县级政府投资		小计	其中：国家专项建设基金		
秦州区坡耕地水土流失治理 2016	1250	1000	1000												250
安定区坡耕地水土流失治理 2016	1091	1000	1000												91
通渭县坡耕地水土流失治理 2016	1250	1000	1000												250
镇原县坡耕地水土流失治理 2016	1250	1000	1000												250
静宁县坡耕地水土流失治理 2016	1250	1000	1000												250
环县坡耕地水土流失治理 2016	1250	1000	1000												250
麦积区水土保持重点工程 2016	543	420		420			18	18							105
临夏县坡耕地水土流失治理 2016	1250	1000	1000												250
陇西县坡耕地水土流失治理 2016	1195	1000	1000												195
渭源县病险淤地坝除险加固工程 2016	96	80		80			16			16					
通渭县病险淤地坝除险加固工程 2016	132	112		112			20			20					
庆城县病险淤地坝除险加固工程 2016	115	92		92			23			23					
华池县病险淤地坝除险加固工程 2016	100	80		80			20			20					
正宁县病险淤地坝除险加固工程 2016	110	88		88			22			22					
临洮县病险淤地坝除险加固工程 2016	93	88		88			5			5					
灵台县病险淤地坝除险加固工程 2016	68	68		68											
合水县病险淤地坝除险加固工程 2016	100	80		80			20			20					
庄浪县病险淤地坝除险加固工程 2016	90	72		72			18			18					
镇原县病险淤地坝除险加固工程 2016	170	136		136			34			34					
宁县病险淤地坝除险加固工程 2016	94	84		84			10			10					
榆中县病险淤地坝除险加固工程 2016	97	92		92			5			5					
秦州区病险淤地坝除险加固工程 2016	105	84		84			21			21					
漳县病险淤地坝除险加固工程 2016	115	92		92			23			23					
陇西县病险淤地坝除险加固工程 2016	106	96		96			10			10					
泾川县病险淤地坝除险加固工程 2016	90	72		72			18			18					
西峰区病险淤地坝除险加固工程 2016	180	144		144			36			36					

2–4 续表

单位：万元

项　目	累计到位投资	中央政府投资					地方政府投资				企业和私人投资	国内贷款		债券	其他投资
		小计	预算内拨款	中央财政水利专项资金	土地出让收益	其他资金	小计	省级政府投资	地市级政府投资	县级政府投资		小计	其中：国家专项建设基金		
安定区病险淤地坝除险加固工程 2016	414	352		352			62			62					
流域生态综合治理	69827	60000	60000				9827	5360	727	3740					
敦煌水资源规划项目（河道归束）2015	4747	2848	2848				1899	1172	727						
敦煌水资源规划项目（酒泉市）2016	10294	8234	8234				2060	823		1237					
敦煌水资源规划项目（敦煌市）2016	6400	5120	5120				1280	512		768					
敦煌水资源规划项目（党河灌区）2015	8678	6943	6943				1735			1735					
敦煌水资源合理与生态保护（疏勒河）2016	18311	16646	16646				1665	1665							
敦煌水资源利用与生态保护（疏勒河）2015	21397	20209	20209				1188	1188							
河湖连通工程	3525	2605		2605			920			920					
庆阳市新城南区湖库水系连通工程	3525	2605		2605			920			920					
其他环境水利项目	2262						2262		750	1512					
金昌市十里花海景区建设项目	1512						1512			1512					
平凉市崆峒水库至大岔河段河道生态综合治理	750						750		750						
机构能力建设专项	27923	24904	24531	373			3019	3019							
水文设施及能力建设	27923	24904	24531	373			3019	3019							
甘肃水资源监控能力建设二期 2016	373	373		373											
甘肃省中小河流水文监测系统建设项目	27550	24531	24531				3019	3019							
移民项目	61521	30999		30999			30522	28743	1779						
西峰区小盘河水库征地拆迁补偿安置工作	1779						1779		1779						
甘肃省大中型水库移民后期扶持（内陆）	8278	4390		4390			3888	3888							
甘肃省大中型水库移民后期扶持（长江）	4328	2749		2749			1579	1579							
甘肃省大中型水库移民后期扶持（黄河）	47136	23860		23860			23276	23276							
其他水利项目	27913	22135		22135			4931		131	4800		847			
金昌市永昌县金川工农干渠围栏保护工程	131						131		131						
会宁县电子桥、康家河桥桥梁工程	847											847			
临夏市大夏河风情线综合治理工程	4800						4800			4800					
永靖县刘盐八地质灾害灌区节水改造工程	22135	22135		22135											

2-5 2016年水利建设项目累计完成投资

单位：万元

项　目	累计完成投资	中央政府投资					地方政府投资				企业和私人投资	国内贷款		债券	其他投资
		小计	预算内拨款	中央财政水利专项资金	土地出让收益	其他资金	小计	省级政府投资	地市级政府投资	县级政府投资		小计	其中：国家专项建设基金		
甘肃省	3315308	1524414	1108919	412698	835	1962	819340	591923	143301	84117	46032	829947	63698	12000	83574
防洪项目	397371	289604	220416	69188			39289	21758	2116	15415		57614			10864
堤防工程	37963						10274	7781		2493		24843			2846
会宁县焦家河焦河村防洪工程	500						500	500							
会宁县苦水河河畔羊肉市场段综合治理工程	408											408			
天水市藉河生态综合治理一期续建工程	24000											24000			
秦州区天水镇易地搬迁堤防工程	1415						1415			1415					
天祝县大通河防洪工程	3446						600	600							2846
瓜州县榆林河蘑菇台子段河道治理	500						500	500							
庆城县2016年蔡家庙沟护岸工程	140						140	140							
华池县葫芦河引水枢纽上游护岸工程	435											435			
合水县葫芦河、苗村河太白段河道整治工程	1078						1078			1078					
宁县新宁镇高山堡村护岸工程	360						360	360							
镇原县洪河南川芦李护岸工程	411						411	411							
合作市那吾乡精准扶贫暨生态小康村防洪工程	670						670	670							
卓尼县车巴河流域防洪治理项目	3600						3600	3600							
迭部县卡坝乡尼吉巴防洪工程	1000						1000	1000							
大江大湖治理	197981	169530	169530				8851			8851		19600			
黄河甘肃段兰州市防洪治理工程	103600	84000	84000									19600			
黄河干流白银市防洪治理工程	52000	52000	52000												
黄河甘肃段临夏州防洪治理工程	21830	17530	17530				4300			4300					
黄河甘肃段甘南州防洪治理工程	20551	16000	16000				4551			4551					

2-5 续表

单位：万元

项目	累计完成投资	中央政府投资					地方政府投资				企业和私人投资	国内贷款		债券	其他投资
		小计	预算内拨款	中央财政水利专项资金	土地出让收益	其他资金	小计	省级政府投资	地市级政府投资	县级政府投资		小计	其中：国家专项建设基金		
重要支流治理	51563	41759	41759				5619	2388	2116	1115					4185
湟水兰州市红古段防洪治理工程	4800	3600	3600				1200		1200						
武山县车家川至山丹河口段治理	2966	1780	1780												1186
石羊河凉州区松涛寺至红水河入河口防洪	2133	1280	1280				853	853							
平凉市泾河吴老沟至平镇桥河堤治理	1276	1276	1276												
泾河崆峒区马莲沟至南阳涧河段防洪工程	1662	1662	1662												
泾河泾川县罗汉洞至洪河口段河堤治理	1963	1630	1630				333	333							
葫芦河静宁县狗娃河口至胡家河段河堤治理过程	1705	1705	1705												
黑河金塔县常丰至中丰村段防洪治理工程	738	738	738												
黑河酒泉市金塔县五爱至友好段河道治理工程	1665	1665	1665												
环县马莲河韩洼子至陈沟桥段防洪	2072	1243	1243				829			829					
蒲河宁县庄里至叶王川段防洪治理工程	1590	1590	1590												
洮河岷县齐家庄至石头咀段堤防工程	2400	2400	2400												
白龙江文县石坊乡东峪口至大渡坝河道	1755	1053	1053				702	702							
文县尚德镇水家坝至周家坝河道治理	2900	1740	1740												1160
西和县西汉水郭家坝至昌河坝段防洪	797	797	797												
礼县西汉水罗家堡至盐官镇段防洪	2293	1377	1377				916		916						
大夏河干流临夏市祁牟段堤防工程	594	494	494				100			100					
大夏河干流临夏市单子庄至新大桥段	2898	1739	1739												1159
临夏县大夏河干流双城至马九川段治理	2320	1678	1678												642
大夏河干流临夏县祁牟至刘家峡水库防洪	734	548	548				186			186					
永靖县湟水干流白川至二房段河堤工程	1726	1726	1726												

2-5 续表

单位：万元

项　目	累计完成投资	中央政府投资					地方政府投资				企业和私人投资	国内贷款		债券	其他投资
		小计	预算内拨款	中央财政水利专项资金	土地出让收益	其他资金	小计	省级政府投资	地市级政府投资	县级政府投资		小计	其中：国家专项建设基金		
大夏河东乡县折桥至刘家峡水库堤防	1200	1162	1162												38
洮河合作市段防洪工程	2037	2037	2037												
洮河干流临潭县洮滨防洪堤工程	1400	1200	1200				200	200							
洮河卓尼县麻路1段至牙当段															
卓尼县洮河干流城区段堤防工程	1730	1430	1430				300	300							
夏河县垂子合大桥至阿一山大桥段治理	1059	1059	1059												
大夏河夏河县王格尔塘至曲奥段治理工程	3150	3150	3150												
中小河流治理	86364	67133	5590	61543			4594	2219		2375		10804			3833
皋兰县蔡家河东湾沟上游段－文山段堤防	1486	1486		1486											
白银区东大沟民勤村至城区段治理	691	691		691											
会宁县祖厉河城区段综合治理二期工程（续建）	10804											10804			
清水县后川河杜川至王店段堤防工程	2400	2000	2000				400	400							
秦安县南小河王尹马河至凤山堤防	273	273		273											
甘谷县清溪河礼辛乡寨子至慰坪堤防工程	3018	3018		3018											
肃南县隆畅河治理工程补充项目	745	500		500			245			245					
临泽县小东沟河新柳－西街农田防护	1798	1438		1438											360
山丹县马营河大马营段河道治理工程	2211	2211		2211											
泾川县黑河荒场至西家沟河堤治理工程	1384	1384		1384											
泾川县汭河十里沟至枣林段河堤治理工程	2370	2370		2370											
泾川县洪河河堤治理工程	1080	1080		1080											
灵台县达溪河县城至安家庄段河堤治理	2175	2175		2175											
灵台县达溪河县城至百里段河堤治理	2508	2090	2090				418	418							
灵台县黑河东门至景家庄段河堤治理	1946	1946		1946											

2-5 续表

单位：万元

项目	累计完成投资	中央政府投资					地方政府投资				企业和私人投资	国内贷款		债券	其他投资
		小计	预算内拨款	中央财政水利专项资金	土地出让收益	其他资金	小计	省级政府投资	地市级政府投资	县级政府投资		小计	其中：国家专项建设基金		
崇信县黑河河堤治理工程	1961	1961		1961											
崇信县汭河（九功渠首至野雀沟）河堤治理	2378	2378		2378											
庄浪县韩店镇王崖段河堤治理工程	460						460			460					
庄浪县红土坡至刘家湾段河堤工程	2270	1500	1500				770	280		490					
庄浪县北洛河良邑郭魏至石家窑防洪	1842	1842		1842											
肃州区丰乐河堤防及河道治理工程	2553	2042		2042			511			511					
肃州区清水河堤防及河道治理工程	1232	986		986			246			246					
西峰区砚瓦川贺家塬沟护岸工程	240	240		240											
正宁县四郎河樊湾子治理工程	2650	1200		1200											1450
正宁县四郎河房河治理工程	2270	977		977											1293
漳县龙川河草川坪至魏下段堤防工程	2016	2016		2016											
武都区北峪河治理工程	979	979		979											
宕昌县理川河流域治理工程															
宕昌县良恭河韩院段河堤工程	296	296		296											
成县严河堤防工程	990	990		990											
康县阳坝河阳坝镇段治理工程	519	519		519											
文县中路河中寨至白水江口段治理	1578	1578		1578											
西和县太石河治理工程	1264	1264		1264											
礼县清水江张堡至教面堤防工程	1047	1047		1047											
两当县红崖河蚂蚱河段综合治理工程	1252	1252		1252											
两当县红崖河权坪河段综合治理工程	790	790		790											
徽县永宁河高桥乡河道治理工程	1087	1087		1087											
临夏县老鸦关河双城至上阴洼段防洪工程	2487	1990		1990			497	74		423					

2–5 续表

单位：万元

项目	累计完成投资	中央政府投资					地方政府投资				企业和私人投资	国内贷款		债券	其他投资
		小计	预算内拨款	中央财政水利专项资金	土地出让收益	其他资金	小计	省级政府投资	地市级政府投资	县级政府投资		小计	其中：国家专项建设基金		
东乡县巴谢河五家至赵家段堤防	2714	2171		2171			434	434							109
东乡县巴谢河赵家至那勒寺段堤防	2814	2251		2251											563
合作市格河多合儿防洪工程	1070	892		892			178	178							
合作市德吾录河卡加防洪工程	768	768		768											
临潭县斜藏沟治理工程	2608	2173		2173			435	435							
临潭县羊沙河下河段治理工程	1078	1078		1078											
卓尼县石窖沟藏巴哇防洪工程	680	680		680											
卓尼县羊沙河恰盖防洪工程	1206	1206		1206											
舟曲县拱坝河堤防工程	2367	2367		2367											
迭部县阿夏流域治理工程	1684	1684		1684											
甘肃疏勒河灌区三道沟河道治理	2325	2267		2267											58
城市防洪工程	508						141			141		367			
镇原县城东区排洪工程	508						141			141		367			
大中型病险水库除险加固	8847						6847	6847				2000			
高台县小海子水库除险加固	600						600	600							
甘肃双塔水库除险加固	8247						6247	6247				2000			
大中型病险水闸除险加固	3977	3537	3537				440			440					
永昌县金川河工农渠首泄洪闸	1286	1071	1071				215			215					
肃州区红山河青稞地排沙闸	788	788	788												
肃州区马营河渠首闸	778	778	778												
肃州区红山河马鬃门排砂闸除险加固工程	1125	900	900				225			225					
山洪灾害防治工程	10168	7645		7645			2523	2523							
甘肃省山洪灾害防治 2016（长江）	663	660		660			3	3							

2–5 续表

单位：万元

项目	累计完成投资	中央政府投资					地方政府投资				企业和私人投资	国内贷款		债券	其他投资
		小计	预算内拨款	中央财政水利专项资金	土地出让收益	其他资金	小计	省级政府投资	地市级政府投资	县级政府投资		小计	其中：国家专项建设基金		
甘肃省山洪灾害防治 2016（内陆）	2315	1595		1595			720	720							
甘肃省山洪灾害防治 2016（黄河）	7190	5390		5390			1800	1800							
灌溉除涝项目	769541	398270	179824	217684		762	150494	107366	12784	30344	4781	174309	12500	2500	39186
灌区建设工程	71719	45032	44270			762	13789	9182		4607		10010			2888
西河灌区续建配套节水改造	9848	8293	8293				1555			1555					
兴电灌区齐家大岘隧洞除险加固工程	8000						8000	8000							
白银市兴电灌区渠道维修工程															
凉州区杂木河灌区续建配套节水改造	4114	3291	3291				823			823					
古浪县黄花滩项目	10772	762				762						10010			
甘州区西浚灌区续建配套节水改造	3461	3061	3061				400			400					
甘州区大满灌区续建配套节水改造	6539	5739	5739				800			800					
临泽县梨园河灌区续建配套节水改造	7363	6334	6334				1029			1029					
山丹县马营河灌区续建配套节水改造	18978	15510	15510				580	580							2888
敦煌市党河灌区西干渠改建工程	102						102	102							
省景电一期灌区续建配套节水改造	2542	2042	2042				500	500							
节水灌溉工程	28038	13966	9066	4900			10509	5024	5485		3398				165
皋兰县西岔中型灌区农业综合开发 2015	1030	1000		1000			30	30							
白银区工农渠灌区农业综合开发	350	350		350											
平川区旱坪川灌区农业综合开发															
靖远县靖乐渠灌区农业综合开发	60	50		50			10	10							
秦州区易地搬迁项目高效节水灌溉工程	3486						3486		3486						
高台县罗城灌区农业综合开发	330	250		250			80	80							
庄浪县水洛河灌区节水配套改造项目	350	350		350											

2-5 续表

单位：万元

项目	累计完成投资	中央政府投资					地方政府投资				企业和私人投资	国内贷款		债券	其他投资
		小计	预算内拨款	中央财政水利专项资金	土地出让收益	其他资金	小计	省级政府投资	地市级政府投资	县级政府投资		小计	其中：国家专项建设基金		
静宁县东峡灌区农业综合开发	1190	900		900			290	290							
宁县海升公司果业基地滴灌工程	3398										3398				
临夏县北塬灌区农业综合开发项目	1490	1000		1000			400	400							90
夏河县 2015 牧区节水灌溉项目	375	300	300												75
石羊河流域重点治理（省景电）2013	14819	8766	8766				6053	4054	1999						
玉门市花海灌区农业综合开发	1160	1000		1000			160	160							
小型农田水利建设	220779	145391		145391			62821	54362	1428	7031	1383				11184
兰州市农田水利设施维修养护 2016	500	500		500											
西固区高效节水灌溉项目 2016	1058	500		500			558	250	70	238					
永登农田水利设施维修养护 2016	100	100		100											
永登县高效节水灌溉 2016	832	400		400			270	270							162
皋兰县农田水利设施维修养护 2016	100	100		100											
皋兰县高效节水灌溉 2016	750	400		400			350	200	60	90					
榆中县农田水利设施维修养 2016	1000	1000		1000											
嘉峪关市中央财政高效节水项目 2015（五）	2480	1400		1400			1080	600	480						
嘉峪关市 2016 年小型农田水利设施春修工程	100						100		100						
嘉峪关市高效节水灌溉项目 2015（六）	1718	1000		1000			718	500	218						
金川区 2015 新增农田水利设施建设 2016	1709	1000		1000			659	500		159					50
金川区小型农田水利重点县 2016	2832	1700		1700			1080	800		280	52				
永昌县农田水利设施维修养护 2016	1004	1000		1000			4			4					
永昌县小型农田水利重点县 2016	1654	1000		1000			560	500		60					94
永昌县 2015 新增农田水利设施建设 2016	1753	1000		1000			500	500							253
永昌县高效节水灌溉 2016	6418	4000		4000			2000	2000							418

2–5 续表

单位：万元

项　目	累计完成投资	中央政府投资					地方政府投资				企业和私人投资	国内贷款		债券	其他投资
		小计	预算内拨款	中央财政水利专项资金	土地出让收益	其他资金	小计	省级政府投资	地市级政府投资	县级政府投资		小计	其中：国家专项建设基金		
白银市农田水利设施维修养护 2016	500	500		500											
白银区农田水利设施维修养护 2016	600	600		600											
白银区五小水利工程 2016	1200	1000		1000			200	200							
平川区五小水利工程 2016	1500	1000		1000			500	500							
靖远县高效节水灌溉 2016	3900	2600		2600			1300	1300							
靖远县小型农田水利设施补助 2016	1000	1000		1000											
靖远县农田水利设施维修养护 2016	1000	1000		1000											
会宁县高效节水灌溉 2016	2250	1500		1500			750	750							
会宁县农田水利设施维修养护 2016	100	100		100											
景泰县高效节水灌溉 2016	2400	1600		1600			800	800							
景泰县农田水利设施维修养护 2016	100	100		100											
景泰县小型农田水利设施补助 2016	330	330		330											
秦州区五小水利工程 2016	1500	1000		1000			500	500							
麦积区高效节水灌溉 2016	1962	1300		1300			662	650		12					
麦积区小型农田水利设施补助 2016	720	720		720											
清水县小型农田水利设施补助 2016	1000	1000		1000											
秦安县五小水利工程 2016	1354	1000		1000			354	354							
甘谷县五小水利工程 2016	1500	1000		1000			500	500							
甘谷县农田水利设施维修养护 2016	100	100		100											
武山县五小水利工程 2016	1500	1000		1000			500	500							
武山县小型农田水利设施补助 2016	469	469		469											
张家川县农田水利设施维修养护 2016	100	100		100											
武威市 2016 年农田水利设施维修养护资金	100	100		100											

2-5 续表

单位：万元

项　目	累计完成投资	中央政府投资					地方政府投资				企业和私人投资	国内贷款		债券	其他投资
		小计	预算内拨款	中央财政水利专项资金	土地出让收益	其他资金	小计	省级政府投资	地市级政府投资	县级政府投资		小计	其中：国家专项建设基金		
凉州区高效节水灌溉 2016	9000	6000		6000			3000	3000							
凉州区小型农田水利重点县 2016	3000	2000		2000			1000	1000							
凉州区农田水利设施维修养护 2016	600	600		600											
民勤县 2015 新增农田水利设施建设 2016	1500	1000		1000			500	500							
民勤县高效节水灌溉 2016	1500	1000		1000			500	500							
民勤县小型农田水利设施建设补助 2016	1000	1000		1000											
民勤县小型农田水利重点县 2016	1500	1000		1000			500	500							
民勤县农田水利设施维修养护 2016	600	600		600											
古浪县小型农田水利重点县 2016	1500	1000		1000			500	500							
古浪县 2015 新增农田水利设施建设 2016	1500	1000		1000			500	500							
古浪县高效节水灌溉 2016	1500	1000		1000			500	500							
2016 古浪县小型农田水利设施补助资金（二）	1000	1000		1000											
古浪县农田水利设施维修养护 2016	200	200		200											
天祝县 2016 年农田水利设施维修养护资金	100	100		100											
天祝县小型农田水利重点县 2016	1080	700		700			300	300							80
天祝县高效节水灌溉 2016	2653	1700		1700			850	850							103
天祝县小型农田水利设施补助 2016	1046	1000		1000											46
张掖市年农田水利设施维修养护 2016	100	100		100											
甘州区小型农田水利重点县 2016	1695	1000		1000			500	500							195
甘州区高效节水灌溉 2016	3262	1400		1400			1400	700		700					462
甘州区农田水利设施维修养护 2016	1000	1000		1000											
肃南县农田水利设施维修养护 2016	318						318	275		43					
肃南县高效节水灌溉 2016	1777	1000		1000			510	500		10					267

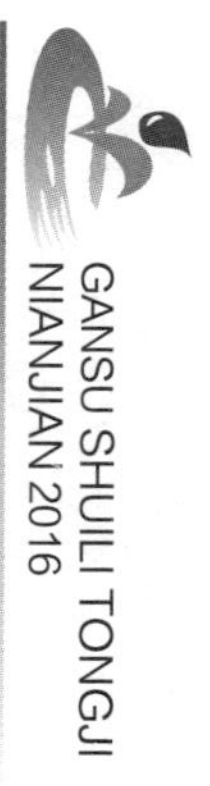

2-5 续表

单位：万元

项目	累计完成投资	中央政府投资					地方政府投资				企业和私人投资	国内贷款		债券	其他投资
		小计	预算内拨款	中央财政水利专项资金	土地出让收益	其他资金	小计	省级政府投资	地市级政府投资	县级政府投资		小计	其中：国家专项建设基金		
民乐县小型农田水利重点县 2016	1826	1000		1000			500	500							326
民乐县 2015 年新增农田水利设施建设 2016	1030	600		600			300	300							130
民乐县农田水利设施维修养护 2016	600	600		600											
临泽县农田水利设施维修养护 2016	100	100		100											
高台县高效节水灌溉 2016	1725	1000		1000			500	500							225
高台 2015 年新增农田水利设施建设 2016	1754	1000		1000			500	500							254
高台县小型农田水利重点县 2016 年	1967	1000		1000			500	500							467
高台县小型农田水利设施补助 2016	1070	1000		1000											70
高台县农田水利设施维修养护 2016	781	600		600											181
山丹县农田水利设施维修养护 2016	100	100		100											
山丹县小型农田水利设施补助 2016	1000	1000		1000											
山丹县 2015 年新增农田水利设施建设 2016	1894	1000		1000			689	500		189					205
山丹县高效节水灌溉 2016	1939	1200		1200			608	600		8					131
山丹县小型农田水利重点县 2016	2722	1700		1700			925	900		25					97
山丹马场小型农田水利重点县 2016	1104	800		800			304	304							
山丹马场高效节水灌溉 2016	805	400		400			300	300			105				
平凉市农田水利设施维修养护 2016	100	100		100											
崆峒区五小水利工程 2016	1500	1000		1000			500	500							
泾川县五小水利工程 2016	1460	1000		1000			460	460							
泾川县农田水利设施维修养护 2016	100	100		100											
灵台县中央财政小型农田水利工程 2015	1500	1000		1000			500	500							
灵台县五小水利工程 2016	1280	1000		1000			280	280							
灵台县中央财政小农水重点县 2014（四）	2725	1500		1500			1200	800		400					25

2–5 续表

单位：万元

项　目	累计完成投资	中央政府投资					地方政府投资				企业和私人投资	国内贷款		债券	其他投资
		小计	预算内拨款	中央财政水利专项资金	土地出让收益	其他资金	小计	省级政府投资	地市级政府投资	县级政府投资		小计	其中：国家专项建设基金		
崇信县五小水利工程 2016	1500	1000		1000			500	500							
华亭县五小水利工程 2016	1500	1000		1000			500	500							
华亭县 2015 年新增农田水利设施建设 2016	1500	1000		1000			500	500							
庄浪县小型农田水利设施补助 2016	656	656		656											
庄浪县五小水利工程 2016	1500	1000		1000			500	500							
静宁县五小水利工程 2016	1500	1000		1000			500	500							
肃州区高效节水灌溉 2016	10554	5000		5000			2972	2500		472					2582
肃州区小型农田水利建设（五）	2661	1400		1400			929	600		329					332
肃州区农田水利设施维修养护 2016	202	200		200			2			2					
肃州区小型农田水利重点县 2016	3897	2000		2000			1140	1000		140	397				360
肃州区规模化节水增效示范（2013–2016）	5872	4693		4693			769			769					410
肃州区高效节水灌溉项目（六）	2051	1000		1000			911	500		411					140
金塔县小型农田水利重点县 2016	1500	1000		1000			500	500							
金塔县农田水利设施维修养护 2016	1000	1000		1000											
金塔县 2015 新增农田水利设施建设 2016	1500	1000		1000			500	500							
金塔县高效节水灌溉 2016	1500	1000		1000			500	500							
瓜州县农田水利设施维修养护 2016	200	200		200											
瓜州县小型农田水利建设（五）	2643	1400		1400			1243	600		643					
瓜州县高效节水灌溉 2016	2520	1500		1500			1020	750		270					
肃北县小型农田水利设施补助 2016	600	600		600											
玉门市 2015 新增农田水利设施建设 2016	1769	1000		1000			500	500							269
玉门市高效节水灌溉 2016	2172	1400		1400			700	700							72
玉门市小型农田水利重点县 2016	4019	2700		2700			1300	1300							19

2-5 续表

单位：万元

项　目	累计完成投资	中央政府投资					地方政府投资				企业和私人投资	国内贷款		债券	其他投资
		小计	预算内拨款	中央财政水利专项资金	土地出让收益	其他资金	小计	省级政府投资	地市级政府投资	县级政府投资		小计	其中：国家专项建设基金		
玉门市农田水利设施维修养护 2016	200	200		200											
敦煌市农田水利设施维修养护 2016	108	100		100			8			8					
敦煌市 2015 抗旱引调提水项目	1975	1343		1343			632			632					
敦煌市小型农田水利 2015 维修养护资金	343	300		300			43			43					
敦煌市规模化节水增效示范（2013–2016）	1516	1212		1212			304			304					
庆城县“五小水利”工程 2016	2459	1500		1500			959	750		209					
环县“五小水利”工程 2016	756	500		500			256	250		6					
华池县“五小水利”工程 2016	764	500		500			250	250							14
合水县农田水利设施维修养护 2016	121	100		100			21			21					
正宁县小型农田水利设施补助 2016	1096	1000		1000			96			96					
正宁县五小水利工程 2016	1579	1000		1000			579	500		79					
宁县五小水利工程 2016	1524	1000		1000			524	500		24					
镇原县五小水利工程 2016	605	400		400			205	200		5					
镇原县 2015 年新增农田水利设施建设 2016	1558	1000		1000			558	500		58					
通渭县农田水利设施维修养护 2016	100	100		100											
通渭县小型农田水利设施补助 2016	420	420		420											
陇西县五小水利工程 2016	1521	1000		1000			500	500							21
渭源县农田水利设施维修养护 2016	100	100		100											
临洮县五小水利工程 2016	2032	1300		1300			650	650							82
武都区农田水利设施维修养护 2016	300	300		300											
武都区小型农田水利重点县 2016	2846	1400		1400			600	600							846
宕昌县农田水利设施维修养护 2016	100	100		100											
宕昌县 2015 年新增农田水利设施建设 2016	500	300		300			200	200							

2-5 续表

单位：万元

项目	累计完成投资	中央政府投资					地方政府投资				企业和私人投资	国内贷款		债券	其他投资
		小计	预算内拨款	中央财政水利专项资金	土地出让收益	其他资金	小计	省级政府投资	地市级政府投资	县级政府投资		小计	其中：国家专项建设基金		
宕昌县高效节水灌溉 2016	400	400		400											
成县农田水利设施维修养护 2016	100	100		100											
康县五小水利工程 2016	540	420		420			120	120							
康县农田水利设施维修养护 2016	60	60		60											
文县小型农田水利重点县 2016	825	300		300			200	200							325
文县农田水利设施维修养护 2016	100	100		100											
文县高效节水灌溉 2016	714	400		400			200	200							114
西和县高效节水灌溉 2016	600	400		400			200	200							
西和县 2015 新增农田水利设施建设 2016	500	300		300			200	200							
西和县农田水利设施维修养护 2016	100	100		100											
礼县小型农田水利设施补助 2016	500	500		500											
礼县农田水利设施维修养护 2016	100	100		100											
两当县高效节水灌溉 2016	773	400		400			200	200							173
两当县小型农田水利重点县 2016	724	300		300			200	200							224
两当县农田水利设施维修养护 2016	100	100		100											
徽县 2015 新增农田水利设施建设 2016	789	400		400			389	200		189					
徽县小型农田水利重点县 2016	590	300		300			290	200		90					
徽县农田水利设施维修养护 2016	100	100		100											
临夏县农田水利设施维修养护 2016	100	100		100											
临夏县 1 万～ 5 万亩灌区改造 2016	607	400		400			200	200							7
康乐县 1 万～ 5 万亩灌区改造 2016	601	400		400			201	200		1					
康乐县小型农田水利 2015 维修养护资金	200	200		200											
永靖县小型农田水利 2015 年维修养护项目	206	200		200											6

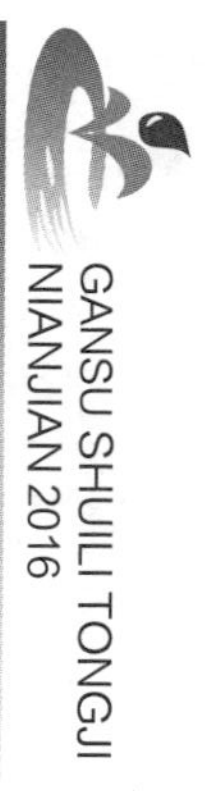

2–5 续表

单位：万元

项　目	累计完成投资	中央政府投资					地方政府投资				企业和私人投资	国内贷款		债券	其他投资
		小计	预算内拨款	中央财政水利专项资金	土地出让收益	其他资金	小计	省级政府投资	地市级政府投资	县级政府投资		小计	其中：国家专项建设基金		
永靖县 1 万 ~ 5 万亩灌区改造 2016	566	368		368			193	184		9					5
广河县小型农田水利设施补助 2016	500	500		500											
广河县五小水利工程 2016	1470	1000		1000			470	470							
广河县 2015 年中央财政小型农田水利	1501	1000		1000			500	500							1
和政县五小水利工程 2016	1434	1000		1000			425	425							9
东乡县中央财政五小水利项目 2015	1674	1000		1000			500	500							174
东乡族县五小水利工程 2016	769	500		500			250	250							19
积石山县中央财政五小水利 2015	1576	1000		1000			500	500							76
卓尼县小型农田水利 2015 维修养护	100	100		100											
舟曲县五小水利工程 2016	715	500		500			215	215							
2016 迭部县小型农田水利设施补助资金（二）	500	500		500											
省农垦小型农田水利 2015 维修养护	300	300		300											
省农垦黄羊河农场小型农田水利（五）	1162	500		500			200	200			462				
省农垦饮马农场中央财政小农水 2015	772	400		400			205	205			167				
省农垦黄花农场高效节水灌溉项目（六）	900	500		500			200	200			200				
省农垦张掖农场小型农田水利建设（五）	916	500		500			200	200							216
省农垦山丹农场小型农田水利重点县 2016	1023	500		500			200	200							323
省农垦八一农场水利设施维修养护 2016	100	100		100											
省农垦小型农田水利补助 2016	1326	800		800			400	400							126
景泰县中央财政景电农场节水灌溉 2013	1300	700		700			600	300	300						
省景电农田水利设施维修养护 2016	100	100		100											
省疏管局农田水利设施维修养护 2016	100	100		100											
兰州新区高效节水灌溉 2016	1600	1000		1000			600	400	200						

2-5 续表

单位：万元

项　目	累计完成投资	中央政府投资					地方政府投资				企业和私人投资	国内贷款		债券	其他投资
		小计	预算内拨款	中央财政水利专项资金	土地出让收益	其他资金	小计	省级政府投资	地市级政府投资	县级政府投资		小计	其中：国家专项建设基金		
水库工程	326301	86510	25000	61510			49323	30600	1000	17723		164299	12500	2500	23669
秦州区关峡水库	2400	2400		2400											
秦安县西小河小湾河水库	4560	4560		4560											
张家川县富川水库（抗旱规划内）	6400	2800		2800			3600	3600							
民勤县红崖水库加高扩建工程	25000	15000	15000				10000	9000	1000						
天祝县二道墩水库	8666	6927		6927											1739
天祝县石门河调蓄引水工程	25030	10000	10000				1000	1000						2500	11530
民乐县山城河水库	4120	4120		4120											
临泽县红山湾水库工程	55230						19230	3000		16230		36000	6000		
山丹县白石崖水库(抗旱规划内)	3010	3010		3010											
崆峒区北杨涧水库（抗旱规划内）	7234	5685		5685								1549			
泾川县朱家涧水库（抗旱规划内）	8226	8226		8226											
灵台县新集水库工程	8500											8500			
崇信县关河水库（抗旱规划内）	6591	6591		6591											
庄浪县花崖河水库（抗旱规划内）	7035	5685		5685								1350			
酒泉循环经济产业园水源（大红泉水库）	17845											17845			
庆阳市巴家咀水库新增调蓄工程（五台山水库）	9144											9144			
庆阳市莲花寺水库及供水工程	19654											19654			
庆阳市小盘河水库及供水工程	49757											49757			
庆城县纸坊沟水库（抗旱规划内）	6650	5670		5670			980			980					
环县米岔沟水库（抗旱规划）	1549	1036		1036			513			513					
康乐县鸣鹿水库（抗旱规划）	4800	4800		4800											
兰州新区2号3号石门沟水库	44900						14000	14000				20500	6500		10400

2-5 续表

单位：万元

项　目	累计完成投资	中央政府投资					地方政府投资				企业和私人投资	国内贷款		债券	其他投资
		小计	预算内拨款	中央财政水利专项资金	土地出让收益	其他资金	小计	省级政府投资	地市级政府投资	县级政府投资		小计	其中：国家专项建设基金		
泵站工程	119939	105771	101488	4283			12898	7122	4871	905					1270
兰州市大砂沟泵站更新改造工程	5850	4400	4400				1450		1450						
七里河区西津泵站更新改造工程	5350	4350	4350				1000		600	400					
兰州市工农坪泵站更新改造工程	5193	4283		4283			910		535	375					
兰州市榆中三电泵站更新改造工程	20356	16750	16750				2336		2286	50					1270
白银市兴电泵站更新改造工程	12800	12800	12800												
白银市靖会泵站更新改造工程	12800	12800	12800												
白银市刘川泵站更新改造工程	8580	8500	8500				80			80					
白银市中堡泵站更新改造工程	1637	1637	1637												
景泰县中泉泵站更新改造工程	5840	5840	5840												
平凉市白庙泵站更新改造工程	1340	1340	1340												
甘肃省景电泵站更新改造	40193	33071	33071				7122	7122							
其他灌溉除涝项目	2764	1600		1600			1154	1076		78					10
景泰县草窝滩镇排水工程	500						500	500							
秦州区太京镇农田水利建设项目	1134	800		800			334	256		78					
甘谷县大石乡农田水利建设项目	1130	800		800			320	320							10
供水项目	1778144	617766	585314	30417	835	1200	561262	416658	124854	19749	13000	563783	40798	9500	12833
引水（调水）工程	1597023	565314	565314				489862	359297	117613	12952	13000	511997	39488	9500	7350
兰州市水源地建设工程	480000						109350		109350			370650			
引洮供水一期榆中县配套工程	48617						13900	8900	1000	4000		34717			
引洮一期工程会宁北部供水工程	76000	52000	52000				24000	24000							
天祝县南阳山片下山入川供水工程	41450	20000	20000				11600	11600						2500	7350
肃北县马鬃山镇供水工程	25000						6952			6952	13000	5048	1048		

2-5 续表

单位：万元

项　目	累计完成投资	中央政府投资					地方政府投资				企业和私人投资	国内贷款		债券	其他投资
		小计	预算内拨款	中央财政水利专项资金	土地出让收益	其他资金	小计	省级政府投资	地市级政府投资	县级政府投资		小计	其中：国家专项建设基金		
盐环定扬黄续建工程调概算	3000						3000	3000							
积石山引水工程	37110	19300	19300				14810	14810						3000	
临夏州引黄济临供水工程	48809	31946	31946				12863	11000	1863					4000	
甘南州引洮（博）济合供水工程	30169	22700	22700				7469	7469							
甘南州引洮入潭工程	18400	7400	7400				11000	9000		2000					
玛曲县县城引水工程	4100	4100	4100												
兰州新区供水项目引大渠道除险加固	23822						5480	5480				18342			
甘肃省引洮供水一期工程	495638	258200	258200				237438	232038	5400						
甘肃引洮供水二期工程	188108	149668	149668									38440	38440		
天水市城区引洮供水工程	76800						32000	32000				44800			
农村饮水安全巩固提升工程建设	140301	20000	20000				67338	55934	7164	4240		50640	163		2323
永登县农村饮水安全巩固提升 2016	762	116	116				269	269				377			
皋兰县农村饮水安全巩固提升 2016	1159	177	177				409	409				573			
榆中县农村饮水安全巩固提升 2016	714	109	109				605	605							
永昌县农村饮水安全巩固提升 2016	342	50	50				130	116		14		163	163		
白银区农村饮水安全巩固提升 2016	160	30	30				57	57				73			
平川区农村饮水安全巩固提升 2016	200	40	40				71	71				89			
靖远县农村饮水安全巩固提升 2016	3574	593	593				1061	1061				1920			
会宁县农村饮水安全巩固提升 2016	1759	221	221				820	820				718			
景泰县农村饮水安全巩固提升 2016	511	78	78				380	380				53			
秦州区农村饮水安全巩固提升工程 2016	369	57	57				312	312							
麦积区农村安全饮水巩固提升工程 2016	1243	190	190				1053	1053							
清水县农村饮水安全巩固提升工程 2016	1138	174	174				964	964							

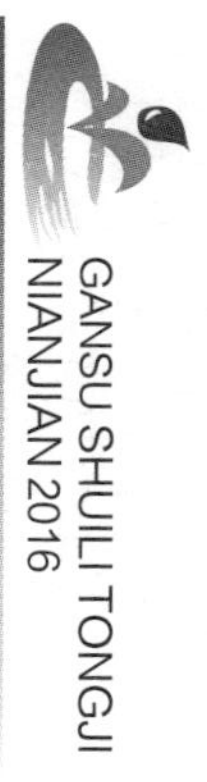

2–5 续表

单位：万元

项　目	累计完成投资	中央政府投资					地方政府投资				企业和私人投资	国内贷款		债券	其他投资
		小计	预算内拨款	中央财政水利专项资金	土地出让收益	其他资金	小计	省级政府投资	地市级政府投资	县级政府投资		小计	其中：国家专项建设基金		
秦安县农村饮水安全巩固提升 2016	610	91	91				519	519							
甘谷县农村饮水安全巩固提升工程 2016	5604	901	901				4703	4703							
张家川县农村饮水安全巩固提升 2016	651	57	57				594	594							
凉州区农村饮水安全巩固提升 2016	992	160	160				439	350		89		393			
民勤县农村饮水安全巩固提升项目 2016	1747	267	267				616	616				864			
古浪县农村饮水安全巩固提升 2016	1640	250	250				1189	1189				201			
甘州区农村饮水安全巩固提升 2016	735	112	112				259	259				364			
民乐县农村饮水安全巩固提升 2016	257	39	39				91	91				127			
崆峒区农村饮水安全项目巩固提升 2016	905	138	138				319	319				448			
泾川县农村饮水安全巩固提升 2016	1210	185	185				427	427				598			
灵台县农村饮水安全巩固提升 2016	1013	155	155				757	757				101			
崇信县农村饮水安全巩固提升 2016	168	40	40				59	59				69			
华亭县农村饮水安全巩固提升 2016	1644	251	251				580	580				813			
庄浪县农村饮水安全巩固提升 2016	1688	258	258				596	596				834			
静宁县农村饮水安全巩固提升 2016	2622	400	400				1607	1607				615			
瓜州县农村饮水安全巩固提升 2016	133	44	44				47	47				42			
玉门市农村饮水安全巩固提升 2016	668	90	90				317	192		125		261			
西峰区农村饮水安全巩固提升 2016	208	50	50				73	73				85			
西峰区 2016 年市级财政安排农村饮水项目	636						636		486	150					
庆城县 2016 年市级财政安排农村饮水项目	868						868		675	193					
庆城县农村饮水安全巩固提升 2016	4189	640	640				1478	1478				2071			
环县农村饮水安全巩固提升 2016	32678	5025	5025				11387	11387				16266			
环县 2016 年市级财政安排农村饮水项目	3481						3481		3481						

2-5 续表

单位：万元

项 目	累计完成投资	中央政府投资					地方政府投资				企业和私人投资	国内贷款		债券	其他投资
		小计	预算内拨款	中央财政水利专项资金	土地出让收益	其他资金	小计	省级政府投资	地市级政府投资	县级政府投资		小计	其中：国家专项建设基金		
华池县农村饮水安全巩固提升 2016	3832	585	585				1352	1352				1895			
华池县 2016 年市级财政安排农村饮水项目	1583						1505		765	740					78
合水县 2016 年市级财政安排农村饮水项目	559						559			559					
合水县农村饮水安全巩固提升 2016	2279	286	286				1067	660		407		926			
正宁县 2016 年市级财政安排农村饮水项目	457						457		405	52					
正宁县农村饮水安全巩固提升 2016	1464	213	213				491	491				689			71
宁县农村饮水安全巩固提升 2016	1181	180	180				900	900				101			
宁县 2016 年市级财政安排农村饮水项目	839						839		839						
镇原县农村饮水安全巩固提升 2016	1818	244	244				784	784				790			
镇原县 2016 年市级财政安排农村饮水项目	874						874		513	361					
安定区农村饮水安全巩固提升 2016	6085	929	929				2147	2147				3009			
通渭县农村饮水安全巩固提升 2016	1341	205	205				473	473				663			
陇西县农村饮水安全巩固提升 2016	1196	84	84				840	840				272			
渭源县农村饮水安全巩固提升 2016	1124	163	163				860	860				101			
临洮县村饮水安全巩固提升 2016	10716	1744	1744				4027	4027				4945			
武都区农村饮水安全巩固提升 2016	4396	671	671				1551			1551					2174
宕昌县农村饮水安全巩固提升 2016	3202	489	489				1663	1663				1050			
成县农村饮水安全巩固提升 2016	1621	248	248				571	571				802			
康县农村饮水安全巩固提升 2016	2137	326	326				1454	1454				357			
文县农村饮水安全巩固提升 2016	2323	355	355				820	820				1148			
西和县农村饮水安全巩固提升 2016	2333	356	356				1423	1423				554			
礼县农村饮水安全巩固提升 2016	3072	469	469				1626	1626				977			
徽县农村饮水安全巩固提升 2016	1821	278	278				642	642				901			

2-5 续表

单位：万元

项　目	累计完成投资	中央政府投资					地方政府投资				企业和私人投资	国内贷款		债券	其他投资
		小计	预算内拨款	中央财政水利专项资金	土地出让收益	其他资金	小计	省级政府投资	地市级政府投资	县级政府投资		小计	其中：国家专项建设基金		
康乐县农村饮水安全巩固提升 2016	2652	405	405				1436	1436				811			
广河县农村饮水安全巩固提升 2016	655	76	76				334	334				245			
和政县农村饮水安全巩固提升 2016	1252	191	191				442	442				619			
积石山县农村饮水安全巩固提升 2016	3210	515	515				1029	1029				1666			
抗旱工程	32792	31252		30417	835		838		77	761					702
永登县抗旱应急引调提水 2016	302	302		302											
榆中县抗旱应急引调提水 2016	619	619		619											
靖远县抗旱应急引调提水项目	1470	1470		1470											
会宁县抗旱应急引调提水项目	1017	1017		1017											
景泰县抗旱应急引调提水项目	703	703		703											
秦州区抗旱应急引调提水 2016	717	717		717											
清水县抗旱应急引调提水项目 2016	904	904		904											
秦安县抗旱应急引调提水 2016	890	890		890											
武山县抗旱应急引调提水 2016	686	686		686											
凉州区抗旱应急引调提水项目	775	775		775											
民勤县抗旱应急水源工程	1304	1304		1304											
古浪县抗旱应急引调提水项目	1739	1739		1739											
天祝县抗旱应急引调提水项目	593	559		559											34
山丹县抗旱应急引调提水项目	832	650		650			182			182					
泾川县抗旱应急水源引调提水项目	472	472		472											
崇信县抗旱应急引调提水项目	1126	1126		1126											
庄浪县抗旱应急引调提水项目	347	347		347											
静宁县抗旱应急引调提水项目	1287	1287		1287											

2-5 续表

单位：万元

项　目	累计完成投资	中央政府投资					地方政府投资				企业和私人投资	国内贷款		债券	其他投资
		小计	预算内拨款	中央财政水利专项资金	土地出让收益	其他资金	小计	省级政府投资	地市级政府投资	县级政府投资		小计	其中：国家专项建设基金		
敦煌县抗旱应急引调提水项目	495	344		344			151			151					
庆城县抗旱应急引调提水项目	460	383		383			77			77					
环县抗旱应急引调提水项目	1350	1265		1265			85			85					
华池县抗旱应急引调提水项目	1674	1527		1527											147
镇原县抗旱应急引调提水项目	958	824		824			134			134					
通渭县抗旱应急引调提水项目	790	790		790											
陇西县抗旱应急引调提水项目	791	791		791											
临洮县抗旱应急引调提水项目	1140	1140		1140											
西和县抗旱应急水源工程 2016	598	598		598											
礼县抗旱应急引调提水项目	916	916		916											
临夏县 2015 年抗旱引调提水项目	253	253		253											
永靖县 2015 年抗旱引调水提水工程	376	328		328											48
广河县抗旱应急引调提水项目	837	706		706			131			131					
广河县 2015 齐家镇抗旱应急水源配套	512	416		416											96
广河县 2015 三甲集镇抗旱应急水源配套	505	425		425											80
和政县抗旱应急引调提水项目	764	687		687			77		77						
东乡县 2015 年抗旱引调提水项目	920	892		892											28
东乡县抗旱应急引调提水项目	869	800		800											69
东乡县 2014 年抗旱引调提水项目	861	835			835										26
积石山县 2015 年抗旱应急水源配套工程	1409	1250		1250											159
积石山县抗旱应急引调提水项目	530	515		515											15
其他供水工程	8028	1200				1200	3224	1428		1796		1147	1147		2457
金昌市城市应急备用水源项目	1000														1000

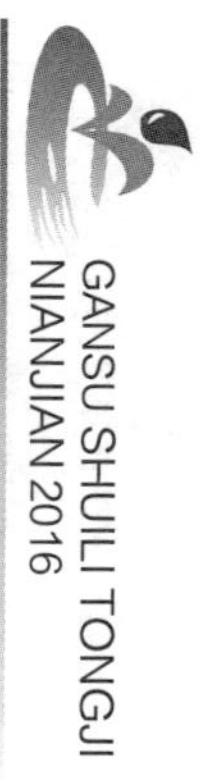

2-5 续表

单位：万元

项　目	累计完成投资	中央政府投资					地方政府投资				企业和私人投资	国内贷款		债券	其他投资
		小计	预算内拨款	中央财政水利专项资金	土地出让收益	其他资金	小计	省级政府投资	地市级政府投资	县级政府投资		小计	其中：国家专项建设基金		
华池县刘坪村美丽村庄河道治理及供水工程	1000						1000			1000					
积石山县县城区供水水源改扩建工程	4600	1200				1200	796			796		1147	1147		1457
靖远寺儿坪供水项目	1428						1428	1428							
水务项目	49323	6110	5100	1010			10515	7200		3315		32699	10400		
自来水厂建设	15800						4000	4000				11800	8500		
庄浪县南坪水厂改扩建及管网工程	1500											1500			
武威市城乡融合黄羊土门组团供水（陆港）	14300						4000	4000				10300	8500		
城镇供水管线建设	16959	700	700				3200	3200				13059	1900		
天水市藉口水厂至西十里供水管道工程	9100											9100			
清水县城区供水工程	3900						2000	2000				1900	1900		
清水县城区自来水管网扩建工程	1700	350	350				400	400				950			
天水市城区供水高桥头引水枢纽工程	1419						400	400				1019			
清水县城区自来水管网扩建工程	840	350	350				400	400				90			
污水处理工程建设	14942	5410	4400	1010			1692			1692		7840			
华池县城区污水分户收集工程	386						386			386					
华池县县城污水支管道工程	606						606			606					
临洮县污水处理厂配套管网工程	400	400	400												
民勤红沙岗污水处理厂及中水回用贮水池	7550	750		750								6800			
山丹县城区生活污水处理工程	6000	4260	4000	260			700			700		1040			
其他水务能力建设	1622						1622			1622					
甘谷县城区供水水源水深度处理工程	1622						1622			1622					
非常规水资源利用项目	160						160		160						
雨水集用	160						160		160						

2-5 续表

单位：万元

项　目	累计完成投资	中央政府投资					地方政府投资				企业和私人投资	国内贷款		债券	其他投资
		小计	预算内拨款	中央财政水利专项资金	土地出让收益	其他资金	小计	省级政府投资	地市级政府投资	县级政府投资		小计	其中：国家专项建设基金		
金昌市龙首山前山区雨洪资源利用项目	160						160		160						
水电开发利用	36565	7619	3583	4036							28251	695			
水力发电工程建设	26520	2603	2603								23917				
迭部县阿夏那盖水电站	7471	1163	1163								6308				
夏河县安顺水电站	19049	1440	1440								17609				
水电增效扩容	6545	4036		4036							2509				
永昌县头坝二号水电站增效扩容改造	635	285		285							350				
金塔县解放村水电站增效扩容改造	149	149		149											
肃北县拉排一级水电站增效扩容改造	424	424		424											
肃北县拉排一级水电站河流生态修复	27	27		27											
敦煌市南湖店水电站增效扩容改造	172	172		172											
敦煌市党河水电站增效扩容改造	403	403		403											
文县哈南水电站增效扩容改造															
文县哈南水电站河流生态修复															
礼县大滩水电站增效扩容改造工程	19	19		19											
礼县红崖二级水电站河流生态修复工程	3	3		3											
礼县红崖二级水电站增效扩容改造工程	20	20		20											
礼县大滩水电站河流生态修复工程	3	3		3											
和政县闫蔡坪水电站增效扩容改造	80	80		80											
东乡县老虎嘴电站	853	743		743							110				
合作市峡村电站	2857	1170		1170							1687				
夏河县白土坡水电站	900	538		538							362				
小水电代燃料	3500	980	980								1825	695			

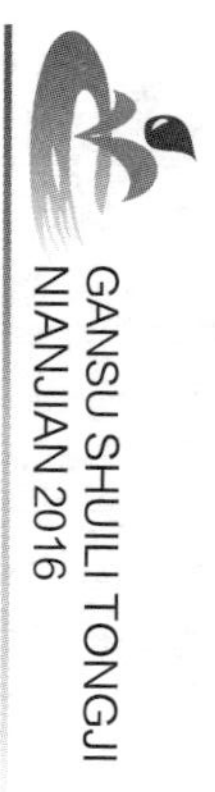

单位：万元

项　目	累计完成投资	中央政府投资					地方政府投资				企业和私人投资	国内贷款		债券	其他投资
		小计	预算内拨款	中央财政水利专项资金	土地出让收益	其他资金	小计	省级政府投资	地市级政府投资	县级政府投资		小计	其中：国家专项建设基金		
夏河县甫黄二级小水电代燃料项目	3500	980	980								1825	695			
水保及生态保护	164883	130143	90151	39992			14050	7178	1477	5394					20691
水土流失治理	91650	68603	31216	37387			3696	3109		587					19351
漳县国家农业综合开发水土保持项目 2016	397	285		285			105	105							7
泾川县国家农业综合开发水土保持项目 2016	394	285		285			105	82		23					4
环县病险淤地坝除险加固工程 2016	301	240		240			61			61					
礼县坡耕地水土流失治理 2016	1250	1000	1000												250
广河县坡耕地水土流失治理 2016	1250	1000	1000												250
甘肃省国家水土保持重点工程（2015）	15769	11038		11038											4731
甘肃省农业综合开发水土保持项目（2015）	5944	4000		4000			1600	1508		92					344
甘肃省坡耕地水土流失重点治理 2015（黄河）	15000	12000	12000												3000
渭源县国家农业综合开发水土保持项目 2016	395	285		285			105	105							5
陇西县国家水土保持重点建设工程 2016 年	1286	900		900											386
甘肃省坡耕地水土流失重点治理 2015（长江）	5000	4000	4000												1000
甘肃省水土流失重点治理工程 2015（黄河）	2568	2054	2054												514
甘肃省水土流失重点治理工程 2015（长江）	625	500	500												125
甘肃省水土流失重点治理工程 2015（内陆）	250	200	200												50
东乡县坡耕地水土流失治理 2016	1250	1000	1000												250
景泰县水土保持重点工程 2016	402	363		363											39
临洮县坡耕地水土流失治理 2016	1189	951	951												238
会宁县国家水土保持重点建设工程 2016 年	1286	900		900											386
西和县坡耕地水土流失治理 2016	1160	1000	1000												160
岷县水土保持重点工程 2016	476	344		344											132

2–5 续表

单位：万元

项　目	累计完成投资	中央政府投资					地方政府投资				企业和私人投资	国内贷款		债券	其他投资
		小计	预算内拨款	中央财政水利专项资金	土地出让收益	其他资金	小计	省级政府投资	地市级政府投资	县级政府投资		小计	其中：国家专项建设基金		
两当县水土保持重点工程 2016	600	420		420			18	18							162
临潭县水土保持重点工程 2016	546	399		399			18	18							129
甘谷县国家农业综合开发水土保持项目 2016	397	285		285			105	105							7
武山县国家农业综合开发水土保持项目 2016	397	285		285			105	105							7
秦安县国家农业综合开发水土保持项目 2016	396	285		285			105	105							6
崇信县国家农业综合开发水土保持项目 2016	403	290		290			107	84		23					6
灵台县国家农业综合开发水土保持项目 2016	395	285		285			105	82		23					5
庄浪县国家水土保持重点建设工程 2016 年	786	550		550											236
张家川县国家农业综合开发水土保持项目 2016	397	285		285			105	105							7
靖远县水土保持重点工程 2016	480	336		336											144
武都区水土保持重点工程 2016	600	420		420			18	18							162
成县水土保持重点工程 2016	600	420		420			18	18							162
文县水土保持重点工程 2016	600	420		420			18	18							162
康县水土保持重点工程 2016	600	420		420			18	18							162
卓尼县水土保持重点工程 2016	553	385		385			18	18							150
迭部县水土保持重点工程 2016	545	390		390			18	18							137
清水县国家农业综合开发水土保持项目 2016 年	404	290		290			107	107							7
和政县国家农业综合开发水土保持项目 2016	396	285		285			105	105							6
临洮县国家水土保持重点建设工程 2016 年	1286	900		900											386
宁县国家水土保持重点建设工程 2016 年	786	550		550											236
正宁县国家水土保持重点建设工程 2016 年	786	550		550											236
安定区国家水土保持重点建设工程 2016 年	1286	900		900											386

2-5 续表

单位：万元

项目	累计完成投资	中央政府投资					地方政府投资				企业和私人投资	国内贷款		债券	其他投资
		小计	预算内拨款	中央财政水利专项资金	土地出让收益	其他资金	小计	省级政府投资	地市级政府投资	县级政府投资		小计	其中：国家专项建设基金		
东乡县国家水土保持重点建设工程 2016 年	786	550		550											236
临夏县国家水土保持重点建设工程 2016 年	929	650		650											279
镇原县国家水土保持重点建设 2016 第二批	357	250		250			10	10							97
会宁县国家水土保持重点建设 2016 第二批	357	250		250			10	10							97
安定区国家水土保持重点建设 2016 第二批															
通渭县国家水土保持重点建设 2016 第二批	84	84		84											
永靖县国家水土保持重点建设 2016 第二批	357	250		250			10	10							97
临夏县国家水土保持重点建设 2016 第二批	357	250		250			10	10							97
东乡县国家水土保持重点建设 2016 第二批	357	250		250			10	10							97
华池县国家农业综合开发水土保持项目 2016	399	285		285			105	105							9
临夏市水土保持重点工程 2016	571	400		400			17	17							154
积石山县国家水土保持重点建设工程 2016 年	929	650		650											279
临洮县国家水土保持重点建设 2016 第二批															
陇西县国家水土保持重点建设 2016 第二批	281	195		195			8	8							78
永靖县国家水土保持重点建设工程 2016 年	796	557		557											239
镇原县国家水土保持重点建设工程 2016 年	1000	700		700											300
通渭县国家水土保持重点建设工程 2016 年	1286	900		900											386
合水县国家水土保持重点建设工程 2016 年	786	550		550											236
康乐县国家农业综合开发水土保持项目 2016	399	285		285			105	105							9
庆城县国家农业综合开发水土保持项目 2016	392	285		285			105	82		23					2
秦州区坡耕地水土流失治理 2016	1250	1000	1000												250
安定区坡耕地水土流失治理 2016	782	691	691												91
通渭县坡耕地水土流失治理 2016	1250	1000	1000												250

2–5 续表

单位：万元

项目	累计完成投资	中央政府投资					地方政府投资				企业和私人投资	国内贷款		债券	其他投资
		小计	预算内拨款	中央财政水利专项资金	土地出让收益	其他资金	小计	省级政府投资	地市级政府投资	县级政府投资		小计	其中：国家专项建设基金		
镇原县坡耕地水土流失治理2016	1250	1000	1000												250
静宁县坡耕地水土流失治理2016	1250	1000	1000												250
环县坡耕地水土流失治理2016	1250	1000	1000												250
麦积区水土保持重点工程2016	421	316		316											105
临夏县坡耕地水土流失治理2016	1250	1000	1000												250
陇西县坡耕地水土流失治理2016	1015	820	820												195
渭源县病险淤地坝除险加固工程2016	91	75		75			16			16					
通渭县病险淤地坝除险加固工程2016	114	94		94			20			20					
庆城县病险淤地坝除险加固工程2016	94	75		75			19			19					
华池县病险淤地坝除险加固工程2016	93	80		80			13			13					
正宁县病险淤地坝除险加固工程2016	100	80		80			20			20					
临洮县病险淤地坝除险加固工程2016	93	88		88			5			5					
灵台县病险淤地坝除险加固工程2016	85	68		68			17			17					
合水县病险淤地坝除险加固工程2016	100	80		80			20			20					
庄浪县病险淤地坝除险加固工程2016	90	72		72			18			18					
镇原县病险淤地坝除险加固工程2016	170	136		136			34			34					
宁县病险淤地坝除险加固工程2016	88	78		78			10			10					
榆中县病险淤地坝除险加固工程2016	110	92		92			18			18					
秦州区病险淤地坝除险加固工程2016	64	64		64											
漳县病险淤地坝除险加固工程2016	115	92		92			23			23					
陇西县病险淤地坝除险加固工程2016	98	88		88			10			10					
泾川县病险淤地坝除险加固工程2016	90	72		72			18			18					
西峰区病险淤地坝除险加固工程2016	120	100		100			20			20					
安定区病险淤地坝除险加固工程2016	367	305		305			62			62					
流域生态综合治理	67446	58935	58935				7171	4069	727	2375					1340

2-5 续表

单位：万元

项目	累计完成投资	中央政府投资					地方政府投资				企业和私人投资	国内贷款		债券	其他投资
		小计	预算内拨款	中央财政水利专项资金	土地出让收益	其他资金	小计	省级政府投资	地市级政府投资	县级政府投资		小计	其中：国家专项建设基金		
敦煌水资源规划项目（河道归束）2015	4747	2848	2848				1899	1172	727						
敦煌水资源规划项目（酒泉市）2016	9569	8167	8167				1402	765		637					
敦煌水资源规划项目（敦煌市）2016	5200	4684	4684				515	512		3					
敦煌水资源规划项目（党河灌区）2015	8678	6943	6943				1735			1735					
敦煌水资源合理与生态保护（疏勒河）2016	16516	16084	16084				432	432							
敦煌水资源利用与生态保护（疏勒河）2015	22737	20209	20209				1188	1188							1340
河湖连通工程	3525	2605		2605			920			920					
庆阳市新城南区湖库水系连通工程	3525	2605		2605			920			920					
其他环境水利项目	2262						2262		750	1512					
金昌市十里花海景区建设项目	1512						1512			1512					
平凉市崆峒水库至大岔河段河道生态综合治理	750						750		750						
机构能力建设专项	27923	24904	24531	373			3019	3019							
水文设施及能力建设	27923	24904	24531	373			3019	3019							
甘肃水资源监控能力建设二期 2016	373	373		373											
甘肃省中小河流水文监测系统建设项目	27550	24531	24531				3019	3019							
移民项目	61521	30999		30999			30522	28743	1779						
西峰区小盘河水库征地拆迁补偿安置工作	1779						1779		1779						
甘肃省大中型水库移民后期扶持（内陆）	8278	4390		4390			3888	3888							
甘肃省大中型水库移民后期扶持（长江）	4328	2749		2749			1579	1579							
甘肃省大中型水库移民后期扶持（黄河）	47136	23860		23860			23276	23276							
其他水利项目	29878	19000		19000			10031		131	9900		847			
金昌市永昌县金川工农干渠围栏保护工程	131						131		131						
会宁县电子桥、康家河桥桥梁工程	847											847			
临夏市大夏河风情线综合治理工程	9900						9900			9900					
永靖县刘盐八地质灾害灌区节水改造工程	19000	19000		19000											

2-6 2016 年水利建设项目计划投资

单位：万元

项目	本年计划投资	中央政府投资			地方政府投资				企业和私人投资	国内贷款		债券	其他投资
		小计	预算内拨款	中央财政水利专项资金	小计	省级政府投资	地市级政府投资	县级政府投资		小计	其中：国家专项建设基金		
甘肃省	1552874	661634	391161	270473	463467	264893	121680	76893	9888	384441	19211	4000	29444
防洪项目	292676	166236	131997	34239	58060	14958	22795	20307		64014			4366
堤防工程	33803				6114	3621		2493		24843			2846
会宁县焦家河焦河村防洪工程	500				500	500							
会宁县苦水河河畔羊肉市场段综合治理工程	408									408			
天水市藉河生态综合治理一期续建工程	24000									24000			
秦州区天水镇易地搬迁堤防工程	1415				1415			1415					
天祝县大通河防洪工程	3446				600	600							2846
瓜州县榆林河蘑菇台子段河道治理	500				500	500							
庆城县 2016 年蔡家庙沟护岸工程	140				140	140							
华池县葫芦河引水枢纽上游护岸工程	435									435			
合水县葫芦河、苗村河太白段河道整治工程	1078				1078			1078					
宁县新宁镇高山堡村护岸工程													
镇原县洪河南川芦李护岸工程	411				411	411							
合作市那吾乡精准扶贫暨生态小康村防洪工程	670				670	670							
卓尼县车巴河流域防洪治理项目	800				800	800							
迭部县卡坝乡尼吉巴防洪工程													
大江大湖治理	180000	120000	120000		32000		20000	12000		28000			
黄河甘肃段兰州市防洪治理工程	84000	56000	56000							28000			
黄河干流白银市防洪治理工程	60000	40000	40000		20000		20000						
黄河甘肃段临夏州防洪治理工程	18000	12000	12000		6000			6000					
黄河甘肃段甘南州防洪治理工程	18000	12000	12000		6000			6000					

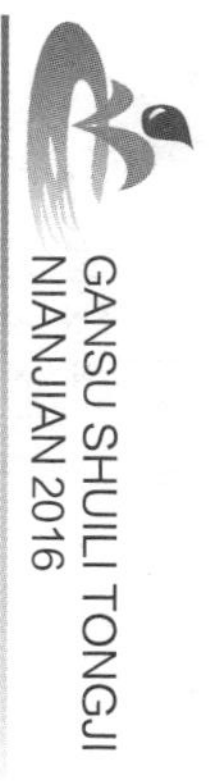

2-6 续表

单位：万元

项 目	本年计划投资	中央政府投资			地方政府投资				企业和私人投资	国内贷款		债券	其他投资
		小计	预算内拨款	中央财政水利专项资金	小计	省级政府投资	地市级政府投资	县级政府投资		小计	其中：国家专项建设基金		
重要支流治理	17412	9360	9360		6892	702	2795	3395					1160
湟水兰州市红古段防洪治理工程	6000	3600	3600		2400		1308	1092					
武山县车家川至山丹河口段治理													
石羊河凉州区松涛寺至红水河入河口防洪													
平凉市泾河吴老沟至平镇桥河堤治理	1428	857	857		571		571						
泾河崆峒区马莲沟至南阳涧河段防洪工程													
泾河泾川县罗汉洞至洪河口段河堤治理													
葫芦河静宁县狗娃河口至胡家河段河堤治理过程													
黑河金塔县常丰至中丰村段防洪治理工程													
黑河酒泉市金塔县五爱至友好段河道治理工程													
环县马莲河韩洼子至陈沟桥段防洪	2072	1243	1243		829			829					
蒲河宁县庄里至叶王川段防洪治理工程													
洮河岷县齐家庄至石头咀段堤防工程	1500	900	900		600			600					
白龙江文县石坊乡东峪口至大渡坝河道	702				702	702							
文县尚德镇水家坝至周家坝河道治理	1160												1160
西和县西汉水郭家坝至昌河坝段防洪	1281	797	797		484			484					
礼县西汉水罗家堡至盐官镇段防洪	2293	1377	1377		916		916						
大夏河干流临夏市祁牟段堤防工程													
大夏河干流临夏市单子庄至新大桥段													
临夏县大夏河干流双城至马九川段治理													
大夏河干流临夏县祁牟至刘家峡水库防洪													
永靖县湟水干流白川至二房段河堤工程													
大夏河东乡县折桥至刘家峡水库堤防													

2-6 续表

单位：万元

项 目	本年计划投资	中央政府投资			地方政府投资				企业和私人投资	国内贷款		债券	其他投资
		小计	预算内拨款	中央财政水利专项资金	小计	省级政府投资	地市级政府投资	县级政府投资		小计	其中：国家专项建设基金		
洮河合作市段防洪工程													
洮河干流临潭县洮滨防洪堤工程													
洮河卓尼县麻路1段至牙当段													
卓尼县洮河干流城区段堤防工程													
夏河县垂子合大桥至阿一山大桥段治理													
大夏河夏河县王格尔塘至曲奥段治理工程	976	586	586		390			390					
中小河流治理	40888	26594		26594	3130	1512		1618		10804			360
皋兰县蔡家河东湾沟上游段——文山段堤防	1086	1086		1086									
白银区东大沟民勤村至城区段治理	691	691		691									
会宁县祖厉河城区段综合治理二期工程（续建）	10804									10804			
清水县后川河杜川至王店段堤防工程	325				325	325							
秦安县南小河王尹马河至凤山堤防	273	273		273									
甘谷县清溪河礼辛乡寨子至慰坪堤防工程	508	508		508									
肃南县隆畅河治理工程补充项目	745	500		500	245			245					
临泽县小东沟河新柳－西街农田防护	998	638		638									360
山丹县马营河大马营段河道治理工程	911	911		911									
泾川县黑河荒场至茜家沟河堤治理工程	384	384		384									
泾川县汭河十里沟至枣林段河堤治理工程	570	570		570									
泾川县洪河河堤治理工程	280	280		280									
灵台县达溪河县城至安家庄段河堤治理	1175	1175		1175									
灵台县达溪河县城至百里段河堤治理	340				340	340							
灵台县黑河东门至景家庄段河堤治理	446	446		446									
崇信县黑河河堤治理工程	561	561		561									

2–6 续表

单位：万元

项　目	本年计划投资	中央政府投资			地方政府投资				企业和私人投资	国内贷款		债券	其他投资
		小计	预算内拨款	中央财政水利专项资金	小计	省级政府投资	地市级政府投资	县级政府投资		小计	其中：国家专项建设基金		
崇信县汭河（九功渠首至野雀沟）河堤治理	578	578		578									
庄浪县韩店镇王崖段河堤治理工程	460				460			460					
庄浪县红土坡至刘家湾段河堤工程	490				490			490					
庄浪县北洛河良邑郭魏至石家窑防洪	542	542		542									
肃州区丰乐河堤防及河道治理工程	642	642		642									
肃州区清水河堤防及河道治理工程	286	286		286									
西峰区砚瓦川贺家塬沟护岸工程	240	240		240									
正宁县四郎河樊湾子治理工程	920	920		920									
正宁县四郎河房河治理工程	839	839		839									
漳县龙川河草川坪至魏下段堤防工程	1021	1021		1021									
武都区北峪河治理工程	979	979		979									
宕昌县理川河流域治理工程	500	500		500									
宕昌县良恭河韩院段河堤工程	296	296		296									
成县严河堤防工程	990	990		990									
康县阳坝河阳坝镇段治理工程	519	519		519									
文县中路河中寨至白水江口段治理	1578	1578		1578									
西和县太石河治理工程	564	564		564									
礼县清水江张堡至教面堤防工程	1047	1047		1047									
两当县红崖河蚂蚱河段综合治理工程	352	352		352									
两当县红崖河杈坪河段综合治理工程	490	490		490									
徽县永宁河高桥乡河道治理工程	1087	1087		1087									
临夏县老鸦关河双城至上阴洼段防洪工程	423				423			423					
东乡县巴谢河五家至赵家段堤防	352				352	352							

2–6 续表

单位：万元

项　目	本年计划投资	中央政府投资			地方政府投资				企业和私人投资	国内贷款		债券	其他投资
		小计	预算内拨款	中央财政水利专项资金	小计	省级政府投资	地市级政府投资	县级政府投资		小计	其中：国家专项建设基金		
东乡县巴谢河赵家至那勒寺段堤防	1151	1151		1151									
合作市格河多合儿防洪工程	141				141	141							
合作市德吾录河卡加防洪工程	268	268		268									
临潭县斜藏沟治理工程	354				354	354							
临潭县羊沙河下河段治理工程	578	578		578									
卓尼县石窖沟藏巴哇防洪工程	480	480		480									
卓尼县羊沙河恰盖防洪工程	606	606		606									
舟曲县拱坝河堤防工程	767	767		767									
迭部县阿夏流域治理工程	384	384		384									
甘肃疏勒河灌区三道沟河道治理	867	867		867									
城市防洪工程	508				141			141		367			
镇原县城东区排洪工程	508				141			141		367			
大中型病险水库除险加固	6600				6600	6600							
高台县小海子水库除险加固	600				600	600							
甘肃双塔水库除险加固	6000				6000	6000							
大中型病险水闸除险加固	3297	2637	2637		660			660					
永昌县金川河工农渠首泄洪闸	1339	1071	1071		268			268					
肃州区红山河青稞地排沙闸	985	788	788		197			197					
肃州区马营河渠首闸	973	778	778		195			195					
肃州区红山河马鬃门排砂闸除险加固工程													
山洪灾害防治工程	10168	7645		7645	2523	2523							
甘肃省山洪灾害防治 2016（长江）	663	660		660	3	3							
甘肃省山洪灾害防治 2016（内陆）	2315	1595		1595	720	720							

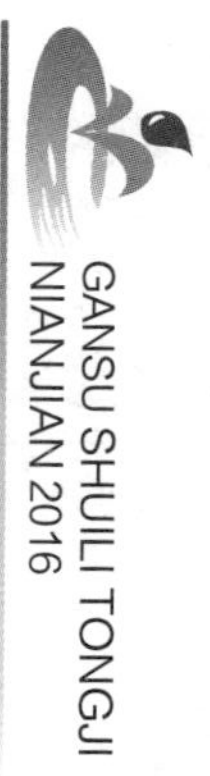

2-6 续表

单位：万元

项　目	本年计划投资	中央政府投资			地方政府投资				企业和私人投资	国内贷款		债券	其他投资
		小计	预算内拨款	中央财政水利专项资金	小计	省级政府投资	地市级政府投资	县级政府投资		小计	其中：国家专项建设基金		
甘肃省山洪灾害防治 2016（黄河）	7190	5390		5390	1800	1800							
灌溉除涝项目	401072	212868	63032	149836	97285	74538	6906	15841	5291	74593	6500		11035
灌区建设工程	53981	33032	33032		9172	3010		6162		10709			1068
西河灌区续建配套节水改造	9848	8293	8293		1555			1555					
兴电灌区齐家大岘隧洞除险加固工程	1000				1000	1000							
白银市兴电灌区渠道维修工程	1000				1000	1000							
凉州区杂木河灌区续建配套节水改造	4114	3291	3291		823			823					
古浪县黄花滩项目	10709									10709			
甘州区西浚灌区续建配套节水改造	3826	3061	3061		765			765					
甘州区大满灌区续建配套节水改造	7174	5739	5739		1435			1435					
临泽县梨园河灌区续建配套节水改造	7918	6334	6334		1584			1584					
山丹县马营河灌区续建配套节水改造	5340	4272	4272										1068
敦煌市党河灌区西干渠改建工程	500				500	500							
省景电一期灌区续建配套节水改造	2552	2042	2042		510	510							
节水灌溉工程	11164	3000		3000	4766	1200	3566		3398				
皋兰县西岔中型灌区农业综合开发 2015													
白银区工农渠灌区农业综合开发													
平川区旱坪川灌区农业综合开发	330	250		250	80	80							
靖远县靖乐渠灌区农业综合开发	330	250		250	80	80							
秦州区易地搬迁项目高效节水灌溉工程	3486				3486		3486						
高台县罗城灌区农业综合开发	330	250		250	80	80							
庄浪县水洛河灌区节水配套改造项目	1400	1000		1000	400	400							
静宁县东峡灌区农业综合开发	840	600		600	240	240							

2-6 续表

单位：万元

项　目	本年计划投资	中央政府投资			地方政府投资				企业和私人投资	国内贷款		债券	其他投资
		小计	预算内拨款	中央财政水利专项资金	小计	省级政府投资	地市级政府投资	县级政府投资		小计	其中：国家专项建设基金		
宁县海升公司果业基地滴灌工程	3398								3398				
临夏县北塬灌区农业综合开发项目													
夏河县 2015 牧区节水灌溉项目													
石羊河流域重点治理（省景电）2013													
玉门市花海灌区农业综合开发	1050	650		650	400	320	80						
小型农田水利建设	190944	123500		123500	55673	48795	430	6448	1893				9877
兰州市农田水利设施维修养护 2016	500	500		500									
西固区高效节水灌溉项目 2016	1058	500		500	558	250	70	238					
永登农田水利设施维修养护 2016	100	100		100									
永登县高效节水灌溉 2016	832	400		400	270	270							162
皋兰县农田水利设施维修养护 2016	100	100		100									
皋兰县高效节水灌溉 2016	799	400		400	399	200	60	139					
榆中县农田水利设施维修养 2016	1000	1000		1000									
嘉峪关市中央财政高效节水项目 2015（五）													
嘉峪关市 2016 年小型农田水利设施春修工程	100				100		100						
嘉峪关市高效节水灌溉项目 2015（六）													
金川区 2015 新增农田水利设施建设 2016	1709	1000		1000	659	500		159					50
金川区小型农田水利重点县 2016	2832	1700		1700	1080	800		280	52				
永昌县农田水利设施维修养护 2016	1004	1000		1000	4			4					
永昌县小型农田水利重点县 2016	1832	1000		1000	737	500		237					94
永昌县 2015 新增农田水利设施建设 2016	1873	1000		1000	621	500		121					253
永昌县高效节水灌溉 2016	6683	4000		4000	2266	2000		266					418
白银市农田水利设施维修养护 2016	500	500		500									

2–6 续表

单位：万元

项目	本年计划投资	中央政府投资			地方政府投资				企业和私人投资	国内贷款		债券	其他投资
		小计	预算内拨款	中央财政水利专项资金	小计	省级政府投资	地市级政府投资	县级政府投资		小计	其中：国家专项建设基金		
白银区农田水利设施维修养护 2016	600	600		600									
白银区五小水利工程 2016	1500	1000		1000	500	500							
平川区五小水利工程 2016	1500	1000		1000	500	500							
靖远县高效节水灌溉 2016	3900	2600		2600	1300	1300							
靖远县小型农田水利设施补助 2016	1000	1000		1000									
靖远县农田水利设施维修养护 2016	1000	1000		1000									
会宁县高效节水灌溉 2016	2250	1500		1500	750	750							
会宁县农田水利设施维修养护 2016	100	100		100									
景泰县高效节水灌溉 2016	2400	1600		1600	800	800							
景泰县农田水利设施维修养护 2016	100	100		100									
景泰县小型农田水利设施补助 2016	500	500		500									
秦州区五小水利工程 2016	1500	1000		1000	500	500							
麦积区高效节水灌溉 2016	1962	1300		1300	662	650		12					
麦积区小型农田水利设施补助 2016	1074	800		800	274			274					
清水县小型农田水利设施补助 2016	1000	1000		1000									
秦安县五小水利工程 2016	1500	1000		1000	500	500							
甘谷县五小水利工程 2016	1500	1000		1000	500	500							
甘谷县农田水利设施维修养护 2016	100	100		100									
武山县五小水利工程 2016	1500	1000		1000	500	500							
武山县小型农田水利设施补助 2016	500	500		500									
张家川县农田水利设施维修养护 2016	100	100		100									
武威市 2016 年农田水利设施维修养护资金	100	100		100									
凉州区高效节水灌溉 2016	9000	6000		6000	3000	3000							

2–6 续表

单位：万元

项　目	本年计划投资	中央政府投资			地方政府投资				企业和私人投资	国内贷款		债券	其他投资
		小计	预算内拨款	中央财政水利专项资金	小计	省级政府投资	地市级政府投资	县级政府投资		小计	其中：国家专项建设基金		
凉州区小型农田水利重点县 2016	3000	2000		2000	1000	1000							
凉州区农田水利设施维修养护 2016	600	600		600									
民勤县 2015 新增农田水利设施建设 2016	1500	1000		1000	500	500							
民勤县高效节水灌溉 2016	1500	1000		1000	500	500							
民勤县小型农田水利设施建设补助 2016	1000	1000		1000									
民勤县小型农田水利重点县 2016	1500	1000		1000	500	500							
民勤县农田水利设施维修养护 2016	600	600		600									
古浪县小型农田水利重点县 2016	1500	1000		1000	500	500							
古浪县 2015 新增农田水利设施建设 2016	1500	1000		1000	500	500							
古浪县高效节水灌溉 2016	1500	1000		1000	500	500							
2016 古浪县小型农田水利设施补助资金（二）	1000	1000		1000									
古浪县农田水利设施维修养护 2016	200	200		200									
天祝县 2016 年农田水利设施维修养护资金	100	100		100									
天祝县小型农田水利重点县 2016	1080	700		700	300	300							80
天祝县高效节水灌溉 2016	2653	1700		1700	850	850							103
天祝县小型农田水利设施补助 2016	1046	1000		1000									46
张掖市年农田水利设施维修养护 2016	100	100		100									
甘州区小型农田水利重点县 2016	1695	1000		1000	500	500							195
甘州区高效节水灌溉 2016	3262	1400		1400	1400	700		700					462
甘州区农田水利设施维修养护 2016	1000	1000		1000									
肃南县农田水利设施维修养护 2016	318				318	275		43					
肃南县高效节水灌溉 2016	1777	1000		1000	510	500		10					267
民乐县小型农田水利重点县 2016	1826	1000		1000	500	500							326

2-6 续表

单位：万元

项　目	本年计划投资	中央政府投资			地方政府投资				企业和私人投资	国内贷款		债券	其他投资
		小计	预算内拨款	中央财政水利专项资金	小计	省级政府投资	地市级政府投资	县级政府投资		小计	其中：国家专项建设基金		
民乐县 2015 年新增农田水利设施建设 2016	1030	600		600	300	300							130
民乐县农田水利设施维修养护 2016	600	600		600									
临泽县农田水利设施维修养护 2016	100	100		100									
高台县高效节水灌溉 2016	1725	1000		1000	500	500							225
高台 2015 年新增农田水利设施建设 2016	1754	1000		1000	500	500							254
高台县小型农田水利重点县 2016 年	1967	1000		1000	500	500							467
高台县小型农田水利设施补助 2016	1070	1000		1000									70
高台县农田水利设施维修养护 2016	781	600		600	150			150					31
山丹县农田水利设施维修养护 2016	100	100		100									
山丹县小型农田水利设施补助 2016	1356	1000		1000					356				
山丹县 2015 年新增农田水利设施建设 2016	2105	1000		1000	900	500		400					205
山丹县高效节水灌溉 2016	2131	1200		1200	800	600		200					131
山丹县小型农田水利重点县 2016	2897	1700		1700	1100	900		200					97
山丹马场小型农田水利重点县 2016	1382	800		800	400	400			182				
山丹马场高效节水灌溉 2016	1570	400		400	300	300			870				
平凉市农田水利设施维修养护 2016	100	100		100									
崆峒区五小水利工程 2016	1500	1000		1000	500	500							
泾川县五小水利工程 2016	1500	1000		1000	500	500							
泾川县农田水利设施维修养护 2016	100	100		100									
灵台县中央财政小型农田水利工程 2015													
灵台县五小水利工程 2016	1500	1000		1000	500	500							
灵台县中央财政小农水重点县 2014（四）	400				400			400					
崇信县五小水利工程 2016	1500	1000		1000	500	500							

2-6 续表

单位：万元

项目	本年计划投资	中央政府投资			地方政府投资				企业和私人投资	国内贷款		债券	其他投资
		小计	预算内拨款	中央财政水利专项资金	小计	省级政府投资	地市级政府投资	县级政府投资		小计	其中：国家专项建设基金		
华亭县五小水利工程 2016	1500	1000		1000	500	500							
华亭县 2015 年新增农田水利设施建设 2016	1500	1000		1000	500	500							
庄浪县小型农田水利设施补助 2016	800	800		800									
庄浪县五小水利工程 2016	1500	1000		1000	500	500							
静宁县五小水利工程 2016	1500	1000		1000	500	500							
肃州区高效节水灌溉 2016	10554	5000		5000	2972	2500		472					2582
肃州区小型农田水利建设（五）													
肃州区农田水利设施维修养护 2016	202	200		200	2			2					
肃州区小型农田水利重点县 2016	3897	2000		2000	1140	1000		140	397				360
肃州区规模化节水增效示范（2013-2016）													
肃州区高效节水灌溉项目（六）													
金塔县小型农田水利重点县 2016	1500	1000		1000	500	500							
金塔县农田水利设施维修养护 2016	1000	1000		1000									
金塔县 2015 新增农田水利设施建设 2016	1500	1000		1000	500	500							
金塔县高效节水灌溉 2016	1500	1000		1000	500	500							
瓜州县农田水利设施维修养护 2016	200	200		200									
瓜州县小型农田水利建设（五）													
瓜州县高效节水灌溉 2016	2520	1500		1500	1020	750		270					
肃北县小型农田水利设施补助 2016	600	600		600									
玉门市 2015 新增农田水利设施建设 2016	1813	1000		1000	500	500							313
玉门市高效节水灌溉 2016	2283	1400		1400	700	700							183
玉门市小型农田水利重点县 2016	4019	2700		2700	1300	1300							19
玉门市农田水利设施维修养护 2016	200	200		200									

2-6 续表

单位：万元

项目	本年计划投资	中央政府投资			地方政府投资				企业和私人投资	国内贷款		债券	其他投资
		小计	预算内拨款	中央财政水利专项资金	小计	省级政府投资	地市级政府投资	县级政府投资		小计	其中：国家专项建设基金		
敦煌市农田水利设施维修养护 2016	108	100		100	8			8					
敦煌市 2015 抗旱引调提水项目	632				632			632					
敦煌市小型农田水利 2015 维修养护资金	43				43			43					
敦煌市规模化节水增效示范（2013-2016）	76				76			76					
庆城县“五小水利”工程 2016	2459	1500		1500	959	750		209					
环县“五小水利”工程 2016	756	500		500	256	250		6					
华池县“五小水利”工程 2016	764	500		500	250	250							14
合水县农田水利设施维修养护 2016	121	100		100	21			21					
正宁县小型农田水利设施补助 2016	1191	1000		1000	191			191					
正宁县五小水利工程 2016	1579	1000		1000	579	500		79					
宁县五小水利工程 2016	1524	1000		1000	524	500		24					
镇原县五小水利工程 2016	605	400		400	205	200		5					
镇原县 2015 年新增农田水利设施建设 2016	1558	1000		1000	558	500		58					
通渭县农田水利设施维修养护 2016	100	100		100									
通渭县小型农田水利设施补助 2016	500	500		500									
陇西县五小水利工程 2016	1521	1000		1000	500	500							21
渭源县农田水利设施维修养护 2016	100	100		100									
临洮县五小水利工程 2016	2032	1300		1300	650	650							82
武都区农田水利设施维修养护 2016	300	300		300									
武都区小型农田水利重点县 2016	2846	1400		1400	600	600							846
宕昌县农田水利设施维修养护 2016	100	100		100									
宕昌县 2015 年新增农田水利设施建设 2016	500	300		300	200	200							
宕昌县高效节水灌溉 2016	400	400		400									

2-6 续表

单位：万元

项　目	本年计划投资	中央政府投资			地方政府投资				企业和私人投资	国内贷款		债券	其他投资
		小计	预算内拨款	中央财政水利专项资金	小计	省级政府投资	地市级政府投资	县级政府投资		小计	其中：国家专项建设基金		
成县农田水利设施维修养护 2016	100	100		100									
康县五小水利工程 2016	900	600		600	300	300							
康县农田水利设施维修养护 2016	100	100		100									
文县小型农田水利重点县 2016	825	300		300	200	200							325
文县农田水利设施维修养护 2016	100	100		100									
文县高效节水灌溉 2016	714	400		400	200	200							114
西和县高效节水灌溉 2016	600	400		400	200	200							
西和县 2015 新增农田水利设施建设 2016	500	300		300	200	200							
西和县农田水利设施维修养护 2016	100	100		100									
礼县小型农田水利设施补助 2016	500	500		500									
礼县农田水利设施维修养护 2016	100	100		100									
两当县高效节水灌溉 2016	773	400		400	200	200							173
两当县小型农田水利重点县 2016	724	300		300	200	200							224
两当县农田水利设施维修养护 2016	100	100		100									
徽县 2015 新增农田水利设施建设 2016	789	400		400	389	200		189					
徽县小型农田水利重点县 2016	590	300		300	290	200		90					
徽县农田水利设施维修养护 2016	100	100		100									
临夏县农田水利设施维修养护 2016	100	100		100									
临夏县 1 万 ~ 5 万亩灌区改造 2016	607	400		400	200	200							7
康乐县 1 万 ~ 5 万亩灌区改造 2016	601	400		400	201	200		1					
康乐县小型农田水利 2015 维修养护资金													
永靖县小型农田水利 2015 年维修养护项目													
永靖县 1 万 ~ 5 万亩灌区改造 2016	615	400		400	210	200		10					5

2-6 续表

单位：万元

项目	本年计划投资	中央政府投资			地方政府投资				企业和私人投资	国内贷款		债券	其他投资
		小计	预算内拨款	中央财政水利专项资金	小计	省级政府投资	地市级政府投资	县级政府投资		小计	其中：国家专项建设基金		
广河县小型农田水利设施补助 2016	558	500		500	58			58					
广河县五小水利工程 2016	1512	1000		1000	512	500		12					
广河县 2015 年中央财政小型农田水利	1												1
和政县五小水利工程 2016	1509	1000		1000	500	500							9
东乡县中央财政五小水利项目 2015													
东乡族县五小水利工程 2016	769	500		500	269	250		19					
积石山县中央财政五小水利 2015													
卓尼县小型农田水利 2015 维修养护													
舟曲县五小水利工程 2016	750	500		500	250	250							
2016 迭部县小型农田水利设施补助资金（二）	500	500		500									
省农垦小型农田水利 2015 维修养护													
省农垦黄羊河农场小型农田水利（五）	36								36				
省农垦饮马农场中央财政小农水 2015													
省农垦黄花农场高效节水灌溉项目（六）	0								0				
省农垦张掖农场小型农田水利建设（五）	85												85
省农垦山丹农场小型农田水利重点县 2016	1023	500		500	200	200							323
省农垦八一农场水利设施维修养护 2016	100	100		100									
省农垦小型农田水利补助 2016	1326	800		800	400	400							126
景泰县中央财政景电农场节水灌溉 2013													
省景电农田水利设施维修养护 2016	100	100		100									
省疏管局农田水利设施维修养护 2016	100	100		100									
兰州新区高效节水灌溉 2016	1600	1000		1000	600	400	200						
水库工程	122770	36736	15000	21736	22070	19257	1000	1813		63884	6500		80

2–6 续表

单位：万元

项　目	本年计划投资	中央政府投资			地方政府投资				企业和私人投资	国内贷款		债券	其他投资
		小计	预算内拨款	中央财政水利专项资金	小计	省级政府投资	地市级政府投资	县级政府投资		小计	其中：国家专项建设基金		
秦州区关峡水库	5800	4500		4500	1300			1300					
秦安县西小河小湾河水库	5200	5200		5200									
张家川县富川水库（抗旱规划内）	2257				2257	2257							
民勤县红崖水库加高扩建工程	25000	15000	15000		10000	9000	1000						
天祝县二道墩水库													
天祝县石门河调蓄引水工程	80												80
民乐县山城河水库													
临泽县红山湾水库工程	1000				1000	1000							
山丹县白石崖水库（抗旱规划内）	2000				2000	2000							
崆峒区北杨涧水库（抗旱规划内）	1549									1549			
泾川县朱家涧水库（抗旱规划内）													
灵台县新集水库工程	7390									7390			
崇信县关河水库（抗旱规划内）													
庄浪县花崖河水库（抗旱规划内）	1350									1350			
酒泉循环经济产业园水源（大红泉水库）	1195									1195			
庆阳市巴家咀水库新增调蓄工程（五台山水库）	5900									5900			
庆阳市莲花寺水库及供水工程	9200									9200			
庆阳市小盘河水库及供水工程	26800									26800			
庆城县纸坊沟水库（抗旱规划内）													
环县米岔沟水库（抗旱规划）	1549	1036		1036	513			513					
康乐县鸣鹿水库（抗旱规划）	11000	11000		11000									
兰州新区 2 号 3 号石门沟水库	15500				5000	5000				10500	6500		
泵站工程	19450	15000	15000		4450	1200	1910	1340					

2–6 续表

单位：万元

项　目	本年计划投资	中央政府投资			地方政府投资				企业和私人投资	国内贷款		债券	其他投资
		小计	预算内拨款	中央财政水利专项资金	小计	省级政府投资	地市级政府投资	县级政府投资		小计	其中：国家专项建设基金		
兰州市大砂沟泵站更新改造工程	1100	600	600		500		500						
七里河区西津泵站更新改造工程	1100	600	600		500		250	250					
兰州市工农坪泵站更新改造工程	1604	1283	1283		321		160	161					
兰州市榆中三电泵站更新改造工程	1000	800	800		200		100	100					
白银市兴电泵站更新改造工程	2250	1800	1800		450		450						
白银市靖会泵站更新改造工程	2250	1800	1800		450		450						
白银市刘川泵站更新改造工程	1250	1000	1000		250			250					
白银市中堡泵站更新改造工程	2046	1637	1637		409			409					
景泰县中泉泵站更新改造工程	425	340	340		85			85					
平凉市白庙泵站更新改造工程	425	340	340		85			85					
甘肃省景电泵站更新改造	6000	4800	4800		1200	1200							
其他灌溉除涝项目	2764	1600		1600	1154	1076		78					10
景泰县草窝滩镇排水工程	500				500	500							
秦州区太京镇农田水利建设项目	1134	800		800	334	256		78					
甘谷县大石乡农田水利建设项目	1130	800		800	320	320							10
供水项目	600205	180032	153132	26900	245705	136378	89160	20167		166938	1211	4000	3531
引水（调水）工程	428017	133132	133132		174587	79716	81919	12952		116298	1048	4000	
兰州市水源地建设工程	139650				70000		70000			69650			
引洮供水一期榆中县配套工程	22700				7900	2900	1000	4000		14800			
引洮一期工程会宁北部供水工程	20056	12000	12000		8056	1000	7056						
天祝县南阳山片下山入川供水工程	2000				2000	2000							
肃北县马鬃山镇供水工程	8000				6952			6952		1048	1048		
盐环定扬黄续建工程调概算	1000				1000	1000							

2-6 续表

单位：万元

项　目	本年计划投资	中央政府投资			地方政府投资				企业和私人投资	国内贷款		债券	其他投资
		小计	预算内拨款	中央财政水利专项资金	小计	省级政府投资	地市级政府投资	县级政府投资		小计	其中：国家专项建设基金		
积石山引水工程	500				500	500							
临夏州引黄济临供水工程	50863	34000	34000		12863	9000	3863					4000	
甘南州引洮（博）济合供水工程	14170	4700	4700		7316	7316				2154			
甘南州引洮入潭工程	2000				2000			2000					
玛曲县县城引水工程	2432	2432	2432										
兰州新区供水项目引大渠道除险加固	3646									3646			
甘肃省引洮供水一期工程													
甘肃引洮供水二期工程	130000	80000	80000		50000	50000							
天水市城区引洮供水工程	31000				6000	6000				25000			
农村饮水安全巩固提升工程建设	140403	20000	20000		67441	55934	7164	4343		50640	163		2323
永登县农村饮水安全巩固提升 2016	762	116	116		269	269				377			
皋兰县农村饮水安全巩固提升 2016	1159	177	177		409	409				573			
榆中县农村饮水安全巩固提升 2016	714	109	109		605	605							
永昌县农村饮水安全巩固提升 2016	445	50	50		232	116		116		163	163		
白银区农村饮水安全巩固提升 2016	160	30	30		57	57				73			
平川区农村饮水安全巩固提升 2016	200	40	40		71	71				89			
靖远县农村饮水安全巩固提升 2016	3574	593	593		1061	1061				1920			
会宁县农村饮水安全巩固提升 2016	1759	221	221		820	820				718			
景泰县农村饮水安全巩固提升 2016	511	78	78		380	380				53			
秦州区农村饮水安全巩固提升工程 2016	369	57	57		312	312							
麦积区农村安全饮水巩固提升工程 2016	1243	190	190		1053	1053							
清水县农村饮水安全巩固提升工程 2016	1138	174	174		964	964							
秦安县农村饮水安全巩固提升 2016	610	91	91		519	519							

2-6 续表

单位：万元

项　目	本年计划投资	中央政府投资			地方政府投资				企业和私人投资	国内贷款		债券	其他投资
		小计	预算内拨款	中央财政水利专项资金	小计	省级政府投资	地市级政府投资	县级政府投资		小计	其中：国家专项建设基金		
甘谷县农村饮水安全巩固提升工程 2016	5604	901	901		4703	4703							
张家川县农村饮水安全巩固提升 2016	651	57	57		594	594							
凉州区农村饮水安全巩固提升 2016	992	160	160		439	350		89		393			
民勤县农村饮水安全巩固提升项目 2016	1747	267	267		616	616				864			
古浪县农村饮水安全巩固提升 2016	1640	250	250		1189	1189				201			
甘州区农村饮水安全巩固提升 2016	735	112	112		259	259				364			
民乐县农村饮水安全巩固提升 2016	257	39	39		91	91				127			
崆峒区农村饮水安全项目巩固提升 2016	905	138	138		319	319				448			
泾川县农村饮水安全巩固提升 2016	1210	185	185		427	427				598			
灵台县农村饮水安全巩固提升 2016	1013	155	155		757	757				101			
崇信县农村饮水安全巩固提升 2016	168	40	40		59	59				69			
华亭县农村饮水安全巩固提升 2016	1644	251	251		580	580				813			
庄浪县农村饮水安全巩固提升 2016	1688	258	258		596	596				834			
静宁县农村饮水安全巩固提升 2016	2622	400	400		1607	1607				615			
瓜州县农村饮水安全巩固提升 2016	133	44	44		47	47				42			
玉门市农村饮水安全巩固提升 2016	668	90	90		317	192		125		261			
西峰区农村饮水安全巩固提升 2016	208	50	50		73	73				85			
西峰区 2016 年市级财政安排农村饮水项目	636				636		486	150					
庆城县 2016 年市级财政安排农村饮水项目	868				868		675	193					
庆城县农村饮水安全巩固提升 2016	4189	640	640		1478	1478				2071			
环县农村饮水安全巩固提升 2016	32678	5025	5025		11387	11387				16266			
环县 2016 年市级财政安排农村饮水项目	3481				3481		3481						
华池县农村饮水安全巩固提升 2016	3832	585	585		1352	1352				1895			

2-6 续表

单位：万元

项　目	本年计划投资	中央政府投资			地方政府投资				企业和私人投资	国内贷款		债券	其他投资
		小计	预算内拨款	中央财政水利专项资金	小计	省级政府投资	地市级政府投资	县级政府投资		小计	其中：国家专项建设基金		
华池县2016年市级财政安排农村饮水项目	1583				1505		765	740					78
合水县2016年市级财政安排农村饮水项目	559				559			559					
合水县农村饮水安全巩固提升2016	2279	286	286		1067	660		407		926			
正宁县2016年市级财政安排农村饮水项目	457				457		405	52					
正宁县农村饮水安全巩固提升2016	1464	213	213		491	491				689			71
宁县农村饮水安全巩固提升2016	1181	180	180		900	900				101			
宁县2016年市级财政安排农村饮水项目	839				839		839						
镇原县农村饮水安全巩固提升2016	1818	244	244		784	784				790			
镇原县2016年市级财政安排农村饮水项目	874				874		513	361					
安定区农村饮水安全巩固提升2016	6085	929	929		2147	2147				3009			
通渭县农村饮水安全巩固提升2016	1341	205	205		473	473				663			
陇西县农村饮水安全巩固提升2016	1196	84	84		840	840				272			
渭源县农村饮水安全巩固提升2016	1124	163	163		860	860				101			
临洮县村饮水安全巩固提升2016	10716	1744	1744		4027	4027				4945			
武都区农村饮水安全巩固提升2016	4396	671	671		1551			1551					2174
宕昌县农村饮水安全巩固提升2016	3202	489	489		1663	1663				1050			
成县农村饮水安全巩固提升2016	1621	248	248		571	571				802			
康县农村饮水安全巩固提升2016	2137	326	326		1454	1454				357			
文县农村饮水安全巩固提升2016	2323	355	355		820	820				1148			
西和县农村饮水安全巩固提升2016	2333	356	356		1423	1423				554			
礼县农村饮水安全巩固提升2016	3072	469	469		1626	1626				977			
徽县农村饮水安全巩固提升2016	1821	278	278		642	642				901			
康乐县农村饮水安全巩固提升2016	2652	405	405		1436	1436				811			

2-6 续表

单位：万元

项　目	本年计划投资	中央政府投资			地方政府投资				企业和私人投资	国内贷款		债券	其他投资
		小计	预算内拨款	中央财政水利专项资金	小计	省级政府投资	地市级政府投资	县级政府投资		小计	其中：国家专项建设基金		
广河县农村饮水安全巩固提升 2016	655	76	76		334	334				245			
和政县农村饮水安全巩固提升 2016	1252	191	191		442	442				619			
积石山县农村饮水安全巩固提升 2016	3210	515	515		1029	1029				1666			
抗旱工程	28057	26900		26900	950		77	873					207
永登县抗旱应急引调提水 2016	302	302		302									
榆中县抗旱应急引调提水 2016	619	619		619									
靖远县抗旱应急引调提水项目	1470	1470		1470									
会宁县抗旱应急引调提水项目	1017	1017		1017									
景泰县抗旱应急引调提水项目	703	703		703									
秦州区抗旱应急引调提水 2016	717	717		717									
清水县抗旱应急引调提水项目 2016	904	904		904									
秦安县抗旱应急引调提水 2016	890	890		890									
武山县抗旱应急引调提水 2016	686	686		686									
凉州区抗旱应急引调提水项目	775	775		775									
民勤县抗旱应急水源工程	1304	1304		1304									
古浪县抗旱应急引调提水项目	1739	1739		1739									
天祝县抗旱应急引调提水项目	593	559		559									34
山丹县抗旱应急引调提水项目	832	650		650	182			182					
泾川县抗旱应急水源引调提水项目	519	519		519									
崇信县抗旱应急引调提水项目	1126	1126		1126									
庄浪县抗旱应急引调提水项目	347	347		347									
静宁县抗旱应急引调提水项目	1287	1287		1287									
敦煌县抗旱应急引调提水项目	495	344		344	151			151					

2–6 续表

单位：万元

项目	本年计划投资	中央政府投资			地方政府投资				企业和私人投资	国内贷款		债券	其他投资
		小计	预算内拨款	中央财政水利专项资金	小计	省级政府投资	地市级政府投资	县级政府投资		小计	其中：国家专项建设基金		
庆城县抗旱应急引调提水项目	460	383		383	77			77					
环县抗旱应急引调提水项目	1350	1265		1265	85			85					
华池县抗旱应急引调提水项目	1674	1527		1527									147
镇原县抗旱应急引调提水项目	958	824		824	134			134					
通渭县抗旱应急引调提水项目	790	790		790									
陇西县抗旱应急引调提水项目	791	791		791									
临洮县抗旱应急引调提水项目	1140	1140		1140									
西和县抗旱应急水源工程 2016	598	598		598									
礼县抗旱应急引调提水项目	916	916		916									
临夏县 2015 年抗旱引调提水项目													
永靖县 2015 年抗旱引调水提水工程													
广河县抗旱应急引调提水项目	837	706		706	131			131					
广河县 2015 齐家镇抗旱应急水源配套													
广河县 2015 三甲集镇抗旱应急水源配套													
和政县抗旱应急引调提水项目	764	687		687	77		77						
东乡县 2015 年抗旱引调提水项目	28				28			28					
东乡县抗旱应急引调提水项目	869	800		800	69			69					
东乡县 2014 年抗旱引调提水项目	26												26
积石山县 2015 年抗旱应急水源配套工程													
积石山县抗旱应急引调提水项目	530	515		515	15			15					
其他供水工程	3728				2728	728		2000					1000
金昌市城市应急备用水源项目	1000												1000
华池县刘坪村美丽村庄河道治理及供水工程	1000				1000			1000					

2-6 续表

单位：万元

项目	本年计划投资	中央政府投资			地方政府投资				企业和私人投资	国内贷款		债券	其他投资
		小计	预算内拨款	中央财政水利专项资金	小计	省级政府投资	地市级政府投资	县级政府投资		小计	其中：国家专项建设基金		
积石山县县城区供水水源改扩建工程	1000				1000			1000					
靖远寺儿坪供水项目	728				728	728							
水务项目	85065				7015	4400		2615		78050	11500		
自来水厂建设	62000				2000	2000				60000	8500		
庄浪县南坪水厂改扩建及管网工程	1500									1500			
武威市城乡融合黄羊土门组团供水（陆港）	60500				2000	2000				58500	8500		
城镇供水管线建设	15450				2400	2400				13050	3000		
天水市藉口水厂至西十里供水管道工程	9100									9100			
清水县城区供水工程	5000				2000	2000				3000	3000		
清水县城区自来水管网扩建工程	950									950			
天水市城区供水高桥头引水枢纽工程	400				400	400							
清水县城区自来水管网扩建工程													
污水处理工程建设	5992				992			992		5000			
华池县城区污水分户收集工程	386				386			386					
华池县县城污水支管道工程	606				606			606					
临洮县污水处理厂配套管网工程													
民勤红沙岗污水处理厂及中水回用贮水池	5000									5000			
山丹县城区生活污水处理工程													
其他水务能力建设	1622				1622			1622					
甘谷县城区供水水源水深度处理工程	1622				1622			1622					
非常规水资源利用项目	160				160		160						
雨水集用	160				160		160						
金昌市龙首山前山区雨洪资源利用项目	160				160		160						

2-6 续表

单位：万元

项 目	本年计划投资	中央政府投资			地方政府投资				企业和私人投资	国内贷款		债券	其他投资
		小计	预算内拨款	中央财政水利专项资金	小计	省级政府投资	地市级政府投资	县级政府投资		小计	其中：国家专项建设基金		
水电开发利用	6439	1842		1842					4597				
水力发电工程建设	2386								2386				
迭部县阿夏那盖水电站	2386								2386				
夏河县安顺水电站													
水电增效扩容	3879	1842		1842					2037				
永昌县头坝二号水电站增效扩容改造	635	285		285					350				
金塔县解放村水电站增效扩容改造	149	149		149									
肃北县拉排一级水电站增效扩容改造	424	424		424									
肃北县拉排一级水电站河流生态修复	27	27		27									
敦煌市南湖店水电站增效扩容改造	172	172		172									
敦煌市党河水电站增效扩容改造	403	403		403									
文县哈南水电站增效扩容改造	46	46		46									
文县哈南水电站河流生态修复	15	15		15									
礼县大滩水电站增效扩容改造工程	93	93		93									
礼县红崖二级水电站河流生态修复工程	16	16		16									
礼县红崖二级水电站增效扩容改造工程	103	103		103									
礼县大滩水电站河流生态修复工程	14	14		14									
和政县闫蔡坪水电站增效扩容改造	95	95		95									
东乡县老虎嘴电站													
合作市峡村电站	1687								1687				
夏河县白土坡水电站													
小水电代燃料	174								174				
夏河县甫黄二级小水电代燃料项目	174								174				

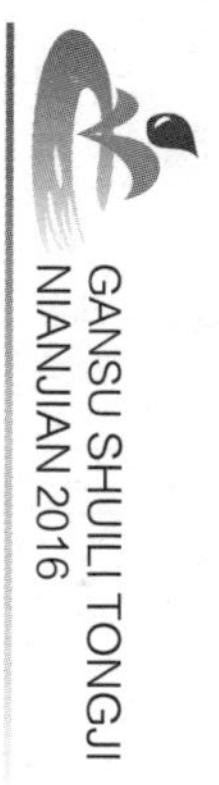

2–6 续表

单位：万元

项　目	本年计划投资	中央政府投资			地方政府投资				企业和私人投资	国内贷款		债券	其他投资
		小计	预算内拨款	中央财政水利专项资金	小计	省级政府投资	地市级政府投资	县级政府投资		小计	其中：国家专项建设基金		
水保及生态保护	95286	69284	43000	26284	15490	5877	750	8863					10512
水土流失治理	49534	36679	13000	23679	2343	1705		638					10512
漳县国家农业综合开发水土保持项目 2016	397	285		285	105	105							7
泾川县国家农业综合开发水土保持项目 2016	394	285		285	105	82		23					4
环县病险淤地坝除险加固工程 2016	340	272		272	68			68					
礼县坡耕地水土流失治理 2016	1250	1000	1000										250
广河县坡耕地水土流失治理 2016	1250	1000	1000										250
甘肃省国家水土保持重点工程（2015）													
甘肃省农业综合开发水土保持项目（2015）													
甘肃省坡耕地水土流失重点治理 2015（黄河）													
渭源县国家农业综合开发水土保持项目 2016	395	285		285	105	105							5
陇西县国家水土保持重点建设工程 2016 年	1286	900		900									386
甘肃省坡耕地水土流失重点治理 2015（长江）													
甘肃省水土流失重点治理工程 2015（黄河）													
甘肃省水土流失重点治理工程 2015（长江）													
甘肃省水土流失重点治理工程 2015（内陆）													
东乡县坡耕地水土流失治理 2016	1250	1000	1000										250
景泰县水土保持重点工程 2016	600	420		420	18	18							162
临洮县坡耕地水土流失治理 2016	1250	1000	1000										250
会宁县国家水土保持重点建设工程 2016 年	1286	900		900									386
西和县坡耕地水土流失治理 2016	1250	1000	1000										250
岷县水土保持重点工程 2016	607	425		425	18	18							164
两当县水土保持重点工程 2016	600	420		420	18	18							162

2-6 续表

单位：万元

项目	本年计划投资	中央政府投资			地方政府投资				企业和私人投资	国内贷款		债券	其他投资
		小计	预算内拨款	中央财政水利专项资金	小计	省级政府投资	地市级政府投资	县级政府投资		小计	其中：国家专项建设基金		
临潭县水土保持重点工程 2016	600	420		420	18	18							162
甘谷县国家农业综合开发水土保持项目 2016	397	285		285	105	105							7
武山县国家农业综合开发水土保持项目 2016	397	285		285	105	105							7
秦安县国家农业综合开发水土保持项目 2016	396	285		285	105	105							6
崇信县国家农业综合开发水土保持项目 2016	403	290		290	107	84		23					6
灵台县国家农业综合开发水土保持项目 2016	395	285		285	105	82		23					5
庄浪县国家水土保持重点建设工程 2016 年	786	550		550									236
张家川县国家农业综合开发水土保持项目 2016	397	285		285	105	105							7
靖远县水土保持重点工程 2016	600	420		420	18	18							162
武都区水土保持重点工程 2016	600	420		420	18	18							162
成县水土保持重点工程 2016	600	420		420	18	18							162
文县水土保持重点工程 2016	600	420		420	18	18							162
康县水土保持重点工程 2016	600	420		420	18	18							162
卓尼县水土保持重点工程 2016	600	420		420	18	18							162
迭部县水土保持重点工程 2016	600	420		420	18	18							162
清水县国家农业综合开发水土保持项目 2016 年	404	290		290	107	107							7
和政县国家农业综合开发水土保持项目 2016	396	285		285	105	105							6
临洮县国家水土保持重点建设工程 2016 年	1286	900		900									386
宁县国家水土保持重点建设工程 2016 年	786	550		550									236
正宁县国家水土保持重点建设工程 2016 年	786	550		550									236
安定区国家水土保持重点建设工程 2016 年	1286	900		900									386
东乡县国家水土保持重点建设工程 2016 年	786	550		550									236
临夏县国家水土保持重点建设工程 2016 年	929	650		650									279

2-6 续表

单位：万元

项 目	本年计划投资	中央政府投资			地方政府投资				企业和私人投资	国内贷款		债券	其他投资
		小计	预算内拨款	中央财政水利专项资金	小计	省级政府投资	地市级政府投资	县级政府投资		小计	其中：国家专项建设基金		
镇原县国家水土保持重点建设 2016 第二批	357	250		250	10	10							97
会宁县国家水土保持重点建设 2016 第二批	357	250		250	10	10							97
安定区国家水土保持重点建设 2016 第二批	286	200		200	8	8							78
通渭县国家水土保持重点建设 2016 第二批	429	300		300	12	12							117
永靖县国家水土保持重点建设 2016 第二批	357	250		250	10	10							97
临夏县国家水土保持重点建设 2016 第二批	357	250		250	10	10							97
东乡县国家水土保持重点建设 2016 第二批	357	250		250	10	10							97
华池县国家农业综合开发水土保持项目 2016	399	285		285	105	105							9
临夏市水土保持重点工程 2016	571	400		400	17	17							154
积石山县国家水土保持重点建设工程 2016 年	929	650		650									279
临洮县国家水土保持重点建设 2016 第二批	419	293		293	12	12							114
陇西县国家水土保持重点建设 2016 第二批	286	200		200	8	8							78
永靖县国家水土保持重点建设工程 2016 年	796	557		557									239
镇原县国家水土保持重点建设工程 2016 年	1000	700		700									300
通渭县国家水土保持重点建设工程 2016 年	1286	900		900									386
合水县国家水土保持重点建设工程 2016 年	786	550		550									236
康乐县国家农业综合开发水土保持项目 2016	399	285		285	105	105							9
庆城县国家农业综合开发水土保持项目 2016	392	285		285	105	82		23					2
秦州区坡耕地水土流失治理 2016	1250	1000	1000										250
安定区坡耕地水土流失治理 2016	1250	1000	1000										250
通渭县坡耕地水土流失治理 2016	1250	1000	1000										250
镇原县坡耕地水土流失治理 2016	1250	1000	1000										250
静宁县坡耕地水土流失治理 2016	1250	1000	1000										250

2-6 续表

单位：万元

项　目	本年计划投资	中央政府投资			地方政府投资				企业和私人投资	国内贷款		债券	其他投资
		小计	预算内拨款	中央财政水利专项资金	小计	省级政府投资	地市级政府投资	县级政府投资		小计	其中：国家专项建设基金		
环县坡耕地水土流失治理 2016	1250	1000	1000										250
麦积区水土保持重点工程 2016	600	420		420	18	18							162
临夏县坡耕地水土流失治理 2016	1250	1000	1000										250
陇西县坡耕地水土流失治理 2016	1250	1000	1000										250
渭源县病险淤地坝除险加固工程 2016	100	80		80	20			20					
通渭县病险淤地坝除险加固工程 2016	140	112		112	28			28					
庆城县病险淤地坝除险加固工程 2016	115	92		92	23			23					
华池县病险淤地坝除险加固工程 2016	100	80		80	20			20					
正宁县病险淤地坝除险加固工程 2016	110	88		88	22			22					
临洮县病险淤地坝除险加固工程 2016	110	88		88	22			22					
灵台县病险淤地坝除险加固工程 2016	85	68		68	17			17					
合水县病险淤地坝除险加固工程 2016	100	80		80	20			20					
庄浪县病险淤地坝除险加固工程 2016	90	72		72	18			18					
镇原县病险淤地坝除险加固工程 2016	170	136		136	34			34					
宁县病险淤地坝除险加固工程 2016	105	84		84	21			21					
榆中县病险淤地坝除险加固工程 2016	115	92		92	23			23					
秦州区病险淤地坝除险加固工程 2016	105	84		84	21			21					
漳县病险淤地坝除险加固工程 2016	115	92		92	23			23					
陇西县病险淤地坝除险加固工程 2016	120	96		96	24			24					
泾川县病险淤地坝除险加固工程 2016	90	72		72	18			18					
西峰区病险淤地坝除险加固工程 2016	180	144		144	36			36					
安定区病险淤地坝除险加固工程 2016	440	352		352	88			88					
流域生态综合治理	39965	30000	30000		9965	4172		5793					
敦煌水资源规划项目（河道归束）2015	1172				1172	1172							
敦煌水资源规划项目（酒泉市）2016	10294	8234	8234		2060	823		1237					

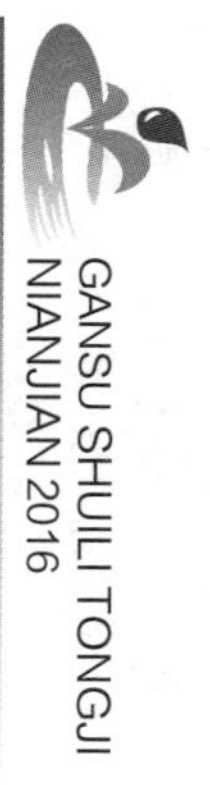

2-6 续表

单位：万元

项　目	本年计划投资	中央政府投资			地方政府投资				企业和私人投资	国内贷款		债券	其他投资
		小计	预算内拨款	中央财政水利专项资金	小计	省级政府投资	地市级政府投资	县级政府投资		小计	其中：国家专项建设基金		
敦煌水资源规划项目（敦煌市）2016	6400	5120	5120		1280	512		768					
敦煌水资源规划项目（党河灌区）2015	1290				1290			1290					
敦煌水资源合理与生态保护（疏勒河）2016	20809	16646	16646		4163	1665		2498					
敦煌水资源利用与生态保护（疏勒河）2015													
河湖连通工程	3525	2605		2605	920			920					
庆阳市新城南区湖库水系连通工程	3525	2605		2605	920			920					
其他环境水利项目	2262				2262		750	1512					
金昌市十里花海景区建设项目	1512				1512			1512					
平凉市崆峒水库至大岔河段河道生态综合治理	750				750		750						
机构能力建设专项	373	373		373									
水文设施及能力建设	373	373		373									
甘肃水资源监控能力建设二期 2016	373	373		373									
甘肃省中小河流水文监测系统建设项目													
移民项目	61521	30999		30999	30522	28743	1779						
西峰区小盘河水库征地拆迁补偿安置工作	1779				1779		1779						
甘肃省大中型水库移民后期扶持（内陆）	8278	4390		4390	3888	3888							
甘肃省大中型水库移民后期扶持（长江）	4328	2749		2749	1579	1579							
甘肃省大中型水库移民后期扶持（黄河）	47136	23860		23860	23276	23276							
其他水利项目	10078				9231		131	9100		847			
金昌市永昌县金川工农干渠围栏保护工程	131				131		131						
会宁县电子桥、康家河桥桥梁工程	847									847			
临夏市大夏河风情线综合治理工程	9100				9100			9100					
永靖县刘盐八地质灾害灌区节水改造工程													

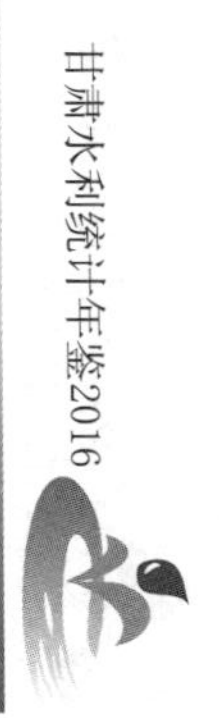

2-7 2016 年水利建设项目计划投资（按市县分）

单位：万元

项 目	本年计划投资	中央政府投资			地方政府投资				企业和私人投资	国内贷款		债券	其他投资
		小计	其中：预算内拨款	中央财政水利专项资金	小计	其中：省级政府投资	地市级政府投资	县级政府投资		小计	其中：国家专项建设基金		
甘肃省	1552874	661634	391161	270473	463467	264893	121680	76893	9888	384441	19211	4000	29444
兰州市	266185	68292	63285	5007	84331	4903	73448	5980		113400			162
兰州市直	225250	57100	56600	500	70500		70500			97650			
黄河甘肃段兰州市防洪治理工程	84000	56000	56000							28000			
兰州市农田水利设施维修养护 2016	500	500		500									
兰州市大砂沟泵站更新改造工程	1100	600	600		500		500						
兰州市水源地建设工程	139650				70000		70000			69650			
七里河区	1100	600	600		500		250	250					
七里河区西津泵站更新改造工程	1100	600	600		500		250	250					
西固区	2662	1783	1283	500	879	250	230	399					
西固区高效节水灌溉项目 2016	1058	500		500	558	250	70	238					
兰州市工农坪泵站更新改造工程	1604	1283	1283		321		160	161					
红古区	6000	3600	3600		2400		1308	1092					
湟水兰州市红古段防洪治理工程	6000	3600	3600		2400		1308	1092					
永登县	1996	918	116	802	539	539				377			162
永登农田水利设施维修养护 2016	100	100		100									
永登县高效节水灌溉 2016	832	400		400	270	270							162
永登县农村饮水安全巩固提升 2016	762	116	116		269	269				377			
永登县抗旱应急引调提水 2016	302	302		302									
皋兰县	3144	1763	177	1586	808	609	60	139		573			
皋兰县蔡家河东湾沟上游段——文山段堤防	1086	1086		1086									
皋兰县西岔中型灌区农业综合开发 2015													

2–7 续表

单位：万元

项　目	本年计划投资	中央政府投资			地方政府投资				企业和私人投资	国内贷款		债券	其他投资
		小计	其中：预算内拨款	中央财政水利专项资金	小计	其中：省级政府投资	地市级政府投资	县级政府投资		小计	其中：国家专项建设基金		
皋兰县高效节水灌溉 2016	799	400		400	399	200	60	139					
皋兰县农田水利设施维修养护 2016	100	100		100									
皋兰县农村饮水安全巩固提升 2016	1159	177	177		409	409				573			
榆中县	26033	2528	909	1619	8705	3505	1100	4100		14800			
榆中县农田水利设施维修养 2016	1000	1000		1000									
兰州市榆中三电泵站更新改造工程	1000	800	800		200		100	100					
引洮供水一期榆中县配套工程	22700				7900	2900	1000	4000		14800			
榆中县农村饮水安全巩固提升 2016	714	109	109		605	605							
榆中县抗旱应急引调提水 2016	619	619		619									
嘉峪关市	100				100		100						
嘉峪关市中央财政高效节水项目 2015（五）													
嘉峪关市 2016 年小型农田水利设施春修工程	100				100		100						
嘉峪关市高效节水灌溉项目 2015（六）													
金昌市	31003	19399	9414	9985	9224	4416	291	4518	402	163	163		1815
金昌市直	1160				160		160						1000
金昌市城市应急备用水源项目	1000												1000
金昌市龙首山前山区雨洪资源利用项目	160				160		160						
金川区	6053	2700		2700	3251	1300		1951	52				50
金川区 2015 新增农田水利设施建设 2016	1709	1000		1000	659	500		159					50
金川区小型农田水利重点县 2016	2832	1700		1700	1080	800		280	52				
金昌市十里花海景区建设项目	1512				1512			1512					
永昌县	23789	16699	9414	7285	5813	3116	131	2566	350	163	163		765
永昌县金川河工农渠首泄洪闸	1339	1071	1071		268			268					

2-7 续表

单位：万元

项 目	本年计划投资	中央政府投资			地方政府投资				企业和私人投资	国内贷款		债券	其他投资
		小计	其中：预算内拨款	中央财政水利专项资金	小计	其中：省级政府投资	地市级政府投资	县级政府投资		小计	其中：国家专项建设基金		
西河灌区续建配套节水改造	9848	8293	8293		1555			1555					
永昌县小型农田水利重点县 2016	1832	1000		1000	737	500		237					94
永昌县 2015 新增农田水利设施建设 2016	1873	1000		1000	621	500		121					253
永昌县农田水利设施维修养护 2016	1004	1000		1000	4			4					
永昌县高效节水灌溉 2016	6683	4000		4000	2266	2000		266					418
永昌县农村饮水安全巩固提升 2016	445	50	50		232	116		116		163	163		
永昌县头坝二号水电站增效扩容改造	635	285		285					350				
金昌市永昌县金川工农干渠围栏保护工程	131				131		131						
白银市	129432	75420	59539	15881	39099	10399	27956	744		14913			
兴电灌区齐家大岘隧洞除险加固工程	1000				1000	1000							
白银市农田水利设施维修养护 2016	500	500		500									
白银市直	65500	43600	43600		21900	1000	20900						
黄河干流白银市防洪治理工程	60000	40000	40000		20000		20000						
白银市兴电灌区渠道维修工程	1000				1000	1000							
白银市靖会泵站更新改造工程	2250	1800	1800		450		450						
白银市兴电泵站更新改造工程	2250	1800	1800		450		450						
白银区	2951	2321	30	2291	557	557				73			
白银区东大沟民勤村至城区段治理	691	691		691									
白银区工农渠灌区农业综合开发													
白银区五小水利工程 2016	1500	1000		1000	500	500							
白银区农田水利设施维修养护 2016	600	600		600									
白银区农村饮水安全巩固提升 2016	160	30	30		57	57				73			
平川区	2030	1290	40	1250	651	651				89			

2-7 续表

单位：万元

项　目	本年计划投资	中央政府投资			地方政府投资				企业和私人投资	国内贷款		债券	其他投资
		小计	其中：预算内拨款	中央财政水利专项资金	小计	其中：省级政府投资	地市级政府投资	县级政府投资		小计	其中：国家专项建设基金		
平川区旱坪川灌区农业综合开发	330	250		250	80	80							
平川区五小水利工程 2016	1500	1000		1000	500	500							
平川区农村饮水安全巩固提升 2016	200	40	40		71	71				89			
靖远县	14570	9550	3230	6320	3100	2441		659		1920			
靖远县靖乐渠灌区农业综合开发	330	250		250	80	80							
靖远县小型农田水利设施补助 2016	1000	1000		1000									
靖远县高效节水灌溉 2016	3900	2600		2600	1300	1300							
靖远县农田水利设施维修养护 2016	1000	1000		1000									
白银市中堡泵站更新改造工程	2046	1637	1637		409			409					
白银市刘川泵站更新改造工程	1250	1000	1000		250			250					
靖远县农村饮水安全巩固提升 2016	3574	593	593		1061	1061				1920			
靖远县抗旱应急引调提水项目	1470	1470		1470									
会宁县	37741	14838	12221	2617	10126	3070	7056			12777			
会宁县焦家河焦河村防洪工程	500				500	500							
会宁县苦水河河畔羊肉市场段综合治理工程	408									408			
会宁县祖厉河城区段综合治理二期工程（续建）	10804									10804			
会宁县农田水利设施维修养护 2016	100	100		100									
会宁县高效节水灌溉 2016	2250	1500		1500	750	750							
引洮一期工程会宁北部供水工程	20056	12000	12000		8056	1000	7056						
会宁县农村饮水安全巩固提升 2016	1759	221	221		820	820				718			
会宁县抗旱应急引调提水项目	1017	1017		1017									
会宁县电子桥、康家河桥桥梁工程	847									847			

2-7 续表

单位：万元

项目	本年计划投资	中央政府投资			地方政府投资				企业和私人投资	国内贷款		债券	其他投资
		小计	其中：预算内拨款	中央财政水利专项资金	小计	其中：省级政府投资	地市级政府投资	县级政府投资		小计	其中：国家专项建设基金		
景泰县	5139	3321	418	2903	1765	1680		85		53			
景泰县高效节水灌溉 2016	2400	1600		1600	800	800							
景泰县小型农田水利设施补助 2016	500	500		500									
景泰县农田水利设施维修养护 2016	100	100		100									
景泰县中泉泵站更新改造工程	425	340	340		85			85					
景泰县草窝滩镇排水工程	500				500	500							
景泰县农村饮水安全巩固提升 2016	511	78	78		380	380				53			
景泰县抗旱应急引调提水项目	703	703		703									
天水市	85748	24548	1470	23078	24140	15952	3486	4701		37050	3000		10
天水市直	9100									9100			
天水市藉口水厂至西十里供水管道工程	9100									9100			
秦州区	38421	7074	57	7017	7347	1068	3486	2793		24000			
天水市藉河生态综合治理一期续建工程	24000									24000			
秦州区天水镇易地搬迁堤防工程	1415				1415			1415					
秦州区易地搬迁项目高效节水灌溉工程	3486				3486		3486						
秦州区五小水利工程 2016	1500	1000		1000	500	500							
秦州区关峡水库	5800	4500		4500	1300			1300					
秦州区太京镇农田水利建设项目	1134	800		800	334	256		78					
秦州区农村饮水安全巩固提升工程 2016	369	57	57		312	312							
秦州区抗旱应急引调提水 2016	717	717		717									
麦积区	4279	2290	190	2100	1989	1703		286					
麦积区高效节水灌溉 2016	1962	1300		1300	662	650		12					
麦积区小型农田水利设施补助 2016	1074	800		800	274			274					

2-7 续表

单位：万元

项目	本年计划投资	中央政府投资			地方政府投资				企业和私人投资	国内贷款		债券	其他投资
		小计	其中：预算内拨款	中央财政水利专项资金	小计	其中：省级政府投资	地市级政府投资	县级政府投资		小计	其中：国家专项建设基金		
麦积区农村安全饮水巩固提升工程 2016	1243	190	190		1053	1053							
清水县	9317	2078	174	1904	3289	3289				3950	3000		
清水县后川河杜川至王店段堤防工程	325				325	325							
清水县小型农田水利设施补助 2016	1000	1000		1000									
清水县农村饮水安全巩固提升工程 2016	1138	174	174		964	964							
清水县抗旱应急引调提水项目 2016	904	904		904									
清水县城区自来水管网扩建工程	950									950			
清水县城区供水工程	5000				2000	2000				3000	3000		
清水县城区自来水管网扩建工程													
秦安县	8473	7454	91	7363	1019	1019							
秦安县南小河王尹马河至凤山堤防	273	273		273									
秦安县五小水利工程 2016	1500	1000		1000	500	500							
秦安县西小河小湾河水库	5200	5200		5200									
秦安县农村饮水安全巩固提升 2016	610	91	91		519	519							
秦安县抗旱应急引调提水 2016	890	890		890									
甘谷县	10464	3309	901	2408	7145	5523		1622					10
甘谷县清溪河礼辛乡寨子至慰坪堤防工程	508	508		508									
甘谷县五小水利工程 2016	1500	1000		1000	500	500							
甘谷县农田水利设施维修养护 2016	100	100		100									
甘谷县大石乡农田水利建设项目	1130	800		800	320	320							10
甘谷县农村饮水安全巩固提升工程 2016	5604	901	901		4703	4703							
甘谷县城区供水水源水深度处理工程	1622				1622			1622					
武山县	2686	2186		2186	500	500							

2-7 续表

单位：万元

项　目	本年计划投资	中央政府投资			地方政府投资				企业和私人投资	国内贷款		债券	其他投资
		小计	其中：预算内拨款	中央财政水利专项资金	小计	其中：省级政府投资	地市级政府投资	县级政府投资		小计	其中：国家专项建设基金		
武山县车家川至山丹河口段治理													
武山县五小水利工程 2016	1500	1000		1000	500	500							
武山县小型农田水利设施补助 2016	500	500		500									
武山县抗旱应急引调提水 2016	686	686		686									
张家川县	3008	157	57	100	2851	2851							
张家川县农田水利设施维修养护 2016	100	100		100									
张家川县富川水库（抗旱规划内）	2257				2257	2257							
张家川县农村饮水安全巩固提升 2016	651	57	57		594	594							
武威市	83518	44345	18968	25377	23817	21905	1000	912		12167			3189
武威市直	100	100		100									
武威市 2016 年农田水利设施维修养护资金	100	100		100									
凉州区	18481	12826	3451	9375	5262	4350		912		393			
石羊河凉州区松涛寺至红水河入河口防洪													
凉州区杂木河灌区续建配套节水改造	4114	3291	3291		823			823					
凉州区小型农田水利重点县 2016	3000	2000		2000	1000	1000							
凉州区高效节水灌溉 2016	9000	6000		6000	3000	3000							
凉州区农田水利设施维修养护 2016	600	600		600									
凉州区农村饮水安全巩固提升 2016	992	160	160		439	350		89		393			
凉州区抗旱应急引调提水项目	775	775		775									
民勤县	34151	21171	15267	5904	12116	11116	1000			864			
民勤县高效节水灌溉 2016	1500	1000		1000	500	500							
民勤县农田水利设施维修养护 2016	600	600		600									
民勤县 2015 新增农田水利设施建设 2016	1500	1000		1000	500	500							

2-7 续表

单位：万元

项　目	本年计划投资	中央政府投资			地方政府投资				企业和私人投资	国内贷款		债券	其他投资
		小计	其中：预算内拨款	中央财政水利专项资金	小计	其中：省级政府投资	地市级政府投资	县级政府投资		小计	其中：国家专项建设基金		
民勤县小型农田水利重点县 2016	1500	1000		1000	500	500							
民勤县小型农田水利设施建设补助 2016	1000	1000		1000									
民勤县红崖水库加高扩建工程	25000	15000	15000		10000	9000	1000						
民勤县农村饮水安全巩固提升项目 2016	1747	267	267		616	616				864			
民勤县抗旱应急水源工程	1304	1304		1304									
古浪县	19788	6189	250	5939	2689	2689				10910			
古浪县黄花滩项目	10709									10709			
2016 古浪县小型农田水利设施补助资金（二）	1000	1000		1000									
古浪县高效节水灌溉 2016	1500	1000		1000	500	500							
古浪县小型农田水利重点县 2016	1500	1000		1000	500	500							
古浪县 2015 新增农田水利设施建设 2016	1500	1000		1000	500	500							
古浪县农田水利设施维修养护 2016	200	200		200									
古浪县农村饮水安全巩固提升 2016	1640	250	250		1189	1189				201			
古浪县抗旱应急引调提水项目	1739	1739		1739									
天祝县	10998	4059		4059	3750	3750							3189
天祝县大通河防洪工程	3446				600	600							2846
天祝县高效节水灌溉 2016	2653	1700		1700	850	850							103
天祝县小型农田水利重点县 2016	1080	700		700	300	300							80
天祝县 2016 年农田水利设施维修养护资金	100	100		100									
天祝县小型农田水利设施补助 2016	1046	1000		1000									46
天祝县石门河调蓄引水工程	80												80
天祝县二道墩水库													

2-7 续表

单位：万元

项目	本年计划投资	中央政府投资			地方政府投资				企业和私人投资	国内贷款		债券	其他投资
		小计	其中：预算内拨款	中央财政水利专项资金	小计	其中：省级政府投资	地市级政府投资	县级政府投资		小计	其中：国家专项建设基金		
天祝县南阳山片下山入川供水工程	2000				2000	2000							
天祝县抗旱应急引调提水项目	593	559		559									34
张掖市	63212	40106	19557	20549	16919	11005		5914	1408	491			4288
张掖市直	100	100		100									
张掖市年农田水利设施维修养护 2016	100	100		100									
甘州区	17692	12312	8912	3400	4359	1459		2900		364			657
甘州区大满灌区续建配套节水改造	7174	5739	5739		1435			1435					
甘州区西浚灌区续建配套节水改造	3826	3061	3061		765			765					
甘州区高效节水灌溉 2016	3262	1400		1400	1400	700		700					462
甘州区农田水利设施维修养护 2016	1000	1000		1000									
甘州区小型农田水利重点县 2016	1695	1000		1000	500	500							195
甘州区农村饮水安全巩固提升 2016	735	112	112		259	259				364			
肃南县	2840	1500		1500	1073	775		298					267
肃南县隆畅河治理工程补充项目	745	500		500	245			245					
肃南县农田水利设施维修养护 2016	318				318	275		43					
肃南县高效节水灌溉 2016	1777	1000		1000	510	500		10					267
民乐县	3712	2239	39	2200	891	891				127			456
民乐县小型农田水利重点县 2016	1826	1000		1000	500	500							326
民乐县农田水利设施维修养护 2016	600	600		600									
民乐县 2015 年新增农田水利设施建设 2016	1030	600		600	300	300							130
民乐县山城河水库													
民乐县农村饮水安全巩固提升 2016	257	39	39		91	91				127			
临泽县	10016	7072	6334	738	2584	1000		1584					360

2–7 续表

单位：万元

项 目	本年计划投资	中央政府投资			地方政府投资				企业和私人投资	国内贷款		债券	其他投资
		小计	其中：预算内拨款	中央财政水利专项资金	小计	其中：省级政府投资	地市级政府投资	县级政府投资		小计	其中：国家专项建设基金		
临泽县小东沟河新柳－西街农田防护	998	638		638									360
临泽县梨园河灌区续建配套节水改造	7918	6334	6334		1584			1584					
临泽县农田水利设施维修养护 2016	100	100		100									
临泽县红山湾水库工程	1000				1000	1000							
高台县	8227	4850		4850	2330	2180		150					1047
高台县小海子水库除险加固	600				600	600							
高台县罗城灌区农业综合开发	330	250		250	80	80							
高台县高效节水灌溉 2016	1725	1000		1000	500	500							225
高台县小型农田水利重点县 2016 年	1967	1000		1000	500	500							467
高台 2015 年新增农田水利设施建设 2016	1754	1000		1000	500	500							254
高台县小型农田水利设施补助 2016	1070	1000		1000									70
高台县农田水利设施维修养护 2016	781	600		600	150			150					31
山丹县	20624	12033	4272	7761	5682	4700		982	1408				1501
山丹县马营河大马营段河道治理工程	911	911		911									
山丹县马营河灌区续建配套节水改造	5340	4272	4272										1068
山丹县农田水利设施维修养护 2016	100	100		100									
山丹县小型农田水利重点县 2016	2897	1700		1700	1100	900		200					97
山丹县小型农田水利设施补助 2016	1356	1000		1000					356				
山丹县高效节水灌溉 2016	2131	1200		1200	800	600		200					131
山丹县 2015 年新增农田水利设施建设 2016	2105	1000		1000	900	500		400					205
山丹马场高效节水灌溉 2016	1570	400		400	300	300			870				
山丹马场小型农田水利重点县 2016	1382	800		800	400	400			182				
山丹县白石崖水库（抗旱规划内）	2000				2000	2000							

2-7 续表

单位：万元

项 目	本年计划投资	中央政府投资			地方政府投资				企业和私人投资	国内贷款		债券	其他投资
		小计	其中：预算内拨款	中央财政水利专项资金	小计	其中：省级政府投资	地市级政府投资	县级政府投资		小计	其中：国家专项建设基金		
山丹县抗旱应急引调提水项目	832	650		650	182			182					
平凉市	50305	22541	3624	18917	12241	9409	1321	1511		15267			256
平凉市直	2856	1387	857	530	1463	84	1321	58					6
平凉市泾河吴老沟至平镇桥河堤治理	1428	857	857		571		571						
平凉市农田水利设施维修养护 2016	100	100		100									
崇信县国家农业综合开发水土保持项目 2016	403	290		290	107	84		23					6
灵台县病险淤地坝除险加固工程 2016	85	68		68	17			17					
庄浪县病险淤地坝除险加固工程 2016	90	72		72	18			18					
平凉市崆峒水库至大岔河段河道生态综合治理	750				750		750						
崆峒区	4379	1478	478	1000	904	819		85		1997			
泾河崆峒区马莲沟至南阳涧河段防洪工程													
崆峒区五小水利工程 2016	1500	1000		1000	500	500							
崆峒区北杨涧水库（抗旱规划内）	1549									1549			
平凉市白庙泵站更新改造工程	425	340	340		85			85					
崆峒区农村饮水安全项目巩固提升 2016	905	138	138		319	319				448			
泾川县	4653	3110	185	2925	945	927		18		598			
泾河泾川县罗汉洞至洪河口段河堤治理													
泾川县汭河十里沟至枣林段河堤治理工程	570	570		570									
泾川县黑河荒场至茜家沟河堤治理工程	384	384		384									
泾川县洪河河堤治理工程	280	280		280									
泾川县五小水利工程 2016	1500	1000		1000	500	500							
泾川县农田水利设施维修养护 2016	100	100		100									
泾川县朱家涧水库（抗旱规划内）													

2-7 续表

单位：万元

项　目	本年计划投资	中央政府投资			地方政府投资				企业和私人投资	国内贷款		债券	其他投资
		小计	其中：预算内拨款	中央财政水利专项资金	小计	其中：省级政府投资	地市级政府投资	县级政府投资		小计	其中：国家专项建设基金		
泾川县农村饮水安全巩固提升 2016	1210	185	185		427	427				598			
泾川县抗旱应急水源引调提水项目	519	519		519									
泾川县病险淤地坝除险加固工程 2016	90	72		72	18			18					
灵台县	12264	2776	155	2621	1997	1597		400		7491			
灵台县达溪河县城至安家庄段河堤治理	1175	1175		1175									
灵台县达溪河县城至百里段河堤治理	340				340	340							
灵台县黑河东门至景家庄段河堤治理	446	446		446									
灵台县中央财政小型农田水利工程 2015													
灵台县五小水利工程 2016	1500	1000		1000	500	500							
灵台县中央财政小农水重点县 2014（四）	400				400			400					
灵台县新集水库工程	7390									7390			
灵台县农村饮水安全巩固提升 2016	1013	155	155		757	757				101			
崇信县	3933	3305	40	3265	559	559				69			
崇信县汭河（九功渠首至野雀沟）河堤治理	578	578		578									
崇信县黑河河堤治理工程	561	561		561									
崇信县五小水利工程 2016	1500	1000		1000	500	500							
崇信县关河水库（抗旱规划内）													
崇信县农村饮水安全巩固提升 2016	168	40	40		59	59				69			
崇信县抗旱应急引调提水项目	1126	1126		1126									
华亭县	4644	2251	251	2000	1580	1580				813			
华亭县五小水利工程 2016	1500	1000		1000	500	500							
华亭县 2015 年新增农田水利设施建设 2016	1500	1000		1000	500	500							
华亭县农村饮水安全巩固提升 2016	1644	251	251		580	580				813			

2-7 续表

单位：万元

项　目	本年计划投资	中央政府投资			地方政府投资				企业和私人投资	国内贷款		债券	其他投资
		小计	其中：预算内拨款	中央财政水利专项资金	小计	其中：省级政府投资	地市级政府投资	县级政府投资		小计	其中：国家专项建设基金		
庄浪县	10077	3947	258	3689	2446	1496		950		3684			
庄浪县韩店镇王崖段河堤治理工程	460				460			460					
庄浪县北洛河良邑郭魏至石家窑防洪	542	542		542									
庄浪县红土坡至刘家湾段河堤工程	490				490			490					
庄浪县水洛河灌区节水配套改造项目	1400	1000		1000	400	400							
庄浪县五小水利工程 2016	1500	1000		1000	500	500							
庄浪县小型农田水利设施补助 2016	800	800		800									
庄浪县花崖河水库（抗旱规划内）	1350									1350			
庄浪县农村饮水安全巩固提升 2016	1688	258	258		596	596				834			
庄浪县抗旱应急引调提水项目	347	347		347									
庄浪县南坪水厂改扩建及管网工程	1500									1500			
静宁县	7499	4287	1400	2887	2347	2347				615			250
葫芦河静宁县狗娃河口至胡家河段河堤治理过程													
静宁县东峡灌区农业综合开发	840	600		600	240	240							
静宁县五小水利工程 2016	1500	1000		1000	500	500							
静宁县农村饮水安全巩固提升 2016	2622	400	400		1607	1607				615			
静宁县抗旱应急引调提水项目	1287	1287		1287									
静宁县坡耕地水土流失治理 2016	1250	1000	1000										250
酒泉市	67355	36401	15054	21347	24554	11996		12558	397	2546	1048		3457
酒泉市直	11466	8234	8234		3232	1995		1237					
敦煌水资源规划项目（酒泉市）2016	10294	8234	8234		2060	823		1237					
敦煌水资源规划项目（河道归束）2015	1172				1172	1172							

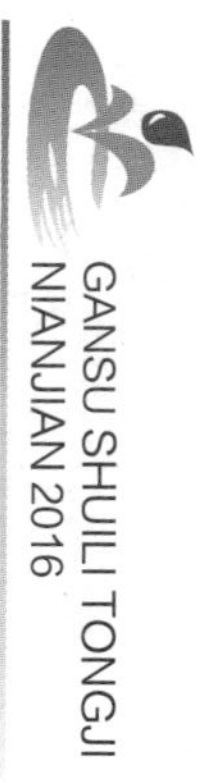

单位：万元

项目	本年计划投资	中央政府投资			地方政府投资				企业和私人投资	国内贷款		债券	其他投资
		小计	其中：预算内拨款	中央财政水利专项资金	小计	其中：省级政府投资	地市级政府投资	县级政府投资		小计	其中：国家专项建设基金		
肃州区	17539	9694	1566	8128	4506	3500		1006	397				2942
肃州区丰乐河堤防及河道治理工程	642	642		642									
肃州区清水河堤防及河道治理工程	286	286		286									
肃州区红山河青稞地排沙闸	985	788	788		197			197					
肃州区马营河渠首闸	973	778	778		195			195					
肃州区红山河马鬃门排砂闸除险加固工程													
肃州区高效节水灌溉 2016	10554	5000		5000	2972	2500		472					2582
肃州区农田水利设施维修养护 2016	202	200		200	2			2					
肃州区小型农田水利建设（五）													
肃州区小型农田水利重点县 2016	3897	2000		2000	1140	1000		140	397				360
肃州区高效节水灌溉项目（六）													
肃州区规模化节水增效示范（2013-2016）													
金塔县	5649	4149		4149	1500	1500							
黑河酒泉市金塔县五爱至友好段河道治理工程													
黑河金塔县常丰至中丰村段防洪治理工程													
金塔县小型农田水利重点县 2016	1500	1000		1000	500	500							
金塔县农田水利设施维修养护 2016	1000	1000		1000									
金塔县 2015 新增农田水利设施建设 2016	1500	1000		1000	500	500							
金塔县高效节水灌溉 2016	1500	1000		1000	500	500							
金塔县解放村水电站增效扩容改造	149	149		149									
瓜州县	3353	1744	44	1700	1567	1297		270		42			
瓜州县榆林河蘑菇台子段河道治理	500				500	500							
瓜州县农田水利设施维修养护 2016	200	200		200									

2-7 续表

单位：万元

项　目	本年计划投资	中央政府投资			地方政府投资				企业和私人投资	国内贷款		债券	其他投资
		小计	其中：预算内拨款	中央财政水利专项资金	小计	其中：省级政府投资	地市级政府投资	县级政府投资		小计	其中：国家专项建设基金		
瓜州县高效节水灌溉 2016	2520	1500		1500	1020	750		270					
瓜州县小型农田水利建设（五）													
瓜州县农村饮水安全巩固提升 2016	133	44	44		47	47				42			
肃北县	9051	1051		1051	6952			6952		1048	1048		
肃北县小型农田水利设施补助 2016	600	600		600									
肃北县马鬃山镇供水工程	8000				6952			6952		1048	1048		
肃北县拉排一级水电站增效扩容改造	424	424		424									
肃北县拉排一级水电站河流生态修复	27	27		27									
玉门市	10177	5390	90	5300	2817	2692		125		1456			515
玉门市小型农田水利重点县 2016	4019	2700		2700	1300	1300							19
玉门市高效节水灌溉 2016	2283	1400		1400	700	700							183
玉门市 2015 新增农田水利设施建设 2016	1813	1000		1000	500	500							313
玉门市农田水利设施维修养护 2016	200	200		200									
酒泉循环经济产业园水源（大红泉水库）	1195									1195			
玉门市农村饮水安全巩固提升 2016	668	90	90		317	192		125		261			
敦煌市	10119	6139	5120	1019	3980	1012		2968					
敦煌市党河灌区西干渠改建工程	500				500	500							
敦煌市小型农田水利 2015 维修养护资金	43				43			43					
敦煌市 2015 抗旱引调提水项目	632				632			632					
敦煌市规模化节水增效示范（2013–2016）	76				76			76					
敦煌市农田水利设施维修养护 2016	108	100		100	8			8					
敦煌县抗旱应急引调提水项目	495	344		344	151			151					

2-7 续表

单位：万元

项 目	本年计划投资	中央政府投资			地方政府投资				企业和私人投资	国内贷款		债券	其他投资
		小计	其中：预算内拨款	中央财政水利专项资金	小计	其中：省级政府投资	地市级政府投资	县级政府投资		小计	其中：国家专项建设基金		
敦煌市南湖店水电站增效扩容改造	172	172		172									
敦煌市党河水电站增效扩容改造	403	403		403									
敦煌水资源规划项目（敦煌市）2016	6400	5120	5120		1280	512		768					
敦煌水资源规划项目（党河灌区）2015	1290				1290			1290					
庆阳市	141958	31251	10466	20785	39857	21823	8943	9091	3398	65525			1926
庆阳市直	42900				1000	1000				41900			
庆阳市莲花寺水库及供水工程	9200									9200			
庆阳市巴家咀水库新增调蓄工程（五台山水库）	5900									5900			
庆阳市小盘河水库及供水工程	26800									26800			
盐环定扬黄续建工程调概算	1000				1000	1000							
西峰区	6568	3039	50	2989	3444	73	2265	1106		85			
西峰区砚瓦川贺家塬沟护岸工程	240	240		240									
西峰区农村饮水安全巩固提升 2016	208	50	50		73	73				85			
西峰区 2016 年市级财政安排农村饮水项目	636				636		486	150					
西峰区病险淤地坝除险加固工程 2016	180	144		144	36			36					
庆阳市新城南区湖库水系连通工程	3525	2605		2605	920			920					
西峰区小盘河水库征地拆迁补偿安置工作	1779				1779		1779						
庆城县	8623	2900	640	2260	3650	2450	675	525		2071			2
庆城县 2016 年蔡家庙沟护岸工程	140				140	140							
庆城县“五小水利”工程 2016	2459	1500		1500	959	750		209					
庆城县纸坊沟水库（抗旱规划内）													
庆城县农村饮水安全巩固提升 2016	4189	640	640		1478	1478				2071			
庆城县 2016 年市级财政安排农村饮水项目	868				868		675	193					

2-7 续表

单位：万元

项目	本年计划投资	中央政府投资			地方政府投资				企业和私人投资	国内贷款		债券	其他投资
		小计	其中：预算内拨款	中央财政水利专项资金	小计	其中：省级政府投资	地市级政府投资	县级政府投资		小计	其中：国家专项建设基金		
庆城县抗旱应急引调提水项目	460	383		383	77			77					
庆城县国家农业综合开发水土保持项目 2016	392	285		285	105	82		23					2
庆城县病险淤地坝除险加固工程 2016	115	92		92	23			23					
环　县	43476	10341	7268	3073	16619	11637	3481	1501		16266			250
环县马莲河韩洼子至陈沟桥段防洪	2072	1243	1243		829			829					
环县“五小水利”工程 2016	756	500		500	256	250		6					
环县米岔沟水库（抗旱规划）	1549	1036		1036	513			513					
环县农村饮水安全巩固提升 2016	32678	5025	5025		11387	11387				16266			
环县 2016 年市级财政安排农村饮水项目	3481				3481		3481						
环县抗旱应急引调提水项目	1350	1265		1265	85			85					
环县病险淤地坝除险加固工程 2016	340	272		272	68			68					
环县坡耕地水土流失治理 2016	1250	1000	1000										250
华池县	10779	2977	585	2392	5224	1707	765	2752		2330			248
华池县葫芦河引水枢纽上游护岸工程	435									435			
华池县“五小水利”工程 2016	764	500		500	250	250							14
华池县农村饮水安全巩固提升 2016	3832	585	585		1352	1352				1895			
华池县 2016 年市级财政安排农村饮水项目	1583				1505		765	740					78
华池县抗旱应急引调提水项目	1674	1527		1527									147
华池县刘坪村美丽村庄河道治理及供水工程	1000				1000			1000					
华池县城区污水分户收集工程	386				386			386					
华池县县城污水支管道工程	606				606			606					
华池县国家农业综合开发水土保持项目 2016	399	285		285	105	105							9
华池县病险淤地坝除险加固工程 2016	100	80		80	20			20					

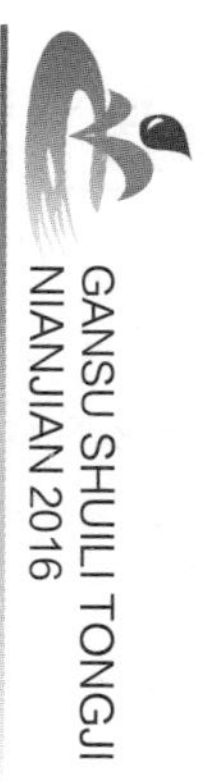

2-7 续表

单位：万元

项　目	本年计划投资	中央政府投资			地方政府投资				企业和私人投资	国内贷款		债券	其他投资
		小计	其中：预算内拨款	中央财政水利专项资金	小计	其中：省级政府投资	地市级政府投资	县级政府投资		小计	其中：国家专项建设基金		
合水县	4922	1016	286	730	2744	660		2084		926			236
合水县葫芦河、苗村河太白段河道整治工程	1078				1078			1078					
合水县农田水利设施维修养护 2016	121	100		100	21			21					
合水县 2016 年市级财政安排农村饮水项目	559				559			559					
合水县农村饮水安全巩固提升 2016	2279	286	286		1067	660		407		926			
合水县国家水土保持重点建设工程 2016 年	786	550		550									236
合水县病险淤地坝除险加固工程 2016	100	80		80	20			20					
正宁县	7346	4610	213	4397	1740	991	405	344		689			307
正宁县四郎河房河治理工程	839	839		839									
正宁县四郎河樊湾子治理工程	920	920		920									
正宁县五小水利工程 2016	1579	1000		1000	579	500		79					
正宁县小型农田水利设施补助 2016	1191	1000		1000	191			191					
正宁县农村饮水安全巩固提升 2016	1464	213	213		491	491				689			71
正宁县 2016 年市级财政安排农村饮水项目	457				457		405	52					
正宁县国家水土保持重点建设工程 2016 年	786	550		550									236
正宁县病险淤地坝除险加固工程 2016	110	88		88	22			22					
宁　县	7833	1814	180	1634	2284	1400	839	45	3398	101			236
宁县新宁镇高山堡村护岸工程													
蒲河宁县庄里至叶王川段防洪治理工程													
宁县海升公司果业基地滴灌工程	3398								3398				
宁县五小水利工程 2016	1524	1000		1000	524	500		24					
宁县农村饮水安全巩固提升 2016	1181	180	180		900	900				101			
宁县 2016 年市级财政安排农村饮水项目	839				839		839						

2-7 续表

单位：万元

项目	本年计划投资	中央政府投资			地方政府投资				企业和私人投资	国内贷款		债券	其他投资
		小计	其中：预算内拨款	中央财政水利专项资金	小计	其中：省级政府投资	地市级政府投资	县级政府投资		小计	其中：国家专项建设基金		
宁县国家水土保持重点建设工程2016年	786	550		550									236
宁县病险淤地坝除险加固工程2016	105	84		84	21			21					
镇原县	9510	4554	1244	3310	3152	1905	513	734		1157			647
镇原县洪河南川芦李护岸工程	411				411	411							
镇原县城东区排洪工程	508				141			141		367			
镇原县2015年新增农田水利设施建设2016	1558	1000		1000	558	500		58					
镇原县五小水利工程2016	605	400		400	205	200		5					
镇原县2016年市级财政安排农村饮水项目	874				874		513	361					
镇原县农村饮水安全巩固提升2016	1818	244	244		784	784				790			
镇原县抗旱应急引调提水项目	958	824		824	134			134					
镇原县国家水土保持重点建设工程2016年	1000	700		700									300
镇原县坡耕地水土流失治理2016	1250	1000	1000										250
镇原县国家水土保持重点建设2016第二批	357	250		250	10	10							97
镇原县病险淤地坝除险加固工程2016	170	136		136	34			34					
定西市	29957	10767	4025	6742	10097	9497		600		8990			103
安定区	6085	929	929		2147	2147				3009			
安定区农村饮水安全巩固提升2016	6085	929	929		2147	2147				3009			
通渭县	2731	1595	205	1390	473	473				663			
通渭县小型农田水利设施补助2016	500	500		500									
通渭县农田水利设施维修养护2016	100	100		100									
通渭县农村饮水安全巩固提升2016	1341	205	205		473	473				663			
通渭县抗旱应急引调提水项目	790	790		790									
陇西县	3508	1875	84	1791	1340	1340				272			21

2-7 续表

单位：万元

项　目	本年计划投资	中央政府投资			地方政府投资				企业和私人投资	国内贷款		债券	其他投资
		小计	其中：预算内拨款	中央财政水利专项资金	小计	其中：省级政府投资	地市级政府投资	县级政府投资		小计	其中：国家专项建设基金		
陇西县五小水利工程 2016	1521	1000		1000	500	500							21
陇西县农村饮水安全巩固提升 2016	1196	84	84		840	840				272			
陇西县抗旱应急引调提水项目	791	791		791									
渭源县	1224	263	163	100	860	860				101			
渭源县农田水利设施维修养护 2016	100	100		100									
渭源县农村饮水安全巩固提升 2016	1124	163	163		860	860				101			
临洮县	13888	4184	1744	2440	4677	4677				4945			82
临洮县五小水利工程 2016	2032	1300		1300	650	650							82
临洮县村饮水安全巩固提升 2016	10716	1744	1744		4027	4027				4945			
临洮县抗旱应急引调提水项目	1140	1140		1140									
漳县	1021	1021		1021									
漳县龙川河草川坪至魏下段堤防工程	1021	1021		1021									
岷县	1500	900	900		600			600					
洮河岷县齐家庄至石头咀段堤防工程	1500	900	900		600			600					
陇南市	51955	25349	6366	18983	14904	11673	916	2315		5789			5914
武都区	9121	3770	671	3099	2169	618		1551					3182
武都区北峪河治理工程	979	979		979									
武都区小型农田水利重点县 2016	2846	1400		1400	600	600							846
武都区农田水利设施维修养护 2016	300	300		300									
武都区农村饮水安全巩固提升 2016	4396	671	671		1551			1551					2174
武都区水土保持重点工程 2016	600	420		420	18	18							162
宕昌县	4998	2085	489	1596	1863	1863				1050			
宕昌县理川河流域治理工程	500	500		500									

2-7 续表

单位：万元

项 目	本年计划投资	中央政府投资			地方政府投资				企业和私人投资	国内贷款		债券	其他投资
		小计	其中：预算内拨款	中央财政水利专项资金	小计	其中：省级政府投资	地市级政府投资	县级政府投资		小计	其中：国家专项建设基金		
宕昌县良恭河韩院段河堤工程	296	296		296									
宕昌县 2015 年新增农田水利设施建设 2016	500	300		300	200	200							
宕昌县农田水利设施维修养护 2016	100	100		100									
宕昌县高效节水灌溉 2016	400	400		400									
宕昌县农村饮水安全巩固提升 2016	3202	489	489		1663	1663				1050			
成县	3311	1758	248	1510	589	589				802			162
成县严河堤防工程	990	990		990									
成县农田水利设施维修养护 2016	100	100		100									
成县农村饮水安全巩固提升 2016	1621	248	248		571	571				802			
成县水土保持重点工程 2016	600	420		420	18	18							162
康县	3656	1545	326	1219	1754	1754				357			
康县阳坝河阳坝镇段治理工程	519	519		519									
康县五小水利工程 2016	900	600		600	300	300							
康县农田水利设施维修养护 2016	100	100		100									
康县农村饮水安全巩固提升 2016	2137	326	326		1454	1454				357			
文县	8063	3214	355	2859	1940	1940				1148			1761
白龙江文县石坊乡东峪口至大渡坝河道	702				702	702							
文县尚德镇水家坝至周家坝河道治理	1160												1160
文县中路河中寨至白水江口段治理	1578	1578		1578									
文县小型农田水利重点县 2016	825	300		300	200	200							325
文县农田水利设施维修养护 2016	100	100		100									
文县高效节水灌溉 2016	714	400		400	200	200							114
文县农村饮水安全巩固提升 2016	2323	355	355		820	820				1148			

2-7 续表

单位：万元

项　目	本年计划投资	中央政府投资			地方政府投资				企业和私人投资	国内贷款		债券	其他投资
		小计	其中：预算内拨款	中央财政水利专项资金	小计	其中：省级政府投资	地市级政府投资	县级政府投资		小计	其中：国家专项建设基金		
文县哈南水电站增效扩容改造	46	46		46									
文县哈南水电站河流生态修复	15	15		15									
文县水土保持重点工程 2016	600	420		420	18	18							162
西和县	7226	4115	2153	1962	2307	1823		484		554			250
西和县西汉水郭家坝至昌河坝段防洪	1281	797	797		484			484					
西和县太石河治理工程	564	564		564									
西和县 2015 新增农田水利设施建设 2016	500	300		300	200	200							
西和县农田水利设施维修养护 2016	100	100		100									
西和县高效节水灌溉 2016	600	400		400	200	200							
西和县农村饮水安全巩固提升 2016	2333	356	356		1423	1423				554			
西和县抗旱应急水源工程 2016	598	598		598									
西和县坡耕地水土流失治理 2016	1250	1000	1000										250
礼县	8154	4635	1846	2789	2542	1626	916			977			
礼县西汉水罗家堡至盐官镇段防洪	2293	1377	1377		916		916						
礼县清水江张堡至教面堤防工程	1047	1047		1047									
礼县小型农田水利设施补助 2016	500	500		500									
礼县农田水利设施维修养护 2016	100	100		100									
礼县农村饮水安全巩固提升 2016	3072	469	469		1626	1626				977			
礼县抗旱应急引调提水项目	916	916		916									
礼县大滩水电站增效扩容改造工程	93	93		93									
礼县红崖二级水电站增效扩容改造工程	103	103		103									
礼县大滩水电站河流生态修复工程	14	14		14									
礼县红崖二级水电站河流生态修复工程	16	16		16									

2–7 续表

单位：万元

项目	本年计划投资	中央政府投资			地方政府投资				企业和私人投资	国内贷款		债券	其他投资
		小计	其中：预算内拨款	中央财政水利专项资金	小计	其中：省级政府投资	地市级政府投资	县级政府投资		小计	其中：国家专项建设基金		
两当县	3039	2062		2062	418	418							559
两当县红崖河蚂蚱河段综合治理工程	352	352		352									
两当县红崖河杈坪河段综合治理工程	490	490		490									
两当县高效节水灌溉 2016	773	400		400	200	200							173
两当县小型农田水利重点县 2016	724	300		300	200	200							224
两当县农田水利设施维修养护 2016	100	100		100									
两当县水土保持重点工程 2016	600	420		420	18	18							162
徽县	4388	2165	278	1887	1322	1042		280		901			
徽县永宁河高桥乡河道治理工程	1087	1087		1087									
徽县小型农田水利重点县 2016	590	300		300	290	200		90					
徽县 2015 新增农田水利设施建设 2016	789	400		400	389	200		189					
徽县农田水利设施维修养护 2016	100	100		100									
徽县农村饮水安全巩固提升 2016	1821	278	278		642	642				901			
临夏回族自治州	109579	66441	47187	19254	35749	14943	3940	16866		3341		4000	48
临夏市	9100				9100			9100					
大夏河干流临夏市单子庄至新大桥段													
大夏河干流临夏市祁牟段堤防工程													
临夏市大夏河风情线综合治理工程	9100				9100			9100					
临夏县	1130	500		500	623	200		423					7
大夏河干流临夏县祁牟至刘家峡水库防洪													
临夏县大夏河干流双城至马九川段治理													
临夏县老鸦关河双城至上阴洼段防洪工程	423				423			423					
临夏县北塬灌区农业综合开发项目													

2-7 续表

单位：万元

项目	本年计划投资	中央政府投资			地方政府投资				企业和私人投资	国内贷款		债券	其他投资
		小计	其中：预算内拨款	中央财政水利专项资金	小计	其中：省级政府投资	地市级政府投资	县级政府投资		小计	其中：国家专项建设基金		
临夏县1万～5万亩灌区改造2016	607	400		400	200	200							7
临夏县2015年抗旱引调提水项目													
康乐县	14253	11805	405	11400	1637	1636		1		811			
康乐县1万～5万亩灌区改造2016	601	400		400	201	200		1					
康乐县小型农田水利2015维修养护资金													
康乐县鸣鹿水库（抗旱规划）	11000	11000		11000									
康乐县农村饮水安全巩固提升2016	2652	405	405		1436	1436				811			
永靖县	615	400		400	210	200		10					5
永靖县湟水干流白川至二房段河堤工程													
永靖县小型农田水利2015年维修养护项目													
永靖县1万～5万亩灌区改造2016	615	400		400	210	200		10					5
永靖县2015年抗旱引调水提水工程													
永靖县刘盐八地质灾害灌区节水改造工程													
广河县	3562	2282	76	2206	1035	834		201		245			1
广河县小型农田水利设施补助2016	558	500		500	58			58					
广河县2015年中央财政小型农田水利	1												1
广河县五小水利工程2016	1512	1000		1000	512	500		12					
广河县农村饮水安全巩固提升2016	655	76	76		334	334				245			
广河县抗旱应急引调提水项目	837	706		706	131			131					
广河县2015齐家镇抗旱应急水源配套													
广河县2015三甲集镇抗旱应急水源配套													
和政县	3620	1973	191	1782	1019	942	77			619			9

2-7 续表

单位：万元

项　目	本年计划投资	中央政府投资			地方政府投资				企业和私人投资	国内贷款		债券	其他投资
		小计	其中：预算内拨款	中央财政水利专项资金	小计	其中：省级政府投资	地市级政府投资	县级政府投资		小计	其中：国家专项建设基金		
和政县五小水利工程 2016	1509	1000		1000	500	500							9
和政县农村饮水安全巩固提升 2016	1252	191	191		442	442				619			
和政县抗旱应急引调提水项目	764	687		687	77		77						
和政县闫蔡坪水电站增效扩容改造	95	95		95									
东乡族县	3195	2451		2451	718	602		116					26
大夏河东乡县折桥至刘家峡水库堤防													
东乡县巴谢河赵家至那勒寺段堤防	1151	1151		1151									
东乡县巴谢河五家至赵家段堤防	352				352	352							
东乡族县五小水利工程 2016	769	500		500	269	250		19					
东乡县中央财政五小水利项目 2015													
东乡县抗旱应急引调提水项目	869	800		800	69			69					
东乡县 2014 年抗旱引调提水项目	26												26
东乡县 2015 年抗旱引调提水项目	28				28			28					
东乡县老虎嘴电站													
积石山县	5240	1030	515	515	2544	1529		1015		1666			
积石山县中央财政五小水利 2015													
积石山引水工程	500				500	500							
积石山县农村饮水安全巩固提升 2016	3210	515	515		1029	1029				1666			
积石山县抗旱应急引调提水项目	530	515		515	15			15					
积石山县 2015 年抗旱应急水源配套工程													
积石山县县城区供水水源改扩建工程	1000				1000			1000					
临夏州直	68863	46000	46000		18863	9000	3863	6000				4000	
黄河甘肃段临夏州防洪治理工程	18000	12000	12000		6000			6000					

2-7 续表

单位：万元

项　目	本年计划投资	中央政府投资			地方政府投资				企业和私人投资	国内贷款		债券	其他投资
		小计	其中：预算内拨款	中央财政水利专项资金	小计	其中：省级政府投资	地市级政府投资	县级政府投资		小计	其中：国家专项建设基金		
临夏州引黄济临供水工程	50863	34000	34000		12863	9000	3863					4000	
甘南藏族自治州	48123	23801	19718	4083	17921	9531		8390	4247	2154			
合作市	16936	4968	4700	268	8127	8127			1687	2154			
合作市那吾乡精准扶贫暨生态小康村防洪工程	670				670	670							
洮河合作市段防洪工程													
合作市格河多合儿防洪工程	141				141	141							
合作市德吾录河卡加防洪工程	268	268		268									
甘南州引洮（博）济合供水工程	14170	4700	4700		7316	7316				2154			
合作市峡村电站	1687								1687				
临潭县	2932	578		578	2354	354		2000					
洮河干流临潭县洮滨防洪堤工程													
临潭县羊沙河下河段治理工程	578	578		578									
临潭县斜藏沟治理工程	354				354	354							
甘南州引洮入潭工程	2000				2000			2000					
卓尼县	1886	1086		1086	800	800							
卓尼县车巴河流域防洪治理项目	800				800	800							
洮河卓尼县麻路1段至牙当段													
卓尼县洮河干流城区段堤防工程													
卓尼县羊沙河恰盖防洪工程	606	606		606									
卓尼县石窖沟藏巴哇防洪工程	480	480		480									
卓尼县小型农田水利2015维修养护													
舟曲县	1517	1267		1267	250	250							
舟曲县拱坝河堤防工程	767	767		767									

2-7 续表

单位：万元

项目	本年计划投资	中央政府投资			地方政府投资				企业和私人投资	国内贷款		债券	其他投资
		小计	其中：预算内拨款	中央财政水利专项资金	小计	其中：省级政府投资	地市级政府投资	县级政府投资		小计	其中：国家专项建设基金		
舟曲县五小水利工程 2016	750	500		500	250	250							
迭部县	3270	884		884					2386				
迭部县卡坝乡尼吉巴防洪工程													
迭部县阿夏流域治理工程	384	384		384									
2016 迭部县小型农田水利设施补助资金（二）	500	500		500									
迭部县阿夏那盖水电站	2386								2386				
玛曲县	20432	14432	14432		6000			6000					
黄河甘肃段甘南州防洪治理工程	18000	12000	12000		6000			6000					
玛曲县县城引水工程	2432	2432	2432										
夏河县	1150	586	586		390			390	174				
夏河县垂子合大桥至阿一山大桥段治理													
大夏河夏河县王格尔塘至曲奥段治理工程	976	586	586		390			390					
夏河县 2015 牧区节水灌溉项目													
夏河县安顺水电站													
夏河县白土坡水电站													
夏河县甫黄二级小水电代燃料项目	174								174				
甘肃省直属	394445	172973	112488	60485	110514	107441	280	2793	36	102646	15000		8276
省农垦	2570	1400		1400	600	600			36				534
省农垦黄羊河农场小型农田水利（五）	36								36				
省农垦黄花农场高效节水灌溉项目（六）	0								0				
省农垦张掖农场小型农田水利建设（五）	85												85
省农垦小型农田水利 2015 维修养护													
省农垦饮马农场中央财政小农水 2015													

2-7 续表

单位：万元

项目	本年计划投资	中央政府投资			地方政府投资				企业和私人投资	国内贷款		债券	其他投资
		小计	其中：预算内拨款	中央财政水利专项资金	小计	其中：省级政府投资	地市级政府投资	县级政府投资		小计	其中：国家专项建设基金		
省农垦八一农场水利设施维修养护 2016	100	100		100									
省农垦山丹农场小型农田水利重点县 2016	1023	500		500	200	200							323
省农垦小型农田水利补助 2016	1326	800		800	400	400							126
省景电管理局	8652	6942	6842	100	1710	1710							
省景电一期灌区续建配套节水改造	2552	2042	2042		510	510							
石羊河流域重点治理（省景电）2013													
景泰县中央财政景电农场节水灌溉 2013													
省景电农田水利设施维修养护 2016	100	100		100									
甘肃省景电泵站更新改造	6000	4800	4800		1200	1200							
省引大管理局	3646									3646			
兰州新区供水项目引大渠道除险加固	3646									3646			
省疏勒河管理局	28826	18263	16646	1617	10563	7985	80	2498					
甘肃疏勒河灌区三道沟河道治理	867	867		867									
甘肃双塔水库除险加固	6000				6000	6000							
玉门市花海灌区农业综合开发	1050	650		650	400	320	80						
省疏管局农田水利设施维修养护 2016	100	100		100									
敦煌水资源合理与生态保护（疏勒河）2016	20809	16646	16646		4163	1665		2498					
敦煌水资源利用与生态保护（疏勒河）2015													
省引洮管理局													
甘肃省引洮供水一期工程													
省水保局	35741	26351	9000	17351	1647	1352		295					7743
泾川县国家农业综合开发水土保持项目 2016	394	285		285	105	82		23					4
漳县国家农业综合开发水土保持项目 2016	397	285		285	105	105							7

2-7 续表

单位：万元

项目	本年计划投资	中央政府投资			地方政府投资				企业和私人投资	国内贷款		债券	其他投资
		小计	其中：预算内拨款	中央财政水利专项资金	小计	其中：省级政府投资	地市级政府投资	县级政府投资		小计	其中：国家专项建设基金		
临潭县水土保持重点工程 2016	600	420		420	18	18							162
甘谷县国家农业综合开发水土保持项目 2016	397	285		285	105	105							7
武山县国家农业综合开发水土保持项目 2016	397	285		285	105	105							7
秦安县国家农业综合开发水土保持项目 2016	396	285		285	105	105							6
灵台县国家农业综合开发水土保持项目 2016	395	285		285	105	82		23					5
庄浪县国家水土保持重点建设工程 2016 年	786	550		550									236
张家川县国家农业综合开发水土保持项目 2016	397	285		285	105	105							7
礼县坡耕地水土流失治理 2016	1250	1000	1000										250
广河县坡耕地水土流失治理 2016	1250	1000	1000										250
甘肃省国家水土保持重点工程（2015）													
甘肃省农业综合开发水土保持项目（2015）													
甘肃省坡耕地水土流失重点治理 2015（黄河）													
渭源县国家农业综合开发水土保持项目 2016	395	285		285	105	105							5
陇西县国家水土保持重点建设工程 2016 年	1286	900		900									386
甘肃省坡耕地水土流失重点治理 2015（长江）													
甘肃省水土流失重点治理工程 2015（黄河）													
甘肃省水土流失重点治理工程 2015（长江）													
甘肃省水土流失重点治理工程 2015（内陆）													
东乡县坡耕地水土流失治理 2016	1250	1000	1000										250
景泰县水土保持重点工程 2016	600	420		420	18	18							162
岷县水土保持重点工程 2016	607	425		425	18	18							164
康乐县国家农业综合开发水土保持项目 2016	399	285		285	105	105							9

2-7 续表

单位：万元

项　目	本年计划投资	中央政府投资			地方政府投资				企业和私人投资	国内贷款		债券	其他投资
		小计	其中：预算内拨款	中央财政水利专项资金	小计	其中：省级政府投资	地市级政府投资	县级政府投资		小计	其中：国家专项建设基金		
临洮县坡耕地水土流失治理 2016	1250	1000	1000										250
会宁县国家水土保持重点建设工程 2016 年	1286	900		900									386
通渭县国家水土保持重点建设工程 2016 年	1286	900		900									386
永靖县国家水土保持重点建设工程 2016 年	796	557		557									239
陇西县国家水土保持重点建设 2016 第二批	286	200		200	8	8							78
临洮县国家水土保持重点建设 2016 第二批	419	293		293	12	12							114
积石山县国家水土保持重点建设工程 2016 年	929	650		650									279
临夏市水土保持重点工程 2016	571	400		400	17	17							154
东乡县国家水土保持重点建设 2016 第二批	357	250		250	10	10							97
麦积区水土保持重点工程 2016	600	420		420	18	18							162
临夏县坡耕地水土流失治理 2016	1250	1000	1000										250
陇西县坡耕地水土流失治理 2016	1250	1000	1000										250
秦州区坡耕地水土流失治理 2016	1250	1000	1000										250
安定区坡耕地水土流失治理 2016	1250	1000	1000										250
通渭县坡耕地水土流失治理 2016	1250	1000	1000										250
靖远县水土保持重点工程 2016	600	420		420	18	18							162
康县水土保持重点工程 2016	600	420		420	18	18							162
卓尼县水土保持重点工程 2016	600	420		420	18	18							162
迭部县水土保持重点工程 2016	600	420		420	18	18							162
清水县国家农业综合开发水土保持项目 2016 年	404	290		290	107	107							7
和政县国家农业综合开发水土保持项目 2016	396	285		285	105	105							6
临洮县国家水土保持重点建设工程 2016 年	1286	900		900									386

2-7 续表

单位：万元

项目	本年计划投资	中央政府投资			地方政府投资				企业和私人投资	国内贷款		债券	其他投资
		小计	其中：预算内拨款	中央财政水利专项资金	小计	其中：省级政府投资	地市级政府投资	县级政府投资		小计	其中：国家专项建设基金		
安定区国家水土保持重点建设工程 2016 年	1286	900		900									386
东乡县国家水土保持重点建设工程 2016 年	786	550		550									236
临夏县国家水土保持重点建设工程 2016 年	929	650		650									279
会宁县国家水土保持重点建设 2016 第二批	357	250		250	10	10							97
安定区国家水土保持重点建设 2016 第二批	286	200		200	8	8							78
通渭县国家水土保持重点建设 2016 第二批	429	300		300	12	12							117
永靖县国家水土保持重点建设 2016 第二批	357	250		250	10	10							97
临夏县国家水土保持重点建设 2016 第二批	357	250		250	10	10							97
陇西县病险淤地坝除险加固工程 2016	120	96		96	24			24					
通渭县病险淤地坝除险加固工程 2016	140	112		112	28			28					
漳县病险淤地坝除险加固工程 2016	115	92		92	23			23					
安定区病险淤地坝除险加固工程 2016	440	352		352	88			88					
渭源县病险淤地坝除险加固工程 2016	100	80		80	20			20					
榆中县病险淤地坝除险加固工程 2016	115	92		92	23			23					
秦州区病险淤地坝除险加固工程 2016	105	84		84	21			21					
临洮县病险淤地坝除险加固工程 2016	110	88		88	22			22					
省直属其他	313411	119017	80000	39017	95394	95394				99000	15000		
甘肃省山洪灾害防治 2016（内陆）	2315	1595		1595	720	720							
甘肃省山洪灾害防治 2016（长江）	663	660		660	3	3							
甘肃省山洪灾害防治 2016（黄河）	7190	5390		5390	1800	1800							
兰州新区 2 号 3 号石门沟水库	15500				5000	5000				10500	6500		
甘肃引洮供水二期工程	130000	80000	80000		50000	50000							
天水市城区引洮供水工程	31000				6000	6000				25000			

2-7 续表

单位：万元

项　目	本年计划投资	中央政府投资			地方政府投资				企业和私人投资	国内贷款		债券	其他投资
		小计	其中：预算内拨款	中央财政水利专项资金	小计	其中：省级政府投资	地市级政府投资	县级政府投资		小计	其中：国家专项建设基金		
靖远寺儿坪供水项目	728				728	728							
武威市城乡融合黄羊土门组团供水（陆港）	60500				2000	2000				58500	8500		
天水市城区供水高桥头引水枢纽工程	400				400	400							
临洮县污水处理厂配套管网工程													
民勤红沙岗污水处理厂及中水回用贮水池	5000									5000			
山丹县城区生活污水处理工程													
甘肃水资源监控能力建设二期 2016	373	373		373									
甘肃省大中型水库移民后期扶持（长江）	4328	2749		2749	1579	1579							
甘肃省大中型水库移民后期扶持（黄河）	47136	23860		23860	23276	23276							
甘肃省大中型水库移民后期扶持（内陆）	8278	4390		4390	3888	3888							
兰州新区农林水务局	1600	1000		1000	600	400	200						
兰州新区高效节水灌溉 2016	1600	1000		1000	600	400	200						
省水文局													
甘肃省中小河流水文监测系统建设项目													

2-8 2016 年水利建设项目到位资金

单位：万元

项目	本年到位资金	中央政府投资			地方政府投资				企业和私人投资	国内贷款		债券	其他投资
		小计	预算内拨款	中央财政水利专项资金	小计	省级政府投资	地市级政府投资	县级政府投资		小计	其中：国家专项建设基金		
甘肃省	1397359	656576	391161	265415	348327	210583	93233	44511	8795	338348	61211	12000	33313
防洪项目	256746	165228	131997	33231	22029	12988	2224	6817		64014			5475
堤防工程	33333				5644	3151		2493		24843			2846
会宁县焦家河焦河村防洪工程	500				500	500							
会宁县苦水河河畔羊肉市场段综合治理工程	408									408			
天水市藉河生态综合治理一期续建工程	24000									24000			
秦州区天水镇易地搬迁堤防工程	1415				1415			1415					
天祝县大通河防洪工程	3446				600	600							2846
瓜州县榆林河蘑菇台子段河道治理	500				500	500							
庆城县 2016 年蔡家庙沟护岸工程	140				140	140							
华池县葫芦河引水枢纽上游护岸工程	435									435			
合水县葫芦河、苗村河太白段河道整治工程	1078				1078			1078					
宁县新宁镇高山堡村护岸工程													
镇原县洪河南川芦李护岸工程	411				411	411							
合作市那吾乡精准扶贫暨生态小康村防洪工程	200				200	200							
卓尼县车巴河流域防洪治理项目	800				800	800							
迭部县卡坝乡尼吉巴防洪工程													
大江大湖治理	148400	120000	120000		400			400		28000			
黄河甘肃段兰州市防洪治理工程	84000	56000	56000							28000			
黄河干流白银市防洪治理工程	40000	40000	40000										
黄河甘肃段临夏州防洪治理工程	12400	12000	12000		400			400					
黄河甘肃段甘南州防洪治理工程	12000	12000	12000										
重要支流治理	16482	9360	9360		4853	702	2224	1927					2269

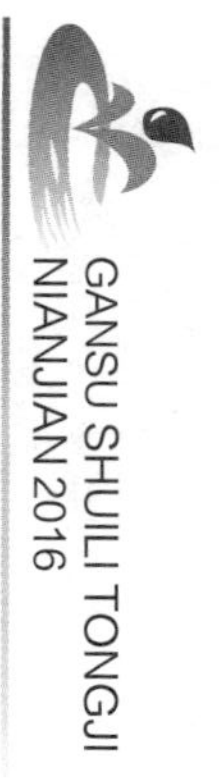

2-8 续表

单位：万元

项　目	本年到位资金	中央政府投资			地方政府投资				企业和私人投资	国内贷款		债券	其他投资
		小计	预算内拨款	中央财政水利专项资金	小计	省级政府投资	地市级政府投资	县级政府投资		小计	其中：国家专项建设基金		
湟水兰州市红古段防洪治理工程	6000	3600	3600		2400		1308	1092					
武山县车家川至山丹河口段治理													
石羊河凉州区松涛寺至红水河入河口防洪													
平凉市泾河吴老沟至平镇桥河堤治理	857	857	857										
泾河崆峒区马莲沟至南阳涧河段防洪工程													
泾河泾川县罗汉洞至洪河口段河堤治理													
葫芦河静宁县狗娃河口至胡家河段河堤治理过程													
黑河金塔县常丰至中丰村段防洪治理工程													
黑河酒泉市金塔县五爱至友好段河道治理工程													
环县马莲河韩洼子至陈沟桥段防洪	2072	1243	1243		829			829					
蒲河宁县庄里至叶王川段防洪治理工程													
洮河岷县齐家庄至石头咀段堤防工程	900	900	900										
白龙江文县石坊乡东峪口至大渡坝河道	702				702	702							
文县尚德镇水家坝至周家坝河道治理	1160												1160
西和县西汉水郭家坝至昌河坝段防洪	797	797	797										
礼县西汉水罗家堡至盐官镇段防洪	2293	1377	1377		916		916						
大夏河干流临夏市祁牟段堤防工程	6				6			6					
大夏河干流临夏市单子庄至新大桥段	1109												1109
临夏县大夏河干流双城至马九川段治理													
大夏河干流临夏县祁牟至刘家峡水库防洪													
永靖县湟水干流白川至二房段河堤工程													
大夏河东乡县折桥至刘家峡水库堤防													
洮河合作市段防洪工程													
洮河干流临潭县洮滨防洪堤工程													

2-8 续表

单位：万元

项目	本年到位资金	中央政府投资			地方政府投资				企业和私人投资	国内贷款		债券	其他投资
		小计	预算内拨款	中央财政水利专项资金	小计	省级政府投资	地市级政府投资	县级政府投资		小计	其中：国家专项建设基金		
洮河卓尼县麻路1段至牙当段													
卓尼县洮河干流城区段堤防工程													
夏河县垂子合大桥至阿一山大桥段治理													
大夏河夏河县王格尔塘至曲奥段治理工程	586	586	586										
中小河流治理	39880	25586		25586	3130	1512		1618		10804			360
皋兰县蔡家河东湾沟上游段——文山段堤防	1086	1086		1086									
白银区东大沟民勤村至城区段治理	691	691		691									
会宁县祖厉河城区段综合治理二期工程（续建）	10804									10804			
清水县后川河杜川至王店段堤防工程	325				325	325							
秦安县南小河王尹马河至凤山堤防	273	273		273									
甘谷县清溪河礼辛乡寨子至慰坪堤防工程													
肃南县隆畅河治理工程补充项目	745	500		500	245			245					
临泽县小东沟河新柳－西街农田防护	998	638		638									360
山丹县马营河大马营段河道治理工程	911	911		911									
泾川县黑河荒场至西家沟河堤治理工程	384	384		384									
泾川县汭河十里沟至枣林段河堤治理工程	570	570		570									
泾川县洪河河堤治理工程	280	280		280									
灵台县达溪河县城至安家庄段河堤治理	1175	1175		1175									
灵台县达溪河县城至百里段河堤治理	340				340	340							
灵台县黑河东门至景家庄段河堤治理	446	446		446									
崇信县黑河河堤治理工程	561	561		561									
崇信县汭河（九功渠首至野雀沟）河堤治理	578	578		578									
庄浪县韩店镇王崖段河堤治理工程	460				460			460					
庄浪县红土坡至刘家湾段河堤工程	490				490			490					

2-8 续表

单位：万元

项目	本年到位资金	中央政府投资			地方政府投资				企业和私人投资	国内贷款		债券	其他投资
		小计	预算内拨款	中央财政水利专项资金	小计	省级政府投资	地市级政府投资	县级政府投资		小计	其中：国家专项建设基金		
庄浪县北洛河良邑郭魏至石家窑防洪	542	542		542									
肃州区丰乐河堤防及河道治理工程	642	642		642									
肃州区清水河堤防及河道治理工程	286	286		286									
西峰区砚瓦川贺家塬沟护岸工程	240	240		240									
正宁县四郎河樊湾子治理工程	920	920		920									
正宁县四郎河房河治理工程	839	839		839									
漳县龙川河草川坪至魏下段堤防工程	1021	1021		1021									
武都区北峪河治理工程	979	979		979									
宕昌县理川河流域治理工程													
宕昌县良恭河韩院段河堤工程	296	296		296									
成县严河堤防工程	990	990		990									
康县阳坝河阳坝镇段治理工程	519	519		519									
文县中路河中寨至白水江口段治理	1578	1578		1578									
西和县太石河治理工程	564	564		564									
礼县清水江张堡至教面堤防工程	1047	1047		1047									
两当县红崖河蚂蚱河段综合治理工程	352	352		352									
两当县红崖河杈坪河段综合治理工程	490	490		490									
徽县永宁河高桥乡河道治理工程	1087	1087		1087									
临夏县老鸦关河双城至上阴洼段防洪工程	423				423			423					
东乡县巴谢河五家至赵家段堤防	352				352	352							
东乡县巴谢河赵家至那勒寺段堤防	1151	1151		1151									
合作市格河多合儿防洪工程	141				141	141							
合作市德吾录河卡加防洪工程	268	268		268									
临潭县斜藏沟治理工程	354				354	354							

2-8 续表

单位：万元

项目	本年到位资金	中央政府投资			地方政府投资				企业和私人投资	国内贷款		债券	其他投资
		小计	预算内拨款	中央财政水利专项资金	小计	省级政府投资	地市级政府投资	县级政府投资		小计	其中：国家专项建设基金		
临潭县羊沙河下河段治理工程	578	578		578									
卓尼县石窖沟藏巴哇防洪工程	480	480		480									
卓尼县羊沙河恰盖防洪工程	606	606		606									
舟曲县拱坝河堤防工程	767	767		767									
迭部县阿夏流域治理工程	384	384		384									
甘肃疏勒河灌区三道沟河道治理	867	867		867									
城市防洪工程	508				141			141		367			
镇原县城东区排洪工程	508				141			141		367			
大中型病险水库除险加固	5100				5100	5100							
高台县小海子水库除险加固	600				600	600							
甘肃双塔水库除险加固	4500				4500	4500							
大中型病险水闸除险加固	2875	2637	2637		238			238					
永昌县金川河工农渠首泄洪闸	1286	1071	1071		215			215					
肃州区红山河青稞地排沙闸	788	788	788										
肃州区马营河渠首闸	778	778	778										
肃州区红山河马鬃门排砂闸除险加固工程	23				23			23					
山洪灾害防治工程	10168	7645		7645	2523	2523							
甘肃省山洪灾害防治 2016（长江）	663	660		660	3	3							
甘肃省山洪灾害防治 2016（内陆）	2315	1595		1595	720	720							
甘肃省山洪灾害防治 2016（黄河）	7190	5390		5390	1800	1800							
灌溉除涝项目	397584	208818	63032	145786	91002	73894	7086	10022	4198	78203	6500	2500	12863
灌区建设工程	51771	33032	33032		6962	3000		3962		10709			1068
西河灌区续建配套节水改造	9848	8293	8293		1555			1555					
兴电灌区齐家大岘隧洞除险加固工程	1000				1000	1000							

2-8 续表

单位：万元

项目	本年到位资金	中央政府投资			地方政府投资				企业和私人投资	国内贷款		债券	其他投资
		小计	预算内拨款	中央财政水利专项资金	小计	省级政府投资	地市级政府投资	县级政府投资		小计	其中：国家专项建设基金		
白银市兴电灌区渠道维修工程	1000				1000	1000							
凉州区杂木河灌区续建配套节水改造	4114	3291	3291		823			823					
古浪县黄花滩项目	10709									10709			
甘州区西浚灌区续建配套节水改造	3061	3061	3061										
甘州区大满灌区续建配套节水改造	5739	5739	5739										
临泽县梨园河灌区续建配套节水改造	7918	6334	6334		1584			1584					
山丹县马营河灌区续建配套节水改造	5340	4272	4272										1068
敦煌市党河灌区西干渠改建工程	500				500	500							
省景电一期灌区续建配套节水改造	2542	2042	2042		500	500							
节水灌溉工程	12734	2950		2950	6386	1740	4646		3398				
皋兰县西岔中型灌区农业综合开发 2015	680	600		600	80		80						
白银区工农渠灌区农业综合开发													
平川区旱坪川灌区农业综合开发	330	250		250	80	80							
靖远县靖乐渠灌区农业综合开发	330	250		250	80	80							
秦州区易地搬迁项目高效节水灌溉工程	3486				3486		3486						
高台县罗城灌区农业综合开发	330	250		250	80	80							
庄浪县水洛河灌区节水配套改造项目	350	350		350									
静宁县东峡灌区农业综合开发	840	600		600	240	240							
宁县海升公司果业基地滴灌工程	3398								3398				
临夏县北塬灌区农业综合开发项目													
夏河县 2015 牧区节水灌溉项目													
石羊河流域重点治理（省景电）2013	1940				1940	940	1000						
玉门市花海灌区农业综合开发	1050	650		650	400	320	80						
小型农田水利建设	182579	119500		119500	52233	48095	430	3708	800				10046

2-8 续表

单位：万元

项　目	本年到位资金	中央政府投资			地方政府投资				企业和私人投资	国内贷款		债券	其他投资
		小计	预算内拨款	中央财政水利专项资金	小计	省级政府投资	地市级政府投资	县级政府投资		小计	其中：国家专项建设基金		
兰州市农田水利设施维修养护 2016	500	500		500									
西固区高效节水灌溉项目 2016	920	500		500	420	250	70	100					
永登农田水利设施维修养护 2016	100	100		100									
永登县高效节水灌溉 2016	832	400		400	270	270							162
皋兰县农田水利设施维修养护 2016	100	100		100									
皋兰县高效节水灌溉 2016	660	400		400	260	200	60						
榆中县农田水利设施维修养 2016	1000	1000		1000									
嘉峪关市中央财政高效节水项目 2015（五）													
嘉峪关市 2016 年小型农田水利设施春修工程	100				100		100						
嘉峪关市高效节水灌溉项目 2015（六）													
金川区 2015 新增农田水利设施建设 2016	1709	1000		1000	659	500		159					50
金川区小型农田水利重点县 2016	2832	1700		1700	1080	800		280	52				
永昌县农田水利设施维修养护 2016	1004	1000		1000	4			4					
永昌县小型农田水利重点县 2016	1654	1000		1000	560	500		60					94
永昌县 2015 新增农田水利设施建设 2016	1753	1000		1000	500	500							253
永昌县高效节水灌溉 2016	2418				2000	2000							418
白银市农田水利设施维修养护 2016	500	500		500									
白银区农田水利设施维修养护 2016	600	600		600									
白银区五小水利工程 2016	1500	1000		1000	500	500							
平川区五小水利工程 2016	1500	1000		1000	500	500							
靖远县高效节水灌溉 2016	3900	2600		2600	1300	1300							
靖远县小型农田水利设施补助 2016	1000	1000		1000									
靖远县农田水利设施维修养护 2016	1000	1000		1000									
会宁县高效节水灌溉 2016	2250	1500		1500	750	750							

2-8 续表

单位：万元

项　目	本年到位资金	中央政府投资			地方政府投资				企业和私人投资	国内贷款		债券	其他投资
		小计	预算内拨款	中央财政水利专项资金	小计	省级政府投资	地市级政府投资	县级政府投资		小计	其中：国家专项建设基金		
会宁县农田水利设施维修养护 2016	100	100		100									
景泰县高效节水灌溉 2016	2400	1600		1600	800	800							
景泰县农田水利设施维修养护 2016	100	100		100									
景泰县小型农田水利设施补助 2016	500	500		500									
秦州区五小水利工程 2016	1500	1000		1000	500	500							
麦积区高效节水灌溉 2016	1962	1300		1300	662	650		12					
麦积区小型农田水利设施补助 2016	1074	800		800	274			274					
清水县小型农田水利设施补助 2016	1000	1000		1000									
秦安县五小水利工程 2016	1500	1000		1000	500	500							
甘谷县五小水利工程 2016	1500	1000		1000	500	500							
甘谷县农田水利设施维修养护 2016	100	100		100									
武山县五小水利工程 2016	1500	1000		1000	500	500							
武山县小型农田水利设施补助 2016	500	500		500									
张家川县农田水利设施维修养护 2016	100	100		100									
武威市 2016 年农田水利设施维修养护资金	100	100		100									
凉州区高效节水灌溉 2016	9000	6000		6000	3000	3000							
凉州区小型农田水利重点县 2016	3000	2000		2000	1000	1000							
凉州区农田水利设施维修养护 2016	600	600		600									
民勤县 2015 新增农田水利设施建设 2016	1500	1000		1000	500	500							
民勤县高效节水灌溉 2016	1500	1000		1000	500	500							
民勤县小型农田水利设施建设补助 2016	1000	1000		1000									
民勤县小型农田水利重点县 2016	1500	1000		1000	500	500							
民勤县农田水利设施维修养护 2016	600	600		600									
古浪县小型农田水利重点县 2016	1500	1000		1000	500	500							

2–8 续表

单位：万元

项目	本年到位资金	中央政府投资			地方政府投资				企业和私人投资	国内贷款		债券	其他投资
		小计	预算内拨款	中央财政水利专项资金	小计	省级政府投资	地市级政府投资	县级政府投资		小计	其中：国家专项建设基金		
古浪县 2015 新增农田水利设施建设 2016	1500	1000		1000	500	500							
古浪县高效节水灌溉 2016	1500	1000		1000	500	500							
2016 古浪县小型农田水利设施补助资金（二）	1000	1000		1000									
古浪县农田水利设施维修养护 2016	200	200		200									
天祝县 2016 年农田水利设施维修养护资金	100	100		100									
天祝县小型农田水利重点县 2016	1080	700		700	300	300							80
天祝县高效节水灌溉 2016	2653	1700		1700	850	850							103
天祝县小型农田水利设施补助 2016	1046	1000		1000									46
张掖市年农田水利设施维修养护 2016	100	100		100									
甘州区小型农田水利重点县 2016	1695	1000		1000	500	500							195
甘州区高效节水灌溉 2016	1862	1400		1400									462
甘州区农田水利设施维修养护 2016	1000	1000		1000									
肃南县农田水利设施维修养护 2016	318				318	275		43					
肃南县高效节水灌溉 2016	1777	1000		1000	510	500		10					267
民乐县小型农田水利重点县 2016	1826	1000		1000	500	500							326
民乐县 2015 年新增农田水利设施建设 2016	1030	600		600	300	300							130
民乐县农田水利设施维修养护 2016	600	600		600									
临泽县农田水利设施维修养护 2016	100	100		100									
高台县高效节水灌溉 2016	1725	1000		1000	500	500							225
高台 2015 年新增农田水利设施建设 2016	1754	1000		1000	500	500							254
高台县小型农田水利重点县 2016 年	1967	1000		1000	500	500							467
高台县小型农田水利设施补助 2016	1070	1000		1000									70
高台县农田水利设施维修养护 2016	781	600		600									181
山丹县农田水利设施维修养护 2016	100	100		100									

2-8 续表

单位：万元

项目	本年到位资金	中央政府投资			地方政府投资				企业和私人投资	国内贷款		债券	其他投资
		小计	预算内拨款	中央财政水利专项资金	小计	省级政府投资	地市级政府投资	县级政府投资		小计	其中：国家专项建设基金		
山丹县小型农田水利设施补助 2016	1000	1000		1000									
山丹县 2015 年新增农田水利设施建设 2016	1894	1000		1000	689	500		189					205
山丹县高效节水灌溉 2016	1939	1200		1200	608	600		8					131
山丹县小型农田水利重点县 2016	2722	1700		1700	925	900		25					97
山丹马场小型农田水利重点县 2016	1255	800		800	400	400			55				
山丹马场高效节水灌溉 2016	960	400		400	300	300			260				
平凉市农田水利设施维修养护 2016	100	100		100									
崆峒区五小水利工程 2016	1500	1000		1000	500	500							
泾川县五小水利工程 2016	1500	1000		1000	500	500							
泾川县农田水利设施维修养护 2016	100	100		100									
灵台县中央财政小型农田水利工程 2015													
灵台县五小水利工程 2016	1500	1000		1000	500	500							
灵台县中央财政小农水重点县 2014（四）	400				400			400					
崇信县五小水利工程 2016	1500	1000		1000	500	500							
华亭县五小水利工程 2016	1500	1000		1000	500	500							
华亭县 2015 年新增农田水利设施建设 2016	1500	1000		1000	500	500							
庄浪县小型农田水利设施补助 2016	800	800		800									
庄浪县五小水利工程 2016	1500	1000		1000	500	500							
静宁县五小水利工程 2016	1500	1000		1000	500	500							
肃州区高效节水灌溉 2016	10554	5000		5000	2972	2500		472					2582
肃州区小型农田水利建设（五）	33				33			33					
肃州区农田水利设施维修养护 2016	202	200		200	2			2					
肃州区小型农田水利重点县 2016	3897	2000		2000	1140	1000		140	397				360
肃州区规模化节水增效示范（2013–2016）	114				114			114					

2-8 续表

单位：万元

项　目	本年到位资金	中央政府投资			地方政府投资				企业和私人投资	国内贷款		债券	其他投资
		小计	预算内拨款	中央财政水利专项资金	小计	省级政府投资	地市级政府投资	县级政府投资		小计	其中：国家专项建设基金		
肃州区高效节水灌溉项目（六）	28				28			28					
金塔县小型农田水利重点县 2016	1500	1000		1000	500	500							
金塔县农田水利设施维修养护 2016	1000	1000		1000									
金塔县 2015 新增农田水利设施建设 2016	1500	1000		1000	500	500							
金塔县高效节水灌溉 2016	1500	1000		1000	500	500							
瓜州县农田水利设施维修养护 2016	200	200		200									
瓜州县小型农田水利建设（五）	143				143			143					
瓜州县高效节水灌溉 2016	2520	1500		1500	1020	750		270					
肃北县小型农田水利设施补助 2016	600	600		600									
玉门市 2015 新增农田水利设施建设 2016	1769	1000		1000	500	500							269
玉门市高效节水灌溉 2016	2172	1400		1400	700	700							72
玉门市小型农田水利重点县 2016	4019	2700		2700	1300	1300							19
玉门市农田水利设施维修养护 2016	200	200		200									
敦煌市农田水利设施维修养护 2016	100	100		100									
敦煌市 2015 抗旱引调提水项目													
敦煌市小型农田水利 2015 维修养护资金													
敦煌市规模化节水增效示范（2013–2016）													
庆城县“五小水利”工程 2016	2459	1500		1500	959	750		209					
环县“五小水利”工程 2016	756	500		500	256	250		6					
华池县“五小水利”工程 2016	764	500		500	250	250							14
合水县农田水利设施维修养护 2016	121	100		100	21			21					
正宁县小型农田水利设施补助 2016	1191	1000		1000	191			191					
正宁县五小水利工程 2016	1579	1000		1000	579	500		79					
宁县五小水利工程 2016	1524	1000		1000	524	500		24					

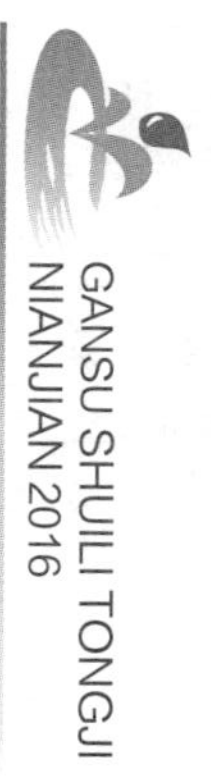

2–8 续表

单位：万元

项　目	本年到位资金	中央政府投资			地方政府投资				企业和私人投资	国内贷款		债券	其他投资
		小计	预算内拨款	中央财政水利专项资金	小计	省级政府投资	地市级政府投资	县级政府投资		小计	其中：国家专项建设基金		
镇原县五小水利工程 2016	605	400		400	205	200		5					
镇原县 2015 年新增农田水利设施建设 2016	1558	1000		1000	558	500		58					
通渭县农田水利设施维修养护 2016	100	100		100									
通渭县小型农田水利设施补助 2016	500	500		500									
陇西县五小水利工程 2016	1521	1000		1000	500	500							21
渭源县农田水利设施维修养护 2016	100	100		100									
临洮县五小水利工程 2016	2032	1300		1300	650	650							82
武都区农田水利设施维修养护 2016	300	300		300									
武都区小型农田水利重点县 2016	2846	1400		1400	600	600							846
宕昌县农田水利设施维修养护 2016	100	100		100									
宕昌县 2015 年新增农田水利设施建设 2016	500	300		300	200	200							
宕昌县高效节水灌溉 2016	400	400		400									
成县农田水利设施维修养护 2016	100	100		100									
康县五小水利工程 2016	900	600		600	300	300							
康县农田水利设施维修养护 2016	100	100		100									
文县小型农田水利重点县 2016	825	300		300	200	200							325
文县农田水利设施维修养护 2016	100	100		100									
文县高效节水灌溉 2016	714	400		400	200	200							114
西和县高效节水灌溉 2016	600	400		400	200	200							
西和县 2015 新增农田水利设施建设 2016	500	300		300	200	200							
西和县农田水利设施维修养护 2016	100	100		100									
礼县小型农田水利设施补助 2016	500	500		500									
礼县农田水利设施维修养护 2016	100	100		100									
两当县高效节水灌溉 2016	773	400		400	200	200							173

2-8 续表

单位：万元

项　目	本年到位资金	中央政府投资			地方政府投资				企业和私人投资	国内贷款		债券	其他投资
		小计	预算内拨款	中央财政水利专项资金	小计	省级政府投资	地市级政府投资	县级政府投资		小计	其中：国家专项建设基金		
两当县小型农田水利重点县 2016	724	300		300	200	200							224
两当县农田水利设施维修养护 2016	100	100		100									
徽县 2015 新增农田水利设施建设 2016	789	400		400	389	200		189					
徽县小型农田水利重点县 2016	590	300		300	290	200		90					
徽县农田水利设施维修养护 2016	100	100		100									
临夏县农田水利设施维修养护 2016	100	100		100									
临夏县 1 万 ~ 5 万亩灌区改造 2016	607	400		400	200	200							7
康乐县 1 万 ~ 5 万亩灌区改造 2016	601	400		400	201	200		1					
康乐县小型农田水利 2015 维修养护资金													
永靖县小型农田水利 2015 年维修养护项目													
永靖县 1 万 ~ 5 万亩灌区改造 2016	615	400		400	210	200		10					5
广河县小型农田水利设施补助 2016	558	500		500	58			58					
广河县五小水利工程 2016	1500	1000		1000	500	500							
广河县 2015 年中央财政小型农田水利	1												1
和政县五小水利工程 2016	1509	1000		1000	500	500							9
东乡县中央财政五小水利项目 2015	174												174
东乡族县五小水利工程 2016	750	500		500	250	250							
积石山县中央财政五小水利 2015													
卓尼县小型农田水利 2015 维修养护													
舟曲县五小水利工程 2016	750	500		500	250	250							
2016 迭部县小型农田水利设施补助资金（二）	500	500		500									
省农垦小型农田水利 2015 维修养护													
省农垦黄羊河农场小型农田水利（五）	36								36				
省农垦饮马农场中央财政小农水 2015													

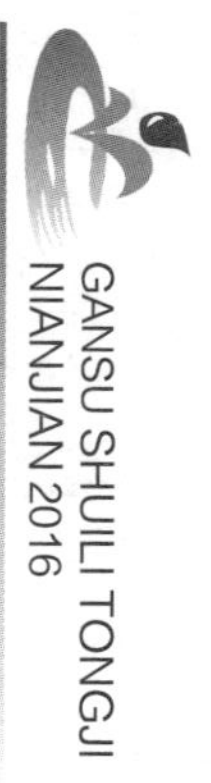

2-8 续表

单位：万元

项　目	本年到位资金	中央政府投资			地方政府投资				企业和私人投资	国内贷款		债券	其他投资
		小计	预算内拨款	中央财政水利专项资金	小计	省级政府投资	地市级政府投资	县级政府投资		小计	其中：国家专项建设基金		
省农垦黄花农场高效节水灌溉项目（六）													
省农垦张掖农场小型农田水利建设（五）	85												85
省农垦山丹农场小型农田水利重点县 2016	1023	500		500	200	200							323
省农垦八一农场水利设施维修养护 2016	100	100		100									
省农垦小型农田水利补助 2016	1326	800		800	400	400							126
景泰县中央财政景电农场节水灌溉 2013													
省景电农田水利设施维修养护 2016	100	100		100									
省疏管局农田水利设施维修养护 2016	100	100		100									
兰州新区高效节水灌溉 2016	1600	1000		1000	600	400	200						
水库工程	130474	36736	15000	21736	22005	19192	1000	1813		67494	6500	2500	1739
秦州区关峡水库	5800	4500		4500	1300			1300					
秦安县西小河小湾河水库	5200	5200		5200									
张家川县富川水库（抗旱规划内）	2192				2192	2192							
民勤县红崖水库加高扩建工程	25000	15000	15000		10000	9000	1000						
天祝县二道墩水库	1739												1739
天祝县石门河调蓄引水工程	2500											2500	
民乐县山城河水库													
临泽县红山湾水库工程	1000				1000	1000							
山丹县白石崖水库（抗旱规划内）	2000				2000	2000							
崆峒区北杨涧水库（抗旱规划内）	1549									1549			
泾川县朱家涧水库（抗旱规划内）													
灵台县新集水库工程	11000									11000			
崇信县关河水库（抗旱规划内）													
庄浪县花崖河水库（抗旱规划内）	1350									1350			

2–8 续表

单位：万元

项　目	本年到位资金	中央政府投资			地方政府投资				企业和私人投资	国内贷款		债券	其他投资
		小计	预算内拨款	中央财政水利专项资金	小计	省级政府投资	地市级政府投资	县级政府投资		小计	其中：国家专项建设基金		
酒泉循环经济产业园水源（大红泉水库）	1195									1195			
庆阳市巴家咀水库新增调蓄工程（五台山水库）	5900									5900			
庆阳市莲花寺水库及供水工程	9200									9200			
庆阳市小盘河水库及供水工程	26800									26800			
庆城县纸坊沟水库（抗旱规划内）													
环县米岔沟水库（抗旱规划）	1549	1036		1036	513			513					
康乐县鸣鹿水库（抗旱规划）	11000	11000		11000									
兰州新区 2 号 3 号石门沟水库	15500				5000	5000				10500	6500		
泵站工程	17262	15000	15000		2262	791	1010	461					
兰州市大砂沟泵站更新改造工程	1100	600	600		500		500						
七里河区西津泵站更新改造工程	1100	600	600		500		250	250					
兰州市工农坪泵站更新改造工程	1604	1283	1283		321		160	161					
兰州市榆中三电泵站更新改造工程	950	800	800		150		100	50					
白银市兴电泵站更新改造工程	1800	1800	1800										
白银市靖会泵站更新改造工程	1800	1800	1800										
白银市刘川泵站更新改造工程	1000	1000	1000										
白银市中堡泵站更新改造工程	1637	1637	1637										
景泰县中泉泵站更新改造工程	340	340	340										
平凉市白庙泵站更新改造工程	340	340	340										
甘肃省景电泵站更新改造	5591	4800	4800		791	791							
其他灌溉除涝项目	2764	1600		1600	1154	1076		78					10
景泰县草窝滩镇排水工程	500				500	500							
秦州区太京镇农田水利建设项目	1134	800		800	334	256		78					
甘谷县大石乡农田水利建设项目	1130	800		800	320	320							10

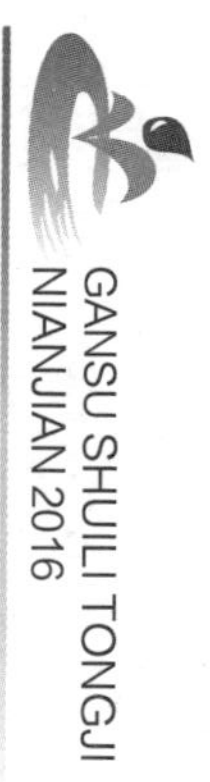

2-8 续表

单位：万元

项目	本年到位资金	中央政府投资			地方政府投资				企业和私人投资	国内贷款		债券	其他投资
		小计	预算内拨款	中央财政水利专项资金	小计	省级政府投资	地市级政府投资	县级政府投资		小计	其中：国家专项建设基金		
供水项目	542472	180032	153132	26900	180768	84066	81104	15598		167735	41211	9500	4438
引水（调水）工程	370095	133132	133132		110815	28000	73863	8952		115948	41048	9500	700
兰州市水源地建设工程	105400				70000		70000			35400			
引洮供水一期榆中县配套工程	11400				2900	2900				8500			
引洮一期工程会宁北部供水工程	13000	12000	12000		1000	1000							
天祝县南阳山片下山入川供水工程	5100				2600	2600						2500	
肃北县马鬃山镇供水工程	8000				6952			6952		1048	1048		
盐环定扬黄续建工程调概算	1000				1000	1000							
积石山引水工程	9200				500	500				5000		3000	700
临夏州引黄济临供水工程	50863	34000	34000		12863	9000	3863					4000	
甘南州引洮（博）济合供水工程	9700	4700	4700		5000	5000							
甘南州引洮入潭工程	2000				2000			2000					
玛曲县县城引水工程	2432	2432	2432										
兰州新区供水项目引大渠道除险加固	6000									6000			
甘肃省引洮供水一期工程													
甘肃引洮供水二期工程	130000	80000	80000							50000	40000		
天水市城区引洮供水工程	16000				6000	6000				10000			
农村饮水安全巩固提升工程建设	139705	20000	20000		66742	55338	7164	4240		50640	163		2323
永登县农村饮水安全巩固提升 2016	762	116	116		269	269				377			
皋兰县农村饮水安全巩固提升 2016	1159	177	177		409	409				573			
榆中县农村饮水安全巩固提升 2016	714	109	109		605	605							
永昌县农村饮水安全巩固提升 2016	342	50	50		130	116		14		163	163		
白银区农村饮水安全巩固提升 2016	160	30	30		57	57				73			
平川区农村饮水安全巩固提升 2016	200	40	40		71	71				89			

2-8 续表

单位：万元

项　目	本年到位资金	中央政府投资			地方政府投资				企业和私人投资	国内贷款		债券	其他投资
		小计	预算内拨款	中央财政水利专项资金	小计	省级政府投资	地市级政府投资	县级政府投资		小计	其中：国家专项建设基金		
靖远县农村饮水安全巩固提升 2016	3574	593	593		1061	1061				1920			
会宁县农村饮水安全巩固提升 2016	1759	221	221		820	820				718			
景泰县农村饮水安全巩固提升 2016	511	78	78		380	380				53			
秦州区农村饮水安全巩固提升工程 2016	369	57	57		312	312							
麦积区农村安全饮水巩固提升工程 2016	1243	190	190		1053	1053							
清水县农村饮水安全巩固提升工程 2016	1138	174	174		964	964							
秦安县农村饮水安全巩固提升 2016	610	91	91		519	519							
甘谷县农村饮水安全巩固提升工程 2016	5604	901	901		4703	4703							
张家川县农村饮水安全巩固提升 2016	651	57	57		594	594							
凉州区农村饮水安全巩固提升 2016	992	160	160		439	350		89		393			
民勤县农村饮水安全巩固提升项目 2016	1747	267	267		616	616				864			
古浪县农村饮水安全巩固提升 2016	1640	250	250		1189	1189				201			
甘州区农村饮水安全巩固提升 2016	735	112	112		259	259				364			
民乐县农村饮水安全巩固提升 2016	257	39	39		91	91				127			
崆峒区农村饮水安全项目巩固提升 2016	905	138	138		319	319				448			
泾川县农村饮水安全巩固提升 2016	1210	185	185		427	427				598			
灵台县农村饮水安全巩固提升 2016	1013	155	155		757	757				101			
崇信县农村饮水安全巩固提升 2016	168	40	40		59	59				69			
华亭县农村饮水安全巩固提升 2016	1644	251	251		580	580				813			
庄浪县农村饮水安全巩固提升 2016	1092	258	258							834			
静宁县农村饮水安全巩固提升 2016	2622	400	400		1607	1607				615			
瓜州县农村饮水安全巩固提升 2016	133	44	44		47	47				42			
玉门市农村饮水安全巩固提升 2016	668	90	90		317	192		125		261			
西峰区农村饮水安全巩固提升 2016	208	50	50		73	73				85			

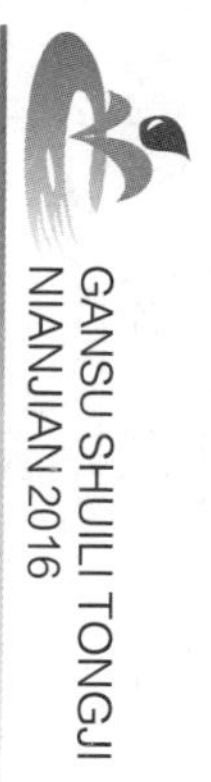

2-8 续表

单位：万元

项目	本年到位资金	中央政府投资			地方政府投资				企业和私人投资	国内贷款		债券	其他投资
		小计	预算内拨款	中央财政水利专项资金	小计	省级政府投资	地市级政府投资	县级政府投资		小计	其中：国家专项建设基金		
西峰区 2016 年市级财政安排农村饮水项目	636				636		486	150					
庆城县 2016 年市级财政安排农村饮水项目	868				868		675	193					
庆城县农村饮水安全巩固提升 2016	4189	640	640		1478	1478				2071			
环县农村饮水安全巩固提升 2016	32678	5025	5025		11387	11387				16266			
环县 2016 年市级财政安排农村饮水项目	3481				3481		3481						
华池县农村饮水安全巩固提升 2016	3832	585	585		1352	1352				1895			
华池县 2016 年市级财政安排农村饮水项目	1583				1505		765	740					78
合水县 2016 年市级财政安排农村饮水项目	559				559			559					
合水县农村饮水安全巩固提升 2016	2279	286	286		1067	660		407		926			
正宁县 2016 年市级财政安排农村饮水项目	457				457		405	52					
正宁县农村饮水安全巩固提升 2016	1464	213	213		491	491				689			71
宁县农村饮水安全巩固提升 2016	1181	180	180		900	900				101			
宁县 2016 年市级财政安排农村饮水项目	839				839		839						
镇原县农村饮水安全巩固提升 2016	1818	244	244		784	784				790			
镇原县 2016 年市级财政安排农村饮水项目	874				874		513	361					
安定区农村饮水安全巩固提升 2016	6085	929	929		2147	2147				3009			
通渭县农村饮水安全巩固提升 2016	1341	205	205		473	473				663			
陇西县农村饮水安全巩固提升 2016	1196	84	84		840	840				272			
渭源县农村饮水安全巩固提升 2016	1124	163	163		860	860				101			
临洮县村饮水安全巩固提升 2016	10716	1744	1744		4027	4027				4945			
武都区农村饮水安全巩固提升 2016	4396	671	671		1551			1551					2174
宕昌县农村饮水安全巩固提升 2016	3202	489	489		1663	1663				1050			
成县农村饮水安全巩固提升 2016	1621	248	248		571	571				802			
康县农村饮水安全巩固提升 2016	2137	326	326		1454	1454				357			

2-8 续表

单位：万元

项　目	本年到位资金	中央政府投资			地方政府投资				企业和私人投资	国内贷款		债券	其他投资
		小计	预算内拨款	中央财政水利专项资金	小计	省级政府投资	地市级政府投资	县级政府投资		小计	其中：国家专项建设基金		
文县农村饮水安全巩固提升 2016	2323	355	355		820	820				1148			
西和县农村饮水安全巩固提升 2016	2333	356	356		1423	1423				554			
礼县农村饮水安全巩固提升 2016	3072	469	469		1626	1626				977			
徽县农村饮水安全巩固提升 2016	1821	278	278		642	642				901			
康乐县农村饮水安全巩固提升 2016	2652	405	405		1436	1436				811			
广河县农村饮水安全巩固提升 2016	655	76	76		334	334				245			
和政县农村饮水安全巩固提升 2016	1252	191	191		442	442				619			
积石山县农村饮水安全巩固提升 2016	3210	515	515		1029	1029				1666			
抗旱工程	28001	26900		26900	686		77	610					414
永登县抗旱应急引调提水 2016	302	302		302									
榆中县抗旱应急引调提水 2016	619	619		619									
靖远县抗旱应急引调提水项目	1470	1470		1470									
会宁县抗旱应急引调提水项目	1017	1017		1017									
景泰县抗旱应急引调提水项目	703	703		703									
秦州区抗旱应急引调提水 2016	717	717		717									
清水县抗旱应急引调提水项目 2016	904	904		904									
秦安县抗旱应急引调提水 2016	890	890		890									
武山县抗旱应急引调提水 2016	686	686		686									
凉州区抗旱应急引调提水项目	775	775		775									
民勤县抗旱应急水源工程	1304	1304		1304									
古浪县抗旱应急引调提水项目	1739	1739		1739									
天祝县抗旱应急引调提水项目	593	559		559									34
山丹县抗旱应急引调提水项目	832	650		650	182			182					
泾川县抗旱应急水源引调提水项目	519	519		519									

2-8 续表

单位：万元

项　目	本年到位资金	中央政府投资			地方政府投资				企业和私人投资	国内贷款		债券	其他投资
		小计	预算内拨款	中央财政水利专项资金	小计	省级政府投资	地市级政府投资	县级政府投资		小计	其中：国家专项建设基金		
崇信县抗旱应急引调提水项目	1126	1126		1126									
庄浪县抗旱应急引调提水项目	347	347		347									
静宁县抗旱应急引调提水项目	1287	1287		1287									
敦煌县抗旱应急引调提水项目	344	344		344									
庆城县抗旱应急引调提水项目	460	383		383	77			77					
环县抗旱应急引调提水项目	1350	1265		1265	85			85					
华池县抗旱应急引调提水项目	1674	1527		1527									147
镇原县抗旱应急引调提水项目	958	824		824	134			134					
通渭县抗旱应急引调提水项目	790	790		790									
陇西县抗旱应急引调提水项目	791	791		791									
临洮县抗旱应急引调提水项目	1140	1140		1140									
西和县抗旱应急水源工程 2016	598	598		598									
礼县抗旱应急引调提水项目	916	916		916									
临夏县 2015 年抗旱引调提水项目													
永靖县 2015 年抗旱引调水提水工程	48												48
广河县抗旱应急引调提水项目	837	706		706	131			131					
广河县 2015 齐家镇抗旱应急水源配套													
广河县 2015 三甲集镇抗旱应急水源配套													
和政县抗旱应急引调提水项目	764	687		687	77		77						
东乡县 2015 年抗旱引调提水项目													
东乡县抗旱应急引调提水项目	800	800		800									
东乡县 2014 年抗旱引调提水项目	26												26
积石山县 2015 年抗旱应急水源配套工程	159												159
积石山县抗旱应急引调提水项目	515	515		515									

2-8 续表

单位：万元

项目	本年到位资金	中央政府投资			地方政府投资				企业和私人投资	国内贷款		债券	其他投资
		小计	预算内拨款	中央财政水利专项资金	小计	省级政府投资	地市级政府投资	县级政府投资		小计	其中：国家专项建设基金		
其他供水工程	4671				2524	728		1796		1147			1000
金昌市城市应急备用水源项目	1000												1000
华池县刘坪村美丽村庄河道治理及供水工程	1000				1000			1000					
积石山县县城区供水水源改扩建工程	1943				796			796		1147			
靖远寺儿坪供水项目	728				728	728							
水务项目	34565				7015	4400		2615		27550	13500		
自来水厂建设	12000				2000	2000				10000	8500		
庄浪县南坪水厂改扩建及管网工程	1500									1500			
武威市城乡融合黄羊土门组团供水（陆港）	10500				2000	2000				8500	8500		
城镇供水管线建设	17450				2400	2400				15050	5000		
天水市藉口水厂至西十里供水管道工程	9100									9100			
清水县城区供水工程	7000				2000	2000				5000	5000		
清水县城区自来水管网扩建工程	950									950			
天水市城区供水高桥头引水枢纽工程	400				400	400							
清水县城区自来水管网扩建工程													
污水处理工程建设	3492				992			992		2500			
华池县城区污水分户收集工程	386				386			386					
华池县县城污水支管道工程	606				606			606					
临洮县污水处理厂配套管网工程													
民勤红沙岗污水处理厂及中水回用贮水池	2500									2500			
山丹县城区生活污水处理工程													
其他水务能力建设	1622				1622			1622					
甘谷县城区供水水源水深度处理工程	1622				1622			1622					
非常规水资源利用项目	160				160		160						

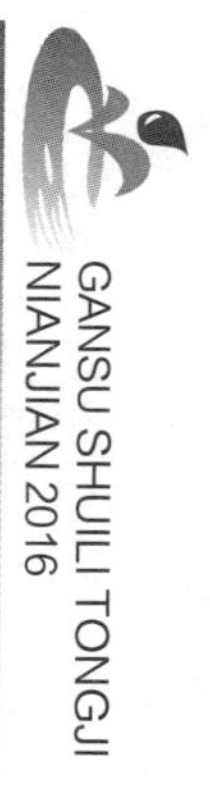

2-8 续表

单位：万元

项目	本年到位资金	中央政府投资			地方政府投资				企业和私人投资	国内贷款		债券	其他投资
		小计	预算内拨款	中央财政水利专项资金	小计	省级政府投资	地市级政府投资	县级政府投资		小计	其中：国家专项建设基金		
雨水集用	160				160		160						
金昌市龙首山前山区雨洪资源利用项目	160				160		160						
水电开发利用	6439	1842		1842					4597				
水力发电工程建设	2386								2386				
迭部县阿夏那盖水电站	2386								2386				
夏河县安顺水电站													
水电增效扩容	3879	1842		1842					2037				
永昌县头坝二号水电站增效扩容改造	635	285		285					350				
金塔县解放村水电站增效扩容改造	149	149		149									
肃北县拉排一级水电站增效扩容改造	424	424		424									
肃北县拉排一级水电站河流生态修复	27	27		27									
敦煌市南湖店水电站增效扩容改造	172	172		172									
敦煌市党河水电站增效扩容改造	403	403		403									
文县哈南水电站增效扩容改造	46	46		46									
文县哈南水电站河流生态修复	15	15		15									
礼县大滩水电站增效扩容改造工程	93	93		93									
礼县红崖二级水电站河流生态修复工程	16	16		16									
礼县红崖二级水电站增效扩容改造工程	103	103		103									
礼县大滩水电站河流生态修复工程	14	14		14									
和政县闫蔡坪水电站增效扩容改造	95	95		95									
东乡县老虎嘴电站													
合作市峡村电站	1687								1687				
夏河县白土坡水电站													
小水电代燃料	174								174				

2-8 续表

单位：万元

项目	本年到位资金	中央政府投资			地方政府投资				企业和私人投资	国内贷款		债券	其他投资
		小计	预算内拨款	中央财政水利专项资金	小计	省级政府投资	地市级政府投资	县级政府投资		小计	其中：国家专项建设基金		
夏河县甫黄二级小水电代燃料项目	174								174				
水保及生态保护	91408	69284	43000	26284	11587	5877	750	4960					10537
水土流失治理	49444	36679	13000	23679	2228	1705		523					10537
漳县国家农业综合开发水土保持项目 2016	397	285		285	105	105							7
泾川县国家农业综合开发水土保持项目 2016	394	285		285	105	82		23					4
环县病险淤地坝除险加固工程 2016	340	272		272	68			68					
礼县坡耕地水土流失治理 2016	1250	1000	1000										250
广河县坡耕地水土流失治理 2016	1250	1000	1000										250
甘肃省国家水土保持重点工程（2015）													
甘肃省农业综合开发水土保持项目（2015）													
甘肃省坡耕地水土流失重点治理 2015（黄河）	271												271
渭源县国家农业综合开发水土保持项目 2016	395	285		285	105	105							5
陇西县国家水土保持重点建设工程 2016 年	1286	900		900									386
甘肃省坡耕地水土流失重点治理 2015（长江）	114												114
甘肃省水土流失重点治理工程 2015（黄河）	110												110
甘肃省水土流失重点治理工程 2015（长江）	21												21
甘肃省水土流失重点治理工程 2015（内陆）	9												9
东乡县坡耕地水土流失治理 2016	1250	1000	1000										250
景泰县水土保持重点工程 2016	600	420		420	18	18							162
临洮县坡耕地水土流失治理 2016	1238	1000	1000										238
会宁县国家水土保持重点建设工程 2016 年	1286	900		900									386
西和县坡耕地水土流失治理 2016	1160	1000	1000										160
岷县水土保持重点工程 2016	575	425		425	18	18							132
两当县水土保持重点工程 2016	600	420		420	18	18							162

2-8 续表

单位：万元

项目	本年到位资金	中央政府投资			地方政府投资				企业和私人投资	国内贷款		债券	其他投资
		小计	预算内拨款	中央财政水利专项资金	小计	省级政府投资	地市级政府投资	县级政府投资		小计	其中：国家专项建设基金		
临潭县水土保持重点工程 2016	560	420		420	18	18							122
甘谷县国家农业综合开发水土保持项目 2016	397	285		285	105	105							7
武山县国家农业综合开发水土保持项目 2016	397	285		285	105	105							7
秦安县国家农业综合开发水土保持项目 2016	396	285		285	105	105							6
崇信县国家农业综合开发水土保持项目 2016	403	290		290	107	84		23					6
灵台县国家农业综合开发水土保持项目 2016	395	285		285	105	82		23					5
庄浪县国家水土保持重点建设工程 2016 年	786	550		550									236
张家川县国家农业综合开发水土保持项目 2016	397	285		285	105	105							7
靖远县水土保持重点工程 2016	582	420		420	18	18							144
武都区水土保持重点工程 2016	600	420		420	18	18							162
成县水土保持重点工程 2016	600	420		420	18	18							162
文县水土保持重点工程 2016	600	420		420	18	18							162
康县水土保持重点工程 2016	600	420		420	18	18							162
卓尼县水土保持重点工程 2016	588	420		420	18	18							150
迭部县水土保持重点工程 2016	575	420		420	18	18							137
清水县国家农业综合开发水土保持项目 2016 年	404	290		290	107	107							7
和政县国家农业综合开发水土保持项目 2016	396	285		285	105	105							6
临洮县国家水土保持重点建设工程 2016 年	1286	900		900									386
宁县国家水土保持重点建设工程 2016 年	786	550		550									236
正宁县国家水土保持重点建设工程 2016 年	786	550		550									236
安定区国家水土保持重点建设工程 2016 年	1286	900		900									386
东乡县国家水土保持重点建设工程 2016 年	786	550		550									236
临夏县国家水土保持重点建设工程 2016 年	929	650		650									279
镇原县国家水土保持重点建设 2016 第二批	357	250		250	10	10							97

2-8 续表

单位：万元

项目	本年到位资金	中央政府投资			地方政府投资				企业和私人投资	国内贷款		债券	其他投资
		小计	预算内拨款	中央财政水利专项资金	小计	省级政府投资	地市级政府投资	县级政府投资		小计	其中：国家专项建设基金		
会宁县国家水土保持重点建设 2016 第二批	357	250		250	10	10							97
安定区国家水土保持重点建设 2016 第二批	286	200		200	8	8							78
通渭县国家水土保持重点建设 2016 第二批	429	300		300	12	12							117
永靖县国家水土保持重点建设 2016 第二批	357	250		250	10	10							97
临夏县国家水土保持重点建设 2016 第二批	357	250		250	10	10							97
东乡县国家水土保持重点建设 2016 第二批	357	250		250	10	10							97
华池县国家农业综合开发水土保持项目 2016	399	285		285	105	105							9
临夏市水土保持重点工程 2016	571	400		400	17	17							154
积石山县国家水土保持重点建设工程 2016 年	929	650		650									279
临洮县国家水土保持重点建设 2016 第二批	419	293		293	12	12							114
陇西县国家水土保持重点建设 2016 第二批	286	200		200	8	8							78
永靖县国家水土保持重点建设工程 2016 年	796	557		557									239
镇原县国家水土保持重点建设工程 2016 年	1000	700		700									300
通渭县国家水土保持重点建设工程 2016 年	1286	900		900									386
合水县国家水土保持重点建设工程 2016 年	786	550		550									236
康乐县国家农业综合开发水土保持项目 2016	399	285		285	105	105							9
庆城县国家农业综合开发水土保持项目 2016	392	285		285	105	82		23					2
秦州区坡耕地水土流失治理 2016	1250	1000	1000										250
安定区坡耕地水土流失治理 2016	1091	1000	1000										91
通渭县坡耕地水土流失治理 2016	1250	1000	1000										250
镇原县坡耕地水土流失治理 2016	1250	1000	1000										250
静宁县坡耕地水土流失治理 2016	1250	1000	1000										250
环县坡耕地水土流失治理 2016	1250	1000	1000										250
麦积区水土保持重点工程 2016	543	420		420	18	18							105

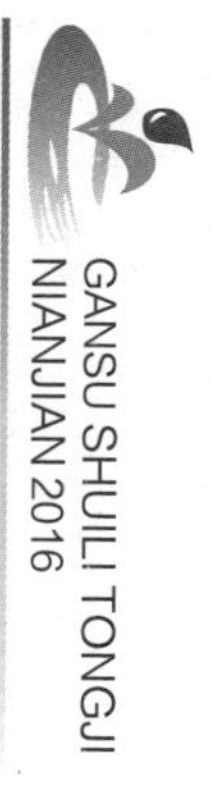

2-8 续表

单位：万元

项目	本年到位资金	中央政府投资			地方政府投资				企业和私人投资	国内贷款		债券	其他投资
		小计	预算内拨款	中央财政水利专项资金	小计	省级政府投资	地市级政府投资	县级政府投资		小计	其中：国家专项建设基金		
临夏县坡耕地水土流失治理 2016	1250	1000	1000										250
陇西县坡耕地水土流失治理 2016	1195	1000	1000										195
渭源县病险淤地坝除险加固工程 2016	96	80		80	16			16					
通渭县病险淤地坝除险加固工程 2016	132	112		112	20			20					
庆城县病险淤地坝除险加固工程 2016	115	92		92	23			23					
华池县病险淤地坝除险加固工程 2016	100	80		80	20			20					
正宁县病险淤地坝除险加固工程 2016	110	88		88	22			22					
临洮县病险淤地坝除险加固工程 2016	93	88		88	5			5					
灵台县病险淤地坝除险加固工程 2016	68	68		68									
合水县病险淤地坝除险加固工程 2016	100	80		80	20			20					
庄浪县病险淤地坝除险加固工程 2016	90	72		72	18			18					
镇原县病险淤地坝除险加固工程 2016	170	136		136	34			34					
宁县病险淤地坝除险加固工程 2016	94	84		84	10			10					
榆中县病险淤地坝除险加固工程 2016	97	92		92	5			5					
秦州区病险淤地坝除险加固工程 2016	105	84		84	21			21					
漳县病险淤地坝除险加固工程 2016	115	92		92	23			23					
陇西县病险淤地坝除险加固工程 2016	106	96		96	10			10					
泾川县病险淤地坝除险加固工程 2016	90	72		72	18			18					
西峰区病险淤地坝除险加固工程 2016	180	144		144	36			36					
安定区病险淤地坝除险加固工程 2016	414	352		352	62			62					
流域生态综合治理	36177	30000	30000		6177	4172		2005					
敦煌水资源规划项目（河道归束）2015	1172				1172	1172							
敦煌水资源规划项目（酒泉市）2016	10294	8234	8234		2060	823		1237					
敦煌水资源规划项目（敦煌市）2016	6400	5120	5120		1280	512		768					

2-8 续表

单位：万元

项　目	本年到位资金	中央政府投资			地方政府投资				企业和私人投资	国内贷款		债券	其他投资
		小计	预算内拨款	中央财政水利专项资金	小计	省级政府投资	地市级政府投资	县级政府投资		小计	其中：国家专项建设基金		
敦煌水资源规划项目（党河灌区）2015													
敦煌水资源合理与生态保护（疏勒河）2016	18311	16646	16646		1665	1665							
敦煌水资源利用与生态保护（疏勒河）2015													
河湖连通工程	3525	2605		2605	920			920					
庆阳市新城南区湖库水系连通工程	3525	2605		2605	920			920					
其他环境水利项目	2262				2262		750	1512					
金昌市十里花海景区建设项目	1512				1512			1512					
平凉市崆峒水库至大岔河段河道生态综合治理	750				750		750						
机构能力建设专项	988	373		373	615	615							
水文设施及能力建设	988	373		373	615	615							
甘肃水资源监控能力建设二期 2016	373	373		373									
甘肃省中小河流水文监测系统建设项目	615				615	615							
移民项目	61521	30999		30999	30522	28743	1779						
西峰区小盘河水库征地拆迁补偿安置工作	1779				1779		1779						
甘肃省大中型水库移民后期扶持（内陆）	8278	4390		4390	3888	3888							
甘肃省大中型水库移民后期扶持（长江）	4328	2749		2749	1579	1579							
甘肃省大中型水库移民后期扶持（黄河）	47136	23860		23860	23276	23276							
其他水利项目	5478				4631		131	4500		847			
金昌市永昌县金川工农干渠围栏保护工程	131				131		131						
会宁县电子桥、康家河桥桥梁工程	847									847			
临夏市大夏河风情线综合治理工程	4500				4500			4500					
永靖县刘盐八地质灾害灌区节水改造工程													

2-9 2016 年水利建设项目到位资金（按市县分）

单位：万元

项目	本年到位资金	中央政府投资			地方政府投资				企业和私人投资	国内贷款		债券	其他投资
		小计	预算内拨款	中央财政水利专项资金	小计	省级政府投资	地市级政府投资	县级政府投资		小计	其中：国家专项建设基金		
甘肃省	1397359	656576	391161	265415	348327	210583	93233	44511	8795	338348	6121	12000	33313
兰州市	220988	68892	63285	5607	79084	4903	72528	1653		72850			162
兰州市直	191000	57100	56600	500	70500		70500			63400			
黄河甘肃段兰州市防洪治理工程	84000	56000	56000							28000			
兰州市农田水利设施维修养护 2016	500	500		500									
兰州市大砂沟泵站更新改造工程	1100	600	600		500		500						
兰州市水源地建设工程	105400				70000		70000			35400			
七里河区	1100	600	600		500		250	250					
七里河区西津泵站更新改造工程	1100	600	600		500		250	250					
西固区	2524	1783	1283	500	741	250	230	261					
西固区高效节水灌溉项目 2016	920	500		500	420	250	70	100					
兰州市工农坪泵站更新改造工程	1604	1283	1283		321		160	161					
红古区	6000	3600	3600		2400		1308	1092					
湟水兰州市红古段防洪治理工程	6000	3600	3600		2400		1308	1092					
永登县	1996	918	116	802	539	539				377			162
永登农田水利设施维修养护 2016	100	100		100									
永登县高效节水灌溉 2016	832	400		400	270	270							162
永登县农村饮水安全巩固提升 2016	762	116	116		269	269				377			
永登县抗旱应急引调提水 2016	302	302		302									
皋兰县	3685	2363	177	2186	749	609	140			573			
皋兰县蔡家河东湾沟上游段——文山段堤防	1086	1086		1086									
皋兰县西岔中型灌区农业综合开发 2015	680	600		600	80		80						
皋兰县高效节水灌溉 2016	660	400		400	260	200	60						

2–9 续表

单位：万元

项目	本年到位资金	中央政府投资			地方政府投资				企业和私人投资	国内贷款		债券	其他投资
		小计	预算内拨款	中央财政水利专项资金	小计	省级政府投资	地市级政府投资	县级政府投资		小计	其中：国家专项建设基金		
皋兰县农田水利设施维修养护 2016	100	100		100									
皋兰县农村饮水安全巩固提升 2016	1159	177	177		409	409				573			
榆中县	14683	2528	909	1619	3655	3505	100	50		8500			
榆中县农田水利设施维修养 2016	1000	1000		1000									
兰州市榆中三电泵站更新改造工程	950	800	800		150		100	50					
引洮供水一期榆中县配套工程	11400				2900	2900				8500			
榆中县农村饮水安全巩固提升 2016	714	109	109		605	605							
榆中县抗旱应急引调提水 2016	619	619		619									
嘉峪关市	100				100		100						
嘉峪关市中央财政高效节水项目 2015（五）													
嘉峪关市 2016 年小型农田水利设施春修工程	100				100		100						
嘉峪关市高效节水灌溉项目 2015（六）													
金昌市	26284	15399	9414	5985	8506	4416	291	3799	402	163	163		1815
金昌市直	1160				160		160						1000
金昌市城市应急备用水源项目	1000												1000
金昌市龙首山前山区雨洪资源利用项目	160				160		160						
金川区	6053	2700		2700	3251	1300		1951	52				50
金川区 2015 新增农田水利设施建设 2016	1709	1000		1000	659	500		159					50
金川区小型农田水利重点县 2016	2832	1700		1700	1080	800		280	52				
金昌市十里花海景区建设项目	1512				1512			1512					
永昌县	19071	12699	9414	3285	5094	3116	131	1848	350	163	163		765
永昌县金川河工农渠首泄洪闸	1286	1071	1071		215			215					
西河灌区续建配套节水改造	9848	8293	8293		1555			1555					
永昌县小型农田水利重点县 2016	1654	1000		1000	560	500		60					94

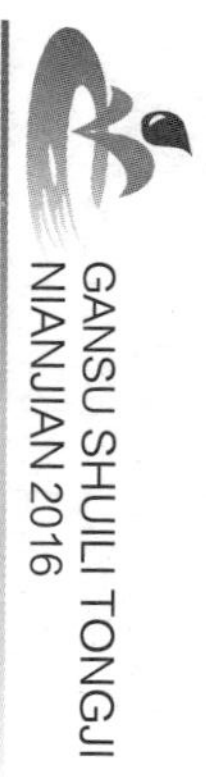

2-9 续表

单位：万元

项目	本年到位资金	中央政府投资			地方政府投资				企业和私人投资	国内贷款		债券	其他投资
		小计	预算内拨款	中央财政水利专项资金	小计	省级政府投资	地市级政府投资	县级政府投资		小计	其中：国家专项建设基金		
永昌县2015新增农田水利设施建设2016	1753	1000		1000	500	500							253
永昌县农田水利设施维修养护2016	1004	1000		1000	4			4					
永昌县高效节水灌溉2016	2418				2000	2000							418
永昌县农村饮水安全巩固提升2016	342	50	50		130	116		14		163	163		
永昌县头坝二号水电站增效扩容改造	635	285		285					350				
金昌市永昌县金川工农干渠围栏保护工程	131				131		131						
白银市	100732	75420	59539	15881	10399	10399				14913			
兴电灌区齐家大岘隧洞除险加固工程	1000				1000	1000							
白银市农田水利设施维修养护2016	500	500		500									
白银市直	44600	43600	43600		1000	1000							
黄河干流白银市防洪治理工程	40000	40000	40000										
白银市兴电灌区渠道维修工程	1000				1000	1000							
白银市靖会泵站更新改造工程	1800	1800	1800										
白银市兴电泵站更新改造工程	1800	1800	1800										
白银区	2951	2321	30	2291	557	557				73			
白银区东大沟民勤村至城区段治理	691	691		691									
白银区工农渠灌区农业综合开发													
白银区五小水利工程2016	1500	1000		1000	500	500							
白银区农田水利设施维修养护2016	600	600		600									
白银区农村饮水安全巩固提升2016	160	30	30		57	57				73			
平川区	2030	1290	40	1250	651	651				89			
平川区旱坪川灌区农业综合开发	330	250		250	80	80							
平川区五小水利工程2016	1500	1000		1000	500	500							
平川区农村饮水安全巩固提升2016	200	40	40		71	71				89			

2-9 续表

单位：万元

项目	本年到位资金	中央政府投资			地方政府投资				企业和私人投资	国内贷款		债券	其他投资
		小计	预算内拨款	中央财政水利专项资金	小计	省级政府投资	地市级政府投资	县级政府投资		小计	其中：国家专项建设基金		
靖远县	13911	9550	3230	6320	2441	2441				1920			
靖远县靖乐渠灌区农业综合开发	330	250		250	80	80							
靖远县小型农田水利设施补助 2016	1000	1000		1000									
靖远县高效节水灌溉 2016	3900	2600		2600	1300	1300							
靖远县农田水利设施维修养护 2016	1000	1000		1000									
白银市中堡泵站更新改造工程	1637	1637	1637										
白银市刘川泵站更新改造工程	1000	1000	1000										
靖远县农村饮水安全巩固提升 2016	3574	593	593		1061	1061				1920			
靖远县抗旱应急引调提水项目	1470	1470		1470									
会宁县	30685	14838	12221	2617	3070	3070				12777			
会宁县焦家河焦河村防洪工程	500				500	500							
会宁县苦水河河畔羊肉市场段综合治理工程	408									408			
会宁县祖厉河城区段综合治理二期工程（续建）	10804									10804			
会宁县农田水利设施维修养护 2016	100	100		100									
会宁县高效节水灌溉 2016	2250	1500		1500	750	750							
引洮一期工程会宁北部供水工程	13000	12000	12000		1000	1000							
会宁县农村饮水安全巩固提升 2016	1759	221	221		820	820				718			
会宁县抗旱应急引调提水项目	1017	1017		1017									
会宁县电子桥、康家河桥桥梁工程	847									847			
景泰县	5054	3321	418	2903	1680	1680				53			
景泰县高效节水灌溉 2016	2400	1600		1600	800	800							
景泰县小型农田水利设施补助 2016	500	500		500									
景泰县农田水利设施维修养护 2016	100	100		100									
景泰县中泉泵站更新改造工程	340	340	340										

2–9 续表

单位：万元

项目	本年到位资金	中央政府投资			地方政府投资				企业和私人投资	国内贷款		债券	其他投资
		小计	预算内拨款	中央财政水利专项资金	小计	省级政府投资	地市级政府投资	县级政府投资		小计	其中：国家专项建设基金		
景泰县草窝滩镇排水工程	500				500	500							
景泰县农村饮水安全巩固提升 2016	511	78	78		380	380				53			
景泰县抗旱应急引调提水项目	703	703		703									
天水市	87175	24040	1470	22570	24075	15888	3486	4701		39050	5000		10
天水市直	9100									9100			
天水市藉口水厂至西十里供水管道工程	9100									9100			
秦州区	38421	7074	57	7017	7347	1068	3486	2793		24000			
天水市藉河生态综合治理一期续建工程	24000									24000			
秦州区天水镇易地搬迁堤防工程	1415				1415			1415					
秦州区易地搬迁项目高效节水灌溉工程	3486				3486		3486						
秦州区五小水利工程 2016	1500	1000		1000	500	500							
秦州区关峡水库	5800	4500		4500	1300			1300					
秦州区太京镇农田水利建设项目	1134	800		800	334	256		78					
秦州区农村饮水安全巩固提升工程 2016	369	57	57		312	312							
秦州区抗旱应急引调提水 2016	717	717		717									
麦积区	4279	2290	190	2100	1989	1703		286					
麦积区高效节水灌溉 2016	1962	1300		1300	662	650		12					
麦积区小型农田水利设施补助 2016	1074	800		800	274			274					
麦积区农村安全饮水巩固提升工程 2016	1243	190	190		1053	1053							
清水县	11317	2078	174	1904	3289	3289				5950	5000		
清水县后川河杜川至王店段堤防工程	325				325	325							
清水县小型农田水利设施补助 2016	1000	1000		1000									
清水县农村饮水安全巩固提升工程 2016	1138	174	174		964	964							
清水县抗旱应急引调提水项目 2016	904	904		904									

2-9 续表

单位：万元

项　目	本年到位资金	中央政府投资			地方政府投资				企业和私人投资	国内贷款		债券	其他投资
		小计	预算内拨款	中央财政水利专项资金	小计	省级政府投资	地市级政府投资	县级政府投资		小计	其中：国家专项建设基金		
清水县城区自来水管网扩建工程	950									950			
清水县城区供水工程	7000				2000	2000				5000	5000		
清水县城区自来水管网扩建工程													
秦安县	8473	7454	91	7363	1019	1019							
秦安县南小河王尹马河至凤山堤防	273	273		273									
秦安县五小水利工程 2016	1500	1000		1000	500	500							
秦安县西小河小湾河水库	5200	5200		5200									
秦安县农村饮水安全巩固提升 2016	610	91	91		519	519							
秦安县抗旱应急引调提水 2016	890	890		890									
甘谷县	9956	2801	901	1900	7145	5523		1622					10
甘谷县清溪河礼辛乡寨子至慰坪堤防工程													
甘谷县五小水利工程 2016	1500	1000		1000	500	500							
甘谷县农田水利设施维修养护 2016	100	100		100									
甘谷县大石乡农田水利建设项目	1130	800		800	320	320							10
甘谷县农村饮水安全巩固提升工程 2016	5604	901	901		4703	4703							
甘谷县城区供水水源水深度处理工程	1622				1622			1622					
武山县	2686	2186		2186	500	500							
武山县车家川至山丹河口段治理													
武山县五小水利工程 2016	1500	1000		1000	500	500							
武山县小型农田水利设施补助 2016	500	500		500									
武山县抗旱应急引调提水 2016	686	686		686									
张家川县	2943	157	57	100	2786	2786							
张家川县农田水利设施维修养护 2016	100	100		100									
张家川县富川水库（抗旱规划内）	2192				2192	2192							

2-9 续表

单位：万元

项　目	本年到位资金	中央政府投资			地方政府投资				企业和私人投资	国内贷款		债券	其他投资
		小计	预算内拨款	中央财政水利专项资金	小计	省级政府投资	地市级政府投资	县级政府投资		小计	其中：国家专项建设基金		
张家川县农村饮水安全巩固提升 2016	651	57	57		594	594							
武威市	90777	44345	18968	25377	24417	22505	1000	912		12167		5000	4849
武威市直	100	100		100									
武威市 2016 年农田水利设施维修养护资金	100	100		100									
凉州区	18481	12826	3451	9375	5262	4350		912		393			
石羊河凉州区松涛寺至红水河入河口防洪													
凉州区杂木河灌区续建配套节水改造	4114	3291	3291		823			823					
凉州区小型农田水利重点县 2016	3000	2000		2000	1000	1000							
凉州区高效节水灌溉 2016	9000	6000		6000	3000	3000							
凉州区农田水利设施维修养护 2016	600	600		600									
凉州区农村饮水安全巩固提升 2016	992	160	160		439	350		89		393			
凉州区抗旱应急引调提水项目	775	775		775									
民勤县	34151	21171	15267	5904	12116	11116	1000			864			
民勤县高效节水灌溉 2016	1500	1000		1000	500	500							
民勤县农田水利设施维修养护 2016	600	600		600									
民勤县 2015 新增农田水利设施建设 2016	1500	1000		1000	500	500							
民勤县小型农田水利重点县 2016	1500	1000		1000	500	500							
民勤县小型农田水利设施建设补助 2016	1000	1000		1000									
民勤县红崖水库加高扩建工程	25000	15000	15000		10000	9000	1000						
民勤县农村饮水安全巩固提升项目 2016	1747	267	267		616	616				864			
民勤县抗旱应急水源工程	1304	1304		1304									
古浪县	19788	6189	250	5939	2689	2689				10910			
古浪县黄花滩项目	10709									10709			
2016 古浪县小型农田水利设施补助资金（二）	1000	1000		1000									

2-9 续表

单位：万元

项目	本年到位资金	中央政府投资			地方政府投资				企业和私人投资	国内贷款		债券	其他投资
		小计	预算内拨款	中央财政水利专项资金	小计	省级政府投资	地市级政府投资	县级政府投资		小计	其中：国家专项建设基金		
古浪县高效节水灌溉 2016	1500	1000		1000	500	500							
古浪县小型农田水利重点县 2016	1500	1000		1000	500	500							
古浪县 2015 新增农田水利设施建设 2016	1500	1000		1000	500	500							
古浪县农田水利设施维修养护 2016	200	200		200									
古浪县农村饮水安全巩固提升 2016	1640	250	250		1189	1189				201			
古浪县抗旱应急引调提水项目	1739	1739		1739									
天祝县	18258	4059		4059	4350	4350						5000	4849
天祝县大通河防洪工程	3446				600	600							2846
天祝县高效节水灌溉 2016	2653	1700		1700	850	850							103
天祝县小型农田水利重点县 2016	1080	700		700	300	300							80
天祝县 2016 年农田水利设施维修养护资金	100	100		100									
天祝县小型农田水利设施补助 2016	1046	1000		1000									46
天祝县石门河调蓄引水工程	2500											2500	
天祝县二道墩水库	1739												1739
天祝县南阳山片下山入川供水工程	5100				2600	2600						2500	
天祝县抗旱应急引调提水项目	593	559		559									34
张掖市	57941	40106	19557	20549	12591	10305		2286	315	491			4438
张掖市直	100	100		100									
张掖市年农田水利设施维修养护 2016	100	100		100									
甘州区	14092	12312	8912	3400	759	759				364			657
甘州区大满灌区续建配套节水改造	5739	5739	5739										
甘州区西浚灌区续建配套节水改造	3061	3061	3061										
甘州区高效节水灌溉 2016	1862	1400		1400									462
甘州区农田水利设施维修养护 2016	1000	1000		1000									

2-9 续表

单位：万元

项目	本年到位资金	中央政府投资			地方政府投资				企业和私人投资	国内贷款		债券	其他投资
		小计	预算内拨款	中央财政水利专项资金	小计	省级政府投资	地市级政府投资	县级政府投资		小计	其中：国家专项建设基金		
甘州区小型农田水利重点县 2016	1695	1000		1000	500	500							195
甘州区农村饮水安全巩固提升 2016	735	112	112		259	259				364			
肃南县	2840	1500		1500	1073	775		298					267
肃南县隆畅河治理工程补充项目	745	500		500	245			245					
肃南县农田水利设施维修养护 2016	318				318	275		43					
肃南县高效节水灌溉 2016	1777	1000		1000	510	500		10					267
民乐县	3712	2239	39	2200	891	891				127			456
民乐县小型农田水利重点县 2016	1826	1000		1000	500	500							326
民乐县农田水利设施维修养护 2016	600	600		600									
民乐县 2015 年新增农田水利设施建设 2016	1030	600		600	300	300							130
民乐县山城河水库													
民乐县农村饮水安全巩固提升 2016	257	39	39		91	91				127			
临泽县	10016	7072	6334	738	2584	1000		1584					360
临泽县小东沟河新柳－西街农田防护	998	638		638									360
临泽县梨园河灌区续建配套节水改造	7918	6334	6334		1584			1584					
临泽县农田水利设施维修养护 2016	100	100		100									
临泽县红山湾水库工程	1000				1000	1000							
高台县	8227	4850		4850	2180	2180							1197
高台县小海子水库除险加固	600				600	600							
高台县罗城灌区农业综合开发	330	250		250	80	80							
高台县高效节水灌溉 2016	1725	1000		1000	500	500							225
高台县小型农田水利重点县 2016 年	1967	1000		1000	500	500							467
高台 2015 年新增农田水利设施建设 2016	1754	1000		1000	500	500							254
高台县小型农田水利设施补助 2016	1070	1000		1000									70

2-9 续表

单位：万元

项目	本年到位资金	中央政府投资			地方政府投资				企业和私人投资	国内贷款		债券	其他投资
		小计	预算内拨款	中央财政水利专项资金	小计	省级政府投资	地市级政府投资	县级政府投资		小计	其中：国家专项建设基金		
高台县农田水利设施维修养护 2016	781	600		600									181
山丹县	18954	12033	4272	7761	5104	4700		404	315				1501
山丹县马营河大马营段河道治理工程	911	911		911									
山丹县马营河灌区续建配套节水改造	5340	4272	4272										1068
山丹县农田水利设施维修养护 2016	100	100		100									
山丹县小型农田水利重点县 2016	2722	1700		1700	925	900		25					97
山丹县小型农田水利设施补助 2016	1000	1000		1000									
山丹县高效节水灌溉 2016	1939	1200		1200	608	600		8					131
山丹县 2015 年新增农田水利设施建设 2016	1894	1000		1000	689	500		189					205
山丹马场高效节水灌溉 2016	960	400		400	300	300			260				
山丹马场小型农田水利重点县 2016	1255	800		800	400	400			55				
山丹县白石崖水库（抗旱规划内）	2000				2000	2000							
山丹县抗旱应急引调提水项目	832	650		650	182			182					
平凉市	51596	21891	3624	18267	10572	8413	750	1409		18877			256
平凉市直	2268	1387	857	530	875	84	750	41					6
平凉市泾河吴老沟至平镇桥河堤治理	857	857	857										
平凉市农田水利设施维修养护 2016	100	100		100									
崇信县国家农业综合开发水土保持项目 2016	403	290		290	107	84		23					6
灵台县病险淤地坝除险加固工程 2016	68	68		68									
庄浪县病险淤地坝除险加固工程 2016	90	72		72	18			18					
平凉市崆峒水库至大岔河段河道生态综合治理	750				750		750						
崆峒区	4294	1478	478	1000	819	819				1997			
泾河崆峒区马莲沟至南阳涧河段防洪工程													
崆峒区五小水利工程 2016	1500	1000		1000	500	500							

2-9 续表

单位：万元

项　目	本年到位资金	中央政府投资			地方政府投资				企业和私人投资	国内贷款		债券	其他投资
		小计	预算内拨款	中央财政水利专项资金	小计	省级政府投资	地市级政府投资	县级政府投资		小计	其中：国家专项建设基金		
崆峒区北杨涧水库（抗旱规划内）	1549									1549			
平凉市白庙泵站更新改造工程	340	340	340										
崆峒区农村饮水安全项目巩固提升 2016	905	138	138		319	319				448			
泾川县	4653	3110	185	2925	945	927		18		598			
泾河泾川县罗汉洞至洪河口段河堤治理													
泾川县汭河十里沟至枣林段河堤治理工程	570	570		570									
泾川县黑河荒场至茜家沟河堤治理工程	384	384		384									
泾川县洪河河堤治理工程	280	280		280									
泾川县五小水利工程 2016	1500	1000		1000	500	500							
泾川县农田水利设施维修养护 2016	100	100		100									
泾川县朱家涧水库（抗旱规划内）													
泾川县农村饮水安全巩固提升 2016	1210	185	185		427	427				598			
泾川县抗旱应急水源引调提水项目	519	519		519									
泾川县病险淤地坝除险加固工程 2016	90	72		72	18			18					
灵台县	15874	2776	155	2621	1997	1597		400		11101			
灵台县达溪河县城至安家庄段河堤治理	1175	1175		1175									
灵台县达溪河县城至百里段河堤治理	340				340	340							
灵台县黑河东门至景家庄段河堤治理	446	446		446									
灵台县中央财政小型农田水利工程 2015													
灵台县五小水利工程 2016	1500	1000		1000	500	500							
灵台县中央财政小农水重点县 2014（四）	400				400			400					
灵台县新集水库工程	11000									11000			
灵台县农村饮水安全巩固提升 2016	1013	155	155		757	757				101			
崇信县	3933	3305	40	3265	559	559				69			

2-9 续表

单位：万元

项目	本年到位资金	中央政府投资			地方政府投资				企业和私人投资	国内贷款		债券	其他投资
		小计	预算内拨款	中央财政水利专项资金	小计	省级政府投资	地市级政府投资	县级政府投资		小计	其中：国家专项建设基金		
崇信县汭河（九功渠首至野雀沟）河堤治理	578	578		578									
崇信县黑河河堤治理工程	561	561		561									
崇信县五小水利工程 2016	1500	1000		1000	500	500							
崇信县关河水库（抗旱规划内）													
崇信县农村饮水安全巩固提升 2016	168	40	40		59	59				69			
崇信县抗旱应急引调提水项目	1126	1126		1126									
华亭县	4644	2251	251	2000	1580	1580				813			
华亭县五小水利工程 2016	1500	1000		1000	500	500							
华亭县 2015 年新增农田水利设施建设 2016	1500	1000		1000	500	500							
华亭县农村饮水安全巩固提升 2016	1644	251	251		580	580				813			
庄浪县	8431	3297	258	3039	1450	500		950		3684			
庄浪县韩店镇王崖段河堤治理工程	460				460			460					
庄浪县北洛河良邑郭魏至石家窑防洪	542	542		542									
庄浪县红土坡至刘家湾段河堤工程	490				490			490					
庄浪县水洛河灌区节水配套改造项目	350	350		350									
庄浪县五小水利工程 2016	1500	1000		1000	500	500							
庄浪县小型农田水利设施补助 2016	800	800		800									
庄浪县花崖河水库（抗旱规划内）	1350									1350			
庄浪县农村饮水安全巩固提升 2016	1092	258	258							834			
庄浪县抗旱应急引调提水项目	347	347		347									
庄浪县南坪水厂改扩建及管网工程	1500									1500			
静宁县	7499	4287	1400	2887	2347	2347				615			250
葫芦河静宁县狗娃河口至胡家河段河堤治理过程													
静宁县东峡灌区农业综合开发	840	600		600	240	240							

2-9 续表

单位：万元

项目	本年到位资金	中央政府投资			地方政府投资				企业和私人投资	国内贷款		债券	其他投资
		小计	预算内拨款	中央财政水利专项资金	小计	省级政府投资	地市级政府投资	县级政府投资		小计	其中：国家专项建设基金		
静宁县五小水利工程 2016	1500	1000		1000	500	500							
静宁县农村饮水安全巩固提升 2016	2622	400	400		1607	1607				615			
静宁县抗旱应急引调提水项目	1287	1287		1287									
静宁县坡耕地水土流失治理 2016	1250	1000	1000										250
酒泉市	64948	36401	15054	21347	22302	11996		10306	397	2546	1048		3301
酒泉市直	11466	8234	8234		3232	1995		1237					
敦煌水资源规划项目（酒泉市）2016	10294	8234	8234		2060	823		1237					
敦煌水资源规划项目（河道归束）2015	1172				1172	1172							
肃州区	17344	9694	1566	8128	4311	3500		811	397				2942
肃州区丰乐河堤防及河道治理工程	642	642		642									
肃州区清水河堤防及河道治理工程	286	286		286									
肃州区红山河青稞地排沙闸	788	788	788										
肃州区马营河渠首闸	778	778	778										
肃州区红山河马鬃门排砂闸除险加固工程	23				23			23					
肃州区高效节水灌溉 2016	10554	5000		5000	2972	2500		472					2582
肃州区农田水利设施维修养护 2016	202	200		200	2			2					
肃州区小型农田水利建设（五）	33				33			33					
肃州区小型农田水利重点县 2016	3897	2000		2000	1140	1000		140	397				360
肃州区高效节水灌溉项目（六）	28				28			28					
肃州区规模化节水增效示范（2013-2016）	114				114			114					
金塔县	5649	4149		4149	1500	1500							
黑河酒泉市金塔县五爱至友好段河道治理工程													
黑河金塔县常丰至中丰村段防洪治理工程													
金塔县小型农田水利重点县 2016	1500	1000		1000	500	500							

2-9 续表

单位：万元

项　目	本年到位资金	中央政府投资			地方政府投资				企业和私人投资	国内贷款		债券	其他投资
		小计	预算内拨款	中央财政水利专项资金	小计	省级政府投资	地市级政府投资	县级政府投资		小计	其中：国家专项建设基金		
金塔县农田水利设施维修养护 2016	1000	1000		1000									
金塔县 2015 新增农田水利设施建设 2016	1500	1000		1000	500	500							
金塔县高效节水灌溉 2016	1500	1000		1000	500	500							
金塔县解放村水电站增效扩容改造	149	149		149									
瓜州县	3497	1744	44	1700	1710	1297		413		42			
瓜州县榆林河蘑菇台子段河道治理	500				500	500							
瓜州县农田水利设施维修养护 2016	200	200		200									
瓜州县高效节水灌溉 2016	2520	1500		1500	1020	750		270					
瓜州县小型农田水利建设（五）	143				143			143					
瓜州县农村饮水安全巩固提升 2016	133	44	44		47	47				42			
肃北县	9051	1051		1051	6952			6952		1048	1048		
肃北县小型农田水利设施补助 2016	600	600		600									
肃北县马鬃山镇供水工程	8000				6952			6952		1048	1048		
肃北县拉排一级水电站增效扩容改造	424	424		424									
肃北县拉排一级水电站河流生态修复	27	27		27									
玉门市	10022	5390	90	5300	2817	2692		125		1456			359
玉门市小型农田水利重点县 2016	4019	2700		2700	1300	1300							19
玉门市高效节水灌溉 2016	2172	1400		1400	700	700							72
玉门市 2015 新增农田水利设施建设 2016	1769	1000		1000	500	500							269
玉门市农田水利设施维修养护 2016	200	200		200									
酒泉循环经济产业园水源（大红泉水库）	1195									1195			
玉门市农村饮水安全巩固提升 2016	668	90	90		317	192		125		261			
敦煌市	7919	6139	5120	1019	1780	1012		768					
敦煌市党河灌区西干渠改建工程	500				500	500							

2-9 续表

单位：万元

项目	本年到位资金	中央政府投资			地方政府投资				企业和私人投资	国内贷款		债券	其他投资
		小计	预算内拨款	中央财政水利专项资金	小计	省级政府投资	地市级政府投资	县级政府投资		小计	其中：国家专项建设基金		
敦煌市小型农田水利2015维修养护资金													
敦煌市2015抗旱引调提水项目													
敦煌市规模化节水增效示范（2013–2016）													
敦煌市农田水利设施维修养护2016	100	100		100									
敦煌县抗旱应急引调提水项目	344	344		344									
敦煌市南湖店水电站增效扩容改造	172	172		172									
敦煌市党河水电站增效扩容改造	403	403		403									
敦煌水资源规划项目（敦煌市）2016	6400	5120	5120		1280	512		768					
敦煌水资源规划项目（党河灌区）2015													
庆阳市	141947	31251	10466	20785	39846	21823	8943	9080	3398	65525			1926
庆阳市直	42900				1000	1000				41900			
庆阳市莲花寺水库及供水工程	9200									9200			
庆阳市巴家咀水库新增调蓄工程（五台山水库）	5900									5900			
庆阳市小盘河水库及供水工程	26800									26800			
盐环定扬黄续建工程调概算	1000				1000	1000							
西峰区	6568	3039	50	2989	3444	73	2265	1106		85			
西峰区砚瓦川贺家塬沟护岸工程	240	240		240									
西峰区农村饮水安全巩固提升2016	208	50	50		73	73				85			
西峰区2016年市级财政安排农村饮水项目	636				636		486	150					
西峰区病险淤地坝除险加固工程2016	180	144		144	36			36					
庆阳市新城南区湖库水系连通工程	3525	2605		2605	920			920					
西峰区小盘河水库征地拆迁补偿安置工作	1779				1779		1779						
庆城县	8623	2900	640	2260	3650	2450	675	525		2071			2
庆城县2016年蔡家庙沟护岸工程	140				140	140							

2–9 续表

单位：万元

项 目	本年到位资金	中央政府投资			地方政府投资				企业和私人投资	国内贷款		债券	其他投资
		小计	预算内拨款	中央财政水利专项资金	小计	省级政府投资	地市级政府投资	县级政府投资		小计	其中：国家专项建设基金		
庆城县“五小水利”工程 2016	2459	1500		1500	959	750		209					
庆城县纸坊沟水库（抗旱规划内）													
庆城县农村饮水安全巩固提升 2016	4189	640	640		1478	1478				2071			
庆城县 2016 年市级财政安排农村饮水项目	868				868		675	193					
庆城县抗旱应急引调提水项目	460	383		383	77			77					
庆城县国家农业综合开发水土保持项目 2016	392	285		285	105	82		23					2
庆城县病险淤地坝除险加固工程 2016	115	92		92	23			23					
环 县	43476	10341	7268	3073	16619	11637	3481	1501		16266			250
环县马莲河韩洼子至陈沟桥段防洪	2072	1243	1243		829			829					
环县“五小水利”工程 2016	756	500		500	256	250		6					
环县米岔沟水库（抗旱规划）	1549	1036		1036	513			513					
环县农村饮水安全巩固提升 2016	32678	5025	5025		11387	11387				16266			
环县 2016 年市级财政安排农村饮水项目	3481				3481		3481						
环县抗旱应急引调提水项目	1350	1265		1265	85			85					
环县病险淤地坝除险加固工程 2016	340	272		272	68			68					
环县坡耕地水土流失治理 2016	1250	1000	1000										250
华池县	10779	2977	585	2392	5224	1707	765	2752		2330			248
华池县葫芦河引水枢纽上游护岸工程	435									435			
华池县“五小水利”工程 2016	764	500		500	250	250							14
华池县农村饮水安全巩固提升 2016	3832	585	585		1352	1352				1895			
华池县 2016 年市级财政安排农村饮水项目	1583				1505		765	740					78
华池县抗旱应急引调提水项目	1674	1527		1527									147
华池县刘坪村美丽村庄河道治理及供水工程	1000				1000			1000					
华池县城区污水分户收集工程	386				386			386					

2-9 续表

单位：万元

项目	本年到位资金	中央政府投资			地方政府投资				企业和私人投资	国内贷款		债券	其他投资
		小计	预算内拨款	中央财政水利专项资金	小计	省级政府投资	地市级政府投资	县级政府投资		小计	其中：国家专项建设基金		
华池县县城污水支管道工程	606				606			606					
华池县国家农业综合开发水土保持项目 2016	399	285		285	105	105							9
华池县病险淤地坝除险加固工程 2016	100	80		80	20			20					
合水县	4922	1016	286	730	2744	660		2084		926			236
合水县葫芦河、苗村河太白段河道整治工程	1078				1078			1078					
合水县农田水利设施维修养护 2016	121	100		100	21			21					
合水县 2016 年市级财政安排农村饮水项目	559				559			559					
合水县农村饮水安全巩固提升 2016	2279	286	286		1067	660		407		926			
合水县国家水土保持重点建设工程 2016 年	786	550		550									236
合水县病险淤地坝除险加固工程 2016	100	80		80	20			20					
正宁县	7346	4610	213	4397	1740	991	405	344		689			307
正宁县四郎河房河治理工程	839	839		839									
正宁县四郎河樊湾子治理工程	920	920		920									
正宁县五小水利工程 2016	1579	1000		1000	579	500		79					
正宁县小型农田水利设施补助 2016	1191	1000		1000	191			191					
正宁县农村饮水安全巩固提升 2016	1464	213	213		491	491				689			71
正宁县 2016 年市级财政安排农村饮水项目	457				457		405	52					
正宁县国家水土保持重点建设工程 2016 年	786	550		550									236
正宁县病险淤地坝除险加固工程 2016	110	88		88	22			22					
宁　县	7822	1814	180	1634	2273	1400	839	34	3398	101			236
宁县新宁镇高山堡村护岸工程													
蒲河宁县庄里至叶王川段防洪治理工程													
宁县海升公司果业基地滴灌工程	3398								3398				
宁县五小水利工程 2016	1524	1000		1000	524	500		24					

2-9 续表

单位：万元

项　目	本年到位资金	中央政府投资			地方政府投资				企业和私人投资	国内贷款		债券	其他投资
		小计	预算内拨款	中央财政水利专项资金	小计	省级政府投资	地市级政府投资	县级政府投资		小计	其中：国家专项建设基金		
宁县农村饮水安全巩固提升 2016	1181	180	180		900	900				101			
宁县 2016 年市级财政安排农村饮水项目	839				839		839						
宁县国家水土保持重点建设工程 2016 年	786	550		550									236
宁县病险淤地坝除险加固工程 2016	94	84		84	10			10					
镇原县	9510	4554	1244	3310	3152	1905	513	734		1157			647
镇原县洪河南川芦李护岸工程	411				411	411							
镇原县城东区排洪工程	508				141			141		367			
镇原县 2015 年新增农田水利设施建设 2016	1558	1000		1000	558	500		58					
镇原县五小水利工程 2016	605	400		400	205	200		5					
镇原县 2016 年市级财政安排农村饮水项目	874				874		513	361					
镇原县农村饮水安全巩固提升 2016	1818	244	244		784	784				790			
镇原县抗旱应急引调提水项目	958	824		824	134			134					
镇原县国家水土保持重点建设工程 2016 年	1000	700		700									300
镇原县坡耕地水土流失治理 2016	1250	1000	1000										250
镇原县国家水土保持重点建设 2016 第二批	357	250		250	10	10							97
镇原县病险淤地坝除险加固工程 2016	170	136		136	34			34					
定西市	29357	10767	4025	6742	9497	9497				8990			103
安定区	6085	929	929		2147	2147				3009			
安定区农村饮水安全巩固提升 2016	6085	929	929		2147	2147				3009			
通渭县	2731	1595	205	1390	473	473				663			
通渭县小型农田水利设施补助 2016	500	500		500									
通渭县农田水利设施维修养护 2016	100	100		100									
通渭县农村饮水安全巩固提升 2016	1341	205	205		473	473				663			
通渭县抗旱应急引调提水项目	790	790		790									

2-9 续表

单位：万元

项目	本年到位资金	中央政府投资			地方政府投资				企业和私人投资	国内贷款		债券	其他投资
		小计	预算内拨款	中央财政水利专项资金	小计	省级政府投资	地市级政府投资	县级政府投资		小计	其中：国家专项建设基金		
陇西县	3508	1875	84	1791	1340	1340				272			21
陇西县五小水利工程 2016	1521	1000		1000	500	500							21
陇西县农村饮水安全巩固提升 2016	1196	84	84		840	840				272			
陇西县抗旱应急引调提水项目	791	791		791									
渭源县	1224	263	163	100	860	860				101			
渭源县农田水利设施维修养护 2016	100	100		100									
渭源县农村饮水安全巩固提升 2016	1124	163	163		860	860				101			
临洮县	13888	4184	1744	2440	4677	4677				4945			82
临洮县五小水利工程 2016	2032	1300		1300	650	650							82
临洮县村饮水安全巩固提升 2016	10716	1744	1744		4027	4027				4945			
临洮县抗旱应急引调提水项目	1140	1140		1140									
漳　县	1021	1021		1021									
漳县龙川河草川坪至魏下段堤防工程	1021	1021		1021									
岷　县	900	900	900										
洮河岷县齐家庄至石头咀段堤防工程	900	900	900										
陇南市	50881	24849	6366	18483	14420	11673	916	1831		5789			5824
武都区	9121	3770	671	3099	2169	618		1551					3182
武都区北峪河治理工程	979	979		979									
武都区小型农田水利重点县 2016	2846	1400		1400	600	600							846
武都区农田水利设施维修养护 2016	300	300		300									
武都区农村饮水安全巩固提升 2016	4396	671	671		1551			1551					2174
武都区水土保持重点工程 2016	600	420		420	18	18							162
宕昌县	4498	1585	489	1096	1863	1863				1050			
宕昌县理川河流域治理工程													

2-9 续表

单位：万元

项目	本年到位资金	中央政府投资			地方政府投资				企业和私人投资	国内贷款		债券	其他投资
		小计	预算内拨款	中央财政水利专项资金	小计	省级政府投资	地市级政府投资	县级政府投资		小计	其中：国家专项建设基金		
宕昌县良恭河韩院段河堤工程	296	296		296									
宕昌县 2015 年新增农田水利设施建设 2016	500	300		300	200	200							
宕昌县农田水利设施维修养护 2016	100	100		100									
宕昌县高效节水灌溉 2016	400	400		400									
宕昌县农村饮水安全巩固提升 2016	3202	489	489		1663	1663				1050			
成　县	3311	1758	248	1510	589	589				802			162
成县严河堤防工程	990	990		990									
成县农田水利设施维修养护 2016	100	100		100									
成县农村饮水安全巩固提升 2016	1621	248	248		571	571				802			
成县水土保持重点工程 2016	600	420		420	18	18							162
康　县	3656	1545	326	1219	1754	1754				357			
康县阳坝河阳坝镇段治理工程	519	519		519									
康县五小水利工程 2016	900	600		600	300	300							
康县农田水利设施维修养护 2016	100	100		100									
康县农村饮水安全巩固提升 2016	2137	326	326		1454	1454				357			
文　县	8063	3214	355	2859	1940	1940				1148			1761
白龙江文县石坊乡东峪口至大渡坝河道	702				702	702							
文县尚德镇水家坝至周家坝河道治理	1160												1160
文县中路河中寨至白水江口段治理	1578	1578		1578									
文县小型农田水利重点县 2016	825	300		300	200	200							325
文县农田水利设施维修养护 2016	100	100		100									
文县高效节水灌溉 2016	714	400		400	200	200							114
文县农村饮水安全巩固提升 2016	2323	355	355		820	820				1148			
文县哈南水电站增效扩容改造	46	46		46									

2–9 续表

单位：万元

项目	本年到位资金	中央政府投资			地方政府投资				企业和私人投资	国内贷款		债券	其他投资
		小计	预算内拨款	中央财政水利专项资金	小计	省级政府投资	地市级政府投资	县级政府投资		小计	其中：国家专项建设基金		
文县哈南水电站河流生态修复	15	15		15									
文县水土保持重点工程 2016	600	420		420	18	18							162
西和县	6652	4115	2153	1962	1823	1823				554			160
西和县西汉水郭家坝至昌河坝段防洪	797	797	797										
西和县太石河治理工程	564	564		564									
西和县 2015 新增农田水利设施建设 2016	500	300		300	200	200							
西和县农田水利设施维修养护 2016	100	100		100									
西和县高效节水灌溉 2016	600	400		400	200	200							
西和县农村饮水安全巩固提升 2016	2333	356	356		1423	1423				554			
西和县抗旱应急水源工程 2016	598	598		598									
西和县坡耕地水土流失治理 2016	1160	1000	1000										160
礼　县	8154	4635	1846	2789	2542	1626	916			977			
礼县西汉水罗家堡至盐官镇段防洪	2293	1377	1377		916		916						
礼县清水江张堡至教面堤防工程	1047	1047		1047									
礼县小型农田水利设施补助 2016	500	500		500									
礼县农田水利设施维修养护 2016	100	100		100									
礼县农村饮水安全巩固提升 2016	3072	469	469		1626	1626				977			
礼县抗旱应急引调提水项目	916	916		916									
礼县大滩水电站增效扩容改造工程	93	93		93									
礼县红崖二级水电站增效扩容改造工程	103	103		103									
礼县大滩水电站河流生态修复工程	14	14		14									
礼县红崖二级水电站河流生态修复工程	16	16		16									
两当县	3039	2062		2062	418	418							559
两当县红崖河蚂蚱河段综合治理工程	352	352		352									

2–9 续表

单位：万元

项 目	本年到位资金	中央政府投资			地方政府投资				企业和私人投资	国内贷款		债券	其他投资
		小计	预算内拨款	中央财政水利专项资金	小计	省级政府投资	地市级政府投资	县级政府投资		小计	其中：国家专项建设基金		
两当县红崖河权坪河段综合治理工程	490	490		490									
两当县高效节水灌溉 2016	773	400		400	200	200							173
两当县小型农田水利重点县 2016	724	300		300	200	200							224
两当县农田水利设施维修养护 2016	100	100		100									
两当县水土保持重点工程 2016	600	420		420	18	18							162
徽　县	4388	2165	278	1887	1322	1042		280		901			
徽县永宁河高桥乡河道治理工程	1087	1087		1087									
徽县小型农田水利重点县 2016	590	300		300	290	200		90					
徽县 2015 新增农田水利设施建设 2016	789	400		400	389	200		189					
徽县农田水利设施维修养护 2016	100	100		100									
徽县农村饮水安全巩固提升 2016	1821	278	278		642	642				901			
临夏回族自治州	110375	66441	47187	19254	25208	14943	3940	6325		9488		7000	2238
临夏市	5615				4506			4506					1109
大夏河干流临夏市单子庄至新大桥段	1109												1109
大夏河干流临夏市祁牟段堤防工程	6				6			6					
临夏市大夏河风情线综合治理工程	4500				4500			4500					
临夏县	1130	500		500	623	200		423					7
大夏河干流临夏县祁牟至刘家峡水库防洪													
临夏县大夏河干流双城至马九川段治理													
临夏县老鸦关河双城至上阴洼段防洪工程	423				423			423					
临夏县北塬灌区农业综合开发项目													
临夏县 1 万 ~ 5 万亩灌区改造 2016	607	400		400	200	200							7
临夏县农田水利设施维修养护 2016	100	100		100									
临夏县 2015 年抗旱引调提水项目													

2-9 续表

单位：万元

项　目	本年到位资金	中央政府投资			地方政府投资				企业和私人投资	国内贷款		债券	其他投资
		小计	预算内拨款	中央财政水利专项资金	小计	省级政府投资	地市级政府投资	县级政府投资		小计	其中：国家专项建设基金		
康乐县	14253	11805	405	11400	1637	1636		1		811			
康乐县 1 万～5 万亩灌区改造 2016	601	400		400	201	200		1					
康乐县小型农田水利 2015 维修养护资金													
康乐县鸣鹿水库（抗旱规划）	11000	11000		11000									
康乐县农村饮水安全巩固提升 2016	2652	405	405		1436	1436				811			
永靖县	663	400		400	210	200		10					53
永靖县湟水干流白川至二房段河堤工程													
永靖县小型农田水利 2015 年维修养护项目													
永靖县 1 万～5 万亩灌区改造 2016	615	400		400	210	200		10					5
永靖县 2015 年抗旱引调水提水工程	48												48
永靖县刘盐八地质灾害灌区节水改造工程													
广河县	3550	2282	76	2206	1023	834		189		245			1
广河县小型农田水利设施补助 2016	558	500		500	58			58					
广河县 2015 年中央财政小型农田水利	1												1
广河县五小水利工程 2016	1500	1000		1000	500	500							
广河县农村饮水安全巩固提升 2016	655	76	76		334	334				245			
广河县抗旱应急引调提水项目	837	706		706	131			131					
广河县 2015 齐家镇抗旱应急水源配套													
广河县 2015 三甲集镇抗旱应急水源配套													
和政县	3620	1973	191	1782	1019	942	77			619			9
和政县五小水利工程 2016	1509	1000		1000	500	500							9
和政县农村饮水安全巩固提升 2016	1252	191	191		442	442				619			
和政县抗旱应急引调提水项目	764	687		687	77		77						
和政县闫蔡坪水电站增效扩容改造	95	95		95									

2-9 续表

单位：万元

项　目	本年到位资金	中央政府投资			地方政府投资				企业和私人投资	国内贷款		债券	其他投资
		小计	预算内拨款	中央财政水利专项资金	小计	省级政府投资	地市级政府投资	县级政府投资		小计	其中：国家专项建设基金		
东乡族县	3253	2451		2451	602	602							200
大夏河东乡县折桥至刘家峡水库堤防													
东乡县巴谢河赵家至那勒寺段堤防	1151	1151		1151									
东乡县巴谢河五家至赵家段堤防	352				352	352							
东乡族县五小水利工程 2016	750	500		500	250	250							
东乡县中央财政五小水利项目 2015	174												174
东乡县抗旱应急引调提水项目	800	800		800									
东乡县 2014 年抗旱引调提水项目	26												26
东乡县 2015 年抗旱引调提水项目													
东乡县老虎嘴电站													
积石山县	15027	1030	515	515	2325	1529		796		7813		3000	859
积石山县中央财政五小水利 2015													
积石山引水工程	9200				500	500				5000		3000	700
积石山县农村饮水安全巩固提升 2016	3210	515	515		1029	1029				1666			
积石山县抗旱应急引调提水项目	515	515		515									
积石山县 2015 年抗旱应急水源配套工程	159												159
积石山县县城区供水水源改扩建工程	1943				796			796		1147			
临夏州直	63263	46000	46000		13263	9000	3863	400				4000	
黄河甘肃段临夏州防洪治理工程	12400	12000	12000		400			400					
临夏州引黄济临供水工程	50863	34000	34000		12863	9000	3863					4000	
甘南藏族自治州	36793	23801	19718	4083	8745	6745		2000	4247				
合作市	11996	4968	4700	268	5341	5341			1687				
合作市那吾乡精准扶贫暨生态小康村防洪工程	200				200	200							
洮河合作市段防洪工程													

2–9 续表

单位：万元

项　目	本年到位资金	中央政府投资			地方政府投资				企业和私人投资	国内贷款		债券	其他投资
		小计	预算内拨款	中央财政水利专项资金	小计	省级政府投资	地市级政府投资	县级政府投资		小计	其中：国家专项建设基金		
合作市格河多合儿防洪工程	141				141	141							
合作市德吾录河卡加防洪工程	268	268		268									
甘南州引洮（博）济合供水工程	9700	4700	4700		5000	5000							
合作市峡村电站	1687								1687				
临潭县	2932	578		578	2354	354		2000					
洮河干流临潭县洮滨防洪堤工程													
临潭县羊沙河下河段治理工程	578	578		578									
临潭县斜藏沟治理工程	354				354	354							
甘南州引洮入潭工程	2000				2000			2000					
卓尼县	1886	1086		1086	800	800							
卓尼县车巴河流域防洪治理项目	800				800	800							
洮河卓尼县麻路 1 段至牙当段													
卓尼县洮河干流城区段堤防工程													
卓尼县羊沙河恰盖防洪工程	606	606		606									
卓尼县石窖沟藏巴哇防洪工程	480	480		480									
卓尼县小型农田水利 2015 维修养护													
舟曲县	1517	1267		1267	250	250							
舟曲县拱坝河堤防工程	767	767		767									
舟曲县五小水利工程 2016	750	500		500	250	250							
迭部县	3270	884		884					2386				
迭部县卡坝乡尼吉巴防洪工程													
迭部县阿夏流域治理工程	384	384		384									
2016 迭部县小型农田水利设施补助资金（二）	500	500		500									
迭部县阿夏那盖水电站	2386								2386				

2-9 续表

单位：万元

项　目	本年到位资金	中央政府投资			地方政府投资				企业和私人投资	国内贷款		债券	其他投资
		小计	预算内拨款	中央财政水利专项资金	小计	省级政府投资	地市级政府投资	县级政府投资		小计	其中：国家专项建设基金		
玛曲县	14432	14432	14432										
黄河甘肃段甘南州防洪治理工程	12000	12000	12000										
玛曲县县城引水工程	2432	2432	2432										
夏河县	760	586	586						174				
夏河县垂子合大桥至阿一山大桥段治理													
大夏河夏河县王格尔塘至曲奥段治理工程	586	586	586										
夏河县 2015 牧区节水灌溉项目													
夏河县安顺水电站													
夏河县白土坡水电站													
夏河县甫黄二级小水电代燃料项目	174								174				
甘肃省直属	327465	172973	112488	60485	58565	57077	1280	208	36	87500	55000		8392
省农垦	2570	1400		1400	600	600			36				534
省农垦黄羊河农场小型农田水利（五）	36								36				
省农垦黄花农场高效节水灌溉项目（六）	0								0				
省农垦张掖农场小型农田水利建设（五）	85												85
省农垦小型农田水利 2015 维修养护													
省农垦饮马农场中央财政小农水 2015													
省农垦八一农场水利设施维修养护 2016	100	100		100									
省农垦山丹农场小型农田水利重点县 2016	1023	500		500	200	200							323
省农垦小型农田水利补助 2016	1326	800		800	400	400							126
省景电管理局	10173	6942	6842	100	3231	2231	1000						
省景电一期灌区续建配套节水改造	2542	2042	2042		500	500							
石羊河流域重点治理（省景电）2013	1940				1940	940	1000						
景泰县中央财政景电农场节水灌溉 2013													

2-9 续表

单位：万元

项目	本年到位资金	中央政府投资			地方政府投资				企业和私人投资	国内贷款		债券	其他投资
		小计	预算内拨款	中央财政水利专项资金	小计	省级政府投资	地市级政府投资	县级政府投资		小计	其中：国家专项建设基金		
省景电农田水利设施维修养护 2016	100	100		100									
甘肃省景电泵站更新改造	5591	4800	4800		791	791							
省引大管理局	6000									6000			
兰州新区供水项目引大渠道除险加固	6000									6000			
省疏勒河管理局	24828	18263	16646	1617	6565	6485	80						
甘肃疏勒河灌区三道沟河道治理	867	867		867									
甘肃双塔水库除险加固	4500				4500	4500							
玉门市花海灌区农业综合开发	1050	650		650	400	320	80						
省疏管局农田水利设施维修养护 2016	100	100		100									
敦煌水资源合理与生态保护（疏勒河）2016	18311	16646	16646		1665	1665							
敦煌水资源利用与生态保护（疏勒河）2015													
省引洮管理局													
甘肃省引洮供水一期工程													
省水保局	35769	26351	9000	17351	1560	1352		208					7858
泾川县国家农业综合开发水土保持项目 2016	394	285		285	105	82		23					4
漳县国家农业综合开发水土保持项目 2016	397	285		285	105	105							7
临潭县水土保持重点工程 2016	560	420		420	18	18							122
甘谷县国家农业综合开发水土保持项目 2016	397	285		285	105	105							7
武山县国家农业综合开发水土保持项目 2016	397	285		285	105	105							7
秦安县国家农业综合开发水土保持项目 2016	396	285		285	105	105							6
灵台县国家农业综合开发水土保持项目 2016	395	285		285	105	82		23					5
庄浪县国家水土保持重点建设工程 2016 年	786	550		550									236
张家川县国家农业综合开发水土保持项目 2016	397	285		285	105	105							7

2-9 续表

单位：万元

项　目	本年到位资金	中央政府投资			地方政府投资				企业和私人投资	国内贷款		债券	其他投资
		小计	预算内拨款	中央财政水利专项资金	小计	省级政府投资	地市级政府投资	县级政府投资		小计	其中：国家专项建设基金		
礼县坡耕地水土流失治理 2016	1250	1000	1000										250
广河县坡耕地水土流失治理 2016	1250	1000	1000										250
甘肃省国家水土保持重点工程（2015）													
甘肃省农业综合开发水土保持项目（2015）													
甘肃省坡耕地水土流失重点治理 2015（黄河）	271												271
渭源县国家农业综合开发水土保持项目 2016	395	285		285	105	105							5
陇西县国家水土保持重点建设工程 2016 年	1286	900		900									386
甘肃省坡耕地水土流失重点治理 2015（长江）	114												114
甘肃省水土流失重点治理工程 2015（黄河）	110												110
甘肃省水土流失重点治理工程 2015（长江）	21												21
甘肃省水土流失重点治理工程 2015（内陆）	9												9
东乡县坡耕地水土流失治理 2016	1250	1000	1000										250
景泰县水土保持重点工程 2016	600	420		420	18	18							162
岷县水土保持重点工程 2016	575	425		425	18	18							132
康乐县国家农业综合开发水土保持项目 2016	399	285		285	105	105							9
临洮县坡耕地水土流失治理 2016	1238	1000	1000										238
会宁县国家水土保持重点建设工程 2016 年	1286	900		900									386
通渭县国家水土保持重点建设工程 2016 年	1286	900		900									386
永靖县国家水土保持重点建设工程 2016 年	796	557		557									239
陇西县国家水土保持重点建设 2016 第二批	286	200		200	8	8							78
临洮县国家水土保持重点建设 2016 第二批	419	293		293	12	12							114
积石山县国家水土保持重点建设工程 2016 年	929	650		650									279
临夏市水土保持重点工程 2016	571	400		400	17	17							154
东乡县国家水土保持重点建设 2016 第二批	357	250		250	10	10							97

2–9 续表

单位：万元

项目	本年到位资金	中央政府投资			地方政府投资				企业和私人投资	国内贷款		债券	其他投资
		小计	预算内拨款	中央财政水利专项资金	小计	省级政府投资	地市级政府投资	县级政府投资		小计	其中：国家专项建设基金		
麦积区水土保持重点工程 2016	543	420		420	18	18							105
临夏县坡耕地水土流失治理 2016	1250	1000	1000										250
陇西县坡耕地水土流失治理 2016	1195	1000	1000										195
秦州区坡耕地水土流失治理 2016	1250	1000	1000										250
安定区坡耕地水土流失治理 2016	1091	1000	1000										91
通渭县坡耕地水土流失治理 2016	1250	1000	1000										250
靖远县水土保持重点工程 2016	582	420		420	18	18							144
康县水土保持重点工程 2016	600	420		420	18	18							162
卓尼县水土保持重点工程 2016	588	420		420	18	18							150
迭部县水土保持重点工程 2016	575	420		420	18	18							137
清水县国家农业综合开发水土保持项目 2016 年	404	290		290	107	107							7
和政县国家农业综合开发水土保持项目 2016	396	285		285	105	105							6
临洮县国家水土保持重点建设工程 2016 年	1286	900		900									386
安定区国家水土保持重点建设工程 2016 年	1286	900		900									386
东乡县国家水土保持重点建设工程 2016 年	786	550		550									236
临夏县国家水土保持重点建设工程 2016 年	929	650		650									279
会宁县国家水土保持重点建设 2016 第二批	357	250		250	10	10							97
安定区国家水土保持重点建设 2016 第二批	286	200		200	8	8							78
通渭县国家水土保持重点建设 2016 第二批	429	300		300	12	12							117
永靖县国家水土保持重点建设 2016 第二批	357	250		250	10	10							97
临夏县国家水土保持重点建设 2016 第二批	357	250		250	10	10							97
陇西县病险淤地坝除险加固工程 2016	106	96		96	10			10					
通渭县病险淤地坝除险加固工程 2016	132	112		112	20			20					
漳县病险淤地坝除险加固工程 2016	115	92		92	23			23					

2-9 续表

单位：万元

项 目	本年到位资金	中央政府投资			地方政府投资				企业和私人投资	国内贷款		债券	其他投资
		小计	预算内拨款	中央财政水利专项资金	小计	省级政府投资	地市级政府投资	县级政府投资		小计	其中：国家专项建设基金		
安定区病险淤地坝除险加固工程 2016	414	352		352	62			62					
渭源县病险淤地坝除险加固工程 2016	96	80		80	16			16					
榆中县病险淤地坝除险加固工程 2016	97	92		92	5			5					
秦州区病险淤地坝除险加固工程 2016	105	84		84	21			21					
临洮县病险淤地坝除险加固工程 2016	93	88		88	5			5					
省直属其他	245911	119017	80000	39017	45394	45394				81500	55000		
甘肃省山洪灾害防治 2016（内陆）	2315	1595		1595	720	720							
甘肃省山洪灾害防治 2016（长江）	663	660		660	3	3							
甘肃省山洪灾害防治 2016（黄河）	7190	5390		5390	1800	1800							
兰州新区 2 号 3 号石门沟水库	15500				5000	5000				10500	6500		
甘肃引洮供水二期工程	130000	80000	80000							50000	40000		
天水市城区引洮供水工程	16000				6000	6000				10000			
靖远寺儿坪供水项目	728				728	728							
武威市城乡融合黄羊土门组团供水（陆港）	10500				2000	2000				8500	8500		
天水市城区供水高桥头引水枢纽工程	400				400	400							
临洮县污水处理厂配套管网工程													
民勤红沙岗污水处理厂及中水回用贮水池	2500									2500			
山丹县城区生活污水处理工程													
甘肃水资源监控能力建设二期 2016	373	373		373									
甘肃省大中型水库移民后期扶持（长江）	4328	2749		2749	1579	1579							
甘肃省大中型水库移民后期扶持（黄河）	47136	23860		23860	23276	23276							
甘肃省大中型水库移民后期扶持（内陆）	8278	4390		4390	3888	3888							
兰州新区农林水务局	1600	1000		1000	600	400	200						
兰州新区高效节水灌溉 2016	1600	1000		1000	600	400	200						
省水文局	615				615	615							
甘肃省中小河流水文监测系统建设项目	615				615	615							

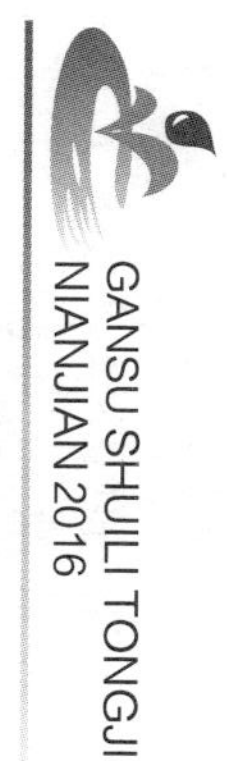

2-10 2016 年水利建设项目完成投资

单位：万元

项目	本年完成投资	中央政府投资				地方政府投资				企业和私人投资	国内贷款		债券	其他投资	本年完成投资（按财务支出核算）
		小计	预算内拨款	中央财政水利专项资金	其他资金	小计	省级政府投资	地市级政府投资	县级政府投资		小计	其中：国家专项建设基金			
甘肃省	1684529	663507	384714	278031	762	423139	230596	117889	74654	8585	537103	50051	7000	45195	1417288
防洪项目	261302	166628	135112	31516		32289	15997	2116	14176		55894			6491	214493
堤防工程	34429					6740	4247		2493		24843			2846	33905
会宁县焦家河焦河村防洪工程	500					500	500								500
会宁县苦水河河畔羊肉市场段综合治理工程	408										408				408
天水市藉河生态综合治理一期续建工程	24000										24000				24000
秦州区天水镇易地搬迁堤防工程	1415					1415			1415						1415
天祝县大通河防洪工程	3446					600	600							2846	3446
瓜州县榆林河蘑菇台子段河道治理	500					500	500								500
庆城县 2016 年蔡家庙沟护岸工程	140					140	140								140
华池县葫芦河引水枢纽上游护岸工程	435										435				435
合水县葫芦河、苗村河太白段河道整治工程	1078					1078			1078						1024
宁县新宁镇高山堡村护岸工程	60					60	60								60
镇原县洪河南川芦李护岸工程	411					411	411								411
合作市那吾乡精准扶贫暨生态小康村防洪工程	670					670	670								200
卓尼县车巴河流域防洪治理项目	1366					1366	1366								1366
迭部县卡坝乡尼吉巴防洪工程															
大江大湖治理	148451	120000	120000			8851			8851		19600				119603
黄河甘肃段兰州市防洪治理工程	75600	56000	56000								19600				75600
黄河干流白银市防洪治理工程	40000	40000	40000												18963

2-10 续表

单位：万元

项目	本年完成投资	中央政府投资				地方政府投资				企业和私人投资	国内贷款		债券	其他投资	本年完成投资（按财务支出核算）
		小计	预算内拨款	中央财政水利专项资金	其他资金	小计	省级政府投资	地市级政府投资	县级政府投资		小计	其中：国家专项建设基金			
黄河甘肃段临夏州防洪治理工程	16300	12000	12000			4300			4300						8489
黄河甘肃段甘南州防洪治理工程	16551	12000	12000			4551			4551						16551
重要支流治理	18912	12396	12396			3745	794	2116	835					2771	14080
湟水兰州市红古段防洪治理工程	4800	3600	3600			1200		1200							1118
武山县车家川至山丹河口段治理	920	920	920												
石羊河凉州区松涛寺至红水河入河口防洪	384	292	292			92	92								1119
平凉市泾河吴老沟至平镇桥河堤治理	772	772	772												722
泾河崆峒区马莲沟至南阳涧河段防洪工程															
泾河泾川县罗汉洞至洪河口段河堤治理															
葫芦河静宁县狗娃河口至胡家河段河堤治理过程															
黑河金塔县常丰至中丰村段防洪治理工程															
黑河酒泉市金塔县五爱至友好段河道治理工程	125	125	125												125
环县马莲河韩洼子至陈沟桥段防洪	2072	1243	1243			829			829						2072
蒲河宁县庄里至叶王川段防洪治理工程															
洮河岷县齐家庄至石头咀段堤防工程	900	900	900												900
白龙江文县石坊乡东峪口至大渡坝河道	702					702	702								702
文县尚德镇水家坝至周家坝河道治理	1160													1160	1160

2-10 续表

单位：万元

项　目	本年完成投资	中央政府投资				地方政府投资				企业和私人投资	国内贷款		债券	其他投资	本年完成投资（按财务支出核算）
		小计	预算内拨款	中央财政水利专项资金	其他资金	小计	省级政府投资	地市级政府投资	县级政府投资		小计	其中：国家专项建设基金			
西和县西汉水郭家坝至昌河坝段防洪	797	797	797												797
礼县西汉水罗家堡至盐官镇段防洪	2293	1377	1377			916		916							1377
大夏河干流临夏市祁牟段堤防工程	6					6			6						6
大夏河干流临夏市单子庄至新大桥段	1109													1109	1109
临夏县大夏河干流双城至马九川段治理	464													464	464
大夏河干流临夏县祁牟至刘家峡水库防洪															
永靖县湟水干流白川至二房段河堤工程															
大夏河东乡县折桥至刘家峡水库堤防	38													38	38
洮河合作市段防洪工程															
洮河干流临潭县洮滨防洪堤工程															
洮河卓尼县麻路1段至牙当段															
卓尼县洮河干流城区段堤防工程															
夏河县垂子合大桥至阿一山大桥段治理															
大夏河夏河县王格尔塘至曲奥段治理工程	2370	2370	2370												2370
中小河流治理	38753	23871		23871		3204	1586		1618		10804			874	37506
皋兰县蔡家河东湾沟上游段——文山段堤防	1086	1086		1086											1086
白银区东大沟民勤村至城区段治理	691	691		691											288
会宁县祖厉河城区段综合治理二期工程（续建）	10804										10804				10804

2–10 续表

单位：万元

项　目	本年完成投资	中央政府投资				地方政府投资				企业和私人投资	国内贷款		债券	其他投资	本年完成投资（按财务支出核算）
		小计	预算内拨款	中央财政水利专项资金	其他资金	小计	省级政府投资	地市级政府投资	县级政府投资		小计	其中：国家专项建设基金			
清水县后川河杜川至王店段堤防工程	325					325	325								325
秦安县南小河王尹马河至凤山堤防	273	273		273											273
甘谷县清溪河礼辛乡寨子至慰坪堤防工程	508	508		508											508
肃南县隆畅河治理工程补充项目	745	500		500		245			245						745
临泽县小东沟河新柳－西街农田防护	998	638		638										360	402
山丹县马营河大马营段河道治理工程	911	911		911											911
泾川县黑河荒场至茜家沟河堤治理工程	384	384		384											380
泾川县汭河十里沟至枣林段河堤治理工程	570	570		570											327
泾川县洪河河堤治理工程	280	280		280											280
灵台县达溪河县城至安家庄段河堤治理	1175	1175		1175											1175
灵台县达溪河县城至百里段河堤治理	340					340	340								340
灵台县黑河东门至景家庄段河堤治理	446	446		446											446
崇信县黑河河堤治理工程	561	561		561											561
崇信县汭河（九功渠首至野雀沟）河堤治理	578	578		578											578
庄浪县韩店镇王崖段河堤治理工程	460					460			460						460
庄浪县红土坡至刘家湾段河堤工程	490					490			490						490
庄浪县北洛河良邑郭魏至石家窑防洪	542	542		542											542

2–10 续表

单位：万元

项 目	本年完成投资	中央政府投资				地方政府投资				企业和私人投资	国内贷款		债券	其他投资	本年完成投资（按财务支出核算）
		小计	预算内拨款	中央财政水利专项资金	其他资金	小计	省级政府投资	地市级政府投资	县级政府投资		小计	其中：国家专项建设基金			
肃州区丰乐河堤防及河道治理工程	642	642		642											642
肃州区清水河堤防及河道治理工程	286	286		286											286
西峰区砚瓦川贺家塬沟护岸工程	240	240		240											240
正宁县四郎河樊湾子治理工程	920	920		920											920
正宁县四郎河房河治理工程	839	839		839											839
漳县龙川河草川坪至魏下段堤防工程	816	816		816											816
武都区北峪河治理工程	979	979		979											979
宕昌县理川河流域治理工程															
宕昌县良恭河韩院段河堤工程	296	296		296											296
成县严河堤防工程	990	990		990											990
康县阳坝河阳坝镇段治理工程	519	519		519											519
文县中路河中寨至白水江口段治理	1578	1578		1578											1578
西和县太石河治理工程	564	564		564											564
礼县清水江张堡至教面堤防工程	1047	1047		1047											1047
两当县红崖河蚂蚱河段综合治理工程	352	352		352											352
两当县红崖河权坪河段综合治理工程	490	490		490											490
徽县永宁河高桥乡河道治理工程	1087	1087		1087											1087
临夏县老鸦关河双城至上阴洼段防洪工程	497					497	74		423						497
东乡县巴谢河五家至赵家段堤防	352					352	352								352
东乡县巴谢河赵家至那勒寺段堤防	514													514	514
合作市格河多合儿防洪工程	141					141	141								141

2-10 续表

单位：万元

项目	本年完成投资	中央政府投资				地方政府投资				企业和私人投资	国内贷款		债券	其他投资	本年完成投资（按财务支出核算）
		小计	预算内拨款	中央财政水利专项资金	其他资金	小计	省级政府投资	地市级政府投资	县级政府投资		小计	其中：国家专项建设基金			
合作市德吾录河卡加防洪工程	268	268		268											268
临潭县斜藏沟治理工程	354					354	354								354
临潭县羊沙河下河段治理工程	578	578		578											578
卓尼县石窖沟藏巴哇防洪工程	480	480		480											480
卓尼县羊沙河恰盖防洪工程	606	606		606											606
舟曲县拱坝河堤防工程	767	767		767											767
迭部县阿夏流域治理工程	384	384		384											384
甘肃疏勒河灌区三道沟河道治理															
城市防洪工程	508					141			141		367				508
镇原县城东区排洪工程	508					141			141		367				508
大中型病险水库除险加固	7127					6847	6847				280				6987
高台县小海子水库除险加固	600					600	600								460
甘肃双塔水库除险加固	6527					6247	6247				280				6527
大中型病险水闸除险加固	2954	2716	2716			238			238						1904
永昌县金川河工农渠首泄洪闸	1286	1071	1071			215			215						1286
肃州区红山河青稞地排沙闸	788	788	788												183
肃州区马营河渠首闸	778	778	778												333
肃州区红山河马鬃门排砂闸除险加固工程	102	79	79			23			23						102
山洪灾害防治工程	10168	7645		7645		2523	2523								
甘肃省山洪灾害防治 2016（长江）	663	660		660		3	3								
甘肃省山洪灾害防治 2016（内陆）	2315	1595		1595		720	720								
甘肃省山洪灾害防治 2016（黄河）	7190	5390		5390		1800	1800								
灌溉除涝项目	401435	211788	62903	148123	762	100195	68830	6505	24860	3988	62457			23006	317999

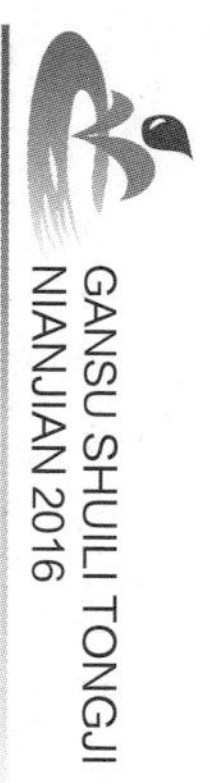

2-10 续表

单位：万元

项目	本年完成投资	中央政府投资				地方政府投资				企业和私人投资	国内贷款		债券	其他投资	本年完成投资（按财务支出核算）
		小计	预算内拨款	中央财政水利专项资金	其他资金	小计	省级政府投资	地市级政府投资	县级政府投资		小计	其中：国家专项建设基金			
灌区建设工程	50547	33794	33032		762	6209	1602		4607		10010			534	24284
西河灌区续建配套节水改造	9848	8293	8293			1555			1555						7600
兴电灌区齐家大岘隧洞除险加固工程	1000					1000	1000								400
白银市兴电灌区渠道维修工程															
凉州区杂木河灌区续建配套节水改造	4114	3291	3291			823			823						1669
古浪县黄花滩项目	10772	762			762						10010				
甘州区西浚灌区续建配套节水改造	3461	3061	3061			400			400						1900
甘州区大满灌区续建配套节水改造	6539	5739	5739			800			800						2900
临泽县梨园河灌区续建配套节水改造	7363	6334	6334			1029			1029						3591
山丹县马营河灌区续建配套节水改造	4806	4272	4272											534	3682
敦煌市党河灌区西干渠改建工程	102					102	102								
省景电一期灌区续建配套节水改造	2542	2042	2042			500	500								2542
节水灌溉工程	12139	3464	54	3410		5174	1689	3486		3398				103	11871
皋兰县西岔中型灌区农业综合开发2015	1030	1000		1000		30	30								820
白银区工农渠灌区农业综合开发	350	350		350											350
平川区旱坪川灌区农业综合开发															
靖远县靖乐渠灌区农业综合开发	60	50		50		10	10								1
秦州区易地搬迁项目高效节水灌溉工程	3486					3486		3486							3486
高台县罗城灌区农业综合开发	330	250		250		80	80								330
庄浪县水洛河灌区节水配套改造项目	350	350		350											350

2–10 续表

单位：万元

项 目	本年完成投资	中央政府投资				地方政府投资				企业和私人投资	国内贷款		债券	其他投资	本年完成投资（按财务支出核算）
		小计	预算内拨款	中央财政水利专项资金	其他资金	小计	省级政府投资	地市级政府投资	县级政府投资		小计	其中：国家专项建设基金			
静宁县东峡灌区农业综合开发	1190	900		900		290	290								1190
宁县海升公司果业基地滴灌工程	3398									3398					3398
临夏县北塬灌区农业综合开发项目	268					178	178							90	268
夏河县 2015 牧区节水灌溉项目	67	54	54											13	67
石羊河流域重点治理（省景电）2013	940					940	940								940
玉门市花海灌区农业综合开发	670	510		510		160	160								670
小型农田水利建设	188146	123154		123154		54262	48266	928	5067	590				10140	159045
兰州市农田水利设施维修养护 2016	500	500		500											500
西固区高效节水灌溉项目 2016	1058	500		500		558	250	70	238						680
永登农田水利设施维修养护 2016	100	100		100											100
永登县高效节水灌溉 2016	832	400		400		270	270							162	832
皋兰县农田水利设施维修养护 2016	100	100		100											100
皋兰县高效节水灌溉 2016	750	400		400		350	200	60	90						580
榆中县农田水利设施维修养 2016	1000	1000		1000											900
嘉峪关市中央财政高效节水项目 2015（五）	380					380		380							380
嘉峪关市 2016 年小型农田水利设施春修工程	100					100		100							100
嘉峪关市高效节水灌溉项目 2015（六）	118					118		118							118
金川区 2015 新增农田水利设施建设 2016	1709	1000		1000		659	500		159					50	1709
金川区小型农田水利重点县 2016	2832	1700		1700		1080	800		280	52					2832
永昌县农田水利设施维修养护 2016	1004	1000		1000		4			4						869

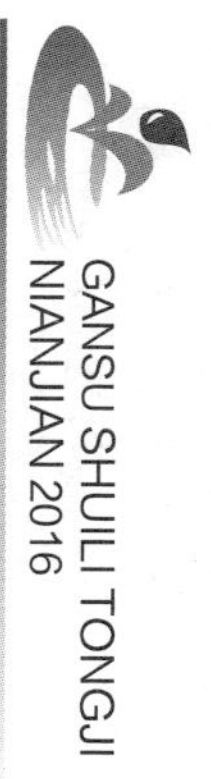

2–10 续表

单位：万元

项　目	本年完成投资	中央政府投资				地方政府投资				企业和私人投资	国内贷款		债券	其他投资	本年完成投资（按财务支出核算）
		小计	预算内拨款	中央财政水利专项资金	其他资金	小计	省级政府投资	地市级政府投资	县级政府投资		小计	其中：国家专项建设基金			
永昌县小型农田水利重点县 2016	1654	1000		1000		560	500		60					94	1654
永昌县 2015 新增农田水利设施建设 2016	1753	1000		1000		500	500							253	1753
永昌县高效节水灌溉 2016	6418	4000		4000		2000	2000							418	6418
白银市农田水利设施维修养护 2016	500	500		500											500
白银区农田水利设施维修养护 2016	600	600		600											122
白银区五小水利工程 2016	1200	1000		1000		200	200								56
平川区五小水利工程 2016	1500	1000		1000		500	500								1100
靖远县高效节水灌溉 2016	3900	2600		2600		1300	1300								2481
靖远县小型农田水利设施补助 2016	1000	1000		1000											995
靖远县农田水利设施维修养护 2016	1000	1000		1000											507
会宁县高效节水灌溉 2016	2250	1500		1500		750	750								2250
会宁县农田水利设施维修养护 2016	100	100		100											100
景泰县高效节水灌溉 2016	2400	1600		1600		800	800								842
景泰县农田水利设施维修养护 2016	100	100		100											100
景泰县小型农田水利设施补助 2016	330	330		330											30
秦州区五小水利工程 2016	1500	1000		1000		500	500								1500
麦积区高效节水灌溉 2016	1962	1300		1300		662	650		12						1962
麦积区小型农田水利设施补助 2016	720	720		720											720
清水县小型农田水利设施补助 2016	1000	1000		1000											1000
秦安县五小水利工程 2016	1354	1000		1000		354	354								1354
甘谷县五小水利工程 2016	1500	1000		1000		500	500								1500
甘谷县农田水利设施维修养护 2016	100	100		100											100
武山县五小水利工程 2016	1500	1000		1000		500	500								1500

2-10 续表

单位：万元

项　目	本年完成投资	中央政府投资				地方政府投资				企业和私人投资	国内贷款		债券	其他投资	本年完成投资（按财务支出核算）
		小计	预算内拨款	中央财政水利专项资金	其他资金	小计	省级政府投资	地市级政府投资	县级政府投资		小计	其中：国家专项建设基金			
武山县小型农田水利设施补助 2016	469	469		469											469
张家川县农田水利设施维修养护 2016	100	100		100											100
武威市 2016 年农田水利设施维修养护资金	100	100		100											100
凉州区高效节水灌溉 2016	9000	6000		6000		3000	3000								5592
凉州区小型农田水利重点县 2016	3000	2000		2000		1000	1000								1930
凉州区农田水利设施维修养护 2016	600	600		600											401
民勤县 2015 新增农田水利设施建设 2016	1500	1000		1000		500	500								1500
民勤县高效节水灌溉 2016	1500	1000		1000		500	500								1500
民勤县小型农田水利设施建设补助 2016	1000	1000		1000											1000
民勤县小型农田水利重点县 2016	1500	1000		1000		500	500								1500
民勤县农田水利设施维修养护 2016	600	600		600											600
古浪县小型农田水利重点县 2016	1500	1000		1000		500	500								1500
古浪县 2015 新增农田水利设施建设 2016	1500	1000		1000		500	500								1500
古浪县高效节水灌溉 2016	1500	1000		1000		500	500								1500
2016 古浪县小型农田水利设施补助资金（二）	1000	1000		1000											1000
古浪县农田水利设施维修养护 2016	200	200		200											200
天祝县 2016 年农田水利设施维修养护资金	100	100		100											100
天祝县小型农田水利重点县 2016	1080	700		700		300	300							80	1080
天祝县高效节水灌溉 2016	2653	1700		1700		850	850							103	2653
天祝县小型农田水利设施补助 2016	1046	1000		1000										46	1046

2-10 续表

单位：万元

项目	本年完成投资	中央政府投资				地方政府投资				企业和私人投资	国内贷款		债券	其他投资	本年完成投资（按财务支出核算）
		小计	预算内拨款	中央财政水利专项资金	其他资金	小计	省级政府投资	地市级政府投资	县级政府投资		小计	其中：国家专项建设基金			
张掖市年农田水利设施维修养护2016	100	100		100											100
甘州区小型农田水利重点县 2016	1695	1000		1000		500	500							195	1377
甘州区高效节水灌溉 2016	3262	1400		1400		1400	700		700					462	1838
甘州区农田水利设施维修养护 2016	1000	1000		1000											800
肃南县农田水利设施维修养护 2016	318					318	275		43						286
肃南县高效节水灌溉 2016	1777	1000		1000		510	500		10					267	1700
民乐县小型农田水利重点县 2016	1826	1000		1000		500	500							326	1500
民乐县 2015 年新增农田水利设施建设 2016	1030	600		600		300	300							130	900
民乐县农田水利设施维修养护 2016	600	600		600											600
临泽县农田水利设施维修养护 2016	100	100		100											100
高台县高效节水灌溉 2016	1725	1000		1000		500	500							225	1100
高台 2015 年新增农田水利设施建设 2016	1754	1000		1000		500	500							254	1375
高台县小型农田水利重点县 2016 年	1967	1000		1000		500	500							467	1350
高台县小型农田水利设施补助 2016	1070	1000		1000										70	675
高台县农田水利设施维修养护 2016	781	600		600										181	595
山丹县农田水利设施维修养护 2016	100	100		100											100
山丹县小型农田水利设施补助 2016	1000	1000		1000											706
山丹县 2015 年新增农田水利设施建设 2016	1894	1000		1000		689	500		189					205	852
山丹县高效节水灌溉 2016	1939	1200		1200		608	600		8					131	1238
山丹县小型农田水利重点县 2016	2722	1700		1700		925	900		25					97	1843
山丹马场小型农田水利重点县 2016	1104	800		800		304	304								645

2-10 续表

单位：万元

项目	本年完成投资	中央政府投资				地方政府投资				企业和私人投资	国内贷款		债券	其他投资	本年完成投资（按财务支出核算）
		小计	预算内拨款	中央财政水利专项资金	其他资金	小计	省级政府投资	地市级政府投资	县级政府投资		小计	其中：国家专项建设基金			
山丹马场高效节水灌溉 2016	805	400		400		300	300			105					487
平凉市农田水利设施维修养护 2016	100	100		100											30
崆峒区五小水利工程 2016	1500	1000		1000		500	500								1500
泾川县五小水利工程 2016	1460	1000		1000		460	460								750
泾川县农田水利设施维修养护 2016	100	100		100											100
灵台县中央财政小型农田水利工程 2015	150					150	150								150
灵台县五小水利工程 2016	1280	1000		1000		280	280								1280
灵台县中央财政小农水重点县 2014（四）	400					400			400						400
崇信县五小水利工程 2016	1500	1000		1000		500	500								1500
华亭县五小水利工程 2016	1500	1000		1000		500	500								1500
华亭县 2015 年新增农田水利设施建设 2016	1500	1000		1000		500	500								1500
庄浪县小型农田水利设施补助 2016	656	656		656											656
庄浪县五小水利工程 2016	1500	1000		1000		500	500								1500
静宁县五小水利工程 2016	1500	1000		1000		500	500								1500
肃州区高效节水灌溉 2016	10554	5000		5000		2972	2500		472					2582	4621
肃州区小型农田水利建设（五）	83					83	50		33						83
肃州区农田水利设施维修养护 2016	202	200		200		2			2						129
肃州区小型农田水利重点县 2016	3897	2000		2000		1140	1000		140	397				360	665
肃州区规模化节水增效示范（2013–2016）	442	328		328		114			114						442
肃州区高效节水灌溉项目（六）	107					107	79		28						107
金塔县小型农田水利重点县 2016	1500	1000		1000		500	500								1500

2-10 续表

单位：万元

项目	本年完成投资	中央政府投资				地方政府投资				企业和私人投资	国内贷款		债券	其他投资	本年完成投资（按财务支出核算）
		小计	预算内拨款	中央财政水利专项资金	其他资金	小计	省级政府投资	地市级政府投资	县级政府投资		小计	其中：国家专项建设基金			
金塔县农田水利设施维修养护 2016	1000	1000		1000											1000
金塔县 2015 新增农田水利设施建设 2016	1500	1000		1000		500	500								1500
金塔县高效节水灌溉 2016	1500	1000		1000		500	500								1500
瓜州县农田水利设施维修养护 2016	200	200		200											200
瓜州县小型农田水利建设（五）	243					243			243						2643
瓜州县高效节水灌溉 2016	2520	1500		1500		1020	750		270						2520
肃北县小型农田水利设施补助 2016	600	600		600											326
玉门市 2015 新增农田水利设施建设 2016	1769	1000		1000		500	500							269	1769
玉门市高效节水灌溉 2016	2172	1400		1400		700	700							72	2172
玉门市小型农田水利重点县 2016	4019	2700		2700		1300	1300							19	4019
玉门市农田水利设施维修养护 2016	200	200		200											200
敦煌市农田水利设施维修养护 2016	108	100		100		8			8						85
敦煌市 2015 抗旱引调提水项目	632					632			632						1103
敦煌市小型农田水利 2015 维修养护资金	73	30		30		43			43						47
敦煌市规模化节水增效示范（2013-2016）	76					76			76						1029
庆城县"五小水利"工程 2016	2459	1500		1500		959	750		209						2459
环县"五小水利"工程 2016	756	500		500		256	250		6						756
华池县"五小水利"工程 2016	764	500		500		250	250							14	764
合水县农田水利设施维修养护 2016	121	100		100		21			21						115
正宁县小型农田水利设施补助 2016	1096	1000		1000		96			96						774
正宁县五小水利工程 2016	1579	1000		1000		579	500		79						1200

2-10 续表

单位：万元

项　目	本年完成投资	中央政府投资				地方政府投资				企业和私人投资	国内贷款		债券	其他投资	本年完成投资（按财务支出核算）
		小计	预算内拨款	中央财政水利专项资金	其他资金	小计	省级政府投资	地市级政府投资	县级政府投资		小计	其中：国家专项建设基金			
宁县五小水利工程 2016	1524	1000		1000		524	500		24						1524
镇原县五小水利工程 2016	605	400		400		205	200		5						605
镇原县 2015 年新增农田水利设施建设 2016	1558	1000		1000		558	500		58						1558
通渭县农田水利设施维修养护 2016	100	100		100											100
通渭县小型农田水利设施补助 2016	420	420		420											200
陇西县五小水利工程 2016	1521	1000		1000		500	500							21	1521
渭源县农田水利设施维修养护 2016	100	100		100											100
临洮县五小水利工程 2016	2032	1300		1300		650	650							82	1950
武都区农田水利设施维修养护 2016	300	300		300											300
武都区小型农田水利重点县 2016	2846	1400		1400		600	600							846	2846
宕昌县农田水利设施维修养护 2016	100	100		100											100
宕昌县 2015 年新增农田水利设施建设 2016	500	300		300		200	200								500
宕昌县高效节水灌溉 2016	400	400		400											400
成县农田水利设施维修养护 2016	100	100		100											100
康县五小水利工程 2016	540	420		420		120	120								23
康县农田水利设施维修养护 2016	60	60		60											30
文县小型农田水利重点县 2016	825	300		300		200	200							325	825
文县农田水利设施维修养护 2016	100	100		100											100
文县高效节水灌溉 2016	714	400		400		200	200							114	714
西和县高效节水灌溉 2016	600	400		400		200	200								600
西和县 2015 新增农田水利设施建设 2016	500	300		300		200	200								500

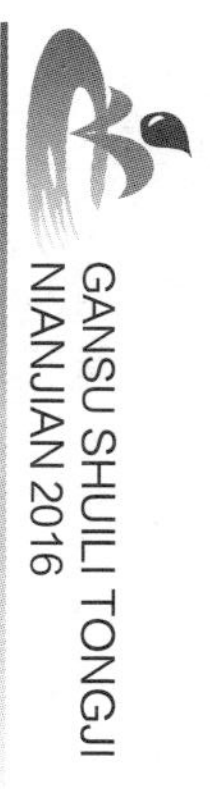

2–10 续表

单位：万元

项目	本年完成投资	中央政府投资				地方政府投资				企业和私人投资	国内贷款		债券	其他投资	本年完成投资（按财务支出核算）
		小计	预算内拨款	中央财政水利专项资金	其他资金	小计	省级政府投资	地市级政府投资	县级政府投资		小计	其中：国家专项建设基金			
西和县农田水利设施维修养护 2016	100	100		100											100
礼县小型农田水利设施补助 2016	500	500		500											400
礼县农田水利设施维修养护 2016	100	100		100											100
两当县高效节水灌溉 2016	773	400		400		200	200							173	773
两当县小型农田水利重点县 2016	724	300		300		200	200							224	724
两当县农田水利设施维修养护 2016	100	100		100											100
徽县 2015 新增农田水利设施建设 2016	789	400		400		389	200		189						789
徽县小型农田水利重点县 2016	590	300		300		290	200		90						590
徽县农田水利设施维修养护 2016	100	100		100											100
临夏县农田水利设施维修养护 2016	100	100		100											97
临夏县 1 万 ~ 5 万亩灌区改造 2016	607	400		400		200	200							7	416
康乐县 1 万 ~ 5 万亩灌区改造 2016	601	400		400		201	200		1						430
康乐县小型农田水利 2015 维修养护资金	38	38		38											38
永靖县小型农田水利 2015 年维修养护项目															
永靖县 1 万 ~ 5 万亩灌区改造 2016	566	368		368		193	184		9					5	566
广河县小型农田水利设施补助 2016	500	500		500											500
广河县五小水利工程 2016	1470	1000		1000		470	470								1470
广河县 2015 年中央财政小型农田水利	131					130	130							1	131
和政县五小水利工程 2016	1434	1000		1000		425	425							9	1434
东乡县中央财政五小水利项目 2015	374					200	200							174	374
东乡族县五小水利工程 2016	769	500		500		250	250							19	769

2–10 续表

单位：万元

项　目	本年完成投资	中央政府投资				地方政府投资				企业和私人投资	国内贷款		债券	其他投资	本年完成投资（按财务支出核算）
		小计	预算内拨款	中央财政水利专项资金	其他资金	小计	省级政府投资	地市级政府投资	县级政府投资		小计	其中：国家专项建设基金			
积石山县中央财政五小水利 2015	76													76	76
卓尼县小型农田水利 2015 维修养护	15	15		15											15
舟曲县五小水利工程 2016	715	500		500		215	215								715
2016 迭部县小型农田水利设施补助资金（二）	500	500		500											500
省农垦小型农田水利 2015 维修养护															
省农垦黄羊河农场小型农田水利（五）	36									36					36
省农垦饮马农场中央财政小农水 2015															
省农垦黄花农场高效节水灌溉项目（六）	0									0					900
省农垦张掖农场小型农田水利建设（五）	85													85	85
省农垦山丹农场小型农田水利重点县 2016	1023	500		500		200	200							323	420
省农垦八一农场水利设施维修养护 2016	100	100		100											100
省农垦小型农田水利补助 2016	1326	800		800		400	400							126	1024
景泰县中央财政景电农场节水灌溉 2013															
省景电农田水利设施维修养护 2016	100	100		100											100
省疏管局农田水利设施维修养护 2016	100	100		100											100
兰州新区高效节水灌溉 2016	1600	1000		1000		600	400	200							700
水库工程	129085	33676	15000	18676		30743	15000	1000	14743		52447			12219	106572
秦州区关峡水库	2400	2400		2400											2400

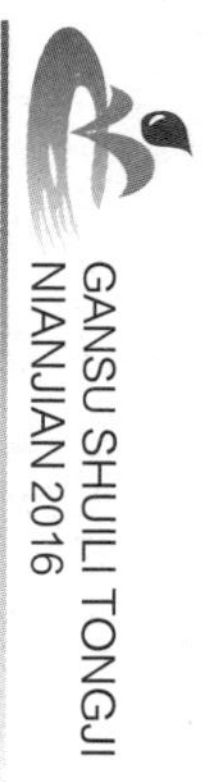

2–10 续表

单位：万元

项　目	本年完成投资	中央政府投资				地方政府投资				企业和私人投资	国内贷款		债券	其他投资	本年完成投资（按财务支出核算）
		小计	预算内拨款	中央财政水利专项资金	其他资金	小计	省级政府投资	地市级政府投资	县级政府投资		小计	其中：国家专项建设基金			
秦安县西小河小湾河水库	2945	2945		2945											2945
张家川县富川水库（抗旱规划内）	414	414		414											414
民勤县红崖水库加高扩建工程	25000	15000	15000			10000	9000	1000							25000
天祝县二道墩水库	2316	577		577										1739	2316
天祝县石门河调蓄引水工程	80													80	80
民乐县山城河水库	3296	3296		3296											3197
临泽县红山湾水库工程	15230					15230	1000		14230						4094
山丹县白石崖水库（抗旱规划内）	1578	1578		1578											7685
崆峒区北杨涧水库（抗旱规划内）	1549										1549				1549
泾川县朱家涧水库（抗旱规划内）															
灵台县新集水库工程	7390										7390				7390
崇信县关河水库（抗旱规划内）															
庄浪县花崖河水库（抗旱规划内）	2200	850		850							1350				2200
酒泉循环经济产业园水源（大红泉水库）	1195										1195				1195
庆阳市巴家咀水库新增调蓄工程（五台山水库）	5947										5947				5947
庆阳市莲花寺水库及供水工程	6694										6694				6694
庆阳市小盘河水库及供水工程	17822										17822				17822
庆城县纸坊沟水库（抗旱规划内）	780	780		780											780
环县米岔沟水库（抗旱规划）	1549	1036		1036		513			513						1549
康乐县鸣鹿水库（抗旱规划）	4800	4800		4800											4800
兰州新区2号3号石门沟水库	25900					5000	5000				10500			10400	8515
泵站工程	18753	16100	14817	1283		2653	1197	1091	365						13463

2-10 续表

单位：万元

项目	本年完成投资	中央政府投资				地方政府投资				企业和私人投资	国内贷款		债券	其他投资	本年完成投资（按财务支出核算）
		小计	预算内拨款	中央财政水利专项资金	其他资金	小计	省级政府投资	地市级政府投资	县级政府投资		小计	其中：国家专项建设基金			
兰州市大砂沟泵站更新改造工程	1421	790	790			631		631							1421
七里河区西津泵站更新改造工程	990	600	600			390		200	190						50
兰州市工农坪泵站更新改造工程	1568	1283		1283		285		160	125						1568
兰州市榆中三电泵站更新改造工程	950	800	800			150		100	50						700
白银市兴电泵站更新改造工程	2410	2410	2410												90
白银市靖会泵站更新改造工程	1800	1800	1800												90
白银市刘川泵站更新改造工程	1300	1300	1300												1300
白银市中堡泵站更新改造工程	1637	1637	1637												1612
景泰县中泉泵站更新改造工程	340	340	340												295
平凉市白庙泵站更新改造工程	340	340	340												340
甘肃省景电泵站更新改造	5997	4800	4800			1197	1197								5997
其他灌溉除涝项目	2764	1600		1600		1154	1076		78					10	2764
景泰县草窝滩镇排水工程	500					500	500								500
秦州区太京镇农田水利建设项目	1134	800		800		334	256		78						1134
甘谷县大石乡农田水利建设项目	1130	800		800		320	320							10	1130
供水项目	800857	169852	142629	27223		231603	106202	106448	18953		387876	39651	7000	4526	699429
引水（调水）工程	629065	122629	122629			161699	49540	99207	12952		337237	39488	7000	500	527291
兰州市水源地建设工程	330000					96344		96344			233656				270000
引洮供水一期榆中县配套工程	30017					7900	2900	1000	4000		22117				30017
引洮一期工程会宁北部供水工程	15500	12000	12000			3500	3500								15500
天祝县南阳山片下山入川供水工程	500													500	500
肃北县马鬃山镇供水工程	8000					6952			6952		1048	1048			5000
盐环定扬黄续建工程调概算	1000					1000	1000								1000

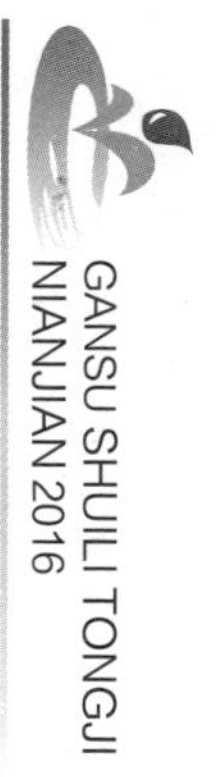

单位：万元

项目	本年完成投资	中央政府投资				地方政府投资				企业和私人投资	国内贷款		债券	其他投资	本年完成投资（按财务支出核算）
		小计	预算内拨款	中央财政水利专项资金	其他资金	小计	省级政府投资	地市级政府投资	县级政府投资		小计	其中：国家专项建设基金			
积石山引水工程	6110					3110	3110						3000		6110
临夏州引黄济临供水工程	33108	21245	21245			7863	6000	1863					4000		35063
甘南州引洮（博）济合供水工程	12753	5284	5284			7469	7469								12753
甘南州引洮入潭工程	2000					2000			2000						2000
玛曲县县城引水工程	4100	4100	4100												3300
兰州新区供水项目引大渠道除险加固	7827					4635	4635				3192				7827
甘肃省引洮供水一期工程	6952					6952	6952								6952
甘肃引洮供水二期工程	118440	80000	80000								38440	38440			91453
天水市城区引洮供水工程	52758					13974	13974				38784				39816
农村饮水安全巩固提升工程建设	140301	20000	20000			67338	55934	7164	4240		50640	163		2323	144027
永登县农村饮水安全巩固提升 2016	762	116	116			269	269				377				762
皋兰县农村饮水安全巩固提升 2016	1159	177	177			409	409				573				696
榆中县农村饮水安全巩固提升 2016	714	109	109			605	605								714
永昌县农村饮水安全巩固提升 2016	342	50	50			130	116		14		163	163			342
白银区农村饮水安全巩固提升 2016	160	30	30			57	57				73				141
平川区农村饮水安全巩固提升 2016	200	40	40			71	71				89				120
靖远县农村饮水安全巩固提升 2016	3574	593	593			1061	1061				1920				2437
会宁县农村饮水安全巩固提升 2016	1759	221	221			820	820				718				1759
景泰县农村饮水安全巩固提升 2016	511	78	78			380	380				53				345
秦州区农村饮水安全巩固提升工程 2016	369	57	57			312	312								369
麦积区农村安全饮水巩固提升工程 2016	1243	190	190			1053	1053								12433

2-10 续表

单位：万元

项目	本年完成投资	中央政府投资				地方政府投资				企业和私人投资	国内贷款		债券	其他投资	本年完成投资（按财务支出核算）
		小计	预算内拨款	中央财政水利专项资金	其他资金	小计	省级政府投资	地市级政府投资	县级政府投资		小计	其中：国家专项建设基金			
清水县农村饮水安全巩固提升工程2016	1138	174	174			964	964								1138
秦安县农村饮水安全巩固提升2016	610	91	91			519	519								610
甘谷县农村饮水安全巩固提升工程2016	5604	901	901			4703	4703								5604
张家川县农村饮水安全巩固提升2016	651	57	57			594	594								651
凉州区农村饮水安全巩固提升2016	992	160	160			439	350		89		393				970
民勤县农村饮水安全巩固提升项目2016	1747	267	267			616	616				864				1747
古浪县农村饮水安全巩固提升2016	1640	250	250			1189	1189				201				1640
甘州区农村饮水安全巩固提升2016	735	112	112			259	259				364				489
民乐县农村饮水安全巩固提升2016	257	39	39			91	91				127				218
崆峒区农村饮水安全项目巩固提升2016	905	138	138			319	319				448				905
泾川县农村饮水安全巩固提升2016	1210	185	185			427	427				598				884
灵台县农村饮水安全巩固提升2016	1013	155	155			757	757				101				1013
崇信县农村饮水安全巩固提升2016	168	40	40			59	59				69				168
华亭县农村饮水安全巩固提升2016	1644	251	251			580	580				813				1644
庄浪县农村饮水安全巩固提升2016	1688	258	258			596	596				834				1688
静宁县农村饮水安全巩固提升2016	2622	400	400			1607	1607				615				2621
瓜州县农村饮水安全巩固提升2016	133	44	44			47	47				42				133
玉门市农村饮水安全巩固提升2016	668	90	90			317	192		125		261				668
西峰区农村饮水安全巩固提升2016	208	50	50			73	73				85				208
西峰区2016年市级财政安排农村饮水项目	636					636		486	150						636

2-10 续表

单位：万元

项目	本年完成投资	中央政府投资				地方政府投资				企业和私人投资	国内贷款		债券	其他投资	本年完成投资（按财务支出核算）
		小计	预算内拨款	中央财政水利专项资金	其他资金	小计	省级政府投资	地市级政府投资	县级政府投资		小计	其中：国家专项建设基金			
庆城县2016年市级财政安排农村饮水项目	868					868		675	193						868
庆城县农村饮水安全巩固提升2016	4189	640	640			1478	1478				2071				4189
环县农村饮水安全巩固提升2016	32678	5025	5025			11387	11387				16266				32678
环县2016年市级财政安排农村饮水项目	3481					3481		3481							3481
华池县农村饮水安全巩固提升2016	3832	585	585			1352	1352				1895				3832
华池县2016年市级财政安排农村饮水项目	1583					1505		765	740					78	1583
合水县2016年市级财政安排农村饮水项目	559					559			559						530
合水县农村饮水安全巩固提升2016	2279	286	286			1067	660		407		926				2165
正宁县2016年市级财政安排农村饮水项目	457					457		405	52						457
正宁县农村饮水安全巩固提升2016	1464	213	213			491	491				689			71	1100
宁县农村饮水安全巩固提升2016	1181	180	180			900	900				101				1181
宁县2016年市级财政安排农村饮水项目	839					839		839							839
镇原县农村饮水安全巩固提升2016	1818	244	244			784	784				790				1818
镇原县2016年市级财政安排农村饮水项目	874					874		513	361						874
安定区农村饮水安全巩固提升2016	6085	929	929			2147	2147				3009				6085
通渭县农村饮水安全巩固提升2016	1341	205	205			473	473				663				820
陇西县农村饮水安全巩固提升2016	1196	84	84			840	840				272				1196
渭源县农村饮水安全巩固提升2016	1124	163	163			860	860				101				1124
临洮县村饮水安全巩固提升2016	10716	1744	1744			4027	4027				4945				10716

2–10 续表

单位：万元

项目	本年完成投资	中央政府投资				地方政府投资				企业和私人投资	国内贷款		债券	其他投资	本年完成投资（按财务支出核算）
		小计	预算内拨款	中央财政水利专项资金	其他资金	小计	省级政府投资	地市级政府投资	县级政府投资		小计	其中：国家专项建设基金			
武都区农村饮水安全巩固提升 2016	4396	671	671			1551			1551					2174	4396
宕昌县农村饮水安全巩固提升 2016	3202	489	489			1663	1663				1050				3202
成县农村饮水安全巩固提升 2016	1621	248	248			571	571				802				1621
康县农村饮水安全巩固提升 2016	2137	326	326			1454	1454				357				1038
文县农村饮水安全巩固提升 2016	2323	355	355			820	820				1148				2323
西和县农村饮水安全巩固提升 2016	2333	356	356			1423	1423				554				2333
礼县农村饮水安全巩固提升 2016	3072	469	469			1626	1626				977				1536
徽县农村饮水安全巩固提升 2016	1821	278	278			642	642				901				1821
康乐县农村饮水安全巩固提升 2016	2652	405	405			1436	1436				811				2101
广河县农村饮水安全巩固提升 2016	655	76	76			334	334				245				655
和政县农村饮水安全巩固提升 2016	1252	191	191			442	442				619				1252
积石山县农村饮水安全巩固提升 2016	3210	515	515			1029	1029				1666				2460
抗旱工程	28763	27223		27223		838		77	761					702	27111
永登县抗旱应急引调提水 2016	302	302		302											302
榆中县抗旱应急引调提水 2016	619	619		619											619
靖远县抗旱应急引调提水项目	1470	1470		1470											866
会宁县抗旱应急引调提水项目	1017	1017		1017											1017
景泰县抗旱应急引调提水项目	703	703		703											515
秦州区抗旱应急引调提水 2016	717	717		717											717
清水县抗旱应急引调提水项目 2016	904	904		904											904
秦安县抗旱应急引调提水 2016	890	890		890											890
武山县抗旱应急引调提水 2016	686	686		686											686
凉州区抗旱应急引调提水项目	775	775		775											712

2–10 续表

单位：万元

项目	本年完成投资	中央政府投资				地方政府投资				企业和私人投资	国内贷款		债券	其他投资	本年完成投资（按财务支出核算）
		小计	预算内拨款	中央财政水利专项资金	其他资金	小计	省级政府投资	地市级政府投资	县级政府投资		小计	其中：国家专项建设基金			
民勤县抗旱应急水源工程	1304	1304		1304											1304
古浪县抗旱应急引调提水项目	1739	1739		1739											1739
天祝县抗旱应急引调提水项目	593	559		559										34	593
山丹县抗旱应急引调提水项目	832	650		650		182			182						650
泾川县抗旱应急水源引调提水项目	472	472		472											320
崇信县抗旱应急引调提水项目	1126	1126		1126											1126
庄浪县抗旱应急引调提水项目	347	347		347											347
静宁县抗旱应急引调提水项目	1287	1287		1287											1287
敦煌县抗旱应急引调提水项目	495	344		344		151			151						215
庆城县抗旱应急引调提水项目	460	383		383		77			77						460
环县抗旱应急引调提水项目	1350	1265		1265		85			85						1350
华池县抗旱应急引调提水项目	1674	1527		1527										147	1674
镇原县抗旱应急引调提水项目	958	824		824		134			134						958
通渭县抗旱应急引调提水项目	790	790		790											790
陇西县抗旱应急引调提水项目	791	791		791											791
临洮县抗旱应急引调提水项目	1140	1140		1140											1140
西和县抗旱应急水源工程 2016	598	598		598											598
礼县抗旱应急引调提水项目	916	916		916											733
临夏县 2015 年抗旱引调提水项目	36	36		36											36
永靖县 2015 年抗旱引调水提水工程	168	120		120										48	168
广河县抗旱应急引调提水项目	837	706		706		131			131						837
广河县 2015 齐家镇抗旱应急水源配套	112	16		16										96	112
广河县 2015 三甲集镇抗旱应急水源配套	105	25		25										80	105

2-10 续表

单位：万元

项目	本年完成投资	中央政府投资				地方政府投资				企业和私人投资	国内贷款		债券	其他投资	本年完成投资（按财务支出核算）
		小计	预算内拨款	中央财政水利专项资金	其他资金	小计	省级政府投资	地市级政府投资	县级政府投资		小计	其中：国家专项建设基金			
和政县抗旱应急引调提水项目	764	687		687		77		77							764
东乡县 2015 年抗旱引调提水项目	137	108		108										28	137
东乡县抗旱应急引调提水项目	869	800		800										69	869
东乡县 2014 年抗旱引调提水项目	26													26	26
积石山县 2015 年抗旱应急水源配套工程	224	65		65										159	224
积石山县抗旱应急引调提水项目	530	515		515										15	530
其他供水工程	2728					1728	728		1000					1000	1000
金昌市城市应急备用水源项目	1000													1000	
华池县刘坪村美丽村庄河道治理及供水工程	1000					1000			1000						1000
积石山县县城区供水水源改扩建工程															
靖远寺儿坪供水项目	728					728	728								
水务项目	37343	70	70			7245	4630		2615		30028	10400			15679
自来水厂建设	13800					2000	2000				11800	8500			1500
庄浪县南坪水厂改扩建及管网工程	1500										1500				1500
武威市城乡融合黄羊土门组团供水（陆港）	12300					2000	2000				10300	8500			
城镇供水管线建设	15346	70	70			2630	2630				12646	1900			11565
天水市藉口水厂至西十里供水管道工程	9100										9100				9100
清水县城区供水工程	3900					2000	2000				1900	1900			1365
清水县城区自来水管网扩建工程	1100					150	150				950				1100
天水市城区供水高桥头引水枢纽工程	1006					400	400				606				

2–10 续表

单位：万元

项　目	本年完成投资	中央政府投资				地方政府投资				企业和私人投资	国内贷款		债券	其他投资	本年完成投资（按财务支出核算）
		小计	预算内拨款	中央财政水利专项资金	其他资金	小计	省级政府投资	地市级政府投资	县级政府投资		小计	其中：国家专项建设基金			
清水县城区自来水管网扩建工程	240	70	70			80	80				90				
污水处理工程建设	6574					992			992		5582				992
华池县城区污水分户收集工程	386					386			386						386
华池县县城污水支管道工程	606					606			606						606
临洮县污水处理厂配套管网工程															
民勤红沙岗污水处理厂及中水回用贮水池	4550										4550				
山丹县城区生活污水处理工程	1032										1032				
其他水务能力建设	1622					1622			1622						1622
甘谷县城区供水水源水深度处理工程	1622					1622			1622						1622
非常规水资源利用项目	160					160		160							160
雨水集用	160					160		160							160
金昌市龙首山前山区雨洪资源利用项目	160					160		160							160
水电开发利用	6182	1585		1585						4597					5607
水力发电工程建设	2386									2386					2386
迭部县阿夏那盖水电站	2386									2386					2386
夏河县安顺水电站															
水电增效扩容	3622	1585		1585						2037					3047
永昌县头坝二号水电站增效扩容改造	635	285		285						350					635
金塔县解放村水电站增效扩容改造	149	149		149											149
肃北县拉排一级水电站增效扩容改造	424	424		424											424

2–10 续表

单位：万元

项　目	本年完成投资	中央政府投资				地方政府投资				企业和私人投资	国内贷款		债券	其他投资	本年完成投资（按财务支出核算）
		小计	预算内拨款	中央财政水利专项资金	其他资金	小计	省级政府投资	地市级政府投资	县级政府投资		小计	其中：国家专项建设基金			
肃北县拉排一级水电站河流生态修复	27	27		27											27
敦煌市南湖店水电站增效扩容改造	172	172		172											
敦煌市党河水电站增效扩容改造	403	403		403											
文县哈南水电站增效扩容改造															
文县哈南水电站河流生态修复															
礼县大滩水电站增效扩容改造工程	19	19		19											19
礼县红崖二级水电站河流生态修复工程	3	3		3											3
礼县红崖二级水电站增效扩容改造工程	20	20		20											20
礼县大滩水电站河流生态修复工程	3	3		3											3
和政县闫蔡坪水电站增效扩容改造	80	80		80											80
东乡县老虎嘴电站															
合作市峡村电站	1687									1687					1687
夏河县白土坡水电站															
小水电代燃料	174									174					174
夏河县甫黄二级小水电代燃料项目	174									174					174
水保及生态保护	90975	69927	44000	25927		9876	4176	750	4950					11172	80104
水土流失治理	51674	37831	14509	23322		2671	2084		587					11172	44851
漳县国家农业综合开发水土保持项目2016	397	285		285		105	105							7	274
泾川县国家农业综合开发水土保持项目2016	394	285		285		105	82		23					4	390
环县病险淤地坝除险加固工程2016	301	240		240		61			61						273

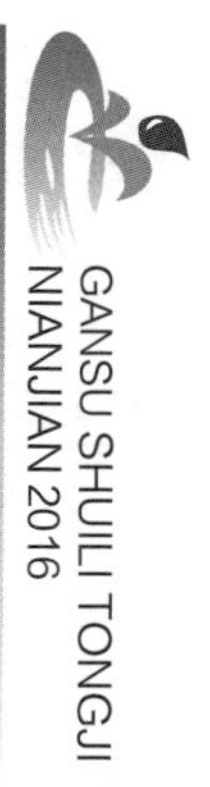

2-10 续表

单位：万元

项目	本年完成投资	中央政府投资				地方政府投资				企业和私人投资	国内贷款		债券	其他投资	本年完成投资（按财务支出核算）
		小计	预算内拨款	中央财政水利专项资金	其他资金	小计	省级政府投资	地市级政府投资	县级政府投资		小计	其中：国家专项建设基金			
礼县坡耕地水土流失治理 2016	1250	1000	1000											250	918
广河县坡耕地水土流失治理 2016	1250	1000	1000											250	1168
甘肃省国家水土保持重点工程(2015)	1709	720		720										989	
甘肃省农业综合开发水土保持项目（2015）	899	253		253		575	483		92					71	5600
甘肃省坡耕地水土流失重点治理 2015（黄河）	1331	1060	1060											271	6803
渭源县国家农业综合开发水土保持项目 2016	395	285		285		105	105							5	251
陇西县国家水土保持重点建设工程 2016 年	1286	900		900										386	613
甘肃省坡耕地水土流失重点治理 2015（长江）	545	431	431											114	1985
甘肃省水土流失重点治理工程 2015（黄河）	549	439	439											110	2343
甘肃省水土流失重点治理工程 2015（长江）	100	79	79											21	505
甘肃省水土流失重点治理工程 2015（内陆）	47	38	38											9	250
东乡县坡耕地水土流失治理 2016	1250	1000	1000											250	800
景泰县水土保持重点工程 2016	402	363		363										39	402
临洮县坡耕地水土流失治理 2016	1189	951	951											238	900
会宁县国家水土保持重点建设工程 2016 年	1286	900		900										386	721
西和县坡耕地水土流失治理 2016	1160	1000	1000											160	804
岷县水土保持重点工程 2016	476	344		344										132	
两当县水土保持重点工程 2016	600	420		420		18	18							162	278

2-10 续表

单位：万元

项　目	本年完成投资	中央政府投资				地方政府投资				企业和私人投资	国内贷款		债券	其他投资	本年完成投资（按财务支出核算）
		小计	预算内拨款	中央财政水利专项资金	其他资金	小计	省级政府投资	地市级政府投资	县级政府投资		小计	其中：国家专项建设基金			
临潭县水土保持重点工程 2016	546	399		399		18	18							129	230
甘谷县国家农业综合开发水土保持项目 2016	397	285		285		105	105							7	299
武山县国家农业综合开发水土保持项目 2016	397	285		285		105	105							7	253
秦安县国家农业综合开发水土保持项目 2016	396	285		285		105	105							6	314
崇信县国家农业综合开发水土保持项目 2016	403	290		290		107	84		23					6	357
灵台县国家农业综合开发水土保持项目 2016	395	285		285		105	82		23					5	260
庄浪县国家水土保持重点建设工程 2016 年	786	550		550										236	512
张家川县国家农业综合开发水土保持项目 2016	397	285		285		105	105							7	322
靖远县水土保持重点工程 2016	480	336		336										144	162
武都区水土保持重点工程 2016	600	420		420		18	18							162	396
成县水土保持重点工程 2016	600	420		420		18	18							162	270
文县水土保持重点工程 2016	600	420		420		18	18							162	131
康县水土保持重点工程 2016	600	420		420		18	18							162	336
卓尼县水土保持重点工程 2016	553	385		385		18	18							150	380
迭部县水土保持重点工程 2016	545	390		390		18	18							137	308
清水县国家农业综合开发水土保持项目 2016 年	404	290		290		107	107							7	297
和政县国家农业综合开发水土保持项目 2016	396	285		285		105	105							6	308
临洮县国家水土保持重点建设工程 2016 年	1286	900		900										386	702

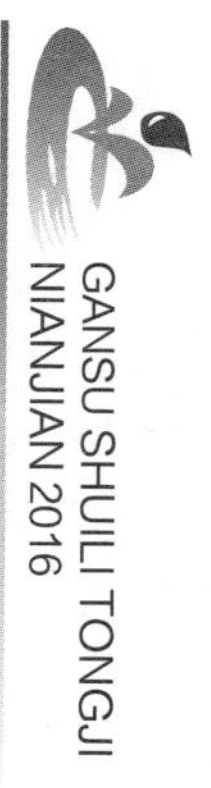

2–10 续表

单位：万元

项　目	本年完成投资	中央政府投资				地方政府投资				企业和私人投资	国内贷款		债券	其他投资	本年完成投资（按财务支出核算）
		小计	预算内拨款	中央财政水利专项资金	其他资金	小计	省级政府投资	地市级政府投资	县级政府投资		小计	其中：国家专项建设基金			
宁县国家水土保持重点建设工程2016年	786	550		550										236	550
正宁县国家水土保持重点建设工程2016年	786	550		550										236	500
安定区国家水土保持重点建设工程2016年	1286	900		900										386	810
东乡县国家水土保持重点建设工程2016年	786	550		550										236	550
临夏县国家水土保持重点建设工程2016年	929	650		650										279	400
镇原县国家水土保持重点建设2016第二批	357	250		250		10	10							97	150
会宁县国家水土保持重点建设2016第二批	357	250		250		10	10							97	233
安定区国家水土保持重点建设2016第二批															
通渭县国家水土保持重点建设2016第二批	84	84		84											
永靖县国家水土保持重点建设2016第二批	357	250		250		10	10							97	83
临夏县国家水土保持重点建设2016第二批	357	250		250		10	10							97	
东乡县国家水土保持重点建设2016第二批	357	250		250		10	10							97	200
华池县国家农业综合开发水土保持项目2016	399	285		285		105	105							9	171
临夏市水土保持重点工程2016	571	400		400		17	17							154	348
积石山县国家水土保持重点建设工程2016年	929	650		650										279	520

2-10 续表

单位：万元

项　目	本年完成投资	中央政府投资				地方政府投资				企业和私人投资	国内贷款		债券	其他投资	本年完成投资（按财务支出核算）
		小计	预算内拨款	中央财政水利专项资金	其他资金	小计	省级政府投资	地市级政府投资	县级政府投资		小计	其中：国家专项建设基金			
临洮县国家水土保持重点建设2016第二批															
陇西县国家水土保持重点建设2016第二批	281	195		195		8	8							78	162
永靖县国家水土保持重点建设工程2016年	796	557		557										239	557
镇原县国家水土保持重点建设工程2016年	1000	700		700										300	595
通渭县国家水土保持重点建设工程2016年	1286	900		900										386	580
合水县国家水土保持重点建设工程2016年	786	550		550										236	497
康乐县国家农业综合开发水土保持项目2016	399	285		285		105	105							9	126
庆城县国家农业综合开发水土保持项目2016	392	285		285		105	82		23					2	256
秦州区坡耕地水土流失治理2016	1250	1000	1000											250	918
安定区坡耕地水土流失治理2016	782	691	691											91	300
通渭县坡耕地水土流失治理2016	1250	1000	1000											250	643
镇原县坡耕地水土流失治理2016	1250	1000	1000											250	750
静宁县坡耕地水土流失治理2016	1250	1000	1000											250	300
环县坡耕地水土流失治理2016	1250	1000	1000											250	809
麦积区水土保持重点工程2016	421	316		316										105	126
临夏县坡耕地水土流失治理2016	1250	1000	1000											250	200
陇西县坡耕地水土流失治理2016	1015	820	820											195	810
渭源县病险淤地坝除险加固工程2016	91	75		75		16			16						56

2–10 续表

单位：万元

项目	本年完成投资	中央政府投资				地方政府投资				企业和私人投资	国内贷款		债券	其他投资	本年完成投资（按财务支出核算）
		小计	预算内拨款	中央财政水利专项资金	其他资金	小计	省级政府投资	地市级政府投资	县级政府投资		小计	其中：国家专项建设基金			
通渭县病险淤地坝除险加固工程2016	114	94		94		20			20						41
庆城县病险淤地坝除险加固工程2016	94	75		75		19			19						88
华池县病险淤地坝除险加固工程2016	93	80		80		13			13						90
正宁县病险淤地坝除险加固工程2016	100	80		80		20			20						100
临洮县病险淤地坝除险加固工程2016	93	88		88		5			5						84
灵台县病险淤地坝除险加固工程2016	85	68		68		17			17						49
合水县病险淤地坝除险加固工程2016	100	80		80		20			20						95
庄浪县病险淤地坝除险加固工程2016	90	72		72		18			18						72
镇原县病险淤地坝除险加固工程2016	170	136		136		34			34						115
宁县病险淤地坝除险加固工程2016	88	78		78		10			10						70
榆中县病险淤地坝除险加固工程2016	110	92		92		18			18						88
秦州区病险淤地坝除险加固工程2016	64	64		64											29
漳县病险淤地坝除险加固工程2016	115	92		92		23			23						81
陇西县病险淤地坝除险加固工程2016	98	88		88		10			10						96
泾川县病险淤地坝除险加固工程2016	90	72		72		18			18						90
西峰区病险淤地坝除险加固工程2016	120	100		100		20			20						70

2-10 续表

单位：万元

项目	本年完成投资	中央政府投资				地方政府投资				企业和私人投资	国内贷款		债券	其他投资	本年完成投资（按财务支出核算）
		小计	预算内拨款	中央财政水利专项资金	其他资金	小计	省级政府投资	地市级政府投资	县级政府投资		小计	其中：国家专项建设基金			
安定区病险淤地坝除险加固工程 2016	367	305		305		62			62						282
流域生态综合治理	33514	29491	29491			4023	2092		1930						29572
敦煌水资源规划项目（河道归束）2015	383					383	383								4747
敦煌水资源规划项目（酒泉市）2016	9569	8167	8167			1402	765		637						3036
敦煌水资源规划项目（敦煌市）2016	5200	4684	4684			515	512		3						1652
敦煌水资源规划项目（党河灌区）2015	1846	556	556			1290			1290						3621
敦煌水资源合理与生态保护(疏勒河）2016	16516	16084	16084			432	432								16516
敦煌水资源利用与生态保护(疏勒河）2015															
河湖连通工程	3525	2605		2605		920			920						3525
庆阳市新城南区湖库水系连通工程	3525	2605		2605		920			920						3525
其他环境水利项目	2262					2262		750	1512						2155
金昌市十里花海景区建设项目	1512					1512			1512						1512
平凉市崆峒水库至大岔河段河道生态综合治理	750					750		750							643
机构能力建设专项	2392	373		373		2019	2019								40
水文设施及能力建设	2392	373		373		2019	2019								40
甘肃水资源监控能力建设二期 2016	373	373		373											40
甘肃省中小河流水文监测系统建设项目	2019					2019	2019								
移民项目	61521	30999		30999		30522	28743	1779							61414

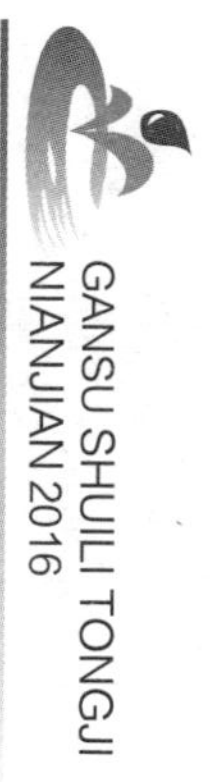

2–10 续表

单位：万元

项目	本年完成投资	中央政府投资				地方政府投资				企业和私人投资	国内贷款		债券	其他投资	本年完成投资（按财务支出核算）
		小计	预算内拨款	中央财政水利专项资金	其他资金	小计	省级政府投资	地市级政府投资	县级政府投资		小计	其中：国家专项建设基金			
西峰区小盘河水库征地拆迁补偿安置工作	1779					1779		1779							1672
甘肃省大中型水库移民后期扶持（内陆）	8278	4390		4390		3888	3888								8278
甘肃省大中型水库移民后期扶持（长江）	4328	2749		2749		1579	1579								4328
甘肃省大中型水库移民后期扶持（黄河）	47136	23860		23860		23276	23276								47136
其他水利项目	22363	12285		12285		9231		131	9100		847				22363
金昌市永昌县金川工农干渠围栏保护工程	131					131		131							131
会宁县电子桥、康家河桥桥梁工程	847										847				847
临夏市大夏河风情线综合治理工程	9100					9100			9100						9100
永靖县刘盐八地质灾害灌区节水改造工程	12285	12285		12285											12285

2-11 2016 年水利建设项目完成投资（按市县分）

单位：万元

项目	本年完成投资	中央政府投资				地方政府投资				企业和私人投资	国内贷款		债券	其他投资
		小计	预算内拨款	中央财政水利专项资金	其他资金	小计	省级政府投资	地市级政府投资	县级政府投资		小计	其中：国家专项建设基金		
甘肃省	1684529	663507	384714	278031	762	423139	230596	117889	74654	8585	537103	50051	7000	45195
兰州市	455358	69482	62192	7290		109391	4933	99765	4693		276323			162
兰州市直	407521	57290	56790	500		96975		96975			253256			
黄河甘肃段兰州市防洪治理工程	75600	56000	56000								19600			
兰州市农田水利设施维修养护 2016	500	500		500										
兰州市大砂沟泵站更新改造工程	1421	790	790			631		631						
兰州市水源地建设工程	330000					96344		96344			233656			
七里河区	990	600	600			390		200	190					
七里河区西津泵站更新改造工程	990	600	600			390		200	190					
西固区	2626	1783		1783		843	250	230	363					
西固区高效节水灌溉项目 2016	1058	500		500		558	250	70	238					
兰州市工农坪泵站更新改造工程	1568	1283		1283		285		160	125					
红古区	4800	3600	3600			1200		1200						
湟水兰州市红古段防洪治理工程	4800	3600	3600			1200		1200						
永登县	1996	918	116	802		539	539				377			162
永登农田水利设施维修养护 2016	100	100		100										
永登县高效节水灌溉 2016	832	400		400		270	270							162
永登县农村饮水安全巩固提升 2016	762	116	116			269	269				377			
永登县抗旱应急引调提水 2016	302	302		302										
皋兰县	4125	2763	177	2586		789	639	60	90		573			
皋兰县蔡家河东湾沟上游段——文山段堤防	1086	1086		1086										
皋兰县西岔中型灌区农业综合开发 2015	1030	1000		1000		30	30							
皋兰县高效节水灌溉 2016	750	400		400		350	200	60	90					

2-11 续表

单位：万元

项目	本年完成投资	中央政府投资				地方政府投资				企业和私人投资	国内贷款		债券	其他投资
		小计	预算内拨款	中央财政水利专项资金	其他资金	小计	省级政府投资	地市级政府投资	县级政府投资		小计	其中：国家专项建设基金		
皋兰县农田水利设施维修养护 2016	100	100		100										
皋兰县农村饮水安全巩固提升 2016	1159	177	177			409	409				573			
榆中县	33300	2528	909	1619		8655	3505	1100	4050		22117			
榆中县农田水利设施维修养 2016	1000	1000		1000										
兰州市榆中三电泵站更新改造工程	950	800	800			150		100	50					
引洮供水一期榆中县配套工程	30017					7900	2900	1000	4000		22117			
榆中县农村饮水安全巩固提升 2016	714	109	109			605	605							
榆中县抗旱应急引调提水 2016	619	619		619										
嘉峪关市	598					598		598						
嘉峪关市中央财政高效节水项目 2015（五）	380					380		380						
嘉峪关市 2016 年小型农田水利设施春修工程	100					100		100						
嘉峪关市高效节水灌溉项目 2015（六）	118					118		118						
金昌市	30284	19399	9414	9985		8506	4416	291	3799	402	163	163		1815
金昌市直	1160					160		160						1000
金昌市城市应急备用水源项目	1000													1000
金昌市龙首山前山区雨洪资源利用项目	160					160		160						
金川区	6053	2700		2700		3251	1300		1951	52				50
金川区 2015 新增农田水利设施建设 2016	1709	1000		1000		659	500		159					50
金川区小型农田水利重点县 2016	2832	1700		1700		1080	800		280	52				
金昌市十里花海景区建设项目	1512					1512			1512					
永昌县	23071	16699	9414	7285		5094	3116	131	1848	350	163	163		765
永昌县金川河工农渠首泄洪闸	1286	1071	1071			215			215					

2-11 续表

单位：万元

项　目	本年完成投资	中央政府投资				地方政府投资				企业和私人投资	国内贷款		债券	其他投资
		小计	预算内拨款	中央财政水利专项资金	其他资金	小计	省级政府投资	地市级政府投资	县级政府投资		小计	其中：国家专项建设基金		
西河灌区续建配套节水改造	9848	8293	8293			1555			1555					
永昌县小型农田水利重点县 2016	1654	1000		1000		560	500		60					94
永昌县 2015 新增农田水利设施建设 2016	1753	1000		1000		500	500							253
永昌县农田水利设施维修养护 2016	1004	1000		1000		4			4					
永昌县高效节水灌溉 2016	6418	4000		4000		2000	2000							418
永昌县农村饮水安全巩固提升 2016	342	50	50			130	116		14		163	163		
永昌县头坝二号水电站增效扩容改造	635	285		285						350				
金昌市永昌县金川工农干渠围栏保护工程	131					131		131						
白银市	102422	76060	60449	15611		11449	11449				14913			
兴电灌区齐家大岘隧洞除险加固工程	1000					1000	1000							
白银市农田水利设施维修养护 2016	500	500		500										
白银市直	44210	44210	44210											
黄河干流白银市防洪治理工程	40000	40000	40000											
白银市兴电灌区渠道维修工程														
白银市靖会泵站更新改造工程	1800	1800	1800											
白银市兴电泵站更新改造工程	2410	2410	2410											
白银区	3001	2671	30	2641		257	257				73			
白银区东大沟民勤村至城区段治理	691	691		691										
白银区工农渠灌区农业综合开发	350	350		350										
白银区五小水利工程 2016	1200	1000		1000		200	200							
白银区农田水利设施维修养护 2016	600	600		600										
白银区农村饮水安全巩固提升 2016	160	30	30			57	57				73			
平川区	1700	1040	40	1000		571	571				89			

2-11 续表

单位：万元

项 目	本年完成投资	中央政府投资				地方政府投资				企业和私人投资	国内贷款		债券	其他投资
		小计	预算内拨款	中央财政水利专项资金	其他资金	小计	省级政府投资	地市级政府投资	县级政府投资		小计	其中：国家专项建设基金		
平川区旱坪川灌区农业综合开发														
平川区五小水利工程 2016	1500	1000		1000		500	500							
平川区农村饮水安全巩固提升 2016	200	40	40			71	71				89			
靖远县	13941	9650	3530	6120		2371	2371				1920			
靖远县靖乐渠灌区农业综合开发	60	50		50		10	10							
靖远县小型农田水利设施补助 2016	1000	1000		1000										
靖远县高效节水灌溉 2016	3900	2600		2600		1300	1300							
靖远县农田水利设施维修养护 2016	1000	1000		1000										
白银市中堡泵站更新改造工程	1637	1637	1637											
白银市刘川泵站更新改造工程	1300	1300	1300											
靖远县农村饮水安全巩固提升 2016	3574	593	593			1061	1061				1920			
靖远县抗旱应急引调提水项目	1470	1470		1470										
会宁县	33185	14838	12221	2617		5570	5570				12777			
会宁县焦家河焦河村防洪工程	500					500	500							
会宁县苦水河河畔羊肉市场段综合治理工程	408										408			
会宁县祖厉河城区段综合治理二期工程（续建）	10804										10804			
会宁县农田水利设施维修养护 2016	100	100		100										
会宁县高效节水灌溉 2016	2250	1500		1500		750	750							
引洮一期工程会宁北部供水工程	15500	12000	12000			3500	3500							
会宁县农村饮水安全巩固提升 2016	1759	221	221			820	820				718			
会宁县抗旱应急引调提水项目	1017	1017		1017										
会宁县电子桥、康家河桥桥梁工程	847										847			

2-11 续表

单位：万元

项　目	本年完成投资	中央政府投资				地方政府投资				企业和私人投资	国内贷款		债券	其他投资
		小计	预算内拨款	中央财政水利专项资金	其他资金	小计	省级政府投资	地市级政府投资	县级政府投资		小计	其中：国家专项建设基金		
景泰县	4884	3151	418	2733		1680	1680				53			
景泰县高效节水灌溉 2016	2400	1600		1600		800	800							
景泰县小型农田水利设施补助 2016	330	330		330										
景泰县农田水利设施维修养护 2016	100	100		100										
景泰县中泉泵站更新改造工程	340	340	340											
景泰县草窝滩镇排水工程	500					500	500							
景泰县农村饮水安全巩固提升 2016	511	78	78			380	380				53			
景泰县抗旱应急引调提水项目	703	703		703										
天水市	77929	21486	2460	19026		20393	13780	3486	3127		36040	1900		10
天水市直	9100										9100			
天水市藉口水厂至西十里供水管道工程	9100										9100			
秦州区	35021	4974	57	4917		6047	1068	3486	1493		24000			
天水市藉河生态综合治理一期续建工程	24000										24000			
秦州区天水镇易地搬迁堤防工程	1415					1415			1415					
秦州区易地搬迁项目高效节水灌溉工程	3486					3486		3486						
秦州区五小水利工程 2016	1500	1000		1000		500	500							
秦州区关峡水库	2400	2400		2400										
秦州区太京镇农田水利建设项目	1134	800		800		334	256		78					
秦州区农村饮水安全巩固提升工程 2016	369	57	57			312	312							
秦州区抗旱应急引调提水 2016	717	717		717										
麦积区	3925	2210	190	2020		1715	1703		12					
麦积区高效节水灌溉 2016	1962	1300		1300		662	650		12					
麦积区小型农田水利设施补助 2016	720	720		720										

2–11 续表

单位：万元

项目	本年完成投资	中央政府投资				地方政府投资				企业和私人投资	国内贷款		债券	其他投资
		小计	预算内拨款	中央财政水利专项资金	其他资金	小计	省级政府投资	地市级政府投资	县级政府投资		小计	其中：国家专项建设基金		
麦积区农村安全饮水巩固提升工程 2016	1243	190	190			1053	1053							
清水县	8607	2148	244	1904		3519	3519				2940	1900		
清水县后川河杜川至王店段堤防工程	325					325	325							
清水县小型农田水利设施补助 2016	1000	1000		1000										
清水县农村饮水安全巩固提升工程 2016	1138	174	174			964	964							
清水县抗旱应急引调提水项目 2016	904	904		904										
清水县城区自来水管网扩建工程	1100					150	150				950			
清水县城区供水工程	3900					2000	2000				1900	1900		
清水县城区自来水管网扩建工程	240	70	70			80	80				90			
秦安县	6072	5199	91	5108		873	873							
秦安县南小河王尹马河至凤山堤防	273	273		273										
秦安县五小水利工程 2016	1354	1000		1000		354	354							
秦安县西小河小湾河水库	2945	2945		2945										
秦安县农村饮水安全巩固提升 2016	610	91	91			519	519							
秦安县抗旱应急引调提水 2016	890	890		890										
甘谷县	10464	3309	901	2408		7145	5523		1622					10
甘谷县清溪河礼辛乡寨子至慰坪堤防工程	508	508		508										
甘谷县五小水利工程 2016	1500	1000		1000		500	500							
甘谷县农田水利设施维修养护 2016	100	100		100										
甘谷县大石乡农田水利建设项目	1130	800		800		320	320							10
甘谷县农村饮水安全巩固提升工程 2016	5604	901	901			4703	4703							
甘谷县城区供水水源水深度处理工程	1622					1622			1622					
武山县	3575	3075	920	2155		500	500							

2-11 续表

单位：万元

项　目	本年完成投资	中央政府投资				地方政府投资				企业和私人投资	国内贷款		债券	其他投资
		小计	预算内拨款	中央财政水利专项资金	其他资金	小计	省级政府投资	地市级政府投资	县级政府投资		小计	其中：国家专项建设基金		
武山县车家川至山丹河口段治理	920	920	920											
武山县五小水利工程 2016	1500	1000		1000		500	500							
武山县小型农田水利设施补助 2016	469	469		469										
武山县抗旱应急引调提水 2016	686	686		686										
张家川县	1165	571	57	514		594	594							
张家川县农田水利设施维修养护 2016	100	100		100										
张家川县富川水库（抗旱规划内）	414	414		414										
张家川县农村饮水安全巩固提升 2016	651	57	57			594	594							
武威市	84781	45976	19260	25954	762	21909	19997	1000	912		11468			5429
武威市直	100	100		100										
武威市 2016 年农田水利设施维修养护资金	100	100		100										
凉州区	18865	13118	3743	9375		5354	4442		912		393			
石羊河凉州区松涛寺至红水河入河口防洪	384	292	292			92	92							
凉州区杂木河灌区续建配套节水改造	4114	3291	3291			823			823					
凉州区小型农田水利重点县 2016	3000	2000		2000		1000	1000							
凉州区高效节水灌溉 2016	9000	6000		6000		3000	3000							
凉州区农田水利设施维修养护 2016	600	600		600										
凉州区农村饮水安全巩固提升 2016	992	160	160			439	350		89		393			
凉州区抗旱应急引调提水项目	775	775		775										
民勤县	34151	21171	15267	5904		12116	11116	1000			864			
民勤县高效节水灌溉 2016	1500	1000		1000		500	500							
民勤县农田水利设施维修养护 2016	600	600		600										

2-11 续表

单位：万元

项目	本年完成投资	中央政府投资				地方政府投资				企业和私人投资	国内贷款		债券	其他投资
		小计	预算内拨款	中央财政水利专项资金	其他资金	小计	省级政府投资	地市级政府投资	县级政府投资		小计	其中：国家专项建设基金		
民勤县2015新增农田水利设施建设2016	1500	1000		1000		500	500							
民勤县小型农田水利重点县2016	1500	1000		1000		500	500							
民勤县小型农田水利设施建设补助2016	1000	1000		1000										
民勤县红崖水库加高扩建工程	25000	15000	15000			10000	9000	1000						
民勤县农村饮水安全巩固提升项目2016	1747	267	267			616	616				864			
民勤县抗旱应急水源工程	1304	1304		1304										
古浪县	19851	6951	250	5939	762	2689	2689				10211			
古浪县黄花滩项目	10772	762			762						10010			
2016古浪县小型农田水利设施补助资金（二）	1000	1000		1000										
古浪县高效节水灌溉2016	1500	1000		1000		500	500							
古浪县小型农田水利重点县2016	1500	1000		1000		500	500							
古浪县2015新增农田水利设施建设2016	1500	1000		1000		500	500							
古浪县农田水利设施维修养护2016	200	200		200										
古浪县农村饮水安全巩固提升2016	1640	250	250			1189	1189				201			
古浪县抗旱应急引调提水项目	1739	1739		1739										
天祝县	11815	4636		4636		1750	1750							5429
天祝县大通河防洪工程	3446					600	600							2846
天祝县高效节水灌溉2016	2653	1700		1700		850	850							103
天祝县小型农田水利重点县2016	1080	700		700		300	300							80
天祝县2016年农田水利设施维修养护资金	100	100		100										
天祝县小型农田水利设施补助2016	1046	1000		1000										46
天祝县石门河调蓄引水工程	80													80

2-11 续表

单位：万元

项　目	本年完成投资	中央政府投资				地方政府投资				企业和私人投资	国内贷款		债券	其他投资
		小计	预算内拨款	中央财政水利专项资金	其他资金	小计	省级政府投资	地市级政府投资	县级政府投资		小计	其中：国家专项建设基金		
天祝县二道墩水库	2316	577		577										1739
天祝县南阳山片下山入川供水工程	500													500
天祝县抗旱应急引调提水项目	593	559		559										34
张掖市	76250	44980	19557	25423		26770	8909		17861	105	491			3904
张掖市直	100	100		100										
张掖市年农田水利设施维修养护 2016	100	100		100										
甘州区	16692	12312	8912	3400		3359	1459		1900		364			657
甘州区大满灌区续建配套节水改造	6539	5739	5739			800			800					
甘州区西浚灌区续建配套节水改造	3461	3061	3061			400			400					
甘州区高效节水灌溉 2016	3262	1400		1400		1400	700		700					462
甘州区农田水利设施维修养护 2016	1000	1000		1000										
甘州区小型农田水利重点县 2016	1695	1000		1000		500	500							195
甘州区农村饮水安全巩固提升 2016	735	112	112			259	259				364			
肃南县	2840	1500		1500		1073	775		298					267
肃南县隆畅河治理工程补充项目	745	500		500		245			245					
肃南县农田水利设施维修养护 2016	318					318	275		43					
肃南县高效节水灌溉 2016	1777	1000		1000		510	500		10					267
民乐县	7008	5535	39	5496		891	891				127			456
民乐县小型农田水利重点县 2016	1826	1000		1000		500	500							326
民乐县农田水利设施维修养护 2016	600	600		600										
民乐县 2015 年新增农田水利设施建设 2016	1030	600		600		300	300							130
民乐县山城河水库	3296	3296		3296										
民乐县农村饮水安全巩固提升 2016	257	39	39			91	91				127			

2-11 续表

单位：万元

项　目	本年完成投资	中央政府投资				地方政府投资				企业和私人投资	国内贷款		债券	其他投资
		小计	预算内拨款	中央财政水利专项资金	其他资金	小计	省级政府投资	地市级政府投资	县级政府投资		小计	其中：国家专项建设基金		
临泽县	23691	7072	6334	738		16259	1000		15259					360
临泽县小东沟河新柳－西街农田防护	998	638		638										360
临泽县梨园河灌区续建配套节水改造	7363	6334	6334			1029			1029					
临泽县农田水利设施维修养护 2016	100	100		100										
临泽县红山湾水库工程	15230					15230	1000		14230					
高台县	8227	4850		4850		2180	2180							1197
高台县小海子水库除险加固	600					600	600							
高台县罗城灌区农业综合开发	330	250		250		80	80							
高台县高效节水灌溉 2016	1725	1000		1000		500	500							225
高台县小型农田水利重点县 2016 年	1967	1000		1000		500	500							467
高台 2015 年新增农田水利设施建设 2016	1754	1000		1000		500	500							254
高台县小型农田水利设施补助 2016	1070	1000		1000										70
高台县农田水利设施维修养护 2016	781	600		600										181
山丹县	17692	13611	4272	9339		3008	2604		404	105				967
山丹县马营河大马营段河道治理工程	911	911		911										
山丹县马营河灌区续建配套节水改造	4806	4272	4272											534
山丹县农田水利设施维修养护 2016	100	100		100										
山丹县小型农田水利重点县 2016	2722	1700		1700		925	900		25					97
山丹县小型农田水利设施补助 2016	1000	1000		1000										
山丹县高效节水灌溉 2016	1939	1200		1200		608	600		8					131
山丹县 2015 年新增农田水利设施建设 2016	1894	1000		1000		689	500		189					205
山丹马场高效节水灌溉 2016	805	400		400		300	300			105				

2-11 续表

单位：万元

项　目	本年完成投资	中央政府投资				地方政府投资				企业和私人投资	国内贷款		债券	其他投资
		小计	预算内拨款	中央财政水利专项资金	其他资金	小计	省级政府投资	地市级政府投资	县级政府投资		小计	其中：国家专项建设基金		
山丹马场小型农田水利重点县 2016	1104	800		800		304	304							
山丹县白石崖水库（抗旱规划内）	1578	1578		1578										
山丹县抗旱应急引调提水项目	832	650		650		182			182					
平凉市	49413	22765	3539	19226		11125	8949	750	1426		15267			256
平凉市直	2200	1302	772	530		892	84	750	58					6
平凉市泾河吴老沟至平镇桥河堤治理	772	772	772											
平凉市农田水利设施维修养护 2016	100	100		100										
崇信县国家农业综合开发水土保持项目 2016	403	290		290		107	84		23					6
灵台县病险淤地坝除险加固工程 2016	85	68		68		17			17					
庄浪县病险淤地坝除险加固工程 2016	90	72		72		18			18					
平凉市崆峒水库至大岔河段河道生态综合治理	750					750		750						
崆峒区	4294	1478	478	1000		819	819				1997			
泾河崆峒区马莲沟至南阳涧河段防洪工程														
崆峒区五小水利工程 2016	1500	1000		1000		500	500							
崆峒区北杨涧水库（抗旱规划内）	1549										1549			
平凉市白庙泵站更新改造工程	340	340	340											
崆峒区农村饮水安全项目巩固提升 2016	905	138	138			319	319				448			
泾川县	4566	3063	185	2878		905	887		18		598			
泾河泾川县罗汉洞至洪河口段河堤治理														
泾川县汭河十里沟至枣林段河堤治理工程	570	570		570										
泾川县黑河荒场至茜家沟河堤治理工程	384	384		384										

2-11 续表

单位：万元

项　目	本年完成投资	中央政府投资				地方政府投资				企业和私人投资	国内贷款		债券	其他投资
		小计	预算内拨款	中央财政水利专项资金	其他资金	小计	省级政府投资	地市级政府投资	县级政府投资		小计	其中：国家专项建设基金		
泾川县洪河河堤治理工程	280	280		280										
泾川县五小水利工程 2016	1460	1000		1000		460	460							
泾川县农田水利设施维修养护 2016	100	100		100										
泾川县朱家涧水库（抗旱规划内）														
泾川县农村饮水安全巩固提升 2016	1210	185	185			427	427				598			
泾川县抗旱应急水源引调提水项目	472	472		472										
泾川县病险淤地坝除险加固工程 2016	90	72		72		18			18					
灵台县	12194	2776	155	2621		1927	1527		400		7491			
灵台县达溪河县城至安家庄段河堤治理	1175	1175		1175										
灵台县达溪河县城至百里段河堤治理	340					340	340							
灵台县黑河东门至景家庄段河堤治理	446	446		446										
灵台县中央财政小型农田水利工程 2015	150					150	150							
灵台县五小水利工程 2016	1280	1000		1000		280	280							
灵台县中央财政小农水重点县 2014（四）	400					400			400					
灵台县新集水库工程	7390										7390			
灵台县农村饮水安全巩固提升 2016	1013	155	155			757	757				101			
崇信县	3933	3305	40	3265		559	559				69			
崇信县汭河（九功渠首至野雀沟）河堤治理	578	578		578										
崇信县黑河河堤治理工程	561	561		561										
崇信县五小水利工程 2016	1500	1000		1000		500	500							
崇信县关河水库（抗旱规划内）														
崇信县农村饮水安全巩固提升 2016	168	40	40			59	59				69			
崇信县抗旱应急引调提水项目	1126	1126		1126										

2-11 续表

单位：万元

项　目	本年完成投资	中央政府投资				地方政府投资				企业和私人投资	国内贷款		债券	其他投资
		小计	预算内拨款	中央财政水利专项资金	其他资金	小计	省级政府投资	地市级政府投资	县级政府投资		小计	其中：国家专项建设基金		
华亭县	4644	2251	251	2000		1580	1580				813			
华亭县五小水利工程 2016	1500	1000		1000		500	500							
华亭县 2015 年新增农田水利设施建设 2016	1500	1000		1000		500	500							
华亭县农村饮水安全巩固提升 2016	1644	251	251			580	580				813			
庄浪县	9733	4003	258	3745		2046	1096		950		3684			
庄浪县韩店镇王崖段河堤治理工程	460					460			460					
庄浪县北洛河良邑郭魏至石家窑防洪	542	542		542										
庄浪县红土坡至刘家湾段河堤工程	490					490			490					
庄浪县水洛河灌区节水配套改造项目	350	350		350										
庄浪县五小水利工程 2016	1500	1000		1000		500	500							
庄浪县小型农田水利设施补助 2016	656	656		656										
庄浪县花崖河水库（抗旱规划内）	2200	850		850							1350			
庄浪县农村饮水安全巩固提升 2016	1688	258	258			596	596				834			
庄浪县抗旱应急引调提水项目	347	347		347										
庄浪县南坪水厂改扩建及管网工程	1500										1500			
静宁县	7849	4587	1400	3187		2397	2397				615			250
葫芦河静宁县狗娃河口至胡家河段河堤治理过程														
静宁县东峡灌区农业综合开发	1190	900		900		290	290							
静宁县五小水利工程 2016	1500	1000		1000		500	500							
静宁县农村饮水安全巩固提升 2016	2622	400	400			1607	1607				615			
静宁县抗旱应急引调提水项目	1287	1287		1287										
静宁县坡耕地水土流失治理 2016	1250	1000	1000											250

2-11 续表

单位：万元

项　目	本年完成投资	中央政府投资				地方政府投资				企业和私人投资	国内贷款		债券	其他投资
		小计	预算内拨款	中央财政水利专项资金	其他资金	小计	省级政府投资	地市级政府投资	县级政府投资		小计	其中：国家专项建设基金		
酒泉市	65383	37016	15311	21705		22122	10880		11242	397	2546	1048		3301
酒泉市直	9952	8167	8167			1785	1148		637					
敦煌水资源规划项目（酒泉市）2016	9569	8167	8167			1402	765		637					
敦煌水资源规划项目（河道归束）2015	383					383	383							
肃州区	17880	10101	1645	8456		4440	3629		811	397				2942
肃州区丰乐河堤防及河道治理工程	642	642		642										
肃州区清水河堤防及河道治理工程	286	286		286										
肃州区红山河青稞地排沙闸	788	788	788											
肃州区马营河渠首闸	778	778	778											
肃州区红山河马鬃门排砂闸除险加固工程	102	79	79			23			23					
肃州区高效节水灌溉 2016	10554	5000		5000		2972	2500		472					2582
肃州区农田水利设施维修养护 2016	202	200		200		2			2					
肃州区小型农田水利建设（五）	83					83	50		33					
肃州区小型农田水利重点县 2016	3897	2000		2000		1140	1000		140	397				360
肃州区高效节水灌溉项目（六）	107					107	79		28					
肃州区规模化节水增效示范（2013–2016）	442	328		328		114			114					
金塔县	5774	4274	125	4149		1500	1500							
黑河酒泉市金塔县五爱至友好段河道治理工程	125	125	125											
黑河金塔县常丰至中丰村段防洪治理工程														
金塔县小型农田水利重点县 2016	1500	1000		1000		500	500							
金塔县农田水利设施维修养护 2016	1000	1000		1000										
金塔县 2015 新增农田水利设施建设 2016	1500	1000		1000		500	500							

2–11 续表

单位：万元

项目	本年完成投资	中央政府投资				地方政府投资				企业和私人投资	国内贷款		债券	其他投资
		小计	预算内拨款	中央财政水利专项资金	其他资金	小计	省级政府投资	地市级政府投资	县级政府投资		小计	其中：国家专项建设基金		
金塔县高效节水灌溉 2016	1500	1000		1000		500	500							
金塔县解放村水电站增效扩容改造	149	149		149										
瓜州县	3597	1744	44	1700		1810	1297		513		42			
瓜州县榆林河蘑菇台子段河道治理	500					500	500							
瓜州县农田水利设施维修养护 2016	200	200		200										
瓜州县高效节水灌溉 2016	2520	1500		1500		1020	750		270					
瓜州县小型农田水利建设（五）	243					243			243					
瓜州县农村饮水安全巩固提升 2016	133	44	44			47	47				42			
肃北县	9051	1051		1051		6952			6952		1048	1048		
肃北县小型农田水利设施补助 2016	600	600		600										
肃北县马鬃山镇供水工程	8000					6952			6952		1048	1048		
肃北县拉排一级水电站增效扩容改造	424	424		424										
肃北县拉排一级水电站河流生态修复	27	27		27										
玉门市	10022	5390	90	5300		2817	2692		125		1456			359
玉门市小型农田水利重点县 2016	4019	2700		2700		1300	1300							19
玉门市高效节水灌溉 2016	2172	1400		1400		700	700							72
玉门市 2015 新增农田水利设施建设 2016	1769	1000		1000		500	500							269
玉门市农田水利设施维修养护 2016	200	200		200										
酒泉循环经济产业园水源（大红泉水库）	1195										1195			
玉门市农村饮水安全巩固提升 2016	668	90	90			317	192		125		261			
敦煌市	9107	6289	5240	1049		2818	614		2204					
敦煌市党河灌区西干渠改建工程	102					102	102							
敦煌市小型农田水利 2015 维修养护资金	73	30		30		43			43					

2-11 续表

单位：万元

项目	本年完成投资	中央政府投资				地方政府投资				企业和私人投资	国内贷款		债券	其他投资
		小计	预算内拨款	中央财政水利专项资金	其他资金	小计	省级政府投资	地市级政府投资	县级政府投资		小计	其中：国家专项建设基金		
敦煌市 2015 抗旱引调提水项目	632					632			632					
敦煌市规模化节水增效示范（2013–2016）	76					76			76					
敦煌市农田水利设施维修养护 2016	108	100		100		8			8					
敦煌县抗旱应急引调提水项目	495	344		344		151			151					
敦煌市南湖店水电站增效扩容改造	172	172		172										
敦煌市党河水电站增效扩容改造	403	403		403										
敦煌水资源规划项目（敦煌市）2016	5200	4684	4684			515	512		3					
敦煌水资源规划项目（党河灌区）2015	1846	556	556			1290			1290					
庆阳市	131112	31924	10466	21458		39775	21883	8943	8949	3398	54089			1926
庆阳市直	31463					1000	1000				30463			
庆阳市莲花寺水库及供水工程	6694										6694			
庆阳市巴家咀水库新增调蓄工程（五台山水库）	5947										5947			
庆阳市小盘河水库及供水工程	17822										17822			
盐环定扬黄续建工程调概算	1000					1000	1000							
西峰区	6508	2995	50	2945		3428	73	2265	1090		85			
西峰区砚瓦川贺家塬沟护岸工程	240	240		240										
西峰区农村饮水安全巩固提升 2016	208	50	50			73	73				85			
西峰区 2016 年市级财政安排农村饮水项目	636					636		486	150					
西峰区病险淤地坝除险加固工程 2016	120	100		100		20			20					
庆阳市新城南区湖库水系连通工程	3525	2605		2605		920			920					
西峰区小盘河水库征地拆迁补偿安置工作	1779					1779		1779						
庆城县	9383	3663	640	3023		3646	2450	675	521		2071			2

2-11 续表

单位：万元

项目	本年完成投资	中央政府投资				地方政府投资				企业和私人投资	国内贷款		债券	其他投资
		小计	预算内拨款	中央财政水利专项资金	其他资金	小计	省级政府投资	地市级政府投资	县级政府投资		小计	其中：国家专项建设基金		
庆城县 2016 年蔡家庙沟护岸工程	140					140	140							
庆城县“五小水利”工程 2016	2459	1500		1500		959	750		209					
庆城县纸坊沟水库（抗旱规划内）	780	780		780										
庆城县农村饮水安全巩固提升 2016	4189	640	640			1478	1478				2071			
庆城县 2016 年市级财政安排农村饮水项目	868					868		675	193					
庆城县抗旱应急引调提水项目	460	383		383		77			77					
庆城县国家农业综合开发水土保持项目 2016	392	285		285		105	82		23					2
庆城县病险淤地坝除险加固工程 2016	94	75		75		19			19					
环　县	43437	10309	7268	3041		16612	11637	3481	1494		16266			250
环县马莲河韩洼子至陈沟桥段防洪	2072	1243	1243			829			829					
环县“五小水利”工程 2016	756	500		500		256	250		6					
环县米岔沟水库（抗旱规划）	1549	1036		1036		513			513					
环县农村饮水安全巩固提升 2016	32678	5025	5025			11387	11387				16266			
环县 2016 年市级财政安排农村饮水项目	3481					3481		3481						
环县抗旱应急引调提水项目	1350	1265		1265		85			85					
环县病险淤地坝除险加固工程 2016	301	240		240		61			61					
环县坡耕地水土流失治理 2016	1250	1000	1000											250
华池县	10772	2977	585	2392		5217	1707	765	2745		2330			248
华池县葫芦河引水枢纽上游护岸工程	435										435			
华池县“五小水利”工程 2016	764	500		500		250	250							14
华池县农村饮水安全巩固提升 2016	3832	585	585			1352	1352				1895			
华池县 2016 年市级财政安排农村饮水项目	1583					1505		765	740					78

2-11 续表

单位：万元

项　目	本年完成投资	中央政府投资				地方政府投资				企业和私人投资	国内贷款		债券	其他投资
		小计	预算内拨款	中央财政水利专项资金	其他资金	小计	省级政府投资	地市级政府投资	县级政府投资		小计	其中：国家专项建设基金		
华池县抗旱应急引调提水项目	1674	1527		1527										147
华池县刘坪村美丽村庄河道治理及供水工程	1000					1000			1000					
华池县城区污水分户收集工程	386					386			386					
华池县县城污水支管道工程	606					606			606					
华池县国家农业综合开发水土保持项目 2016	399	285		285		105	105							9
华池县病险淤地坝除险加固工程 2016	93	80		80		13			13					
合水县	4922	1016	286	730		2744	660		2084		926			236
合水县葫芦河、苗村河太白段河道整治工程	1078					1078			1078					
合水县农田水利设施维修养护 2016	121	100		100		21			21					
合水县 2016 年市级财政安排农村饮水项目	559					559			559					
合水县农村饮水安全巩固提升 2016	2279	286	286			1067	660		407		926			
合水县国家水土保持重点建设工程 2016 年	786	550		550										236
合水县病险淤地坝除险加固工程 2016	100	80		80		20			20					
正宁县	7241	4602	213	4389		1642	991	405	246		689			307
正宁县四郎河房河治理工程	839	839		839										
正宁县四郎河樊湾子治理工程	920	920		920										
正宁县五小水利工程 2016	1579	1000		1000		579	500		79					
正宁县小型农田水利设施补助 2016	1096	1000		1000		96			96					
正宁县农村饮水安全巩固提升 2016	1464	213	213			491	491				689			71
正宁县 2016 年市级财政安排农村饮水项目	457					457		405	52					

2-11 续表

单位：万元

项目	本年完成投资	中央政府投资				地方政府投资				企业和私人投资	国内贷款		债券	其他投资
		小计	预算内拨款	中央财政水利专项资金	其他资金	小计	省级政府投资	地市级政府投资	县级政府投资		小计	其中：国家专项建设基金		
正宁县国家水土保持重点建设工程2016年	786	550		550										236
正宁县病险淤地坝除险加固工程2016	100	80		80		20			20					
宁 县	7876	1808	180	1628		2333	1460	839	34	3398	101			236
宁县新宁镇高山堡村护岸工程	60					60	60							
蒲河宁县庄里至叶王川段防洪治理工程														
宁县海升公司果业基地滴灌工程	3398									3398				
宁县五小水利工程2016	1524	1000		1000		524	500		24					
宁县农村饮水安全巩固提升2016	1181	180	180			900	900				101			
宁县2016年市级财政安排农村饮水项目	839					839		839						
宁县国家水土保持重点建设工程2016年	786	550		550										236
宁县病险淤地坝除险加固工程2016	88	78		78		10			10					
镇原县	9510	4554	1244	3310		3152	1905	513	734		1157			647
镇原县洪河南川芦李护岸工程	411					411	411							
镇原县城东区排洪工程	508					141			141		367			
镇原县2015年新增农田水利设施建设2016	1558	1000		1000		558	500		58					
镇原县五小水利工程2016	605	400		400		205	200		5					
镇原县2016年市级财政安排农村饮水项目	874					874		513	361					
镇原县农村饮水安全巩固提升2016	1818	244	244			784	784				790			
镇原县抗旱应急引调提水项目	958	824		824		134			134					
镇原县国家水土保持重点建设工程2016年	1000	700		700										300
镇原县坡耕地水土流失治理2016	1250	1000	1000											250

2-11 续表

单位：万元

项目	本年完成投资	中央政府投资				地方政府投资				企业和私人投资	国内贷款		债券	其他投资
		小计	预算内拨款	中央财政水利专项资金	其他资金	小计	省级政府投资	地市级政府投资	县级政府投资		小计	其中：国家专项建设基金		
镇原县国家水土保持重点建设 2016 第二批	357	250		250		10	10							97
镇原县病险淤地坝除险加固工程 2016	170	136		136		34			34					
定西市	29072	10482	4025	6457		9497	9497				8990			103
安定区	6085	929	929			2147	2147				3009			
安定区农村饮水安全巩固提升 2016	6085	929	929			2147	2147				3009			
通渭县	2651	1515	205	1310		473	473				663			
通渭县小型农田水利设施补助 2016	420	420		420										
通渭县农田水利设施维修养护 2016	100	100		100										
通渭县农村饮水安全巩固提升 2016	1341	205	205			473	473				663			
通渭县抗旱应急引调提水项目	790	790		790										
陇西县	3508	1875	84	1791		1340	1340				272			21
陇西县五小水利工程 2016	1521	1000		1000		500	500							21
陇西县农村饮水安全巩固提升 2016	1196	84	84			840	840				272			
陇西县抗旱应急引调提水项目	791	791		791										
渭源县	1224	263	163	100		860	860				101			
渭源县农田水利设施维修养护 2016	100	100		100										
渭源县农村饮水安全巩固提升 2016	1124	163	163			860	860				101			
临洮县	13888	4184	1744	2440		4677	4677				4945			82
临洮县五小水利工程 2016	2032	1300		1300		650	650							82
临洮县村饮水安全巩固提升 2016	10716	1744	1744			4027	4027				4945			
临洮县抗旱应急引调提水项目	1140	1140		1140										
漳　县	816	816		816										
漳县龙川河草川坪至魏下段堤防工程	816	816		816										

2-11 续表

单位：万元

项　目	本年完成投资	中央政府投资				地方政府投资				企业和私人投资	国内贷款		债券	其他投资
		小计	预算内拨款	中央财政水利专项资金	其他资金	小计	省级政府投资	地市级政府投资	县级政府投资		小计	其中：国家专项建设基金		
岷　县	900	900	900											
洮河岷县齐家庄至石头咀段堤防工程	900	900	900											
陇南市	50239	24387	6366	18021		14240	11493	916	1831		5789			5824
武都区	9121	3770	671	3099		2169	618		1551					3182
武都区北峪河治理工程	979	979		979										
武都区小型农田水利重点县 2016	2846	1400		1400		600	600							846
武都区农田水利设施维修养护 2016	300	300		300										
武都区农村饮水安全巩固提升 2016	4396	671	671			1551			1551					2174
武都区水土保持重点工程 2016	600	420		420		18	18							162
宕昌县	4498	1585	489	1096		1863	1863				1050			
宕昌县理川河流域治理工程														
宕昌县良恭河韩院段河堤工程	296	296		296										
宕昌县 2015 年新增农田水利设施建设 2016	500	300		300		200	200							
宕昌县农田水利设施维修养护 2016	100	100		100										
宕昌县高效节水灌溉 2016	400	400		400										
宕昌县农村饮水安全巩固提升 2016	3202	489	489			1663	1663				1050			
成　县	3311	1758	248	1510		589	589				802			162
成县严河堤防工程	990	990		990										
成县农田水利设施维修养护 2016	100	100		100										
成县农村饮水安全巩固提升 2016	1621	248	248			571	571				802			
成县水土保持重点工程 2016	600	420		420		18	18							162
康　县	3256	1325	326	999		1574	1574				357			
康县阳坝河阳坝镇段治理工程	519	519		519										

2–11 续表

单位：万元

项　目	本年完成投资	中央政府投资				地方政府投资				企业和私人投资	国内贷款		债券	其他投资
		小计	预算内拨款	中央财政水利专项资金	其他资金	小计	省级政府投资	地市级政府投资	县级政府投资		小计	其中：国家专项建设基金		
康县五小水利工程 2016	540	420		420		120	120							
康县农田水利设施维修养护 2016	60	60		60										
康县农村饮水安全巩固提升 2016	2137	326	326			1454	1454				357			
文　县	8002	3153	355	2798		1940	1940				1148			1761
白龙江文县石坊乡东峪口至大渡坝河道	702					702	702							
文县尚德镇水家坝至周家坝河道治理	1160													1160
文县中路河中寨至白水江口段治理	1578	1578		1578										
文县小型农田水利重点县 2016	825	300		300		200	200							325
文县农田水利设施维修养护 2016	100	100		100										
文县高效节水灌溉 2016	714	400		400		200	200							114
文县农村饮水安全巩固提升 2016	2323	355	355			820	820				1148			
文县哈南水电站增效扩容改造														
文县哈南水电站河流生态修复														
文县水土保持重点工程 2016	600	420		420		18	18							162
西和县	6652	4115	2153	1962		1823	1823				554			160
西和县西汉水郭家坝至昌河坝段防洪	797	797	797											
西和县太石河治理工程	564	564		564										
西和县 2015 新增农田水利设施建设 2016	500	300		300		200	200							
西和县农田水利设施维修养护 2016	100	100		100										
西和县高效节水灌溉 2016	600	400		400		200	200							
西和县农村饮水安全巩固提升 2016	2333	356	356			1423	1423				554			
西和县抗旱应急水源工程 2016	598	598		598										
西和县坡耕地水土流失治理 2016	1160	1000	1000											160

2-11 续表

单位：万元

项　目	本年完成投资	中央政府投资				地方政府投资				企业和私人投资	国内贷款		债券	其他投资
		小计	预算内拨款	中央财政水利专项资金	其他资金	小计	省级政府投资	地市级政府投资	县级政府投资		小计	其中：国家专项建设基金		
礼　县	7973	4454	1846	2608		2542	1626	916			977			
礼县西汉水罗家堡至盐官镇段防洪	2293	1377	1377			916		916						
礼县清水江张堡至教面堤防工程	1047	1047		1047										
礼县小型农田水利设施补助 2016	500	500		500										
礼县农田水利设施维修养护 2016	100	100		100										
礼县农村饮水安全巩固提升 2016	3072	469	469			1626	1626				977			
礼县抗旱应急引调提水项目	916	916		916										
礼县大滩水电站增效扩容改造工程	19	19		19										
礼县红崖二级水电站增效扩容改造工程	20	20		20										
礼县大滩水电站河流生态修复工程	3	3		3										
礼县红崖二级水电站河流生态修复工程	3	3		3										
两当县	3039	2062		2062		418	418							559
两当县红崖河蚂蚱河段综合治理工程	352	352		352										
两当县红崖河权坪河段综合治理工程	490	490		490										
两当县高效节水灌溉 2016	773	400		400		200	200							173
两当县小型农田水利重点县 2016	724	300		300		200	200							224
两当县农田水利设施维修养护 2016	100	100		100										
两当县水土保持重点工程 2016	600	420		420		18	18							162
徽　县	4388	2165	278	1887		1322	1042		280		901			
徽县永宁河高桥乡河道治理工程	1087	1087		1087										
徽县小型农田水利重点县 2016	590	300		300		290	200		90					
徽县 2015 新增农田水利设施建设 2016	789	400		400		389	200		189					
徽县农田水利设施维修养护 2016	100	100		100										

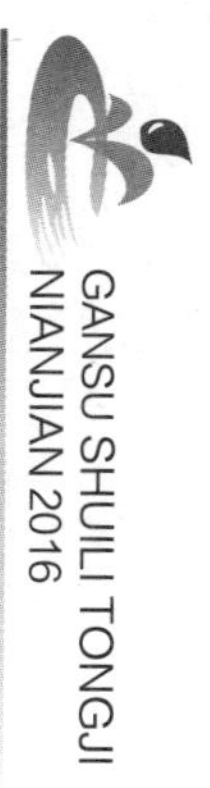

2–11 续表

单位：万元

项　目	本年完成投资	中央政府投资				地方政府投资				企业和私人投资	国内贷款		债券	其他投资
		小计	预算内拨款	中央财政水利专项资金	其他资金	小计	省级政府投资	地市级政府投资	县级政府投资		小计	其中：国家专项建设基金		
徽县农村饮水安全巩固提升 2016	1821	278	278			642	642				901			
临夏回族自治州	103273	58981	34432	24549		30925	15014	1940	13971		3341		7000	3026
临夏市	10215					9106			9106					1109
大夏河干流临夏市单子庄至新大桥段	1109													1109
大夏河干流临夏市祁牟段堤防工程	6					6			6					
临夏市大夏河风情线综合治理工程	9100					9100			9100					
临夏县	1972	536		536		875	452		423					561
大夏河干流临夏县祁牟至刘家峡水库防洪														
临夏县大夏河干流双城至马九川段治理	464													464
临夏县老鸦关河双城至上阴洼段防洪工程	497					497	74		423					
临夏县北塬灌区农业综合开发项目	268					178	178							90
临夏县 1 万 ~ 5 万亩灌区改造 2016	607	400		400		200	200							7
临夏县农田水利设施维修养护 2016	100	100		100										
临夏县 2015 年抗旱引调提水项目	36	36		36										
康乐县	8091	5643	405	5238		1637	1636		1		811			
康乐县 1 万 ~ 5 万亩灌区改造 2016	601	400		400		201	200		1					
康乐县小型农田水利 2015 维修养护资金	38	38		38										
康乐县鸣鹿水库（抗旱规划）	4800	4800		4800										
康乐县农村饮水安全巩固提升 2016	2652	405	405			1436	1436				811			
永靖县	13019	12773		12773		193	184		9					53
永靖县湟水干流白川至二房段河堤工程														
永靖县小型农田水利 2015 年维修养护项目														

2-11 续表

单位：万元

项　目	本年完成投资	中央政府投资				地方政府投资				企业和私人投资	国内贷款		债券	其他投资
		小计	预算内拨款	中央财政水利专项资金	其他资金	小计	省级政府投资	地市级政府投资	县级政府投资		小计	其中：国家专项建设基金		
永靖县1万~5万亩灌区改造2016	566	368		368		193	184		9					5
永靖县2015年抗旱引调水提水工程	168	120		120										48
永靖县刘盐八地质灾害灌区节水改造工程	12285	12285		12285										
广河县	3810	2323	76	2247		1065	934		131		245			177
广河县小型农田水利设施补助2016	500	500		500										
广河县2015年中央财政小型农田水利	131					130	130							1
广河县五小水利工程2016	1470	1000		1000		470	470							
广河县农村饮水安全巩固提升2016	655	76	76			334	334				245			
广河县抗旱应急引调提水项目	837	706		706		131			131					
广河县2015齐家镇抗旱应急水源配套	112	16		16										96
广河县2015三甲集镇抗旱应急水源配套	105	25		25										80
和政县	3530	1958	191	1767		944	867	77			619			9
和政县五小水利工程2016	1434	1000		1000		425	425							9
和政县农村饮水安全巩固提升2016	1252	191	191			442	442				619			
和政县抗旱应急引调提水项目	764	687		687		77		77						
和政县闫蔡坪水电站增效扩容改造	80	80		80										
东乡族县	3079	1408		1408		802	802							868
大夏河东乡县折桥至刘家峡水库堤防	38													38
东乡县巴谢河赵家至那勒寺段堤防	514													514
东乡县巴谢河五家至赵家段堤防	352					352	352							
东乡族县五小水利工程2016	769	500		500		250	250							19
东乡县中央财政五小水利项目2015	374					200	200							174
东乡县抗旱应急引调提水项目	869	800		800										69

2-11 续表

单位：万元

项　目	本年完成投资	中央政府投资				地方政府投资				企业和私人投资	国内贷款		债券	其他投资
		小计	预算内拨款	中央财政水利专项资金	其他资金	小计	省级政府投资	地市级政府投资	县级政府投资		小计	其中：国家专项建设基金		
东乡县2014年抗旱引调提水项目	26													26
东乡县2015年抗旱引调提水项目	137	108		108										28
东乡县老虎嘴电站														
积石山县	10150	1095	515	580		4139	4139				1666		3000	250
积石山县中央财政五小水利2015	76													76
积石山引水工程	6110					3110	3110						3000	
积石山县农村饮水安全巩固提升2016	3210	515	515			1029	1029				1666			
积石山县抗旱应急引调提水项目	530	515		515										15
积石山县2015年抗旱应急水源配套工程	224	65		65										159
积石山县县城区供水水源改扩建工程														
临夏州直	49408	33245	33245			12163	6000	1863	4300				4000	
黄河甘肃段临夏州防洪治理工程	16300	12000	12000			4300			4300					
临夏州引黄济临供水工程	33108	21245	21245			7863	6000	1863					4000	
甘南藏族自治州	48932	27906	23808	4098		16766	10215		6551	4247				13
合作市	15519	5552	5284	268		8280	8280			1687				
合作市那吾乡精准扶贫暨生态小康村防洪工程	670					670	670							
洮河合作市段防洪工程														
合作市格河多合儿防洪工程	141					141	141							
合作市德吾录河卡加防洪工程	268	268		268										
甘南州引洮（博）济合供水工程	12753	5284	5284			7469	7469							
合作市峡村电站	1687									1687				
临潭县	2932	578		578		2354	354		2000					
洮河干流临潭县洮滨防洪堤工程														

2-11 续表

单位：万元

项目	本年完成投资	中央政府投资				地方政府投资				企业和私人投资	国内贷款		债券	其他投资
		小计	预算内拨款	中央财政水利专项资金	其他资金	小计	省级政府投资	地市级政府投资	县级政府投资		小计	其中：国家专项建设基金		
临潭县羊沙河下河段治理工程	578	578		578										
临潭县斜藏沟治理工程	354					354	354							
甘南州引洮入潭工程	2000					2000			2000					
卓尼县	2467	1101		1101		1366	1366							
卓尼县车巴河流域防洪治理项目	1366					1366	1366							
洮河卓尼县麻路1段至牙当段														
卓尼县洮河干流城区段堤防工程														
卓尼县羊沙河恰盖防洪工程	606	606		606										
卓尼县石窖沟藏巴哇防洪工程	480	480		480										
卓尼县小型农田水利2015维修养护	15	15		15										
舟曲县	1482	1267		1267		215	215							
舟曲县拱坝河堤防工程	767	767		767										
舟曲县五小水利工程2016	715	500		500		215	215							
迭部县	3270	884		884						2386				
迭部县卡坝乡尼吉巴防洪工程														
迭部县阿夏流域治理工程	384	384		384										
2016迭部县小型农田水利设施补助资金（二）	500	500		500										
迭部县阿夏那盖水电站	2386									2386				
玛曲县	20651	16100	16100			4551			4551					
黄河甘肃段甘南州防洪治理工程	16551	12000	12000			4551			4551					
玛曲县县城引水工程	4100	4100	4100											
夏河县	2611	2424	2424							174				13
夏河县垂子合大桥至阿一山大桥段治理														

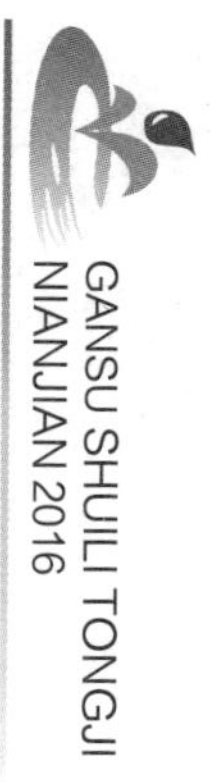

单位：万元

项　目	本年完成投资	中央政府投资				地方政府投资				企业和私人投资	国内贷款		债券	其他投资
		小计	预算内拨款	中央财政水利专项资金	其他资金	小计	省级政府投资	地市级政府投资	县级政府投资		小计	其中：国家专项建设基金		
大夏河夏河县王格尔塘至曲奥段治理工程	2370	2370	2370											
夏河县 2015 牧区节水灌溉项目	67	54	54											13
夏河县安顺水电站														
夏河县白土坡水电站														
夏河县甫黄二级小水电代燃料项目	174									174				
甘肃省直属	379482	172662	113435	59227		79673	79182	200	291	36	107684	46940		19427
省农垦	2570	1400		1400		600	600			36				534
省农垦黄羊河农场小型农田水利（五）	36									36				
省农垦黄花农场高效节水灌溉项目（六）	0									0				
省农垦张掖农场小型农田水利建设（五）	85													85
省农垦小型农田水利 2015 维修养护														
省农垦饮马农场中央财政小农水 2015														
省农垦八一农场水利设施维修养护 2016	100	100		100										
省农垦山丹农场小型农田水利重点县 2016	1023	500		500		200	200							323
省农垦小型农田水利补助 2016	1326	800		800		400	400							126
省景电管理局	9579	6942	6842	100		2637	2637							
省景电一期灌区续建配套节水改造	2542	2042	2042			500	500							
石羊河流域重点治理（省景电）2013	940					940	940							
景泰县中央财政景电农场节水灌溉 2013														
省景电农田水利设施维修养护 2016	100	100		100										
甘肃省景电泵站更新改造	5997	4800	4800			1197	1197							
省引大管理局	7827					4635	4635				3192			

2-11 续表

单位：万元

项目	本年完成投资	中央政府投资				地方政府投资				企业和私人投资	国内贷款		债券	其他投资
		小计	预算内拨款	中央财政水利专项资金	其他资金	小计	省级政府投资	地市级政府投资	县级政府投资		小计	其中：国家专项建设基金		
兰州新区供水项目引大渠道除险加固	7827					4635	4635				3192			
省疏勒河管理局	23814	16694	16084	610		6840	6840				280			
甘肃疏勒河灌区三道沟河道治理														
甘肃双塔水库除险加固	6527					6247	6247				280			
玉门市花海灌区农业综合开发	670	510		510		160	160							
省疏管局农田水利设施维修养护 2016	100	100		100										
敦煌水资源合理与生态保护（疏勒河）2016	16516	16084	16084			432	432							
敦煌水资源利用与生态保护（疏勒河）2015														
省引洮管理局	6952					6952	6952							
甘肃省引洮供水一期工程	6952					6952	6952							
省水保局	38125	27609	10509	17100		2022	1731		291					8493
泾川县国家农业综合开发水土保持项目 2016	394	285		285		105	82		23					4
漳县国家农业综合开发水土保持项目 2016	397	285		285		105	105							7
临潭县水土保持重点工程 2016	546	399		399		18	18							129
甘谷县国家农业综合开发水土保持项目 2016	397	285		285		105	105							7
武山县国家农业综合开发水土保持项目 2016	397	285		285		105	105							7
秦安县国家农业综合开发水土保持项目 2016	396	285		285		105	105							6
灵台县国家农业综合开发水土保持项目 2016	395	285		285		105	82		23					5
庄浪县国家水土保持重点建设工程 2016 年	786	550		550										236

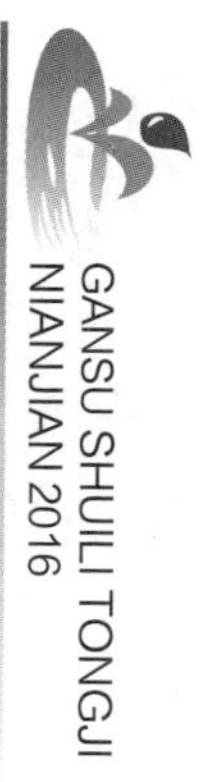

2-11 续表

单位：万元

项目	本年完成投资	中央政府投资				地方政府投资				企业和私人投资	国内贷款		债券	其他投资
		小计	预算内拨款	中央财政水利专项资金	其他资金	小计	省级政府投资	地市级政府投资	县级政府投资		小计	其中：国家专项建设基金		
张家川县国家农业综合开发水土保持项目2016	397	285		285		105	105							7
礼县坡耕地水土流失治理2016	1250	1000	1000											250
广河县坡耕地水土流失治理2016	1250	1000	1000											250
甘肃省国家水土保持重点工程（2015）	1709	720		720										989
甘肃省农业综合开发水土保持项目（2015）	899	253		253		575	483		92					71
甘肃省坡耕地水土流失重点治理2015（黄河）	1331	1060	1060											271
渭源县国家农业综合开发水土保持项目2016	395	285		285		105	105							5
陇西县国家水土保持重点建设工程2016年	1286	900		900										386
甘肃省坡耕地水土流失重点治理2015（长江）	545	431	431											114
甘肃省水土流失重点治理工程2015（黄河）	549	439	439											110
甘肃省水土流失重点治理工程2015（长江）	100	79	79											21
甘肃省水土流失重点治理工程2015（内陆）	47	38	38											9
东乡县坡耕地水土流失治理2016	1250	1000	1000											250
景泰县水土保持重点工程2016	402	363		363										39
岷县水土保持重点工程2016	476	344		344										132
康乐县国家农业综合开发水土保持项目2016	399	285		285		105	105							9
临洮县坡耕地水土流失治理2016	1189	951	951											238
会宁县国家水土保持重点建设工程2016年	1286	900		900										386

2-11 续表

单位：万元

项目	本年完成投资	中央政府投资				地方政府投资				企业和私人投资	国内贷款		债券	其他投资
		小计	预算内拨款	中央财政水利专项资金	其他资金	小计	省级政府投资	地市级政府投资	县级政府投资		小计	其中：国家专项建设基金		
通渭县国家水土保持重点建设工程2016年	1286	900		900										386
永靖县国家水土保持重点建设工程2016年	796	557		557										239
陇西县国家水土保持重点建设2016第二批	281	195		195		8	8							78
临洮县国家水土保持重点建设2016第二批														
积石山县国家水土保持重点建设工程2016年	929	650		650										279
临夏市水土保持重点工程2016	571	400		400		17	17							154
东乡县国家水土保持重点建设2016第二批	357	250		250		10	10							97
麦积区水土保持重点工程2016	421	316		316										105
临夏县坡耕地水土流失治理2016	1250	1000	1000											250
陇西县坡耕地水土流失治理2016	1015	820	820											195
秦州区坡耕地水土流失治理2016	1250	1000	1000											250
安定区坡耕地水土流失治理2016	782	691	691											91
通渭县坡耕地水土流失治理2016	1250	1000	1000											250
靖远县水土保持重点工程2016	480	336		336										144
康县水土保持重点工程2016	600	420		420		18	18							162
卓尼县水土保持重点工程2016	553	385		385		18	18							150
迭部县水土保持重点工程2016	545	390		390		18	18							137
清水县国家农业综合开发水土保持项目2016年	404	290		290		107	107							7
和政县国家农业综合开发水土保持项目2016	396	285		285		105	105							6

2–11 续表

单位：万元

项目	本年完成投资	中央政府投资				地方政府投资				企业和私人投资	国内贷款		债券	其他投资
		小计	预算内拨款	中央财政水利专项资金	其他资金	小计	省级政府投资	地市级政府投资	县级政府投资		小计	其中：国家专项建设基金		
临洮县国家水土保持重点建设工程2016年	1286	900		900										386
安定区国家水土保持重点建设工程2016年	1286	900		900										386
东乡县国家水土保持重点建设工程2016年	786	550		550										236
临夏县国家水土保持重点建设工程2016年	929	650		650										279
会宁县国家水土保持重点建设2016第二批	357	250		250		10	10							97
安定区国家水土保持重点建设2016第二批														
通渭县国家水土保持重点建设2016第二批	84	84		84										
永靖县国家水土保持重点建设2016第二批	357	250		250		10	10							97
临夏县国家水土保持重点建设2016第二批	357	250		250		10	10							97
陇西县病险淤地坝除险加固工程2016	98	88		88		10			10					
通渭县病险淤地坝除险加固工程2016	114	94		94		20			20					
漳县病险淤地坝除险加固工程2016	115	92		92		23			23					
安定区病险淤地坝除险加固工程2016	367	305		305		62			62					
渭源县病险淤地坝除险加固工程2016	91	75		75		16			16					
榆中县病险淤地坝除险加固工程2016	110	92		92		18			18					
秦州区病险淤地坝除险加固工程2016	64	64		64										
临洮县病险淤地坝除险加固工程2016	93	88		88		5			5					
省直属其他	286997	119017	80000	39017		53368	53368				104212	46940		10400

2-11 续表

单位：万元

项　目	本年完成投资	中央政府投资				地方政府投资				企业和私人投资	国内贷款		债券	其他投资
		小计	预算内拨款	中央财政水利专项资金	其他资金	小计	省级政府投资	地市级政府投资	县级政府投资		小计	其中：国家专项建设基金		
甘肃省山洪灾害防治 2016（内陆）	2315	1595		1595		720	720							
甘肃省山洪灾害防治 2016（长江）	663	660		660		3	3							
甘肃省山洪灾害防治 2016（黄河）	7190	5390		5390		1800	1800							
兰州新区 2 号 3 号石门沟水库	25900					5000	5000				10500			10400
甘肃引洮供水二期工程	118440	80000	80000								38440	38440		
天水市城区引洮供水工程	52758					13974	13974				38784			
靖远寺儿坪供水项目	728					728	728							
武威市城乡融合黄羊土门组团供水（陆港）	12300					2000	2000				10300	8500		
天水市城区供水高桥头引水枢纽工程	1006					400	400				606			
临洮县污水处理厂配套管网工程														
民勤红沙岗污水处理厂及中水回用贮水池	4550										4550			
山丹县城区生活污水处理工程	1032										1032			
甘肃水资源监控能力建设二期 2016	373	373		373										
甘肃省大中型水库移民后期扶持（长江）	4328	2749		2749		1579	1579							
甘肃省大中型水库移民后期扶持（黄河）	47136	23860		23860		23276	23276							
甘肃省大中型水库移民后期扶持（内陆）	8278	4390		4390		3888	3888							
兰州新区农林水务局	1600	1000		1000		600	400	200						
兰州新区高效节水灌溉 2016	1600	1000		1000		600	400	200						
省水文局	2019					2019	2019							
甘肃省中小河流水文监测系统建设项目	2019					2019	2019							

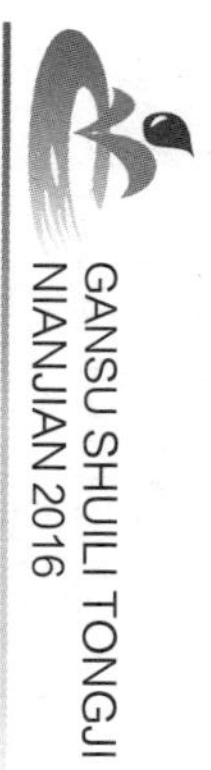

2-12 2016 年水利建设项目完成投资（项目分类）

单位：万元

项目分类		本年完成投资	中央政府投资				地方政府投资				企业和私人投资	国内贷款		债券	其他投资
			小计	预算内拨款	中央财政水利专项资金	其他资金	小计	省级政府投资	地市级政府投资	县级政府投资		小计	其中：国家专项建设基金		
	甘肃省	1684529	663507	384714	278031	762	423139	230596	117889	74654	8585	537103	50051	7000	45195
建设性质	新建	1537654	572114	308533	262819	762	379643	197518	114179	67946	6496	528272	49888	7000	44128
	扩建	33585	18874	15320	3554		12712	11712	1000		1687	291			21
	改建	111383	72391	60861	11531		29005	21366	931	6708	402	8540	163		1046
	单纯建造生活设施														
	迁建	1779					1779		1779						
	恢复	127	127		127										
	单纯购置														
	前期工作														
建设阶段	本年正式施工	1672229	663507	384714	278031	762	421139	228596	117889	74654	8585	526803	41551	7000	45195
	筹建	12300					2000	2000				10300	8500		
隶属关系	中央属														
	省（区、市）属	242282	120109	119026	1083		41357	37057		4300	36	80696	38440		85
	地区（市）属	586035	132227	127511	4716		123946	24016	99715	215		314225	8500	4000	11636
	县（区、市）属	850591	409171	138177	270232	762	256832	168520	18173	70139	6058	142182	3111	3000	33349
	其他	5621	2000		2000		1004	1004			2491				126
项目规模	大中型	480392	95000	95000			113296	15952	97344			272096	38440		
	小型	1204137	568507	289714	278031	762	309843	214645	20545	74654	8585	265007	11611	7000	45195
	其他														
所属流域	黄河流域	1325587	458771	297174	161597		314298	161621	115084	37593	5259	511816	48840	7000	28442
	长江流域	67554	35384	7876	27508		17488	13326	916	3246	2386	5789			6508
	西北诸河流域	291388	169352	79664	88926	762	91353	55650	1889	33814	940	19498	1211		10245
是否重大	否	1353965	415475	136682	278031	762	399181	221096	116889	61196	8585	479063	11611	7000	44661
	是	330564	248032	248032			23958	9500	1000	13458		58040	38440		534
是否受益贫困村	否	1036100	352933	206313	145858	762	273502	99737	109874	63892	8411	369502	11611	7000	24751
	是	648429	310574	178401	132173		149637	130860	8015	10762	174	167600	38440		20444

2-13 2016年水利建设项目完成投资（按投资构成、用途分）

单位：万元

项目类型		本年完成投资	按投资构成分					按用途分								
			建筑工程	安装工程	设备工器具购置	其他费用	其中：移民征地安置费	防洪	灌溉	除涝	供水	发电	水保及生态	机构能力建设	前期工作	其他
甘肃省		1684529	1278938	211055	53684	140851	45703	269639	345168	7047	895998	7388	66236	3459	8802	80792
防洪项目	小计	261302	208864	3383	649	48406	23688	248861	8944	508	1286		151		238	1313
	堤防工程	34429	33289	148	634	359	22	34321							73	35
	大江大湖治理	148451	114214			34237	23360	148429					22			
	重要支流治理	18912	16992			1920	306	18484								428
	中小河流治理	38753	34212	3167		1374		36951	490	508					54	750
	城市防洪工程	508	381	68		59		508								
	大中型病险水库除险加固	7127	7127						7127							
	小型病险水库除险加固															
	大中型病险水闸除险加固	2954	2650		15	289			1327		1286		129		111	100
	山洪灾害防治工程	10168				10168		10168								
	其他防洪项目															
灌溉除涝项目	小计	401435	272060	64414	32525	32435	4031	15980	291154	6539	75738			1204	8042	2777
	灌区建设工程	50547	42458	2319	1218	4552	164		43906	6539					102	
	节水灌溉工程	12139	8054	3938		147			12139							
	小型农田水利建设	188146	100385	49397	25942	12422	60	750	179909		3272			1204	550	2461
	水库工程	129085	113215	1303	751	13817	3789	15230	34023		72126				7390	316
	泵站工程	18753	5484	7258	4615	1397	17		18413		340					
	其他灌溉除涝项目	2764	2464	200		100			2764							
供水项目	小计	800857	613119	137036	15201	35501	13806	890	8513		784539	868	3652		10	2385
	引水（调水）工程	629065	478362	120334	4095	26273	13578		1000		624413		3652			
	农村饮水安全巩固提升工程	140301	110419	14260	8798	6824	189		3574		135383	868				476
	抗旱工程	28763	21730	2442	2308	2283	39	890	2939		23016				10	1909
	其他供水工程	2728	2607			121			1000		1728					

2-13 续表

单位：万元

项目类型		本年完成投资	按投资构成分					按用途分								
			建筑工程	安装工程	设备工器具购置	其他费用	其中：移民征地安置费	防洪	灌溉	除涝	供水	发电	水保及生态	机构能力建设	前期工作	其他
水务项目	小计	37343	33155	336	492	3360	2514				34275				331	2737
	自来水厂建设	13800	12800	300	350	350					13800					
	城镇供水管线建设	15346	12500			2846	2514				14302				331	712
	城镇排水系统建设															
	污水处理工程建设	6574	6232	36	142	164					4550					2024
	其他水务能力建设	1622	1622								1622					
非常规水资源利用项目	小计	160	160								160					
	中水回用															
	雨水集用	160	160								160					
	海水淡化															
水电开发利用	小计	6182	1872	1609	2490	211						6124	33		25	
	水力发电工程建设	2386	1000	1386								2386				
	电网建设与改造															
	水电增效扩容	3622	698	223	2490	211						3564	33		25	
	小水电代燃料	174	174									174				
水保及生态保护	小计	90975	87295	338	224	3118		3908	24271			396	62400			
	水土流失治理	51674	51674									396	51278			
	流域生态综合治理	33514	30659			2855		383	24271				8860			
	河湖连通工程	3525	2830	228	204	263		3525								
	其他环境水利项目	2262	2132	110	20								2262			
机构能力建设专项	小计	2392	383	77	1498	434								2255	108	29
	水文设施及能力建设	2392	383	77	1498	434								2255	108	29
	科研教育设施															
	防汛通讯设施等能力建设															
	其他水利发展项目															
移民项目		61521	46001			15520	1665									61521
其他水利项目		22363	16031	3863	603	1866			12285						47	10031

2-14 2016年水利建设项目计划、到位、完成

单位：万元

项目	本年计划投资		本年到位投资		本年完成投资	
	小计	其中：中央	小计	其中：中央	小计	其中：中央
甘肃省	1552874	661634	1397359	656576	1684529	663507
防洪项目	292676	166236	256746	165228	261302	166628
堤防工程	33803		33333		34429	
会宁县焦家河焦河村防洪工程	500		500		500	
会宁县苦水河河畔羊肉市场段综合治理工程	408		408		408	
天水市藉河生态综合治理一期续建工程	24000		24000		24000	
秦州区天水镇易地搬迁堤防工程	1415		1415		1415	
天祝县大通河防洪工程	3446		3446		3446	
瓜州县榆林河蘑菇台子段河道治理	500		500		500	
庆城县2016年蔡家庙沟护岸工程	140		140		140	
华池县葫芦河引水枢纽上游护岸工程	435		435		435	
合水县葫芦河、苗村河太白段河道整治工程	1078		1078		1078	
宁县新宁镇高山堡村护岸工程					60	
镇原县洪河南川芦李护岸工程	411		411		411	
合作市那吾乡精准扶贫暨生态小康村防洪工程	670		200		670	
卓尼县车巴河流域防洪治理项目	800		800		1366	
迭部县卡坝乡尼吉巴防洪工程						
大江大湖治理	180000	120000	148400	120000	148451	120000
黄河甘肃段兰州市防洪治理工程	84000	56000	84000	56000	75600	56000
黄河干流白银市防洪治理工程	60000	40000	40000	40000	40000	40000
黄河甘肃段临夏州防洪治理工程	18000	12000	12400	12000	16300	12000
黄河甘肃段甘南州防洪治理工程	18000	12000	12000	12000	16551	12000
重要支流治理	17412	9360	16482	9360	18912	12396
湟水兰州市红古段防洪治理工程	6000	3600	6000	3600	4800	3600
武山县车家川至山丹河口段治理					920	920
石羊河凉州区松涛寺至红水河入河口防洪					384	292
平凉市泾河吴老沟至平镇桥河堤治理	1428	857	857	857	772	772
泾河崆峒区马莲沟至南阳涧河段防洪工程						
泾河泾川县罗汉洞至洪河口段河堤治理						
葫芦河静宁县狗娃河口至胡家河段河堤治理过程						
黑河金塔县常丰至中丰村段防洪治理工程						
黑河酒泉市金塔县五爱至友好段河道治理工程					125	125
环县马莲河韩洼子至陈沟桥段防洪	2072	1243	2072	1243	2072	1243
蒲河宁县庄里至叶王川段防洪治理工程						

2-14 续表

单位：万元

项目	本年计划投资		本年到位投资		本年完成投资	
	小计	其中：中央	小计	其中：中央	小计	其中：中央
洮河岷县齐家庄至石头咀段堤防工程	1500	900	900	900	900	900
白龙江文县石坊乡东峪口至大渡坝河道	702		702		702	
文县尚德镇水家坝至周家坝河道治理	1160		1160		1160	
西和县西汉水郭家坝至昌河坝段防洪	1281	797	797	797	797	797
礼县西汉水罗家堡至盐官镇段防洪	2293	1377	2293	1377	2293	1377
大夏河干流临夏市祁牟段堤防工程			6		6	
大夏河干流临夏市单子庄至新大桥段			1109		1109	
临夏县大夏河干流双城至马九川段治理					464	
大夏河干流临夏县祁牟至刘家峡水库防洪						
永靖县湟水干流白川至二房段河堤工程						
大夏河东乡县折桥至刘家峡水库堤防					38	
洮河合作市段防洪工程						
洮河干流临潭县洮滨防洪堤工程						
洮河卓尼县麻路1段至牙当段						
卓尼县洮河干流城区段堤防工程						
夏河县垂子合大桥至阿一山大桥段治理						
大夏河夏河县王格尔塘至曲奥段治理工程	976	586	586	586	2370	2370
中小河流治理	40888	26594	39880	25586	38753	23871
皋兰县蔡家河东湾沟上游段——文山段堤防	1086	1086	1086	1086	1086	1086
白银区东大沟民勤村至城区段治理	691	691	691	691	691	691
会宁县祖厉河城区段综合治理二期工程（续建）	10804		10804		10804	
清水县后川河杜川至王店段堤防工程	325		325		325	
秦安县南小河王尹马河至凤山堤防	273	273	273	273	273	273
甘谷县清溪河礼辛乡寨子至慰坪堤防工程	508	508			508	508
肃南县隆畅河治理工程补充项目	745	500	745	500	745	500
临泽县小东沟河新柳－西街农田防护	998	638	998	638	998	638
山丹县马营河大马营段河道治理工程	911	911	911	911	911	911
泾川县黑河荒场至茜家沟河堤治理工程	384	384	384	384	384	384
泾川县汭河十里沟至枣林段河堤治理工程	570	570	570	570	570	570
泾川县洪河河堤治理工程	280	280	280	280	280	280
灵台县达溪河县城至安家庄段河堤治理	1175	1175	1175	1175	1175	1175
灵台县达溪河县城至百里段河堤治理	340		340		340	
灵台县黑河东门至景家庄段河堤治理	446	446	446	446	446	446
崇信县黑河河堤治理工程	561	561	561	561	561	561

2-14 续表

单位：万元

项目	本年计划投资		本年到位投资		本年完成投资	
	小计	其中：中央	小计	其中：中央	小计	其中：中央
崇信县汭河（九功渠首至野雀沟）河堤治理	578	578	578	578	578	578
庄浪县韩店镇王崖段河堤治理工程	460		460		460	
庄浪县红土坡至刘家湾段河堤工程	490		490		490	
庄浪县北洛河良邑郭魏至石家窑防洪	542	542	542	542	542	542
肃州区丰乐河堤防及河道治理工程	642	642	642	642	642	642
肃州区清水河堤防及河道治理工程	286	286	286	286	286	286
西峰区砚瓦川贺家塬沟护岸工程	240	240	240	240	240	240
正宁县四郎河樊湾子治理工程	920	920	920	920	920	920
正宁县四郎河房河治理工程	839	839	839	839	839	839
漳县龙川河草川坪至魏下段堤防工程	1021	1021	1021	1021	816	816
武都区北峪河治理工程	979	979	979	979	979	979
宕昌县理川河流域治理工程	500	500				
宕昌县良恭河韩院段河堤工程	296	296	296	296	296	296
成县严河堤防工程	990	990	990	990	990	990
康县阳坝河阳坝镇段治理工程	519	519	519	519	519	519
文县中路河中寨至白水江口段治理	1578	1578	1578	1578	1578	1578
西和县太石河治理工程	564	564	564	564	564	564
礼县清水江张堡至教面堤防工程	1047	1047	1047	1047	1047	1047
两当县红崖河蚂蚱河段综合治理工程	352	352	352	352	352	352
两当县红崖河权坪河段综合治理工程	490	490	490	490	490	490
徽县永宁河高桥乡河道治理工程	1087	1087	1087	1087	1087	1087
临夏县老鸦关河双城至上阴洼段防洪工程	423		423		497	
东乡县巴谢河五家至赵家段堤防	352		352		352	
东乡县巴谢河赵家至那勒寺段堤防	1151	1151	1151	1151	514	
合作市格河多合儿防洪工程	141		141		141	
合作市德吾录河卡加防洪工程	268	268	268	268	268	268
临潭县斜藏沟治理工程	354		354		354	
临潭县羊沙河下河段治理工程	578	578	578	578	578	578
卓尼县石窖沟藏巴哇防洪工程	480	480	480	480	480	480
卓尼县羊沙河恰盖防洪工程	606	606	606	606	606	606
舟曲县拱坝河堤防工程	767	767	767	767	767	767
迭部县阿夏流域治理工程	384	384	384	384	384	384
甘肃疏勒河灌区三道沟河道治理	867	867	867	867		
城市防洪工程	508		508		508	
镇原县城东区排洪工程	508		508		508	

2-14 续表

单位：万元

项目	本年计划投资		本年到位投资		本年完成投资	
	小计	其中：中央	小计	其中：中央	小计	其中：中央
大中型病险水库除险加固	6600		5100		7127	
高台县小海子水库除险加固	600		600		600	
甘肃双塔水库除险加固	6000		4500		6527	
大中型病险水闸除险加固	3297	2637	2875	2637	2954	2716
永昌县金川河工农渠首泄洪闸	1339	1071	1286	1071	1286	1071
肃州区红山河青稞地排沙闸	985	788	788	788	788	788
肃州区马营河渠首闸	973	778	778	778	778	778
肃州区红山河马鬃门排砂闸除险加固工程			23		102	79
山洪灾害防治工程	10168	7645	10168	7645	10168	7645
甘肃省山洪灾害防治 2016（长江）	663	660	663	660	663	660
甘肃省山洪灾害防治 2016（内陆）	2315	1595	2315	1595	2315	1595
甘肃省山洪灾害防治 2016（黄河）	7190	5390	7190	5390	7190	5390
灌溉除涝项目	401072	212868	397584	208818	401435	211788
灌区建设工程	53981	33032	51771	33032	50547	33794
西河灌区续建配套节水改造	9848	8293	9848	8293	9848	8293
兴电灌区齐家大岘隧洞除险加固工程	1000		1000		1000	
白银市兴电灌区渠道维修工程	1000		1000			
凉州区杂木河灌区续建配套节水改造	4114	3291	4114	3291	4114	3291
古浪县黄花滩项目	10709		10709		10772	762
甘州区西浚灌区续建配套节水改造	3826	3061	3061	3061	3461	3061
甘州区大满灌区续建配套节水改造	7174	5739	5739	5739	6539	5739
临泽县梨园河灌区续建配套节水改造	7918	6334	7918	6334	7363	6334
山丹县马营河灌区续建配套节水改造	5340	4272	5340	4272	4806	4272
敦煌市党河灌区西干渠改建工程	500		500		102	
省景电一期灌区续建配套节水改造	2552	2042	2542	2042	2542	2042
节水灌溉工程	11164	3000	12734	2950	12139	3464
皋兰县西岔中型灌区农业综合开发 2015			680	600	1030	1000
白银区工农渠灌区农业综合开发					350	350
平川区旱坪川灌区农业综合开发	330	250	330	250		
靖远县靖乐渠灌区农业综合开发	330	250	330	250	60	50
秦州区易地搬迁项目高效节水灌溉工程	3486		3486		3486	
高台县罗城灌区农业综合开发	330	250	330	250	330	250
庄浪县水洛河灌区节水配套改造项目	1400	1000	350	350	350	350
静宁县东峡灌区农业综合开发	840	600	840	600	1190	900
宁县海升公司果业基地滴灌工程	3398		3398		3398	

2-14 续表

单位：万元

项目	本年计划投资		本年到位投资		本年完成投资	
	小计	其中：中央	小计	其中：中央	小计	其中：中央
临夏县北塬灌区农业综合开发项目					268	
夏河县2015牧区节水灌溉项目					67	54
石羊河流域重点治理（省景电）2013			1940		940	
玉门市花海灌区农业综合开发	1050	650	1050	650	670	510
小型农田水利建设	190944	123500	182579	119500	188146	123154
兰州市农田水利设施维修养护2016	500	500	500	500	500	500
西固区高效节水灌溉项目2016	1058	500	920	500	1058	500
永登农田水利设施维修养护2016	100	100	100	100	100	100
永登县高效节水灌溉2016	832	400	832	400	832	400
皋兰县农田水利设施维修养护2016	100	100	100	100	100	100
皋兰县高效节水灌溉2016	799	400	660	400	750	400
榆中县农田水利设施维修养2016	1000	1000	1000	1000	1000	1000
嘉峪关市中央财政高效节水项目2015（五）					380	
嘉峪关市2016年小型农田水利设施春修工程	100		100		100	
嘉峪关市高效节水灌溉项目2015（六）					118	
金川区2015新增农田水利设施建设2016	1709	1000	1709	1000	1709	1000
金川区小型农田水利重点县2016	2832	1700	2832	1700	2832	1700
永昌县农田水利设施维修养护2016	1004	1000	1004	1000	1004	1000
永昌县小型农田水利重点县2016	1832	1000	1654	1000	1654	1000
永昌县2015新增农田水利设施建设2016	1873	1000	1753	1000	1753	1000
永昌县高效节水灌溉2016	6683	4000	2418		6418	4000
白银市农田水利设施维修养护2016	500	500	500	500	500	500
白银区农田水利设施维修养护2016	600	600	600	600	600	600
白银区五小水利工程2016	1500	1000	1500	1000	1200	1000
平川区五小水利工程2016	1500	1000	1500	1000	1500	1000
靖远县高效节水灌溉2016	3900	2600	3900	2600	3900	2600
靖远县小型农田水利设施补助2016	1000	1000	1000	1000	1000	1000
靖远县农田水利设施维修养护2016	1000	1000	1000	1000	1000	1000
会宁县高效节水灌溉2016	2250	1500	2250	1500	2250	1500
会宁县农田水利设施维修养护2016	100	100	100	100	100	100
景泰县高效节水灌溉2016	2400	1600	2400	1600	2400	1600
景泰县农田水利设施维修养护2016	100	100	100	100	100	100
景泰县小型农田水利设施补助2016	500	500	500	500	330	330
秦州区五小水利工程2016	1500	1000	1500	1000	1500	1000

2-14 续表

单位：万元

项目	本年计划投资		本年到位投资		本年完成投资	
	小计	其中：中央	小计	其中：中央	小计	其中：中央
麦积区高效节水灌溉 2016	1962	1300	1962	1300	1962	1300
麦积区小型农田水利设施补助 2016	1074	800	1074	800	720	720
清水县小型农田水利设施补助 2016	1000	1000	1000	1000	1000	1000
秦安县五小水利工程 2016	1500	1000	1500	1000	1354	1000
甘谷县五小水利工程 2016	1500	1000	1500	1000	1500	1000
甘谷县农田水利设施维修养护 2016	100	100	100	100	100	100
武山县五小水利工程 2016	1500	1000	1500	1000	1500	1000
武山县小型农田水利设施补助 2016	500	500	500	500	469	469
张家川县农田水利设施维修养护 2016	100	100	100	100	100	100
武威市 2016 年农田水利设施维修养护资金	100	100	100	100	100	100
凉州区高效节水灌溉 2016	9000	6000	9000	6000	9000	6000
凉州区小型农田水利重点县 2016	3000	2000	3000	2000	3000	2000
凉州区农田水利设施维修养护 2016	600	600	600	600	600	600
民勤县 2015 新增农田水利设施建设 2016	1500	1000	1500	1000	1500	1000
民勤县高效节水灌溉 2016	1500	1000	1500	1000	1500	1000
民勤县小型农田水利设施建设补助 2016	1000	1000	1000	1000	1000	1000
民勤县小型农田水利重点县 2016	1500	1000	1500	1000	1500	1000
民勤县农田水利设施维修养护 2016	600	600	600	600	600	600
古浪县小型农田水利重点县 2016	1500	1000	1500	1000	1500	1000
古浪县 2015 新增农田水利设施建设 2016	1500	1000	1500	1000	1500	1000
古浪县高效节水灌溉 2016	1500	1000	1500	1000	1500	1000
2016 古浪县小型农田水利设施补助资金（二）	1000	1000	1000	1000	1000	1000
古浪县农田水利设施维修养护 2016	200	200	200	200	200	200
天祝县 2016 年农田水利设施维修养护资金	100	100	100	100	100	100
天祝县小型农田水利重点县 2016	1080	700	1080	700	1080	700
天祝县高效节水灌溉 2016	2653	1700	2653	1700	2653	1700
天祝县小型农田水利设施补助 2016	1046	1000	1046	1000	1046	1000
张掖市年农田水利设施维修养护 2016	100	100	100	100	100	100
甘州区小型农田水利重点县 2016	1695	1000	1695	1000	1695	1000
甘州区高效节水灌溉 2016	3262	1400	1862	1400	3262	1400
甘州区农田水利设施维修养护 2016	1000	1000	1000	1000	1000	1000
肃南县农田水利设施维修养护 2016	318		318		318	
肃南县高效节水灌溉 2016	1777	1000	1777	1000	1777	1000
民乐县小型农田水利重点县 2016	1826	1000	1826	1000	1826	1000

2–14 续表

单位：万元

项目	本年计划投资		本年到位投资		本年完成投资	
	小计	其中：中央	小计	其中：中央	小计	其中：中央
民乐县 2015 年新增农田水利设施建设 2016	1030	600	1030	600	1030	600
民乐县农田水利设施维修养护 2016	600	600	600	600	600	600
临泽县农田水利设施维修养护 2016	100	100	100	100	100	100
高台县高效节水灌溉 2016	1725	1000	1725	1000	1725	1000
高台 2015 年新增农田水利设施建设 2016	1754	1000	1754	1000	1754	1000
高台县小型农田水利重点县 2016 年	1967	1000	1967	1000	1967	1000
高台县小型农田水利设施补助 2016	1070	1000	1070	1000	1070	1000
高台县农田水利设施维修养护 2016	781	600	781	600	781	600
山丹县农田水利设施维修养护 2016	100	100	100	100	100	100
山丹县小型农田水利设施补助 2016	1356	1000	1000	1000	1000	1000
山丹县 2015 年新增农田水利设施建设 2016	2105	1000	1894	1000	1894	1000
山丹县高效节水灌溉 2016	2131	1200	1939	1200	1939	1200
山丹县小型农田水利重点县 2016	2897	1700	2722	1700	2722	1700
山丹马场小型农田水利重点县 2016	1382	800	1255	800	1104	800
山丹马场高效节水灌溉 2016	1570	400	960	400	805	400
平凉市农田水利设施维修养护 2016	100	100	100	100	100	100
崆峒区五小水利工程 2016	1500	1000	1500	1000	1500	1000
泾川县五小水利工程 2016	1500	1000	1500	1000	1460	1000
泾川县农田水利设施维修养护 2016	100	100	100	100	100	100
灵台县中央财政小型农田水利工程 2015					150	
灵台县五小水利工程 2016	1500	1000	1500	1000	1280	1000
灵台县中央财政小农水重点县 2014（四）	400		400		400	
崇信县五小水利工程 2016	1500	1000	1500	1000	1500	1000
华亭县五小水利工程 2016	1500	1000	1500	1000	1500	1000
华亭县 2015 年新增农田水利设施建设 2016	1500	1000	1500	1000	1500	1000
庄浪县小型农田水利设施补助 2016	800	800	800	800	656	656
庄浪县五小水利工程 2016	1500	1000	1500	1000	1500	1000
静宁县五小水利工程 2016	1500	1000	1500	1000	1500	1000
肃州区高效节水灌溉 2016	10554	5000	10554	5000	10554	5000
肃州区小型农田水利建设（五）			33		83	
肃州区农田水利设施维修养护 2016	202	200	202	200	202	200
肃州区小型农田水利重点县 2016	3897	2000	3897	2000	3897	2000
肃州区规模化节水增效示范（2013–2016）			114		442	328
肃州区高效节水灌溉项目（六）			28		107	

2-14 续表

单位：万元

项目	本年计划投资		本年到位投资		本年完成投资	
	小计	其中：中央	小计	其中：中央	小计	其中：中央
金塔县小型农田水利重点县 2016	1500	1000	1500	1000	1500	1000
金塔县农田水利设施维修养护 2016	1000	1000	1000	1000	1000	1000
金塔县 2015 新增农田水利设施建设 2016	1500	1000	1500	1000	1500	1000
金塔县高效节水灌溉 2016	1500	1000	1500	1000	1500	1000
瓜州县农田水利设施维修养护 2016	200	200	200	200	200	200
瓜州县小型农田水利建设（五）			143		243	
瓜州县高效节水灌溉 2016	2520	1500	2520	1500	2520	1500
肃北县小型农田水利设施补助 2016	600	600	600	600	600	600
玉门市 2015 新增农田水利设施建设 2016	1813	1000	1769	1000	1769	1000
玉门市高效节水灌溉 2016	2283	1400	2172	1400	2172	1400
玉门市小型农田水利重点县 2016	4019	2700	4019	2700	4019	2700
玉门市农田水利设施维修养护 2016	200	200	200	200	200	200
敦煌市农田水利设施维修养护 2016	108	100	100	100	108	100
敦煌市 2015 抗旱引调提水项目	632				632	
敦煌市小型农田水利 2015 维修养护资金	43				73	30
敦煌市规模化节水增效示范（2013-2016）	76				76	
庆城县“五小水利”工程 2016	2459	1500	2459	1500	2459	1500
环县“五小水利”工程 2016	756	500	756	500	756	500
华池县 " 五小水利” 工程 2016	764	500	764	500	764	500
合水县农田水利设施维修养护 2016	121	100	121	100	121	100
正宁县小型农田水利设施补助 2016	1191	1000	1191	1000	1096	1000
正宁县五小水利工程 2016	1579	1000	1579	1000	1579	1000
宁县五小水利工程 2016	1524	1000	1524	1000	1524	1000
镇原县五小水利工程 2016	605	400	605	400	605	400
镇原县 2015 年新增农田水利设施建设 2016	1558	1000	1558	1000	1558	1000
通渭县农田水利设施维修养护 2016	100	100	100	100	100	100
通渭县小型农田水利设施补助 2016	500	500	500	500	420	420
陇西县五小水利工程 2016	1521	1000	1521	1000	1521	1000
渭源县农田水利设施维修养护 2016	100	100	100	100	100	100
临洮县五小水利工程 2016	2032	1300	2032	1300	2032	1300
武都区农田水利设施维修养护 2016	300	300	300	300	300	300
武都区小型农田水利重点县 2016	2846	1400	2846	1400	2846	1400
宕昌县农田水利设施维修养护 2016	100	100	100	100	100	100
宕昌县 2015 年新增农田水利设施建设 2016	500	300	500	300	500	300

2-14 续表

单位：万元

项目	本年计划投资		本年到位投资		本年完成投资	
	小计	其中：中央	小计	其中：中央	小计	其中：中央
宕昌县高效节水灌溉 2016	400	400	400	400	400	400
成县农田水利设施维修养护 2016	100	100	100	100	100	100
康县五小水利工程 2016	900	600	900	600	540	420
康县农田水利设施维修养护 2016	100	100	100	100	60	60
文县小型农田水利重点县 2016	825	300	825	300	825	300
文县农田水利设施维修养护 2016	100	100	100	100	100	100
文县高效节水灌溉 2016	714	400	714	400	714	400
西和县高效节水灌溉 2016	600	400	600	400	600	400
西和县 2015 新增农田水利设施建设 2016	500	300	500	300	500	300
西和县农田水利设施维修养护 2016	100	100	100	100	100	100
礼县小型农田水利设施补助 2016	500	500	500	500	500	500
礼县农田水利设施维修养护 2016	100	100	100	100	100	100
两当县高效节水灌溉 2016	773	400	773	400	773	400
两当县小型农田水利重点县 2016	724	300	724	300	724	300
两当县农田水利设施维修养护 2016	100	100	100	100	100	100
徽县 2015 新增农田水利设施建设 2016	789	400	789	400	789	400
徽县小型农田水利重点县 2016	590	300	590	300	590	300
徽县农田水利设施维修养护 2016	100	100	100	100	100	100
临夏县农田水利设施维修养护 2016	100	100	100	100	100	100
临夏县 1 万 ~ 5 万亩灌区改造 2016	607	400	607	400	607	400
康乐县 1 万 ~ 5 万亩灌区改造 2016	601	400	601	400	601	400
康乐县小型农田水利 2015 维修养护资金					38	38
永靖县小型农田水利 2015 年维修养护项目						
永靖县 1 万 ~ 5 万亩灌区改造 2016	615	400	615	400	566	368
广河县小型农田水利设施补助 2016	558	500	558	500	500	500
广河县五小水利工程 2016	1512	1000	1500	1000	1470	1000
广河县 2015 年中央财政小型农田水利	1		1		131	
和政县五小水利工程 2016	1509	1000	1509	1000	1434	1000
东乡县中央财政五小水利项目 2015			174		374	
东乡族县五小水利工程 2016	769	500	750	500	769	500
积石山县中央财政五小水利 2015					76	
卓尼县小型农田水利 2015 维修养护					15	15
舟曲县五小水利工程 2016	750	500	750	500	715	500
2016 迭部县小型农田水利设施补助资金（二）	500	500	500	500	500	500

2–14 续表

单位：万元

项目	本年计划投资		本年到位投资		本年完成投资	
	小计	其中：中央	小计	其中：中央	小计	其中：中央
省农垦小型农田水利2015维修养护						
省农垦黄羊河农场小型农田水利（五）	36		36		36	
省农垦饮马农场中央财政小农水2015						
省农垦黄花农场高效节水灌溉项目（六）	0		0		0	
省农垦张掖农场小型农田水利建设（五）	85		85		85	
省农垦山丹农场小型农田水利重点县2016	1023	500	1023	500	1023	500
省农垦八一农场水利设施维修养护2016	100	100	100	100	100	100
省农垦小型农田水利补助2016	1326	800	1326	800	1326	800
景泰县中央财政景电农场节水灌溉2013						
省景电农田水利设施维修养护2016	100	100	100	100	100	100
省疏管局农田水利设施维修养护2016	100	100	100	100	100	100
兰州新区高效节水灌溉2016	1600	1000	1600	1000	1600	1000
水库工程	122770	36736	130474	36736	129085	33676
秦州区关峡水库	5800	4500	5800	4500	2400	2400
秦安县西小河小湾河水库	5200	5200	5200	5200	2945	2945
张家川县富川水库（抗旱规划内）	2257		2192		414	414
民勤县红崖水库加高扩建工程	25000	15000	25000	15000	25000	15000
天祝县二道墩水库			1739		2316	577
天祝县石门河调蓄引水工程	80		2500		80	
民乐县山城河水库					3296	3296
临泽县红山湾水库工程	1000		1000		15230	
山丹县白石崖水库(抗旱规划内)	2000		2000		1578	1578
崆峒区北杨涧水库（抗旱规划内）	1549		1549		1549	
泾川县朱家涧水库（抗旱规划内）						
灵台县新集水库工程	7390		11000		7390	
崇信县关河水库（抗旱规划内）						
庄浪县花崖河水库（抗旱规划内）	1350		1350		2200	850
酒泉循环经济产业园水源（大红泉水库）	1195		1195		1195	
庆阳市巴家咀水库新增调蓄工程（五台山水库）	5900		5900		5947	
庆阳市莲花寺水库及供水工程	9200		9200		6694	
庆阳市小盘河水库及供水工程	26800		26800		17822	
庆城县纸坊沟水库（抗旱规划内）					780	780
环县米岔沟水库（抗旱规划）	1549	1036	1549	1036	1549	1036
康乐县鸣鹿水库（抗旱规划）	11000	11000	11000	11000	4800	4800

2–14 续表

单位：万元

项目	本年计划投资		本年到位投资		本年完成投资	
	小计	其中：中央	小计	其中：中央	小计	其中：中央
兰州新区2号3号石门沟水库	15500		15500		25900	
泵站工程	19450	15000	17262	15000	18753	16100
兰州市大砂沟泵站更新改造工程	1100	600	1100	600	1421	790
七里河区西津泵站更新改造工程	1100	600	1100	600	990	600
兰州市工农坪泵站更新改造工程	1604	1283	1604	1283	1568	1283
兰州市榆中三电泵站更新改造工程	1000	800	950	800	950	800
白银市兴电泵站更新改造工程	2250	1800	1800	1800	2410	2410
白银市靖会泵站更新改造工程	2250	1800	1800	1800	1800	1800
白银市刘川泵站更新改造工程	1250	1000	1000	1000	1300	1300
白银市中堡泵站更新改造工程	2046	1637	1637	1637	1637	1637
景泰县中泉泵站更新改造工程	425	340	340	340	340	340
平凉市白庙泵站更新改造工程	425	340	340	340	340	340
甘肃省景电泵站更新改造	6000	4800	5591	4800	5997	4800
其他灌溉除涝项目	2764	1600	2764	1600	2764	1600
景泰县草窝滩镇排水工程	500		500		500	
秦州区太京镇农田水利建设项目	1134	800	1134	800	1134	800
甘谷县大石乡农田水利建设项目	1130	800	1130	800	1130	800
供水项目	600205	180032	542472	180032	800857	169852
引水（调水）工程	428017	133132	370095	133132	629065	122629
兰州市水源地建设工程	139650		105400		330000	
引洮供水一期榆中县配套工程	22700		11400		30017	
引洮一期工程会宁北部供水工程	20056	12000	13000	12000	15500	12000
天祝县南阳山片下山入川供水工程	2000		5100		500	
肃北县马鬃山镇供水工程	8000		8000		8000	
盐环定扬黄续建工程调概算	1000		1000		1000	
积石山引水工程	500		9200		6110	
临夏州引黄济临供水工程	50863	34000	50863	34000	33108	21245
甘南州引洮（博）济合供水工程	14170	4700	9700	4700	12753	5284
甘南州引洮入潭工程	2000		2000		2000	
玛曲县县城引水工程	2432	2432	2432	2432	4100	4100
兰州新区供水项目引大渠道除险加固	3646		6000		7827	
甘肃省引洮供水一期工程					6952	
甘肃引洮供水二期工程	130000	80000	130000	80000	118440	80000
天水市城区引洮供水工程	31000		16000		52758	

2–14 续表

单位：万元

项目	本年计划投资		本年到位投资		本年完成投资	
	小计	其中：中央	小计	其中：中央	小计	其中：中央
农村饮水安全巩固提升工程建设	140403	20000	139705	20000	140301	20000
永登县农村饮水安全巩固提升 2016	762	116	762	116	762	116
皋兰县农村饮水安全巩固提升 2016	1159	177	1159	177	1159	177
榆中县农村饮水安全巩固提升 2016	714	109	714	109	714	109
永昌县农村饮水安全巩固提升 2016	445	50	342	50	342	50
白银区农村饮水安全巩固提升 2016	160	30	160	30	160	30
平川区农村饮水安全巩固提升 2016	200	40	200	40	200	40
靖远县农村饮水安全巩固提升 2016	3574	593	3574	593	3574	593
会宁县农村饮水安全巩固提升 2016	1759	221	1759	221	1759	221
景泰县农村饮水安全巩固提升 2016	511	78	511	78	511	78
秦州区农村饮水安全巩固提升工程 2016	369	57	369	57	369	57
麦积区农村安全饮水巩固提升工程 2016	1243	190	1243	190	1243	190
清水县农村饮水安全巩固提升工程 2016	1138	174	1138	174	1138	174
秦安县农村饮水安全巩固提升 2016	610	91	610	91	610	91
甘谷县农村饮水安全巩固提升工程 2016	5604	901	5604	901	5604	901
张家川县农村饮水安全巩固提升 2016	651	57	651	57	651	57
凉州区农村饮水安全巩固提升 2016	992	160	992	160	992	160
民勤县农村饮水安全巩固提升项目 2016	1747	267	1747	267	1747	267
古浪县农村饮水安全巩固提升 2016	1640	250	1640	250	1640	250
甘州区农村饮水安全巩固提升 2016	735	112	735	112	735	112
民乐县农村饮水安全巩固提升 2016	257	39	257	39	257	39
崆峒区农村饮水安全项目巩固提升 2016	905	138	905	138	905	138
泾川县农村饮水安全巩固提升 2016	1210	185	1210	185	1210	185
灵台县农村饮水安全巩固提升 2016	1013	155	1013	155	1013	155
崇信县农村饮水安全巩固提升 2016	168	40	168	40	168	40
华亭县农村饮水安全巩固提升 2016	1644	251	1644	251	1644	251
庄浪县农村饮水安全巩固提升 2016	1688	258	1092	258	1688	258
静宁县农村饮水安全巩固提升 2016	2622	400	2622	400	2622	400
瓜州县农村饮水安全巩固提升 2016	133	44	133	44	133	44
玉门市农村饮水安全巩固提升 2016	668	90	668	90	668	90
西峰区农村饮水安全巩固提升 2016	208	50	208	50	208	50
西峰区 2016 年市级财政安排农村饮水项目	636		636		636	
庆城县 2016 年市级财政安排农村饮水项目	868		868		868	
庆城县农村饮水安全巩固提升 2016	4189	640	4189	640	4189	640

2-14 续表

单位：万元

项目	本年计划投资		本年到位投资		本年完成投资	
	小计	其中：中央	小计	其中：中央	小计	其中：中央
环县农村饮水安全巩固提升 2016	32678	5025	32678	5025	32678	5025
环县 2016 年市级财政安排农村饮水项目	3481		3481		3481	
华池县农村饮水安全巩固提升 2016	3832	585	3832	585	3832	585
华池县 2016 年市级财政安排农村饮水项目	1583		1583		1583	
合水县 2016 年市级财政安排农村饮水项目	559		559		559	
合水县农村饮水安全巩固提升 2016	2279	286	2279	286	2279	286
正宁县 2016 年市级财政安排农村饮水项目	457		457		457	
正宁县农村饮水安全巩固提升 2016	1464	213	1464	213	1464	213
宁县农村饮水安全巩固提升 2016	1181	180	1181	180	1181	180
宁县 2016 年市级财政安排农村饮水项目	839		839		839	
镇原县农村饮水安全巩固提升 2016	1818	244	1818	244	1818	244
镇原县 2016 年市级财政安排农村饮水项目	874		874		874	
安定区农村饮水安全巩固提升 2016	6085	929	6085	929	6085	929
通渭县农村饮水安全巩固提升 2016	1341	205	1341	205	1341	205
陇西县农村饮水安全巩固提升 2016	1196	84	1196	84	1196	84
渭源县农村饮水安全巩固提升 2016	1124	163	1124	163	1124	163
临洮县村饮水安全巩固提升 2016	10716	1744	10716	1744	10716	1744
武都区农村饮水安全巩固提升 2016	4396	671	4396	671	4396	671
宕昌县农村饮水安全巩固提升 2016	3202	489	3202	489	3202	489
成县农村饮水安全巩固提升 2016	1621	248	1621	248	1621	248
康县农村饮水安全巩固提升 2016	2137	326	2137	326	2137	326
文县农村饮水安全巩固提升 2016	2323	355	2323	355	2323	355
西和县农村饮水安全巩固提升 2016	2333	356	2333	356	2333	356
礼县农村饮水安全巩固提升 2016	3072	469	3072	469	3072	469
徽县农村饮水安全巩固提升 2016	1821	278	1821	278	1821	278
康乐县农村饮水安全巩固提升 2016	2652	405	2652	405	2652	405
广河县农村饮水安全巩固提升 2016	655	76	655	76	655	76
和政县农村饮水安全巩固提升 2016	1252	191	1252	191	1252	191
积石山县农村饮水安全巩固提升 2016	3210	515	3210	515	3210	515
抗旱工程	28057	26900	28001	26900	28763	27223
永登县抗旱应急引调提水 2016	302	302	302	302	302	302
榆中县抗旱应急引调提水 2016	619	619	619	619	619	619
靖远县抗旱应急引调提水项目	1470	1470	1470	1470	1470	1470
会宁县抗旱应急引调提水项目	1017	1017	1017	1017	1017	1017

2-14 续表

单位：万元

项目	本年计划投资		本年到位投资		本年完成投资	
	小计	其中：中央	小计	其中：中央	小计	其中：中央
景泰县抗旱应急引调提水项目	703	703	703	703	703	703
秦州区抗旱应急引调提水 2016	717	717	717	717	717	717
清水县抗旱应急引调提水项目 2016	904	904	904	904	904	904
秦安县抗旱应急引调提水 2016	890	890	890	890	890	890
武山县抗旱应急引调提水 2016	686	686	686	686	686	686
凉州区抗旱应急引调提水项目	775	775	775	775	775	775
民勤县抗旱应急水源工程	1304	1304	1304	1304	1304	1304
古浪县抗旱应急引调提水项目	1739	1739	1739	1739	1739	1739
天祝县抗旱应急引调提水项目	593	559	593	559	593	559
山丹县抗旱应急引调提水项目	832	650	832	650	832	650
泾川县抗旱应急水源引调提水项目	519	519	519	519	472	472
崇信县抗旱应急引调提水项目	1126	1126	1126	1126	1126	1126
庄浪县抗旱应急引调提水项目	347	347	347	347	347	347
静宁县抗旱应急引调提水项目	1287	1287	1287	1287	1287	1287
敦煌县抗旱应急引调提水项目	495	344	344	344	495	344
庆城县抗旱应急引调提水项目	460	383	460	383	460	383
环县抗旱应急引调提水项目	1350	1265	1350	1265	1350	1265
华池县抗旱应急引调提水项目	1674	1527	1674	1527	1674	1527
镇原县抗旱应急引调提水项目	958	824	958	824	958	824
通渭县抗旱应急引调提水项目	790	790	790	790	790	790
陇西县抗旱应急引调提水项目	791	791	791	791	791	791
临洮县抗旱应急引调提水项目	1140	1140	1140	1140	1140	1140
西和县抗旱应急水源工程 2016	598	598	598	598	598	598
礼县抗旱应急引调提水项目	916	916	916	916	916	916
临夏县 2015 年抗旱引调提水项目					36	36
永靖县 2015 年抗旱引调水提水工程			48		168	120
广河县抗旱应急引调提水项目	837	706	837	706	837	706
广河县 2015 齐家镇抗旱应急水源配套					112	16
广河县 2015 三甲集镇抗旱应急水源配套					105	25
和政县抗旱应急引调提水项目	764	687	764	687	764	687
东乡县 2015 年抗旱引调提水项目	28				137	108
东乡县抗旱应急引调提水项目	869	800	800	800	869	800
东乡县 2014 年抗旱引调提水项目	26		26		26	
积石山县 2015 年抗旱应急水源配套工程			159		224	65

2–14 续表

单位：万元

项目	本年计划投资		本年到位投资		本年完成投资	
	小计	其中：中央	小计	其中：中央	小计	其中：中央
积石山县抗旱应急引调提水项目	530	515	515	515	530	515
其他供水工程	3728		4671		2728	
金昌市城市应急备用水源项目	1000		1000		1000	
华池县刘坪村美丽村庄河道治理及供水工程	1000		1000		1000	
积石山县县城区供水水源改扩建工程	1000		1943			
靖远寺儿坪供水项目	728		728		728	
水务项目	85065		34565		37343	70
自来水厂建设	62000		12000		13800	
庄浪县南坪水厂改扩建及管网工程	1500		1500		1500	
武威市城乡融合黄羊土门组团供水（陆港）	60500		10500		12300	
城镇供水管线建设	15450		17450		15346	70
天水市藉口水厂至西十里供水管道工程	9100		9100		9100	
清水县城区供水工程	5000		7000		3900	
清水县城区自来水管网扩建工程	950		950		1100	
天水市城区供水高桥头引水枢纽工程	400		400		1006	
清水县城区自来水管网扩建工程					240	70
污水处理工程建设	5992		3492		6574	
华池县城区污水分户收集工程	386		386		386	
华池县县城污水支管道工程	606		606		606	
临洮县污水处理厂配套管网工程						
民勤红沙岗污水处理厂及中水回用贮水池	5000		2500		4550	
山丹县城区生活污水处理工程					1032	
其他水务能力建设	1622		1622		1622	
甘谷县城区供水水源水深度处理工程	1622		1622		1622	
非常规水资源利用项目	160		160		160	
雨水集用	160		160		160	
金昌市龙首山前山区雨洪资源利用项目	160		160		160	
水电开发利用	6439	1842	6439	1842	6182	1585
水力发电工程建设	2386		2386		2386	
迭部县阿夏那盖水电站	2386		2386		2386	
夏河县安顺水电站						
水电增效扩容	3879	1842	3879	1842	3622	1585
永昌县头坝二号水电站增效扩容改造	635	285	635	285	635	285
金塔县解放村水电站增效扩容改造	149	149	149	149	149	149

2-14 续表

单位：万元

项目	本年计划投资		本年到位投资		本年完成投资	
	小计	其中：中央	小计	其中：中央	小计	其中：中央
肃北县拉排一级水电站增效扩容改造	424	424	424	424	424	424
肃北县拉排一级水电站河流生态修复	27	27	27	27	27	27
敦煌市南湖店水电站增效扩容改造	172	172	172	172	172	172
敦煌市党河水电站增效扩容改造	403	403	403	403	403	403
文县哈南水电站增效扩容改造	46	46	46	46		
文县哈南水电站河流生态修复	15	15	15	15		
礼县大滩水电站增效扩容改造工程	93	93	93	93	19	19
礼县红崖二级水电站河流生态修复工程	16	16	16	16	3	3
礼县红崖二级水电站增效扩容改造工程	103	103	103	103	20	20
礼县大滩水电站河流生态修复工程	14	14	14	14	3	3
和政县闫蔡坪水电站增效扩容改造	95	95	95	95	80	80
东乡县老虎嘴电站						
合作市峡村电站	1687		1687		1687	
夏河县白土坡水电站						
小水电代燃料	174		174		174	
夏河县甫黄二级小水电代燃料项目	174		174		174	
水保及生态保护	95286	69284	91408	69284	90975	69927
水土流失治理	49534	36679	49444	36679	51674	37831
漳县国家农业综合开发水土保持项目 2016	397	285	397	285	397	285
泾川县国家农业综合开发水土保持项目 2016	394	285	394	285	394	285
环县病险淤地坝除险加固工程 2016	340	272	340	272	301	240
礼县坡耕地水土流失治理 2016	1250	1000	1250	1000	1250	1000
广河县坡耕地水土流失治理 2016	1250	1000	1250	1000	1250	1000
甘肃省国家水土保持重点工程（2015）					1709	720
甘肃省农业综合开发水土保持项目（2015）					899	253
甘肃省坡耕地水土流失重点治理 2015（黄河）			271		1331	1060
渭源县国家农业综合开发水土保持项目 2016	395	285	395	285	395	285
陇西县国家水土保持重点建设工程 2016 年	1286	900	1286	900	1286	900
甘肃省坡耕地水土流失重点治理 2015（长江）			114		545	431
甘肃省水土流失重点治理工程 2015（黄河）			110		549	439
甘肃省水土流失重点治理工程 2015（长江）			21		100	79
甘肃省水土流失重点治理工程 2015（内陆）			9		47	38
东乡县坡耕地水土流失治理 2016	1250	1000	1250	1000	1250	1000
景泰县水土保持重点工程 2016	600	420	600	420	402	363

2-14 续表

单位：万元

项目	本年计划投资		本年到位投资		本年完成投资	
	小计	其中：中央	小计	其中：中央	小计	其中：中央
临洮县坡耕地水土流失治理2016	1250	1000	1238	1000	1189	951
会宁县国家水土保持重点建设工程2016年	1286	900	1286	900	1286	900
西和县坡耕地水土流失治理2016	1250	1000	1160	1000	1160	1000
岷县水土保持重点工程2016	607	425	575	425	476	344
两当县水土保持重点工程2016	600	420	600	420	600	420
临潭县水土保持重点工程2016	600	420	560	420	546	399
甘谷县国家农业综合开发水土保持项目2016	397	285	397	285	397	285
武山县国家农业综合开发水土保持项目2016	397	285	397	285	397	285
秦安县国家农业综合开发水土保持项目2016	396	285	396	285	396	285
崇信县国家农业综合开发水土保持项目2016	403	290	403	290	403	290
灵台县国家农业综合开发水土保持项目2016	395	285	395	285	395	285
庄浪县国家水土保持重点建设工程2016年	786	550	786	550	786	550
张家川县国家农业综合开发水土保持项目2016	397	285	397	285	397	285
靖远县水土保持重点工程2016	600	420	582	420	480	336
武都区水土保持重点工程2016	600	420	600	420	600	420
成县水土保持重点工程2016	600	420	600	420	600	420
文县水土保持重点工程2016	600	420	600	420	600	420
康县水土保持重点工程2016	600	420	600	420	600	420
卓尼县水土保持重点工程2016	600	420	588	420	553	385
迭部县水土保持重点工程2016	600	420	575	420	545	390
清水县国家农业综合开发水土保持项目2016年	404	290	404	290	404	290
和政县国家农业综合开发水土保持项目2016	396	285	396	285	396	285
临洮县国家水土保持重点建设工程2016年	1286	900	1286	900	1286	900
宁县国家水土保持重点建设工程2016年	786	550	786	550	786	550
正宁县国家水土保持重点建设工程2016年	786	550	786	550	786	550
安定区国家水土保持重点建设工程2016年	1286	900	1286	900	1286	900
东乡县国家水土保持重点建设工程2016年	786	550	786	550	786	550
临夏县国家水土保持重点建设工程2016年	929	650	929	650	929	650
镇原县国家水土保持重点建设2016第二批	357	250	357	250	357	250
会宁县国家水土保持重点建设2016第二批	357	250	357	250	357	250
安定区国家水土保持重点建设2016第二批	286	200	286	200		
通渭县国家水土保持重点建设2016第二批	429	300	429	300	84	84
永靖县国家水土保持重点建设2016第二批	357	250	357	250	357	250
临夏县国家水土保持重点建设2016第二批	357	250	357	250	357	250

2-14 续表

单位：万元

项目	本年计划投资		本年到位投资		本年完成投资	
	小计	其中：中央	小计	其中：中央	小计	其中：中央
东乡县国家水土保持重点建设2016第二批	357	250	357	250	357	250
华池县国家农业综合开发水土保持项目2016	399	285	399	285	399	285
临夏市水土保持重点工程2016	571	400	571	400	571	400
积石山县国家水土保持重点建设工程2016年	929	650	929	650	929	650
临洮县国家水土保持重点建设2016第二批	419	293	419	293		
陇西县国家水土保持重点建设2016第二批	286	200	286	200	281	195
永靖县国家水土保持重点建设工程2016年	796	557	796	557	796	557
镇原县国家水土保持重点建设工程2016年	1000	700	1000	700	1000	700
通渭县国家水土保持重点建设工程2016年	1286	900	1286	900	1286	900
合水县国家水土保持重点建设工程2016年	786	550	786	550	786	550
康乐县国家农业综合开发水土保持项目2016	399	285	399	285	399	285
庆城县国家农业综合开发水土保持项目2016	392	285	392	285	392	285
秦州区坡耕地水土流失治理2016	1250	1000	1250	1000	1250	1000
安定区坡耕地水土流失治理2016	1250	1000	1091	1000	782	691
通渭县坡耕地水土流失治理2016	1250	1000	1250	1000	1250	1000
镇原县坡耕地水土流失治理2016	1250	1000	1250	1000	1250	1000
静宁县坡耕地水土流失治理2016	1250	1000	1250	1000	1250	1000
环县坡耕地水土流失治理2016	1250	1000	1250	1000	1250	1000
麦积区水土保持重点工程2016	600	420	543	420	421	316
临夏县坡耕地水土流失治理2016	1250	1000	1250	1000	1250	1000
陇西县坡耕地水土流失治理2016	1250	1000	1195	1000	1015	820
渭源县病险淤地坝除险加固工程2016	100	80	96	80	91	75
通渭县病险淤地坝除险加固工程2016	140	112	132	112	114	94
庆城县病险淤地坝除险加固工程2016	115	92	115	92	94	75
华池县病险淤地坝除险加固工程2016	100	80	100	80	93	80
正宁县病险淤地坝除险加固工程2016	110	88	110	88	100	80
临洮县病险淤地坝除险加固工程2016	110	88	93	88	93	88
灵台县病险淤地坝除险加固工程2016	85	68	68	68	85	68
合水县病险淤地坝除险加固工程2016	100	80	100	80	100	80
庄浪县病险淤地坝除险加固工程2016	90	72	90	72	90	72
镇原县病险淤地坝除险加固工程2016	170	136	170	136	170	136
宁县病险淤地坝除险加固工程2016	105	84	94	84	88	78
榆中县病险淤地坝除险加固工程2016	115	92	97	92	110	92
秦州区病险淤地坝除险加固工程2016	105	84	105	84	64	64

2-14 续表

单位：万元

项目	本年计划投资		本年到位投资		本年完成投资	
	小计	其中：中央	小计	其中：中央	小计	其中：中央
漳县病险淤地坝除险加固工程2016	115	92	115	92	115	92
陇西县病险淤地坝除险加固工程2016	120	96	106	96	98	88
泾川县病险淤地坝除险加固工程2016	90	72	90	72	90	72
西峰区病险淤地坝除险加固工程2016	180	144	180	144	120	100
安定区病险淤地坝除险加固工程2016	440	352	414	352	367	305
流域生态综合治理	39965	30000	36177	30000	33514	29491
敦煌水资源规划项目（河道归束）2015	1172		1172		383	
敦煌水资源规划项目（酒泉市）2016	10294	8234	10294	8234	9569	8167
敦煌水资源规划项目（敦煌市）2016	6400	5120	6400	5120	5200	4684
敦煌水资源规划项目（党河灌区）2015	1290				1846	556
敦煌水资源合理与生态保护（疏勒河）2016	20809	16646	18311	16646	16516	16084
敦煌水资源利用与生态保护（疏勒河）2015						
河湖连通工程	3525	2605	3525	2605	3525	2605
庆阳市新城南区湖库水系连通工程	3525	2605	3525	2605	3525	2605
其他环境水利项目	2262		2262		2262	
金昌市十里花海景区建设项目	1512		1512		1512	
平凉市崆峒水库至大岔河段河道生态综合治理	750		750		750	
机构能力建设专项	373	373	988	373	2392	373
水文设施及能力建设	373	373	988	373	2392	373
甘肃水资源监控能力建设二期2016	373	373	373	373	373	373
甘肃省中小河流水文监测系统建设项目			615		2019	
移民项目	61521	30999	61521	30999	61521	30999
西峰区小盘河水库征地拆迁补偿安置工作	1779		1779		1779	
甘肃省大中型水库移民后期扶持（内陆）	8278	4390	8278	4390	8278	4390
甘肃省大中型水库移民后期扶持（长江）	4328	2749	4328	2749	4328	2749
甘肃省大中型水库移民后期扶持（黄河）	47136	23860	47136	23860	47136	23860
其他水利项目	10078		5478		22363	12285
金昌市永昌县金川工农干渠围栏保护工程	131		131		131	
会宁县电子桥、康家河桥桥梁工程	847		847		847	
临夏市大夏河风情线综合治理工程	9100		4500		9100	
永靖县刘盐八地质灾害灌区节水改造工程					12285	12285

2-15 2016年水利建设项目效益（建设规模）

项目类型		建设规模														
		水库总库容（亿米^3）	耕地灌溉面积（万亩）	发电装机容量（千千瓦）	排灌装机容量（千千瓦）	供水能力（万吨/日）	改善灌溉面积（万亩）	新建及加固堤防长度（千米）	水保治理面积（万亩）	当年解决国家建档立卡饮水安全问题			节水灌溉面积（万亩）	渠道防渗长度（千米）	河道整治长度（千米）	改善或恢复库容（万米^3）
										涉及村（个）	涉及户（户）	涉及人口（万人）				
甘肃省		1.62	59.196	28.55	0.556	320.343	519.199	1086.497	241.372	1404	107818	51.5837	185.365	701.741	333.676	1073.908
防洪项目	小计					36.44	54.62	1026.852							298.591	1048
	堤防工程							55.761							7.115	
	大江大湖治理							225.6							54.1	
	重要支流治理							236.413							100.96	
	中小河流治理							509.058							136.416	
	城市防洪工程							0.02								
	大中型病险水库除险加固						46.43									1048
	小型病险水库除险加固															
	大中型病险水闸除险加固					36.44	8.19									
	山洪灾害防治工程															
	其他防洪项目															
灌溉除涝项目	小计	1.609	8.282		0.33	28.259	334.579	27.16		2	834	0.38	147.845	598.251		15.3
	灌区建设工程						44.65							229.324		
	节水灌溉工程						26.75						3.14	105.586		
	小型农田水利建设		5.452		0.33	3.709	62.029	27.16		2	834	0.38	144.325	263.341		15.3
	水库工程	1.609	2.83			24.55	33.01									
	泵站工程						166.69									
	其他灌溉除涝项目						1.45						0.38			
供水项目	小计		50.914		0.16	246.954	83.04	2.4		1402	106984	51.2037	0.32			0.068
	引水（调水）工程		50.78			223.86	75.47									0.068
	农村饮水安全巩固提升工程					11.722				1375	101812	48.8517				

2-15 续表

项目类型		建设规模														
		水库总库容（亿米^3）	耕地灌溉面积（万亩）	发电装机容量（千千瓦）	排灌装机容量（千千瓦）	供水能力（万吨/日）	改善灌溉面积（万亩）	新建及加固堤防长度（千米）	水保治理面积（万亩）	当年解决国家建档立卡饮水安全问题			节水灌溉面积（万亩）	渠道防渗长度（千米）	河道整治长度（千米）	改善或恢复库容（万米^3）
										涉及村（个）	涉及户（户）	涉及人口（万人）				
	抗旱工程		0.134		0.16	4.152	7.57			27	5172	2.352	0.32			
	其他供水工程					7.22		2.4								
水务项目	小计	0.011			0.044	8.69										
	自来水厂建设					4.79										
	城镇供水管线建设					3.9										
	城镇排水系统建设															
	污水处理工程建设	0.011			0.044											
	其他水务能力建设															
水电开发利用	小计			28.55												
	水力发电工程建设			9.6												
	电网建设与改造															
	水电增效扩容			15.35												
	小水电代燃料			3.6												
水保及生态保护	小计				0.022		44.96	30.085	241.372				37.2	103.49	30.085	10.54
	水土流失治理								206.662							
	流域生态综合治理						44.96	30.085	34.71				37.2	100.49	30.085	
	河湖连通工程															10.54
	其他环境水利项目				0.022									3		
其他水利项目							2.0								5	

2-16 2016 年水利建设项目效益（累计新增）

项目类型		累计新增生产能力或效益														
		水库总库容（亿米^3）	耕地灌溉面积（万亩）	发电装机容量（千千瓦）	排灌装机容量（千千瓦）	供水能力（万吨/日）	改善灌溉面积（万亩）	新建及加固堤防长度（千米）	水保治理面积（万亩）	当年解决国家建档立卡饮水安全问题 涉及村（个）	涉及户（户）	涉及人口（万人）	节水灌溉面积（万亩）	渠道防渗长度（千米）	河道整治长度（千米）	改善或恢复库容（万米^3）
甘肃省		0.22	9.44	28.21	0.56	107.68	368.81	839.93	218.18	1404	107818	51.58	177.80	513.68	218.38	215.91
防洪项目	小计					36.44	8.19	780.29							183.30	190.00
	堤防工程							50.95							7.12	
	大江大湖治理							122.88								
	重要支流治理							171.12							76.08	
	中小河流治理							435.32							100.10	
	城市防洪工程							0.02								
	大中型病险水库除险加固															190.00
	小型病险水库除险加固															
	大中型病险水闸除险加固					36.44	8.19									
	山洪灾害防治工程															
	其他防洪项目															
灌溉除涝项目	小计	0.22	6.72		0.33	3.80	240.57	27.16		2	834	0.38	144.07	510.68		15.30
	灌区建设工程						44.58							211.47		
	节水灌溉工程						15.43						3.14	85.20		
	小型农田水利建设		5.17		0.33	3.65	54.19	27.16		2	834	0.38	140.55	214.01		15.30
	水库工程	0.22	1.55			0.15	31.73									
	泵站工程						93.19									
	其他灌溉除涝项目						1.45						0.38			
供水项目	小计		2.71		0.16	65.93	75.70	2.40		1402	106984	51.20	0.32			0.07
	引水（调水）工程		2.58			49.14	68.13									0.07
	农村饮水安全巩固提升工程					11.72				1375	101812	48.85				
	抗旱工程		0.13		0.16	4.05	7.57			27	5172	2.35	0.32			

2-16 续表

项目类型		累计新增生产能力或效益														
		水库总库容（亿米^3）	耕地灌溉面积（万亩）	发电装机容量（千千瓦）	排灌装机容量（千千瓦）	供水能力（万吨/日）	改善灌溉面积（万亩）	新建及加固堤防长度（千米）	水保治理面积（万亩）	当年解决国家建档立卡饮水安全问题			节水灌溉面积（万亩）	渠道防渗长度（千米）	河道整治长度（千米）	改善或恢复库容（万米^3）
										涉及村（个）	涉及户（户）	涉及人口（万人）				
	其他供水工程					1.02		2.40								
水务项目	小计				0.04	1.50										
	自来水厂建设															
	城镇供水管线建设					1.50										
	城镇排水系统建设															
	污水处理工程建设				0.04											
	其他水务能力建设															
水电开发利用	小计			28.21												
	水力发电工程建设			9.60												
	电网建设与改造															
	水电增效扩容			15.01												
	小水电代燃料			3.60												
水保及生态保护	小计				0.02		43.45	30.09	218.18				33.41	3.00	30.09	10.54
	水土流失治理								201.67							
	流域生态综合治理						43.45	30.09	16.51				33.41		30.09	
	河湖连通工程															10.54
	其他环境水利项目				0.02									3.00		
其他水利项目							0.90								5.00	

2-17 2016年水利建设项目效益（本年新增）

项目类型		本年新增生产能力或效益														
		水库总库容（亿米^3）	耕地灌溉面积（万亩）	发电装机容量（千千瓦）	排灌装机容量（千千瓦）	供水能力（万吨/日）	改善灌溉面积（万亩）	新建及加固堤防长度（千米）	水保治理面积（万亩）	当年解决国家建档立卡饮水安全问题			节水灌溉面积（万亩）	渠道防渗长度（千米）	河道整治长度（千米）	改善或恢复库容（万米^3）
										涉及村（个）	涉及户（户）	涉及人口（万人）				
甘肃省		0.19	9.44	18.61	0.53	80.76	221.30	404.98	130.99	1404	107818	51.58	163.17	441.84	124.37	215.91
防洪项目	小计					36.44	5.62	345.34							89.28	190.00
	堤防工程							41.83							7.08	
	大江大湖治理							122.88								
	重要支流治理							65.94							62.78	
	中小河流治理							114.66							19.42	
	城市防洪工程							0.02								
	大中型病险水库除险加固															190.00
	小型病险水库除险加固															
	大中型病险水闸除险加固					36.44	5.62									
	山洪灾害防治工程															
	其他防洪项目															
灌溉除涝项目	小计	0.19	6.72		0.33	3.80	201.59	27.16		2	834	0.38	129.44	438.84		15.30
	灌区建设工程						44.58							211.47		
	节水灌溉工程						12.53						2.78	13.36		
	小型农田水利建设		5.17		0.33	3.65	51.44	27.16		2	834	0.38	126.28	214.01		15.30
	水库工程	0.19	1.55			0.15	31.73									
	泵站工程						59.86									
	其他灌溉除涝项目						1.45						0.38			
供水项目	小计		2.71		0.16	39.01	9.57	2.40		1402	106984	51.20	0.32			0.07
	引水（调水）工程		2.58			23.22	2.00									0.07
	农村饮水安全巩固提升工程					11.72				1375	101812	48.85				

2-17 续表

项目类型		本年新增生产能力或效益														
		水库总库容（亿米³）	耕地灌溉面积（万亩）	发电装机容量（千千瓦）	排灌装机容量（千千瓦）	供水能力（万吨／日）	改善灌溉面积（万亩）	新建及加固堤防长度（千米）	水保治理面积（万亩）	当年解决国家建档立卡饮水安全问题			节水灌溉面积（万亩）	渠道防渗长度（千米）	河道整治长度（千米）	改善或恢复库容（万米³）
										涉及村（个）	涉及户（户）	涉及人口（万人）				
	抗旱工程		0.13		0.16	3.95	7.57			27	5172	2.35	0.32			
	其他供水工程					0.12		2.40								
水务项目	小计				0.02	1.50										
	自来水厂建设															
	城镇供水管线建设					1.50										
	城镇排水系统建设															
	污水处理工程建设				0.02											
	其他水务能力建设															
水电开发利用	小计			18.61												
	水力发电工程建设															
	电网建设与改造															
	水电增效扩容			15.01												
	小水电代燃料			3.60												
水保及生态保护	小计				0.02		3.62	30.09	130.99				33.41	3.00	30.09	10.54
	水土流失治理								114.48							
	流域生态综合治理						3.62	30.09	16.51				33.41		30.09	
	河湖连通工程															10.54
	其他环境水利项目				0.02									3.00		
其他水利项目							0.90								5.00	

2-18 2016 年水利建设项目效益（按市州分）

项目	效益名称	建设规模	本年施工规模		累计新增效益	
			小计	其中：本年新开工	小计	其中：本年新增
甘肃省						
兰州市						
皋兰县蔡家河东湾沟上游段——文山段堤防	新建及加固堤防长度（千米）	6.946			6.946	
	河道整治长度（千米）	6.300			6.300	
皋兰县高效节水灌溉 2016	节水灌溉面积（万亩）	0.500	0.500	0.500	0.500	0.500
皋兰县农村饮水安全巩固提升 2016	涉及贫困人口（万人）	0.624	0.624	0.624	0.624	0.624
	涉及贫困村（个）	4	4	4	4	4
皋兰县农田水利设施维修养护 2016	渠道防渗长度（千米）	8.500	8.500	8.500	8.500	8.500
皋兰县西岔中型灌区农业综合开发 2015	渠道防渗长度（千米）	2.650	2.650	2.650	2.650	2.650
	改善灌溉面积（万亩）	2.900			2.900	
黄河甘肃段兰州市防洪治理工程	河道整治长度（千米）	54.100	26.400	26.400		
兰州市大砂沟泵站更新改造工程	改善灌溉面积（万亩）	5.000	1.500	1.500	1.000	1.000
兰州市工农坪泵站更新改造工程	改善灌溉面积（万亩）	2.500	0.800	0.800	1.800	0.800
兰州市农田水利设施维修养护 2016	改善灌溉面积（万亩）	0.500	0.500	0.500	0.500	0.500
兰州市水源地建设工程	供水能力（万吨 / 日）	75.890	75.890	75.890		
兰州市榆中三电泵站更新改造工程	改善灌溉面积（万亩）	15.000	1.000	1.000	13.000	1.000
七里河区西津泵站更新改造工程	改善灌溉面积（万亩）	3.000	0.930	0.930	1.930	0.930
西固区高效节水灌溉项目 2016	节水灌溉面积（万亩）	0.710	0.710	0.710	0.710	0.710
引洮供水一期榆中县配套工程	供水能力（万吨 / 日）	3.500	3.500	3.500		
永登农田水利设施维修养护 2016	改善灌溉面积（万亩）	0.050	0.050	0.050	0.050	0.050
永登县高效节水灌溉 2016	节水灌溉面积（万亩）	0.800	0.800	0.800	0.800	0.800
永登县抗旱应急引调提水 2016	涉及贫困人口（万人）	0.450	0.450	0.450	0.450	0.450
	涉及贫困户（户）	1073	1073	1073	1073	1073
	涉及贫困村（个）	3	3	3	3	3
永登县农村饮水安全巩固提升 2016	涉及贫困人口（万人）	0.180	0.180	0.180	0.180	0.180
	涉及贫困户（户）	519	519	519	519	519
	涉及贫困村（个）	6	6	6	6	6
榆中县抗旱应急引调提水 2016	供水能力（万吨 / 日）	0.350	0.350	0.350	0.350	0.350
榆中县农村饮水安全巩固提升 2016	涉及贫困人口（万人）	0.582	0.582	0.582	0.582	0.582
	涉及贫困户（户）	1492	1492	1492	1492	1492
	涉及贫困村（个）	13	13	13	13	13
榆中县农田水利设施维修养 2016	渠道防渗长度（千米）	20.090	20.090	20.090	20.090	20.090
湟水兰州市红古段防洪治理工程	新建及加固堤防长度（千米）	24.540	24.540	24.540		
	河道整治长度（千米）	22.850	22.850	22.850		
嘉峪关市						

2-18 续表

项目	效益名称	建设规模	本年施工规模		累计新增效益	
			小计	其中：本年新开工	小计	其中：本年新增
嘉峪关市2016年小型农田水利设施春修工程						
嘉峪关市高效节水灌溉项目2015（六）	节水灌溉面积（万亩）	1.423	1.423		1.423	1.423
嘉峪关市中央财政高效节水项目2015（五）	节水灌溉面积（万亩）	2.028	2.028		2.028	2.028
金昌市		hz				
金昌市城市应急备用水源项目	供水能力（万吨/日）	6.200	6.200	6.200		
金昌市龙首山前山区雨洪资源利用项目						
金昌市十里花海景区建设项目	渠道防渗长度（千米）	3.000	3.000	3.000	3.000	3.000
	排灌装机容量（千千瓦）	0.022	0.022	0.022	0.022	0.022
金昌市永昌县金川工农干渠围栏保护工程						
金川区2015新增农田水利设施建设2016	节水灌溉面积（万亩）	1.473	1.473	1.473	1.473	1.473
	改善灌溉面积（万亩）	1.473	1.473	1.473	1.473	1.473
金川区小型农田水利重点县2016	节水灌溉面积（万亩）	2.260	2.260	2.260	2.260	2.260
	改善灌溉面积（万亩）	2.260	2.260	2.260	2.260	2.260
西河灌区续建配套节水改造	改善灌溉面积（万亩）	7.000	7.000	7.000	7.000	7.000
永昌县2015新增农田水利设施建设2016	节水灌溉面积（万亩）	1.358	1.358	1.358	1.358	1.358
永昌县高效节水灌溉2016	节水灌溉面积（万亩）	4.800	4.800	4.800	4.800	4.800
永昌县金川河工农渠首泄洪闸	供水能力（万吨/日）	36.440	36.440	36.440	36.440	36.440
永昌县农村饮水安全巩固提升2016	涉及贫困人口（万人）	0.070	0.070	0.070	0.070	0.070
	涉及贫困户（户）	168	168	168	168	168
	涉及贫困村（个）	3	3	3	3	3
永昌县农田水利设施维修养护2016	改善灌溉面积（万亩）	12.960	12.960	12.960	12.960	12.960
永昌县头坝二号水电站增效扩容改造	发电装机容量（千千瓦）	4.800	4.800	4.800	4.800	4.800
永昌县小型农田水利重点县2016	节水灌溉面积（万亩）	1.200	1.200	1.200	1.200	1.200
白银市		hz				
白银区东大沟民勤村至城区段治理	新建及加固堤防长度（千米）	10.900	10.900	10.900	10.900	10.900
	河道整治长度（千米）	4.670	4.670	4.670	4.670	4.670
白银区工农渠灌区农业综合开发	改善灌溉面积（万亩）	6.000	6.000	6.000	6.000	6.000
白银区农村饮水安全巩固提升2016	涉及贫困人口（万人）	0.022	0.022	0.022	0.022	0.022
	涉及贫困户（户）	66	66	66	66	66
	涉及贫困村（个）	2	2	2	2	2
白银区农田水利设施维修养护2016	渠道防渗长度（千米）	58.085	58.085	58.085	58.085	58.085
	改善灌溉面积（万亩）	1.320	1.320	1.320	1.320	1.320
白银区五小水利工程2016	改善灌溉面积（万亩）	1.220	1.220	1.220	1.000	1.000
白银市靖会泵站更新改造工程	改善灌溉面积（万亩）	30.420	15.000	15.000	15.000	15.000
白银市刘川泵站更新改造工程	改善灌溉面积（万亩）	6.800	6.800	6.800	6.800	6.800

2-18 续表

项目	效益名称	建设规模	本年施工规模		累计新增效益	
			小计	其中：本年新开工	小计	其中：本年新增
白银市农田水利设施维修养护 2016	改善灌溉面积（万亩）	3.000	3.000	3.000	3.000	3.000
白银市兴电泵站更新改造工程	改善灌溉面积（万亩）	30.180	30.180	30.180	30.180	30.180
白银市兴电灌区渠道维修工程	改善灌溉面积（万亩）	3.000	3.000	3.000	3.000	3.000
白银市中堡泵站更新改造工程	改善灌溉面积（万亩）	1.140	1.140	1.140	1.140	1.140
黄河干流白银市防洪治理工程	新建及加固堤防长度（千米）	82.200	64.060	64.060	64.060	64.060
会宁县电子桥、康家河桥桥梁工程						
会宁县高效节水灌溉 2016	节水灌溉面积（万亩）	3.100	3.100	3.100	3.100	3.100
会宁县焦家河焦河村防洪工程	河道整治长度（千米）	2.800	2.800	2.800	2.800	2.800
会宁县抗旱应急引调提水项目	改善灌溉面积（万亩）	3.000	3.000	3.000	3.000	3.000
会宁县苦水河河畔羊肉市场段综合治理工程						
会宁县农村饮水安全巩固提升 2016	涉及贫困人口（万人）	1.348	1.348	1.348	1.348	1.348
	涉及贫困户（户）	2926	2926	2926	2926	2926
	涉及贫困村（个）	14	14	14	14	14
会宁县农田水利设施维修养护 2016	改善灌溉面积（万亩）	1.000	1.000	1.000	1.000	1.000
会宁县祖厉河城区段综合治理二期工程（续建）	新建及加固堤防长度（千米）	0.970	0.970	0.970	0.970	0.970
景泰县草窝滩镇排水工程	改善灌溉面积（万亩）	1.200	1.200	1.200	1.200	1.200
景泰县高效节水灌溉 2016	节水灌溉面积（万亩）	1.900	1.900	1.900	1.900	1.900
景泰县抗旱应急引调提水项目	改善灌溉面积（万亩）	2.000	2.000	2.000	2.000	2.000
景泰县农村饮水安全巩固提升 2016	涉及贫困人口（万人）	0.312	0.312	0.312	0.312	0.312
	涉及贫困户（户）	80	80	80	80	80
	涉及贫困村（个）	8	8	8	8	8
景泰县农田水利设施维修养护 2016	改善灌溉面积（万亩）	0.300	0.300	0.300	0.300	0.300
景泰县小型农田水利设施补助 2016	渠道防渗长度（千米）	13.000	13.000	13.000	13.000	13.000
	节水灌溉面积（万亩）	0.200	0.200	0.200	0.200	0.200
景泰县中泉泵站更新改造工程	改善灌溉面积（万亩）	1.650	1.650	1.650	1.650	1.650
靖远县高效节水灌溉 2016	节水灌溉面积（万亩）	4.000	4.000	4.000	4.000	4.000
靖远县靖乐渠灌区农业综合开发	改善灌溉面积（万亩）	5.030	5.030	5.030	5.030	5.030
靖远县抗旱应急引调提水项目	改善灌溉面积（万亩）	1.260	1.260	1.260	1.260	1.260
靖远县农村饮水安全巩固提升 2016	涉及贫困人口（万人）	1.543	1.543	1.543	1.543	1.543
	涉及贫困户（户）	3429	3429	3429	3429	3429
	涉及贫困村（个）	37	37	37	37	37
靖远县农田水利设施维修养护 2016	改善灌溉面积（万亩）	4.280	4.280	4.280	4.280	4.280
靖远县小型农田水利设施补助 2016	节水灌溉面积（万亩）	0.860	0.860	0.860	0.860	0.860
平川区旱坪川灌区农业综合开发	改善灌溉面积（万亩）	4.100				
平川区农村饮水安全巩固提升 2016	涉及贫困人口（万人）	0.243	0.243	0.243	0.243	0.243

2–18 续表

项目	效益名称	建设规模	本年施工规模		累计新增效益	
			小计	其中：本年新开工	小计	其中：本年新增
	涉及贫困户（户）	592	592	592	592	592
	涉及贫困村（个）	4	4	4	4	4
平川区五小水利工程 2016	耕地灌溉面积（万亩）	0.230	0.230	0.230	0.230	0.230
	改善灌溉面积（万亩）	0.415	0.415	0.415	0.415	0.415
兴电灌区齐家大岘隧洞除险加固工程	改善灌溉面积（万亩）	30.180	30.180	30.180	30.180	30.180
引洮一期工程会宁北部供水工程	供水能力（万吨 / 日）	4.850	4.850	4.850	4.850	4.850
	耕地灌溉面积（万亩）	2.500	2.500	2.500	2.500	2.500
	改善或恢复库容（万米^3）	0.068	0.068	0.068	0.068	0.068
	改善灌溉面积（万亩）	2.000	2.000	2.000	2.000	2.000
天水市		hz				
甘谷县城区供水水源水深度处理工程						
甘谷县大石乡农田水利建设项目	改善灌溉面积（万亩）	0.250	0.250	0.250	0.250	0.250
甘谷县农村饮水安全巩固提升工程 2016	涉及贫困人口（万人）	1.224	1.224	1.224	1.224	1.224
	涉及贫困户（户）	5239	5239	5239	5239	5239
	涉及贫困村（个）	38	38	38	38	38
甘谷县农田水利设施维修养护 2016	改善灌溉面积（万亩）	0.030	0.030	0.030	0.030	0.030
甘谷县清溪河礼辛乡寨子至慰坪堤防工程	新建及加固堤防长度（千米）	4.450	0.450	0.450	4.450	0.450
甘谷县五小水利工程 2016	节水灌溉面积（万亩）	0.650	0.650	0.065	0.650	0.650
麦积区高效节水灌溉 2016	节水灌溉面积（万亩）	0.505	0.505	0.505	0.505	0.505
	耕地灌溉面积（万亩）	0.505	0.505	0.505	0.505	0.505
麦积区农村安全饮水巩固提升工程 2016	涉及贫困人口（万人）	0.582	0.582	0.582	0.582	0.582
	涉及贫困户（户）	1362	1362	1362	1362	1362
	涉及贫困村（个）	16	16	16	16	16
	供水能力（万吨 / 日）	0.088	0.088	0.088	0.088	0.088
麦积区小型农田水利设施补助 2016	节水灌溉面积（万亩）	0.080	0.080	0.080	0.080	0.080
秦安县抗旱应急引调提水 2016	改善灌溉面积（万亩）	0.300	0.300	0.300	0.300	0.300
秦安县南小河王尹马河至凤山堤防	新建及加固堤防长度（千米）	10.760	0.760	0.760	10.760	0.760
秦安县农村饮水安全巩固提升 2016	涉及贫困人口（万人）	0.378	0.378	0.378	0.378	0.378
	涉及贫困户（户）	867	867	867	867	867
	涉及贫困村（个）	7	7	7	7	7
秦安县五小水利工程 2016	耕地灌溉面积（万亩）	0.560	0.560	0.560	0.560	0.560
秦安县西小河小湾河水库	水库总库容（亿米^3）	0.023				
秦州区关峡水库	水库总库容（亿米^3）	0.027				
	供水能力（万吨 / 日）	0.330				
秦州区抗旱应急引调提水 2016	供水能力（万吨 / 日）	0.086	0.086	0.086	0.086	0.086

2-18 续表

项目	效益名称	建设规模	本年施工规模		累计新增效益	
			小计	其中：本年新开工	小计	其中：本年新增
秦州区农村饮水安全巩固提升工程 2016	涉及贫困人口（万人）	0.226	0.226	0.226	0.226	0.226
	涉及贫困户（户）	577	577	577	577	577
	涉及贫困村（个）	9	9	9	9	9
秦州区太京镇农田水利建设项目	节水灌溉面积（万亩）	0.380	0.380	0.380	0.380	0.380
秦州区天水镇易地搬迁堤防工程	新建及加固堤防长度（千米）	9.690	9.690	9.690	9.690	9.690
秦州区五小水利工程 2016	节水灌溉面积（万亩）	0.650	0.650	0.650	0.650	0.650
秦州区易地搬迁项目高效节水灌溉工程	节水灌溉面积（万亩）	1.100	1.100	1.100	1.100	1.100
清水县城区供水工程	供水能力（万吨 / 日）	2.000				
清水县城区自来水管网扩建工程						
清水县后川河杜川至王店段堤防工程	新建及加固堤防长度（千米）	19.190	4.200	4.200	19.190	4.200
清水县抗旱应急引调提水项目 2016	涉及贫困人口（万人）	0.598	0.598	0.598	0.598	0.598
	涉及贫困户（户）	1244	1244	1244	1244	1244
	涉及贫困村（个）	14	14	14	14	14
	排灌装机容量（千千瓦）	0.160	0.160	0.160	0.160	0.160
	节水灌溉面积（万亩）	0.320	0.320	0.320	0.320	0.320
	供水能力（万吨 / 日）	0.024	0.024	0.024	0.024	0.024
清水县农村饮水安全巩固提升工程 2016	涉及贫困人口（万人）	0.556	0.556	0.556	0.556	0.556
	涉及贫困户（户）	1184	1184	1184	1184	1184
	涉及贫困村（个）	17	17	17	17	17
	供水能力（万吨 / 日）	0.078	0.078	0.078	0.078	0.078
清水县小型农田水利设施补助 2016	排灌装机容量（千千瓦）	0.330	0.330	0.330	0.330	0.330
	节水灌溉面积（万亩）	0.410	0.410	0.410	0.410	0.410
天水市藉河生态综合治理一期续建工程	新建及加固堤防长度（千米）	8.000	8.000	8.000	8.000	8.000
天水市藉口水厂至西十里供水管道工程						
武山县车家川至山丹河口段治理	新建及加固堤防长度（千米）	9.374	0.374	0.374	9.374	0.374
武山县抗旱应急引调提水 2016	改善灌溉面积（万亩）	0.500	0.500	0.500	0.500	0.500
武山县五小水利工程 2016	节水灌溉面积（万亩）	0.687	0.687	0.687	0.687	0.687
武山县小型农田水利设施补助 2016	节水灌溉面积（万亩）	0.183	0.183	0.183	0.183	0.183
张家川县富川水库（抗旱规划内）	水库总库容（亿米^3）	0.050				
	供水能力（万吨 / 日）	0.730				
张家川县农村饮水安全巩固提升 2016	涉及贫困人口（万人）	0.442	0.442	0.442	0.442	0.442
	涉及贫困户（户）	975	975	975	975	975
	涉及贫困村（个）	12	12	12	12	12
	供水能力（万吨 / 日）	0.055	0.055	0.055	0.055	0.055
张家川县农田水利设施维修养护 2016	改善灌溉面积（万亩）	0.700	0.700	0.700	0.700	0.700

2–18 续表

项目	效益名称	建设规模	本年施工规模		累计新增效益	
			小计	其中：本年新开工	小计	其中：本年新增
武威市						
2016古浪县小型农田水利设施补助资金（二）	节水灌溉面积（万亩）	0.734	0.734	0.734	0.734	0.734
古浪县2015新增农田水利设施建设2016	节水灌溉面积（万亩）	1.060	1.060	1.060	1.060	1.060
古浪县高效节水灌溉2016	节水灌溉面积（万亩）	1.210	1.210	1.210	1.210	1.210
古浪县黄花滩项目						
古浪县抗旱应急引调提水项目	改善灌溉面积（万亩）	0.329	0.329	0.329	0.329	0.329
古浪县农村饮水安全巩固提升2016	涉及贫困人口（万人）	0.880	0.880	0.880	0.880	0.880
	涉及贫困户（户）	1990	1990	1990	1990	1990
	涉及贫困村（个）	15	15	15	15	15
	供水能力（万吨/日）	0.196	0.196	0.196	0.196	0.196
古浪县农田水利设施维修养护2016						
古浪县小型农田水利重点县2016	节水灌溉面积（万亩）	1.659	1.659	1.659	1.659	1.659
凉州区高效节水灌溉2016	节水灌溉面积（万亩）	10.530	10.530	10.530	10.530	10.530
凉州区抗旱应急引调提水项目						
凉州区农村饮水安全巩固提升2016	涉及贫困人口（万人）	0.667	0.667	0.667	0.667	0.667
	涉及贫困户（户）	1607	1607	1607	1607	1607
	涉及贫困村（个）	8	8	8	8	8
凉州区农田水利设施维修养护2016						
凉州区小型农田水利重点县2016	节水灌溉面积（万亩）	2.950	2.950	2.950	2.950	2.950
凉州区杂木河灌区续建配套节水改造	渠道防渗长度（千米）	23.870	23.870	23.870	23.870	23.870
民勤县2015新增农田水利设施建设2016	节水灌溉面积（万亩）	1.660	1.660	1.660	1.660	1.660
民勤县高效节水灌溉2016	节水灌溉面积（万亩）	1.507	1.507	1.507	1.507	1.507
民勤县红崖水库加高扩建工程						
民勤县抗旱应急水源工程						
民勤县农村饮水安全巩固提升项目2016	涉及贫困人口（万人）	0.436	0.436	0.436	0.436	0.436
	涉及贫困户（户）	1117	1117	1117	1117	1117
	涉及贫困村（个）	23	23	23	23	23
民勤县农田水利设施维修养护2016						
民勤县小型农田水利设施建设补助2016	节水灌溉面积（万亩）	1.080	1.080	1.080	1.080	1.080
民勤县小型农田水利重点县2016	节水灌溉面积（万亩）	1.009	1.009	1.009	1.009	1.009
石羊河凉州区松涛寺至红水河入河口防洪	新建及加固堤防长度（千米）	7.810	7.810	7.810	7.810	7.810
	河道整治长度（千米）	4.100	4.100	4.100	4.100	4.100
天祝县2016年农田水利设施维修养护资金						
天祝县大通河防洪工程	新建及加固堤防长度（千米）	12.081	12.081	12.081	12.081	12.081
天祝县二道墩水库	水库总库容（亿米^3）	0.015	0.015	0.015	0.015	0.015

2-18 续表

项目	效益名称	建设规模	本年施工规模		累计新增效益	
			小计	其中：本年新开工	小计	其中：本年新增
天祝县高效节水灌溉 2016	节水灌溉面积（万亩）	3.010	3.010	3.010	3.010	3.010
天祝县抗旱应急引调提水项目	供水能力（万吨 / 日）	0.330	0.330	0.330	0.330	0.330
天祝县南阳山片下山入川供水工程	供水能力（万吨 / 日）	10.270	10.270		10.270	10.270
天祝县石门河调蓄引水工程						
天祝县小型农田水利设施补助 2016	节水灌溉面积（万亩）	1.000	1.000	1.000	1.000	1.000
天祝县小型农田水利重点县 2016	节水灌溉面积（万亩）	1.004	1.004	1.004	1.004	1.004
武威市 2016 年农田水利设施维修养护资金						
张掖市		hz				
甘州区大满灌区续建配套节水改造	渠道防渗长度（千米）	60.784	60.784	60.784	57.740	57.740
甘州区高效节水灌溉 2016	节水灌溉面积（万亩）	2.500	2.500	2.500	2.500	2.500
甘州区农村饮水安全巩固提升 2016	涉及贫困人口（万人）	0.048	0.048	0.048	0.048	0.048
	涉及贫困户（户）	143	143	143	143	143
	涉及贫困村（个）	5	5	5	5	5
甘州区农田水利设施维修养护 2016	渠道防渗长度（千米）	5.039	5.039	5.039	5.039	5.039
	节水灌溉面积（万亩）	0.150	0.150	0.150	0.150	0.150
甘州区西浚灌区续建配套节水改造	渠道防渗长度（千米）	47.560	47.560	47.560	39.560	39.560
甘州区小型农田水利重点县 2016	节水灌溉面积（万亩）	1.303	1.303	1.303	1.303	1.303
高台 2015 年新增农田水利设施建设 2016	节水灌溉面积（万亩）	1.400	1.400	1.400	1.400	1.400
	改善灌溉面积（万亩）	1.400	1.400	1.400	1.400	1.400
高台县高效节水灌溉 2016	节水灌溉面积（万亩）	1.350	1.350	1.350	1.350	1.350
	改善灌溉面积（万亩）	1.350	1.350	1.350	1.350	1.350
高台县罗城灌区农业综合开发	渠道防渗长度（千米）	10.385	3.000	3.000	3.000	3.000
	改善灌溉面积（万亩）	6.910	1.500	1.500	1.500	1.500
高台县农田水利设施维修养护 2016	渠道防渗长度（千米）	14.570	14.570	14.570	14.570	14.570
高台县小海子水库除险加固	改善或恢复库容（万米 ^{3}）	1048.000	190.000	190.000	190.000	190.000
高台县小型农田水利设施补助 2016	节水灌溉面积（万亩）	1.000	0.944	0.944	0.944	0.944
	改善灌溉面积（万亩）	1.000	0.944	0.944	0.944	0.944
高台县小型农田水利重点县 2016 年	节水灌溉面积（万亩）	1.800	1.800	1.800	1.800	1.800
	改善灌溉面积（万亩）	1.800	1.800	1.800	1.800	1.800
临泽县红山湾水库工程	水库总库容（亿米 ^{3}）	0.170	0.170	0.170	0.170	0.170
	改善灌溉面积（万亩）	31.730	31.730	31.730	31.730	31.730
临泽县梨园河灌区续建配套节水改造	渠道防渗长度（千米）	97.110	90.300	90.300	90.300	90.300
	改善灌溉面积（万亩）	0.950	0.880	0.880	0.880	0.880
临泽县农田水利设施维修养护 2016	改善灌溉面积（万亩）	0.850	0.850	0.850	0.850	0.850
临泽县小东沟河新柳 – 西街农田防护	新建及加固堤防长度（千米）	10.923	3.000	3.000	10.923	3.000

2-18 续表

项目	效益名称	建设规模	本年施工规模		累计新增效益	
			小计	其中：本年新开工	小计	其中：本年新增
	河道整治长度（千米）	6.390			6.390	
民乐县 2015 年新增农田水利设施建设 2016	节水灌溉面积（万亩）	1.001	1.001	1.001	1.001	1.001
民乐县农村饮水安全巩固提升 2016	涉及贫困人口（万人）	0.207	0.207	0.207	0.207	0.207
	涉及贫困户（户）	504	504	504	504	504
	涉及贫困村（个）	2	2	2	2	2
民乐县农田水利设施维修养护 2016	渠道防渗长度（千米）	16.940	16.940	16.940		
	改善灌溉面积（万亩）	3.660	3.660	3.660		
民乐县山城河水库	水库总库容（亿米^3）	0.027				
	供水能力（万吨/日）	0.170				
	耕地灌溉面积（万亩）	1.280				
	改善灌溉面积（万亩）	1.280				
民乐县小型农田水利重点县 2016	节水灌溉面积（万亩）	1.506	1.506	1.506	1.506	1.506
山丹马场高效节水灌溉 2016	节水灌溉面积（万亩）	1.000	0.500	0.500	0.500	0.500
山丹马场小型农田水利重点县 2016	节水灌溉面积（万亩）	1.000	0.800	0.800	0.800	0.800
山丹县 2015 年新增农田水利设施建设 2016	节水灌溉面积（万亩）	1.620	1.620	1.620	1.620	1.620
山丹县白石崖水库（抗旱规划内）	水库总库容（亿米^3）	0.048	0.048	0.048		
山丹县高效节水灌溉 2016	节水灌溉面积（万亩）	1.780	1.780	1.780	1.780	1.780
山丹县抗旱应急引调提水项目	供水能力（万吨/日）	1.700	1.700	1.700	1.700	1.700
山丹县马营河大马营段河道治理工程						
山丹县马营河灌区续建配套节水改造	改善灌溉面积（万亩）	0.520	0.520	0.520	0.520	0.520
山丹县农田水利设施维修养护 2016						
山丹县小型农田水利设施补助 2016	节水灌溉面积（万亩）	1.000	0.650	0.650	0.650	0.650
山丹县小型农田水利重点县 2016	节水灌溉面积（万亩）	2.780	2.780	2.780	2.780	2.780
肃南县高效节水灌溉 2016	节水灌溉面积（万亩）	3.680	3.680	3.680	3.680	3.680
肃南县隆畅河治理工程补充项目	新建及加固堤防长度（千米）	3.255	3.255	3.255	3.255	3.255
肃南县农田水利设施维修养护 2016	改善灌溉面积（万亩）	1.200	1.200	1.200	1.200	1.200
张掖市年农田水利设施维修养护 2016						
平凉市		hz				
崇信县汭河（九功渠首至野雀沟）河堤治理	新建及加固堤防长度（千米）	19.048				
	河道整治长度（千米）	10.633				
崇信县关河水库（抗旱规划内）	水库总库容（亿米^3）	0.022				
崇信县黑河河堤治理工程	新建及加固堤防长度（千米）	25.049				
	河道整治长度（千米）	20.762				
崇信县抗旱应急引调提水项目						
崇信县农村饮水安全巩固提升 2016	涉及贫困人口（万人）	0.040	0.040	0.040	0.040	0.040

2-18 续表

项目	效益名称	建设规模	本年施工规模		累计新增效益	
			小计	其中：本年新开工	小计	其中：本年新增
	涉及贫困户（户）	113	113	113	113	113
	涉及贫困村（个）	2	2	2	2	2
崇信县五小水利工程 2016	节水灌溉面积（万亩）	0.500	0.500	0.500	0.500	0.500
葫芦河静宁县狗娃河口至胡家河段河堤治理过程	新建及加固堤防长度（千米）	9.929			7.050	
华亭县 2015 年新增农田水利设施建设 2016	节水灌溉面积（万亩）	0.300	0.300	0.300	0.300	0.300
	耕地灌溉面积（万亩）	0.580	0.580	0.580	0.580	0.580
华亭县农村饮水安全巩固提升 2016	涉及贫困人口（万人）	0.352	0.352	0.352	0.352	0.352
	涉及贫困户（户）	830	830	830	830	830
	涉及贫困村（个）	5	5	5	5	5
华亭县五小水利工程 2016	节水灌溉面积（万亩）	0.200	0.200	0.200	0.200	0.200
	耕地灌溉面积（万亩）	0.594	0.594	0.594	0.594	0.594
静宁县东峡灌区农业综合开发						
静宁县抗旱应急引调提水项目	供水能力（万吨 / 日）	0.190	0.190	0.190	0.190	0.190
静宁县农村饮水安全巩固提升 2016	涉及贫困人口（万人）	0.502	0.502	0.502	0.502	0.502
	涉及贫困户（户）	1139	1139	1139	1139	1139
	涉及贫困村（个）	18	18	18	18	18
静宁县五小水利工程 2016	节水灌溉面积（万亩）	0.490	0.490	0.490	0.490	0.490
灵台县达溪河县城至安家庄段河堤治理	新建及加固堤防长度（千米）	18.000	6.000	6.000	18.000	6.000
	河道整治长度（千米）	9.910	5.010	5.010	9.910	5.010
灵台县达溪河县城至百里段河堤治理	新建及加固堤防长度（千米）	18.000	4.000	4.000	18.000	4.000
	河道整治长度（千米）	10.950	3.000	3.000	10.950	3.000
灵台县黑河东门至景家庄段河堤治理	新建及加固堤防长度（千米）	19.530	3.530	3.530	19.530	3.530
	河道整治长度（千米）	11.150	1.000	1.000	11.150	1.000
灵台县农村饮水安全巩固提升 2016	涉及贫困人口（万人）	0.335	0.335	0.335	0.335	0.335
	涉及贫困户（户）	925	925	925	925	925
	涉及贫困村（个）	9	9	9	9	9
灵台县五小水利工程 2016	供水能力（万吨 / 日）	2.020	2.020	2.020	2.020	2.020
灵台县新集水库工程	水库总库容（亿米 ^{3}）	0.322				
灵台县中央财政小农水重点县 2014（四）	节水灌溉面积（万亩）	2.025			2.025	
	改善灌溉面积（万亩）	1.000			1.000	
灵台县中央财政小型农田水利工程 2015	节水灌溉面积（万亩）	0.650	0.650	0.650	0.650	0.650
平凉市白庙泵站更新改造工程						
平凉市农田水利设施维修养护 2016						
平凉市崆峒水库至大岔河段河道生态综合治理						
平凉市泾河吴老沟至平镇桥河堤治理	新建及加固堤防长度（千米）	7.810	3.600	3.600	3.600	3.600

2–18 续表

项目	效益名称	建设规模	本年施工规模		累计新增效益	
			小计	其中：本年新开工	小计	其中：本年新增
庄浪县北洛河良邑郭魏至石家窑防洪	新建及加固堤防长度（千米）	21.000	2.450	2.450	19.450	2.450
庄浪县韩店镇王崖段河堤治理工程	新建及加固堤防长度（千米）	4.597	4.597	4.597	4.597	4.597
庄浪县红土坡至刘家湾段河堤工程	新建及加固堤防长度（千米）	14.900			12.000	
庄浪县花崖河水库（抗旱规划内）	水库总库容（亿米^3）	0.020				
	供水能力（万吨/日）	0.670				
庄浪县抗旱应急引调提水项目						
庄浪县南坪水厂改扩建及管网工程						
庄浪县农村饮水安全巩固提升 2016	涉及贫困人口（万人）	0.967	0.967	0.967	0.967	0.967
	涉及贫困户（户）	2282	2282	2282	2282	2282
	涉及贫困村（个）	22	22	22	22	22
庄浪县水洛河灌区节水配套改造项目	改善灌溉面积（万亩）	1.810				
庄浪县五小水利工程 2016	节水灌溉面积（万亩）	0.400	0.400	0.400	0.400	0.400
庄浪县小型农田水利设施补助 2016	节水灌溉面积（万亩）	0.200	0.200	0.200	0.200	0.200
崆峒区北杨涧水库（抗旱规划内）	水库总库容（亿米^3）	0.009				
崆峒区农村饮水安全项目巩固提升 2016	涉及贫困人口（万人）	0.173	0.173	0.173	0.173	0.173
	涉及贫困户（户）	450	450	450	450	450
	涉及贫困村（个）	8	8	8	8	8
崆峒区五小水利工程 2016	节水灌溉面积（万亩）	0.330	0.330	0.330	0.330	0.330
泾川县汭河十里沟至枣林段河堤治理工程	新建及加固堤防长度（千米）	24.256			24.256	
泾川县黑河荒场至茜家沟河堤治理工程	新建及加固堤防长度（千米）	11.850			11.850	
泾川县洪河河堤治理工程	新建及加固堤防长度（千米）	8.830			8.830	
泾川县抗旱应急水源引调提水项目	供水能力（万吨/日）	0.100				
泾川县农村饮水安全巩固提升 2016	涉及贫困人口（万人）	0.400	0.400	0.400	0.400	0.400
	涉及贫困户（户）	1025	1025	1025	1025	1025
	涉及贫困村（个）	6	6	6	6	6
泾川县农田水利设施维修养护 2016	改善灌溉面积（万亩）	0.660	0.660	0.660	0.660	0.660
泾川县五小水利工程 2016	节水灌溉面积（万亩）	0.585	0.585	0.585	0.585	0.585
泾川县朱家涧水库（抗旱规划内）	水库总库容（亿米^3）	0.030				
泾河崆峒区马莲沟至南阳涧河段防洪工程	新建及加固堤防长度（千米）	8.440			6.933	
泾河泾川县罗汉洞至洪河口段河堤治理	新建及加固堤防长度（千米）	11.970			10.700	
酒泉市		hz				
敦煌市 2015 抗旱引调提水项目	供水能力（万吨/日）	0.058				
敦煌市党河灌区西干渠改建工程						
敦煌市党河水电站增效扩容改造						
敦煌市规模化节水增效示范（2013–2016）	节水灌溉面积（万亩）	1.085				

2-18 续表

项目	效益名称	建设规模	本年施工规模		累计新增效益	
			小计	其中：本年新开工	小计	其中：本年新增
敦煌市南湖店水电站增效扩容改造						
敦煌市农田水利设施维修养护 2016	改善灌溉面积（万亩）	0.250				
敦煌市小型农田水利 2015 维修养护资金	改善灌溉面积（万亩）	0.790				
敦煌水资源规划项目（党河灌区）2015	渠道防渗长度（千米）	100.490	22.170			
	改善灌溉面积（万亩）	14.460	3.620	3.620	14.460	3.620
敦煌水资源规划项目（敦煌市）2016						
敦煌水资源规划项目（河道归束）2015	新建及加固堤防长度（千米）	30.085	30.085	30.085	30.085	30.085
	河道整治长度（千米）	30.085	30.085	30.085	30.085	30.085
敦煌水资源规划项目（酒泉市）2016	水保治理面积（万亩）	5.240	2.090	2.090	2.090	2.090
	节水灌溉面积（万亩）	8.630	6.900	6.900	6.900	6.900
敦煌县抗旱应急引调提水项目	改善灌溉面积（万亩）	0.181	0.181	0.181	0.181	0.181
瓜州县高效节水灌溉 2016	节水灌溉面积（万亩）	2.800	2.800	2.800	2.800	2.800
瓜州县农村饮水安全巩固提升 2016	涉及贫困人口（万人）	0.282	0.282	0.282	0.282	0.282
	涉及贫困户（户）	739	739	739	739	739
	涉及贫困村（个）	2	2	2	2	2
	供水能力（万吨 / 日）	0.040	0.040	0.040	0.040	0.040
瓜州县农田水利设施维修养护 2016	渠道防渗长度（千米）	4.640	4.640	4.640	4.640	4.640
瓜州县小型农田水利建设（五）	节水灌溉面积（万亩）	2.010	0.200	0.200	2.010	0.200
瓜州县榆林河蘑菇台子段河道治理	河道整治长度（千米）	0.960	0.960	0.960	0.960	0.960
黑河金塔县常丰至中丰村段防洪治理工程	新建及加固堤防长度（千米）	5.000			5.000	
黑河酒泉市金塔县五爱至友好段河道治理工程	新建及加固堤防长度（千米）	8.000	3.000	3.000	8.000	3.000
金塔县 2015 新增农田水利设施建设 2016	节水灌溉面积（万亩）	2.030	2.030	2.030	2.030	2.030
金塔县高效节水灌溉 2016	节水灌溉面积（万亩）	1.760	1.760	1.760	1.760	1.760
金塔县解放村水电站增效扩容改造	发电装机容量（千千瓦）	0.610	0.610	0.610	0.610	0.610
金塔县农田水利设施维修养护 2016	改善灌溉面积（万亩）	1.500	1.500	1.500	1.500	1.500
金塔县小型农田水利重点县 2016	节水灌溉面积（万亩）	1.990	1.990	1.990	1.990	1.990
酒泉循环经济产业园水源（大红泉水库）	水库总库容（亿米^3）	0.035			0.035	
肃北县拉排一级水电站河流生态修复						
肃北县拉排一级水电站增效扩容改造	发电装机容量（千千瓦）	0.600	0.600	0.600	0.600	0.600
肃北县马鬃山镇供水工程	供水能力（万吨 / 日）	2.990	0.500	0.500	0.500	0.500
肃北县小型农田水利设施补助 2016	节水灌溉面积（万亩）	0.450	0.450	0.450	0.450	0.450
肃州区丰乐河堤防及河道治理工程	新建及加固堤防长度（千米）	24.960	24.960		24.960	24.960
肃州区高效节水灌溉 2016	节水灌溉面积（万亩）	7.288	7.288	7.288	7.288	7.288
肃州区高效节水灌溉项目（六）	节水灌溉面积（万亩）	1.480	0.200	0.200	1.480	0.200
肃州区规模化节水增效示范（2013–2016）	节水灌溉面积（万亩）	4.100	0.200	0.200	4.100	0.200

2–18 续表

项目	效益名称	建设规模	本年施工规模		累计新增效益	
			小计	其中：本年新开工	小计	其中：本年新增
肃州区红山河马鬃门排砂闸除险加固工程	改善灌溉面积（万亩）	2.830	0.260	0.260	2.830	0.260
肃州区红山河青稞地排沙闸	改善灌溉面积（万亩）	1.100	1.100	1.100	1.100	1.100
肃州区马营河渠首闸	改善灌溉面积（万亩）	4.260	4.260	4.260	4.260	4.260
肃州区农田水利设施维修养护 2016	新建及加固堤防长度（千米）	26.860	26.860	26.860	26.860	26.860
肃州区清水河堤防及河道治理工程	新建及加固堤防长度（千米）	13.520	1.120	1.120	13.520	1.120
肃州区小型农田水利建设（五）	节水灌溉面积（万亩）	2.010	0.100	0.100	2.010	0.100
肃州区小型农田水利重点县 2016	节水灌溉面积（万亩）	2.560	2.560	2.560	2.560	2.560
玉门市 2015 新增农田水利设施建设 2016	节水灌溉面积（万亩）	1.900	1.840	1.840	1.840	1.840
玉门市高效节水灌溉 2016	节水灌溉面积（万亩）	2.800	2.590	2.590	2.590	2.590
玉门市农村饮水安全巩固提升 2016	涉及贫困人口（万人）	0.380	0.380	0.380	0.380	0.380
	涉及贫困户（户）	889	889	889	889	889
	涉及贫困村（个）	9	9	9	9	9
	供水能力（万吨 / 日）	0.129	0.129	0.129	0.129	0.129
玉门市农田水利设施维修养护 2016	渠道防渗长度（千米）	18.550	18.550	18.550	18.550	18.550
玉门市小型农田水利重点县 2016	节水灌溉面积（万亩）	3.276	3.276	3.276	3.276	3.276
庆阳市		hz				
合水县 2016 年市级财政安排农村饮水项目	涉及贫困人口（万人）	0.180	0.180	0.180	0.180	0.180
	涉及贫困户（户）	438	438	438	438	438
	涉及贫困村（个）	6	6	6	6	6
	供水能力（万吨 / 日）	0.039	0.039	0.039	0.039	0.039
合水县葫芦河、苗村河太白段河道整治工程	新建及加固堤防长度（千米）	1.510	1.510	1.510	1.510	1.510
	河道整治长度（千米）	1.360	1.360	1.360	1.360	1.360
合水县农村饮水安全巩固提升 2016	涉及贫困人口（万人）	0.560	0.560	0.560	0.560	0.560
	涉及贫困户（户）	1315	1315	1315	1315	1315
	涉及贫困村（个）	20	20	20	20	20
	供水能力（万吨 / 日）	0.087	0.087	0.087	0.087	0.087
合水县农田水利设施维修养护 2016	节水灌溉面积（万亩）	0.120	0.120	0.120	0.120	0.120
	供水能力（万吨 / 日）	0.021	0.021	0.021	0.021	0.021
华池县“五小水利”工程 2016	节水灌溉面积（万亩）	0.309	0.309	0.309	0.309	0.309
	耕地灌溉面积（万亩）	0.309	0.309	0.309	0.309	0.309
华池县 2016 年市级财政安排农村饮水项目	涉及贫困人口（万人）	0.819	0.819	0.819	0.819	0.819
	涉及贫困户（户）	1623	1623	1623	1623	1623
	涉及贫困村（个）	34	34	34	34	34
华池县城区污水分户收集工程						
华池县葫芦河引水枢纽上游护岸工程	新建及加固堤防长度（千米）	0.700	0.700	0.700	0.700	0.700

2-18 续表

项目	效益名称	建设规模	本年施工规模		累计新增效益	
			小计	其中：本年新开工	小计	其中：本年新增
	河道整治长度（千米）	0.700	0.700	0.700	0.700	0.700
华池县抗旱应急引调提水项目	供水能力（万吨 / 日）	0.025	0.025	0.025	0.025	0.025
华池县刘坪村美丽村庄河道治理及供水工程	新建及加固堤防长度（千米）	2.400	2.400	2.400	2.400	2.400
华池县农村饮水安全巩固提升 2016	涉及贫困人口（万人）	1.600	1.600	1.600	1.600	1.600
	涉及贫困户（户）	3198	3198	3198	3198	3198
	涉及贫困村（个）	34	34	34	34	34
	供水能力（万吨 / 日）	1.450	1.450	1.450	1.450	1.450
华池县县城污水支管道工程						
环县 2016 年市级财政安排农村饮水项目	涉及贫困人口（万人）	1.642	1.642	1.642	1.642	1.642
	涉及贫困户（户）	3764	3764	3764	3764	3764
	涉及贫困村（个）	234	234	234	234	234
环县“五小水利”工程 2016	耕地灌溉面积（万亩）	0.280	0.280	0.280	0.280	0.280
	改善灌溉面积（万亩）	0.030	0.030	0.030	0.030	0.030
环县抗旱应急引调提水项目	供水能力（万吨 / 日）	0.050	0.050	0.050	0.050	0.050
环县马莲河韩洼子至陈沟桥段防洪	新建及加固堤防长度（千米）	9.610	7.110	7.110	7.110	7.110
	河道整治长度（千米）	7.800	5.770	5.770	5.770	5.770
环县米岔沟水库（抗旱规划）	水库总库容（亿米^3）	0.001	0.001	0.001	0.001	0.001
	供水能力（万吨 / 日）	0.150	0.150	0.150	0.150	0.150
	耕地灌溉面积（万亩）	1.550	1.550	1.550	1.550	1.550
环县农村饮水安全巩固提升 2016	涉及贫困人口（万人）	5.760	5.760	5.760	5.760	5.760
	涉及贫困户（户）	12292	12292	12292	12292	12292
	涉及贫困村（个）	134	134	134	134	134
	供水能力（万吨 / 日）	0.550	0.550	0.550	0.550	0.550
宁县 2016 年市级财政安排农村饮水项目	涉及贫困人口（万人）	0.120	0.120	0.120	0.120	0.120
	涉及贫困户（户）	259	259	259	259	259
	涉及贫困村（个）	11	11	11	11	11
宁县海升公司果业基地滴灌工程	节水灌溉面积（万亩）	1.680	1.680	1.680	1.680	1.680
宁县农村饮水安全巩固提升 2016	涉及贫困人口（万人）	0.550	0.550	0.550	0.550	0.550
	涉及贫困户（户）	1253	1253	1253	1253	1253
	涉及贫困村（个）	13	13	13	13	13
	供水能力（万吨 / 日）	0.160	0.160	0.160	0.160	0.160
宁县五小水利工程 2016	节水灌溉面积（万亩）	0.820	0.820	0.820	0.820	0.820
	供水能力（万吨 / 日）	0.230	0.230	0.230	0.230	0.230
宁县新宁镇高山堡村护岸工程	新建及加固堤防长度（千米）	0.380	0.060	0.060	0.380	0.060
	河道整治长度（千米）	0.035			0.035	

2–18 续表

项目	效益名称	建设规模	本年施工规模		累计新增效益	
			小计	其中：本年新开工	小计	其中：本年新增
蒲河宁县庄里至叶王川段防洪治理工程	新建及加固堤防长度（千米）	7.670			4.600	
	河道整治长度（千米）	7.200	0.270	0.270	7.200	0.270
庆城县2016年蔡家庙沟护岸工程	新建及加固堤防长度（千米）	0.410	0.410	0.410	0.410	0.410
	河道整治长度（千米）	1.260	1.260	1.260	1.260	1.260
庆城县2016年市级财政安排农村饮水项目	涉及贫困人口（万人）	0.370	0.370	0.370	0.370	0.370
	涉及贫困户（户）	812	812	812	812	812
	涉及贫困村（个）	3	3	3	3	3
庆城县“五小水利”工程2016	节水灌溉面积（万亩）	1.066	1.066	1.066	1.066	1.066
庆城县抗旱应急引调提水项目	供水能力（万吨/日）	0.031	0.031	0.031	0.031	0.031
庆城县农村饮水安全巩固提升2016	涉及贫困人口（万人）	1.340	1.340	1.340	1.340	1.340
	涉及贫困户（户）	2800	2800	2800	2800	2800
	涉及贫困村（个）	41	41	41	41	41
庆城县纸坊沟水库（抗旱规划内）	水库总库容（亿米^3）	0.032				
	供水能力（万吨/日）	1.250				
庆阳市巴家咀水库新增调蓄工程(五台山水库）	水库总库容（亿米^3）	0.095				
庆阳市莲花寺水库及供水工程	水库总库容（亿米^3）	0.070				
庆阳市小盘河水库及供水工程	水库总库容（亿米^3）	0.473				
庆阳市新城南区湖库水系连通工程	改善或恢复库容（万米^3）	10.540	10.540	10.540	10.540	10.540
西峰区2016年市级财政安排农村饮水项目	涉及贫困人口（万人）	0.108	0.108	0.108	0.108	0.108
	涉及贫困户（户）	286	286	286	286	286
西峰区农村饮水安全巩固提升2016	涉及贫困人口（万人）	0.044	0.044	0.044	0.044	0.044
	涉及贫困户（户）	116	116	116	116	116
西峰区小盘河水库征地拆迁补偿安置工作						
西峰区砚瓦川贺家塬沟护岸工程	新建及加固堤防长度（千米）	4.757				
	河道整治长度（千米）	4.920				
盐环定扬黄续建工程调概算	耕地灌溉面积（万亩）	0.080	0.080	0.080	0.080	0.080
镇原县2015年新增农田水利设施建设2016	涉及贫困人口（万人）	0.380	0.380	0.380	0.380	0.380
	涉及贫困户（户）	834	834	834	834	834
	涉及贫困村（个）	2	2	2	2	2
	节水灌溉面积（万亩）	1.250	1.250	1.250	1.250	1.250
镇原县2016年市级财政安排农村饮水项目	涉及贫困人口（万人）	0.450	0.450	0.450	0.450	0.450
	涉及贫困村（个）	49.000	49.000	49.000	49.000	49.000
	供水能力（万吨/日）	0.020	0.020	0.020	0.020	0.020
镇原县城东区排洪工程	新建及加固堤防长度（千米）	0.020	0.020	0.020	0.020	0.020
镇原县洪河南川芦李护岸工程	新建及加固堤防长度（千米）	0.700	0.700	0.700	0.700	0.700

2-18 续表

项目	效益名称	建设规模	本年施工规模		累计新增效益	
			小计	其中：本年新开工	小计	其中：本年新增
镇原县抗旱应急引调提水项目	涉及贫困人口（万人）	1.280	1.280	1.280	1.280	1.280
	涉及贫困户（户）	2855	2855	2855	2855	2855
	涉及贫困村（个）	8	8	8	8	8
	供水能力（万吨 / 日）	0.200	0.200	0.200	0.200	0.200
镇原县农村饮水安全巩固提升 2016	涉及贫困人口（万人）	0.480	0.480	0.480	0.480	0.480
	涉及贫困户（户）	1061	1061	1061	1061	1061
	涉及贫困村（个）	44	44	44	44	44
	供水能力（万吨 / 日）	0.070	0.070	0.070	0.070	0.070
镇原县五小水利工程 2016	节水灌溉面积（万亩）	0.580	0.580	0.580	0.580	0.580
正宁县 2016 年市级财政安排农村饮水项目	涉及贫困人口（万人）	0.090	0.090	0.090	0.090	0.090
	涉及贫困户（户）	234	234	234	234	234
	涉及贫困村（个）	3	3	3	3	3
正宁县农村饮水安全巩固提升 2016	涉及贫困人口（万人）	0.052	0.052	0.052	0.052	0.052
	涉及贫困户（户）	137	137	137	137	137
	涉及贫困村（个）	10	10	10	10	10
正宁县四郎河樊湾子治理工程						
正宁县四郎河房河治理工程						
正宁县五小水利工程 2016	节水灌溉面积（万亩）	0.756	0.756	0.756	0.756	0.756
正宁县小型农田水利设施补助 2016	节水灌溉面积（万亩）	0.481	0.481	0.481	0.481	0.481
定西市		hz				
安定区农村饮水安全巩固提升 2016	涉及贫困人口（万人）	2.494	2.494		2.494	2.494
	涉及贫困户（户）	6178	6178		6178	6178
	涉及贫困村（个）	135	135		135	135
临洮县村饮水安全巩固提升 2016	涉及贫困人口（万人）	6.340	6.340	6.340	6.340	6.340
	涉及贫困户（户）	15466	15466	15466	15466	15466
	涉及贫困村（个）	56	56	56	56	56
临洮县抗旱应急引调提水项目						
临洮县五小水利工程 2016	渠道防渗长度（千米）	30.620	30.620	30.620		
	改善灌溉面积（万亩）	1.510	1.510	1.510		
陇西县抗旱应急引调提水项目	耕地灌溉面积（万亩）	0.134	0.134	0.134	0.134	0.134
陇西县农村饮水安全巩固提升 2016	涉及贫困人口（万人）	0.802	0.802	0.802	0.802	0.802
	涉及贫困户（户）	769	769	769	769	769
	涉及贫困村（个）	7	7	7	7	7
陇西县五小水利工程 2016	节水灌溉面积（万亩）	0.040	0.040	0.040	0.040	0.040
	改善灌溉面积（万亩）	1.190	1.190	1.190	1.190	1.190

2–18 续表

项目	效益名称	建设规模	本年施工规模		累计新增效益	
			小计	其中：本年新开工	小计	其中：本年新增
通渭县抗旱应急引调提水项目	涉及贫困人口（万人）	0.024	0.024	0.024	0.024	0.024
	涉及贫困村（个）	2.000	2.000	2.000	2.000	2.000
	供水能力（万吨 / 日）	0.010	0.010	0.010	0.010	0.010
通渭县农村饮水安全巩固提升 2016	涉及贫困人口（万人）	0.273	0.273	0.273	0.273	0.273
	涉及贫困村（个）	7.000	7.000	7.000	7.000	7.000
通渭县农田水利设施维修养护 2016	渠道防渗长度（千米）	13.890	13.890	13.890	13.890	13.890
通渭县小型农田水利设施补助 2016	节水灌溉面积（万亩）	0.077	0.077	0.065	0.065	0.065
渭源县农村饮水安全巩固提升 2016	涉及贫困人口（万人）	0.281	0.281	0.281	0.281	0.281
	涉及贫困户（户）	643	643	643	643	643
	涉及贫困村（个）	6	6	6	6	6
	供水能力（万吨 / 日）	0.042	0.042	0.042	0.042	0.042
渭源县农田水利设施维修养护 2016	改善灌溉面积（万亩）	0.200	0.200	0.200	0.200	0.200
漳县龙川河草川坪至魏下段堤防工程	新建及加固堤防长度（千米）	22.000	8.080	8.080	19.900	8.080
洮河岷县齐家庄至石头咀段堤防工程	新建及加固堤防长度（千米）	3.950	3.950	3.950	3.950	3.950
陇南市		hz				
白龙江文县石坊乡东峪口至大渡坝河道	新建及加固堤防长度（千米）	6.400	2.560	2.560	6.400	2.560
	河道整治长度（千米）	5.400	2.160	2.160	5.400	2.160
成县农村饮水安全巩固提升 2016	涉及贫困人口（万人）	0.480	0.480	0.480	0.480	0.480
	涉及贫困户（户）	976	976	976	976	976
	涉及贫困村（个）	30	30	30	30	30
	供水能力（万吨 / 日）	0.086	0.086	0.086	0.086	0.086
成县农田水利设施维修养护 2016	新建及加固堤防长度（千米）	0.300	0.300	0.300	0.300	0.300
成县严河堤防工程	新建及加固堤防长度（千米）	3.500	3.500	3.500	3.500	3.500
徽县 2015 新增农田水利设施建设 2016						
徽县农村饮水安全巩固提升 2016	涉及贫困人口（万人）	0.360	0.360	0.360	0.360	0.360
	涉及贫困户（户）	793	793	793	793	793
	涉及贫困村（个）	31	31	31	31	31
	供水能力（万吨 / 日）	0.064	0.064	0.064	0.064	0.064
徽县农田水利设施维修养护 2016						
徽县小型农田水利重点县 2016	节水灌溉面积（万亩）	0.380	0.380	0.380	0.380	0.380
	供水能力（万吨 / 日）	0.620	0.620	0.620	0.620	0.620
	耕地灌溉面积（万亩）	0.380	0.380	0.380	0.380	0.380
徽县永宁河高桥乡河道治理工程	新建及加固堤防长度（千米）	0.940	0.940	0.940	0.940	0.940
康县农村饮水安全巩固提升 2016	涉及贫困人口（万人）	0.855	0.855	0.855	0.855	0.855
	涉及贫困户（户）	2138	2138	2138	2138	2138

2–18 续表

项目	效益名称	建设规模	本年施工规模		累计新增效益	
			小计	其中：本年新开工	小计	其中：本年新增
	涉及贫困村（个）	36	36	36	36	36
	供水能力（万吨 / 日）	0.183	0.183	0.183	0.183	0.183
康县农田水利设施维修养护 2016						
康县五小水利工程 2016	节水灌溉面积（万亩）	0.582				
	耕地灌溉面积（万亩）	0.280				
康县阳坝河阳坝镇段治理工程	新建及加固堤防长度（千米）	2.940	2.940	2.940	2.940	2.940
	河道整治长度（千米）	5.740	5.740	5.740	5.740	5.740
礼县大滩水电站河流生态修复工程						
礼县大滩水电站增效扩容改造工程						
礼县红崖二级水电站河流生态修复工程						
礼县红崖二级水电站增效扩容改造工程						
礼县抗旱应急引调提水项目	供水能力（万吨 / 日）	0.800	0.800	0.800	0.800	0.800
礼县农村饮水安全巩固提升 2016	供水能力（万吨 / 日）	0.200	0.200	0.200	0.200	0.200
礼县农田水利设施维修养护 2016						
礼县清水江张堡至教面堤防工程	新建及加固堤防长度（千米）	14.930	14.930	14.930	14.930	14.930
礼县西汉水罗家堡至盐官镇段防洪	新建及加固堤防长度（千米）	10.500	10.500	10.500	10.500	10.500
礼县小型农田水利设施补助 2016	耕地灌溉面积（万亩）	0.370	0.370	0.370	0.370	0.370
两当县高效节水灌溉 2016	节水灌溉面积（万亩）	0.280	0.280	0.280	0.280	0.280
两当县红崖河蚂蚱河段综合治理工程						
两当县红崖河权坪河段综合治理工程						
两当县农田水利设施维修养护 2016						
两当县小型农田水利重点县 2016	改善灌溉面积（万亩）	0.381	0.381	0.381	0.381	0.381
文县高效节水灌溉 2016	节水灌溉面积（万亩）	0.850	0.850	0.850	0.850	0.850
	供水能力（万吨 / 日）	0.180	0.180	0.180	0.180	0.180
文县哈南水电站河流生态修复						
文县哈南水电站增效扩容改造						
文县农村饮水安全巩固提升 2016	供水能力（万吨 / 日）	0.110	0.110	0.110	0.110	0.110
文县农田水利设施维修养护 2016						
文县尚德镇水家坝至周家坝河道治理	新建及加固堤防长度（千米）	8.230	3.290	3.290	8.230	3.290
	河道整治长度（千米）	5.210	2.080	2.080	5.210	2.080
文县小型农田水利重点县 2016	节水灌溉面积（万亩）	0.750	0.750	0.750	0.750	0.750
	供水能力（万吨 / 日）	0.150	0.150	0.150	0.150	0.150
文县中路河中寨至白水江口段治理						
武都区北峪河治理工程						
武都区农村饮水安全巩固提升 2016	涉及贫困人口（万人）	2.500	2.500	2.500	2.500	2.500

2–18 续表

项目	效益名称	建设规模	本年施工规模		累计新增效益	
			小计	其中：本年新开工	小计	其中：本年新增
	涉及贫困户（户）	5003	5003	5003	5003	5003
	涉及贫困村（个）	42	42	42	42	42
	供水能力（万吨 / 日）	7.730	7.730	7.730	7.730	7.730
武都区农田水利设施维修养护 2016						
武都区小型农田水利重点县 2016	供水能力（万吨 / 日）	0.120	0.120	0.120	0.120	0.120
	耕地灌溉面积（万亩）	0.500	0.500	0.500	0.500	0.500
西和县 2015 新增农田水利设施建设 2016	节水灌溉面积（万亩）	0.300	0.300	0.300	0.300	0.300
	供水能力（万吨 / 日）	0.100	0.100	0.100	0.100	0.100
西和县高效节水灌溉 2016	节水灌溉面积（万亩）	0.500	0.500	0.500	0.500	0.500
	供水能力（万吨 / 日）	0.160	0.160	0.160	0.160	0.160
西和县抗旱应急水源工程 2016	供水能力（万吨 / 日）	0.024	0.024	0.024	0.024	0.024
西和县农村饮水安全巩固提升 2016	涉及贫困人口（万人）	1.240	1.240	1.240	1.240	1.240
	涉及贫困户（户）	2482	2482	2482	2482	2482
	涉及贫困村（个）	23	23	23	23	23
	供水能力（万吨 / 日）	0.100	0.100	0.100	0.100	0.100
西和县农田水利设施维修养护 2016	供水能力（万吨 / 日）	0.050	0.050	0.050	0.050	0.050
西和县太石河治理工程	新建及加固堤防长度（千米）	15.470	1.300		8.500	1.300
西和县西汉水郭家坝至昌河坝段防洪	新建及加固堤防长度（千米）	10.190	10.190	10.190	3.200	3.200
宕昌县 2015 年新增农田水利设施建设 2016	耕地灌溉面积（万亩）	0.430	0.430	0.430	0.430	0.430
宕昌县高效节水灌溉 2016	耕地灌溉面积（万亩）	0.350	0.350	0.350	0.350	0.350
宕昌县理川河流域治理工程						
宕昌县良恭河韩院段河堤工程						
宕昌县农村饮水安全巩固提升 2016	涉及贫困人口（万人）	2.951	2.951	2.951	2.951	2.951
宕昌县农田水利设施维修养护 2016	耕地灌溉面积（万亩）	0.084	0.084	0.084	0.084	0.084
临夏回族自治州		hz				
大夏河东乡县折桥至刘家峡水库堤防	新建及加固堤防长度（千米）	6.500	0.850		3.900	0.850
大夏河干流临夏市单子庄至新大桥段	新建及加固堤防长度（千米）	5.700	2.500	2.500	5.700	2.500
大夏河干流临夏市祁牟段堤防工程	新建及加固堤防长度（千米）	3.440			3.440	
大夏河干流临夏县祁牟至刘家峡水库防洪	新建及加固堤防长度（千米）	3.100			3.100	
东乡县 2014 年抗旱引调提水项目	供水能力（万吨 / 日）	0.100			0.100	
东乡县 2015 年抗旱引调提水项目						
东乡县巴谢河五家至赵家段堤防	新建及加固堤防长度（千米）	11.700	1.900	1.900	11.700	1.900
东乡县巴谢河赵家至那勒寺段堤防	新建及加固堤防长度（千米）	20.050	1.200	1.200	17.700	1.200
	河道整治长度（千米）	13.100			13.100	
东乡县抗旱应急引调提水项目						

2-18 续表

项目	效益名称	建设规模	本年施工规模		累计新增效益	
			小计	其中：本年新开工	小计	其中：本年新增
东乡县老虎嘴电站						
东乡县中央财政五小水利项目 2015	改善灌溉面积（万亩）	1.110	1.110	1.110	1.110	1.110
东乡族县五小水利工程 2016	改善灌溉面积（万亩）	0.620	0.620	0.620	0.620	0.620
广河县 2015 年中央财政小型农田水利	改善灌溉面积（万亩）	2.300	2.300	2.300	2.300	2.300
广河县 2015 齐家镇抗旱应急水源配套						
广河县 2015 三甲集镇抗旱应急水源配套						
广河县抗旱应急引调提水项目						
广河县农村饮水安全巩固提升 2016	涉及贫困人口（万人）	0.582	0.582	0.582	0.582	0.582
	涉及贫困户（户）	1133	1133	1133	1133	1133
	涉及贫困村（个）	7	7	7	7	7
广河县五小水利工程 2016	改善灌溉面积（万亩）	1.390	1.200	1.200	1.200	1.200
广河县小型农田水利设施补助 2016						
和政县抗旱应急引调提水项目	供水能力（万吨 / 日）	0.030	0.030	0.030	0.030	0.030
和政县农村饮水安全巩固提升 2016	涉及贫困人口（万人）	0.332	0.332	0.332	0.332	0.332
	涉及贫困户（户）	688	688	688	688	688
	涉及贫困村（个）	7	7	7	7	7
	供水能力（万吨 / 日）	0.050	0.050	0.050	0.050	0.050
和政县五小水利工程 2016	节水灌溉面积（万亩）	0.300	0.300	0.300	0.300	0.300
	改善灌溉面积（万亩）	0.690	0.690	0.690	0.690	0.690
和政县闫蔡坪水电站增效扩容改造	发电装机容量（千千瓦）	0.340				
黄河甘肃段临夏州防洪治理工程	新建及加固堤防长度（千米）	52.240	19.100	19.100	19.100	19.100
积石山县 2015 年抗旱应急水源配套工程						
积石山县抗旱应急引调提水项目	供水能力（万吨 / 日）	0.032	0.032	0.032	0.032	0.032
积石山县农村饮水安全巩固提升 2016	涉及贫困人口（万人）	0.512	0.512	0.512	0.512	0.512
	涉及贫困户（户）	1136	1136	1136	1136	1136
	涉及贫困村（个）	14	14	14	14	14
	供水能力（万吨 / 日）	0.075	0.075	0.075	0.075	0.075
积石山县县城区供水水源改扩建工程	供水能力（万吨 / 日）	0.900			0.900	
积石山县中央财政五小水利 2015	改善灌溉面积（万亩）	1.520			1.520	
积石山引水工程	供水能力（万吨 / 日）	25.920			25.920	
康乐县 1 万 ~ 5 万亩灌区改造 2016	渠道防渗长度（千米）	4.247	4.247	4.247	4.247	4.247
	改善或恢复库容（万米^3）	15.300	15.300	15.300	15.300	15.300
	改善灌溉面积（万亩）	2.600	2.600	2.600	2.600	2.600
康乐县鸣鹿水库（抗旱规划）						
康乐县农村饮水安全巩固提升 2016	涉及贫困人口（万人）	0.685	0.685	0.685	0.685	0.685

2-18 续表

项目	效益名称	建设规模	本年施工规模		累计新增效益	
			小计	其中：本年新开工	小计	其中：本年新增
	涉及贫困户（户）	1590	1590	1590	1590	1590
	涉及贫困村（个）	14	14	14	14	14
	供水能力（万吨/日）	0.120	0.120	0.120	0.120	0.120
康乐县小型农田水利2015维修养护资金	改善灌溉面积（万亩）	0.090	0.010	0.010	0.090	0.010
临夏市大夏河风情线综合治理工程	河道整治长度（千米）	5.000	5.000	5.000	5.000	5.000
临夏县1万～5万亩灌区改造2016	渠道防渗长度（千米）	25.975	25.975	25.975	25.975	25.975
	改善灌溉面积（万亩）	1.110	1.110	1.110	1.110	1.110
临夏县2015年抗旱引调提水项目	供水能力（万吨/日）	0.070	0.070	0.070	0.070	0.070
临夏县北塬灌区农业综合开发项目	渠道防渗长度（千米）	10.686	1.710	1.710	10.686	1.710
临夏县大夏河干流双城至马九川段治理	新建及加固堤防长度（千米）	14.940	3.000	3.000	14.940	3.000
临夏县老鸦关河双城至上阴洼段防洪工程	新建及加固堤防长度（千米）	14.095	0.600	0.600	11.400	0.600
临夏县农田水利设施维修养护2016	改善灌溉面积（万亩）	0.610	0.610	0.610	0.610	0.610
临夏州引黄济临供水工程	供水能力（万吨/日）	15.000	5.000	5.000	5.000	5.000
永靖县1万～5万亩灌区改造2016	改善灌溉面积（万亩）	0.600	0.400	0.400	0.400	0.400
永靖县2015年抗旱引调水提水工程						
永靖县刘盐八地质灾害灌区节水改造工程	改善灌溉面积（万亩）	2.000	0.900	0.900	0.900	0.900
永靖县小型农田水利2015年维修养护项目						
永靖县湟水干流白川至二房段河堤工程						
甘南藏族自治州		hz				
2016迭部县小型农田水利设施补助资金（二）	渠道防渗长度（千米）	15.420	15.420	15.420	15.420	15.420
	节水灌溉面积（万亩）	0.390	0.390	0.390	0.390	0.390
大夏河夏河县王格尔塘至曲奥段治理工程	新建及加固堤防长度（千米）	14.200	14.200	14.200	14.200	14.200
	河道整治长度（千米）	48.400	48.400	48.400	48.400	48.400
迭部县阿夏流域治理工程	新建及加固堤防长度（千米）	12.705			12.705	
	河道整治长度（千米）	10.741			10.741	
迭部县阿夏那盖水电站	发电装机容量（千千瓦）	9.600			9.600	
迭部县卡坝乡尼吉巴防洪工程						
甘南州引洮（博）济合供水工程	供水能力（万吨/日）	5.230				
甘南州引洮入潭工程	供水能力（万吨/日）	2.600	2.600		2.600	2.600
合作市德吾录河卡加防洪工程	新建及加固堤防长度（千米）	8.410	2.350	2.350	6.730	2.350
合作市格河多合儿防洪工程	新建及加固堤防长度（千米）	8.700	1.100	1.100	8.660	1.100
合作市那吾乡精准扶贫暨生态小康村防洪工程	新建及加固堤防长度（千米）	5.760	3.890	3.890	3.890	3.890
合作市峡村电站	发电装机容量（千千瓦）	9.000	9.000	9.000	9.000	9.000
黄河甘肃段甘南州防洪治理工程	新建及加固堤防长度（千米）	91.160	39.720	39.720	39.720	39.720
临潭县斜藏沟治理工程	新建及加固堤防长度（千米）	11.290	1.290	1.290	11.290	1.290

2–18 续表

项目	效益名称	建设规模	本年施工规模		累计新增效益	
			小计	其中：本年新开工	小计	其中：本年新增
临潭县羊沙河下河段治理工程	新建及加固堤防长度（千米）	8.320	3.980	2.670	6.650	2.670
玛曲县县城引水工程	供水能力（万吨 / 日）	0.900				
夏河县 2015 牧区节水灌溉项目	节水灌溉面积（万亩）	0.360			0.360	
夏河县安顺水电站						
夏河县白土坡水电站						
夏河县垂子合大桥至阿一山大桥段治理	新建及加固堤防长度（千米）	4.600			4.600	
夏河县甫黄二级小水电代燃料项目	发电装机容量（千千瓦）	3.600	3.600	3.600	3.600	3.600
舟曲县拱坝河堤防工程	新建及加固堤防长度（千米）	19.900			19.900	
舟曲县五小水利工程 2016	渠道防渗长度（千米）	13.775	13.775	13.775	12.000	12.000
	改善灌溉面积（万亩）	0.960				
卓尼县车巴河流域防洪治理项目	新建及加固堤防长度（千米）	16.530	4.790	4.790	13.590	4.790
卓尼县石窖沟藏巴哇防洪工程	新建及加固堤防长度（千米）	5.912	1.670	1.670	2.981	1.670
卓尼县小型农田水利 2015 维修养护	改善灌溉面积（万亩）	0.150			0.150	
卓尼县羊沙河恰盖防洪工程	新建及加固堤防长度（千米）	9.155			9.155	
卓尼县洮河干流城区段堤防工程	新建及加固堤防长度（千米）	6.320			6.320	
洮河干流临潭县洮滨防洪堤工程	新建及加固堤防长度（千米）	6.130			3.880	
洮河合作市段防洪工程	新建及加固堤防长度（千米）	14.300			8.580	
洮河卓尼县麻路 1 段至牙当段	新建及加固堤防长度（千米）	7.760				
甘肃省直属及其他		hz				
安定区病险淤地坝除险加固工程 2016						
安定区国家水土保持重点建设 2016 第二批	水保治理面积（万亩）	0.857	0.857			
安定区国家水土保持重点建设工程 2016 年	水保治理面积（万亩）	3.855	3.855	3.855	3.855	3.855
安定区坡耕地水土流失治理 2016	水保治理面积（万亩）	1.037	1.037	0.870	0.870	0.870
成县水土保持重点工程 2016	水保治理面积（万亩）	1.800	1.800	1.800	1.800	1.800
崇信县国家农业综合开发水土保持项目 2016	水保治理面积（万亩）	1.451	1.451	1.451	1.451	1.451
迭部县水土保持重点工程 2016	水保治理面积（万亩）	1.800	1.800	1.625	1.625	1.625
东乡县国家水土保持重点建设 2016 第二批	水保治理面积（万亩）	1.071	1.071	1.071	1.071	1.071
东乡县国家水土保持重点建设工程 2016 年	水保治理面积（万亩）	2.355	2.355	2.355	2.355	2.355
东乡县坡耕地水土流失治理 2016	水保治理面积（万亩）	1.226	1.226	1.226	1.226	1.226
敦煌水资源合理与生态保护（疏勒河）2016	水保治理面积（万亩）	29.470	14.420	14.420	14.420	14.420
	节水灌溉面积（万亩）	28.570	26.510	26.510	26.510	26.510
敦煌水资源利用与生态保护（疏勒河）2015	改善灌溉面积（万亩）	30.500			28.990	
甘谷县国家农业综合开发水土保持项目 2016	水保治理面积（万亩）	1.425	1.425	1.425	1.425	1.425
甘肃省大中型水库移民后期扶持（长江）						
甘肃省大中型水库移民后期扶持（黄河）						

2-18 续表

项目	效益名称	建设规模	本年施工规模		累计新增效益	
			小计	其中：本年新开工	小计	其中：本年新增
甘肃省大中型水库移民后期扶持（内陆）						
甘肃省国家水土保持重点工程（2015）	水保治理面积（万亩）	47.250	4.220	4.220	47.250	4.220
甘肃省景电泵站更新改造	改善灌溉面积（万亩）	71.000	1.360	1.360	20.690	1.360
甘肃省农业综合开发水土保持项目（2015）	水保治理面积（万亩）	20.000	1.980	1.980	20.000	1.980
甘肃省坡耕地水土流失重点治理 2015（长江）	水保治理面积（万亩）	3.090	0.140	0.140	3.090	0.140
甘肃省坡耕地水土流失重点治理 2015（黄河）	水保治理面积（万亩）	13.090	1.030	1.030	13.090	1.030
甘肃省山洪灾害防治 2016（长江）						
甘肃省山洪灾害防治 2016（黄河）						
甘肃省山洪灾害防治 2016（内陆）						
甘肃省水土流失重点治理工程 2015（长江）	水保治理面积（万亩）	2.480	0.330	0.330	2.480	0.330
甘肃省水土流失重点治理工程 2015（黄河）	水保治理面积（万亩）	10.290	2.140	2.140	10.290	2.140
甘肃省水土流失重点治理工程 2015（内陆）	水保治理面积（万亩）	1.020	0.190	0.190	1.020	0.190
甘肃省引洮供水一期工程	供水能力（万吨 / 日）	60.000				
	耕地灌溉面积（万亩）	19.000				
甘肃省中小河流水文监测系统建设项目						
甘肃疏勒河灌区三道沟河道治理	新建及加固堤防长度（千米）	23.350			23.350	
	河道整治长度（千米）	21.150			21.150	
甘肃双塔水库除险加固	改善灌溉面积（万亩）	46.430				
甘肃水资源监控能力建设二期 2016						
甘肃引洮供水二期工程	耕地灌溉面积（万亩）	29.200				
广河县坡耕地水土流失治理 2016	水保治理面积（万亩）	0.965	0.965	0.965	0.965	0.965
和政县国家农业综合开发水土保持项目 2016	水保治理面积（万亩）	1.425	1.425	1.425	1.425	1.425
合水县病险淤地坝除险加固工程 2016						
合水县国家水土保持重点建设工程 2016 年	水保治理面积（万亩）	2.355	2.355	2.355	2.355	2.355
华池县病险淤地坝除险加固工程 2016						
华池县国家农业综合开发水土保持项目 2016	水保治理面积（万亩）	1.425	1.425	1.425	1.425	1.425
环县病险淤地坝除险加固工程 2016						
环县坡耕地水土流失治理 2016	水保治理面积（万亩）	1.752	1.752	1.752	1.752	1.752
会宁县国家水土保持重点建设 2016 第二批	水保治理面积（万亩）	1.071	1.071	1.071	1.071	1.071
会宁县国家水土保持重点建设工程 2016 年	水保治理面积（万亩）	3.855	3.855	3.855	3.855	3.855
积石山县国家水土保持重点建设工程 2016 年	水保治理面积（万亩）	2.783	2.783	2.783	2.783	2.783
景泰县水土保持重点工程 2016	水保治理面积（万亩）	1.800	1.800	1.440	1.440	1.440
景泰县中央财政景电农场节水灌溉 2013	节水灌溉面积（万亩）	1.020			0.650	
静宁县坡耕地水土流失治理 2016	水保治理面积（万亩）	0.998	0.998	0.998	0.998	0.998
靖远寺儿坪供水项目	供水能力（万吨 / 日）	0.120	0.120	0.120	0.120	0.120

2–18 续表

项目	效益名称	建设规模	本年施工规模		累计新增效益	
			小计	其中：本年新开工	小计	其中：本年新增
靖远县水土保持重点工程2016	水保治理面积（万亩）	1.800	1.800	1.443	1.443	1.443
康乐县国家农业综合开发水土保持项目2016	水保治理面积（万亩）	1.425	1.425	1.425	1.425	1.425
康县水土保持重点工程2016	水保治理面积（万亩）	1.800	1.800	1.800	1.800	1.800
兰州新区2号3号石门沟水库	水库总库容（亿米^3）	0.140				
	供水能力（万吨/日）	21.250				
兰州新区高效节水灌溉2016	节水灌溉面积（万亩）	2.000	1.650	1.650	1.650	1.650
兰州新区供水项目引大渠道除险加固	改善灌溉面积（万亩）	73.470			66.130	
礼县坡耕地水土流失治理2016	水保治理面积（万亩）	0.890	0.890	0.890	0.890	0.890
两当县水土保持重点工程2016	水保治理面积（万亩）	1.800	1.800	1.800	1.800	1.800
临潭县水土保持重点工程2016	水保治理面积（万亩）	1.800	1.800	1.662	1.662	1.662
临夏市水土保持重点工程2016	水保治理面积（万亩）	1.710	1.710	1.710	1.710	1.710
临夏县国家水土保持重点建设2016第二批	水保治理面积（万亩）	1.071	1.071	1.071	1.071	1.071
临夏县国家水土保持重点建设工程2016年	水保治理面积（万亩）	2.783	2.783	2.783	2.783	2.783
临夏县坡耕地水土流失治理2016	水保治理面积（万亩）	1.248	1.248	1.248	1.248	1.248
临洮县病险淤地坝除险加固工程2016						
临洮县国家水土保持重点建设2016第二批	水保治理面积（万亩）	1.257	1.257			
临洮县国家水土保持重点建设工程2016年	水保治理面积（万亩）	3.855	3.855	3.855	3.855	3.855
临洮县坡耕地水土流失治理2016	水保治理面积（万亩）	0.977	0.977	0.977	0.977	0.977
临洮县污水处理厂配套管网工程						
灵台县病险淤地坝除险加固工程2016						
灵台县国家农业综合开发水土保持项目2016	水保治理面积（万亩）	1.425	1.425	1.425	1.425	1.425
陇西县病险淤地坝除险加固工程2016						
陇西县国家水土保持重点建设2016第二批	水保治理面积（万亩）	0.857	0.857	0.857	0.857	0.857
陇西县国家水土保持重点建设工程2016年	水保治理面积（万亩）	3.855	3.855	3.855	3.855	3.855
陇西县坡耕地水土流失治理2016	水保治理面积（万亩）	0.986	0.986	0.800	0.800	0.800
麦积区水土保持重点工程2016	水保治理面积（万亩）	1.800	1.800	1.500	1.500	1.500
民勤红沙岗污水处理厂及中水回用贮水池	水库总库容（亿米^3）	0.011				
宁县病险淤地坝除险加固工程2016						
宁县国家水土保持重点建设工程2016年	水保治理面积（万亩）	2.355	2.355	2.355	2.355	2.355
秦安县国家农业综合开发水土保持项目2016	水保治理面积（万亩）	1.425	1.425	1.425	1.425	1.425
秦州区病险淤地坝除险加固工程2016						
秦州区坡耕地水土流失治理2016	水保治理面积（万亩）	0.981	0.981	0.981	0.981	0.981
清水县城区自来水管网扩建工程	供水能力（万吨/日）	0.400				
清水县国家农业综合开发水土保持项目2016年	水保治理面积（万亩）	1.451	1.451	1.451	1.451	1.451
庆城县病险淤地坝除险加固工程2016						

2–18 续表

项目	效益名称	建设规模	本年施工规模		累计新增效益	
			小计	其中：本年新开工	小计	其中：本年新增
庆城县国家农业综合开发水土保持项目 2016	水保治理面积（万亩）	1.425	1.425	1.425	1.425	1.425
山丹县城区生活污水处理工程	排灌装机容量（千千瓦）	0.044	0.018	0.018	0.044	0.018
省景电农田水利设施维修养护 2016						
省景电一期灌区续建配套节水改造	改善灌溉面积（万亩）	3.000	3.000	3.000	3.000	3.000
省农垦八一农场水利设施维修养护 2016						
省农垦黄花农场高效节水灌溉项目（六）	节水灌溉面积（万亩）	0.700			0.700	
省农垦黄羊河农场小型农田水利（五）	节水灌溉面积（万亩）	1.000			1.000	
省农垦山丹农场小型农田水利重点县 2016	节水灌溉面积（万亩）	1.000	1.000	1.000	1.000	1.000
省农垦小型农田水利 2015 维修养护						
省农垦小型农田水利补助 2016	节水灌溉面积（万亩）	0.945	0.945	0.945	0.945	0.945
省农垦饮马农场中央财政小农水 2015	节水灌溉面积（万亩）	0.550	0.550	0.550	0.550	0.550
省农垦张掖农场小型农田水利建设（五）	节水灌溉面积（万亩）	1.000			1.000	
省疏管局农田水利设施维修养护 2016						
石羊河流域重点治理（省景电）2013	渠道防渗长度（千米）	65.000	6.000	6.000	52.000	6.000
天水市城区供水高桥头引水枢纽工程	供水能力（万吨 / 日）	1.500	1.500	1.500	1.500	1.500
天水市城区引洮供水工程	供水能力（万吨 / 日）	16.710				
通渭县病险淤地坝除险加固工程 2016						
通渭县国家水土保持重点建设 2016 第二批	水保治理面积（万亩）	1.289	1.289	0.432	0.432	0.432
通渭县国家水土保持重点建设工程 2016 年	水保治理面积（万亩）	3.855	3.855	3.855	3.855	3.855
通渭县坡耕地水土流失治理 2016	水保治理面积（万亩）	1.100	1.100	1.100	1.100	1.100
渭源县病险淤地坝除险加固工程 2016						
渭源县国家农业综合开发水土保持项目 2016	水保治理面积（万亩）	1.425	1.425	1.425	1.425	1.425
文县水土保持重点工程 2016	水保治理面积（万亩）	1.800	1.800	1.800	1.800	1.800
武都区水土保持重点工程 2016	水保治理面积（万亩）	1.800	1.800	1.800	1.800	1.800
武山县国家农业综合开发水土保持项目 2016	水保治理面积（万亩）	1.425	1.425	1.425	1.425	1.425
武威市城乡融合黄羊土门组团供水（陆港）	供水能力（万吨 / 日）	4.790				
西峰区病险淤地坝除险加固工程 2016						
西和县坡耕地水土流失治理 2016	水保治理面积（万亩）	0.992	0.992	0.992	0.992	0.992
永靖县国家水土保持重点建设 2016 第二批	水保治理面积（万亩）	1.071	1.071	1.071	1.071	1.071
永靖县国家水土保持重点建设工程 2016 年	水保治理面积（万亩）	2.385	2.385	2.385	2.385	2.385
榆中县病险淤地坝除险加固工程 2016						
玉门市花海灌区农业综合开发	渠道防渗长度（千米）	16.865	16.865	16.865	16.865	
漳县病险淤地坝除险加固工程 2016						
漳县国家农业综合开发水土保持项目 2016	水保治理面积（万亩）	1.425	1.425	1.425	1.425	1.425

2-18 续表

项目	效益名称	建设规模	本年施工规模		累计新增效益	
			小计	其中：本年新开工	小计	其中：本年新增
张家川县国家农业综合开发水土保持项目2016	水保治理面积（万亩）	1.425	1.425	1.425	1.425	1.425
镇原县病险淤地坝除险加固工程 2016						
镇原县国家水土保持重点建设 2016 第二批	水保治理面积（万亩）	1.071	1.071	1.071	1.071	1.071
镇原县国家水土保持重点建设工程 2016 年	水保治理面积（万亩）	3.000	3.000	3.000	3.000	3.000
镇原县坡耕地水土流失治理 2016	水保治理面积（万亩）	1.341	1.341	1.341	1.341	1.341
正宁县病险淤地坝除险加固工程 2016						
正宁县国家水土保持重点建设工程 2016 年	水保治理面积（万亩）	2.355	2.355	2.355	2.355	2.355
庄浪县病险淤地坝除险加固工程 2016						
庄浪县国家水土保持重点建设工程 2016 年	水保治理面积（万亩）	2.355	2.355	2.355	2.355	2.355
卓尼县水土保持重点工程 2016	水保治理面积（万亩）	1.800	1.800	1.800	1.800	1.800
岷县水土保持重点工程 2016	水保治理面积（万亩）	1.821	1.821	1.478	1.478	1.478
泾川县病险淤地坝除险加固工程 2016						
泾川县国家农业综合开发水土保持项目 2016	水保治理面积（万亩）	1.425	1.425	1.425	1.425	1.425

2-19 2016 年水利建设项目累计完成工程量

项 目	全部计划工程量						累计完成工程量					
	土方（万米^3）	石方（万米^3）	砼（米^3）	金属结构（吨）	移民安置人数（人）	单项工程个数（个）	土方（万米^3）	石方（万米^3）	砼（米^3）	金属结构（吨）	移民安置人数（人）	单项工程个数（个）
甘肃省	32374.27	5037.69	10159158	299741.57	2784	10390	28391.33	3928.84	6645984	225504.54	3497	10325
防洪项目	3939.62	1171.79	2354727	24537.19		236	3202.42	883.45	1939153	15192.78		209
堤防工程	322.17	81.14	29126	21.82		13	269.45	63.02	19113	17.82		13
会宁县焦家河焦河村防洪工程	4.81	1.23	6735	0.67		1	4.81	1.23	6735	0.67		1
会宁县苦水河河畔羊肉市场段综合治理工程	54.32	19.25	11413	1.15		1	5.42	2.25	1400	0.15		
秦州区天水镇易地搬迁堤防工程												
天水市藉河生态综合治理一期续建工程	80.30					1	80.30					1
天祝县大通河防洪工程	121.00	56.00	3652			1	121.00	56.00	3652			1
瓜州县榆林河蘑菇台子段河道治理	3.42		6063			1	3.42		6063			1
庆城县 2016 年蔡家庙沟护岸工程						1						1
华池县葫芦河引水枢纽上游护岸工程	4.90	0.60				2	4.90	0.60				2
合水县葫芦河、苗村河太白段河道整治工程	5.85	1.63	120			1	5.85	1.63	120			1
宁县新宁镇高山堡村护岸工程	7.83	0.11	60			1	7.83	0.11	60			1
镇原县洪河南川芦李护岸工程	0.35	0.21	1077			1	0.35	0.21	1077			1
合作市那吾乡精准扶贫暨生态小康村防洪工程	7.89	2.11				1	5.57	0.99				1
卓尼县车巴河流域防洪治理项目	31.50		6	20.00		1	30.00		6	17		1
迭部县卡坝乡尼吉巴防洪工程												1
大江大湖治理	655.58	539.00	441552	21729.00		50	258.10	329.01	194306	13300		34
黄河甘肃段兰州市防洪治理工程	158.74	95.70	52			8	19.80	29.90	6			8
黄河干流白银市防洪治理工程	192.23	195.52	54000	18629.00		22	118.94	173.76	47800	11800		22
黄河甘肃段临夏州防洪治理工程	209.21	159.78	387500	3100.00		11	105.00	95.00	146500	1500		

2-19 续表

项　目	全部计划工程量						累计完成工程量					
	土方（万米^3）	石方（万米^3）	砼（米^3）	金属结构（吨）	移民安置人数（人）	单项工程个数（个）	土方（万米^3）	石方（万米^3）	砼（米^3）	金属结构（吨）	移民安置人数（人）	单项工程个数（个）
黄河甘肃段甘南州防洪治理工程	95.40	88.00				9	14.36	30.35				4
重要支流治理	1278.11	237.40	553187			23	1074.00	200.71	454871			24
湟水兰州市红古段防洪治理工程	80.00	92.00	6			3	80.00	92.00	6			3
武山县车家川至山丹河口段治理	111.91		37500			1	111.91		37500			1
石羊河凉州区松涛寺至红水河入河口防洪	29.64		87800			1	29.64		87800			1
平凉市泾河吴老沟至平镇桥河堤治理	46.55		28551			1	37.30		10715			1
泾河崆峒区马莲沟至南阳涧河段防洪工程	66.40		33009			1	39.80		19811			1
泾河泾川县罗汉洞至洪河口段河堤治理	122.65	3.07	38400				122.65	2.97	37850			
葫芦河静宁县狗娃河口至胡家河段河堤治理过程												
黑河金塔县常丰至中丰村段防洪治理工程	12.00	5.60				1	12.00	5.60				1
黑河酒泉市金塔县五爱至友好段河道治理工程	25.00	9.00				1	25.00	9.00				1
环县马莲河韩洼子至陈沟桥段防洪	12.45	0.54	11153			1	12.45	0.54	11153			1
蒲河宁县庄里至叶王川段防洪治理工程	15.02	0.72	5300			1	15.02	0.72	5300			
洮河岷县齐家庄至石头咀段堤防工程	64.86	7.36				1	64.86	7.36				1
文县尚德镇水家坝至周家坝河道治理	16.13	8.60				1	16.13	8.60				1
白龙江文县石坊乡东峪口至大渡坝河道	18.21	5.36				1	18.21	5.36				1
西和县西汉水郭家坝至昌河坝段防洪	96.29		44240			1	21.00		9660			1
礼县西汉水罗家堡至盐官镇段防洪	91.46		31200			1	91.46		31200			1
大夏河干流临夏市单子庄至新大桥段	57.97	0.54	41543			1	57.97	0.54	41543			1
大夏河干流临夏市祁牟段堤防工程		13.30	20800			1		10.00	19000			1
临夏县大夏河干流双城至马九川段治理	83.08	0.84	39130			1	83.08	0.84	39130			1
大夏河干流临夏县祁牟至刘家峡水库防洪	18.96		11931				15.17		9544			

2-19 续表

项　目	全部计划工程量						累计完成工程量					
	土方（万米^3）	石方（万米^3）	砼（米^3）	金属结构（吨）	移民安置人数（人）	单项工程个数（个）	土方（万米^3）	石方（万米^3）	砼（米^3）	金属结构（吨）	移民安置人数（人）	单项工程个数（个）
永靖县湟水干流白川至二房段河堤工程	43.81	1.85	21000				43.81	1.85	21000			
大夏河东乡县折桥至刘家峡水库堤防	37.26	3.83	22400			1	31.27	2.60	13440			
洮河合作市段防洪工程	72.89	39.25	2864			1	37.56	20.23	1476			1
洮河干流临潭县洮滨防洪堤工程	80.92		26860				56.64		18802			1
洮河卓尼县麻路1段至牙当段												1
卓尼县洮河干流城区段堤防工程	15.70	12.94	25600				15.70	12.94	25600			1
夏河县垂子合大桥至阿一山大桥段治理	26.50	16.40	8500			1	15.90	9.84	5100			1
大夏河夏河县王格尔塘至曲奥段治理工程	32.45	16.20	15400			1	19.47	9.72	9240			1
中小河流治理	1651.00	288.63	1241763	693.08		52	1584.95	277.37	1220511	693.08		47
皋兰县蔡家河东湾沟上游段——文山段堤防	28.00	1.25	10400			1	28.00	1.25	10400			1
白银区东大沟民勤村至城区段治理	20.30	4.20	2400			1	20.30	4.20	2400			1
会宁县祖厉河城区段综合治理二期工程（续建）	100.00	36.24	92800	651.00		2	100.00	36.24	92800	651		2
清水县后川河杜川至王店段堤防工程	53.05		53110			1	53.05		53110			1
秦安县南小河王尹马河至凤山堤防		12.83	24600			1		12.83	24600			1
甘谷县清溪河礼辛乡寨子至慰坪堤防工程	46.10	0.02	38200			1	46.10	0.02	38200			1
肃南县隆畅河治理工程补充项目	9.03	0.28	1			1	9.03	0.28	1			1
临泽县小东沟河新柳－西街农田防护	30.28	2.98	134			1	30.28	2.98	134			1
山丹县马营河大马营段河道治理工程	32.64	34.45	3450			1	32.64	34.45	3450			
泾川县洪河河堤治理工程	28.62	2.27	3			1	24.00	2.10	2			
泾川县汭河十里沟至枣林段河堤治理工程	82.69		5			1	70.69		4			
泾川县黑河荒场至茜家沟河堤治理工程	48.37		3			1	43.37		2			
灵台县黑河东门至景家庄段河堤治理	71.00	20.18	38400			1	71.00	20.18	38400			1

2–19 续表

项目	全部计划工程量						累计完成工程量					
	土方（万米³）	石方（万米³）	砼（米³）	金属结构（吨）	移民安置人数（人）	单项工程个数（个）	土方（万米³）	石方（万米³）	砼（米³）	金属结构（吨）	移民安置人数（人）	单项工程个数（个）
灵台县达溪河县城至安家庄段河堤治理	90.16	12.00	42600			1	90.16	12.00	42600			1
灵台县达溪河县城至百里段河堤治理	75.34	12.48	44700			1	75.34	12.48	44700			1
崇信县汭河（九功渠首至野雀沟）河堤治理	115.61		46600			1	115.61		46600			1
崇信县黑河河堤治理工程	54.05		46800			1	54.05		46800			1
庄浪县北洛河良邑郭魏至石家窑防洪	71.16		2960			1	71.16		3			1
庄浪县红土坡至刘家湾段河堤工程	85.93		39300			1	69.20		31700			1
庄浪县韩店镇王崖段河堤治理工程	15.47		7868			1	15.47		7868			1
肃州区清水河堤防及河道治理工程	37.43	17.33	30436	39.00		1	37.43	17.33	30436	39		1
肃州区丰乐河堤防及河道治理工程	83.38	47.30	58160	3.08		1	83.38	47.30	58160	3.08		1
西峰区砚瓦川贺家塬沟护岸工程	1.70	0.26	21900			1	1.70	0.26	21900			1
正宁县四郎河樊湾子治理工程						4						4
正宁县四郎河房河治理工程						4						4
漳县龙川河草川坪至魏下段堤防工程	5.50	64.60	5			1	4.90	57.00	4			1
武都区北峪河治理工程	8.10	1.85	270			1	8.10	1.85	270			1
宕昌县理川河流域治理工程						1						
宕昌县良恭河韩院段河堤工程												
成县严河堤防工程	7.83		320000			1	7.83		320000			1
康县阳坝河阳坝镇段治理工程	2.69	0.31				1	2.69	0.31				1
文县中路河中寨至白水江口段治理												
西和县太石河治理工程	25.70	6.76				1	25.70	4.12				
礼县清水江张堡至教面堤防工程	40.33		28580			1	40.33		28580			1
两当县红崖河蚂蚱河段综合治理工程												
两当县红崖河权坪河段综合治理工程												

2-19 续表

项目	全部计划工程量						累计完成工程量					
	土方（万米^3）	石方（万米^3）	砼（米^3）	金属结构（吨）	移民安置人数（人）	单项工程个数（个）	土方（万米^3）	石方（万米^3）	砼（米^3）	金属结构（吨）	移民安置人数（人）	单项工程个数（个）
徽县永宁河高桥乡河道治理工程	3.30	0.30	600			1	3.30	0.30	600			1
临夏县老鸦关河双城至上阴洼段防洪工程	65.37		28285			1	53.61		28285			1
东乡县巴谢河赵家至那勒寺段堤防	52.30		42000			1	45.21		37072			
东乡县巴谢河五家至赵家段堤防	28.80		48000			1	28.80		48000			1
合作市德吾录河卡加防洪工程	10.10	2.13				1	8.08	1.70				1
合作市格河多合儿防洪工程	10.80	2.50				1	10.37	2.39				1
临潭县羊沙河下河段治理工程	11.71		12500			1	9.57		9650			1
临潭县斜藏沟治理工程	68.47		32800			1	65.04		31160			1
卓尼县羊沙河恰盖防洪工程	2.91	1.58	2450			1	2.91	1.58	2450			1
卓尼县石窖沟藏巴哇防洪工程	0.78	0.91	1773			1	0.55	0.60	500			1
舟曲县拱坝河堤防工程	29.40	1.54	35100				29.40	1.54	35100			1
迭部县阿夏流域治理工程	3.65	0.08	38871				3.65	0.08	38871			1
甘肃疏勒河灌区三道沟河道治理	92.95	2.00	45700			3	92.95	2.00	45700			3
城市防洪工程	0.27	0.20	735			1	0.27	0.20	735			1
镇原县城东区排洪工程	0.27	0.20	735			1	0.27	0.20	735			1
大中型病险水库除险加固	24.08	19.90	62100	1342.93		9	8.33	8.64	35360	609.6		2
高台县小海子水库除险加固	11.95	2.24	6000	42.93		8	2.17	0.41	364	7.8		1
甘肃双塔水库除险加固	12.13	17.66	56100	1300.00		1	6.16	8.23	34996	601.8		1
大中型病险水闸除险加固	8.41	5.52	26264	750.36		5	7.32	4.50	14258	572.28		5
永昌县金川河工农渠首泄洪闸	5.58	0.31	0	297.10		2	4.49	0.30	0	267.7		2
肃州区马营河渠首闸		1.65	19503	241.52		1		0.64	7497	92.84		1
肃州区红山河青稞地排沙闸		3.00	3470	70.91		1		3.00	3470	70.91		1
肃州区红山河马鬃门排砂闸除险加固工程	2.83	0.56	3291	140.83		1	2.83	0.56	3291	140.83		1

2–19 续表

项目	全部计划工程量						累计完成工程量					
	土方（万米^3）	石方（万米^3）	砼（米^3）	金属结构（吨）	移民安置人数（人）	单项工程个数（个）	土方（万米^3）	石方（万米^3）	砼（米^3）	金属结构（吨）	移民安置人数（人）	单项工程个数（个）
山洪灾害防治工程						83						83
甘肃省山洪灾害防治 2016（内陆）						20						20
甘肃省山洪灾害防治 2016（长江）						11						11
甘肃省山洪灾害防治 2016（黄河）						52						52
灌溉除涝项目	8016.46	920.51	2519267	68395.39	2588	576	6532.52	706.01	1251906	39042.28	3302	513
灌区建设工程	650.03	154.53	305895	5528.48		63	596.60	144.82	273520	4855.89		55
西河灌区续建配套节水改造	51.13	16.70	10	218.68		36	48.60	15.90	9	205.56		31
兴电灌区齐家大岘隧洞除险加固工程	13.20	1.86	32763	4192.19		1	10.20	1.85	21522	3684		1
白银市兴电灌区渠道维修工程												
凉州区杂木河灌区续建配套节水改造	10.63	5.97	10500			1	10.63	5.97	10500			1
古浪县黄花滩项目	247.57		43683	128.19		13	219.19		43683	128.19		12
甘州区大满灌区续建配套节水改造	19.39	8.99	46600	311.27			14.81	8.57	39800	280.14		
甘州区西浚灌区续建配套节水改造	14.05	14.84	28600	101.93			11.72	10.22	19600	91.73		
临泽县梨园河灌区续建配套节水改造	67.22	33.34	41900	142.52		1	62.50	31.10	38967	142.52		1
山丹县马营河灌区续建配套节水改造	203.46	64.26	87300	299.15		9	198.83	62.64	84900	299.15		8
敦煌市党河灌区西干渠改建工程	3.26	0.27	1	109.95		1		0.27				
省景电一期灌区续建配套节水改造	20.12	8.30	14538	24.60		1	20.12	8.30	14538	24.6		1
节水灌溉工程	101.05	7.65	60976	3861.84		17	60.70	4.16	50971	3177	1305	14
皋兰县西岔中型灌区农业综合开发 2015	1.15	0.90	8300	784.00		2	1.15	0.90	8300	784		2
白银区工农渠灌区农业综合开发	10.30		3000	200.00		1	10.30		3000	200		1
平川区旱坪川灌区农业综合开发												
靖远县靖乐渠灌区农业综合开发	1.12	0.19	2110			1	0.20	0.04	380			1
秦州区易地搬迁项目高效节水灌溉工程						3						3

2-19 续表

项目	全部计划工程量						累计完成工程量					
	土方（万米^3）	石方（万米^3）	砼（米^3）	金属结构（吨）	移民安置人数（人）	单项工程个数（个）	土方（万米^3）	石方（万米^3）	砼（米^3）	金属结构（吨）	移民安置人数（人）	单项工程个数（个）
高台县罗城灌区农业综合开发	19.83	0.82	6300	104.00		3	5.38	0.15	1500			1
庄浪县水洛河灌区节水配套改造项目	4.85	1.94	5977	740.84		1	1.22	0.57	1500	160		
静宁县东峡灌区农业综合开发	4.28		0			1	2.15		0			1
宁县海升公司果业基地滴灌工程						1						1
临夏县北塬灌区农业综合开发项目	3.48	0.08	7732			1	3.48	0.08	7732			1
夏河县 2015 牧区节水灌溉项目	0.37	0.12	860			1	0.37	0.12	860			1
石羊河流域重点治理（省景电）2013	48.06	3.60	22497	2033.00		1	28.84	2.30	23499	2033	1305	1
玉门市花海灌区农业综合开发	7.61		4200			1	7.61		4200			1
小型农田水利建设	3676.62	185.61	536952	7456.04		411	3545.43	179.63	524309	6711.42	29	391
兰州市农田水利设施维修养护 2016	0.56		1360			1	0.56		1360			1
西固区高效节水灌溉项目 2016	6.30		0			2	6.30		0			2
永登农田水利设施维修养护 2016	0.99	0.14	928			1	0.99	0.14	928			1
永登县高效节水灌溉 2016	32.42	0.13	1008	3.64		2	32.42	0.13	1008	3.64		2
皋兰县高效节水灌溉 2016	38.36		265	0.48		2	38.36		265	0.48		2
皋兰县农田水利设施维修养护 2016						1						1
榆中县农田水利设施维修养 2016	4.86		5600	240.29		1	4.86		5600	240.29		1
嘉峪关市高效节水灌溉项目 2015（六）	12.00											
嘉峪关市中央财政高效节水项目 2015（五）	14.00											
嘉峪关市 2016 年小型农田水利设施春修工程												
金川区小型农田水利重点县 2016	20.80	0.03	160	16.56		47	20.80	0.03	160	16.56		47
金川区 2015 新增农田水利设施建设 2016	14.70	0.01	100	12.96		36	14.70	0.01	100	12.96		36
永昌县高效节水灌溉 2016	146.10	0.03	0			18	146.10	0.03	0			18
永昌县 2015 新增农田水利设施建设 2016	51.98	0.05	0			6	51.98	0.05	0			6

2–19 续表

项　目	全部计划工程量						累计完成工程量					
	土方（万米^3）	石方（万米^3）	砼（米^3）	金属结构（吨）	移民安置人数（人）	单项工程个数（个）	土方（万米^3）	石方（万米^3）	砼（米^3）	金属结构（吨）	移民安置人数（人）	单项工程个数（个）
永昌县小型农田水利重点县 2016	26.40	0.07	0			4	26.40	0.07	0			4
永昌县农田水利设施维修养护 2016						1						1
白银市农田水利设施维修养护 2016	2.18	0.33	4890			2	2.18	0.33	4890			2
白银区农田水利设施维修养护 2016	1.50		7000	2.50		2	1.50		7000	2.5		2
白银区五小水利工程 2016	4.50	0.54	13000	317.30		4	3.60	0.43	10300	222.1		4
平川区五小水利工程 2016	3.33	1.33	0			7	3.33	1.33	0			7
靖远县小型农田水利设施补助 2016	29.95		1200			1	29.95		1200			1
靖远县高效节水灌溉 2016	46.55		1660			1	46.55		1660			1
靖远县农田水利设施维修养护 2016	5.40		8000			3	5.40		8000			3
会宁县高效节水灌溉 2016	49.20		1200			4	49.20		1200			4
会宁县农田水利设施维修养护 2016						4						4
景泰县小型农田水利设施补助 2016	19.20					6	9.00					
景泰县农田水利设施维修养护 2016	0.12		201	5.00		1	0.12		201	5		1
景泰县高效节水灌溉 2016	23.00		4000			10	23.00		4000			10
秦州区五小水利工程 2016	34.90		1400			1	34.90		1400			1
麦积区小型农田水利设施补助 2016	11.50		6000	27.09		1	9.32		4900	15.43		1
麦积区高效节水灌溉 2016	17.83		6964	62.61		1	17.83		6964	62.61		1
清水县小型农田水利设施补助 2016	18.60	0.63	5984	79.40		1	18.60	0.63	5984	79.4		1
秦安县五小水利工程 2016	29.07		3443			1	17.44		2066			1
甘谷县五小水利工程 2016	80.90		101000	142.70		1	80.90		101000	142.7		1
甘谷县农田水利设施维修养护 2016	1.43		569	6.05		1	1.43		569	6.05		1
武山县小型农田水利设施补助 2016	6.24		2650	46.20		1	5.86		2491	43		
武山县五小水利工程 2016	5.97		3414	39.20		1	5.97		3414	39.2		1

2-19 续表

项目	全部计划工程量 土方（万米³）	石方（万米³）	砼（米³）	金属结构（吨）	移民安置人数（人）	单项工程个数（个）	累计完成工程量 土方（万米³）	石方（万米³）	砼（米³）	金属结构（吨）	移民安置人数（人）	单项工程个数（个）
张家川县农田水利设施维修养护 2016	1.20		120	6.53		1	1.20		120	6.53		1
武威市 2016 年农田水利设施维修养护资金						1						1
凉州区小型农田水利重点县 2016	121.13	23.45	67700			2	121.13	23.45	67700			2
凉州区高效节水灌溉 2016	110.37	3.03	16100			6	110.37	3.03	16100			6
凉州区农田水利设施维修养护 2016	0.22	0.25	990			1	0.22	0.25	990			1
民勤县农田水利设施维修养护 2016	0.58		337			1	0.58		337			1
民勤县小型农田水利设施建设补助 2016	16.84		637			1	16.84		637			1
民勤县高效节水灌溉 2016	11.14	0.24	587			1	11.14	0.24	587			1
民勤县 2015 新增农田水利设施建设 2016	40.16	0.22	470			1	40.16	0.22	470			1
民勤县小型农田水利重点县 2016	32.37	0.66	988			1	32.37	0.66	988			1
古浪县小型农田水利重点县 2016	28.72		2700			2	28.72		2700			2
古浪县高效节水灌溉 2016	31.11		406	1.35		1	31.11		406	1.35		1
2016 古浪县小型农田水利设施补助资金（二）	23.06		8000			1	23.06		8000			1
古浪县 2015 新增农田水利设施建设 2016	71.32		300			2	71.32		300			2
古浪县农田水利设施维修养护 2016	0.84					1	0.84					1
天祝县 2016 年农田水利设施维修养护资金	2.23	0.19	324			1	2.23	0.19	324			1
天祝县高效节水灌溉 2016	54.96	0.85	0			1	54.96	0.85	0			1
天祝县小型农田水利设施补助 2016	27.54		0			1	27.54		0			1
天祝县小型农田水利重点县 2016	30.61		1210			1	30.61		1210			1
张掖市年农田水利设施维修养护 2016												
甘州区小型农田水利重点县 2016	27.29		500				27.29		500			
甘州区高效节水灌溉 2016	67.99		500				67.99		500			
甘州区农田水利设施维修养护 2016	1.26	0.68	1345				1.26	0.68	1345			

2-19 续表

项 目	全部计划工程量						累计完成工程量					
	土方（万米^3）	石方（万米^3）	砼（米^3）	金属结构（吨）	移民安置人数（人）	单项工程个数（个）	土方（万米^3）	石方（万米^3）	砼（米^3）	金属结构（吨）	移民安置人数（人）	单项工程个数（个）
肃南县高效节水灌溉 2016	13.20					1	13.20					1
肃南县农田水利设施维修养护 2016	8.63		0	2.29		1	8.63		0	2.29		1
民乐县小型农田水利重点县 2016	40.20	0.09	590	3.20		1	40.20	0.09	590	3.2		1
民乐县 2015 年新增农田水利设施建设 2016	20.67	0.01	320	0.21		1	20.67	0.01	320	0.21		1
民乐县农田水利设施维修养护 2016	9.99		3350	26.90		1	9.99		3350	26.9		1
临泽县农田水利设施维修养护 2016	2.15	0.29	915	38.50		1	2.15	0.29	915	38.5		1
高台县高效节水灌溉 2016	38.75	1.28	700			5	38.75	1.28	700			5
高台县小型农田水利设施补助 2016	27.80	0.09	53			5	26.25	0.08	50			4
高台 2015 年新增农田水利设施建设 2016	21.52	0.07	140			5	21.52	0.07	140			5
高台县小型农田水利重点县 2016 年	25.69	0.06	0			5	25.69	0.06	0			5
高台县农田水利设施维修养护 2016	14.30		7150			3	14.30		7150			3
山丹县小型农田水利设施补助 2016	15.18	0.03	1200			1	11.23	0.02	888			
山丹县高效节水灌溉 2016	43.03	0.13	1200			1	38.03	0.13	1200			
山丹县小型农田水利重点县 2016	74.45	0.30	2300			1	70.45	0.30	2300			1
山丹县农田水利设施维修养护 2016	0.13	0.09				1	0.13	0.09				1
山丹县 2015 年新增农田水利设施建设 2016	51.02	0.06	600			1	41.02	0.06	600			
山丹马场小型农田水利重点县 2016	14.44	0.05	299	5.16		1	7.70					1
山丹马场高效节水灌溉 2016	37.50	4.62	207	9.19		1	6.80					1
平凉市农田水利设施维修养护 2016	0.18	0.27	764	12.10		1	0.18	0.27	764	12.1		1
崆峒区五小水利工程 2016	10.60		1266	244.50		1	10.60		1266	244.5		1
泾川县五小水利工程 2016	9.80		0			1	9.70		0			
泾川县农田水利设施维修养护 2016	4.80		0			3	4.80		0			3
灵台县五小水利工程 2016	13.29		3400	942.80		1	8.63		2200	400		1

2-19 续表

项目	全部计划工程量						累计完成工程量					
	土方（万米³）	石方（万米³）	砼（米³）	金属结构（吨）	移民安置人数（人）	单项工程个数（个）	土方（万米³）	石方（万米³）	砼（米³）	金属结构（吨）	移民安置人数（人）	单项工程个数（个）
灵台县中央财政小农水重点县2014(四)	46.80		100	4.00		1	46.80		100	4		1
灵台县中央财政小型农田水利工程2015	14.80	0.21	3400	1800.00		1	14.80	0.21	3400	1800		1
崇信县五小水利工程2016	9.60		1251			6	9.60		1251			6
华亭县2015年新增农田水利设施建设2016	8.76	3.12	2800			1	8.76	3.12	2800			1
华亭县五小水利工程2016	10.50	2.60	14000			1	10.50	2.60	14000			1
庄浪县五小水利工程2016	14.29		1597	1500.97		5	14.29		1597	1500.97		5
庄浪县小型农田水利设施补助2016	8.64		2088	178.42			7.08		1748	125.4		
静宁县五小水利工程2016	26.53		0			6	26.53		0			6
肃州区规模化节水增效示范（2013-2016）	164.58	0.04	1456	13.87		1	164.58	0.04	1456	13.87		1
肃州区小型农田水利建设（五）	25.90	0.04	1200			1	25.90	0.04	1200			1
肃州区小型农田水利重点县2016	69.16	5.88	5608	29.25		1	69.16	5.88	5608	29.25		1
肃州区高效节水灌溉2016	209.89	1.42	7099	127.56		1	209.89	1.42	7099	127.56		1
肃州区高效节水灌溉项目（六）	16.41	0.01	1300			1	16.41	0.01	1300			1
肃州区农田水利设施维修养护2016	3.04	4.35	430	25.55		1	3.04	4.35	430	25.55		1
金塔县高效节水灌溉2016	44.73		1000			1	44.73		1000			1
金塔县2015新增农田水利设施建设2016	38.42		1300			1	38.42		1300			1
金塔县小型农田水利重点县2016	53.07		1000			1	53.07		1000			1
金塔县农田水利设施维修养护2016	0.75		5676	3.68		1	0.75		5676	3.68		1
瓜州县农田水利设施维修养护2016	2.10	6.62	1344	2.37		1	1.97	6.62	1960	2.37		1
瓜州县小型农田水利建设（五）	36.59	1.25	960	32.41		1	36.59	1.25	960	32.41		1
瓜州县高效节水灌溉2016	4.32	0.78	910	29.47		1	4.32	0.78	850	29.47	29	1
肃北县小型农田水利设施补助2016	8.00						8.00					
玉门市高效节水灌溉2016	77.29		5046			3	77.29		5046			2

2–19 续表

项　目	全部计划工程量						累计完成工程量					
	土方（万米^3）	石方（万米^3）	砼（米^3）	金属结构（吨）	移民安置人数（人）	单项工程个数（个）	土方（万米^3）	石方（万米^3）	砼（米^3）	金属结构（吨）	移民安置人数（人）	单项工程个数（个）
玉门市农田水利设施维修养护 2016	5.25	0.10	3042			1	5.25	0.10	3042			1
玉门市 2015 新增农田水利设施建设 2016	53.50		326			4	53.50		326			3
玉门市小型农田水利重点县 2016	96.26		590			5	96.26		590			5
敦煌市 2015 抗旱引调提水项目	71.62		4			1	71.62		4			1
敦煌市小型农田水利 2015 维修养护资金	3.90		2844	0.92		1	3.90		2844	0.92		1
敦煌市农田水利设施维修养护 2016	0.60	0.06	785			1	0.60	0.06	785			1
敦煌市规模化节水增效示范（2013–2016）	14.91	0.01	221	0.41		1	14.91	0.01	221	0.41		1
庆城县“五小水利”工程 2016	45.60		2900			7	45.60		2900			7
环县“五小水利”工程 2016	0.28		81	1.42		6	0.28		81	1.42		6
华池县“五小水利”工程 2016	14.90	0.06	670			9	14.90	0.06	670			9
合水县农田水利设施维修养护 2016	0.48	0.13	1200			1	0.48	0.13	1200			1
正宁县五小水利工程 2016	26.74		1800			1	26.74		1800			1
正宁县小型农田水利设施补助 2016	21.90	83.60	762			1	21.09	83.60	762			1
宁县五小水利工程 2016	13.48	0.02	1400			8	13.48	0.02	1400			8
镇原县 2015 年新增农田水利设施建设 2016	54.51	0.43	34300			3	54.51	0.43	34300			3
镇原县五小水利工程 2016	7.36	0.15	2100			6	7.36	0.15	2100			6
通渭县农田水利设施维修养护 2016	1.90	0.04	900			1	1.90	0.04	900			1
通渭县小型农田水利设施补助 2016	1.20		200			1	1.01		168			1
陇西县五小水利工程 2016	14.61		23700			1	14.61		23700			1
渭源县农田水利设施维修养护 2016	0.61	0.01	435	4.30			0.61	0.01	435	4.3		
临洮县五小水利工程 2016	19.36		5887	147.60		1	19.36		5887	147.6		1
武都区小型农田水利重点县 2016	30.00	0.10	600	500.00		1	30.00	0.10	600	500		1
武都区农田水利设施维修养护 2016	3.70	0.54	90			1	3.70	0.54	90			1

2-19 续表

项目	全部计划工程量						累计完成工程量					
	土方（万米^3）	石方（万米^3）	砼（米^3）	金属结构（吨）	移民安置人数（人）	单项工程个数（个）	土方（万米^3）	石方（万米^3）	砼（米^3）	金属结构（吨）	移民安置人数（人）	单项工程个数（个）
宕昌县农田水利设施维修养护 2016	0.84		140			1	0.84		140			1
宕昌县高效节水灌溉 2016	3.20		700			1	3.20		700			1
宕昌县 2015 年新增农田水利设施建设 2016	4.51		480			1	4.51		480			1
成县农田水利设施维修养护 2016	0.92	0.18	30			1	0.92	0.18	30			1
康县农田水利设施维修养护 2016	3.01	0.07	120			1	1.80	0.04	70			
康县五小水利工程 2016	6.10	0.91	2800			5	3.70	0.55	1700			
文县小型农田水利重点县 2016	6.31	0.15	5500			6	6.31	0.15	5500			6
文县高效节水灌溉 2016	11.80	4.62	2330			7	11.80	4.62	2330			7
文县农田水利设施维修养护 2016												
西和县高效节水灌溉 2016	12.79	0.09	1599	19.00		1	12.79	0.09	1599	19		1
西和县 2015 新增农田水利设施建设 2016	8.59		806	55.00		1	8.59		806	55		1
西和县农田水利设施维修养护 2016	0.78		134			1	0.78		134			1
礼县小型农田水利设施补助 2016	14.14		700			5	14.14		700			5
礼县农田水利设施维修养护 2016	0.08		86			1	0.08		86			1
两当县小型农田水利重点县 2016	15.07		3400			1	15.07		3400			1
两当县农田水利设施维修养护 2016	0.42	0.10	974			1	0.42	0.10	974			1
两当县高效节水灌溉 2016	3.52		5004			1	3.52		5004			1
徽县 2015 新增农田水利设施建设 2016	5.02	0.03	2200			1	5.02	0.03	2200			1
徽县农田水利设施维修养护 2016												1
徽县小型农田水利重点县 2016	2.26		300			1	2.26		300			1
临夏县农田水利设施维修养护 2016						1						1
临夏县 1 万～5 万亩灌区改造 2016	1.20	0.01	1	6.21		1	1.20	0.01	1			1
康乐县 1 万～5 万亩灌区改造 2016												

2-19 续表

项目	全部计划工程量						累计完成工程量					
	土方（万米^3）	石方（万米^3）	砼（米^3）	金属结构（吨）	移民安置人数（人）	单项工程个数（个）	土方（万米^3）	石方（万米^3）	砼（米^3）	金属结构（吨）	移民安置人数（人）	单项工程个数（个）
康乐县小型农田水利2015维修养护资金	1.48		245			1	1.48		245			1
永靖县小型农田水利2015年维修养护项目	5.82		657	9.00		3	5.82		657	9		3
永靖县1万～5万亩灌区改造2016	2.50		3380	190.70		3	2.30		3110	175.44		3
广河县小型农田水利设施补助2016	9.79		2700	5.00		1	9.00		2500	4.8		
广河县2015年中央财政小型农田水利	18.01		30113	437.00		1	18.01		30113	437		1
广河县五小水利工程2016	17.96	17.29	6700	18.10		1	17.00	16.50	6500	17		
和政县五小水利工程2016												
东乡族县五小水利工程2016	5.44		2800			1	5.44		2800			1
东乡县中央财政五小水利项目2015	6.88		3300			1	6.88		3300			1
积石山县中央财政五小水利2015						1						1
卓尼县小型农田水利2015维修养护	0.15	0.18	61			1	0.15	0.18	61			1
舟曲县五小水利工程2016	3.26	0.03	3514				3.10	0.03	0			1
2016迭部县小型农田水利设施补助资金（二）	0.48	0.13	1			1	0.48	0.13	1			1
省农垦黄花农场高效节水灌溉项目（六）	7.80	3.50	8	1.00		1	7.80	3.50	8	1		1
省农垦黄羊河农场小型农田水利（五）	14.48		242			1	14.48		242			1
省农垦饮马农场中央财政小农水2015	8.90					1	8.90					1
省农垦张掖农场小型农田水利建设（五）	25.21	0.05	0	1.00		1	25.21	0.05	0	1		1
省农垦小型农田水利2015维修养护						1	2.00					1
省农垦八一农场水利设施维修养护2016						1						1
省农垦山丹农场小型农田水利重点县2016	34.39					2	28.60					2
省农垦小型农田水利补助2016	34.62	0.07	0			1	34.62	0.07	0			1
省景电农田水利设施维修养护2016	1.05	0.02	0	2.00			1.05	0.02	0	2		
景泰县中央财政景电农场节水灌溉2013	8.90		1840	15.12		1	7.90		1705	13.5		1

2-19 续表

项目	全部计划工程量						累计完成工程量					
	土方（万米^3）	石方（万米^3）	砼（米^3）	金属结构（吨）	移民安置人数（人）	单项工程个数（个）	土方（万米^3）	石方（万米^3）	砼（米^3）	金属结构（吨）	移民安置人数（人）	单项工程个数（个）
省疏管局农田水利设施维修养护 2016	0.01	0.01	20			1	0.01	0.01	20			1
兰州新区高效节水灌溉 2016	13.00	6.30				1	13.00	6.30				1
水库工程	3426.35	520.81	1253425	15741.56	2583	25	2235.40	350.40	303034	7419.26	1963	21
秦州区关峡水库												
秦安县西小河小湾河水库	21.20		110000	1089.00		1	10.64		19300	385.02		1
张家川县富川水库（抗旱规划内）	10.85	75.12	2	130.00		1	8.00	35.00	1	130		1
民勤县红崖水库加高扩建工程	250.00					1	250.00					
天祝县二道墩水库	132.54	0.26	13302	383.00		1	132.54	0.26	13302	383		1
天祝县石门河调蓄引水工程	127.80	5.78	36500			1	127.80	5.78	36400			
民乐县山城河水库	162.21	12.20	31900	389.92		1	50.20	5.20	1	3.7		1
临泽县红山湾水库工程	579.38	47.79	68300	4200.00		1	579.38	47.79	68300	4200		1
山丹县白石崖水库（抗旱规划内）	286.43	5.47	26600	131.00		1	13.50					
崆峒区北杨涧水库（抗旱规划内）	125.20	1.50	26100	16.20		1	125.20	1.50	18277	16.2		1
泾川县朱家涧水库（抗旱规划内）	440.20	2.50	53800	330.00			3.90	0.43				
灵台县新集水库工程	170.18	95.23	459900	556.00	962		0.50		800		365	
崇信县关河水库（抗旱规划内）	47.69	10.89	42200	931.00		1	47.69	10.89	42200	931		1
庄浪县花崖河水库（抗旱规划内）	30.25	33.93	2	527.00		1	29.71	27.67	2	354		1
酒泉循环经济产业园水源（大红泉水库）	478.70	35.74	3	59.74		7	478.70	35.74	3	59.74		7
庆阳市莲花寺水库及供水工程	20.23	2.80	52200	3512.00	502	1	8.30	1.60	12600		502	1
庆阳市巴家咀水库新增调蓄工程（五台山水库）	110.00	6.00	31200	91.00	3	1	45.80	0.30	3827		3	1
庆阳市小盘河水库及供水工程	90.00	8.90	200000	1429.00	1093	2	45.00	3.80	27000		1093	2
庆城县纸坊沟水库（抗旱规划内）	106.23	4.30	8795	75.00		1	105.00	4.00	8300			1

2–19 续表

项目	全部计划工程量						累计完成工程量					
	土方（万米^3）	石方（万米^3）	砼（米^3）	金属结构（吨）	移民安置人数（人）	单项工程个数（个）	土方（万米^3）	石方（万米^3）	砼（米^3）	金属结构（吨）	移民安置人数（人）	单项工程个数（个）
环县米岔沟水库（抗旱规划）	0.54	0.44	5949	347.00		1	0.54	0.44	5949	347		1
康乐县鸣鹿水库（抗旱规划）	116.72	1.96	39900	935.10	23	1	53.00					
兰州新区2号3号石门沟水库	120.00	170.00	46773	609.60			120.00	170.00	46773	609.6		
泵站工程	147.12	49.91	360869	35567.47	5	58	91.39	26.40	99722	16798.71	5	30
兰州市大砂沟泵站更新改造工程	8.36	0.30	13358	840.00		2	8.36	0.30	13358	840		2
七里河区西津泵站更新改造工程	17.48	0.35	14551	5693.00		21	0.85	0.09	0	0.27		3
兰州市工农坪泵站更新改造工程	10.88		3320	1553.00		2	10.55	0.60	3174	1410		2
兰州市榆中三电泵站更新改造工程	1.01		1599	93.52		1	0.98		1310	86.2		1
白银市靖会泵站更新改造工程	14.80	0.37	10000	500.00	5	8	16.52	0.37	3120	786	5	3
白银市兴电泵站更新改造工程	11.98	3.04	71800	3029.00		8	4.12	0.76	30624	7053.8		8
白银市刘川泵站更新改造工程	21.20	9.50	22300	818.00		6	16.20	8.86	13914	557		1
白银市中堡泵站更新改造工程		1.69	4260			3		1.69	4260			3
景泰县中泉泵站更新改造工程	8.68	1.16	11688	381.00		5	8.68	1.16	11688	381		5
平凉市白庙泵站更新改造工程	9.40	3.47	4100	1099.70		1	5.65	2.96	1721	688.34		1
甘肃省景电泵站更新改造	43.33	30.03	203893	21560.25		1	19.48	9.61	16553	4996.1		1
其他灌溉除涝项目	15.30	2.00	1150	240.00		2	3.00	0.60	350	80		2
景泰县草窝滩镇排水工程	15.30	2.00	1150	240.00		1	3.00	0.60	350	80		1
秦州区太京镇农田水利建设项目												
甘谷县大石乡农田水利建设项目						1						1
供水项目	7269.44	2208.35	4755730	198982.28	195	8803	5979.80	1667.62	3018793	164663.43	195	8791
引水（调水）工程	4113.66	2056.33	4499045	191883.59	195	32	2908.31	1515.64	2762724	157746.49	195	24
兰州市水源地建设工程	71.33	234.40	27146	6611.00		8	71.33	234.40	27146	6611		8
引洮供水一期榆中县配套工程	602.00	2.30	160000	15000.00		5	420.00	1.70	105000	10000		2

2-19 续表

项目	全部计划工程量						累计完成工程量					
	土方（万米^3）	石方（万米^3）	砼（米^3）	金属结构（吨）	移民安置人数（人）	单项工程个数（个）	土方（万米^3）	石方（万米^3）	砼（米^3）	金属结构（吨）	移民安置人数（人）	单项工程个数（个）
引洮一期工程会宁北部供水工程	171.07	7.40	52692	3541.00	42	1	171.07	7.40	52692	3541	42	1
天祝县南阳山片下山入川供水工程	88.05	7.55	14739			1	88.05	7.55	14739			1
肃北县马鬃山镇供水工程	30.00	270.00	6				1.40	14.40	2			
盐环定扬黄续建工程调概算	413.00	1.41	70600	0.33	123	5	413.00	1.14	62600	0.33	123	5
积石山引水工程	89.56	16.76	139278	3517.00	30	1	89.56	16.76	139278	3517	30	
临夏州引黄济临供水工程	237.03	19.08	68485			5	161.51	18.86	61853			
甘南州引洮（博）济合供水工程	77.50	32.52	117200	9371.00		1	46.96	16.75	27800	3112		1
甘南州引洮入潭工程	60.50	34.18	29800			2	60.50	34.18	29800			2
玛曲县县城引水工程	8.42						4.90					1
兰州新区供水项目引大渠道除险加固	21.46	4.65	108559	485.98		1	21.46	4.65	108559	485.98		1
甘肃省引洮供水一期工程	1178.00	833.59	1893661	107362.78		1	1178.00	833.59	1893661	107362.78		
甘肃引洮供水二期工程	1019.00	298.00	1710000	14700.00			151.76	134.22	215400			1
天水市城区引洮供水工程	46.74	294.49	106879	31294.50		1	28.81	190.04	24194	23116.4		1
农村饮水安全巩固提升工程建设	2634.67	124.07	168658	3806.91		8680	2634.67	124.07	168658	3806.91		8680
永登县农村饮水安全巩固提升 2016	7.22		2742	154.48		4	7.22		2742	154.48		4
皋兰县农村饮水安全巩固提升 2016	5.38	1.68	2045			3	5.38	1.68	2045			3
榆中县农村饮水安全巩固提升 2016	1.23		2652			1	1.23		2652			1
永昌县农村饮水安全巩固提升 2016	31.68	0.02	0	12.94		3	31.68	0.02	0	12.94		3
白银区农村饮水安全巩固提升 2016	10.30		68	4.65		2	10.30		68	4.65		2
平川区农村饮水安全巩固提升 2016	10.00		0			3	10.00		0			3
靖远县农村饮水安全巩固提升 2016	198.50	0.10	4199			13	198.50	0.10	4199			13
会宁县农村饮水安全巩固提升 2016	33.04		439			14	33.04		439			14
景泰县农村饮水安全巩固提升 2016	20.70		609	69.21		4	20.70		609	69.21		4

2-19 续表

项目	全部计划工程量						累计完成工程量					
	土方（万米^3）	石方（万米^3）	砼（米^3）	金属结构（吨）	移民安置人数（人）	单项工程个数（个）	土方（万米^3）	石方（万米^3）	砼（米^3）	金属结构（吨）	移民安置人数（人）	单项工程个数（个）
秦州区农村饮水安全巩固提升工程 2016	10.96	0.04	2000			4	10.96	0.04	2000			4
麦积区农村安全饮水巩固提升工程 2016	23.09	0.30	3700	21.00		15	23.09	0.30	3700	21		15
清水县农村饮水安全巩固提升工程 2016	21.64		5700			7	21.64		5700			7
秦安县农村饮水安全巩固提升 2016	29.64	0.12	193	12.46		1	29.64	0.12	193	12.46		1
甘谷县农村饮水安全巩固提升工程 2016	87.70		6273	127.60		1	87.70		6273	127.6		1
张家川县农村饮水安全巩固提升 2016	20.38		128			1	20.38		128			1
凉州区农村饮水安全巩固提升 2016	58.02	0.02	100			1	58.02	0.02	100			1
民勤县农村饮水安全巩固提升项目 2016	82.97		703			1	82.97		703			1
古浪县农村饮水安全巩固提升 2016	44.30		6200	0.91		4	44.30		6200	0.91		4
甘州区农村饮水安全巩固提升 2016	45.00	0.06	425	5.40			45.00	0.06	425	5.4		
民乐县农村饮水安全巩固提升 2016	3.26	0.01	800			2	3.26	0.01	800			2
崆峒区农村饮水安全项目巩固提升 2016	38.57	16.53	711	199.00		1	38.57	16.53	711	199		1
泾川县农村饮水安全巩固提升 2016	37.00		0			1	37.00		0			1
灵台县农村饮水安全巩固提升 2016	14.20		0	43.00		4	14.20		0	43		4
崇信县农村饮水安全巩固提升 2016	9.61		90	2.80		1	9.61		90	2.8		1
华亭县农村饮水安全巩固提升 2016	13.28	3.32	200	3.20		2	13.28	3.32	200	3.2		2
庄浪县农村饮水安全巩固提升 2016	36.84		3248	36.90		4	36.84		3248	36.9		4
静宁县农村饮水安全巩固提升 2016	94.01		0	207.73		13	94.01		0	207.73		13
瓜州县农村饮水安全巩固提升 2016	0.24	0.11	820	0.60		2	0.24	0.11	820	0.6		2
玉门市农村饮水安全巩固提升 2016	12.45		1300			2	12.45		1300			2
西峰区 2016 年市级财政安排农村饮水项目						5						5
西峰区农村饮水安全巩固提升 2016						6						6
庆城县农村饮水安全巩固提升 2016	44.94		2121	7.90		10	44.94		2121	7.9		10

2-19 续表

项　目	全部计划工程量						累计完成工程量					
	土方（万米^3）	石方（万米^3）	砼（米^3）	金属结构（吨）	移民安置人数（人）	单项工程个数（个）	土方（万米^3）	石方（万米^3）	砼（米^3）	金属结构（吨）	移民安置人数（人）	单项工程个数（个）
庆城县2016年市级财政安排农村饮水项目	42.32	0.53	11800	9.43		11	42.32	0.53	11800	9.43		11
环县2016年市级财政安排农村饮水项目						8						8
环县农村饮水安全巩固提升2016	180.00	78.00	4100	1600.00		18	180.00	78.00	4100	1600		18
华池县农村饮水安全巩固提升2016	20.00	0.24	9030	17.00		4739	20.00	0.24	9030	17		4739
华池县2016年市级财政安排农村饮水项目	6.40	0.07	2880	2.10		1684	6.40	0.07	2880	2.1		1684
合水县2016年市级财政安排农村饮水项目	1.01		286			5	1.01		286			5
合水县农村饮水安全巩固提升2016	3.16		752			6	3.16		752			6
正宁县2016年市级财政安排农村饮水项目	10.92		1426	2.80		2	10.92		1426	2.8		2
正宁县农村饮水安全巩固提升2016	28.08					2	28.08					2
宁县2016年市级财政安排农村饮水项目						17						17
宁县农村饮水安全巩固提升2016	88.49		8700			10	88.49		8700			10
镇原县2016年市级财政安排农村饮水项目	24.10		3750			792	24.10		3750			792
镇原县农村饮水安全巩固提升2016	49.05		8700			964	49.05		8700			964
安定区农村饮水安全巩固提升2016	432.88					1	432.88					1
通渭县农村饮水安全巩固提升2016	15.00	0.19	1700			1	15.00	0.19	1700			1
陇西县农村饮水安全巩固提升2016	36.96	0.28	1690			1	36.96	0.28	1690			1
渭源县农村饮水安全巩固提升2016	35.84		569	34.77		4	35.84		569	34.77		4
临洮县村饮水安全巩固提升2016	78.00		13500			1	78.00		13500			1
武都区农村饮水安全巩固提升2016	102.96	0.30	3100	46.20		38	102.96	0.30	3100	46.2		38
宕昌县农村饮水安全巩固提升2016	48.21	8.37	10900			34	48.21	8.37	10900			34
成县农村饮水安全巩固提升2016	18.04	7.70	900			30	18.04	7.70	900			30
康县农村饮水安全巩固提升2016	21.00		11300			34	21.00		11300			34
文县农村饮水安全巩固提升2016	14.83		348	5.78		34	14.83		348	5.78		34

2–19 续表

项目	全部计划工程量						累计完成工程量					
	土方（万米³）	石方（万米³）	砼（米³）	金属结构（吨）	移民安置人数（人）	单项工程个数（个）	土方（万米³）	石方（万米³）	砼（米³）	金属结构（吨）	移民安置人数（人）	单项工程个数（个）
西和县农村饮水安全巩固提升 2016	73.10	0.05	5385	257.00		23	73.10	0.05	5385	257		23
礼县农村饮水安全巩固提升 2016	91.70		3340			45	91.70		3340			45
徽县农村饮水安全巩固提升 2016	25.48	0.14	8400			31	25.48	0.14	8400			31
康乐县农村饮水安全巩固提升 2016	43.79	4.86	3001	85.05		3	43.79	4.86	3001	85.05		3
广河县农村饮水安全巩固提升 2016	9.77		1800	98.00		1	9.77		1800	98		1
和政县农村饮水安全巩固提升 2016	31.11	1.03	1261			4	31.11	1.03	1261			4
积石山县农村饮水安全巩固提升 2016	56.33		2572	739.00		2	56.33		2572	739		2
抗旱工程	428.52	26.69	85044	2985.78		81	422.03	26.65	84428	2984.03		80
永登县抗旱应急引调提水 2016	9.84	1.92	463	102.97		1	9.84	1.92	463	102.97		1
榆中县抗旱应急引调提水 2016	7.42	0.04	2516	46.75		11	3.00		2000	45		11
靖远县抗旱应急引调提水项目	12.78	0.21	5810			1	12.78	0.21	5810			1
会宁县抗旱应急引调提水项目	10.98	0.32	406	585.32		3	10.98	0.32	406	585.32		3
景泰县抗旱应急引调提水项目	21.09	0.90	1300			2	21.09	0.90	1300			2
秦州区抗旱应急引调提水 2016	8.26		4100			2	8.26		4100			2
清水县抗旱应急引调提水项目 2016	9.79	1.96	3340	521.40		2	9.79	1.96	3340	521.4		2
秦安县抗旱应急引调提水 2016	2.95	9.17	1			2	2.95	9.17	1			2
武山县抗旱应急引调提水 2016	7.96		4257	56.00		2	7.96		4257	56		2
凉州区抗旱应急引调提水项目	0.19	7.59	7720			2	0.19	7.59	7720			2
民勤县抗旱应急水源工程	38.75	0.46	3861			3	38.75	0.46	3861			3
古浪县抗旱应急引调提水项目	64.62		5559	34.32		3	64.62		5559	34.32		3
天祝县抗旱应急引调提水项目	15.50	0.02	222			1	15.50	0.02	222			1
山丹县抗旱应急引调提水项目	20.60	0.08				1	20.60	0.08				1
泾川县抗旱应急水源引调提水项目	8.67		543			1	6.60		443			

2-19 续表

项目	全部计划工程量						累计完成工程量					
	土方（万米^3）	石方（万米^3）	砼（米^3）	金属结构（吨）	移民安置人数（人）	单项工程个数（个）	土方（万米^3）	石方（万米^3）	砼（米^3）	金属结构（吨）	移民安置人数（人）	单项工程个数（个）
崇信县抗旱应急引调提水项目	5.14		3320			3	5.14		3320			3
庄浪县抗旱应急引调提水项目	6.62		296	13.30		1	6.62		296	13.3		1
静宁县抗旱应急引调提水项目	11.82		0	93.72		3	11.82		0	93.72		3
敦煌县抗旱应急引调提水项目	10.74		2076	2.00		1	10.74		2076	2		1
庆城县抗旱应急引调提水项目	0.75	0.05	174			1	0.75	0.05	174			1
环县抗旱应急引调提水项目	7.80		3500	268.00		3	7.80		3500	268		3
华池县抗旱应急引调提水项目	4.22	0.66	1216	136.00		4	4.22	0.66	1216	136		4
镇原县抗旱应急引调提水项目	14.48	0.15	2300			2	14.48	0.15	2300			2
通渭县抗旱应急引调提水项目	6.90	0.09	5000			1	6.90	0.09	5000			1
陇西县抗旱应急引调提水项目	22.75	0.03	4910			2	22.75	0.03	4910			2
临洮县抗旱应急引调提水项目	11.09		3733	421.00		1	11.09		3733	421		1
西和县抗旱应急水源工程 2016	1.02	0.40	853	163.00		1	1.02	0.40	853	163		1
礼县抗旱应急引调提水项目	27.30		950			2	27.30		950			2
临夏县 2015 年抗旱引调提水项目	1.93	0.02	1020			1	1.93	0.02	1020			1
永靖县 2015 年抗旱引调水提水工程	4.54	0.09	1092	106.00		3	4.54	0.09	1092	106		3
广河县抗旱应急引调提水项目	5.72		2047	65.00		2	5.72		2047	65		2
广河县 2015 齐家镇抗旱应急水源配套	5.75	0.12	1363	41.00		1	5.75	0.12	1363	41		1
广河县 2015 三甲集镇抗旱应急水源配套	6.04	0.07	808	60.00		1	6.04	0.07	808	60		1
和政县抗旱应急引调提水项目	13.60		3850			2	13.60		3850			2
东乡县 2014 年抗旱引调提水项目	12.60	1.32	2119	21.00		2	12.60	1.32	2119	21		2
东乡县 2015 年抗旱引调提水项目	2.36	0.02	2195			2	2.36	0.02	2195			2
东乡县抗旱应急引调提水项目	3.40		1200			1	3.40		1200			1
积石山县抗旱应急引调提水项目	2.56	1.00	924	249.00		1	2.56	1.00	924	249		1

2–19 续表

项目	全部计划工程量						累计完成工程量					
	土方（万米^3）	石方（万米^3）	砼（米^3）	金属结构（吨）	移民安置人数（人）	单项工程个数（个）	土方（万米^3）	石方（万米^3）	砼（米^3）	金属结构（吨）	移民安置人数（人）	单项工程个数（个）
积石山县2015年抗旱应急水源配套工程						3						3
其他供水工程	92.58	1.26	2984	306.00		10	14.78	1.26	2983	126		7
金昌市城市应急备用水源项目	78.00		1	236.00		4	0.20		0	56		4
华池县刘坪村美丽村庄河道治理及供水工程	11.38	1.20	796	70.00		2	11.38	1.20	796	70		2
积石山县县城区供水水源改扩建工程						3						
靖远寺儿坪供水项目	3.20	0.06	2187			1	3.20	0.06	2187			1
水务项目	214.93	93.16	109700	3059.45		30	188.01	42.47	65239	2329.34		29
自来水厂建设	75.62	32.41	54612	2.56		2	67.81	22.60	47817	2.56		2
庄浪县南坪水厂改扩建及管网工程						1						1
武威市城乡融合黄羊土门组团供水（陆港）	75.62	32.41	54612	2.56		1	67.81	22.60	47817	2.56		1
城镇供水管线建设	38.31	55.50	42413	2256.89		4	32.71	15.47	6232	1526.78		3
天水市藉口水厂至西十里供水管道工程												
清水县城区自来水管网扩建工程	20.80			1344.00		1	20.80			1344		1
清水县城区供水工程	12.40	48.50	38211	912.89		1	7.80	8.47	3730	182.78		
天水市城区供水高桥头引水枢纽工程	0.61	7.00	4200			1	0.61	7.00	2500			1
清水县城区自来水管网扩建工程	4.50		2			1	3.50		2			1
污水处理工程建设	101.00	5.25	12675	800.00		23	87.49	4.40	11190	800		23
华池县城区污水分户收集工程	2.10	0.38	1256			2	2.10	0.38	1256			2
华池县县城污水支管道工程	1.40	0.51	94			2	1.40	0.51	94			2
临洮县污水处理厂配套管网工程	4.46		25			1						1
山丹县城区生活污水处理工程	5.04	4.36	2300			1	3.99	3.51	1840			1
民勤红沙岗污水处理厂及中水回用贮水池	88.00		9000	800.00		17	80.00		8000	800		17
其他水务能力建设						1						1

2-19 续表

项　目	全部计划工程量						累计完成工程量					
	土方（万米^3）	石方（万米^3）	砼（米^3）	金属结构（吨）	移民安置人数（人）	单项工程个数（个）	土方（万米^3）	石方（万米^3）	砼（米^3）	金属结构（吨）	移民安置人数（人）	单项工程个数（个）
甘谷县城区供水水源水深度处理工程						1						1
非常规水资源利用项目	4.20		118	3.60		1	4.20		118	3.6		1
雨水集用	4.20		118	3.60		1	4.20		118	3.6		1
金昌市龙首山前山区雨洪资源利用项目	4.20		118	3.60		1	4.20		118	3.6		1
水电开发利用	94.53	71.30	50865	435.30		10	88.90	67.75	47384	303		7
水力发电工程建设	56.62	45.65	25800	204.00		1	52.02	42.25	24860	198		2
迭部县阿夏那盖水电站	0.32	4.15	1300	115.00		1	0.32	4.15	1300	115		1
夏河县安顺水电站	56.30	41.50	24500	89.00			51.70	38.10	23560	83		1
水电增效扩容	13.81	8.35	13065	186.30		8	12.78	8.20	10524	60		4
永昌县头坝二号水电站增效扩容改造						1						1
金塔县解放村水电站增效扩容改造												
肃北县拉排一级水电站增效扩容改造												
肃北县拉排一级水电站河流生态修复												
敦煌市党河水电站增效扩容改造												
敦煌市南湖店水电站增效扩容改造												
文县哈南水电站增效扩容改造												
文县哈南水电站河流生态修复												
礼县红崖二级水电站增效扩容改造工程	0.40		480	21.00		1	0.08		96			
礼县大滩水电站河流生态修复工程	0.16		300			1	0.03		60			
礼县大滩水电站增效扩容改造工程	0.03		58			1	0.03		58			1
礼县红崖二级水电站河流生态修复工程			250			1			50			
和政县闫蔡坪水电站增效扩容改造	0.72	0.19	1400	105.00		1	0.14	0.04	100			
东乡县老虎嘴电站			4917	15.30					4500	15		

2–19 续表

项目	全部计划工程量						累计完成工程量					
	土方（万米^3）	石方（万米^3）	砼（米^3）	金属结构（吨）	移民安置人数（人）	单项工程个数（个）	土方（万米^3）	石方（万米^3）	砼（米^3）	金属结构（吨）	移民安置人数（人）	单项工程个数（个）
合作市峡村电站			230	27.00		1			230	27		1
夏河县白土坡水电站	12.50	8.16	5430	18.00		1	12.50	8.16	5430	18		1
小水电代燃料	24.10	17.30	12000	45.00		1	24.10	17.30	12000	45		1
夏河县甫黄二级小水电代燃料项目	24.10	17.30	12000	45.00		1	24.10	17.30	12000	45		1
水保及生态保护	12700.70	571.79	245907	1872.98	1	135	12268.59	560.83	204484	1632.83		196
水土流失治理	11366.52	486.28	28632	427.83	1	87	11254.93	475.89	26570	391.83		156
泾川县国家农业综合开发水土保持项目2016	85.87		19			1	85.87		19			1
漳县国家农业综合开发水土保持项目2016	50.38		19			1	50.38		19			1
环县病险淤地坝除险加固工程2016	9.19		1611	55.82		3	8.13		1420	49.2		3
临洮县国家水土保持重点建设2016第二批	40.84		8			1						
靖远县水土保持重点工程2016	0.95	0.02	412			1	0.95	0.02	412			1
岷县水土保持重点工程2016	12.01	9.56				1	12.01	0.15				1
成县水土保持重点工程2016	12.59	0.03	632			1	12.59	0.03	632			1
文县水土保持重点工程2016	25.81		77			1	25.81		77			1
康县水土保持重点工程2016	5.97	1.99	35			1	5.97	1.99	35			1
临潭县水土保持重点工程2016	17.32	0.10	13			1	11.60	0.10	13			1
卓尼县水土保持重点工程2016	15.84	1.09	692			1	12.90	1.09	692			1
正宁县国家水土保持重点建设工程2016年	69.58		19			1	181.47		19			1
合水县国家水土保持重点建设工程2016年	16.13		16			1	17.08		16			1
东乡县国家水土保持重点建设2016第二批	41.91					1	41.91					1
永靖县国家水土保持重点建设2016第二批	20.85	0.25	14			1	20.85	0.25	14			1
临夏县国家水土保持重点建设2016第二批	42.64		23			1	42.64		23			1
陇西县国家水土保持重点建设2016第二批	34.27		12			1	34.27		12			1

2-19 续表

项目	全部计划工程量						累计完成工程量					
	土方（万米^3）	石方（万米^3）	砼（米^3）	金属结构（吨）	移民安置人数（人）	单项工程个数（个）	土方（万米^3）	石方（万米^3）	砼（米^3）	金属结构（吨）	移民安置人数（人）	单项工程个数（个）
秦安县国家农业综合开发水土保持项目2016	78.81		24			1	78.81		24			1
景泰县水土保持重点工程2016	161.68	0.14	274			1	161.03	0.14	274			1
麦积区水土保持重点工程2016	27.20		769			1	12.25		459			1
武都区水土保持重点工程2016	34.33	0.68	766			1	34.33	0.68	766			1
两当县水土保持重点工程2016	25.44	0.03	3363			1	25.44	0.03	3363			1
临夏市水土保持重点工程2016	35.12	0.14				1	35.12	0.14				1
迭部县水土保持重点工程2016	11.66	1.56	334			1	6.30	0.60	50			1
渭源县国家农业综合开发水土保持项目2016	61.17		12			1	61.17		12			1
和政县国家农业综合开发水土保持项目2016	65.61	0.04	130			1	65.61	0.04	130			1
崇信县国家农业综合开发水土保持项目2016	124.07		13			1	124.07		13			1
甘肃省坡耕地水土流失重点治理2015(长江)	707.78						707.78					4
镇原县国家水土保持重点建设工程2016年	182.73		142			1	182.73		142			1
安定区国家水土保持重点建设工程2016年	53.19		13			1	53.19		13			1
永靖县国家水土保持重点建设工程2016年	136.10		35			1	136.10		35			1
东乡县国家水土保持重点建设工程2016年	61.78		22			1	61.78		22			1
临夏县国家水土保持重点建设工程2016年	77.87		27			1	77.87		27			1
积石山县国家水土保持重点建设工程2016年	143.87		26			1	143.87		907			1
甘肃省农业综合开发水土保持项目（2015）	793.68	470.00	835				793.68	470.00	835			14
甘肃省国家水土保持重点工程（2015）	1447.50		758				1447.50		758			14
广河县坡耕地水土流失治理2016	123.23		74			1	123.23		74			1
临夏县坡耕地水土流失治理2016	169.69					1	169.69					1
甘肃省水土流失重点治理工程2015（黄河）	105.51		124				105.51		124			20
礼县坡耕地水土流失治理2016	214.36		270			1	214.36		270			1

2–19 续表

项　目	全部计划工程量						累计完成工程量					
	土方（万米^3）	石方（万米^3）	砼（米^3）	金属结构（吨）	移民安置人数（人）	单项工程个数（个）	土方（万米^3）	石方（万米^3）	砼（米^3）	金属结构（吨）	移民安置人数（人）	单项工程个数（个）
西和县坡耕地水土流失治理 2016	213.79	0.31	900			1	213.79	0.31	900			1
临洮县坡耕地水土流失治理 2016	171.21		664			1	171.21		664			1
会宁县国家水土保持重点建设 2016 第二批	62.13		5			1	62.13		5			1
环县坡耕地水土流失治理 2016	269.52					1	269.52					1
安定区国家水土保持重点建设 2016 第二批	30.81		4			1						
秦州区坡耕地水土流失治理 2016	175.28		99			1	175.28		99			1
张家川县国家农业综合开发水土保持项目 2016	61.20		37			1	61.20		37			1
甘肃省坡耕地水土流失重点治理 2015（黄河）	2481.82						2481.82					12
甘肃省水土流失重点治理工程 2015（内陆）												2
甘肃省水土流失重点治理工程 2015（长江）	6.01						6.01					5
通渭县国家水土保持重点建设 2016 第二批	47.77	0.01	77			1	9.00					1
武山县国家农业综合开发水土保持项目 2016	82.38		31			1	82.38		31			1
甘谷县国家农业综合开发水土保持项目 2016	65.16		11			1	65.16		11			1
清水县国家农业综合开发水土保持项目 2016 年	66.65		20			1	66.65		20			1
康乐县国家农业综合开发水土保持项目 2016	54.28		91			1	54.28		91			1
华池县国家农业综合开发水土保持项目 2016	27.96		110			1	27.96		110			1
庆城县国家农业综合开发水土保持项目 2016	35.48		31			1	35.48		31			1
灵台县国家农业综合开发水土保持项目 2016	76.65		19			1	76.65		19			1
会宁县国家水土保持重点建设工程 2016 年	239.10		10			1	239.10		10			1
庄浪县国家水土保持重点建设工程 2016 年	132.10		85			1	132.10		85			1
通渭县国家水土保持重点建设工程 2016 年	115.40		248			1	115.40		248			1
陇西县国家水土保持重点建设工程 2016 年	165.20		106			1	165.20		106			1
临洮县国家水土保持重点建设工程 2016 年	53.19		103			1	53.19		103			1

2-19 续表

项目	全部计划工程量						累计完成工程量					
	土方(万米^3)	石方(万米^3)	砼(米^3)	金属结构(吨)	移民安置人数(人)	单项工程个数(个)	土方(万米^3)	石方(万米^3)	砼(米^3)	金属结构(吨)	移民安置人数(人)	单项工程个数(个)
宁县国家水土保持重点建设工程2016年	18.47		14			1	18.47		14			1
东乡县坡耕地水土流失治理2016	204.03					1	204.03					1
陇西县坡耕地水土流失治理2016	169.97					1	135.50					1
通渭县坡耕地水土流失治理2016	194.40	0.04	464			1	194.40	0.04	464			1
镇原县国家水土保持重点建设2016第二批	44.77		7			1	44.77		7			1
安定区坡耕地水土流失治理2016	204.36					1	159.80					1
镇原县坡耕地水土流失治理2016	285.61					1	285.61					1
静宁县坡耕地水土流失治理2016	198.54		1176			1	198.54		1176			1
庄浪县病险淤地坝除险加固工程2016	1.15		647	18.58		1	1.15		647	18.58		1
西峰区病险淤地坝除险加固工程2016	5.00		1619	10.00		1	4.40		1327	8.5		1
正宁县病险淤地坝除险加固工程2016	2.42		582	16.84		1	2.20		512	16.84		1
宁县病险淤地坝除险加固工程2016	1.91	0.11	761	18.84		1	1.78	0.09	752	18.84		1
通渭县病险淤地坝除险加固工程2016	2.85		802	23.04		1	2.85		500	17		1
陇西县病险淤地坝除险加固工程2016	4.61		542	41.91		1	4.21		511	41.91		1
渭源县病险淤地坝除险加固工程2016	2.15		463	18.04		1	1.80		18	18.04		1
漳县病险淤地坝除险加固工程2016	6.62		284	13.66		1	6.62		284	13.66		1
榆中县病险淤地坝除险加固工程2016	3.97	0.07	74	0.51	1	1	3.97	0.07	74	0.51		1
秦州区病险淤地坝除险加固工程2016	0.70		718	14.45		1	0.53		467	14.45		1
庆城县病险淤地坝除险加固工程2016	2.26		553	21.50		1	1.85		420	18		1
华池县病险淤地坝除险加固工程2016	1.86		663	27.15		1	1.72		650	27.15		1
合水县病险淤地坝除险加固工程2016	1.85		465	14.73		1	1.85		465	14.73		1
镇原县病险淤地坝除险加固工程2016	10.26		662	21.19		1	10.26		662	21.19		1
安定区病险淤地坝除险加固工程2016	9.60		2519	84.45		4	7.72		1997	66.11		4

2-19 续表

项　目	全部计划工程量						累计完成工程量					
	土方（万米³）	石方（万米³）	砼（米³）	金属结构（吨）	移民安置人数（人）	单项工程个数（个）	土方（万米³）	石方（万米³）	砼（米³）	金属结构（吨）	移民安置人数（人）	单项工程个数（个）
临洮县病险淤地坝除险加固工程 2016	4.17		524	20.56		1	4.17		524	20.56		1
泾川县病险淤地坝除险加固工程 2016	2.50	0.03	732	5.70		1	2.50	0.03	732	5.7		1
灵台县病险淤地坝除险加固工程 2016	4.87	0.09	97	0.86		1	4.87	0.09	97	0.86		1
流域生态综合治理	1273.31	84.87	202760	1445.15		37	952.79	84.30	163399	1241		29
敦煌水资源规划项目（酒泉市）2016	171.18	21.50	26244	18.15		10	137.15	21.38	21950			3
敦煌水资源规划项目（河道归束）2015	211.64	20.11				5	214.25	19.90				5
敦煌水资源规划项目（敦煌市）2016	279.46	5.59	16750	105.00		1	58.88	5.33	160			
敦煌水资源规划项目（党河灌区）2015	43.07	6.39	41300	606.00		3	43.07	6.39	41300	606		3
敦煌水资源合理与生态保护（疏勒河）2016	342.46	9.78	92566	360.00		9	273.97	9.78	74057	279		9
敦煌水资源利用与生态保护（疏勒河）2015	225.50	21.50	25900	356.00		9	225.47	21.52	25932	356		9
河湖连通工程	30.38	0.42	11700			9	30.38	0.42	11700			9
庆阳市新城南区湖库水系连通工程	30.38	0.42	11700			9	30.38	0.42	11700			9
其他环境水利项目	30.49	0.22	2815			2	30.49	0.22	2815			2
金昌市十里花海景区建设项目	11.40	0.14	0			1	11.40	0.14	0			1
平凉市崆峒水库至大岔河段河道生态综合治理	19.09	0.08	2815			1	19.09	0.08	2815			1
机构能力建设专项						19						17
水文设施及能力建设						19						17
甘肃水资源监控能力建设二期 2016						3						1
甘肃省中小河流水文监测系统建设项目						16						16
移民项目						408						408
西峰区小盘河水库征地拆迁补偿安置工作						1						1
甘肃省大中型水库移民后期扶持（黄河）						280						280

2-19 续表

项目	全部计划工程量						累计完成工程量					
	土方（万米^3）	石方（万米^3）	砼（米^3）	金属结构（吨）	移民安置人数（人）	单项工程个数（个）	土方（万米^3）	石方（万米^3）	砼（米^3）	金属结构（吨）	移民安置人数（人）	单项工程个数（个）
甘肃省大中型水库移民后期扶持（内陆）						82						82
甘肃省大中型水库移民后期扶持（长江）						45						45
其他水利项目	134.39	0.79	122843	2455.37		172	126.89	0.72	118908	2337.28		154
金昌市永昌县金川工农干渠围栏保护工程	0.25		0	11.20		1	0.25		0	11.2		1
会宁县电子桥、康家河桥桥梁工程	0.10	0.06	5691	488.00		2	0.10	0.06	5691	488		2
临夏市大夏河风情线综合治理工程	59.08		77800	775.30		3	59.08		77800	775.3		3
永靖县刘盐八地质灾害灌区节水改造工程	74.96	0.73	39352	1180.87		166	67.46	0.66	35417	1062.78		148

2-20 2016年水利建设项目累计完成工程量（项目分类）

项目分类		全部计划						累计完成					
		土方（万米^3）	石方（万米^3）	砼（米^3）	金属结构（吨）	移民安置人数（人）	单项工程个数（个）	土方（万米^3）	石方（万米^3）	砼（米^3）	金属结构（吨）	移民安置人数（人）	单项工程个数（个）
甘肃省		32374.27	5037.69	10159158	299741.57	2784	10390	28391.33	3928.84	6645984	225504.54	3497	10325
建设性质	新建	30303.71	4792.72	9016204	253208.86	2778	10074	26520.08	3728.35	5848007	198970.95	2187	10057
	扩建	321.62	7.88	49870	148.21		13	319.88	7.72	44639	42.91		12
	改建	1748.86	237.09	1092997	46384.49	6	301	1551.29	192.78	753252	26490.68	1310	254
	单纯建造生活设施												
	迁建						1						1
	恢复	0.08		86			1	0.08		86			1
	单纯购置												
建设阶段	前期工作												
	本年正式施工	32298.65	5005.28	10104546	299739.01	2784	10388	28323.52	3906.24	6598167	225501.98	3497	10323
	筹建	75.62	32.41	54612	2.56		2	67.81	22.60	47817	2.56		2
隶属关系	中央属												
	省（区、市）属	3341.34	1686.96	4674103	182596.23		66	2231.88	1322.82	2629764	140773.16	1305	54
	地区（市）属	1982.74	812.97	883925	48349.20	1726	96	1412.16	685.05	447854	33845.19	1726	85
	县（区、市）属	26963.31	2528.87	4599324	68666.79	1058	10224	24697.85	1916.76	3567066	50771.19	466	10182
	其他	86.88	8.89	1807	129.35		4	49.44	4.22	1300	115.00		4
项目规模	大中型	2518.33	1365.99	3630807	128673.78		10	1651.09	1202.21	2136207	113973.78		9
	小型	29855.94	3671.70	6528351	171067.79	2784	10380	26740.24	2726.63	4509777	111530.76	3497	10316
	其他												
所属流域	黄河流域	22886.15	4157.45	8433467	287291.94	2784	9491	19981.51	3348.58	5124456	215171.44	3468	9455
	长江流域	2170.44	57.46	588709	1181.98		394	2085.57	53.47	548358	1160.98		397
	西北诸河流域	7317.69	822.78	1136982	11267.65		505	6324.25	526.80	973171	9172.12	29	473
是否重大	否	30063.69	4048.29	7778158	262214.42	2784	10291	27364.26	3322.91	6027965	211160.84	3497	10248
	是	2310.58	989.40	2380999	37527.15		99	1027.07	605.93	618020	14343.70		77
是否受益贫困村	否	12287.33	2154.61	4130648	86566.31	1628	914	9986.01	1535.05	2909355	45807.35	2962	805
	是	20086.95	2883.07	6028510	213175.25	1156	9476	18405.32	2393.80	3736630	179697.19	535	9520

2-21 2016 年水利建设项目本年完成工程量

项　目	本年计划工程量						本年完成工程量					
	土方（万米^3）	石方（万米^3）	砼（米^3）	金属结构（吨）	移民安置人数（人）	单项工程个数（个）	土方（万米^3）	石方（万米^3）	砼（米^3）	金属结构（吨）	移民安置人数（人）	单项工程个数（个）
甘肃省	18903.46	2405.87	3064235	79771.3	1968	10150	16970.958	1924.47	2985971	76890.63	1968	10193
防洪项目	1482.94	646.79	1059374	13445.0		191	1439.295	676.07	1058836	13266.03		189
堤防工程	313.35	79.93	29076	21.8		13	262.95	62.93	13007	17.82		13
会宁县焦家河焦河村防洪工程	4.81	1.23	6735	0.7		1	4.81	1.23	6735	0.67		1
会宁县苦水河河畔羊肉市场段综合治理工程	54.32	19.25	11413	1.2		1	5.42	2.25	1400	0.15		
秦州区天水镇易地搬迁堤防工程												
天水市藉河生态综合治理一期续建工程	80.30					1	80.3					1
天祝县大通河防洪工程	121.00	56.00	3652			1	121	56	3652			1
瓜州县榆林河蘑菇台子段河道治理	3.42		6063			1	3.42		7			1
庆城县 2016 年蔡家庙沟护岸工程						1						1
华池县葫芦河引水枢纽上游护岸工程	4.90	0.60				2	4.9	0.6				2
合水县葫芦河、苗村河太白段河道整治工程	5.85	1.63	120			1	5.85	1.63	120			1
宁县新宁镇高山堡村护岸工程	1.33	0.02	10			1	1.33	0.02	10			1
镇原县洪河南川芦李护岸工程	0.35	0.21	1077			1	0.35	0.21	1077			1
合作市那吾乡精准扶贫暨生态小康村防洪工程	5.57	0.99				1	5.57	0.99				1
卓尼县车巴河流域防洪治理项目	31.50		6	20.0		1	30		6	17		1
迭部县卡坝乡尼吉巴防洪工程												1
大江大湖治理	252.30	325.01	178446	11500.0		32	252.3	325.01	178446	11500		23
黄河甘肃段兰州市防洪治理工程	19.80	29.90	6			8	19.8	29.9	6			8
黄河干流白银市防洪治理工程	113.14	169.76	31940	10000.0		11	113.14	169.76	31940	10000		11
黄河甘肃段临夏州防洪治理工程	105.00	95.00	146500	1500.0		9	105	95	146500	1500		
黄河甘肃段甘南州防洪治理工程	14.36	30.35				4	14.36	30.35				4
重要支流治理	547.15	111.07	246159			17	471.824	111.07	215387			23
湟水兰州市红古段防洪治理工程	80.00	92.00	6			3	80	92	6			3
武山县车家川至山丹河口段治理	34.69		11625			1	34.692		11625			1

2-21 续表

项　目	本年计划工程量						本年完成工程量					
	土方（万米^3）	石方（万米^3）	砼（米^3）	金属结构（吨）	移民安置人数（人）	单项工程个数（个）	土方（万米^3）	石方（万米^3）	砼（米^3）	金属结构（吨）	移民安置人数（人）	单项工程个数（个）
石羊河凉州区松涛寺至红水河入河口防洪	29.64		87800			1	29.64		87800			1
平凉市泾河吴老沟至平镇桥河堤治理	37.30		10715			1	37.3		10715			1
泾河崆峒区马莲沟至南阳涧河段防洪工程	39.84		19811			1	39.802		19811			1
泾河泾川县罗汉洞至洪河口段河堤治理												
葫芦河静宁县狗娃河口至胡家河段河堤治理过程												
黑河金塔县常丰至中丰村段防洪治理工程		2.10				1		2.1				1
黑河酒泉市金塔县五爱至友好段河道治理工程	5.00	1.50				1	5	1.5				1
环县马莲河韩洼子至陈沟桥段防洪	12.45	0.54	11153			1	12.45	0.54	11153			1
蒲河宁县庄里至叶王川段防洪治理工程												
洮河岷县齐家庄至石头咀段堤防工程	64.86	7.36				1	64.86	7.36				1
文县尚德镇水家坝至周家坝河道治理	6.45	3.44				1	6.45	3.44				1
白龙江文县石坊乡东峪口至大渡坝河道	7.28	2.14				1	7.28	2.14				1
西和县西汉水郭家坝至昌河坝段防洪	96.29		44240			1	21		9660			1
礼县西汉水罗家堡至盐官镇段防洪	91.46		31200			1	91.46		31200			1
大夏河干流临夏市单子庄至新大桥段	21.84	0.22	16382			1	21.84	0.22	16382			1
大夏河干流临夏市祁牟段堤防工程												
临夏县大夏河干流双城至马九川段治理	16.60	0.17	7826				16.6	0.17	7826			1
大夏河干流临夏县祁牟至刘家峡水库防洪												
永靖县湟水干流白川至二房段河堤工程												
大夏河东乡县折桥至刘家峡水库堤防									3808			
洮河合作市段防洪工程												1
洮河干流临潭县洮滨防洪堤工程												1
洮河卓尼县麻路1段至牙当段												1
卓尼县洮河干流城区段堤防工程												1
夏河县垂子合大桥至阿一山大桥段治理												1
大夏河夏河县王格尔塘至曲奥段治理工程	3.45	1.60	5400			1	3.45	1.6	5400			1

2-21 续表

项目	本年计划工程量						本年完成工程量					
	土方（万米^3）	石方（万米^3）	砼（米^3）	金属结构（吨）	移民安置人数（人）	单项工程个数（个）	土方（万米^3）	石方（万米^3）	砼（米^3）	金属结构（吨）	移民安置人数（人）	单项工程个数（个）
中小河流治理	355.67	116.92	546297	690.0		39	438.851	164.22	604607	693.08		39
皋兰县蔡家河东湾沟上游段——文山段堤防						1						1
白银区东大沟民勤村至城区段治理	20.30	4.20	2400			1	20.3	4.2	2400			1
会宁县祖厉河城区段综合治理二期工程（续建）	100.00	36.24	92800	651.0		2	100	36.24	92800	651		2
清水县后川河杜川至王店段堤防工程	1.00		910			1	1		910			1
秦安县南小河王尹马河至凤山堤防												1
甘谷县清溪河礼辛乡寨子至慰坪堤防工程						1						
肃南县隆畅河治理工程补充项目	9.03	0.28	1			1	9.03	0.28	1			1
临泽县小东沟河新柳－西街农田防护	0.14	0.16	104			1	0.141	0.16	104			1
山丹县马营河大马营段河道治理工程	12.74	14.07	1363			1	12.74	14.07	1363			
泾川县洪河河堤治理工程	4.00	0.10	0			1	4	0.1	0			
泾川县汭河十里沟至枣林段河堤治理工程	15.00		1			1	15		1			
泾川县黑河荒场至茜家沟河堤治理工程	3.00		0			1	3		0			
灵台县黑河东门至景家庄段河堤治理		0.18	4150			1		0.18	4150			1
灵台县达溪河县城至安家庄段河堤治理	32.32	2.96	600			1	32.32	2.96	600			1
灵台县达溪河县城至百里段河堤治理	19.12	3.33	20318			1	19.12	3.33	20318			1
崇信县汭河（九功渠首至野雀沟）河堤治理												
崇信县黑河河堤治理工程												
庄浪县北洛河良邑郭魏至石家窑防洪												
庄浪县红土坡至刘家湾段河堤工程												
庄浪县韩店镇王崖段河堤治理工程	15.47		7868			1	15.47		7868			1
肃州区清水河堤防及河道治理工程	37.43	17.33	30436	39.0		1	37.43	17.33	30436	39		1
肃州区丰乐河堤防及河道治理工程						1	83.38	47.3	58160	3.08		1
西峰区砚瓦川贺家塬沟护岸工程	1.70	0.26	21900			1	1.7	0.26	21900			1
正宁县四郎河樊湾子治理工程						4						4
正宁县四郎河房河治理工程						4						4

2-21 续表

项　目	本年计划工程量						本年完成工程量					
	土方（万米^3）	石方（万米^3）	砼（米^3）	金属结构（吨）	移民安置人数（人）	单项工程个数（个）	土方（万米^3）	石方（万米^3）	砼（米^3）	金属结构（吨）	移民安置人数（人）	单项工程个数（个）
漳县龙川河草川坪至魏下段堤防工程	2.00	34.00	2			1	1.8	34	2			1
武都区北峪河治理工程	8.10	1.85	270			1	8.1	1.85	270			1
宕昌县理川河流域治理工程												
宕昌县良恭河韩院段河堤工程												
成县严河堤防工程	7.83		320000			1	7.83		320000			1
康县阳坝河阳坝镇段治理工程	2.69	0.31				1	2.69	0.31				1
文县中路河中寨至白水江口段治理												
西和县太石河治理工程												
礼县清水江张堡至教面堤防工程	40.33		28580			1	40.33		28580			1
两当县红崖河蚂蚱河段综合治理工程												
两当县红崖河权坪河段综合治理工程												
徽县永宁河高桥乡河道治理工程	3.30	0.30	600			1	3.3	0.3	600			1
临夏县老鸦关河双城至上阴洼段防洪工程	1.31		566			1	1.31		566			1
东乡县巴谢河赵家至那勒寺段堤防	3.21		2672			1	3.21		2672			
东乡县巴谢河五家至赵家段堤防	4.26		7290			1	4.26		7290			1
合作市德吾录河卡加防洪工程	2.82	0.59				1	2.82	0.59				1
合作市格河多合儿防洪工程	1.37	0.31				1	1.37	0.31				1
临潭县羊沙河下河段治理工程												1
临潭县斜藏沟治理工程	6.80		3116				6.8		3116			1
卓尼县羊沙河恰盖防洪工程												1
卓尼县石窖沟藏巴哇防洪工程	0.40	0.45	350			1	0.4	0.45	500			1
舟曲县拱坝河堤防工程												1
迭部县阿夏流域治理工程												1
甘肃疏勒河灌区三道沟河道治理												
城市防洪工程	0.27	0.20	735			1	0.27	0.2	735			1
镇原县城东区排洪工程	0.27	0.20	735			1	0.27	0.2	735			1

2-21 续表

项　目	本年计划工程量						本年完成工程量					
	土方（万米^3）	石方（万米^3）	砼（米^3）	金属结构（吨）	移民安置人数（人）	单项工程个数（个）	土方（万米^3）	石方（万米^3）	砼（米^3）	金属结构（吨）	移民安置人数（人）	单项工程个数（个）
大中型病险水库除险加固	8.33	8.64	35360	609.6		1	8.33	8.64	35360	609.6		2
高台县小海子水库除险加固	2.17	0.41	364	7.8		1	2.17	0.41	364	7.8		1
甘肃双塔水库除险加固	6.16	8.23	34996	601.8			6.16	8.23	34996	601.8		1
大中型病险水闸除险加固	5.86	5.02	23302	623.6		5	4.77	4	11296	445.53		5
永昌县金川河工农渠首泄洪闸	5.58	0.31	0	297.1		2	4.49	0.3	0	267.7		2
肃州区马营河渠首闸		1.65	19503	241.5		1		0.64	7497	92.84		1
肃州区红山河青稞地排沙闸		3.00	3470	70.9		1		3	3470	70.91		1
肃州区红山河马鬃门排砂闸除险加固工程	0.28	0.06	329	14.1		1	0.28	0.06	329	14.08		1
山洪灾害防治工程						83						83
甘肃省山洪灾害防治 2016（内陆）						20						20
甘肃省山洪灾害防治 2016（长江）						11						11
甘肃省山洪灾害防治 2016（黄河）						52						52
灌溉除涝项目	4530.40	457.27	1003073	19530.2	1968	502	4429.998	442.24	935111	16946.75	1968	481
灌区建设工程	444.66	102.54	209905	1363.2		53	430.59	95.08	191705	1372.74		48
西河灌区续建配套节水改造	51.13	16.70	10	218.7		36	48.6	15.9	9	205.56		31
兴电灌区齐家大岘隧洞除险加固工程	1.37	0.19	3407	436.0		1	1.37	0.19	3407	500		1
白银市兴电灌区渠道维修工程												
凉州区杂木河灌区续建配套节水改造	10.63	5.97	10500			1	10.63	5.97	10500			1
古浪县黄花滩项目	219.19		43683	128.2		12	219.19		43683	128.19		12
甘州区大满灌区续建配套节水改造	19.39	8.99	46600	311.3			14.81	8.57	39800	280.14		
甘州区西浚灌区续建配套节水改造	14.05	14.84	28600	101.9			11.72	10.22	19600	91.73		
临泽县梨园河灌区续建配套节水改造	62.50	31.10	38967	142.5		1	62.5	31.1	38967	142.52		1
山丹县马营河灌区续建配套节水改造	46.28	16.18	23600			1	41.65	14.56	21200			1
敦煌市党河灌区西干渠改建工程		0.27						0.27				
省景电一期灌区续建配套节水改造	20.12	8.30	14538	24.6		1	20.12	8.3	14538	24.6		1
节水灌溉工程	26.89	1.86	20377	1144.0		13	44.471	3.31	35647	2094		13

2-21 续表

项目	本年计划工程量						本年完成工程量					
	土方（万米^3）	石方（万米^3）	砼（米^3）	金属结构（吨）	移民安置人数（人）	单项工程个数（个）	土方（万米^3）	石方（万米^3）	砼（米^3）	金属结构（吨）	移民安置人数（人）	单项工程个数（个）
皋兰县西岔中型灌区农业综合开发 2015	1.15	0.90	8300	784.0		2	1.15	0.9	8300	784		2
白银区工农渠灌区农业综合开发	10.30		3000	200.0		1	10.3		3000	200		1
平川区旱坪川灌区农业综合开发												
靖远县靖乐渠灌区农业综合开发	1.12	0.19	2110			1	0.201	0.04	380			1
秦州区易地搬迁项目高效节水灌溉工程						3						3
高台县罗城灌区农业综合开发	5.38	0.15	1500			1	5.38	0.15	1500			1
庄浪县水洛河灌区节水配套改造项目	1.22	0.57	1500	160.0		1	1.22	0.57	1500	160		
静宁县东峡灌区农业综合开发	2.15		0			1	2.15		0			1
宁县海升公司果业基地滴灌工程						1						1
临夏县北塬灌区农业综合开发项目	0.56	0.02	1237				0.56	0.02	1237			1
夏河县 2015 牧区节水灌溉项目	0.06	0.03				1	0.06	0.03				1
石羊河流域重点治理（省景电）2013							18.5	1.6	17000	950		
玉门市花海灌区农业综合开发	4.95		2730			1	4.95		2730			1
小型农田水利建设	3184.67	179.31	514512	5323.7		399	3127.33	175.65	506472	4671.38		384
兰州市农田水利设施维修养护 2016	0.56		1360			1	0.56		1360			1
西固区高效节水灌溉项目 2016	6.30		0			2	6.3		0			2
永登农田水利设施维修养护 2016	0.99	0.14	928			1	0.99	0.14	928			1
永登县高效节水灌溉 2016	32.42	0.13	1008	3.6		2	32.42	0.13	1008	3.64		2
皋兰县高效节水灌溉 2016	38.36		265	0.5		2	38.36		265	0.48		2
皋兰县农田水利设施维修养护 2016						1						1
榆中县农田水利设施维修养 2016	4.86		5600	240.3		1	4.86		5600	240.29		1
嘉峪关市高效节水灌溉项目 2015（六）												
嘉峪关市中央财政高效节水项目 2015（五）												
嘉峪关市 2016 年小型农田水利设施春修工程												
金川区小型农田水利重点县 2016	20.80	0.03	160	16.6		47	20.8	0.03	160	16.56		47
金川区 2015 新增农田水利设施建设 2016	14.70	0.01	100	13.0		36	14.7	0.01	100	12.96		36

2-21 续表

项 目	本年计划工程量						本年完成工程量					
	土方（万米³）	石方（万米³）	砼（米³）	金属结构（吨）	移民安置人数（人）	单项工程个数（个）	土方（万米³）	石方（万米³）	砼（米³）	金属结构（吨）	移民安置人数（人）	单项工程个数（个）
永昌县高效节水灌溉 2016	146.10	0.03	0			18	146.1	0.03	0			18
永昌县 2015 新增农田水利设施建设 2016	51.98	0.05	0			6	51.98	0.05	0			6
永昌县小型农田水利重点县 2016	26.40	0.07	0			4	26.4	0.07	0			4
永昌县农田水利设施维修养护 2016						1						1
白银市农田水利设施维修养护 2016	2.18	0.33	4890			2	2.18	0.33	4890			2
白银区农田水利设施维修养护 2016	1.50		7000	2.5		2	1.5		7000	2.5		2
白银区五小水利工程 2016	4.50	0.54	13000	317.3		4	3.6	0.43	10300	222.1		4
平川区五小水利工程 2016	3.33	1.33	0			7	3.33	1.33	0			7
靖远县小型农田水利设施补助 2016	29.95		1200			1	29.95		1200			1
靖远县高效节水灌溉 2016	46.55		1660			1	46.546		1660			1
靖远县农田水利设施维修养护 2016	5.40		8000			3	5.4		8000			3
会宁县高效节水灌溉 2016	49.20		1200			4	49.2		1200			4
会宁县农田水利设施维修养护 2016						4						4
景泰县小型农田水利设施补助 2016	19.20					6	9					
景泰县农田水利设施维修养护 2016	0.12		201	5.0		1	0.12		201	5		1
景泰县高效节水灌溉 2016	23.00		4000			10	23		4000			10
秦州区五小水利工程 2016	34.90		1400			1	34.9		1400			1
麦积区小型农田水利设施补助 2016	9.32		4900	15.4		1	9.32		4900	15.43		1
麦积区高效节水灌溉 2016	17.83		6964	62.6		1	17.83		6964	62.61		1
清水县小型农田水利设施补助 2016	18.60	0.63	5984	79.4		1	18.6	0.63	5984	79.4		1
秦安县五小水利工程 2016	17.44		2066			1	17.44		2066			1
甘谷县五小水利工程 2016	80.90		101000	142.7		1	80.9		101000	142.7		1
甘谷县农田水利设施维修养护 2016	1.43		569	6.1		1	1.43		569	6.05		1
武山县小型农田水利设施补助 2016	5.86		2491	43.0		1	5.86		2491	43		
武山县五小水利工程 2016	5.97		3414	39.2		1	5.971		3414	39.2		1
张家川县农田水利设施维修养护 2016	1.20		120	6.5		1	1.2		120	6.53		1

2-21 续表

项 目	本年计划工程量						本年完成工程量					
	土方（万米^3）	石方（万米^3）	砼（米^3）	金属结构（吨）	移民安置人数（人）	单项工程个数（个）	土方（万米^3）	石方（万米^3）	砼（米^3）	金属结构（吨）	移民安置人数（人）	单项工程个数（个）
武威市 2016 年农田水利设施维修养护资金						1						1
凉州区小型农田水利重点县 2016	121.13	23.45	67700			2	121.13	23.45	67700			2
凉州区高效节水灌溉 2016	110.37	3.03	16100			6	110.37	3.03	16100			6
凉州区农田水利设施维修养护 2016	0.22	0.25	990			1	0.22	0.25	990			1
民勤县农田水利设施维修养护 2016	0.58		337			1	0.578		337			1
民勤县小型农田水利设施建设补助 2016	16.84		637			1	16.84		637			1
民勤县高效节水灌溉 2016	11.14	0.24	587			1	11.14	0.24	587			1
民勤县 2015 新增农田水利设施建设 2016	40.16	0.22	470			1	40.16	0.22	470			1
民勤县小型农田水利重点县 2016	32.37	0.66	988			1	32.37	0.66	988			1
古浪县小型农田水利重点县 2016	28.72		2700			2	28.72		2700			2
古浪县高效节水灌溉 2016	31.11		406	1.4		1	31.11		406	1.35		1
2016 古浪县小型农田水利设施补助资金（二）	23.06		8000			1	23.06		8000			1
古浪县 2015 新增农田水利设施建设 2016	71.32		300			2	71.32		300			2
古浪县农田水利设施维修养护 2016	0.84					1	0.84					1
天祝县 2016 年农田水利设施维修养护资金	2.23	0.19	324			1	2.23	0.19	324			1
天祝县高效节水灌溉 2016	54.96	0.85	0			1	54.96	0.85	0			1
天祝县小型农田水利设施补助 2016	27.54		0			1	27.54		0			1
天祝县小型农田水利重点县 2016	30.61		1210			1	30.61		1210			1
张掖市年农田水利设施维修养护 2016												
甘州区小型农田水利重点县 2016	27.29		500				27.29		500			
甘州区高效节水灌溉 2016	67.99		500				67.99		500			
甘州区农田水利设施维修养护 2016	1.26	0.68	1345				1.26	0.68	1345			
肃南县高效节水灌溉 2016	13.20					1	13.2					1
肃南县农田水利设施维修养护 2016	8.63		0	2.3		1	8.63		0	2.29		1
民乐县小型农田水利重点县 2016	40.20	0.09	590	3.2		1	40.2	0.09	590	3.2		1
民乐县 2015 年新增农田水利设施建设 2016	20.67	0.01	320	0.2		1	20.67	0.01	320	0.21		1

2-21 续表

项目	本年计划工程量						本年完成工程量					
	土方（万米^3）	石方（万米^3）	砼（米^3）	金属结构（吨）	移民安置人数（人）	单项工程个数（个）	土方（万米^3）	石方（万米^3）	砼（米^3）	金属结构（吨）	移民安置人数（人）	单项工程个数（个）
民乐县农田水利设施维修养护 2016	9.99		3350	26.9		1	9.99		3350	26.9		1
临泽县农田水利设施维修养护 2016	2.15	0.29	915	38.5		1	2.15	0.29	915	38.5		1
高台县高效节水灌溉 2016	24.03	0.08	200			5	38.75	1.28	700			5
高台县小型农田水利设施补助 2016	26.25	0.08	50			4	26.25	0.08	50			4
高台 2015 年新增农田水利设施建设 2016	21.52	0.07	140			5	21.52	0.07	140			5
高台县小型农田水利重点县 2016 年	25.69	0.06	0			5	25.69	0.06	0			5
高台县农田水利设施维修养护 2016	14.30		7150			3	14.3		7150			3
山丹县小型农田水利设施补助 2016	11.23	0.02	888				11.23	0.02	888			
山丹县高效节水灌溉 2016	43.03	0.13	1200				38.03	0.13	1200			
山丹县小型农田水利重点县 2016	70.45	0.30	2300			1	70.45	0.3	2300			1
山丹县农田水利设施维修养护 2016	0.13	0.09				1	0.13	0.09				1
山丹县 2015 年新增农田水利设施建设 2016	41.02	0.06	600				41.02	0.06	600			
山丹马场小型农田水利重点县 2016	14.44	0.05	299	5.2		1						1
山丹马场高效节水灌溉 2016	37.50	4.62	207	9.2		1	6.8					1
平凉市农田水利设施维修养护 2016	0.18	0.27	764	12.1		1	0.18	0.27	764	12.1		1
崆峒区五小水利工程 2016	10.60		1266	244.5		1	10.6		1266	244.5		1
泾川县五小水利工程 2016	9.70		0			1	9.7		0			
泾川县农田水利设施维修养护 2016	4.80		0			3	4.8		0			3
灵台县五小水利工程 2016	13.29		3400	942.8		1	8.63		2200	400		1
灵台县中央财政小农水重点县 2014（四）	2.60		17	2.0		1	2.6		17	2		1
灵台县中央财政小型农田水利工程 2015	1.48	0.02	400	200.0		1	1.48	0.02	400	200		1
崇信县五小水利工程 2016	9.60		1251			6	9.6		1251			6
华亭县 2015 年新增农田水利设施建设 2016	8.76	3.12	2800			1	8.76	3.12	2800			1
华亭县五小水利工程 2016	10.50	2.60	14000			1	10.5	2.6	14000			1
庄浪县五小水利工程 2016	14.29		1597	1501.0		5	14.29		1597	1500.97		5
庄浪县小型农田水利设施补助 2016	7.08		1748	125.4			7.08		1748	125.4		

2–21 续表

项目	本年计划工程量						本年完成工程量					
	土方（万米^3）	石方（万米^3）	砼（米^3）	金属结构（吨）	移民安置人数（人）	单项工程个数（个）	土方（万米^3）	石方（万米^3）	砼（米^3）	金属结构（吨）	移民安置人数（人）	单项工程个数（个）
静宁县五小水利工程 2016	26.53		0			6	26.53		0			6
肃州区规模化节水增效示范（2013-2016）	14.81	0.01	131	1.3		1	14.81	0.01	131	1.25		1
肃州区小型农田水利建设（五）	1.24	0.02	58			1	1.24	0.02	58			1
肃州区小型农田水利重点县 2016	69.16	5.88	5608	29.3		1	69.16	5.88	5608	29.25		1
肃州区高效节水灌溉 2016	209.89	1.42	7099	127.6		1	209.89	1.42	7099	127.56		1
肃州区高效节水灌溉项目（六）	1.15		91			1	1.15		91			1
肃州区农田水利设施维修养护 2016	3.04	4.35	430	25.6		1	3.04	4.35	430	25.55		1
金塔县高效节水灌溉 2016	44.73		1000			1	44.73		1000			1
金塔县 2015 新增农田水利设施建设 2016	38.42		1300			1	38.42		1300			1
金塔县小型农田水利重点县 2016	53.07		1000			1	53.07		1000			1
金塔县农田水利设施维修养护 2016	0.75		5676	3.7		1	0.75		5676	3.68		1
瓜州县农田水利设施维修养护 2016	2.10	6.62	1344	2.4		1	1.97	6.62	1960	2.37		1
瓜州县小型农田水利建设（五）	36.59	1.25	960	32.4		1	36.59	1.25	960	32.41		1
瓜州县高效节水灌溉 2016	4.32	0.78	910	29.5		1	4.32	0.78	850	29.47		1
肃北县小型农田水利设施补助 2016	8.00						8					
玉门市高效节水灌溉 2016	77.29		5046			3	77.29		5046			2
玉门市农田水利设施维修养护 2016	5.25	0.10	3042			1	5.25	0.1	3042			1
玉门市 2015 新增农田水利设施建设 2016	53.50		326			4	53.5		326			3
玉门市小型农田水利重点县 2016	96.26		590			5	96.26		590			5
敦煌市 2015 抗旱引调提水项目												
敦煌市小型农田水利 2015 维修养护资金												
敦煌市农田水利设施维修养护 2016	0.60	0.06	785			1	0.6	0.06	785			1
敦煌市规模化节水增效示范（2013-2016）	14.91	0.01	221	0.4		1	14.91	0.01	221	0.41		1
庆城县“五小水利”工程 2016	45.60		2900			7	45.6		2900			7
环县“五小水利”工程 2016	0.28		81	1.4		6	0.28		81	1.42		6
华池县“五小水利”工程 2016	14.90	0.06	670			9	14.9	0.06	670			9

2-21 续表

项 目	本年计划工程量						本年完成工程量					
	土方（万米^3）	石方（万米^3）	砼（米^3）	金属结构（吨）	移民安置人数（人）	单项工程个数（个）	土方（万米^3）	石方（万米^3）	砼（米^3）	金属结构（吨）	移民安置人数（人）	单项工程个数（个）
合水县农田水利设施维修养护 2016	0.48	0.13	1200			1	0.48	0.13	1200			1
正宁县五小水利工程 2016	26.74		1800			1	26.74		1800			1
正宁县小型农田水利设施补助 2016	21.09	83.60	762			1	21.09	83.6	762			1
宁县五小水利工程 2016	13.48	0.02	1400			8	13.48	0.02	1400			8
镇原县 2015 年新增农田水利设施建设 2016	54.51	0.43	34300			3	54.51	0.43	34300			3
镇原县五小水利工程 2016	7.36	0.15	2100			6	7.36	0.15	2100			6
通渭县农田水利设施维修养护 2016	1.90	0.04	900			1	1.9	0.04	900			1
通渭县小型农田水利设施补助 2016	1.20		200			1	1.008		168			1
陇西县五小水利工程 2016	14.61		23700			1	14.61		23700			1
渭源县农田水利设施维修养护 2016	0.61	0.01	435	4.3			0.605	0.01	435	4.3		
临洮县五小水利工程 2016	19.36		5887	147.6		1	19.36		5887	147.6		1
武都区小型农田水利重点县 2016	30.00	0.10	600	500.0		1	30	0.1	600	500		1
武都区农田水利设施维修养护 2016	3.70	0.54	90			1	3.7	0.54	90			1
宕昌县农田水利设施维修养护 2016	0.84		140			1	0.84		140			1
宕昌县高效节水灌溉 2016	3.20		700			1	3.2		700			1
宕昌县 2015 年新增农田水利设施建设 2016	4.51		480			1	4.51		480			1
成县农田水利设施维修养护 2016	0.92	0.18	30			1	0.92	0.18	30			1
康县农田水利设施维修养护 2016	3.01	0.07	120			1	1.8	0.04	70			
康县五小水利工程 2016	6.10	0.91	2800			5	3.7	0.55	1700			
文县小型农田水利重点县 2016	6.31	0.15	5500			6	6.31	0.15	5500			6
文县高效节水灌溉 2016	11.80	4.62	2330			7	11.8	4.62	2330			7
文县农田水利设施维修养护 2016												
西和县高效节水灌溉 2016	12.79	0.09	1599	19.0		1	12.79	0.09	1599	19		1
西和县 2015 新增农田水利设施建设 2016	8.59		806	55.0		1	8.59		806	55		1
西和县农田水利设施维修养护 2016	0.78		134			1	0.78		134			1
礼县小型农田水利设施补助 2016	14.14		700			5	14.14		700			5

2-21 续表

项目	本年计划工程量						本年完成工程量					
	土方（万米³）	石方（万米³）	砼（米³）	金属结构（吨）	移民安置人数（人）	单项工程个数（个）	土方（万米³）	石方（万米³）	砼（米³）	金属结构（吨）	移民安置人数（人）	单项工程个数（个）
礼县农田水利设施维修养护 2016	0.08		86			1	0.08		86			1
两当县小型农田水利重点县 2016	15.07		3400			1	15.07		3400			1
两当县农田水利设施维修养护 2016	0.42	0.10	974			1	0.42	0.1	974			1
两当县高效节水灌溉 2016	3.52		5004			1	3.52		5002			1
徽县 2015 新增农田水利设施建设 2016	5.02	0.03	2200			1	5.02	0.03	2200			1
徽县农田水利设施维修养护 2016												1
徽县小型农田水利重点县 2016	2.26		300			1	2.26		300			1
临夏县农田水利设施维修养护 2016												1
临夏县 1 万～5 万亩灌区改造 2016	1.20	0.01	1			1	1.2	0.01	1			1
康乐县 1 万～5 万亩灌区改造 2016												
康乐县小型农田水利 2015 维修养护资金	0.28		45			1	0.28		45			1
永靖县小型农田水利 2015 年维修养护项目												
永靖县 1 万～5 万亩灌区改造 2016	2.30		3110	175.4		3	2.3		3110	175.44		3
广河县小型农田水利设施补助 2016	9.00		2500	4.8		1	9		2500	4.8		
广河县 2015 年中央财政小型农田水利	2.01		27313	37.0		1	2.01		27313	37		1
广河县五小水利工程 2016	17.00	16.50	6500	17.0		1	17	16.5	6500	17		
和政县五小水利工程 2016												
东乡族县五小水利工程 2016	5.44		2800			1	5.44		2800			1
东乡县中央财政五小水利项目 2015	1.17		718			1	1.17		718			1
积石山县中央财政五小水利 2015												
卓尼县小型农田水利 2015 维修养护						1	0.02	0.03	9			1
舟曲县五小水利工程 2016	3.25	0.03	3514									1
2016 迭部县小型农田水利设施补助资金（二）	0.48	0.13	1			1	0.48	0.13	1			1
省农垦黄花农场高效节水灌溉项目（六）						1						1
省农垦黄羊河农场小型农田水利（五）	1.68		19			1	1.68		19			1
省农垦饮马农场中央财政小农水 2015	8.90					1	8.9					1

2-21 续表

项　目	本年计划工程量						本年完成工程量					
	土方（万米^3）	石方（万米^3）	砼（米^3）	金属结构（吨）	移民安置人数（人）	单项工程个数（个）	土方（万米^3）	石方（万米^3）	砼（米^3）	金属结构（吨）	移民安置人数（人）	单项工程个数（个）
省农垦张掖农场小型农田水利建设（五）						1						1
省农垦小型农田水利 2015 维修养护						1						1
省农垦八一农场水利设施维修养护 2016						1						1
省农垦山丹农场小型农田水利重点县 2016	28.60					2	28.6					2
省农垦小型农田水利补助 2016	34.62	0.07	0			1	34.62	0.07	0			1
省景电农田水利设施维修养护 2016	1.05	0.02	0	2.0			1.05	0.02	0	2		
景泰县中央财政景电农场节水灌溉 2013												
省疏管局农田水利设施维修养护 2016	0.01	0.01	20			1	0.012	0.01	20			1
兰州新区高效节水灌溉 2016	12.00	6.00				1	13	6.3				1
水库工程	850.14	170.16	227212	8534.4	1963	15	808.49	164.93	167209	6245.16	1963	14
秦州区关峡水库												
秦安县西小河小湾河水库	10.64		19300	385.0		1	10.64		19300	385.02		
张家川县富川水库（抗旱规划内）		30.00	0			1		5	0			1
民勤县红崖水库加高扩建工程	250.00						250					
天祝县二道墩水库	132.54	0.26	13302	383.0		1	132.54	0.26	13302	383		1
天祝县石门河调蓄引水工程	7.80		400				7.8		400			
民乐县山城河水库	48.66	3.66	9600	117.0		1	50.2	5.2	1	3.7		1
临泽县红山湾水库工程	112.72	16.99	27600	4146.6		1	112.72	16.99	27600	4146.64		1
山丹县白石崖水库（抗旱规划内）	13.50						13.5					
崆峒区北杨涧水库（抗旱规划内）	23.01	1.50	26100	16.2		1	23.01	1.5	18277	16.2		1
泾川县朱家涧水库（抗旱规划内）												
灵台县新集水库工程	0.50		800		365		0.5		800		365	
崇信县关河水库（抗旱规划内）						1						1
庄浪县花崖河水库（抗旱规划内）						1	9.71	25.53	2	354		1
酒泉循环经济产业园水源（大红泉水库）	9.30	4.01				1	9.3	4.01				1
庆阳市莲花寺水库及供水工程	15.00	2.80	21000	1500.0	502	1	8.3	1.6	12600		502	1

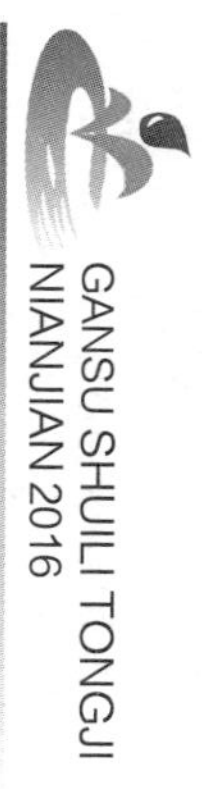

2–21 续表

项目	本年计划工程量						本年完成工程量					
	土方（万米³）	石方（万米³）	砼（米³）	金属结构（吨）	移民安置人数（人）	单项工程个数（个）	土方（万米³）	石方（万米³）	砼（米³）	金属结构（吨）	移民安置人数（人）	单项工程个数（个）
庆阳市巴家咀水库新增调蓄工程（五台山水库）	70.00	3.00	5000	30.0	3	1	45.8	0.3	3827		3	1
庆阳市小盘河水库及供水工程	60.00	7.20	60000	1000.0	1093	2	45	3.8	27000		1093	2
庆城县纸坊沟水库（抗旱规划内）	15.93	0.30	8309			1	15.93	0.3	8300			1
环县米岔沟水库（抗旱规划）	0.54	0.44	5949	347.0		1	0.54	0.44	5949	347		1
康乐县鸣鹿水库（抗旱规划）	60.00						53					
兰州新区2号3号石门沟水库	20.00	100.00	29852	609.6			20	100	29852	609.6		
泵站工程	21.04	2.79	30716	3084.8	5	20	16.117	2.67	33727	2483.47	5	20
兰州市大砂沟泵站更新改造工程	6.62		1	190.6		2	1.36		3158			2
七里河区西津泵站更新改造工程	1.48	0.21	0	268.0		3	0.85	0.09	0	0.27		3
兰州市工农坪泵站更新改造工程	2.00		1460	753.0		2	2.966		1314	610		2
兰州市榆中三电泵站更新改造工程	0.98		1310	86.2		1	0.977		1310	86.2		1
白银市靖会泵站更新改造工程	1.72		3120	286.0	5	3	1.724		3120	286	5	3
白银市兴电泵站更新改造工程	0.93		5509	465.8		1	0.93		5509	465.8		1
白银市刘川泵站更新改造工程	1.10	0.06	1000			1	1.1	0.06	1000			1
白银市中堡泵站更新改造工程		1.69	4260			3		1.69	4260			3
景泰县中泉泵站更新改造工程	1.60	0.34	2100	106.0		2	1.6	0.34	2100	106		2
平凉市白庙泵站更新改造工程	2.37	0.02	996	81.2		1	2.37	0.02	996	81.2		1
甘肃省景电泵站更新改造	2.24	0.47	10960	848.0		1	2.24	0.47	10960	848		1
其他灌溉除涝项目	3.00	0.60	350	80.0		2	3	0.6	350	80		2
景泰县草窝滩镇排水工程	3.00	0.60	350	80.0		1	3	0.6	350	80		1
秦州区太京镇农田水利建设项目												
甘谷县大石乡农田水利建设项目						1						1
供水项目	3827.95	721.47	719136	42020.4		8784	3824.383	718.2	721856	41927.33		8781
引水（调水）工程	784.54	571.10	468682	35216.3		18	785.386	567.87	471818	35125.03		17
兰州市水源地建设工程	71.33	234.40	27146	6611.0		8	71.33	234.4	27146	6611		8
引洮供水一期榆中县配套工程	300.00	1.30	96000	6000.0		2	300	1.3	96000	6000		2

2-21 续表

项目	本年计划工程量						本年完成工程量					
	土方（万米^3）	石方（万米^3）	砼（米^3）	金属结构（吨）	移民安置人数（人）	单项工程个数（个）	土方（万米^3）	石方（万米^3）	砼（米^3）	金属结构（吨）	移民安置人数（人）	单项工程个数（个）
引洮一期工程会宁北部供水工程	37.48	1.82	9146	523.4		1	37.476	1.82	9146	523.4		1
天祝县南阳山片下山入川供水工程	2.05		739				2.05		739			
肃北县马鬃山镇供水工程	1.40	14.40	2									
盐环定扬黄续建工程调概算	15.20	0.30	4500	0.0			15.2	0.3	4500	0.03		
积石山引水工程	1.20	0.50	13000	300.0			1.2	0.5	13000	300		
临夏州引黄济临供水工程	161.51	18.86	61853			5	161.51	18.86	61853			
甘南州引洮（博）济合供水工程	15.50	6.50	23440	1874.2		1	15.5	6.5	23440	1874.2		1
甘南州引洮入潭工程												2
玛曲县县城引水工程	4.75						4.9					1
兰州新区供水项目引大渠道除险加固												
甘肃省引洮供水一期工程												
甘肃引洮供水二期工程	149.12	133.20	211800				149.12	133.2	211800			1
天水市城区引洮供水工程	25.00	159.82	21056	19907.7		1	27.1	170.99	24194	19816.4		1
农村饮水安全巩固提升工程建设	2634.67	124.07	168558	3806.9		8680	2634.674	124.07	168658	3806.91		8680
永登县农村饮水安全巩固提升 2016	7.22		2742	154.5		4	7.22		2742	154.48		4
皋兰县农村饮水安全巩固提升 2016	5.38	1.68	2045			3	5.38	1.68	2045			3
榆中县农村饮水安全巩固提升 2016	1.23		2652			1	1.227		2652			1
永昌县农村饮水安全巩固提升 2016	31.68	0.02	0	12.9		3	31.68	0.02	0	12.94		3
白银区农村饮水安全巩固提升 2016	10.30		68	4.7		2	10.3		68	4.65		2
平川区农村饮水安全巩固提升 2016	10.00		0			3	10		0			3
靖远县农村饮水安全巩固提升 2016	198.50	0.10	4199			13	198.5	0.1	4199			13
会宁县农村饮水安全巩固提升 2016	33.04		439			14	33.04		439			14
景泰县农村饮水安全巩固提升 2016	20.70		609	69.2		4	20.7		609	69.21		4
秦州区农村饮水安全巩固提升工程 2016	10.96	0.04	2000			4	10.96	0.04	2000			4
麦积区农村安全饮水巩固提升工程 2016	23.09	0.30	3700	21.0		15	23.09	0.3	3700	21		15
清水县农村饮水安全巩固提升工程 2016	21.64		5700			7	21.64		5700			7

2-21 续表

项目	本年计划工程量						本年完成工程量					
	土方（万米^3）	石方（万米^3）	砼（米^3）	金属结构（吨）	移民安置人数（人）	单项工程个数（个）	土方（万米^3）	石方（万米^3）	砼（米^3）	金属结构（吨）	移民安置人数（人）	单项工程个数（个）
秦安县农村饮水安全巩固提升 2016	29.64	0.12	193	12.5		1	29.64	0.12	193	12.46		1
甘谷县农村饮水安全巩固提升工程 2016	87.70		6273	127.6		1	87.7		6273	127.6		1
张家川县农村饮水安全巩固提升 2016	20.38		128			1	20.38		128			1
凉州区农村饮水安全巩固提升 2016	58.02	0.02	100			1	58.02	0.02	100			1
民勤县农村饮水安全巩固提升项目 2016	82.97		703			1	82.97		703			1
古浪县农村饮水安全巩固提升 2016	44.30		6200	0.9		4	44.3		6200	0.91		4
甘州区农村饮水安全巩固提升 2016	45.00	0.06	425	5.4			45	0.06	425	5.4		
民乐县农村饮水安全巩固提升 2016	3.26	0.01	800			2	3.26	0.01	800			2
崆峒区农村饮水安全项目巩固提升 2016	38.57	16.53	711	199.0		1	38.57	16.53	711	199		1
泾川县农村饮水安全巩固提升 2016	37.00		0			1	37		0			1
灵台县农村饮水安全巩固提升 2016	14.20		0	43.0		4	14.2		0	43		4
崇信县农村饮水安全巩固提升 2016	9.61		90	2.8		1	9.61		90	2.8		1
华亭县农村饮水安全巩固提升 2016	13.28	3.32	200	3.2		2	13.28	3.32	200	3.2		2
庄浪县农村饮水安全巩固提升 2016	36.84		3148	36.9		4	36.84		3248	36.9		4
静宁县农村饮水安全巩固提升 2016	94.01		0	207.7		13	94.01		0	207.73		13
瓜州县农村饮水安全巩固提升 2016	0.24	0.11	820	0.6		2	0.24	0.11	820	0.6		2
玉门市农村饮水安全巩固提升 2016	12.45		1300			2	12.45		1300			2
西峰区 2016 年市级财政安排农村饮水项目						5						5
西峰区农村饮水安全巩固提升 2016						6						6
庆城县农村饮水安全巩固提升 2016	44.94		2121	7.9		10	44.94		2121	7.9		10
庆城县 2016 年市级财政安排农村饮水项目	42.32	0.53	11800	9.4		11	42.32	0.53	11800	9.43		11
环县 2016 年市级财政安排农村饮水项目						8						8
环县农村饮水安全巩固提升 2016	180.00	78.00	4100	1600.0		18	180	78	4100	1600		18
华池县农村饮水安全巩固提升 2016	20.00	0.24	9030	17.0		4739	20	0.24	9030	17		4739
华池县 2016 年市级财政安排农村饮水项目	6.40	0.07	2880	2.1		1684	6.4	0.07	2880	2.1		1684
合水县 2016 年市级财政安排农村饮水项目	1.01		286			5	1.01		286			5

2-21 续表

项 目	本年计划工程量						本年完成工程量					
	土方（万米^3）	石方（万米^3）	砼（米^3）	金属结构（吨）	移民安置人数（人）	单项工程个数（个）	土方（万米^3）	石方（万米^3）	砼（米^3）	金属结构（吨）	移民安置人数（人）	单项工程个数（个）
合水县农村饮水安全巩固提升 2016	3.16		752			6	3.16		752			6
正宁县 2016 年市级财政安排农村饮水项目	10.92		1426	2.8		2	10.92		1426	2.8		2
正宁县农村饮水安全巩固提升 2016	28.08					2	28.08					2
宁县 2016 年市级财政安排农村饮水项目						17						17
宁县农村饮水安全巩固提升 2016	88.49		8700			10	88.49		8700			10
镇原县 2016 年市级财政安排农村饮水项目	24.10		3750			792	24.1		3750			792
镇原县农村饮水安全巩固提升 2016	49.05		8700			964	49.05		8700			964
安定区农村饮水安全巩固提升 2016	432.88					1	432.88					1
通渭县农村饮水安全巩固提升 2016	15.00	0.19	1700			1	15	0.19	1700			1
陇西县农村饮水安全巩固提升 2016	36.96	0.28	1690			1	36.957	0.28	1690			1
渭源县农村饮水安全巩固提升 2016	35.84		569	34.8		4	35.84		569	34.77		4
临洮县村饮水安全巩固提升 2016	78.00		13500			1	78		13500			1
武都区农村饮水安全巩固提升 2016	102.96	0.30	3100	46.2		38	102.96	0.3	3100	46.2		38
宕昌县农村饮水安全巩固提升 2016	48.21	8.37	10900			34	48.21	8.37	10900			34
成县农村饮水安全巩固提升 2016	18.04	7.70	900			30	18.04	7.7	900			30
康县农村饮水安全巩固提升 2016	21.00		11300			34	21		11300			34
文县农村饮水安全巩固提升 2016	14.83		348	5.8		34	14.83		348	5.78		34
西和县农村饮水安全巩固提升 2016	73.10	0.05	5385	257.0		23	73.1	0.05	5385	257		23
礼县农村饮水安全巩固提升 2016	91.70		3340			45	91.7		3340			45
徽县农村饮水安全巩固提升 2016	25.48	0.14	8400			31	25.48	0.14	8400			31
康乐县农村饮水安全巩固提升 2016	43.79	4.86	3001	85.1		3	43.79	4.86	3001	85.05		3
广河县农村饮水安全巩固提升 2016	9.77		1800	98.0		1	9.77		1800	98		1
和政县农村饮水安全巩固提升 2016	31.11	1.03	1261			4	31.11	1.03	1261			4
积石山县农村饮水安全巩固提升 2016	56.33		2572	739.0		2	56.33		2572	739		2
抗旱工程	396.52	25.09	79351	2871.1		77	392.103	25.05	78834	2869.39		77
永登县抗旱应急引调提水 2016	9.84	1.92	463	103.0		1	9.84	1.92	463	102.97		1

2-21 续表

项目	本年计划工程量						本年完成工程量					
	土方（万米^3）	石方（万米^3）	砼（米^3）	金属结构（吨）	移民安置人数（人）	单项工程个数（个）	土方（万米^3）	石方（万米^3）	砼（米^3）	金属结构（吨）	移民安置人数（人）	单项工程个数（个）
榆中县抗旱应急引调提水 2016	7.42	0.04	2516	46.8		11	3		2000	45		11
靖远县抗旱应急引调提水项目	12.78	0.21	5810			1	12.78	0.21	5810			1
会宁县抗旱应急引调提水项目	10.98	0.32	406	585.3		3	10.98	0.32	406	585.32		3
景泰县抗旱应急引调提水项目	21.09	0.90	1300			2	21.09	0.9	1300			2
秦州区抗旱应急引调提水 2016	8.26		4100			2	8.26		4100			2
清水县抗旱应急引调提水项目 2016	9.79	1.96	3340	521.4		2	9.79	1.96	3340	521.4		2
秦安县抗旱应急引调提水 2016	2.95	9.17	1			2	2.95	9.17	1			2
武山县抗旱应急引调提水 2016	7.96		4257	56.0		2	7.957		4257	56		2
凉州区抗旱应急引调提水项目	0.19	7.59	7720			2	0.19	7.59	7720			2
民勤县抗旱应急水源工程	38.75	0.46	3861			3	38.75	0.46	3861			3
古浪县抗旱应急引调提水项目	64.62		5559	34.3		3	64.62		5559	34.32		3
天祝县抗旱应急引调提水项目	15.50	0.02	222			1	15.5	0.02	222			1
山丹县抗旱应急引调提水项目	20.60	0.08				1	20.6	0.08				1
泾川县抗旱应急水源引调提水项目	6.60		443			1	6.6		443			
崇信县抗旱应急引调提水项目	5.14		3320			3	5.14		3320			3
庄浪县抗旱应急引调提水项目	6.62		296	13.3		1	6.62		296	13.3		1
静宁县抗旱应急引调提水项目	11.82		0	93.7		3	11.82		0	93.72		3
敦煌县抗旱应急引调提水项目	10.74		2076	2.0		1	10.74		2076	2		1
庆城县抗旱应急引调提水项目	0.75	0.05	174			1	0.75	0.05	174			1
环县抗旱应急引调提水项目	7.80		3500	268.0		3	7.8		3500	268		3
华池县抗旱应急引调提水项目	4.22	0.66	1216	136.0		4	4.22	0.66	1216	136		4
镇原县抗旱应急引调提水项目	14.48	0.15	2300			2	14.48	0.15	2300			2
通渭县抗旱应急引调提水项目	6.90	0.09	5000			1	6.9	0.09	5000			1
陇西县抗旱应急引调提水项目	22.75	0.03	4910			2	22.746	0.03	4910			2
临洮县抗旱应急引调提水项目	11.09		3733	421.0			11.09		3733	421		1
西和县抗旱应急水源工程 2016	1.02	0.40	853	163.0		1	1.02	0.4	853	163		1

2-21 续表

项 目	本年计划工程量						本年完成工程量					
	土方（万米^3）	石方（万米^3）	砼（米^3）	金属结构（吨）	移民安置人数（人）	单项工程个数（个）	土方（万米^3）	石方（万米^3）	砼（米^3）	金属结构（吨）	移民安置人数（人）	单项工程个数（个）
礼县抗旱应急引调提水项目	27.30		950			2	27.3		950			2
临夏县 2015 年抗旱引调提水项目	0.27		143			1	0.27		143			1
永靖县 2015 年抗旱引调水提水工程	2.03	0.04	488	47.4		2	2.03	0.04	488	47.36		2
广河县抗旱应急引调提水项目	5.72		2047	65.0		2	5.72		2047	65		2
广河县 2015 齐家镇抗旱应急水源配套	0.75		1328	6.0		1	0.75		1328	6		1
广河县 2015 三甲集镇抗旱应急水源配套	0.24		760	60.0		1	0.24		760	60		1
和政县抗旱应急引调提水项目	13.60		3850			2	13.6		3850			2
东乡县 2014 年抗旱引调提水项目												
东乡县 2015 年抗旱引调提水项目			285			2			285			2
东乡县抗旱应急引调提水项目	3.40		1200			1	3.4		1200			1
积石山县抗旱应急引调提水项目	2.56	1.00	924	249.0		1	2.56	1	924	249		1
积石山县 2015 年抗旱应急水源配套工程						3						3
其他供水工程	12.22	1.21	2546	126.0		9	12.22	1.21	2546	126		7
金昌市城市应急备用水源项目	0.20		0	56.0		4	0.2		0	56		4
华池县刘坪村美丽村庄河道治理及供水工程	11.38	1.20	796	70.0		2	11.38	1.2	796	70		2
积石山县县城区供水水源改扩建工程						2						
靖远寺儿坪供水项目	0.64	0.01	1750			1	0.64	0.01	1750			1
水务项目	117.95	29.54	23288	1906.0		30	108.38	17.76	15437	1853.78		29
自来水厂建设	7.81	9.80	6795			2	0.47	0.59				2
庄浪县南坪水厂改扩建及管网工程						1						1
武威市城乡融合黄羊土门组团供水（陆港）	7.81	9.80	6795			1	0.47	0.59				1
城镇供水管线建设	25.59	18.00	6683	1106.0		4	23.39	15.47	5631	1053.78		3
天水市藉口水厂至西十里供水管道工程												
清水县城区自来水管网扩建工程	13.48			871.0		1	13.48			871		1
清水县城区供水工程	10.00	11.00	4782	235.0		1	7.8	8.47	3730	182.78		
天水市城区供水高桥头引水枢纽工程	0.61	7.00	1900			1	0.61	7	1900			1

2-21 续表

项目	本年计划工程量						本年完成工程量					
	土方（万米^3）	石方（万米^3）	砼（米^3）	金属结构（吨）	移民安置人数（人）	单项工程个数（个）	土方（万米^3）	石方（万米^3）	砼（米^3）	金属结构（吨）	移民安置人数（人）	单项工程个数（个）
清水县城区自来水管网扩建工程	1.50		1			1	1.5		1			1
污水处理工程建设	84.55	1.74	9810	800.0		23	84.52	1.7	9806	800		23
华池县城区污水分户收集工程	2.10	0.38	1256			2	2.1	0.38	1256			2
华池县县城污水支管道工程	1.40	0.51	94			2	1.4	0.51	94			2
临洮县污水处理厂配套管网工程						1						1
山丹县城区生活污水处理工程	1.05	0.85	461			1	1.02	0.81	457			1
民勤红沙岗污水处理厂及中水回用贮水池	80.00		8000	800.0		17	80		8000	800		17
其他水务能力建设						1						1
甘谷县城区供水水源水深度处理工程						1						1
非常规水资源利用项目	4.20		118	3.6		1	4.2		118	3.6		1
雨水集用	4.20		118	3.6		1	4.2		118	3.6		1
金昌市龙首山前山区雨洪资源利用项目	4.20		118	3.6		1	4.2		118	3.6		1
水电开发利用	1.26	2.04	2069	87.0		9	0.81	2.04	1245	150		7
水力发电工程建设	0.11	1.79	401	31.0		1	0.11	1.79	401	115		2
迭部县阿夏那盖水电站	0.11	1.79	401	31.0		1	0.11	1.79	401	115		1
夏河县安顺水电站												1
水电增效扩容	0.73	0.04	1418	48.0		7	0.28	0.04	594	27		4
永昌县头坝二号水电站增效扩容改造						1						1
金塔县解放村水电站增效扩容改造												
肃北县拉排一级水电站增效扩容改造												
肃北县拉排一级水电站河流生态修复												
敦煌市党河水电站增效扩容改造												
敦煌市南湖店水电站增效扩容改造												
文县哈南水电站增效扩容改造												
文县哈南水电站河流生态修复												
礼县红崖二级水电站增效扩容改造工程	0.40		480	21.0		1	0.08		96			

2-21 续表

项目	本年计划工程量						本年完成工程量					
	土方(万米^3)	石方(万米^3)	砼(米^3)	金属结构(吨)	移民安置人数(人)	单项工程个数(个)	土方(万米^3)	石方(万米^3)	砼(米^3)	金属结构(吨)	移民安置人数(人)	单项工程个数(个)
礼县大滩水电站河流生态修复工程	0.16		300			1	0.03		60			
礼县大滩水电站增效扩容改造工程	0.03		58			1	0.03		58			1
礼县红崖二级水电站河流生态修复工程			250			1			50			
和政县闫蔡坪水电站增效扩容改造	0.14	0.04	100			1	0.14	0.04	100			
东乡县老虎嘴电站												
合作市峡村电站			230	27.0		1			230	27		1
夏河县白土坡水电站												1
小水电代燃料	0.42	0.21	250	8.0		1	0.42	0.21	250	8		1
夏河县甫黄二级小水电代燃料项目	0.42	0.21	250	8.0		1	0.42	0.21	250	8		1
水保及生态保护	8830.36	548.19	158139	828.0		112	7055.492	67.59	154330	792.03		184
水土流失治理	8093.31	486.28	28457	427.8		84	6310.302	5.89	24648	391.83		156
泾川县国家农业综合开发水土保持项目 2016	85.87		19			1	85.87		19			1
漳县国家农业综合开发水土保持项目 2016	50.38		19			1	50.38		19			1
环县病险淤地坝除险加固工程 2016	9.19		1611	55.8		3	8.13		1420	49.2		3
临洮县国家水土保持重点建设 2016 第二批	40.84		8			1						
靖远县水土保持重点工程 2016	0.95	0.02	412			1	0.95	0.02	412			1
岷县水土保持重点工程 2016	12.01	9.56				1	12.01	0.15				1
成县水土保持重点工程 2016	12.59	0.03	632			1	12.59	0.03	632			1
文县水土保持重点工程 2016	25.81		77			1	25.81		77			1
康县水土保持重点工程 2016	5.97	1.99	35			1	5.97	1.99	35			1
临潭县水土保持重点工程 2016	17.32	0.10	13			1	11.6	0.1	13			1
卓尼县水土保持重点工程 2016	15.84	1.09	692			1	12.9	1.09	92			1
正宁县国家水土保持重点建设工程 2016 年	69.58		19			1	181.47		19			1
合水县国家水土保持重点建设工程 2016 年	16.13		16			1	17.08		16			1
东乡县国家水土保持重点建设 2016 第二批	41.91					1	41.91					1
永靖县国家水土保持重点建设 2016 第二批	20.85	0.25	14			1	20.85	0.25	14			1

2-21 续表

项 目	本年计划工程量						本年完成工程量					
	土方（万米^3）	石方（万米^3）	砼（米^3）	金属结构（吨）	移民安置人数（人）	单项工程个数（个）	土方（万米^3）	石方（万米^3）	砼（米^3）	金属结构（吨）	移民安置人数（人）	单项工程个数（个）
临夏县国家水土保持重点建设2016第二批	42.64		23			1	42.64		23			1
陇西县国家水土保持重点建设2016第二批	34.27		12			1	34.27		12			1
秦安县国家农业综合开发水土保持项目2016	78.81		24			1	78.81		24			1
景泰县水土保持重点工程2016	161.68	0.14	274			1	161.03	0.14	274			1
麦积区水土保持重点工程2016	27.20		769			1	12.25		459			1
武都区水土保持重点工程2016	34.33	0.68	766			1	34.33	0.68	766			1
两当县水土保持重点工程2016	25.44	0.03	3363			1	25.44	0.03	3363			1
临夏市水土保持重点工程2016	35.12	0.14				1	35.12	0.14				1
迭部县水土保持重点工程2016	11.66	1.56	334			1	6.3	0.6	50			1
渭源县国家农业综合开发水土保持项目2016	51.17		12			1	61.17		12			1
和政县国家农业综合开发水土保持项目2016	65.61	0.04	130			1	65.61	0.04	130			1
崇信县国家农业综合开发水土保持项目2016	124.07		13			1	124.07		13			1
甘肃省坡耕地水土流失重点治理2015（长江）							49.54					4
镇原县国家水土保持重点建设工程2016年	182.73		142			1	182.73		142			1
安定区国家水土保持重点建设工程2016年	53.19		13			1	53.19		13			1
永靖县国家水土保持重点建设工程2016年	136.10		35			1	136.1		35			1
东乡县国家水土保持重点建设工程2016年	61.78		22			1	61.78		22			1
临夏县国家水土保持重点建设工程2016年	77.87		27			1	77.87		27			1
积石山县国家水土保持重点建设工程2016年	143.87		26			1	143.87		907			1
甘肃省农业综合开发水土保持项目（2015）	710.07	470.00	660				83.61		175			14
甘肃省国家水土保持重点工程（2015）	1447.50		758				179.18		97			14
广河县坡耕地水土流失治理2016	123.23		74			1	123.23		74			1
临夏县坡耕地水土流失治理2016	169.69					1	169.69					1
甘肃省水土流失重点治理工程2015（黄河）	105.51		124				105.51		124			20
礼县坡耕地水土流失治理2016	214.36		270			1	214.36		270			1
西和县坡耕地水土流失治理2016	213.79	0.31	900			1	213.79	0.31	900			1

2-21 续表

项　目	本年计划工程量						本年完成工程量					
	土方（万米^3）	石方（万米^3）	砼（米^3）	金属结构（吨）	移民安置人数（人）	单项工程个数（个）	土方（万米^3）	石方（万米^3）	砼（米^3）	金属结构（吨）	移民安置人数（人）	单项工程个数（个）
临洮县坡耕地水土流失治理 2016	171.21		664			1	171.21		664			1
会宁县国家水土保持重点建设 2016 第二批	62.13		5			1	62.13		5			1
环县坡耕地水土流失治理 2016	269.52					1	269.52					1
安定区国家水土保持重点建设 2016 第二批	30.81		4									
秦州区坡耕地水土流失治理 2016	175.28		99			1	175.28		99			1
张家川县国家农业综合开发水土保持项目 2016	61.20		37				61.2		37			1
甘肃省坡耕地水土流失重点治理 2015（黄河）							173.82					12
甘肃省水土流失重点治理工程 2015（内陆）												2
甘肃省水土流失重点治理工程 2015（长江）	6.01						6.01					5
通渭县国家水土保持重点建设 2016 第二批	47.77	0.01	77			1	9					1
武山县国家农业综合开发水土保持项目 2016	82.38		31			1	82.38		31			1
甘谷县国家农业综合开发水土保持项目 2016	65.16		11			1	65.16		11			1
清水县国家农业综合开发水土保持项目 2016 年	66.65		20			1	66.65		20			1
康乐县国家农业综合开发水土保持项目 2016	54.28		91			1	54.28		91			1
华池县国家农业综合开发水土保持项目 2016	27.96		110			1	27.96		110			1
庆城县国家农业综合开发水土保持项目 2016	35.48		31			1	35.48		31			1
灵台县国家农业综合开发水土保持项目 2016	76.65		19			1	76.65		19			1
会宁县国家水土保持重点建设工程 2016 年	239.10		10			1	239.1		10			1
庄浪县国家水土保持重点建设工程 2016 年	132.10		85			1	132.1		85			1
通渭县国家水土保持重点建设工程 2016 年	115.40		248			1	115.4		248			1
陇西县国家水土保持重点建设工程 2016 年	165.20		106				165.2		106			1
临洮县国家水土保持重点建设工程 2016 年	53.19		103			1	53.19		103			1
宁县国家水土保持重点建设工程 2016 年	18.47		14			1	18.47		14			1
东乡县坡耕地水土流失治理 2016	204.03					1	204.03					1
陇西县坡耕地水土流失治理 2016	169.97					1	135.5					1
通渭县坡耕地水土流失治理 2016	194.40	0.04	464			1	194.4	0.04	464			1

2-21 续表

项目	本年计划工程量						本年完成工程量					
	土方（万米^3）	石方（万米^3）	砼（米^3）	金属结构（吨）	移民安置人数（人）	单项工程个数（个）	土方（万米^3）	石方（万米^3）	砼（米^3）	金属结构（吨）	移民安置人数（人）	单项工程个数（个）
镇原县国家水土保持重点建设 2016 第二批	44.77		7			1	44.77		7			1
安定区坡耕地水土流失治理 2016	204.36					1	159.8					1
镇原县坡耕地水土流失治理 2016	285.61					1	285.61					1
静宁县坡耕地水土流失治理 2016	198.54		1176			1	198.54		1176			1
庄浪县病险淤地坝除险加固工程 2016	1.15		647	18.6		1	1.15		647	18.58		1
西峰区病险淤地坝除险加固工程 2016	5.00		1619	10.0		1	4.4		1327	8.5		1
正宁县病险淤地坝除险加固工程 2016	2.42		582	16.8		1	2.2		512	16.84		1
宁县病险淤地坝除险加固工程 2016	1.91	0.11	761	18.8		1	1.78	0.09	752	18.84		1
通渭县病险淤地坝除险加固工程 2016	2.85		802	23.0		1	2.85		500	17		1
陇西县病险淤地坝除险加固工程 2016	4.61		542	41.9		1	4.21		511	41.91		1
渭源县病险淤地坝除险加固工程 2016	2.15		463	18.0		1	1.8		18	18.04		1
漳县病险淤地坝除险加固工程 2016	6.62		284	13.7		1	6.62		284	13.66		1
榆中县病险淤地坝除险加固工程 2016	3.97	0.07	74	0.5		1	3.972	0.07	74	0.51		1
秦州区病险淤地坝除险加固工程 2016	0.70		718	14.5		1	0.53		467	14.45		1
庆城县病险淤地坝除险加固工程 2016	2.26		553	21.5		1	1.85		420	18		1
华池县病险淤地坝除险加固工程 2016	1.86		663	27.2		1	1.72		650	27.15		1
合水县病险淤地坝除险加固工程 2016	1.85		465	14.7		1	1.85		465	14.73		1
镇原县病险淤地坝除险加固工程 2016	10.26		662	21.2		1	10.26		662	21.19		1
安定区病险淤地坝除险加固工程 2016	9.60		2519	84.5		4	7.72		1997	66.11		4
临洮县病险淤地坝除险加固工程 2016	4.17		524	20.6		1	4.17		524	20.56		1
泾川县病险淤地坝除险加固工程 2016	2.50	0.03	732	5.7		1	2.5	0.03	732	5.7		1
灵台县病险淤地坝除险加固工程 2016	4.87	0.09	97	0.9		1	4.87	0.09	97	0.86		1
流域生态综合治理	676.18	61.27	115167	400.2		17	684.32	61.06	115167	400.2		17
敦煌水资源规划项目（酒泉市）2016	131.62	21.38	21950			3	137.15	21.38	21950			3
敦煌水资源规划项目（河道归束）2015	211.64	20.11				5	214.25	19.9				5
敦煌水资源规划项目（敦煌市）2016	58.88	5.33	160				58.88	5.33	160			

2–21 续表

项目	本年计划工程量						本年完成工程量					
	土方（万米^3）	石方（万米^3）	砼（米^3）	金属结构（吨）	移民安置人数（人）	单项工程个数（个）	土方（万米^3）	石方（万米^3）	砼（米^3）	金属结构（吨）	移民安置人数（人）	单项工程个数（个）
敦煌水资源规划项目（党河灌区）2015	0.07	4.67	19000	121.2			0.07	4.67	19000	121.2		
敦煌水资源合理与生态保护（疏勒河）2016	273.97	9.78	74057	279.0		9	273.97	9.78	74057	279		9
敦煌水资源利用与生态保护（疏勒河）2015												
河湖连通工程	30.38	0.42	11700			9	30.38	0.42	11700			9
庆阳市新城南区湖库水系连通工程	30.38	0.42	11700			9	30.38	0.42	11700			9
其他环境水利项目	30.49	0.22	2815			2	30.49	0.22	2815			2
金昌市十里花海景区建设项目	11.40	0.14	0.03			1	11.4	0.14	0.03			1
平凉市崆峒水库至大岔河段河道生态综合治理	19.09	0.08	2815			1	19.09	0.08	2815			1
机构能力建设专项						5						5
水文设施及能力建设						5						5
甘肃水资源监控能力建设二期 2016						1						1
甘肃省中小河流水文监测系统建设项目						4						4
移民项目						408						408
西峰区小盘河水库征地拆迁补偿安置工作						1						1
甘肃省大中型水库移民后期扶持（黄河）						280						280
甘肃省大中型水库移民后期扶持（内陆）						82						82
甘肃省大中型水库移民后期扶持（长江）						45						45
其他水利项目	108.40	0.57	99037	1951.1		108	108.4	0.57	99037	1951.11		108
金昌市永昌县金川工农干渠围栏保护工程	0.25		0	11.2		1	0.25		0	11.2		1
会宁县电子桥、康家河桥桥梁工程	0.10	0.06	5691	488.0		2	0.1	0.06	5691	488		2
临夏市大夏河风情线综合治理工程	55.58		65800	625.3		3	55.58		65800	625.3		3
永靖县刘盐八地质灾害灌区节水改造工程	52.47	0.51	27546	826.6		102	52.47	0.51	27546	826.61		102

2-22 2016年水利建设项目本年完成工程量(项目分类)

项目分类		本年计划						本年完成					
		土方(万米³)	石方(万米³)	砼(米³)	金属结构(吨)	移民安置人数(人)	单项工程个数(个)	土方(万米³)	石方(万米³)	砼(米³)	金属结构(吨)	移民安置人数(人)	单项工程个数(个)
	甘肃省	18903.46	2405.87	3064235	79771.33	1968	10150	16970.96	1924.47	2985971	76890.63	1968	10193
建设性质	新建	17579.42	2298.43	2584813	72629.83	1963	9910	15658.08	1823.07	2510366	69313.32	1963	9958
	扩建	315.47	7.67	43215	27.91		12	312.22	7.64	39700	27.91		12
	改建	1008.49	99.77	436122	7113.59	5	226	1000.58	93.76	435819	7549.40	5	221
	单纯建造生活设施												
	迁建						1						1
	恢复	0.08		86			1	0.08		86			1
	单纯购置												
	前期工作												
建设阶段	本年正式施工	18895.65	2396.07	3057440	79771.33	1968	10149	16970.49	1923.88	2985971	76890.63	1968	10191
	筹建	7.81	9.80	6795			1	0.47	0.59				2
隶属关系	中央属												
	省(区、市)属	602.95	414.83	516676	23163.11		33	623.70	427.60	536814	24021.80		27
	地区(市)属	822.52	590.47	310025	23005.15	1603	68	782.94	575.16	260966	20532.53	1603	62
	县(区、市)属	17391.31	1394.04	2236627	33557.72	365	10045	15522.78	919.85	2187789	32221.30	365	10100
	其他	86.67	6.53	908	45.35		4	41.53	1.86	401	115.00		4
项目规模	大中型	470.45	367.60	238946	6611.00		8	470.45	367.60	238946	6611.00		9
	小型	18433.01	2038.27	2825289	73160.33	1968	10142	16500.51	1556.87	2747025	70279.63	1968	10184
	其他												
所属流域	黄河流域	13187.11	2059.12	1821767	70539.49	1968	9311	11252.08	1556.82	1771012	67952.87	1968	9354
	长江流域	1383.08	38.34	513839	1097.98		392	1344.66	36.96	473485	1160.98		397
	西北诸河流域	4333.27	308.41	728629	8133.86		447	4374.22	330.69	741474	7776.78		442
是否重大	否	18027.94	1845.58	2511175	67472.33	1968	10078	16109.51	1371.64	2451111	64646.08	1968	10134
	是	875.52	560.29	553060	12299.00		72	861.45	552.83	534860	12244.55		59
是否受益贫困村	否	6181.19	1021.79	1690003	30862.51	1598	726	6167.95	1051.89	1671153	28046.12	1598	701
	是	12722.27	1384.08	1374232	48908.82	370	9424	10803.01	872.58	1314817	48844.51	370	9492

2-23 2016年水利建设项目计划、到位、完成（重大工程）

单位：万元

项目	本年计划投资					本年到位投资					本年完成投资				
	小计	中央政府投资	地方政府投资	国内贷款	其他投资	小计	中央政府投资	地方政府投资	国内贷款	其他投资	小计	中央政府投资	地方政府投资	国内贷款	其他投资
甘肃省	375772	248032	98672	28000	1068	341962	248032	14862	78000	1068	330564	248032	23958	58040	534
大江大湖治理	180000	120000	32000	28000		148400	120000	400	28000		148451	120000	8851	19600	
黄河甘肃段兰州市防洪治理工程	84000	56000		28000		84000	56000		28000		75600	56000		19600	
黄河干流白银市防洪治理工程	60000	40000	20000			40000	40000				40000	40000			
黄河甘肃段临夏州防洪治理工程	18000	12000	6000			12400	12000	400			16300	12000	4300		
黄河甘肃段甘南州防洪治理工程	18000	12000	6000			12000	12000				16551	12000	4551		
灌区建设工程	40772	33032	6672		1068	38562	33032	4462		1068	38673	33032	5107		534
西河灌区续建配套节水改造	9848	8293	1555			9848	8293	1555			9848	8293	1555		
凉州区杂木河灌区续建配套节水改造	4114	3291	823			4114	3291	823			4114	3291	823		
甘州区西浚灌区续建配套节水改造	3826	3061	765			3061	3061				3461	3061	400		
甘州区大满灌区续建配套节水改造	7174	5739	1435			5739	5739				6539	5739	800		
临泽县梨园河灌区续建配套节水改造	7918	6334	1584			7918	6334	1584			7363	6334	1029		
山丹县马营河灌区续建配套节水改造	5340	4272			1068	5340	4272			1068	4806	4272			534
省景电一期灌区续建配套节水改造	2552	2042	510			2542	2042	500			2542	2042	500		
水库工程	25000	15000	10000			25000	15000	10000			25000	15000	10000		
民勤县红崖山水库加高扩建工程	25000	15000	10000			25000	15000	10000			25000	15000	10000		
引水（调水）工程	130000	80000	50000			130000	80000		50000		118440	80000		38440	
甘肃引洮供水二期工程	130000	80000	50000			130000	80000		50000		118440	80000		38440	

3 主要统计指标解释

主要统计指标解释

一、水利综合统计

1. 水利工程统计

【蓄水工程】指人工修建的蓄积水量的工程，包括水库、塘坝、窖池等。

【水库】指在河道、山谷或低洼地有水源，或可从另一河道引入水源的地方修建挡水坝或堤堰，形成具有拦洪蓄水和调节水量功能，且总库容大于等于 10 万米^{3}的水利工程。

【塘坝】利用天然洼地开挖修建堰坝，或在坡地上、山谷间筑坝，形成具有拦截和贮存地表径流功能的，蓄水容积大于等于 500 米^{3}且小于 10 万米^{3}的蓄水工程。

【窖池】指采取防渗措施拦蓄、收集天然来水，用于农村分散供水、农业灌溉的蓄水工程。一般包括水窖、水池、水柜等形式。

【水电站】指为了将水能转换为电能而修建的水工建筑物和设置的机械、电气设备的综合枢纽。

【泵站】指建在河道、湖泊、渠道上或水库岸边，由泵和其他机电设备、泵房以及进出水建筑物组成，可以将低处的水提升到所需高度，用于排水、灌溉、城镇生活和工业供水等的水利工程。河湖取水泵站是指修建在河流湖泊岸边，为灌溉、城镇生活和工业供水的泵站。水库取水泵站是指修建在水库岸边，为灌溉、城镇生活和工业供水的泵站。

【水闸】指建在河道、渠道、海堤上或湖泊、水库岸边，利用闸门控制流量和调节水位，具有挡水和泄（引）水功能的低水头水工建筑物。河湖引水闸是指修建在河流湖泊岸边，为灌溉、城镇生活和工业供水的水闸。水库引水闸是指修建在水库岸边，为灌溉、城镇生活和工业供水的水闸。

【机电井】指以电动机、柴油机等动力机械带动水泵抽取地下水的水井。

2. 水利工程供水统计

【供水能力】指蓄水、引水、取水泵站、机电井供水系统中，现状条件下相应设计供水保证率的可供水量。供水能力主要与水源状况、工程条件等方式有关。供水能力一般分为设计供水能力和实际供水能力。

【水利工程供水】指通过蓄、引、提等水利工程，收集和分配地表和地下淡水资源的活动。

【按供水用途分】指按水利工程的直接供水用途进行划分，主要分为农业灌溉、工业生产、城镇生活、乡村生活、生态环境和其他。

[农业灌溉供水]指水利工程为农田、林地、果园、牧草灌溉实际毛供水量的总和。

[工业生产供水]指水利工程为城市及县以下乡镇工业的供水。

[城镇生活供水]指水利工程对城镇居民生活供水，还包括用于餐饮、服务以及市政环卫等公共服务方面的供水。生活供水主要统计各类水利工程向自来水厂或城镇居民供应的原水量，即未经任何处理的水量。

[乡村生活供水]除乡村居民生活用水外，还包括牲畜用水。

[生态环境供水]主要指通过水利工程设施向城镇、乡村生态脆弱地区或恶化地区以及其他地区补水，

以维持、控制、恢复、改善原有的生态环境状态，如为了避免湿地萎缩、维持地下水位、防止海水入侵、恢复原有湖泊、保护植被等目的，以及为了人类居住地的生态环境需要所进行的补水。

【按水源类型分】是根据城乡供水工程的水源来源进行划分，主要包括地表水、地下水、海水淡化和污水处理回用等。

[地表水]指直接取自自然环境中地表水体的水。

[地下水]指直接取自自然环境中地下含水层的水。

[海水淡化]指将海水通过化学或物理方法处理成淡水的水。

[污水处理回用]指由城市集中污水处理厂直接供给的经过处理后的废污水量，不包括单位内部处理后的重复用水量。以进入水利（水务）单位的水量统计。污水处理厂把处理后的废污水排放到河流，其下游的经济单位和住户从该河流的取水，统计为地表水取水量，而不作为污水处理回用量。

[其他]包括集雨工程雨水、海水直接利用等其他水源类型。

3. 灌溉统计

【灌溉面积】灌溉工程设施基本配套，且水源具有一定保证率的可灌溉的面积。按照土地类型，灌溉面积可以分为耕地灌溉面积、林地灌溉面积、园地灌溉面积和牧草地灌溉面积。

【耕地】指种植农作物的土地，包括熟地、新开发、复垦、整理地，休闲地（含轮歇地、轮作地）；以种植农作物（含蔬菜）为主，间有零星果树或其他树木的土地；平均每年能保证收获一季的已垦滩地和海涂。耕地中包括南方宽度＜1米，北方宽度＜2.0米固定的沟、渠、路和地坎（埂）；临时种植药材、草皮、花卉、苗木等的耕地，以及其他临时改变用途的耕地。

【耕地灌溉面积】又称有效灌溉面积。指耕地上灌溉工程设施基本配套，且水源具有一定保证率的可以灌溉的面积。

【林地】指生长乔木、竹类、灌木、沿海红树林的土地，不包括居民绿化用地，以及铁路、公路、河流沟渠的护路、护草林。林地又分成林地、灌木林、疏林地、未成林造林地、迹地和苗圃6个二级地类。

【园地】指种植以采集果、叶、根茎等为主的集约经营的多年生木本和草本作物，覆盖度大于50%，或每亩株数大于合理株数70%的土地，包括果实苗圃等用地。

【牧草地】指以生长草本植物为主，主要用于畜牧业的土地。

【新增耕地灌溉面积】指由于增加或改善水源、灌溉工程配套设施建设等原因当年增加的耕地灌溉面积。

【减少耕地灌溉面积】指由于建设占地、水源不足、工程损毁、退耕，以及其他原因当年减少的耕地灌溉面积。

[建设占地]指由于城市建成区的扩大，铁路、公路、厂矿建设，乡镇建设，住房、绿化等原因而减少的耕地。

[水源不足]指连续5年以上因地表来水持续减少、地下水位持续下降，以及限采、封井等措施而造成的水源水量减少，无法正常灌溉的水源。

[工程损毁]指由于自然灾害或管护不当造成已有灌溉设施的破损、报废等。

[退耕]指由于实施退耕还林、退田还湖等政策，将原有耕地改为其他用途而减少的耕地。

[其他]指由于行政区划调整和统计数据修正等原因减少的耕地灌溉面积。

【实际耕地灌溉面积】指当年利用水利工程设施实际进行了灌溉的耕地面积。在同一亩耕地上，当年内无论灌水几次，都应按一亩计算。

【节水灌溉工程面积】指采用喷灌、微灌、低压管道输水、渠道衬砌防渗等工程技术措施，提高用水效率和效益的灌溉面积。

喷灌、微灌、低压管道输水、渠道衬砌防渗灌溉面积按照《节水灌溉工程技术规范》（GB/T50363-2006）的有关规定计算。

【新增节水灌溉面积】指因为喷灌、微灌、低压管道输水、渠道衬砌防渗等节水灌溉工程建设当年增加的节水灌溉面积。

【减少节水灌溉面积】指因为工程设施老化失修、毁损，以及水源不足等原因当年减少的节水灌溉工程面积。

【规模以上灌区数量】指设计灌溉面积大于等于2000亩以上的灌区处数。

50万亩以上：指设计灌溉面积大于等于50万亩及以上的灌区。

30万～50万亩：指设计灌溉面积大于等于30万亩，小于50万亩的灌区。

10万～30万亩：指设计灌溉面积大于等于10万亩，小于30万亩的灌区。

5万～10万亩：指设计灌溉面积大于等于5万亩，小于10万亩的灌区。

1万～5万亩：指设计灌溉面积大于等于1万亩，小于5万亩的灌区。

0.2万～1万亩：指设计灌溉面积大于等于0.2万亩（2000亩），小于1万亩的灌区。

渠道长度和衬砌防渗渠道长度按渠道的设计流量划分：灌区渠道的设计流量以设计文件中的数据为准，划分为30米^3/秒及以上；5～30米^3/秒（含5 米^3/秒）；1～5米^3/秒（含1 米^3/秒）；0.2～1米^3/秒（含0.2 米^3/秒）四类。

4. 防洪统计

【堤防长度】堤防指沿河、湖、海等岸边，或行洪区、分洪区、蓄洪区、围垦区边缘修筑的挡水建筑物，其长度按堤顶中心线长度计算。

堤防工程等级划分执行《防洪标准》（GB 50201—94）的规定，分为五个级别，具体见下表：

防洪标准 ［重现期（年）］	≥100	＜100，且≥50	＜50，且≥30	＜30，且≥20	＜20，且≥10
堤防等级	1	2	3	4	5

【新增堤防长度】指当年因投资建设，新建成的堤防长度。

【达标堤防长度】指达到规划防洪标准的堤防长度。堤防防洪标准划分参见《防洪标准》（GB50201-94）。

【新增达标堤防长度】指当年因投资建设，新达到规划防洪标准的堤防长度。

【新增加高加固堤防长度】指当年因投资建设，在已建成堤防上得以加高加固的堤防长度，不包括新建成的堤防长度。

【堤防保护人口数量】指堤防工程保护区的年末全部人口数。

堤防保护耕地面积：指堤防保护范围内的耕地面积。

5. 水土保持统计

【水土流失综合治理面积】指按照综合治理的原则，对水土流失区域采取各种治理措施，以及按小流域综合治理措施所治理的水土流失面积总和。

【小流域综合治理面积】指采用综合治理措施治理的小流域面积。

【小流域综合治理】指以 10 ～ 30 千米^2 的流域为单元，根据流域内的自然条件，按照土壤侵蚀的类型特点和农业区划方向，在全面规划的基础上，合理安排农、林、牧、副各业用地，布置水土保持农业技术措施、林草措施与工程措施，相互协调、相互促进形成综合的水土流失防治体系的治理面积。

【新增水土流失综合治理面积】指当年治理的水土流失面积。

【按措施分】指按照水土流失治理措施进行划分，水土流失治理常用措施包括基本农田、水土保持林、经济林、种草、封禁治理和其他措施。

【基本农田】指人工修建的能抵御一般旱、涝等自然灾害，保持高产稳产的农作土地，包括梯田、坝地和其他基本农田等三类。

【梯田】指在坡面上沿等高线修建的田面水平平整，纵断面呈台阶状的田块，按其断面形式可分为水平梯田、坡式梯田、隔坡梯田。

【坝地】指在沟道拦蓄工程上游因泥沙淤积形成的地面较平整的可耕作土地。

【其他基本农田】指小片水地、滩地、引水拉沙造田等农田。

【水土保持林】指以防治水土流失为主要功能营造的人工林。根据其功能的不同，可分为坡面防护林、沟头防护林、沟底防护林、塬边防护林、护岸林、水库防护林、防风固沙林、海岸防护林等。

【经济林】指为利用林木的果实、叶片、皮层、树液等林产品供人食用，或作为工业原料，或作为药材等为主要目的而培育和经营的人工林。

【种草】指经人工种植或培育，覆盖度达到 70% 以上的草地。

【封禁治理】指采取禁伐禁砍，实施封育管护等的水土流失治理措施的面积。

【其他】指通过除上述措施以外的采用其他治理的水土流失措施，包括保土耕作、地埂植物带、改垄等措施。

【新增小流域综合治理面积】指当年综合治理的小流域面积。

【封禁治理保有面积】指为控制水土流失、改善生态环境，采取封育管护措施，对稀疏植被采取封禁管理，利用自然修复能力，辅以人工补植和抚育，促进植被恢复，使林草郁闭度达 80% 以上的封禁治理区域的面积。

【已治理沟道条数】已经治理过的侵蚀沟道条数。

【已建成黄土高原淤地坝】指在黄土高原沟道中，已经修建成的以控制沟道侵蚀、拦泥淤地、减少洪水和泥沙灾害为主要目的的沟道治理工程设施。

【骨干坝】指库容在 50 万米^3 以上的淤地坝。

【中型坝】指库容在 10 万～ 50 万米^3 的淤地坝。

【已实施小流域综合治理条数】指实施小流域综合治理的小流域条数。

6. 入河湖排污口统计

【入河湖排污口数量】指直接或者通过沟、渠、管道等设施向河流（含河流上的水库）、湖泊排放废污水的排污口数量。

【按排入水域分】指按入河湖排污口将废污水排进的水域类型划分，可分为河流、湖泊和水库三类。

【按污水来源分】指按入河湖排污口排放废污水的来源划分，可分为工业企业直排、生活直排、污水处理厂排放、市政直排和其他类型。

二、水利建设投资统计

1. 项目概况

【建设项目】指按照以总体设计进行施工，由一个或若干个具有内在联系的工程组成的总体。基本建设项目指经批准在一个总体设计或初步设计范围内进行建设，经济上实行统一核算，行政上有独立组织形式，实行统一管理的基本建设单位。

【项目类型】指水利建设投资项目按照项目的建设内容和目标所进行的分类。

【隶属关系】基本建设项目按建设单位直属或主管上级机关确定。隶属关系分为中央、省（自治区、直辖市）、地区（州、盟、省辖市）、县（旗、县级市）和其他五大类。

⑴中央：是指中共中央、人大常委会和国务院各部、委、局、总公司以及直属机构直接领导和管理的基本建设项目和企业、事业、行政单位。这些单位的固定资产投资计划由国务院各部门直接编制和下达，建设中所需要的统配物资和主要设备以及建设中的问题都由中央有关部门安排和解决。

⑵省（自治区、直辖市）：是由省（自治区、直辖市）政府及业务主管部门直接领导和管理的基本建设项目和企业、事业、行政单位。

⑶地区（州、盟、省辖市）：是由地区、自治州、盟、省辖市直接领导和管理的基本建设项目和企业、事业、行政单位。

⑷县（旗、县级市）：是由县、自治旗、县级市直接领导和管理的基本建设项目和企业、事业、行政单位。

⑸其他：不隶属以上各级政府及主管部门的建设项目和企业、事业单位，如外商投资企业和无主管部门的企业等。

【项目规模】基本建设项目按规模分为大中型项目和小型项目，水利基本建设项目大中型项目划分标准是：①水库：总库容1亿米^{3}以上（包括1亿米^3，下同）。②灌溉面积：灌溉面积50万亩以上。③水电工程：发电装机5万千瓦以上，以及列入国家发展改革委员会（年度计划）计划单子上的项目均填报为大中型；水库除险加固、灌区续建配套及更新改造、农村饮水安全工程、中小河流治理、小型农田水利建设等均作为小型项目。其他项目：是指水利建设项目前期工作投资等不产生固定资产的项目。

【建设性质】基本建设项目的建设性质根据整个建设项目的情况确定，分为：

⑴新建：一般是指从无到有、“平地起家”开始建设的企业、事业和行政单位或独立的工程。现有企业、事业、行政单位一般不属于新建。但如有的单位原有基础很小，经过建设后新增的资产价值超过该企业、事业、行政单位原有固定资产价值（原值）三倍以上的也应作为新建。

⑵扩建：是指在厂内或其他地点，为扩大原有产品的生产能力（或效益）或增加新的产品生产能力，而增建主要的生产车间（或主要工程）、分厂、独立的生产线的企业、事业单位。行政、事业单位在原单位增建业务用房（如学校增建教学用房、医院增建门诊部、病房等）也作为扩建。现有企业、事业单位为扩大原有主要产品生产能力或增加新的产品生产能力，增建一个或几个主要生产车间（或主要工程）、分厂，同时进行一些更新改造工程的，也应作为扩建。

⑶改建：是指对原有设施进行技术改造或更新（包括相应配套的辅助性生产、生活福利设施），没有增建主要生产车间、分厂等的企业、事业单位。灌区续建配套与节水改造、水库除险加固一般列入改造性质，在立项审批文件中列有新增生产能力或效益时，应列入扩建性质。

⑷单纯建造生活设施：是指在不扩建、改建生产性工程和业务用房的情况下，单纯建造职工住宅、托儿所、子弟学校、医务室、浴室、食堂等生活福利设施的企业、事业及行政单位。

⑸迁建：是指为改变生产力布局或由于城市环境保护和安全生产的需要等原因而搬迁到另地建设的工程。

⑹恢复：是指自然灾害、战争等原因，使原有的固定资产全部或部分报废，以后又投资恢复建设的单位。尚未建成投产的建设项目，因自然灾害损毁重建，不作为恢复项目，仍按原有建设性质填报。

⑺单纯购置：是指现有企业、事业、行政单位单纯购置不需要安装的设备、工具、器具，而不进行工程建设的单位。有些单位虽然本年只从事购置活动，但该项目设计中规定有建筑安装活动，应根据立项时规定的建设性质填报。建设过程中不能改变建设性质。

(8) 前期工作：是指水利规划、工程项目前期、专题研究和基础性工作（含业务建设）。

【建设阶段】指建设项目报告期所处的建设阶段。分为：

⑴筹建项目：指正在进行前期工作尚未正式施工的项目。按照国家有关规定，建设规模较大的建设项目，在正式开工以前，经批准可以设立专门的筹建机构，为建设做准备工作。包括研究和论证建设方案、组织审核设计文件和预算，订购设备、材料，办理征地拆迁和平整场地等。筹建项目已发生的投资额，应计算投资完成额，但不计算施工项目个数。

(2) 本年正式施工项目：是指本年正式进行过建筑安装施工活动的建设项目。包括本年新开工项目，本年续建项目，以前年度全部停、缓建在本年恢复施工的项目，本年进行过施工、又在本年内全部建成投产或全部停、缓建的项目。不包括以前年度建成投产在本年进行收尾的项目，以及以前年度全部停、缓建在本年进行维护工程的项目。

(3) 本年收尾项目：是指以前年度已经全部建成投入生产或交付使用，但有遗留工程尚未竣工，在本年内进行收尾工程的项目。如果以前年度没有报过全部建成投产，而在本年度继续施工，不论其遗留工作量大小，都按正式施工项目统计。

(4) 停、缓建项目：是指根据国民经济宏观调控及其他原因，经有关部门批准停止建设或近期内不再建设的项目。停缓建项目分为全部停、缓建项目和部分停、缓建项目。全部停、缓建项目是指经批准并已收到全部停、缓建通知的项目，包括报告期内有部分工程需要做到一定部位或仓库、生活福利施工工程经上级批准本年继续施工的项目。

①全部停、缓建项目是指经有关部门批准不再建设或短期内整个项目停止建设的项目。

②部分停、缓建项目是指建设项目仍在施工，但其中的部分单项工程经有关部门批准停止或近期内不再建设并已停止施工的项目。报告期部分停缓建项目仍应作为施工项目统计。

(5) 单纯购置：是指现有企业、事业、行政单位单纯购置不需要安装的设备、工具、器具，而不进行工程建设的单位。有些单位虽然本年只从事购置活动，但该项目设计中规定有建筑安装活动，应根据立项时规定的建设性质填报。建设过程中不能改变建设性质。

(6) 前期工作：是指水利规划、工程项目前期、专题研究和基础性工作（含业务建设）四类项目。

【开工时间】填写水利建设项目正式开工的时间。如建设性质为“前期工作”，则建设阶段也应为“前期工作”，则无需填写开工时间；如建设阶段为“筹建”和“单纯购置”，则也无需填写开工时间。

【全部建成投产时间】指报告期内按设计文件规定建成主体工程和相应配套的辅助设施，形成生产能力或工程效益，已正式投入生产或交付使用的时间。

【审批文号】指项目筹建阶段为各类批复文件的文件号。

2. 总体进度

【项目计划总投资】指建设项目或企业、事业单位中的建设工程，按照总体设计规定的内容全部建成计划（或按设计概算或预算）需要的总投资。一般应采用上级批准的计划总投资。在上级批准计划总投资后，又批准调整时，应填报批准后的调整数字；无上级批准计划总投资的，采用上报的计划总投资或年内施工工程计划总投资。

【实际需要总投资】指在累计完成投资额已超过上级批准计划总投资的情况下，采用建设项目按总体设计规定的内容全部建成所需的投资。

【移民征地费】指由于水库淹没、工程建设占地等原因需要通过划拨方式或出让方式取得土地使用权核定的各项费用。包括通过划拨方式取得土地使用权所支付的土地补偿费、附着物和青苗补偿费、安置补偿费及土地征收管理费等（计入新增固定资产）；以及通过出让方式取得土地使用权所支付的出让金（不计入新增固定资产）。

【自开工累计完成投资】指建设项目从开始建设到本年底止累计完成的投资。它是反映整个建设项目或企、事业单位建设总进度的指标，应包括建成投产或停、缓建工程完成的投资以及拆除、报废工程的投资。

【新增固定资产】是以货币形式反映建设活动最终成果的综合性指标，是指通过投资活动在一定时期建成或交付使用的新的固定资产的价值。包括已经建成投入生产或交付使用的工程投资和达到固定资产标准的设备、工器具的购置投资及应摊入的费用。新增固定资产是反映基本建设投资活动成果的价值量指标，只有已经完成建造和购置过程，并正式移交生产、使用单位的固定资产才能计算新增固定资产。没有安装的需要安装设备、正在施工的建设工程等都不能计算新增固定资产。

新增固定资产指标是综合计算不同时期、不同部门、不同地区的基本建设投资效果的重要依据，一定时期的新增固定资产，与同期完成投资额密切相关。

【自开工累计新增固定资产】指建设项目在“自开始建设至本年底累计完成投资”中已交付使用的固定资产价值，包括已经建成投产或交付使用的工程投资和达到固定资产标准的设备、工具、器具的投资，以及应摊入固定资产的费用。投资包干节余和国内贷款利息也计入新增固定资产价值中。它是自开始建设累计完成投资中开始发挥效益的部分，是反映整个建设项目的建设进度和建设成果的指标。

【本年新增固定资产】指报告期全年内交付使用的固定资产价值。它是反映年度固定资产投资成果的重要指标。

【本年完成投资】指从本年 1 月 1 日起至本年最后一天止完成的全部投资额。实际完成投资额是以货币表示的工作量指标，包括实际完成的建筑安装工程价值，设备、工具、器具的购置费，以及实际发生的其他费用。没用到工程实体的建筑材料、工程预付款和没有进行安装的需要安装的设备等，都不能计算投资完成额。

【计算投资额所依据的价格】建筑安装工程投资额一般按预算价格计算。实行招标的工程，按中标价格计算。凡经建设单位与施工单位双方协商同意的工程价差、量差，且经建设银行同意拨款的，应视同修改预算价格。建筑安装工程应按修改后的预算价格计算投资完成额。对于某些工程已进入施工但施工图预算尚未编出的，统计报表可根据工程进度先按设计概算或套用相同的结构、类型工程的预算综合价格计算，待预算编出后再进行调整；建设单位议价购料供应给施工单位，材料价差部分未转给施工单位的，建设单位应将这部分价差包括在建安工程投资中；设备、工具、器具购置投资额一律按实际价格，即支出的全部金额计算；外购设备、工具、器具除设备本身的价格外，还应包括运杂费、仓库保管费等；自制的设备、工具、器具，按实际发生的全部支出计算；其他费用的价格：一般按财务部门实际支付的金额计算；国内贷款利息按报告期实际支付的利息计算投资完成额，并作为增加固定资产的费用处理；利用国外资金或国家自有外汇购置的国外设备、工具、器具、材料以及支付的各种费用，按实际结算价格折合人民币计算。

【本年完成投资额按构成分】①建筑工程（建筑工作量）：指各种房屋、建筑物的建造工程，又称建筑工作量；②安装工程（安装工作量）：指各种设备、装置的安装工程，又称安装工作量；③设备工具器具购置：指把工业企业生产的产品转为固定资产的购置活动，包括建设单位或企业、事业单位购置或自制达到固定资产标准的设备、工具、器具的价值。新建单位及扩建单位的新建车间，按照设计或计划要求购置或自制的全部设备、工具、器具，不论是否达到固定资产标准均计入“设备工具器具购置”中；④其他费用：指在固定资产建造和购置过程中发生的，除建筑安装工程和设备、工器具购置投资完成额以外的费用，不指经营中财务上的其他费用。包括旧房屋购置，基本畜禽支出，林木支出，退耕退牧还林还草、土壤改良、城市绿化，办公生活用家具、器具购置，建设单位管理费，土地征用、购置及迁移补偿费，政府收费，勘察设计费，研究实验费，可行性研究费，临时设施费，施工机械转移费，设备检验费，负荷联合试车费，土地占用、使用费，建设期应付利息，包干节余，企业债券发行费，合同公证费及工程质量监测费，国外借款手续费及承诺费，汇兑损益，调整器材调拨价格折价，坏账损失，固定资产亏损及损失等。

【本年完成投资按用途分】①防洪工程投资：是指各种防洪工程所完成的投资。包括以防洪工程为主的水库工程投资、堤防加固、河道治理、蓄滞洪区建设等工程性措施和防汛调度、防洪保险、预警系统等非工程设施建设；②灌溉工程投资：是指用于灌溉工程建设所完成的投资。包括以灌溉工程为主的水库工程投资、灌区、引水枢纽、渠道、土地平整等投资；③除涝工程投资：是指用于建设除涝工程完成的投资。包括排水渠道、排水闸等工程投资；④水电工程投资：是指用于水电工程建设所完成的投资。包括水电站工程的主体工程、临时工程、征地移民投资及电网建设投资。也包括综合利用的水利枢纽工程中的电站厂房投资、电站设备、电站安装工程投资等；⑤供水工程投资：是指用于城镇、工业供水工程建设所完成的投资。包括以供水为主的水库工程投资，不包括用于农业灌溉的引水工程投资；⑥水土保持及生态工程投资：是指用于水土保持工程建设所完成的投资。包括大江大河中上游水土保持、重点治理区及小流域治理投资等；⑦机构能力建设：是用于机构能力建设所完成的投资。包括房屋建设和科研设备购置等；⑧项目前期工作：是指各类水利进行项目建议书、可研、初设等项目前期工作投资。非工程、非基建项目所完成的投资；⑨其他：是指除上述用途之外的其他工程建设所完成的投资。包括水利企事业单位的旅游、水产等设施投资。

综合利用水库工程一般同时具有多项效益，根据该工程规划立项时的投资分摊的比例计算各种用途投资的完成额，按其主要作用列入防洪、灌溉、水电、供水内。

3. 投资进度

【按来源划分】主要划分为中央政府投资、地方政府投资、利用外资、企业和私人投资、国内贷款、债券和其他投资。

[**预算内拨款**] 指财政预算内经营性或非经营性基金，一般指发改部门下达的投资计划。

[**预算内专项（国债）**] 指预算内长期建设国债资金。中央预算内专项指国家下发的国债用于水利建设投资；地方预算内专项是指地方政府发行的地方债券中用于水利建设的投资。

[**中央财政水利专项资金**] 指中央财政安排的用于水利建设的专项资金。

[**地方财政水利专项资金**] 指地方财政安排的用于水利建设的专项资金。

[**水利建设基金**] 指预算内水利建设专项资金，分为中央政府水利建设基金和地方政府水利建设基金。

[**重大水利工程建设基金**] 指预算内重大水利工程建设基金，分为中央政府和地方政府用于重大水利工程的建设基金。

【土地出让收益】从2011年7月1日起，各省、自治区、直辖市、计划单列市（以下简称各地区）所辖市、县（区），统一按照当年实际缴入地方国库的招标、拍卖、挂牌和协议出让国有土地使用权取得的土地出让收入，扣除当年从地方国库中实际支付的征地和拆迁补偿支出、土地开发支出、计提农业土地开发资金支出、补助被征地农民社会保障支出、保持被征地农民原有生活水平补贴支出、支付破产或改制企业职工安置费支出、支付土地出让业务费、缴纳新增建设用地土地有偿使用费等相关支出项目后，作为计提农田水利建设资金的土地出让收益口径，严格按照10%的比例计提农田水利建设资金。

为确保各地区及时足额从土地出让收益中计提农田水利建设资金，在《2011年政府收支分类科目》中，增设“103014805农田水利建设资金收入”科目，反映从土地出让收益中计提的农田水利建设资金，并在地方国库中实行分账核算。相关地区根据中发〔2011〕1号文件以及省级人民政府文件规定，从2011年1月1日起至2011年6月30日期间，已经从土地出让收入中计提的农田水利建设资金，统一划入“103014805农田水利建设资金收入”科目核算管理。从2011年7月1日起，各地区从土地出让收益中计提的农田水利建设资金统一按照本通知规定的口径和比例执行。各地区不得将农田水利建设资金并入水利建设基金管理，相关地区规定与本通知规定不一致的，要按照本通知规定进行调整。

[**水资源费**] 指地方政府征收的水资源费用于水利建设的投资。

［自筹资金］指部门及事业单位以自己名义筹集的各类资金，包括自有资金、银行贷款等。

［企业和私人投资］指企业、私人以自己名义投入的各类资金。

［国内贷款］指以项目名义从国内银行或其他金融机构得到的、需要项目投产后收入进行偿还的各类政策性或商业性贷款。

［债券］指以项目名义从债券市场（各种资本市场）募集的各类资金。

［其他投资］包括乡镇自筹、群众投工投劳折资等。

【累计安排投资】指自项目开工以来截至到报告期经有关机关、单位批准或同意安排的计划投资额。

【本年计划投资】指经有关机关、单位批准或同意安排的当年计划投资额。

【累计到位投资】指建设单位自项目开工以来累计收到的各种来源的投资。对于实行国库集中支付的投资，只要建设单位收到国家投资计划，就算投资到位。对于银行贷款，只要收到投资银行批准的贷款指标，就算投资到位。企业自有、企业债券按报告期实际收到的资金数量进行统计；由国外银行直接支付的外资，已经承诺支付、按工程进度或采购设备计算投资后即按到位统计；无偿拨入的设备，应在收到设备时进行统计。

【本年到位投资】指本年建设单位收到的工程建设的各种来源的投资，包括以往年度下达的计划投资今年到位数。

4. 形象进度

【实物工程量】实物工程量是以自然物理计量单位表示的水利工程建设完成的各种工程数量，包括各类主体工程、施工导流和围堰的工程数量，不包括一般房屋建筑、附属工程、临时工程完成的数量。实物工程量是计算工作量的依据，是反映水利基本建设的成果、考核工程进度的重要指标之一。

【土方】指水利工程建设中土方的开挖、回填、填筑的数量。包括土坝填筑、灌区渠道、防洪堤防等土方。如监理月报中只有土石方的开挖、回填等数据，则全部计入“土方”中，“石方”则不计入。

【石方】指水利工程建设中石方开挖、石方回填、石方砌筑（包括干砌石和浆砌石）、抛石护岸等，包括水库大坝、渠道及堤防建筑物中的石方等。

【混凝土】指水利工程建设中浇筑、衬砌的混凝土的数量。包括水库混凝土大坝、渠道及堤防建筑物中的混凝土等。

【全部计划实物工程量】指建设项目的设计文件中列入计划的全部实物工程量。一般按批准总体设计文件的实物工程量填列。没有批准总体设计文件的，采用上报设计文件中的工程量数或年内施工工程的计划实物工程量。当累计完成实物工程量超过全部计划实物工程量时，采用累计完成实物工程量加未完工程计划实物工程量。

【本年计划实物工程量】指年度施工计划中的工程量计划，年度施工计划又有调整的，采用调整数。

【累计完成实物工程量】指建设项目自开始建设到报告期止累计完成的实物工程量。

【本年完成实物工程量】一般是指从本年 1 月 1 日起至本年最后一天止完成的全部实物工程量。

【单项工程个数】根据编制建设项目概（预）算、制订计划以及进行统计、会计核算的需要，基本建设项目一般可划分为单项工程、单位工程、分部工程及分项工程。单项工程是指有独立设计文件，建成后能独立发挥效益的工程。单项工程是基本建设项目的组成部分，也是划分工程用途、事业种类、计算新增固定资产价值和新增生产能力或效益的依据。反映大中型项目单项工程的建设和投产情况，也是基本建设统计的一项重要内容。水利综合利用枢纽工程项目中，单项工程一般是指水库（大坝、溢洪道、输水洞）、水电站、灌区、房屋等。当水保、人饮、水电等面上比较分散的项目打捆统计时，每一个可独立实施的项目可作为打捆项目的统计项目个数。

【规划用地面积】土地征用和购置：①规划用地面积：指根据经有关部门批准的项目规划，建设项目需要使用的土地面积；②本年实际征用和购置土地面积：指报告期内通过征用等各种方式获得使用权的土地面积；③本年土地征用和购置价款：指报告期内征用和购置土地进行土地使用权交易活动的最终金额。具体包括：通过划拨方式取得土地使用权而支付的土地补偿费、附着物和青苗补偿费、水库淹没处理补偿费、农村移民安置迁建费、城镇及集镇迁建补偿费、专业项目恢复改建费、防护工程费、库底清理费、有关税费、环境影响等补偿费和其他费用。征用和购置的土地价款与征用和购置土地面积同口径，目的是正确计算平均土地征用和购置价格。

5. 投资效益

【新增生产能力（或工程效益）】指通过基本建设投资活动而新增加的设计生产能力（或工程效益），是以实物形态表现的基本建设投资效果指标。也是考核投资经济效果的重要依据之一。

【水库总库容】是水库按校核水位计算的总蓄水容量。它是反映水库工程效益的指标。只有当水库工程的主体工程大坝、溢洪道、输水洞三个单位工程都按设计建成才能拦洪蓄水，发挥整体效益时，才能计算新增水库总库容。

【耕地灌溉面积】又称有效灌溉面积。是指耕地上灌溉工程设施基本配套，且水源具有一定保证率的可以灌溉的面积。如果是灌区续建配套或节水改造项目、病险水库除险加固项目等，一般规模应选择“改善灌溉面积”。

【除涝面积】具有除涝工程设施（如圩堤、水闸、泵站、暗管等），排水出路有保证，能够按照设计标准，减轻或消除涝、渍灾害的耕地面积。

【发电装机容量】水力发电工程在水库蓄水，水工建筑物、引水系统、尾水系统、水轮发电机组及风、水、电、油等附属设备系统均已验收合格，按验收规程调试完毕的发电机组铭牌出力指标。

【排灌装机容量】指排灌机组的铭牌容量。是反映灌溉、排涝工程机械设备容量的指标。

【供水能力】指用于城镇和工业生产、生活供水工程的日供水能力。不包括农业灌溉工程的供水能力。

【改善灌溉面积】指在已经达到有效灌溉面积标准的基础上，通过工程措施，使原有灌溉面积的灌溉标准有所提高。如提高灌水的保证率、增加灌溉节水措施等。

【改善除涝面积】指在已经达到除涝面积标准的基础上，通过工程措施，使除涝标准有所提高。

【新建及加固堤防长度】指按照设计标准建成或基本建成的河堤、江堤、海堤、湖堤，包括防洪墙等各类防洪、防潮堤防之总和。不包括单纯除涝河道的堤防和弃土形成的堤防，也不包括子埝和生产堤。

【水保治理面积】指按照综合治理的原则，对水土流失区域采取各种治理措施，以及按小流域综合治理措施所治理的水土流失面积总和。

【饮水安全达标人口】指满足农村饮水安全标准（高标准）的农村地区（即城市及县城关镇以外地区）年末常驻人口。农村饮水包括农村居民餐饮、洗涤以及散养畜禽等日常生活用水。按照水利部、卫生部联合下发的《关于印发农村饮用水安全卫生评价指标体系的通知》的要求，农村饮水安全主要采用水质、水量、取水方便程度以及供水保证率四项指标进行评价，并对五类地区分安全饮水和基本安全饮水两个档次设置标准，只有当上述四项指标均达到饮水安全标准的人口，才算饮水安全达标人口。

【节水灌溉面积】指采用喷灌、微灌、低压管道输水、渠道衬砌防渗等工程技术措施，提高用水效率和效益的灌溉面积。

【渠道防渗长度】指渠道采取防渗措施整治的长度。

【河道整治长度】指采取各种工程措施改善水流条件、泥沙运动，调整河床冲淤部位等的河道长度。

【改善或恢复库容】指通过工程措施，使原有设计总库容恢复或者增加的库容。

【新增生产能力的数量】原则上应按工程的设计（计划）能力计算。设计能力是指设计文件中规定的主体工程及相应配套的辅助工程（或配套设备）在正常情况下能够达到的生产能力。在建设过程中需要调整设计能力时，必须经原批准设计的管理机关批准后，才能按批准修改后的能力计算。如尚未批准，仍按原设计能力计算，并加以说明。无设计（或计划）能力的，可根据验收时的鉴定能力计算。

【建设规模】指建设项目或工程设计文件中规定的全部设计能力（或工程效益）。包括已经建成和尚未建成投产的工程的效益。它是以实物形态表示的建设项目规模指标，反映建设项目全部建成投产后，能够为社会提供的新增效益。

建设规模应填写设计任务书或计划文件中规定的全部效益。如小浪底水利枢纽除填水库库容 126.5 亿米^{3}外，还要填发电装机容量 180 万千瓦。新建项目按全部设计工程效益计算；改、扩建工程按改、扩建后新增加的效益计算，不包括改、扩建前原有的效益。没有总体设计的项目，填本年施工的全部单项工程的设计效益。

【本年新增工程效益】指在报告期内按照新增效益的计算条件和标准，实际建成投入生产或交付使用的工程效益。

【本年施工规模】指报告期内施工的单项工程的工程效益，包括报告期以前开工跨入本年继续施工的工程的设计效益和报告期新开工工程的设计效益。也包括报告期内建成投产或报告期施工后又停缓建的单项工程的效益。不包括在报告期以前投产、或已经停缓建的单项工程，以及报告期内尚未正式开工的工程设计效益。

本年施工规模是全部建设规模中在本年正式施工的部分，即本年施工的工程的全部设计能力。

[水库工程] 当水库大坝基础开始施工时，水库库容的本年施工规模与建设规模一致。

[水电站工程] 当大坝基础开始施工时，尽管发电厂房和机组尚未施工和安装，此时就应填发电装机容量的本年施工规模，即建设规模，因为大坝的基础也是电站的基础。报告期以前投产的发电装机容量应在本年施工规模中扣除。

【累计新增工程效益】指自开始建设至报告期止建成投产的全部单项工程累计新增的工程效益。包括报告期以前已经建成投产和报告期内建成投产的单项工程的效益。没有总体设计的工程填本年施工的全部工程自开始建设至本年底止的累计新增工程效益。